Géraldine

Romain Slitine

# L'ÉCONOMIE SOCIALE ET SOLIDAIRE

*Deuxième édition mise à jour*
*5e mille*

Que sais-je?

## À lire également en
# *Que sais-je ?*

*COLLECTION FONDÉE PAR PAUL ANGOULVENT*

Sylvie Brunel, *Le Développement durable*, n° 3719.
Jean-Paul Betbèze, *Les 100 mots de l'économie*, n° 3731.
Frédéric Thiveaud, *La Caisse des dépôts*, n° 3835.
Jean-Pascal Gond, Jacques Igalens, *La Responsabilité sociale de l'entreprise*, n° 3837.
Jean-Pierre Doussin, *Le Commerce équitable*, n° 3853.

ISBN 978-2-7154-0053-5
ISSN 0768-0066

Dépôt légal – 1re édition : 2016
2e édition mise à jour : 2019, mai


170 *bis*, boulevard du Montparnasse, 75014 Paris

# Introduction

Face aux crises économiques et financières, mais aussi environnementales, énergétiques et démocratiques, l'époque n'est plus aux constats mais à la recherche de solutions.

L'économie sociale et solidaire (ESS) n'est ni une mode ni une énième exception franco-française : c'est l'une des voies d'avenir pour inventer d'autres façons de produire et de consommer tout en développant une plus grande cohésion sociale. Du commerce équitable à l'épargne solidaire, en passant par les innovations sociales dans le champ de la protection de l'environnement, de la lutte contre l'exclusion ou de l'égalité des chances, l'ESS apporte des réponses crédibles à de nombreux enjeux de société contemporains.

Avec 10 % du PIB et 14 % de l'emploi privé en France (2,4 millions de salariés), l'ESS représente un secteur important et en fort développement : depuis 2008, elle a continué de créer des emplois (+ 0,7 % en moyenne par an) alors que, hors ESS, l'emploi décroit sur la période (– 0,2 % par an). Le potentiel de croissance demeure important puisque plus de 700 000 départs à la retraite sont prévus d'ici à 2025. Pourtant, l'ESS reste encore mal connue du grand public. En témoignent le succès des films *Demain* et *Après-demain* de Cyril Dion – qui présentent un grand nombre d'initiatives de l'ESS… sans que ce concept soit jamais mentionné une seule fois –, ou l'appétence que peut manifester un diplômé de grande école pour travailler dans le secteur, tout en affirmant mal le connaître ! En témoigne également l'affirmation d'un besoin de faire ensemble exprimé notamment lors de la crise des « Gilets jaunes » (qui a débuté en octobre 2018) sans que la vitalité associative (près de 13 millions de bénévoles, soit un Français sur quatre) semble une voie de sortie naturelle.

C'est en partie pour combler ce déficit de connaissance d'un pan entier de l'économie que cet ouvrage a été écrit. Il propose de plonger le lecteur dans la dynamique de ce secteur qui cherche à concilier performance économique et utilité sociale, lui permettant de disposer d'une synthèse actualisée de l'ESS : son histoire, ses enjeux, ses débats et ses perspectives.

Illustré de nombreux exemples issus de la pratique et enrichi par des entretiens menés par les auteurs avec des représentants du secteur, cet essai jette un éclairage particulier sur le potentiel des entreprises de l'ESS, innovant au service de l'intérêt général.

CHAPITRE PREMIER

# Une autre économie ?

L'ESS est un concept qui s'est récemment stabilisé mais qui s'inscrit dans une réalité économique et dans des réflexions théoriques et politiques remontant à plus de deux siècles.

## I. – Les racines de l'ESS

Pour comprendre la réalité de l'ESS, un rapide détour historique est nécessaire. À la croisée de plusieurs courants de pensée et de manière d'organiser une production collective (économie sociale, économie solidaire, entrepreneuriat social), l'ESS est un mouvement qui s'est progressivement structuré.

### 1. L'économie sociale : faire primer l'homme sur le capital

(A) *L'entraide en action.* – L'économie sociale est le principal fondement historique de l'ESS. Si l'un des plus anciens exemples remonte au XIII$^{e}$ siècle, avec les fruitières du Jura et de Franche-Comté (premières expériences de coopératives de collecte et de transformation de produits laitiers), l'économie sociale se structure au cours du XIX$^{e}$ siècle. La révolution industrielle – marquant le passage d'une société agricole à une société de production mécanisée fondée sur le charbon, le développement des chemins de fers et l'industrie lourde – entraîne de tels bouleversements économiques et sociaux que la question de la solidarité apparaît rapidement comme essentielle. À côté de la solidarité philanthropique héritière des principes de charité de l'Église, une nouvelle approche émerge : celle d'une entraide et d'une auto-organisation des personnes qui partagent un destin commun.

Malgré leur interdiction jusqu'en 1884 par la loi Le Chapelier et le décret d'Allarde (1791), qui prohibaient les organisations ouvrières (notamment les corporations de métiers et tout type d'organisation de solidarité entre ouvriers), de nombreuses initiatives ont réussi à voir le jour. Les premières structures de l'économie sociale sont des « sociétés de secours mutuel », ancêtres de nos mutuelles d'assurance, qui visent à prendre en charge collectivement des besoins fondamentaux – pensions de retraite ou d'invalidité, logement, nourriture… – que leurs membres, par exemple au chômage, invalides ou travailleurs pauvres, ne sont pas en mesure d'assumer individuellement.

En 1871, la première Union départementale de mutuelles est créée à Lyon. En 1898, la Charte de la mutualité leur reconnaît un rôle d'intérêt général et les autorise à s'unir en fédération nationale. Ce qui est chose faite avec la création de la Fédération nationale de la mutualité française en septembre 1902. En parallèle, dans les années 1830, le mouvement ouvrier poursuit l'objectif de créer des associations de production, qui deviendront les sociétés coopératives de production (SCOP) : il s'agit pour les travailleurs de mettre en commun leur seule richesse, à savoir leurs instruments et leur force de travail, et ce, afin de constituer un capital collectif et produire de manière autonome. Apparaissent ensuite les premières coopératives de consommation, puis de production et de crédit. Les caisses de crédit agricole, les banques populaires sont ainsi créées, permettant à leurs membres d'accéder au crédit pour développer leurs activités, ce que les banques classiques leur refusaient.

L'économie sociale est donc fille de la nécessité : elle provient d'une volonté de réduire les inégalités, de compenser les effets néfastes de la révolution industrielle et d'inventer des relations économiques plus équitables. Elle est aussi fille de la liberté et de la République : la loi du 1er juillet 1901 relative au contrat d'association s'inscrit dans ce contexte favorable à l'économie sociale, en la rattachant à un mouvement de conquêtes civiques. En effet, par la voie contractuelle, tout citoyen dispose désormais du droit de s'associer, sans autorisation préalable, par simple déclaration à la préfecture. La loi préserve les droits des individus tout en permettant leur action collective en conférant la personnalité morale à l'association qui en résulte. Elle prévoit également que les associations se constituent dans un but autre que le partage des bénéfices.

**Diverses traditions nationales d'économie sociale**

La tradition de l'économie sociale est principalement ancrée dans les pays d'Europe occidentale latine. On y trouve des organisations nationales spécifiques comme les *sociedades laborales* en Espagne, qui représentent un modèle de création de petites entreprises et de reprises d'entreprises par les travailleurs, où le capital appartient majoritairement aux salariés et où personne ne peut détenir plus d'un tiers de celui-ci. Autre exemple : les *misericórdias* au Portugal, qui sont des associations de bienfaisance très anciennes liées à l'Église catholique.

Les pays anglo-saxons et germaniques sont davantage marqués par la culture du don. Le Royaume-Uni rassemble ainsi la moitié des dons des particuliers d'Europe (11,5 milliards d'euros), avec deux dispositifs très incitatifs : *Payroll Giving* (don à partir du salaire avant impôt) et *Gift Aid* (abondement par l'État), qui financent environ 170 000 *charities*. Le terme anglais *charity* peut être traduit par « charité », « aumône », mais aussi par « œuvre caritative », « organisation qui vient en aide ». Leur existence a été reconnue trois cents ans avant la loi de 1901 par le *Charitable Uses Act* (1601).
Cette tradition philanthropique se manifeste en Allemagne par le poids des fondations, qui représentent un tiers (17 milliards d'euros) du total des dépenses des fondations d'Europe, avec un financement assuré par la taxe religieuse (*Kirchensteuer*) venant s'ajouter à l'impôt dû, à hauteur de 8 à 9 %. On notera qu'en Allemagne, il existe deux statuts pour les associations : des associations à but non économique (*Idealverein*) et des associations à but économique (*wirtschaftlicher Verein*), traçant ainsi une délimitation plus stricte qu'en France entre les activités lucratives et non lucratives (la loi de 1901 ne dit rien de la nature des activités des associations).

(B) *L'histoire d'une « réinvention »*. – En parallèle de la structuration de l'économie sociale, une pensée politique s'est progressivement imposée, à la croisée du mouvement ouvrier, du socialisme utopique (Charles Fourier, Pierre-Joseph Proudhon) et du christianisme social (en particulier Frédéric Le Play). C'est Charles Gide (1847-1932), le théoricien du mouvement coopératif français, qui, à partir de 1886, développe le concept d'une économie sociale fondée sur la solidarité. Refusant à la fois le marxisme et le libéralisme, il propose une « troisième voie » : il croit en un système qui serait guidé non par les profits mais par les besoins, et non par le seul capital mais également par le travail. Ses idées rencontrent alors un fort succès pendant quelques années, en particulier lors de l'Exposition universelle de 1900, où un pavillon entier est consacré à l'économie sociale.

**Le Familistère Godin : l'utopie en action**

Fortement touché par la misère ouvrière, Jean-Baptiste Godin (1817-1888), fils d'artisan serrurier, décide de s'engager dans la lutte contre la pauvreté. À l'issue de son tour de France de compagnon, Godin conçoit une poêle en fonte innovante ; l'aventure se transforme en une véritable réussite industrielle à Guise dans l'Oise.

Mais le véritable projet de Godin est de poser les bases du « Familistère », en s'inspirant des écrits de Charles Fourier. Rapidement, il décide de confier la gestion de l'entreprise aux ouvriers eux-mêmes et de la leur céder. Surtout, tout est fait pour améliorer la condition des deux mille habitants associés : logements collectifs, magasins coopératifs, arts, activités sportives… L'éducation est également au cœur du projet et tous les enfants bénéficient d'une instruction de qualité (mixité à l'école, développement de pédagogies actives, importance des arts et du sport…).

L'expérience dure environ un siècle et démontre la possibilité d'inventer une organisation économique qui fonctionne sur des principes radicalement différents de ceux d'une entreprise traditionnelle. Si le Familistère n'a pas survécu, faute d'avoir su s'adapter à la concurrence et à l'ouverture des marchés, il est mondialement connu pour avoir posé les bases d'une aventure collective au bénéfice des salariés et des usagers. En expérimentant de nouvelles manières de produire et de consommer, Godin est l'un des inspirateurs et des fondateurs de l'économie sociale.

Ensuite, au cours de la première moitié du XXe siècle, la notion même d'économie sociale disparaît du paysage politique et idéologique français. On assiste à une forme d'éclatement et de fragmentation des différentes familles coopératives, mutualistes et associatives dont chacune se développe de manière indépendante. Ces différents piliers historiques connaîtront des évolutions diverses. Les coopératives de consommation par exemple seront victimes, à partir de la fin des années 1960, de la montée en puissance de la grande distribution, fût-elle sous la forme de coopératives de commerçants comme les centres Leclerc ou Système U. La mutualité s'adaptera en devenant le complément indispensable de la Sécurité sociale. Les mutuelles d'assurance se développeront fortement à la suite de la croissance de l'industrie automobile, les conducteurs étant désormais obligés de s'assurer. Certaines grosses coopératives, en particulier dans le secteur agricole ou bancaire s'éloigneront considérablement de leurs objectifs et de leur fonctionnement d'origine.

Ce n'est qu'à la fin des années 1970 que l'économie sociale a été redécouverte, en tant que concept, sous l'impulsion de Michel Rocard. Cherchant une forme de production de richesses distincte des modèles capitaliste et communiste, il se tourne vers les coopératives, les mutuelles et les associations employeuses et recherche leurs points communs. C'est à cette occasion qu'est « réinventé » le concept d'économie sociale, sans véritable référence à la tradition historique, et c'est ce concept qui est entré en droit français en 1981, par la création de la Délégation interministérielle à l'économie sociale.

(C) *Des sociétés de personnes.* – L'économie sociale rassemble quatre types d'organisations : les mutuelles,

les coopératives, les associations et, par extension, les fondations. Les mutuelles sont orientées vers la protection de leurs membres (mutuelles d'assurance des personnes, des biens ou mutuelle santé). Les coopératives – très diverses, puisqu'il existe des coopératives d'utilisateurs ou d'usagers, des banques coopératives, des coopératives d'entreprises, des coopératives de production, et, enfin, la société coopérative européenne – ont en général été créées pour assurer une solidarité entre les coopérateurs. Les associations, au statut particulièrement souple, peuvent avoir des finalités variées, pourvu que, comme le dit la loi de 1901, leur « but [soit] autre que de partager les bénéfices » (par exemple : solidarité, santé, défense des droits, sport, culture…). Enfin, les fondations font partie aujourd'hui du champ des organisations de l'économie sociale bien qu'elles n'en partagent pas toutes les caractéristiques (en particulier la « double qualité » ; voir *infra*).

Ces organisations, identifiées avant tout par leurs statuts, présentent un certain nombre de caractéristiques communes. Avant tout, ce sont des *sociétés de personnes* et non des sociétés de capitaux. Alors que la société anonyme est détenue par des actionnaires, visant à rémunérer le capital qu'ils ont placé dans l'entreprise, les entreprises de l'économie sociale appartiennent à leurs membres. Contrairement aux entreprises capitalistes classiques, le pouvoir de décision n'est pas proportionnel au capital détenu : même si les pratiques sont variées, la règle « une personne, une voix » est de mise dans ces entreprises. Ainsi, dans une entreprise de l'économie sociale, *la gouvernance est démocratique* : en principe, chacun peut, lors des assemblées générales, faire entendre sa voix. Les statuts garantissent cette règle, tout en la nuançant : le statut de « société coopérative et participative » (SCOP), par exemple, privilégie les salariés, tandis que le statut associatif les écarte le plus souvent de la gouvernance pour donner le premier rôle aux membres de l'association. Les bénéficiaires ou les usagers du service fourni par la structure peuvent occuper une place centrale dans la gouvernance de l'entreprise. C'est le cas dans les mutuelles d'assurance ou de santé, en vertu de la notion de « double qualité » : l'assuré (bénéficiaire de la prestation d'assurance) est également assureur puisque l'assemblée générale et le conseil d'administration sont composés exclusivement d'usagers (sociétaires) de la mutuelle. Ainsi, le conseil d'administration – et le président – de la MAIF est-il composé quasi exclusivement d'enseignants de l'Éducation nationale. Dans tous les cas, le fonctionnement démocratique et la participation active des membres sont essentiels pour identifier de nouveaux besoins, rechercher des solutions rapides et élaborer une offre adéquate en réponse. Dernière caractéristique des entreprises de l'économie sociale : le *but de ces organisations n'est pas le profit*, contrairement aux entreprises traditionnelles ; on parle donc d'entreprise à but non lucratif ou à lucrativité limitée (voir aussi chap. III).

2. **L'économie solidaire : la finalité sociale avant tout.** – Au cours des années 1980, un certain nombre d'initiatives se sont regroupées sous la bannière de l'économie solidaire. Dans un contexte marqué par la crise économique et le chômage, l'économie solidaire regroupe à l'origine des expériences de solidarité menées auprès des populations en situation d'exclusion. Diverses formes d'organisation voient le jour : régies de quartiers, associations intermédiaires,

entreprises d'insertion, ateliers et chantiers d'insertion. L'ensemble de ces expériences formera ce que l'on a appelé quelques années plus tard « l'insertion par l'activité économique ». Partant de la conviction que « nul n'est inemployable », les entreprises sociales d'insertion par le travail proposent des solutions concrètes pour embaucher ceux qui sont exclus de l'emploi. Ces emplois temporaires sont assortis d'un accompagnement spécifique et de formations. Elles procurent un « sas », grâce auquel les individus peuvent retrouver des habitudes de travail, régler leurs difficultés personnelles (de logement, de santé, d'isolement…) et préparer progressivement leur avenir professionnel.

Au cours des années 1990, la notion d'économie solidaire s'est élargie à toutes les pratiques économiques qui ont pour but commun de renforcer le lien social, par exemple dans le secteur des services aux personnes, du commerce équitable, de la protection de l'environnement, etc. La reconnaissance institutionnelle s'est traduite par la nomination en 2000 d'un secrétaire d'État à l'Économie solidaire, l'écologiste Guy Hascoët, en fonction jusqu'en 2002.

L'économie solidaire ambitionne de servir l'intérêt général et pas simplement l'intérêt collectif de ses membres. Ces entreprises cherchent à inventer des solutions nouvelles pour résoudre les problèmes sociaux. Pour cela, les acteurs de l'économie solidaire adoptent les formes juridiques qui leur paraissent les mieux adaptées à leur finalité sociale et ne se tournent pas exclusivement vers les statuts historiques de l'économie sociale. À côté des formes associatives ou coopératives, ils peuvent adopter des statuts commerciaux (SAS, SARL, SA) s'ils les considèrent comme plus adaptés pour remplir leur mission sociale. Pendant longtemps, la pensée de l'économie solidaire se développe en prenant ses distances par rapport à l'économie sociale, indiquant par exemple que « statut ne fait pas vertu ». En a résulté une incompréhension entre les tenants de l'économie sociale et ceux de l'économie solidaire qui a mené à des divergences profondes pendant plusieurs années.

3. **L'entrepreneuriat social : une nouvelle dynamique.** – En parallèle, depuis une quinzaine d'années, l'entrepreneuriat social a suscité en France un intérêt tout particulier auprès des décideurs politiques, des universitaires, des praticiens et du grand public. Issu des États-Unis sous l'impulsion de la Social Enterprise Initiative lancée en 1993 par la Harvard Business School aux États-Unis, le concept s'est fortement développé. Plusieurs acteurs de l'enseignement supérieur et associations internationales de soutien aux entrepreneurs sociaux comme Ashoka ont contribué à sa popularité. Le fait que Muhammad Yunus[1], l'un des entrepreneurs sociaux les plus reconnus pour son action en faveur du développement du microcrédit, a reçu le prix Nobel de la paix en 2006 témoigne d'une dynamique mondiale. L'Organisation de coopération et de développement économiques (OCDE) a également fortement contribué à diffuser le concept en publiant de nombreuses études et rapports sur le sujet, et en mettant à disposition des États des outils et un accompagnement adapté pour développer les entreprises sociales.

L'entrepreneuriat social peut avoir une définition plus ou moins extensive. En France, dans son sens le plus large, l'entrepreneuriat social renvoie, selon la

1. Fondateur de la Grameen Bank au Bengladesh.

définition de l'Institut de l'innovation et de l'entrepreneuriat social de l'ESSEC, à « l'ensemble des initiatives privées au service de l'intérêt général » qui vise à fournir des solutions novatrices à des enjeux et à des problèmes sociaux. Par conséquent, l'entrepreneuriat social va souvent de pair avec l'innovation. Certains partisans de l'économie sociale ou de l'économie solidaire ont pu craindre que la notion d'entrepreneuriat social ne devienne trop extensive, englobant toutes sortes d'activités socialement bénéfiques, y compris celles qui émanent d'entreprises classiques à but lucratif. C'est pourquoi, pour éviter tout risque de confusion, il est proposé de retenir le critère suivant : que la finalité sociale soit « supérieure ou égale » à la finalité économique.

La conception de l'entrepreneuriat social repose principalement sur la figure de l'entrepreneur, qui est souvent considéré et décrit comme un individu exceptionnel. Il n'est pas question d'entrepreneuriat collectif comme chez les partisans de l'économie sociale. Les entrepreneurs sociaux sont ainsi des personnes qui apportent des solutions innovantes à des problèmes pressants de la société : ils identifient des approches nouvelles pour résoudre des problèmes qui apparaissaient souvent comme insolubles. L'entrepreneuriat social, bien qu'issu d'une tradition historique anglo-saxonne, se rapproche donc davantage de l'économie solidaire dans sa volonté de résoudre, avec les moyens de l'entreprise, un problème social.

## II. – L'ESS, une nouvelle « maison commune »

La structuration de l'économie sociale et solidaire suppose que les courants de l'économie sociale, de l'économie solidaire et de l'entrepreneuriat social se rejoignent non seulement sur le terrain mais également en termes conceptuels.

1. **Dépasser les oppositions.** – Sous l'impulsion d'hommes politiques et de penseurs engagés, les acteurs de l'ESS ont compris, dans les années 2000, que ce qui les rassemblait était plus important que ce qui les différenciait. Ainsi la phase d'opposition entre économie sociale et économie solidaire a-t-elle été dépassée grâce aux discussions et consultations régionales inaugurées dans le cadre de la mission Lipietz, puis dans le cadre d'une rencontre européenne de l'économie plurielle organisée par Guy Hascoët, secrétaire d'État. En 2001, Jean-Louis Laville donne sa légitimité au concept intégrateur d'économie sociale et solidaire dans un article de la *Revue internationale de l'économie sociale* (*RECMA*), « Vers une économie sociale et solidaire ? ». Selon lui, « l'économie sociale comme l'économie solidaire ne prennent sens que par rapport à une économie plurielle, c'est-à-dire une économie ne se réduisant pas à la société de capitaux et au marché, dans laquelle plusieurs logiques économiques peuvent se déployer[1] ».

Ainsi, l'ESS rassemble une diversité d'entreprises dont les finalités, les formes juridiques (association,

1. J.-L. Laville, « Vers une économie sociale et solidaire ? », *RECMA*, n° 281, 2001, p. 39 *sq*.

coopérative, mutuelle, fondation, SARL, SAS…), les modèles économiques, les tailles et les secteurs d'activité sont variés. Elle ne se caractérise ni par un statut, ni par un code NAF, ni par une taille d'entreprise, ni par une organisation territoriale.

Le point d'interrogation qui subsistait encore concernant la délimitation de ce champ sera levé en 2012 avec la nomination d'un ministre délégué à l'Économie sociale et solidaire et les travaux législatifs qui en découlèrent. La maison commune ESS est désormais définie comme « un mode d'entreprendre et de développement économique adapté à tous les domaines de l'activité humaine auquel adhèrent des personnes morales de droit privé », qui remplissent elles-mêmes un certain nombre de conditions, tenant à leur mode de partage des résultats, leur gouvernance et leur utilité sociale.

2. **Un secteur reconnu, structuré et développé par la loi du 31 juillet 2014.** – Annoncée dans le programme du candidat François Hollande à la présidentielle de 2012, actée dans la composition gouvernementale à travers la nomination d'un ministre dans la sphère du ministère de l'Économie, des Finances et de l'Industrie, l'intervention d'un texte législatif fondateur a été précédée par plusieurs rapports parlementaires la recommandant fortement (rapport Vercamer en 2010, rapport Lienemann en 2012). Les parties prenantes à l'économie sociale et solidaire représentant les associations, les coopératives, les fondations, les mutuelles ont également soutenu et revendiqué l'élaboration d'une loi.

La loi du 31 juillet 2014 dite loi « Hamon » et ses textes d'application apportent une véritable reconnaissance institutionnelle au secteur en délimitant son périmètre, de manière à faciliter les soutiens, tant publics que privés – les entreprises sociales et solidaires étant ainsi mieux identifiées –, et à favoriser son développement. Ainsi, le législateur a, pour la première fois, donné une définition officielle de l'ESS. Son approche inclusive prend en compte à la fois la diversité des acteurs de ce secteur, et les principes fondateurs qui les fédèrent.

Selon cette loi, l'ESS regroupe :

- les acteurs historiques « statutaires » (coopératives, mutuelles, associations, fondations), qui, en raison de leur apport historique au développement du secteur, en font partie de droit ;
- les sociétés commerciales qui poursuivent un but d'utilité sociale et qui partagent un certain nombre de principes de l'ESS posés par la loi et présentés ci-dessous. Les entreprises qui souhaitent se dire « entreprises de l'ESS » devront inscrire ces principes dans leurs statuts et se déclarer comme telles auprès des pouvoirs publics (inscription au registre du commerce et des sociétés tenu par le greffe du tribunal de commerce) ; les chambres régionales de l'économie sociale et solidaire (CRESS) tiennent à jour et assurent la publication selon une fréquence annuelle de la liste des entreprises de l'ESS qui sont situées dans leur ressort.

Toutes les entreprises de l'ESS devront respecter les principes suivants :

- poursuivre un but autre que le seul partage des bénéfices ;
- leur gouvernance doit être démocratique, définie et organisée par les statuts, prévoyant la

participation, dont l'expression n'est pas seulement liée à leur apport en capital ou au montant de leur contribution financière, des associés et parties prenantes aux réalisations de l'entreprise ;

– la majeure partie des bénéfices devra être consacrée à développer l'activité de l'entreprise. Ces entreprises sont par conséquent à but non lucratif ou avec une lucrativité limitée : les bénéfices sont en totalité ou majoritairement réinvestis dans l'entreprise, et la rémunération des actionnaires, quand elle existe, est limitée. Concrètement, la répartition des bénéfices est encadrée par plusieurs règles : une obligation de mise en réserve à hauteur de 20 % des bénéfices de l'exercice (réserve statutaire obligatoire, dite « fonds de développement ») ; le prélèvement d'une fraction définie par arrêté et au moins égale à 50 % des bénéfices de l'exercice, affecté au report bénéficiaire ainsi qu'aux réserves obligatoires.

La loi met également en place un agrément « Entreprise solidaire d'utilité sociale » (ESUS) plus restrictif : seules certaines entreprises de l'ESS peuvent y prétendre. Ce sont les entreprises qui :

– recherchent à titre principal une utilité sociale : elles ont pour objectif d'apporter, à travers leur activité, un soutien à des personnes fragiles du fait de leur situation économique ou sociale ; ce sont aussi les organisations qui « ont pour objectif de contribuer à la préservation et au développement du lien social, à la lutte contre les exclusions et inégalités sanitaires, sociales et économiques, ou au maintien et au renforcement de la cohésion territoriale » ; elles ont une rentabilité qui devra être affectée de manière significative par la recherche de cette utilité sociale (notamment pourcentage élevé de charges d'exploitation liées à l'activité d'utilité sociale) ;

– ont une politique de rémunération encadrée : la moyenne des cinq salaires les plus élevés ne pourra pas être supérieure à sept fois le SMIC ou la somme moyenne versée, y compris les primes, au salarié ou dirigeant le mieux payé n'excédera pas, sur une année et pour un temps complet, dix fois la rémunération annuelle d'un salarié au SMIC ou au salaire minimum de branche si ce dernier est plus élevé.

Sont agréées de droit (mais doivent respecter les critères pour être entreprises de l'ESS) les entreprises de l'insertion par l'activité économique et du travail protégé (emploi des personnes handicapées).

Le principal intérêt de cet agrément est de constituer une clé d'accès à l'encours des fonds d'épargne salariale solidaire (plus de 11,5 milliards d'euros en 2017 ; voir chap. IV). Il peut aussi permettre d'accéder à des marchés publics réservés, lorsque la collectivité en a décidé ainsi (voir chap. VI). Ainsi cet agrément permet de financer des modèles économiques particulièrement exigeants dans de nombreux domaines (habitat très social, préservation solidaire des surfaces foncières agricoles, maintien des solidarités territoriales par les circuits courts de production-consommation, etc.). Jusqu'à la suppression de l'impôt de solidarité sur la fortune en 2018, l'agrément ESUS permettait également à une entreprise solidaire d'utilité sociale d'attirer des investisseurs pouvant bénéficier des dispositifs de réduction d'impôt dédiés au financement de certaines catégories de PME. En 2019, seulement un millier d'entreprises ESUS ont été agréés, c'est pourquoi le projet de loi PACTE devrait élargir son bénéfice aux entreprises des secteurs culturel, environnemental et de solidarité internationale. La procédure pour l'obtenir devrait également être simplifiée.

La loi de 2014 a également modernisé les statuts de l'économie sociale. Elle en a actualisé certaines dispositions (possibilité pour les collectivités locales de participer jusqu'à 50 % dans le capital des sociétés coopératives d'intérêt collectif, modernisation des titres associatifs, sécurisation des opérations de fusions entre associations, etc.), voire revisité certains outils pour leur conférer un caractère pleinement opérationnel et contribuer ainsi à la création d'emplois (inscription dans le Code du travail du régime de salarié-entrepreneur dans les coopératives d'activité et d'emploi, création de la SCOP d'amorçage, etc.).

À la suite de la présidentielle de 2017, le gouvernement a créé un Haut-Commissariat à l'Économie sociale et solidaire et à l'innovation sociale. En novembre 2018, le gouvernement a dévoilé son Pacte de croissance pour l'ESS qui se décline autour de trois axes : une meilleure visibilité et stabilité des entreprises de l'ESS (par le biais de mesures comme l'encouragement au mécénat des très petites entreprises), un renforcement de l'influence de l'ESS (en instaurant, par exemple, une réunion de ministres annuelle et présidée par le Premier ministre) et une place européenne et internationale pour l'ESS (en travaillant davantage avec l'Agence française de développement (AFD) pour consolider l'ESS dans les politiques de coopération et en organisant, en 2019, une grande rencontre internationale sur l'ESS à Paris). Au-delà du portage politique par le Haut-Commissaire Christophe Itier, la réussite de cette politique dépendra en partie des moyens qui y seront consacrés. Le gouvernement a promis de mobiliser un milliard d'euros d'argent public et privé au soutien du développement de l'ESS. L'avenir dira s'il a réussi son pari.

En parallèle, le gouvernement a favorisé la création de l'association *French Impact* pour encourager le changement d'échelle des entreprises sociales qui développent des initiatives de nature à répondre aux grands enjeux économiques, sociaux et environnementaux. Dans un premier temps, 22 « pionniers » (Siel Bleu, Article 1, Acta Vista...), qui ont déjà démontré la robustesse de leur modèle et leur impact social, ont été sélectionnés et bénéficient d'un accompagnement pour accélérer leur développement, en particulier en travaillant avec des acteurs publics. Il s'agit de créer l'environnement le plus favorable et fertile possible pour les acteurs porteurs de solutions. En complément, *French Impact* souhaite renforcer la coopération des acteurs de l'ESS sur les territoires pour créer des « écosystèmes » dynamiques afin de résoudre une problématique sociale (« zéro SDF », relocalisation d'emplois...). La coopération entre les acteurs de l'ESS, les collectivités locales, l'État ou encore les entreprises est la clé de la démarche. Enfin, le dernier programme, les « Défis » de *French Impact*, prolonge l'accompagnement des pionniers pour mettre en place des solutions nationales avec les ministères « avec pour ambition ultime de montrer que l'ESS peut inspirer les politiques publiques de demain » précise Thibault Guilly, président de l'association.

**Schéma synthétique du champ de l'ESS proposé par la loi de 2014**

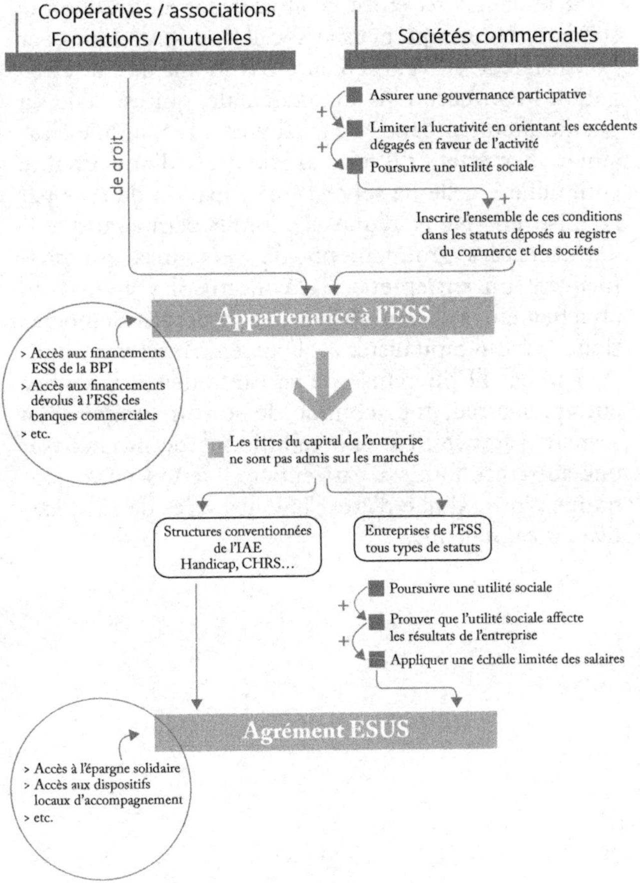


Source : CNEI, Mouves, Entreprises d'insertion, entrepreneurs sociaux, *Ce que la loi ESS change pour vous. Le guide pour comprendre*, 2014.

*
* *

Si les tensions entre économie sociale, économie solidaire et entrepreneuriat social ont été résolues par le législateur, il n'en demeure pas moins une interrogation identitaire plus fondamentale, qui est celle du positionnement dans et par rapport à l'économie classique. En effet, s'il y a affirmation d'une finalité commune – celle de servir l'émancipation de tous par la mise en œuvre d'une économie démocratique – à travers des groupements de personnes qui promeuvent un entrepreneuriat collectif, il y a aussi un attachement à la rénovation des pratiques démocratiques et « a-capitalistes ». Tout en s'inscrivant dans le marché, l'ESS refuse de se cantonner à l'exercice entrepreneurial, tout comme de se voir limiter à un secteur d'activité, car elle ambitionne de promouvoir une autre économie à part entière. Cette « autre économie » revendique d'être l'une des voies de l'alternative au capitalisme.

CHAPITRE II

# Panorama actuel

L'économie sociale et solidaire joue un rôle majeur dans l'économie et la société en France et en Europe. Elle est présente dans la plupart des secteurs et commence à organiser son expression pour mieux se faire entendre.

## I. – Un champ économique dynamique

Après plus d'un siècle d'existence, l'ESS est installée dans le paysage économique français. Toutefois, son morcellement en différentes « familles » ne permet pas de prendre facilement la mesure de son poids en création de valeur ajoutée et en emplois. En l'absence de définition juridique de l'ESS jusqu'à la loi de 2014 et faute de compte satellite Insee, ce champ économique est appréhendé au travers des statuts spécifiques de l'économie sociale (associations, coopératives, mutuelles, fondations) et des études statistiques produites par l'Observatoire national de l'ESS. Dans l'attente que soit effectué le recensement complet des sociétés commerciales relevant également de l'ESS, les chiffres présentés ici sont sous-estimés : à titre d'exemple, début 2019, seules 500 sociétés commerciales ayant la qualité de l'ESS ont été enregistrées selon le Conseil national des chambres régionales de l'ESS. En outre, cette approche du secteur économique de l'ESS (production de biens et services) n'intègre pas le travail gratuit effectué au sein du 1,5 million d'associations, par plus de 13 millions de bénévoles : seule est comptabilisée l'activité des 161 000[1] associations employeuses de salariés. Elle ne comptabilise pas non plus les emplois de moins de 30 jours ou de moins de 120 heures à l'année.

1. **Un réel poids dans l'économie française et la création d'emplois.** – En grande tendance, le poids de l'ESS est estimé à 10 % du PIB, à 10,5 % de l'emploi et à 14 % de l'emploi privé en France. Ce secteur économique est particulièrement créateur d'emplois, y compris dans une conjoncture difficile : entre 2010 et 2015, l'emploi dans l'ESS a augmenté de 26 %, contre 7 % dans l'ensemble de l'emploi privé. Les entreprises de l'ESS savent en particulier créer de l'activité là où les entreprises classiques et les services publics sont défaillants : en zones rurales, dans les quartiers sensibles et les bassins en reconversion industrielle.

L'enquête de l'Observatoire de l'ESS permet de mesurer la réalité du secteur, qui, avec la seule économie sociale (associations, fondations, coopératives, mutuelles), représente 14 % de l'emploi privé[2], soit 164 077 entreprises, 221 136 établissements employeurs et 2,37 millions de salariés. Lorsque le périmètre de la loi sera pris en compte par les statistiques, ce poids s'en trouvera sensiblement accru.

---

1. Chiffres issus de la publication Insee-Première n° 1587, mars 2016.
2. https://www.editions-dalloz.fr/atlas-commente-de-l-economie-sociale-et-solidaire-2017.html

**Économie sociale et solidaire, les chiffres-clés**

| | Associations | Coopératives | Mutuelles | Fondations | Ensemble de l'ESS | Part de l'ESS/ Ensemble de l'économie |
|---|---|---|---|---|---|---|
| Entreprises | 154 095 | 8 714 | 792 | 476 | 164 077 | 8,8 % |
| Établissements | 184 560 | 26 760 | 8 298 | 1 518 | 221 136 | 9,6 % |
| Nombre de salariés | 1 844 547 | 308 532 | 136 723 | 83 010 | 2 372 812 | 10,5 % |
| Nombre de salariés ETP | 1 538 666 | 290 654 | 121 249 | 74 036 | 2 024 605 | 9,7 % |
| Rémunérations brutes versées (en milliards d'euros) | 43,105 | 11,7 | 4,8 | 2,3 | 62 | 8,5 % |

Source : Observatoire national de l'ESS – CNCRESS, d'après Insee Clap 2014.

Parmi les différentes composantes de l'ESS, la famille associative est prépondérante : elle regroupe 93,9 % des entreprises, 83,5 % des établissements, 77,7 % du volume d'emplois et 69,4 % de la masse salariale. Comme le précise l'étude de Viviane Tchernonog[1], les associations représentaient, en 2011, 3,2 % du produit intérieur brut, soit 85 milliards d'euros, c'est-à-dire un poids équivalent à celui de l'agriculture et des industries agricoles et alimentaires, et en 2013, sur la base de l'enquête INSEE, 104 milliards d'euros. L'emploi associatif (9,8 %), à lui seul, est plus important que l'ensemble du secteur de la construction ou des transports, qui représentaient

1. https://www.associatheque.fr/fr/fichiers/etudes/Avis_dexpert_Viviane_Tchernonog_Comparaison_INSEE_paysage_associatif_13avril2016.pdf

chacun environ 7,7 % des emplois privés, en 2016. Précisons néanmoins que 12 % à 14 % seulement des associations sont employeuses et que leur activité est concentrée dans quelques secteurs (culture, sport, action sociale).

Cette colonne vertébrale de l'ESS demeure solide : le nombre de créations d'associations non employeuses suit un rythme élevé (+ 2,4 % chaque année, soit 33 300). Pour les associations qui recourent à l'emploi, le phénomène de concentration explique la stabilisation, voire la baisse, notamment depuis 2010, du nombre d'établissements. Fait encore plus notable : après une année 2011 difficile, les années suivantes ont été marquées par un redressement de l'emploi qui se confirme au titre de l'année 2016 (+ 13 000 emplois), malgré des difficultés dans les services à domicile et les activités culturelles.

Plus dynamiques encore sont les fondations, dont le nombre d'établissements a progressé de 21 % entre 2010 et 2016, tandis que le nombre de salariés y a augmenté de 19,5 %[1].

En revanche, le secteur coopératif (26 180 établissements toutes catégories confondues) connaît un mouvement de repli, notamment dans le domaine agricole. Dans le domaine bancaire, les établissements coopératifs (Crédit mutuel, Banque populaire, Caisse d'épargne, Crédit coopératif, CASDEN…) demeurent parmi les plus importants du marché : ils collectent plus de la moitié des dépôts et sont à l'origine de près de la moitié des prêts. Les coopératives artisanales connaissent un renouveau à noter.

---

1. Recherches et Solidarités en coopération avec l'ACOSS-URSAFF et la CCMSA, « Économie sociale : bilan de l'emploi en 2016 », juin 2017.

**Présentation du secteur coopératif en 2016 (données arrondies)**

| | Régime agricole | | Régime général | | Total du secteur | | |
|---|---|---|---|---|---|---|---|
| | Établissements | Effectif salarié | Établissements | Effectif salarié | Établissements | Effectif salarié | Évolution de l'effectif salarié 2015-216 |
| Coopératives agricoles | 5 665 | 73 160 | 78 | 785 | 5 745 | 73 940 | - 1,7 % |
| Coopératives de production | 38 | 745 | 1 620 | 27 360 | 1 655 | 28 100 | 1,0 % |
| Coopératives de crédit | 7 015 | 72 940 | 9 040 | 91 900 | 16 055 | 164 840 | - 0,3 % |
| Coopératives de consommation | NC | NC | 270 | 5 320 | 270 | 5 325 | - 0,4 % |
| Coopératives artisanales | NC | NC | 270 | 2 950 | 275 | 2 960 | 3,6 % |
| Coopératives commerciales | - | - | 73 | 5 400 | 73 | 5 400 | - 27,1 %(1) |
| Autres coopératives | 135 | 1 780 | 1 970 | 31 290 | 2 110 | 33 070 | 1,4 % |
| **TOTAL COOPÉRATIVES** | **12 860** | **148 640** | **13 320** | **165 000** | **26 180** | **313 640** | **- 0,9 %(2)** |

Source : ACOSS-URSSAF et MSA. NC : Ces données ne sont pas communicables en respect du secret statistique. (1) : Ce résultat doit être lu compte-tenu des mouvements observés dans le secteur des coopératives commerciales.

S'agissant des mutuelles, les 7 500 établissements (dont 70 % de mutuelles de santé) qui emploient près de 156 000 salariés, connaissent de profondes restructurations (fusions, regroupements) conduisant à une stagnation. Néanmoins, les mutuelles d'assurance (Macif, Maif, Mapa, Matmut…) détiennent près de 50 % du marché de l'assurance automobile. Plus d'un Français sur deux est adhérent d'une mutuelle de santé pour sa couverture sociale complémentaire de la Sécurité sociale, et la quasi-totalité des agriculteurs adhèrent à une coopérative.

Enfin, notons que si 80 % des entreprises emploient moins de dix salariés, l'ESS représente cependant près de 20 % des entreprises privées de plus de 50 salariés et 19 % de celles de plus de 250 salariés, ce qui reflète une dynamique de changement d'échelle. À titre d'exemple, l'UCPA, célèbre association proposant des séjours sportifs accessibles aux jeunes jusqu'à 35 ans, compte 12 500 collaborateurs et le Groupe SOS, qui est un acteur majeur de l'hébergement des personnes âgées et lutte contre l'exclusion, plus de 18 000.

2. **Une présence dans de nombreux secteurs d'activité.** – Présents dans la quasi-totalité des secteurs d'activité, les 221 136 établissements de l'ESS sont les premiers employeurs du secteur social (61 % des emplois), du sport et des loisirs (57 %) et les seconds pour les activités financières, bancaires et d'assurance (30 %), de la culture (26 %) et de l'enseignement (19 %). Pour illustrer cette réalité dans notre vie quotidienne, notons que 50 % des établissements d'accueil du jeune enfant (crèches, haltes garderies...) et 31 % des EHPAD (résidences pour personnes âgées) relèvent de l'ESS du fait de leur statut privé non lucratif (majoritairement associatif). En 2017, plus de 136 000 salariés ont travaillé en moyenne chaque mois dans une entreprise d'insertion par l'activité économique, notamment dans les services à la personne et les métiers « verts » (recyclage, réemploi espace vert...).

L'ESS est ainsi riche d'une véritable « biodiversité » sectorielle. L'agriculture biologique, promue par exemple par les Associations pour le maintien d'une agriculture paysanne (Amap), les Jardins de Cocagne, qui proposent des paniers de produits bio cultivés par des personnes en insertion, ou encore par les Biocoop, supermarchés coopératifs et biologiques, y côtoie le

L'emploi dans les principaux secteurs d'activité

| Secteur d'activité | Économie sociale et solidaire | | Privé hors ESS | | Public | | Total |
|---|---|---|---|---|---|---|---|
| | Poids de l'activité au sein de l'ESS | Poids de l'ESS dans l'activité | Poids de l'activité au sein du privé hors ESS | Poids du privé hors ESS dans l'activité | Poids de l'activité au sein du public | Poids du public dans l'activité | |
| Action sociale | 40,8 % | 60,8 % | 1,3 % | 11,6 % | 7,7 % | 27,5 % | 1 592 140 |
| Activités financières et d'assurance | 10,8 % | 30,1 % | 3,9 % | 67,4 % | 0,4 % | 2,5 % | 847 877 |
| Agriculture, sylviculture, pêche | 0,5 % | 4,4 % | 1,6 % | 91,7 % | 0,2 % | 4,0 % | 256 988 |
| Arts et spectacles | 1,5 % | 26,3 % | 0,3 % | 36,0 % | 0,9 % | 37,7 % | 131 924 |
| Commerce | 2,5 % | 1,9 % | 20,5 % | 98,0 % | 0,0 % | 0,1 % | 3 063 592 |
| Construction et autres industries sauf alimentaires | 0,5 % | 0,7 % | 27,0 % | 98,0 % | 1,0 % | 1,4 % | 4 027 274 |
| Enseignement | 14,8 % | 18,6 % | 0,7 % | 5,2 % | 25,3 % | 76,2 % | 1 884 587 |
| Hébèrgement et restauration | 1,1 % | 2,9 % | 6,2 % | 95,3 % | 0,3 % | 1,9 % | 948 928 |
| Industries alimentaires | 1,0 % | 4,4 % | 3,6 % | 95,4 % | 0,0 % | 0,2 % | 558 161 |
| Information et communication | 0,4 % | 1,3 % | 4,7 % | 98,2 % | 0,1 % | 0,1 % | 705 381 |
| Santé | 7,6 % | 11,6 % | 2,5 % | 23,4 % | 17,8 % | 65,0 % | 1 553 491 |
| Soutien auc entreprises | 5,9 % | 5,6 % | 15,3 % | 89,8 % | 2,0 % | 4,1 % | 2 485 522 |
| Sport et loisirs | 3,9 % | 56,9 % | 0,4 % | 37,5 % | 0,2 % | 5,6 % | 164 181 |
| Activités diverses | 1,0 % | 0,6 % | 11,9 % | 40,8 % | 44,1 % | 58,6 % | 4 269 823 |
| Non classés | 7,0 % | 94,3 % | 0,1 % | 5,6 % | 0,0 % | 0,1 % | 177 324 |
| Total | 100,0 % | | 100,0 % | | 100,0 % | | 22 667 393 |

Source : Observatoire national de l'ESS-CNCRESS, d'après Insee Clap 2014. Lecture : L'action sociale regroupe 40,8 des emplois de l'ESS. Par ailleurs, 60,8 % des emplois de l'action sociale sont portés par l'ESS.

commerce équitable et l'aide alimentaire – les épiceries solidaires proposent ainsi des produits diversifiés, dont le prix est fonction du quotient familial du client. La lutte contre l'exclusion et les discriminations, à travers, notamment, l'accès au logement, la réinsertion professionnelle, l'accès au soin, est un objectif phare de l'économie sociale et solidaire, poursuivi par des structures telles qu'Habitat et Humanisme, Emmaüs, les mutuelles et foncières solidaires…

Les tiers-lieux, comme les espaces de coworking ou les « fab lab » (la Machinerie à Amiens, Make Ici à Montreuil et à Marseille…), et les nouvelles formes d'emploi (hybride, entre salarié et indépendant) se multiplient notamment sous forme de coopératives d'activité et d'emploi (CAE). C'est un regroupement économique solidaire de plusieurs entrepreneurs. Cette forme d'entrepreneuriat collectif offre une solution plus sûre pour lancer et développer son activité. L'entrepreneur bénéficie du statut d'entrepreneur-salarié en contrat à durée indéterminée et d'une protection sociale. Il peut également devenir associé, participant ainsi à la stratégie et à la gestion de l'entreprise. Plus d'une centaine de CAE regroupent aujourd'hui environ 10 000 entrepreneurs-salariés dans toute la France. Le « coopérativisme de plate-forme » comme remède à l'« ubérisation » est clairement une voie de développement, encore insuffisamment exploitée (voir chapitre v).

L'ESS est souvent le premier employeur dans les petites collectivités, notamment en milieu rural, et est l'une des rares formes d'économie privée à s'intéresser aux zones rurales défavorisées. Ainsi, ce sont les départements de la Lozère (27,9 %), du Maine-et-Loire (19 %), des Deux-Sèvres (18 %), de l'Aveyron (17,3 %), du Tarn (17,1 %) et de la Creuse (17 %) qui ont les taux d'emploi dans l'ESS les plus élevés. L'économie sociale et solidaire vient donc dans ces territoires ralentir la déprise rurale. Le succès de l'initiative « Territoires zéro chômeur » (voir chapitre v), notamment dans la Nièvre, en Ille-et-Vilaine ou en Meurthe-et-Moselle, montre que l'ESS est une solution pour recréer de l'activité et de l'emploi entraînant des effets positifs importants (rénovation de commerces dans le cœur des villes et des villages, dignité retrouvée par le travail, accès à un logement, services rendus à des personnes isolées, etc.) dans des endroits où les besoins des populations ne sont pas satisfaits par le marché. L'ESS est aussi l'une des rares formes d'économie privée présente dans les zones urbaines en difficulté. Une structure d'insertion par l'activité économique (SIAE) sur cinq est implantée dans les quartiers et qu'un salarié en insertion sur trois réside dans un quartier prioritaire. Le centre de recherche pour l'étude et l'observation des conditions de vie (CREDOC) a démontré que les habitants des zones urbaines sensibles (ZUS) étaient aujourd'hui surreprésentés parmi les salariés de l'ESS. Une analyse récemment produite par le Commissariat général à l'égalité des territoires[1] précise qu'environ 5 % des établissements du secteur sont situés dans un « quartier politique de la ville » (QPV), auxquels s'ajoutent 14 % d'établissements ESS à moins de 300 mètres d'un tel quartier. Dans plusieurs régions, le taux d'établissements de l'ESS implantés en QPV est nettement supérieur à la moyenne nationale, c'est le cas de la Provence-Alpes-Côte-D'azur (9,7 % des établissements ESS de la région sont en QPV), des Hauts-de-France (7,8 %), de

1. « Les entreprises de l'économie sociale et solidaire dans les quartiers politiques de la ville », CGET-CNCRESS, février 2018.

l'Île-de-France (6,3 %) et de l'Occitanie (6,1 %) ; dans certaines intercommunalités de Seine-Saint-Denis, de Haute-Garonne ou du Gard, ce taux peut atteindre jusqu'à 60 %.

La forme associative est la plus implantée dans ces territoires, avec une concentration des activités dans le domaine de l'action sociale (accueil des jeunes enfants), de la santé et de l'éducation populaire. Les dynamiques sont remarquables, qu'il s'agisse par exemple d'un pôle territorial de coopération économique (PTCE) comme la Coursive Boutaric à Dijon, qui regroupe 23 entreprises culturelles dans le quartier des Grésilles, ou de l'association VoisinMalin, implantée aujourd'hui dans 14 villes et qui fait de la médiation par les habitants (100 voisins malins, entre 18 et 72 ans) avec les habitants, sur les problèmes de la vie quotidienne. Les coopératives sont également présentes. En effet, les gens qui décident de la vie de l'entreprise sont ceux qui produisent et vivent là où ils travaillent : à titre d'illustration, la plus grosse SCOP du bâtiment (UTB) est implantée dans les quartiers de Pantin et de Romainville (Seine-Saint-Denis). De même, on note l'existence de sociétés coopératives d'intérêt collectif (SCIC) (par exemple d'habitat, participant de la rénovation urbaine, ou de production d'énergies renouvelables, comme ENERCOOP) permettant la participation au capital des collectivités locales et des citoyens.

Avec plus de 700 000 départs à la retraite dans les entreprises de l'ESS française d'ici 2025 et des réponses à des enjeux aussi cruciaux que la prise en charge du vieillissement, la résorption des inégalités de santé, l'innovation pédagogique et la montée en puissance des circuits courts, l'ESS semble avoir un bel avenir de croissance.

Enfin, à l'échelle européenne, l'ESS représente également une véritable puissance économique. Selon les principales estimations[1], l'économie sociale et solidaire représente 10 % de l'ensemble des entreprises au sein de l'Union européenne et 6,5 % de l'emploi total, soit 13,6 millions d'emplois au sein de 2,8 millions d'entreprises. Entre 2003 et 2010, l'emploi dans ce secteur a augmenté de 26,8 % dans cette zone. Et la tendance est forte : parmi les entreprises créées chaque année en Europe, un quart sont des entreprises sociales. En janvier 2017, une *task force* sur le développement de l'économie sociale au sein de la Commission européenne a été mise en place. Vingt-deux directions générales de la Commission européenne travaillent au sein de cette *task force*, signe que la dimension transversale de l'ESS est prise en compte. Ses priorités sont notamment l'accès aux financements, dans le cadre de la future programmation budgétaire 2021/2027, et l'accès aux marchés publics (sortie d'un guide en 2019). Au-delà de la France, plusieurs pays ont désormais une législation spécifique à l'économie sociale : l'Espagne, le Portugal, la Roumanie et la Grèce. Il existe également des réglementations relatives à l'économie sociale dans les régions belges de la Wallonie, de la Flandre et de Bruxelles, ainsi qu'une loi sur l'économie sociale dans la région espagnole de Galice. D'autres pays ont adopté des lois ou des réglementations relatives aux entreprises sociales : la Finlande, l'Italie, la Lituanie, la Slovénie, le Danemark, le Royaume-Uni, la Belgique et le Luxembourg.

1. P. Perard, D. Stokkink, « L'économie sociale et solidaire en Europe », *Pour la solidarité*, mai 2016 et « Europe et ESS, enjeux et leviers d'action pour les collectivités locales », *RTES*, septembre 2018.

**Un exemple de projet ESS financé sur fonds européens**

La CRESS Bretagne anime depuis 2017 un plan régional et triennal pour favoriser l'économie circulaire. Ce plan exemplaire est financé à hauteur de 337 000 € par le programme Interreg, l'ADEME, le Conseil régional de Bretagne et le Crédit agricole. Plus de 30 collectivités bretonnes et 28 recycleries-ressourceries (55 salariés et bénévoles) ont déjà participé à ces travaux, qui ont pour buts de bâtir un modèle économique du réemploi-recyclage ainsi que de capitaliser les initiatives ESS de transformation des surplus alimentaires et de réemploi des matériaux. En 2019, les principales actions consistent à identifier les besoins en compétences des structures de réemploi (avec l'objectif de trouver des solutions adaptées : formation professionnelle, programme d'échange de salariés entre structures...) et à étudier le modèle de « déchèterie du futur ».

Désormais, l'économie sociale et solidaire constitue un enjeu transversal, lié à de nombreuses autres politiques européennes, telles que la politique de cohésion ou encore la stratégie « Europe 2020 ». Toutefois, la question qui est sur la table est celle d'une définition européenne commune ou, à tout le moins, d'une reconnaissance réciproque. Le Parlement européen s'est ainsi emparé de la question dans une résolution adoptée en juillet 2018, contenant des recommandations à la Commission relatives au statut européen pour les entreprises de l'ESS – la création d'un label européen des entreprises sociales est préconisé. À la suite des élections de 2019, le nouveau Parlement aura la responsabilité de développer l'ESS pour en faire un élément distinctif du modèle social et économique européen.

## II. – Des représentations qui doivent encore s'affirmer pour peser

Pour que l'économie sociale et solidaire atteigne un niveau d'influence équivalent à son poids dans l'économie, ses acteurs ont organisé leur expression, mais leur difficulté à faire cause commune les empêche de réellement peser.

1. **Un secteur dont l'expression s'est organisé depuis 2014.** – Que ce soit au niveau national ou régional, l'ESS se structure progressivement et hésite entre défense des intérêts de chacune des « familles » ou représentation de l'ESS dans son ensemble.

(A) *Au niveau national.* – Les entreprises de l'ESS se sont structurées en réseaux et regroupements sectoriels ayant vocation à représenter l'ensemble des acteurs du domaine. De manière non exhaustive, on peut citer :

- pour les associations, le Mouvement associatif ;
- pour l'éducation populaire, la Ligue de l'enseignement, la Fédération Léo-Lagrange ;
- pour le secteur social et médico-social, l'UNIOPSS, la Fédération des acteurs de la solidarité ;
- pour les coopératives la CGSCOP et COOP de France ;
- pour les mutuelles, la Mutualité française ;
- pour l'insertion par l'activité économique, le COORACE, la Fédération des entreprises d'insertion, Chantier École ;
- pour les entrepreneurs sociaux, le Mouvement des entrepreneurs sociaux (Mouves) ;
- pour les fondations, le Centre français des fonds et fondations (CFF).

Ces différentes « familles » se sont regroupées dès 1970 au sein du « Comité national de liaison des activités mutualistes coopératives et associatives », puis de manière plus offensive, en 2001 dans le cadre du Conseil des entreprises, employeurs et groupements de l'économie sociale (CEGES). L'objectif était clairement de lutter contre la « banalisation des coopératives, des mutuelles ou associations gestionnaires sous des règles faites pour les entreprises libérales » et contre le « confinement du champ de l'économie sociale à celui du non-rentable, de l'expérimentation, du caritatif, en complément ou en remplacement des services publics ».

Cette prise de parole des acteurs par eux-mêmes et leur souci de s'inscrire dans un dialogue avec les pouvoirs publics a également débouché sur la naissance du Conseil supérieur de l'économie sociale en 2006, transformé en Conseil supérieur de l'économie sociale et solidaire (CSESS) dès 2010. L'institutionnalisation de la représentation des intérêts spécifiques du secteur est ainsi allée de pair avec l'affirmation de l'ESS dans le paysage français comme une solution à des besoins sociaux pas ou mal satisfaits.

En 2014, le législateur a poursuivi ce mouvement en améliorant la structuration nationale et territoriale, sans remettre en cause les acquis d'un dialogue transversal ayant émergé des acteurs eux-mêmes. La première évolution introduite touche à l'autoreprésentation et à la promotion du secteur : en ligne avec le périmètre élargi aux sociétés commerciales, le CEGES est devenu la Chambre française de l'ESS (article 5 de la loi du 31 juillet 2014), dite « ESS France ». Début 2019, l'adoption par ESS France d'une ligne politique claire (« Une alliance nouvelle pour les entreprises de l'ESS »), un changement de gouvernance et l'annonce d'une feuille de route avant la fin de l'année sont peut-être le signe d'une dynamique refondatrice.

La loi Hamon a également consacré l'existence et les missions du CSESS, « chargé d'assurer le dialogue entre les acteurs de l'économie sociale et solidaire et les pouvoirs publics ». Composé de représentants des différentes familles de l'ESS et de personnalités désignées par les pouvoirs publics, il est placé auprès du Premier ministre et présidé par le ministre de la Transition écologique et solidaire depuis mai 2017. Après une activité importante dans le sillage de l'élaboration de la loi et des textes d'application, ces instances paraissent aujourd'hui en retrait. Le Conseil supérieur de l'ESS n'a par exemple pas été consulté formellement sur le Pacte de croissance annoncé par le Haut-Commissaire chargé de l'ESS et de l'innovation sociale en 2018.

(B) *Au niveau territorial.* – L'ancrage de l'ESS dans les territoires (75 % des plus importantes coopératives ont leurs sièges en province, alors que la majorité des grandes entreprises classiques sont localisées en Île-de-France) rend indispensable sa représentation au plus près du terrain.

Au niveau régional et de manière autonome par rapport aux chambres consulaires (chambres de commerce et d'industrie, chambres des métiers et de l'artisanat et chambres d'agriculture), les grandes familles de l'ESS ont progressivement créé depuis 2002 les chambres régionales de l'économie sociale et solidaire (CRESS). Ces chambres sont créées sous une forme associative et sont regroupées depuis 2004 au sein d'une structure fédérative nationale, le Conseil national des chambres régionales de l'économie sociale et solidaire (CNCRESS). Dans les territoires, ces structures légères mais hétérogènes selon la maturité des acteurs locaux et la composition du tissu économique ont été reconnues par le législateur. Une approche pragmatique a été privilégiée en choisissant de conserver des chambres régionales tout en définissant et précisant les missions qu'elles doivent assurer (représentation de l'ESS, appui au développement des entreprises de l'ESS et promotion du secteur). Les CRESS ont également un rôle nouveau d'aide à la formation des dirigeants comme des salariés, et de collecte, de mise à disposition et d'exploitation des données économiques et sociales. Depuis janvier 2016, est ainsi mise à jour et publiée sur Internet la liste des entreprises du secteur. Le Conseil national promeut également une véritable dynamique de structuration de l'offre de services rendus par les CRESS dans les territoires, aussi bien comme interlocuteurs des pouvoirs publics dans l'élaboration des stratégies régionales et locales qu'en accompagnant le développement durable des entreprises de l'ESS, avec une volonté de bâtir des écosystèmes territoriaux.

2. **Un dialogue social qui doit faire ses preuves.** Être un interlocuteur des pouvoirs publics signifie également exister comme partenaire dans le dialogue social national et territorial, au même titre que les employeurs des autres secteurs d'activité privée, tant par les pouvoirs publics que par les organisations d'employeurs et de salariés des autres secteurs économiques.

Deux groupements d'employeurs de l'ESS se sont structurés dans les années 1990 : l'UNIFED pour le secteur sanitaire, social et médico-social en 1993, et l'USGERES, en 1994 (devenue l'UDES en 2013), qui regroupe 14 branches, soit 80 % des employeurs de l'ESS. Leurs représentants siègent dans les organismes de la formation professionnelle au niveau des branches et, dans les années 2000, négocient des accords avec les organisations syndicales de salariés (six accords signés depuis 2006, en matière de formation professionnelle tout au long de la vie, d'égalité et de prévention des discriminations, d'insertion professionnelle et d'emploi des jeunes). En 2002, l'UDES, l'UNIFED et le GEMA ont créé une association des employeurs de l'ESS (AEES) et, sous cette bannière, présenté des listes uniques aux élections prud'homales de 2008.

À partir de 2012, un signal positif est envoyé concernant sa reconnaissance par les pouvoirs publics : l'UDES est invitée à participer au côté des organisations patronales représentatives (MEDEF, CGPME, UPA) aux conférences sociales. Ce mouvement sera parachevé par la loi du 27 février 2014 relative à la formation professionnelle, à l'emploi et à la démocratie sociale, qui reconnaît la participation de l'UDES au dialogue social national, au niveau multiprofessionnel (en même temps que la FNSEA, regroupant les employeurs du secteur agricole et l'UNAPL, pour les professions libérales). Cette reconnaissance, qui est entrée en vigueur en 2017, va bien au-delà du symbole. Elle permet aux employeurs de l'ESS d'être consultés systématiquement lors des négociations interprofessionnelles – sans être néanmoins signataires des accords nationaux qui en résultent –, d'obtenir des sièges dans certaines instances (Haut Conseil du dialogue social, Conseil supérieur de la prud'homie et Conseil d'orientation des conditions de travail, selon trois décrets de juin 2016) et d'avoir accès aux crédits du Fonds paritaire pour la sécurisation des parcours professionnels. Aujourd'hui, au travers de 24 groupements et syndicats d'employeurs, ainsi que des 16 branches professionnelles qu'elle rassemble, l'UDES représente quelque

60 000 entreprises employant plus d'un million de salariés.

En dépit de ces avancées de la représentation patronale propre au secteur de l'ESS, plusieurs questions demeurent en jachère. La prise en compte des spécificités de l'ESS par les organisations syndicales de salariés est encore embryonnaire, alors même que le sujet de la qualité de vie au travail est un enjeu majeur, notamment dans le secteur associatif (précarité des statuts, taux important de temps partiel, moyenne des salaires inférieure à celle des salaires versés dans le secteur privé). En outre, des progrès importants restent à accomplir en matière de parité, notamment dans la gouvernance des entreprises du secteur (le CNCRESS vient d'être chargé de monter un observatoire sur cette question sensible), et pour unifier les conventions collectives, ce qui faciliterait la mobilité et la constitution de parcours. En matière de formation professionnelle, la logique de regroupement par métiers et filières, inscrite dans la loi sur l'avenir professionnel effective à partir du 1er janvier 2019, a pour conséquence d'éclater davantage les entités ESS entre trois opérateurs de compétences : cohésion sociale, santé et sport.

*

* *

Nous le voyons, les acteurs de l'ESS réussissent peu à peu à faire entendre leur voix, au même titre que les autres acteurs économiques, en disposant d'instances propres destinées à faire connaître leurs positions et en étant associés aux différents niveaux et moments de dialogue avec les pouvoirs publics. Des logiques communes de plaidoyers et de mutualisation de moyens, voire de fusion d'instances, sont encore à construire pour gagner en portée. Enfin, une nouvelle administration – avec un Haut-Commissaire nommé en Conseil des ministres, et rattachée au ministre de l'Économie de 2012 à 2017, puis de la Transition écologique et solidaire – développe une politique publique dédiée. Au niveau régional, la représentation de l'État est néanmoins soumise à fluctuations, au gré des évolutions de la déconcentration et de la décentralisation. Les acteurs de l'ESS et les élus sont aujourd'hui demandeurs de stabilité pour traduire concrètement les engagements pris dans le cadre des conférences régionales de l'ESS.

Autre signe d'installation dans le paysage français : l'ESS est de plus en plus présente dans les milieux académiques. Ainsi, les formations qui lui sont consacrées spécifiquement se multiplient. En 2012, l'Observatoire national de l'ESS en dénombrait soixante-douze. C'est cinq fois plus que dans les années 1990. Il existe aussi des spécialisations sur l'ESS au sein des cursus des grandes écoles comme l'ESSEC, HEC ou Sciences Po Paris. Les formations continues se multiplient également, offrant par exemple des possibilités de reconversion pour les salariés venant d'autres secteurs et des cycles de perfectionnement pour les dirigeants de l'économie sociale[1]. En accord avec l'appétence des jeunes pour des métiers qui ont du sens (au moment de choisir entre deux emplois, 70 % des 18-30 ans placent « le sens » du métier exercé parmi les quatre critères principaux de décision), et notamment

1. La Conférence des présidents d'université et le Crédit coopératif ont publié en 2015 un guide recensant cette offre de formation tout au long de la vie, spécialisée dans l'ESS : http://www.cpu.fr/wp-content/uploads/2015/08/150619_GUESS_maquette_web.pdf

dans l'ESS (près des deux tiers des 18-30 ans déclarent un intérêt pour l'ESS)[1], des formules innovantes comme les « coopératives jeunesse de service » pour les 16-18 ans connaissent un vrai succès : en 2018, 65 CJS se sont déployées dans 11 régions et 2 500 jeunes ont participé à cette expérience d'apprentissage de l'entrepreneuriat collectif.

---

1. Selon l'enquête réalisée en 2017 par *20 Minutes* et OpinionWay pour l'Union des employeurs de l'ESS (UDES).

CHAPITRE III

# « Une personne, une voix », et autres caractéristiques

Quels sont les traits distinctifs et communs des entreprises de l'ESS ? La réponse est loin d'être évidente lorsqu'on connaît la variété des structures, tant en termes de statuts (coopératifs, associatifs, mutualistes, sociétés de capitaux), de taille (allant de l'entreprise individuelle à la banque coopérative employant des milliers de salariés de par le monde) ou de secteur. Il est cependant possible de déterminer un certain nombre de grandes caractéristiques partagées qui les distinguent des entreprises traditionnelles et qui fondent leur plus-value. S'il ne s'agit pas de retenir une définition « figée » de ces organisations, trois dimensions semblent essentielles : un modèle économique spécifique, une gouvernance repensée et un ancrage territorial fort. En fonction des entreprises, chacune remplit plus ou moins et tout ou partie de ces dimensions.

## I. – Un modèle économique différent

1. **Des entreprises dont le but n'est pas le profit.** Les organisations de l'ESS sont des organisations à but non lucratif. Dissipons dès à présent une confusion autour de la question de la non-lucrativité (ou de la lucrativité limitée) de ces structures. Le passage par

des termes anglais permet de clarifier les choses : il faut distinguer les organisations *non profit* des organisations *not for profit*. Les entreprises sociales et solidaires se classent dans cette seconde catégorie : bien que leur but (c'est-à-dire l'objet social qui est traduit dans leurs statuts) ne soit pas de faire des profits, elles en réalisent. C'est même la garantie de leur bonne gestion et ce qui leur permet d'assurer leur viabilité économique sur le long terme. Contrairement à une entreprise classique, les bénéfices réalisés ne sont pas reversés au profit d'une seule personne ou d'actionnaires, mais réinjectés dans le projet collectif et distribués équitablement. Ainsi, cette performance économique est pour les entreprises sociales et solidaires un moyen et non une fin.

Pour illustrer concrètement cette dimension, appuyons-nous sur l'exemple de l'entreprise sociale AlterEos. Comme toute organisation de l'ESS, elle a un défi de taille à relever : assurer une performance économique pour atteindre ses objectifs sociaux. Créée en 1991, elle propose à ses salariés, en situation de handicap physique ou mental, un cursus professionnel personnalisé leur ouvrant de nouvelles portes sur le marché du travail, leur offrant la possibilité d'accéder à un emploi mobilisant leurs compétences. L'entreprise a toujours privilégié une posture entrepreneuriale pour trouver de nouvelles activités créatrices de valeur ajoutée économique mais surtout d'emplois. Ainsi, lorsque AlterEos a connu des difficultés économiques, il y a une dizaine d'années, la « variable d'ajustement » a toujours été l'activité, en aucun cas les ressources humaines. Refusant de licencier les salariés lors de la crise économique, le fondateur de l'entreprise Hervé Knecht a par exemple privilégié un programme de reconversion ambitieux de ses salariés, ce qui a permis de mettre en place une stratégie de diversification. AlterEos a réussi à se diversifier avec succès dans les centres d'appels ou la gestion électronique des documents (dématérialisation). Aujourd'hui, AlterEos est constitué sous la forme d'une société coopérative d'intérêt collectif (SCIC) qui emploie près de 330 personnes et fédère différentes structures partageant toutes le même objectif : développer une activité économique en prenant en compte la notion de « fragilité humaine ».

2. **Un modèle économique « hybride »**. – À chaque entreprise sociale correspond un équilibre économique spécifique qui dépend de son modèle juridique, de ses finalités mais aussi de ses choix stratégiques. Au sein des entreprises de l'ESS, il est possible de distinguer les modèles principalement *marchands* et les modèles principalement *non marchands*, au sens de ce qui est issu du marché (vente de biens et services). Pour les projets marchands d'entreprises sociales, l'enjeu est avant tout d'atteindre un équilibre économique grâce à un positionnement compétitif sur le marché. Les mutuelles (d'assurance ou de santé) et la plupart des coopératives sont entièrement insérées dans le marché et sont en concurrence frontale avec leurs rivales capitalistes. Pour les projets non marchands, le modèle économique repose sur des types de ressources très divers (subventions, dons privés, partenariats d'entreprises…).

Entre ces deux « idéaux types », il existe tout un continuum de modèles économiques cherchant à hybrider les ressources marchandes et non marchandes. Ainsi, alors que les entreprises classiques trouvent leurs sources de financement sur le marché, les entreprises sociales et solidaires ont une originalité : elles mobilisent des ressources multiples pour mener à bien leurs actions. L'éventail des ressources possibles pour couvrir les dépenses est large : fonds publics, vente de prestations et de services, dons issus de particuliers ou mécénats d'entreprises, partenariats avec des acteurs publics ou privés. Par ailleurs, n'oublions pas que les associations, en particulier, peuvent mobiliser des ressources complémentaires qui, bien que non monétarisées, participent souvent à la viabilité et à la pérennité économique de leurs actions : il s'agit du bénévolat et du volontariat.

Réussir à viabiliser au plus tôt un modèle économique hybride est l'une des clés du succès pour qui veut créer et pérenniser une entreprise sociale et solidaire. La tendance actuelle au sein des entreprises sociales et solidaires est d'aller un cran plus loin dans l'hybridation des ressources. L'idée est de créer des « véhicules » juridiques spécifiques, adaptés à chaque type de ressources, permettant de les optimiser et de les sécuriser.

Par exemple, le Groupe SOS, qui lutte contre l'exclusion sous différentes formes (petite enfance, insertion, santé...) réunit les formes juridiques les plus adaptées en fonction de ses objectifs spécifiques : associations pour recevoir des dons et des subventions, entreprises d'insertion pour des activités marchandes, société immobilière sous forme de coopérative (Union d'économie sociale-UES) pour la gestion de son patrimoine immobilier.

Le mouvement Terre de Liens a innové également dans ce domaine en se dotant de trois structures juridiques distinctes qui permettent de développer un modèle économique pérenne. Il repose ainsi sur une structure à « trois têtes » permettant de s'adresser à la multiplicité des financeurs potentiels selon la nature de leur apport financier ou foncier.

### Terre de Liens, un statut pour chaque ressource

Face au constat de la surexploitation et de l'exposition à la spéculation immobilière des terres agricoles françaises, le mouvement Terre de Liens, créé en 2003, a pour ambition d'enrayer la disparition des exploitations agricoles. Son but : favoriser l'installation de personnes portant un projet d'agriculture biologique et paysanne. L'initiative s'appuie sur une dynamique citoyenne et collective atypique.

Depuis la création du mouvement, plus de 370 fermiers, paysans-boulangers, maraîchers ou éleveurs de races anciennes ont ainsi été installés, et près de 4 300 hectares sauvés de la spéculation. Le modèle permet de recréer du lien entre paysans et citoyens.

Terres de Liens a mis en place une structuration originale, fondée sur trois entités juridiques différentes destinées à pérenniser son modèle économique. L'association de loi 1901, structure d'origine créée en 2003, permet de recevoir des subventions de la part des collectivités territoriales et des dons privés. La fondation recueille des dons de terres et d'argent de personnes privées et morales, associés à un appel à la générosité publique. Enfin, la foncière, société en commandite par actions, possède un capital vendu sous forme d'actions à des personnes privées ou morales. C'est elle qui détient des terres dont elle perçoit les loyers. Depuis l'ouverture de la foncière, plus de 13 500 actionnaires solidaires ont contribué à une collecte de 65 millions d'euros (voir aussi chap. IV). Ce modèle inspire d'autres actions dans les territoires ruraux : par exemple, l'association et foncière en SCIC « Villages Vivants » rachète des boutiques, les rénove et les loue pour ainsi faire revivre les cœurs de villages, en faisant appel à des investisseurs solidaires et au financement participatif.

## II. – Une gouvernance démocratique

Dans une entreprise classique, les choses sont claires : le pouvoir est détenu par les actionnaires de l'entreprise. Ils donnent les grandes orientations et définissent les axes stratégiques. Ils disposent d'un pouvoir proportionnel à la part de capital de l'entreprise qu'ils possèdent et il suffit de détenir la majorité du capital pour disposer d'un pouvoir décisionnel très large. Très souvent, les actionnaires délèguent leur pouvoir à un directeur général, qui se charge de mettre en œuvre la stratégie définie. La direction générale doit également prendre en compte les positions et les intérêts d'autres parties prenantes (salariés, clients, fournisseurs), mais le pouvoir de ces dernières reste souvent marginal dans la gouvernance de l'entreprise. Seuls les salariés ont, dans les entreprises de plus de vingt salariés, des représentants qui peuvent, dans certains cas, exercer un rôle de contre-pouvoir ou de contrôle de l'action de la direction ; cependant, le plus souvent, ces moyens d'action restent limités.

Dans les entreprises sociales, c'est l'ensemble des parties prenantes qui est au centre, et pas uniquement les actionnaires. La gouvernance repose sur un équilibre chaque fois différent en fonction de la nature des projets, de la structure juridique adoptée et des parties prenantes impliquées.

Comme nous l'avons vu (chap. I), la gouvernance participative ou « démocratique » est un élément structurant de définition des entreprises de l'ESS. Elle renvoie à l'organisation des pouvoirs et des décisions au service du projet. Schématiquement, nous pouvons distinguer deux grands types de gouvernance : le respect strict de la règle « une personne, une voix » pour les entreprises qui adoptent les statuts de l'économie sociale et la gouvernance par l'association des parties prenantes pour celles qui choisissent les statuts classiques.

1. **Les entreprises sous statuts de l'économie sociale : « une personne, une voix ».** – Au sein des entreprises qui adoptent les statuts de l'économie sociale (coopérative, association ou mutuelle), le pouvoir n'est pas réparti en fonction du capital détenu, mais selon le principe évoqué plus haut : « une personne, une voix ». Ainsi, chacun au sein du conseil d'administration a le même pouvoir que les autres membres pour définir les orientations stratégiques de l'organisation. Le plus souvent, les acteurs « politiques » qui composent le conseil d'administration sont choisis parce qu'ils représentent un groupe qui a une légitimité au sein de l'entreprise sociale. Ainsi, les bénéficiaires ou les usagers prennent toute leur place dans la gouvernance de l'entreprise et sont souvent en mesure de jouer un rôle central. Cela se concrétise par exemple dans les mutuelles d'assurance ou de santé et par la notion de « double qualité » : l'assuré (bénéficiaire de la prestation d'assurance) est également assureur puisque l'assemblée générale et le conseil d'administration sont composés exclusivement d'usagers de la mutuelle. La même logique est à l'œuvre dans les coopératives : dans le réseau Biocoop, par exemple, le conseil d'administration de la coopérative est composé pour partie de directeurs de supermarchés biologiques adhérents qui ont la charge de représenter leurs collègues au plus haut niveau de l'entreprise.

D'autres logiques peuvent être imaginées : dans une association médico-sociale d'aide aux enfants handicapés, ce sont souvent les parents des enfants qui sont fortement représentés au conseil d'administration. Ils représentent l'intérêt des bénéficiaires. Parmi les entreprises de l'ESS, les sociétés coopératives et participatives (SCOP) incarnent le mieux cette gouvernance participative, tout en étant doté de statuts relevant du Code de commerce (SA : société anonyme ; SARL : société à responsabilité limitée ; SAS : société par actions simplifiée notamment).

**Les sociétés coopératives et participatives (SCOP)**

Il existe des entreprises sociales dont l'objectif premier est de repenser l'ensemble de l'organisation managériale classique. En France, les SCOP (anciennement connues sous le nom de sociétés coopératives ouvrières de production) fonctionnent selon des principes très novateurs par comparaison avec les entreprises classiques.

Dans ce type d'organisation, les salariés sont propriétaires de leur outil de travail et ont la maîtrise totale de leur entreprise puisqu'ils détiennent au minimum 51 % du capital social et représentent au moins 65 % des droits de vote au sein du conseil d'administration. Cette situation permet aux salariés coopérateurs de définir ensemble les grandes orientations de leur entreprise et d'élire leurs dirigeants (le PDG en particulier). Dans la pratique, la nomination du dirigeant par les associés salariés entraîne un meilleur équilibre des relations entre les dirigeants et les salariés. Le dirigeant exerce le pouvoir hiérarchique, mais il sait également que les droits et les devoirs sont réciproques : lui aussi doit rendre des comptes à la collectivité des associés, et par conséquent aux salariés.

Le modèle SCOP permet donc de mieux valoriser le travail et la pérennité de l'entreprise au lieu de privilégier la rémunération maximale du capital. En effet, les bénéfices sont « ristournés » aux salariés sous forme de participation, d'intéressement voire de dividendes, et alimentent pour partie les réserves qui consolident les fonds propres et garantissent la durabilité de l'entreprise. Les deux premières SCOP en nombre de salariés-associés en France sont SCOPELEC (3 500 salariés, 414 millions d'euros de chiffre d'affaires) et ACOME (1 500 salariés, 504 millions d'euros de chiffre d'affaires), tous deux leaders dans leur domaine industriel (infrastructures de télécommunications pour SCOPELEC, câbles et fibres optiques pour ACOME).

2. **Les entreprises sous statut commercial : l'association des parties prenantes à la décision.** – Les entreprises sociales qui choisissent des statuts relevant uniquement du Code de commerce (hors coopérative) recherchent un fonctionnement plus souple. Si la loi de 2014 reconnaît ces entreprises comme étant partie intégrante de l'ESS, elle a aussi mis en place un « garde-fou » pour garantir la finalité sociale de leurs activités, en définissant l'utilité sociale que doivent respecter les sociétés commerciales qui se réclament de l'ESS.

Il existe de nombreuses autres possibilités de préserver la mission sociale des entreprises sous statut classique. Assez fréquemment, il peut s'agir de « filialiser » les entreprises sous statut commercial. Les structures « mères » sont la plupart du temps des associations, des mutuelles ou des coopératives qui possèdent des structures « filles » sous statut classique. C'est le cas par exemple pour des entreprises créées sous forme de SA, de SARL ou de SAS par une structure associative qui possède la majorité des parts de l'entreprise (par exemple le groupe d'insertion Vitamine T). Elles mettent souvent en place un pacte d'actionnaires précisant les conditions de rémunération du capital. C'est également le cas de l'entreprise de commerce équitable Éthiquable, qui a inscrit d'emblée son projet dans un cadre coopératif à travers une Scop et, en parallèle, a créé une SAS – statut d'entreprise le plus « classique », qui permet de fédérer autour du projet de nombreux actionnaires externes (des financeurs et des particuliers).

Il est également possible de faire preuve de créativité. Certaines entreprises ont par exemple fait le choix de s'organiser en SAS, tout en établissant dans leurs statuts la règle « un homme, une voix » et la limitation de la rémunération du capital. C'est par exemple le cas du groupe Archer.

La question de la gouvernance démocratique reste un axe de travail pour de nombreux acteurs de l'économie sociale et solidaire. L'exigence des citoyens qui se manifeste fortement aujourd'hui pour davantage de démocratie invite à aller encore plus loin pour la faire vivre dans les organisations de l'ESS. Nombreuses sont les organisations qui se contentent d'une démocratie formelle, fondée uniquement sur un système représentatif qui peine à intéresser le plus grand nombre. Or, l'heure est au renouvellement des pratiques, en pensant de nouvelles manières de prendre des décisions, en faisant appel à l'intelligence collective, ou encore en mobilisant les parties prenantes autour du projet. L'une des pistes réside dans le rapprochement des mondes avec les acteurs de l'innovation démocratique et des *CivicTechs*. Les solutions qu'ils développent pour répondre à la crise démocratique de la Cité peuvent inspirer utilement les pratiques des entreprises.

## III. – Un ancrage territorial

À l'hybridation du modèle économique et la gouvernance participative s'ajoute une troisième caractéristique : l'ancrage durable des entreprises de l'ESS sur le territoire. C'est l'une des différences fondamentales avec l'entreprise classique qui, le plus souvent, peut se contenter d'identifier et de satisfaire ses clients.

La place de l'ESS dans l'économie de proximité est évidente. La grande majorité des agriculteurs français sont membres d'au moins une coopérative. Les coopératives d'utilisation de matériel agricole (CUMA) constituent le maillage coopératif le plus dense (12 500 coopératives en France) et les artisans, les commerçants, les transporteurs routiers, les marins-pêcheurs ont leurs coopératives et ont créé leurs propres outils financiers (banques) ou leurs propres mutuelles d'assurance ou de santé.

Les produits et services de proximité que les entreprises sociales et solidaires mettent en œuvre contribuent à la création d'emplois la plupart du temps « non délocalisables », car répondant à des besoins sociaux de proximité (services aux personnes, petite enfance, santé...). Plus globalement, la créativité des groupements de personnes connaît actuellement une nouvelle effervescence. Comme le rappelle Jean-François Draperi[1], la période contemporaine concentre les innovations sur des initiatives qui mettent en relation producteur et consommateur (ou usager). C'est le cas des associations pour le maintien de l'agriculture paysanne

1. J.-F. Draperi, *L'Économie sociale et solidaire. Une réponse à la crise ?*, Dunod, 2011.

(Amap), du commerce équitable, des coopératives d'activités et d'emploi.

Les entreprises sociales et solidaires sont à la fois, comme l'ont conceptualisé Danièle Demoustier et Nadine Richez-Battesti[1], des *agents de la régulation territoriale* (faisant émerger de nouveaux besoins sociaux auxquels elles apportent des réponses) et des *acteurs de la gouvernance territoriale*. Ainsi, par les innovations et les pratiques différenciées qu'elles développent (tarifs, publics, implantations...), elles modifient le fonctionnement de secteurs d'activité dans les territoires. Pour toutes ces raisons, il est essentiel pour un dirigeant d'une entreprise de l'ESS d'identifier les dynamiques du territoire et les demandes qu'expriment les acteurs locaux. Il peut également s'appuyer sur de nouveaux statuts juridiques afin de répondre à cette volonté d'associer au mieux les parties prenantes au sein de la gouvernance de l'entreprise.

En France, la SCIC, créée par une loi de 2001, est un nouveau mode d'entreprendre mis au point pour faciliter la poursuite d'objectifs d'utilité sociale. C'est l'une des seules formes d'entreprise qui permet d'associer toute personne physique ou morale de droit privé ou de droit public autour du projet commun en organisant une dynamique sur le territoire. La SCIC peut recouvrir tout type d'activité qui rend des services aux organisations ou aux individus.

---

1. D. Demoustier, N. Richez-Battesti, « Les organisations de l'économie sociale et solidaire : gouvernance, régulation et territoire », *Géographie, économie, société*, vol. 12, n° 1, 2010, p. 5-14.

## La société coopérative d'intérêt collectif (SCIC)

La SCIC est une société de personnes qui prend la forme commerciale SA, SAS ou SARL. Elle fonctionne comme toute société soumise aux impératifs de bonne gestion et d'innovation. C'est aussi une coopérative, qui fonctionne sur le principe : « une personne, une voix ». Enfin, les SCIC sont d'intérêt collectif. Elles ont pour objectif la production ou la fourniture de biens et de services d'intérêt collectif, qui présentent un caractère d'utilité sociale. Chaque année, au moins 57,5 % du résultat sont affectés aux réserves impartageables.
Pour se constituer, une SCIC doit obligatoirement associer :

- des salariés (ou en leur absence des producteurs agriculteurs, artisans…) ;
- des bénéficiaires (clients, fournisseurs, bénévoles, collectifs de toute nature…) ;
- un troisième type d'associé : selon les ambitions de l'entreprise, il peut s'agir d'une entreprise privée, de financeurs, association d'associations… mais aussi les collectivités territoriales, qui peuvent devenir associés et détenir jusqu'à 50 % du capital.

Par exemple, la SCIC MED CLICHY administre la maison de santé pluridisciplinaire de Clichy-sous-Bois. Elle fournit aux professionnels de santé des prestations de service et logistique leur permettant d'exercer quotidiennement dans de bonnes conditions, notamment mise à disposition de locaux, prise de rendez-vous, accueil des patients, service informatique… Les liens avec la ville sont nombreux : la ville loue à la SCIC, et à coût raisonnable, le lieu abritant la maison de santé ; aidés par des fonds européens, la Ville de Clichy et la Région ont financé la réhabilitation des espaces pour un coût total de 3 millions d'euros. Enfin, l'agence régionale de santé, la commune et vingt praticiens sont sociétaires de la SCIC.

Sur d'autres sujets, comme les solutions alternatives de mobilité durable, de nombreuses SCIC se développent : par exemple, Citiz est le 1er réseau d'autopartage en France présent dans plus de 100 villes avec 1 200 voitures partagées. Il démontre la pertinence de l'approche coopérative pour de nouveaux besoins sociétaux.

Depuis dix-sept ans, près de 700 SCIC ont été créées, avec une accélération ces dernières années : 38 % des SCIC sont de jeunes entreprises (moins de deux ans d'activité) ; la loi du 31 juillet 2014 qui permet aux collectivités de détenir jusqu'à 50 % du capital devrait donner une nouvelle impulsion à cette dynamique, notamment dans le domaine de la santé et de la transition énergétique. Six cent quatre-vingt-douze SCIC emploient aujourd'hui près de 5 000 salariés et regroupent 31 000 sociétaires.

*

* *

Les logiques de fonctionnement des entreprises de l'ESS remettent en cause les découpages et frontières classiques (public et privé, marchand et non-marchand, intérêt collectif et intérêts particuliers...). Par conséquent, ce qui les caractérise, c'est d'abord une plus grande complexité. C'est pourquoi elles nécessitent un financement spécifique (voir chap. IV) mais aussi des modèles de développements adaptés (chap. V).

CHAPITRE IV

# Quel financement ?

Le financement des organisations de l'ESS est un enjeu-clé du développement du secteur. Si elles peuvent faire appel à toutes les ressources de financement public et privé, leurs besoins de financement requièrent parfois des outils d'intervention adaptés. C'est pourquoi, depuis quelques années, un écosystème du financement spécifiquement dévolu aux organisations de l'ESS se structure progressivement.

## I. – Les financeurs publics, un rôle en mutation

Les financeurs publics sont des partenaires structurants du développement des entreprises de l'ESS en France. Pour le secteur associatif en particulier, et bien qu'en baisse constante depuis 2005, ces financements continuent de représenter aujourd'hui près de la moitié du financement total du secteur (44 % en 2017[1]).

1. **L'État et les collectivités locales.** – Les financements publics demeurent indispensables en phase d'amorçage de nouvelles structures. Ils servent surtout à financer la dimension sociale du projet. En effet, la plupart du temps, ils viennent reconnaître un service

1. V. Tchernonog, L. Prouteau, *Le Paysage associatif français. Mesures et évolutions*, Dalloz, Juris Associations, 3e édition, 2019.

rendu à la société. Les entreprises de l'ESS rendent une « prestation de service » à la collectivité qui doit en retour rémunérer ce travail d'inclusion sociale. C'est le cas notamment des financements publics accordés aux entreprises d'insertion ou aux entreprises adaptées pour l'accompagnement social et l'adaptation des postes de travail à des personnes fragiles[1]. Les subventions publiques sont donc moins une charge qu'un investissement sociétal dont il est possible de mesurer le retour sur investissement.

Ainsi, l'intervention des pouvoirs publics passe tout d'abord par le biais de subventions dites d'exploitation destinées aux projets associatifs et autres organisations de l'ESS, reconnaissant ainsi leur capacité à créer du lien social et de la richesse économique sur un territoire. Les subventions publiques peuvent provenir de l'État, des collectivités territoriales, mais aussi de certains fonds européens. À travers leur action de solidarité (lutte contre l'exclusion, prise en charge du handicap, etc.), les départements en particulier sont les principaux partenaires publics des entreprises sociales et solidaires.

Depuis 2010, s'agissant des financements de l'État et des collectivités territoriales, nous pouvons noter deux mutations majeures :

- Malgré de nombreux défis économiques, sociaux et environnementaux, la part des financements publics diminue au profit des financements privés, sous l'effet de la crise économique et de la restriction des dépenses publiques. La logique est

1. Le coût du financement public global du seul secteur de l'insertion par l'activité économique a été estimé entre 1 et 1,3 milliard d'euros en 2011, hors exonérations sociales. Environ la moitié est financée par l'État et l'autre moitié par les collectivités locales.

de plus en plus celle du financement de délégations de service public pour des missions d'intérêt général – prise en charge des personnes âgées, du handicap et de la petite enfance, etc. – traditionnellement confiées aux collectivités territoriales. Notons que dans ce cadre, certaines activités d'intérêt général font l'objet d'une tarification décidée par les pouvoirs publics en lien avec les acteurs du secteur pour tenir compte du coût de revient de la prestation de service. Par exemple, en ce qui concerne l'aide à domicile pour des personnes âgées ou handicapées, le tarif horaire d'un intervenant à domicile intègre le coût de la professionnalisation pour une prise en charge de qualité des publics fragiles.

– La composition des financements publics connaît une inversion : la subvention cède la place à la commande publique. Les raisons sont multiples : une réglementation européenne favorable à la libre concurrence, l'absence de règle nationale sur le recours à la subvention (seulement défini par circulaire et jurisprudence), une pratique frileuse de la subvention par des collectivités territoriales très soucieuses de se protéger de tout contentieux. La part de la commande publique (par le biais des marchés publics) a ainsi fortement progressé entre 2005 et 2014 : d'un tiers des financements publics elle est passée à 50 % pour les associations par exemple. Une étude CPCA/France Active réalisée en janvier 2012 montre qu'une association employeuse sur cinq avait conclu en 2011 un marché public avec l'un au moins de ses financeurs traditionnels. Notons que l'article 9-1 de la loi du 31 juillet 2014 tente d'endiguer ce mouvement de généralisation des appels d'offres, qui s'est effectué au détriment de l'initiative associative, en sécurisant le recours à la subvention. Une définition de celle-ci est inscrite dans le droit français, permettant ainsi aux administrations de l'État et aux collectivités de choisir la meilleure modalité d'intervention. Ainsi, quand il s'agit de commander une prestation, rémunérée par un prix, il convient de mettre en concurrence au moyen d'un marché public ; quand il s'agit de financer une initiative privée non lucrative qui répond à un besoin constaté par la puissance publique, c'est la subvention qui doit être privilégiée.

2. **Les organisations financières publiques : un poids décisif.** – La Caisse des dépôts (CDC), à travers la Banque des territoires, intervient également pour structurer le secteur, accompagner et financer des projets, dans une logique d'essaimage et de changement d'échelle. Cet acteur historique du financement de l'ESS (140 millions d'euros par an d'engagements dont 50 millions sur fonds propres en 2016) soutient un certain nombre de réseaux et fédérations de l'ESS, observatoires et *think tanks* du secteur. Elle est partie prenante de dispositifs d'accompagnement à tous les échelons territoriaux : dispositifs locaux d'accompagnement (DLA), Fabriques à Initiative, Fonds de confiance, pour faire émerger, consolider les structures déjà établies ou faciliter l'essaimage d'entreprises de l'ESS.

Pour ce faire, la CDC s'appuie sur deux partenaires emblématiques : l'Avise et France Active (voir *infra*). Elle intervient également comme investisseur, usant de tous les outils financiers disponibles (fonds propres et quasi-fonds propres, garantie, dette). En 2016, elle a lancé NovESS-Le Fonds ESS, en mobilisant à ses côtés des investisseurs privés et publics pour apporter des financements de long terme aux entreprises de l'ESS en croissance ou qui s'apprêtent à changer d'échelle. Début 2019, NovESS a apporté 15 millions d'euros de fonds propres et quasi-fonds propres à 13 entreprises (Enercoop, MakeIci, Moulinot, ETIC, la Conciergerie solidaire, VAE Les 2 Rives, Dook, UCPA Sport Loisirs, Kelbongoo, Illusion & macadam, Veyret Techniques Découpe, Learn Enjoy, Scopelec). La Caisse des dépôts investit également directement dans des entreprises de l'ESS : par exemple, elle a récemment pris des participations dans Simplon et la SCIC Les 3 Colonnes. Elle est aussi au capital des principaux financeurs solidaires au niveau national – la Société d'investissement de France Active (SIFA), IDES, Phitrust, Le Comptoir de l'innovation – et en province : Transméa en Rhône-Alpes-Auvergne, Autonomie et Solidarité en Hauts-de-France, Pargest en PACA... Enfin, elle est opératrice pour le compte de l'État du programme « Investissement d'avenir », pour l'action en faveur de l'ESS : 97 millions d'euros ont ainsi été investis en cinq ans dans 630 projets, sous forme de prêts participatifs.

En complément, les actions de la Banque publique d'investissement (Bpifrance) en faveur de l'ESS se développent fortement. Ses interventions (environ 300 millions d'euros au total) s'appuient majoritairement sur les dispositifs de droit commun (accessibles à toutes entreprises) : financement à court terme (dont un tiers au titre du préfinancement du crédit impôt compétitivité emploi, perçu par les entreprises de l'ESS assujetties à l'impôt sur les sociétés) et garantie bancaire (22 % des interventions de Bpifrance pour l'ESS en 2015). Des dispositifs spécifiques ont par ailleurs été mis en place : un fonds d'innovation sociale (FISO) doté de

20 millions d'euros et qui octroie, pour financer des projets socialement innovants, des avances remboursables et des prêts à taux zéro dans neuf régions pilotes ; un prêt dévolu à l'ESS (prêt participatif sans garantie, dans la limite de 50 000 euros, pour une durée de cinq ans) et un fonds à impact coopératif. Cet outil géré par l'IDES et Esfin Gestion permet de soutenir en fonds propres les coopératives, notamment en cas de reprise par les salariés. Une des mesures du Pacte de croissance annoncé par le Gouvernement prévoit le lancement, en 2019, avec BPI France, d'un fonds d'innovation sociale (FISO) de 21 millions d'euros, en partenariat avec les régions volontaires, pour financer l'amorçage de 200 projets innovants au cœur des territoires.

## II. – Quand les banques s'intéressent à l'ESS

Les banques financent également le secteur, le prêt restant la modalité de soutien financier des entreprises sociales et solidaires la plus répandue. Par méconnaissance ou par volonté de limiter les risques, les banques se concentrent principalement sur les grandes structures associatives, du secteur sanitaire et médico-social par exemple. Ainsi, nombre de structures de l'ESS rencontrent fréquemment de vraies difficultés d'accès au crédit bancaire. En effet, la taille des projets, la situation économique des porteurs, la capacité limitée d'apport, l'insuffisance des garanties, le manque de visibilité et parfois le manque de rentabilité de ces entreprises peuvent les exclure des grilles ou des critères de sélection des banquiers, et dès lors menacer leur santé financière.

C'est pourquoi quelques banques – souvent des banques coopératives ou mutualistes – se sont spécialisées dans le financement des entreprises de l'ESS. À l'image du Crédit coopératif, par exemple, ou de la Nef, elles ont développé une connaissance plus fine de leur fonctionnement pour adapter leurs financements aux besoins de chacune des structures dans leurs diversités. Ainsi, un théâtre ou une association culturelle aura besoin d'avance sur subvention, alors que des centres de soins mutualistes ont plutôt besoin de crédit à long terme.

**Le Crédit coopératif**

Le Crédit coopératif se distingue en tant que banque spécialiste de l'ESS. Pionnière dans le domaine, cette banque a créé, en 1983, les premiers placements de partage, dont les intérêts sont versés à des associations ou à des entreprises solidaires. Affichant, pour 2017, un encours de crédit de plus de 11 milliards d'euros majoritairement prêtés à des entreprises sociales et solidaires, aux secteurs et statuts variés, le Crédit coopératif est en outre agréé pour distribuer certains prêts réglementés, en particulier dans le secteur du logement social (prêt locatif social et prêt social location-accession). Il propose aussi une gamme de prêts incitant les clients à limiter leur pression sur l'environnement (éco-prêts pour financer les investissements, livret spécifique de placement).

Son capital est entièrement détenu par ses clients sociétaires – 340 000 clients, constitués de personnes morales et particuliers –, représentés lors des assemblées générales et associés aux décisions de l'entreprise, notamment la création de nouveaux outils financiers. Le Crédit coopératif est l'une des rares banques en France à faire le choix de ne pas placer son argent dans des paradis fiscaux, à ne pas spéculer et à s'être appliquée la taxe Tobin de manière volontaire sur toutes les transactions de change. Les bénéfices de cette taxe sont reversés à une association de développement international.

En 2019, le Crédit coopératif a lancé « L'Envolée », un incubateur dédié aux start-up qui agissent dans le champ de l'inclusion. Au-delà d'un lieu et d'un accompagnement, le Crédit coopératif mobilise ses réseaux et son expertise pour accélérer les projets.

Avec le développement du secteur, de plus en plus de banques traditionnelles se tournent progressivement vers les petites et moyennes entreprises de l'ESS et font de cette clientèle un axe commercial important. BNP Paribas, la Banque postale et bien d'autres établissements ont développé depuis quelques années seulement un service consacré à l'entrepreneuriat social. Ils se positionnent sur le marché aux côtés des banquiers historiques du secteur. Toutefois, comme le note ESS France dans son rapport de mars 2017 sur le financement des entreprises de l'ESS, on peut regretter de ne pas disposer de données consolidées sur les concours accordés par les acteurs bancaires (traditionnels et spécialisés).

## III. – Les financeurs et investisseurs spécialisés

En raison de leurs spécificités décrites au chapitre précédent, les organisations de l'ESS sont souvent mal comprises, car elles ne rentrent pas dans les schémas habituels d'analyse des financeurs.

Étant donné que le but même des entreprises sociales et solidaires n'est pas la recherche d'un profit maximal, elles présentent, dans l'ensemble, un niveau de fonds propres limités. C'est pour s'adapter au mieux à ses particularités de l'ESS que des acteurs spécialisés dans le financement de projets économiques à finalité sociale se sont développés.

1. **Un acteur à part : France Active.** – L'association France Active est un acteur primordial du financement de l'ESS. Depuis 1988, elle se donne pour mission de « mettre la finance au service des personnes, de l'emploi et des territoires » et de contribuer à la création d'emplois dans les territoires. Plus spécifiquement, face aux difficultés rencontrées par les entreprises de l'ESS désireuses d'accéder aux circuits de financement traditionnels de l'économie (financement bancaire et investissement), France Active s'est fixé pour objectif de donner aux organisations de l'ESS les mêmes chances d'accéder aux financements que les entreprises ordinaires.

En 2017, le réseau a accompagné et financé en France plus de 1 322 entreprises de l'ESS, pour un montant de 51 millions d'euros, contribuant à créer ou à sauver plus de 40 000 emplois, tous secteurs confondus.

Les antennes du réseau, présentes sur tout le territoire à travers les quarante-deux fonds territoriaux, accueillent les porteurs de projets, les accompagnent, les financent et assurent un suivi de l'entreprise sociale et solidaire dans la durée du financement.

France Active propose en outre des outils de financement adaptés aux spécificités et aux contraintes des entreprises sociales et solidaires. Elle propose en particulier des prêts solidaires à taux réduits : les taux proposés et les conditions de remboursement sont particulièrement avantageux par rapport aux outils bancaires traditionnels. Ces outils, qui financent, par exemple, le besoin en fonds de roulement – que les banques boudent souvent, préférant des besoins plus sûrs tels que l'investissement, générateur de flux financiers –, ont pour ambition de convaincre des banquiers de rejoindre le tour de table. France Active finance ainsi, en majorité, des associations de petite et moyenne taille, à l'égard desquelles le secteur bancaire se montre particulièrement frileux.

Un projet de rapprochement entre France Active et Initiative France, un autre réseau de financement des créateurs et repreneurs d'entreprises, a été annoncé début 2019. Les deux structures devraient fusionner dans les deux ans.

2. **L'émergence des investisseurs solidaires et des investisseurs à impact social.** – Alors que les organisations de l'ESS ont particulièrement besoin de renforcer leurs ressources de long terme (c'est-à-dire leurs fonds propres ; voir chap. III), les investisseurs solidaires sont encore peu nombreux en France. La plupart des sociétés d'investissement traditionnelles sont orientées vers la réalisation de plus-values à court terme, à partir de modèles à haut potentiel de rentabilité. Cette approche est peu compatible, bien sûr, avec les modèles des entreprises de l'ESS, davantage tournées vers une croissance durable et une limitation de la rémunération des apporteurs de capitaux.

L'Institut de développement de l'économie sociale (IDES) a permis d'introduire la logique de capital investissement pour les entreprises sociales et solidaires. Créé en 1983 par les institutionnels de l'économie sociale désireux d'aider financièrement d'autres entreprises du secteur et par la Caisse des dépôts, l'IDES utilise en particulier le titre participatif pour intervenir dans les coopératives. Il s'agit d'une valeur mobilière qui permet de renforcer les capitaux propres de l'entreprise sans modifier la structure du capital. Autre pionnier : la Société d'investissement France Active (SIFA) propose des investissements solidaires depuis plus de vingt ans (voir *supra*).

Récemment, de nouveaux fonds d'investissement solidaires, dits d'*impact investing* commencent à se structurer. Ces fonds regroupent souvent d'anciens investisseurs ou entrepreneurs chevronnés qui souhaitent donner du sens à leur épargne et accompagner le développement de nouveaux modèles économiques, capables de lier viabilité économique et utilité sociale ou environnementale. Ces fonds importent les méthodes et l'exigence du capital-risque classique tout en les adaptant aux entreprises de l'ESS. On peut citer, en guise d'exemple de ces démarches de « capital patient » (d'une durée de sept ans en moyenne), le Comptoir de l'innovation, PhiTrust ou encore Investir & +. Par ailleurs, certains fonds de capital-risque traditionnel ont pris conscience du caractère innovant et robuste des entreprises de l'ESS. Siparex, premier fonds de capital-risque classique pour les PME en France, a ainsi créé Solid, fonds dévolu aux start-up innovantes et prometteuses, dans le secteur de l'ESS.

À la différence des fonds d'investissement classiques, les investisseurs solidaires ne recherchent pas une rentabilité forte à court terme, mais bien un investissement long et l'obtention d'une rentabilité mesurée (un taux de rendement interne de 3 à 8 %, contre 15 à 20 % dans les fonds de capital investissement classique). Ils cherchent à investir dans des entreprises solidaires qui ont déjà une taille critique et des besoins de financement conséquents. Tous proposent des ressources à long terme (fonds propres ou quasi-fonds propres) et cherchent à s'adapter aux particularités juridiques des entreprises de l'ESS.

Les nouveaux fonds d'investissement solidaires ont une exigence très forte de développement à l'égard des entreprises sociales et solidaires dans lesquelles ils investissent. C'est pourquoi plusieurs d'entre eux proposent, au-delà de l'investissement, un accompagnement stratégique de l'entrepreneur et son équipe. Chez PhiTrust, par exemple, les entrepreneurs sociaux accompagnés se voient attribuer des référents, professionnels de haut niveau qui les guident dans la durée, choisis en fonction de leur expertise et leur secteur d'activité, et avec lesquels les dirigeants n'auraient peut-être pas pu entrer en contact dans d'autres circonstances.

## IV. – Les particuliers (s')investissent

En complément des financeurs institutionnels publics ou privés, les particuliers s'intéressent chaque jour davantage à l'ESS et cherchent à s'y impliquer. À côté du bénévolat, qui est une ressource précieuse pour les organisations de l'ESS (on dénombre plus de 13 millions de bénévoles en France), les individus disposent de plusieurs moyens pour investir financièrement dans le secteur.

La forme la plus classique est bien sûr le don. La collecte de fonds privés est d'ailleurs une source de revenus non négligeable pour les organisations à but non lucratif. Rappelons que lorsque celle-ci est structurée et innovante, les fonds dégagés peuvent atteindre des montants considérables et permettre ainsi à la structure de mener à bien sa mission sociale. La levée de fonds privés s'illustre à travers différentes stratégies d'appel au don (avec des méthodes comme le *street marketing*, qui prennent une importance croissante), ou encore l'organisation d'événements solidaires pour récolter des fonds privés.

Au demeurant, pour favoriser la consommation auprès des entreprises de l'ESS, des monnaies locales complémentaires ont été créées dans certaines zones géographiques délimitées. Fonctionnant en complément de la monnaie nationale, elles n'ont pas de cours légal et ne peuvent faire l'objet d'aucune spéculation. Depuis quelques années, il existe un réel mouvement de développement des monnaies locales complémentaires en France et ces dernières bénéficient d'un cadre juridique depuis deux ans, dans le cadre de la loi de 2014. Elle reconnaît les monnaies locales complémentaires comme titres de paiement dès lors que ceux-ci émanent de structures relevant des acteurs de l'ESS.

Il est également possible pour les particuliers de devenir épargnants solidaires : ils allouent alors leur épargne au service de projets économiques utiles à la société. L'épargne solidaire peut prendre plusieurs formes. Tout d'abord, il est possible de placer son argent sur un plan d'épargne entreprise en souscrivant à un fonds solidaire : chaque salarié dans une entreprise de plus de 50 personnes se voit proposer, depuis les lois de 2001, 2008 et 2010, des produits d'épargne solidaires, par le biais du plan d'épargne retraite ou du plan d'épargne entreprise. Il est également possible de passer par une banque ou une mutuelle d'assurance : les particuliers peuvent souscrire à des produits de placement financiers (assurance vie, fonds commun de placement ou société d'investissement à capital variable) qui ont vocation à financer des entreprises sociales et solidaires. Ils peuvent aussi souscrire à un produit de partage (livret d'épargne solidaire, organisme de placement collectif en valeur mobilière solidaire) et donner alors au moins 25 % de leur rémunération à une association de leur choix.

**Finansol : le label de l'épargne solidaire**

L'association Finansol a pour but de promouvoir « la solidarité dans l'épargne et la finance ». Pour ce faire, elle a créé un label qui distingue, depuis 1997, les placements d'épargne dits « solidaires » : actionnariat solidaire, livrets ou fonds solidaires proposés par les banques ou mutuelles d'assurance et fonds solidaires d'épargne salariale. Attribué par un comité d'experts composé de personnalités indépendantes, représentatives de la société civile, le label repose sur des critères de solidarité et de transparence : il garantit ainsi le financement d'activités utiles sur les plans sociaux et environnementaux, boudées par les circuits plus classiques, et atteste l'engagement de l'intermédiaire financier à donner une information fiable sur le placement labellisé et les activités financées. Il existe à ce jour 130 produits d'épargne solidaire labellisés Finansol.

Au cours des dix dernières années, le taux de croissance de la collecte d'épargne a été, en moyenne, supérieur à 20 % ; avec + 18,3 % en 2017, la dynamique est toujours solide avec un encours porté à 11,5 milliards d'euros.

Sur le 1,6 milliard d'euros collecté en 2017, 352,4 millions d'euros ont été investis au sein des entreprises solidaires (+ 25,7 %).

L'emploi de ces 290 millions a bénéficié à près de 1 300 entreprises (hors financements dans les pays en développement et prêts aux particuliers).

Finansol demande aujourd'hui la création d'une assurance vie solidaire et la publication du décret mettant en œuvre le Livret de développement durable et solidaire (LDDS) fléché par le Parlement vers le financement de l'ESS et la rénovation énergétique des bâtiments.

Enfin, les individus peuvent devenir investisseurs. Il leur est bien sûr possible, lorsque la forme juridique le permet, de souscrire directement au capital d'une entreprise solidaire d'utilité sociale. Des organisations, à l'image du Chênelet ou de Terre de Liens, proposent des outils spécifiques tels que les foncières (société commerciale dont l'objet est la constitution, la gestion et l'exploitation d'un portefeuille immobilier) permettant à chacun de devenir « actionnaire solidaire » de leurs projets. Certains particuliers se regroupent pour multiplier leur force de frappe en mettant en commun leur capital et en accompagnant ensemble les meilleurs projets. C'est le cas des clubs Cigales – club d'investisseurs pour une gestion alternative et locale de l'épargne solidaire : chaque club est constitué de cinq à vingt personnes qui mettent une partie de leur épargne en commun. Il se réunit plusieurs fois par an pour recevoir les créateurs et décider de leurs placements. Enfin, des plates-formes Internet dites de « *crowdfunding* » (financement par la foule), comme Lita.co, Wiseed ou Blue Bees, se développent, permettant aux particuliers de donner, d'investir ou de prêter leur argent dans des projets choisis et suivis à distance. Lita.co vise ainsi l'objectif de 20 000 épargnants et 50 millions d'euros collectés d'ici à 2020 ; en 2018, plus de 3 000 particuliers ont investi sur cette plate-forme et ont permis de collecter plus de 12 millions d'euros au profit de 35 entreprises sélectionnées en fonction de leur capacité à générer un fort impact social, sociétal ou environnemental.

*
* *

Désormais, la question du financement des entreprises de l'ESS est moins une question de volume que d'ajustement de l'offre de financement aux besoins. De ce point de vue, il ressort que tous ne sont pas couverts : le segment de l'amorçage (stade du premier apport en capital d'une entreprise) n'éveille pas beaucoup l'appétence des financeurs, publics comme privés, eu égard au niveau de risque associé. De même, la recherche-développement, indispensable pour que l'ESS continue de produire de l'innovation, n'est pas aujourd'hui financée : dans leur grande majorité, les entreprises de l'ESS qui ne sont pas assujetties à l'impôt sur les sociétés ne peuvent bénéficier du crédit impôt-recherche, et l'innovation sociale, à la différence de son pendant technologique, n'est toujours pas reconnue. Le niveau des garanties publiques sur les prêts et les investissements des banques devrait être amélioré par la Banque publique d'investissement au regard de son caractère d'instrument de politique publique indispensable pour les TPE et les PME. Enfin, la prévisibilité et l'accessibilité des financements demeurent à parfaire, ainsi que l'acculturation des dirigeants de l'ESS à l'établissement de modèles économiques pérennes, faisant appel à des investisseurs patients : c'est à cette double condition que la pleine rencontre entre financements et projets à financer pourra s'opérer.

CHAPITRE V

# De la nécessité de changer d'échelle

Bien des initiatives de l'ESS ont fait la preuve qu'elles apportent des réponses pertinentes et de qualité aux besoins sociaux et environnementaux. Aujourd'hui, elles doivent relever le défi de démontrer leur capacité à se développer, à tout le moins de renforcer leur efficacité, pour passer du stade de « laboratoire » à celui de « production en série » à destination du plus grand nombre. Depuis quelques années, la question du changement d'échelle est sur toutes les lèvres des acteurs de l'ESS, que ce soit au niveau de la croissance de chacune des entreprises ou du développement du secteur dans son ensemble.

## I. – Vous avez dit « changement d'échelle » ?

1. **Se développer sans perdre son âme.** – « Small is beautiful » a longtemps été la devise de l'ESS, notamment parce que les projets sont ancrés localement et que les initiatives obéissent à une logique d'expérimentation soucieuse de rester à taille humaine. Du reste, une crainte est souvent exprimée : un développement non maîtrisé ne risque-t-il pas d'entraîner une perte des valeurs fondamentales ou à une « banalisation » du secteur ? Et cette préoccupation peut sembler fondée lorsqu'on connaît certaines dérives

d'entreprises de l'ESS. Rappelons par exemple que les deux banques françaises les plus impliquées dans la crise des subprimes ont été Natixis et Casa, toutes deux filiales cotées de grands groupes coopératifs. Ou encore que l'affaire de la viande de cheval dans les plats préparés a mis en lumière le gigantisme et les dérives productivistes de certaines coopératives agricoles qui fonctionnent aujourd'hui davantage comme des multinationales que comme des outils au service de leur terroir.

La recherche du profit maximum peut parfois atteindre certaines organisations, et les risques sont réels de voir la finalité sociale négligée à la faveur d'une croissance non maîtrisée. Mais ce n'est pas le cas de la grande majorité des entreprises de l'ESS, qui cherchent à se développer pour solidifier leur modèle économique tout en conservant la pertinence et la qualité des réponses qu'elles apportent aux besoins sociaux et environnementaux. C'est le cas par exemple du Groupe Up (auparavant Groupe Chèque Déjeuner) qui a fait le choix de conserver l'esprit et les pratiques coopératives depuis sa création en 1964. Cette SCOP fondée par des militants syndicalistes avait pour objectif de permettre l'accès à un repas de bonne qualité au plus grand nombre de salariés. Le groupe a décidé dans les années 1990 de se lancer dans un développement international – ce qui reste encore assez rare pour les entreprises de l'ESS – et s'est implanté dans près de vingt pays. Le statut de coopérative de salariés n'existe pas dans tous les pays ; néanmoins le Groupe Up, au moment d'une nouvelle implantation, étudie la meilleure manière d'impliquer et d'associer le plus grand nombre de ses salariés au capital de l'entreprise. Ce faisant, il réussit à concilier développement et respect des valeurs fondamentales.

2. **Les objectifs du changement d'échelle des entreprises de l'ESS.** – Pourquoi se développer quand on est une entreprise de l'ESS ? Alors que pour une entreprise classique, la réponse est souvent l'augmentation du chiffre d'affaires ou des bénéfices à long terme, les entreprises sociales peuvent avoir des objectifs spécifiques.

La raison principale qui justifie le changement d'échelle des projets est le renforcement attendu de l'impact social de l'activité. Augmenter le poids de l'ESS en termes d'emplois, répondre massivement aux besoins sociaux, voilà ce qui peut matérialiser ce changement d'échelle, l'objectif étant, avant tout, de proposer des solutions robustes et crédibles aux dysfonctionnements du système économique et social actuel. Enercoop, créée en 2005 par Greenpeace, les Amis de la Terre, la Nef et Biocoop, a par exemple fait le choix d'une stratégie de développement rapide ces dernières années afin de répondre aux enjeux de la transition énergétique. La SCIC de production et de distribution d'énergie 100 % renouvelable en circuit court ambitionne d'approvisionner 150 000 foyers en 2020. Elle souhaite également équiper en énergie verte un nombre croissant d'entreprises et de collectivités locales. Concrètement, ce développement doit servir à déployer les objectifs de la coopérative de démocratisation du système énergétique, de soutien à de nouvelles sources de production d'énergies renouvelables et de promotion de la maîtrise d'énergie. C'est par un développement rapide que la coopérative ambitionne de construire une alternative crédible aux énergies polluantes.

Le changement d'échelle des entreprises de l'ESS se justifie également par la nécessité de renforcer leur viabilité. Les théories de l'organisation indiquent que les structures ayant une certaine taille critique ont de meilleures chances de réussir, car elles sont plus résistantes. Une structure qui reste de taille modeste sera peut-être dépourvue de la surface financière suffisante en cas de difficulté passagère. À l'inverse, une organisation plus importante aura la possibilité de « tenir » plus longtemps et pourra, par exemple, compenser les éventuelles pertes d'un site par les bénéfices d'un autre.

Les entreprises de l'ESS peuvent rechercher « l'effet taille » afin de réaliser des économies d'échelle. Le développement permet de mutualiser un certain nombre de fonctions « supports » (comptabilité, ressources humaines, marketing, communication...) pour améliorer l'efficacité et l'efficience des entreprises sociales et solidaires. C'est le choix qu'ont décidé de faire certains groupes sociaux, comme le groupe Ares ou le groupe Aurore. De son côté, le réseau de supermarchés biologiques Biocoop s'est engagé depuis quelques années dans une stratégie de croissance importante afin de concurrencer la grande distribution traditionnelle. Pour cela, il s'est doté en particulier de plusieurs plates-formes d'approvisionnement lui permettant de fournir ses points de vente. Les dirigeants de supermarchés, souvent des chefs d'entreprise indépendants affiliés au réseau, peuvent ainsi bénéficier de conditions de prix et de qualité avantageuses.

Enfin, le développement d'une entreprise sociale lui permet de devenir un acteur indispensable sur son territoire, en particulier à l'égard des pouvoirs publics. C'est par exemple la stratégie d'Emmaüs Défi (une entreprise qui valorise des matériaux usagés en proposant un emploi à des personnes en grande exclusion) qui a fait le choix de développer ses activités et de leur donner une forte visibilité, « incitant » par là l'ensemble de son écosystème à les soutenir en cas de difficultés.

La Mairie de Paris, par exemple, qui a soutenu fortement le projet au départ, a tout intérêt à le voir perdurer et cherchera donc à l'aider sur le long terme.

Comme ces différents exemples nous le montrent, réussir à changer d'échelle suppose au départ de déterminer les raisons qui objectivement justifient de grandir. Il faut aussi fixer en amont la manière de faire : adopter une stratégie.

## II. – Les différentes stratégies du développement

En fonction des objectifs de chaque organisation, les stratégies de développement varient. Diversification des activités, expansion géographique ou partenariat stratégique avec les entreprises classiques sont les trois principales modalités de changement d'échelle de l'ESS.

1. **La diversification des activités.** – La diversification consiste à développer une nouvelle activité plus ou moins proche du cœur de métier de l'entreprise.

Ce développement par diversification peut tout d'abord recouvrir un développement interne à l'occasion du lancement de nouveaux projets. Ainsi, depuis trente ans, le groupe Chênelet, qui emploie 290 salariés dont plus de 200 en poste d'insertion, s'est fortement développé autour de différentes activités complémentaires. L'entreprise est constituée d'un atelier et d'un chantier d'insertion, d'une entreprise d'insertion, d'une foncière ainsi que d'un bureau d'étude. L'activité économique du groupe investit de manière intégrée la filière bois, à travers différents métiers : exploitation forestière, scierie, production d'éco-matériaux, fabrication de palettes et construction de logements écologiques en bois. Même si les activités sont différentes, la stratégie est réfléchie de manière globale.

Autre exemple de diversification réussie, celui du groupe associatif Siel Bleu, qui propose une activité physique adaptée destinée à lutter contre la dépendance des personnes âgées, handicapées ou atteintes de maladies chroniques. Siel Bleu s'est diversifié en créant la société GPS Santé, qui fournit des services aux entreprises. Elle se concentre sur la prévention des accidents de travail et des troubles musculo-squelettiques par la pratique d'activités physiques adaptées en milieu professionnel. Les profits dégagés par GPS Santé apportent un soutien financier à la réalisation des actions de l'association.

Cette stratégie de diversification peut également s'incarner par une croissance externe. De manière très intégrée, des groupes pionniers se sont engagés dans des stratégies de « fusion-acquisition » en diversifiant leurs activités par la reprise de structures déjà existantes. C'est le cas par exemple du groupe Aurore ou encore du groupe SOS, qui se développent en particulier grâce à la reprise d'activités de nombreuses structures. Avec 18 000 salariés, 550 établissements et services et près d'un milliard d'euros de chiffre d'affaires, le groupe SOS est l'une des plus grandes entreprises sociales européennes.

2. **L'expansion géographique.** – La seconde option stratégique consiste à développer géographiquement les entreprises en les implantant dans de nouveaux territoires. Il s'agit dans ce cas de répliquer les réussites au-delà du périmètre d'exercice de la structure. Ce mode de développement peut reposer de manière classique sur la création, par la structure

fondatrice, d'antennes ou de filiales locales. Au sein du groupe d'insertion du nord de la France Vitamine T, les agences de travail temporaire d'insertion Janus se développent de manière centralisée. Il peut aussi se faire, de manière plus originale, par essaimage des projets. Ce mode de développement caractéristique de l'économie sociale et solidaire repose sur la mise à disposition volontaire, par l'initiateur du projet, d'informations permettant à d'autres de s'en inspirer. Il s'agit en quelque sorte d'un développement *open source*.

L'entreprise fondatrice partage son expérience pour que d'autres porteurs puissent s'inspirer de son idée et de ses méthodes, sans attendre forcément un retour sur investissement immédiat, et sans que le nom ou la marque soient partagés. Le réseau des épiceries solidaires ANDES procède de cette logique de développement. Des épiceries solidaires naissent d'initiatives externes, puis se rattachent de manière souple à ANDES. Chaque épicerie est très indépendante, tant financièrement que sur le plan de leur gouvernance. Le réseau joue un rôle d'accompagnement et d'animation des différentes épiceries.

L'ESS a également innové en matière de méthodes de développement en mettant en œuvre des approches de réplications plus formalisées. La réplication consiste à copier et adapter sur un nouveau territoire une entreprise sociale qui a fait ses preuves. La réplication présente un certain nombre d'avantages. Elle permet de faire en sorte que les projets soient mis en place rapidement. Les nouvelles entités créées profitent d'un transfert de compétences qui leur offre la possibilité de capitaliser sur les bonnes pratiques. Si, bien sûr, il est indispensable de s'adapter au nouveau contexte de déploiement, le cycle du projet s'en trouve grandement raccourci. Par ailleurs, la réplication diminue le risque d'échecs.

De nombreux succès de réplication (Table de Cana, Envie…) prouvent que cette voie de développement a une véritable pertinence et favorise le changement d'échelle. C'est le cas par exemple des Jardins de Cocagne. Inspiré d'un modèle suisse, le premier Jardin de Cocagne démarre en 1991 dans le Doubs. Il s'agit d'une exploitation maraîchère certifiée AB (agriculture biologique) qui fournit chaque semaine à ses adhérents consommateurs – près de 20 000 familles à ce jour en France – un panier de légumes de saison). C'est aussi une structure d'insertion généralement organisée en association de loi 1901 qui emploie des personnes en rupture avec le monde du travail. Rapidement, la vente en circuit court sur abonnement proposée par les Jardins suscite l'intérêt de nombreuses personnes dans toute la France. Chaque année, le Réseau Cocagne reçoit près de 130 sollicitations de particuliers, d'associations ou de collectivités souhaitant créer un « Jardin de Cocagne » ou une activité proche des valeurs de la charte « Cultivons la solidarité ». Pour faire face à ces demandes, une stratégie d'essaimage est adoptée, dès 1994. En 1999, les Jardins de Cocagne décident de se doter d'une structure d'envergure nationale pour répondre au besoin de développement du concept, d'animation et de coordination de leurs actions et créent le Réseau Cocagne. Aujourd'hui, près de 140 jardins accueillent 4 300 jardiniers par an en contrat d'insertion, comptent plus de 815 salariés encadrants (maraîchers-encadrants, directeurs de jardins, travailleurs sociaux, psychologues…) et reçoivent l'appui de 1 800 bénévoles (en particulier les administrateurs des jardins).

Notons enfin qu'au fil du temps les choix d'organisation peuvent évoluer pour structurer au mieux le développement. Ainsi, le réseau Môm'artre (proposant un mode de garde destiné aux enfants de 6 à 11 ans, abordable et global, à des tarifs adaptés aux revenus de tous et aux horaires d'ouverture élargis) a fait le choix, dans un premier temps, d'essaimer de façon relativement souple. Jusqu'en 2012, huit antennes sont créées et fonctionnent en réseau. Elles sont simplement reliées par une convention qui permet à chacune de partager les valeurs de Môm'artre, les tarifs et les modes de fonctionnement. Elles paient au demeurant les prestations de service au Réseau pour la réalisation des fonctions supports. Mais la multiplication des structures devient vite une source de risque et de complexité pour le projet. C'est alors qu'est prise la décision de dissoudre les associations locales tout en conservant le réseau qui a absorbé les antennes sous forme d'établissements secondaires.

3. **Les partenariats avec les entreprises classiques.** Les rapports entre les entreprises classiques et les entreprises sociales n'ont pas toujours été simples. Il reste entre ces deux mondes une méconnaissance réciproque, parfois encore de la défiance. Encore timide il y a quelques années, la pratique du partenariat commence cependant à entrer dans les mœurs.

En 2015, selon l'étude PHARE-Entreprises de l'Observatoire national des partenariats, 37 % des entreprises de 10 salariés et plus déclarent être en partenariat avec des associations d'intérêt général[1]. Cela représente 89 000 entreprises et environ

---

1. « Les entreprises coconstruisent pour faire face aux fragilités de leur territoire », étude PHARE-Entreprises, Comisis-OpinionWay, octobre 2015.

674 000 partenariats incarnés sur le territoire : 74 % des partenariats sont locaux, 51 % régionaux, 25 % nationaux et 15 % internationaux. S'il convient de se défier de certaines entreprises classiques désireuses d'instrumentaliser les partenariats pour « redorer leurs blasons » en pratiquant le *social washing*, il semble que, pour le développement du secteur, le rapprochement avec l'ESS se révèle porteur.

La cotraitance ou la sous-traitance sont des pratiques courantes. Dans certains domaines, le législateur peut d'ailleurs inciter les entreprises traditionnelles à travailler avec des structures de l'ESS. Ainsi, la loi de 2005 dite « pour l'égalité des droits et des chances, la participation et la citoyenneté des personnes handicapées » ouvre de nouveaux droits aux personnes handicapées et renforce l'obligation d'emploi des entreprises. Les entreprises de plus de vingt salariés ne respectant pas le quota de 6 % de travailleurs handicapés voient leur contribution à l'AGEFIPH augmenter jusqu'à 600 fois le salaire horaire minimum de croissance par travailleur handicapé non employé. Pour répondre à leurs obligations, les entreprises ont le choix soit d'intégrer en leur sein des personnes handicapées, soit de travailler avec des entreprises adaptées (entreprise à part entière dont la spécificité est d'employer au moins 80 % de travailleurs handicapés) ou des ESAT (établissement et service d'aide par le travail, pour des personnes plus lourdement handicapées) en sous-traitant une partie de leur activité (achat de matériel : fournitures de bureau, entretien des espaces verts, blanchisserie…).

De façon innovante, de nouveaux types de partenariats durables et rémunérateurs émergent. C'est le cas du *cobranding*, par exemple, autrement dit de la promotion d'un produit ou d'un service d'une entreprise dont une partie du produit ira financer l'entreprise sociale. Kaberry, né de l'alliance entre Kaboom et Ben & Jerry's pour la création d'une glace spéciale, dont une part des ventes est reversée à la structure (qui construit des aires de jeux dans des quartiers défavorisés). Le World Wide Fund for Nature (WWF), quant à lui, a développé une filiale « Panda » pour vendre sa marque sous forme de licence à des entreprises classiques qui financent ainsi ses activités et s'inscrivent dans une démarche de protection de l'environnement. Depuis 2011, Wimoov et Renault ont développé ensemble des réponses innovantes en matière de mobilité au travers des plates-formes de mobilité pour l'une et des garages Renault Solidaire pour l'autre (offre de véhicule et après-vente). L'entreprise soutient financièrement et opérationnellement l'association dans le déploiement territorial de son action. L'association apporte son expertise à l'entreprise dans la création et le développement d'un réseau de garages solidaires.

Certaines entreprises vont plus loin en créant des partenariats stratégiques avec des entreprises de l'ESS. C'est le cas de Darty, qui a permis à l'un des premiers groupes d'insertion en France, le groupe Envie, de se développer, ou encore d'Adia (l'un des leaders du travail temporaire), qui a des liens très étroits et quotidiens avec l'entreprise de travail temporaire d'insertion Janus, une filiale du groupe d'insertion Vitamine T. Concrètement, ce rapprochement s'est traduit par l'intégration, au sein de huit agences Adia, d'équipes Janus œuvrant à l'insertion sociale et professionnelle. Un rapprochement de leur gouvernance respective a également eu lieu, puisque le directeur général d'Adia siège au conseil d'administration de Janus. En outre, Adia peut recruter directement des personnes formées par Janus et les placer ensuite chez ses clients. Avec l'évolution de la commande publique, qui développe fortement les « clauses d'insertion » dans les marchés publics (voir chap. VI), ce partenariat entre privés a le vent en poupe et crée un véritable avantage concurrentiel. De manière similaire, l'entreprise sociale Ares a créé une *joint-venture* à vocation sociale dénommée Log'ins avec le groupe de transport XPO Logistics – Norbert Dentressangle – pour proposer à des personnes handicapées de pourvoir des emplois dans le secteur de la logistique.

Enfin, n'oublions pas que les entreprises sociales possèdent une expertise et des compétences qu'elles peuvent mettre à disposition des entreprises classiques sous forme de prestations payantes. Unis-Cité, l'association de promotion du service civique, a toujours cherché à valoriser son expertise auprès des entreprises classiques en mobilisant leurs salariés dans des « journées de solidarité » organisées au profit d'associations d'utilité générale. Ce type d'activités permet à Unis-Cité de vendre une prestation d'animation des « ressources humaines » aux entreprises partenaires et d'être rémunérée en conséquence. L'association a créé une filiale spécifiquement dédiée à cette activité.

## III. – La coopération : l'avenir pour le développement de l'ESS ?

Nous l'avons vu, le changement d'échelle de l'ESS peut passer par la multiplication du nombre d'entreprises sociales ou le développement des structures existantes, au moyen de mutualisations et de partenariats. Il peut aussi passer, de manière plus originale, par la coopération entre les entreprises sur un territoire.

1. **Renouer avec l'efficacité de la coopération.** Cette notion de coopération s'oppose bien sûr à la notion de concurrence valorisée par la théorie économique classique. Selon des auteurs comme Adam Smith, Léon Walras ou Vilfredo Pareto, la concurrence entre les activités individuelles, mues par les objectifs les plus égoïstes, permettrait la libre confrontation entre l'offre et la demande, participerait à structurer le marché et produirait, en définitive, un résultat positif pour la collectivité. Cette théorie repose sur une conception strictement individualiste, où les rapports sociaux se résument à de pures relations d'échange sur les marchés. À l'inverse, pour les biologistes, les anthropologues comme les agronomes, la coopération est omniprésente dans toute la nature et profondément ancrée dans l'être humain dans son rapport à l'autre. Les groupes fortement coopérateurs survivent davantage que les groupes faiblement coopérateurs[1]. La spécialiste des « biens communs » Elinor Ostrom, prix Nobel d'économie en 2009, a montré que seules l'action collective, la coopération de tous les acteurs et leur auto-organisation à chaque fois adaptée au contexte local, permettent la gestion durable des ressources.

Remettre au goût du jour la coopération, ce n'est pas vanter de manière angélique les vertus de cette notion, mais s'appuyer sur son efficacité démontrée. De plus en plus de travaux d'économie urbaine illustrent les vertus de la coopération, qui crée des écosystèmes efficaces et propices au développement économique des territoires. Ainsi, des études économétriques[2] – qui

---

1. P. Servigne, G. Chapelle, *L'Entraide. L'autre loi de la jungle*, Les liens qui libèrent, 2017.
2. Voir F. Vallerugo, *Les Variables explicatives de la dynamique des territoires*, Institut des Villes et du Territoire, Essec, 2012.

comparent le total des ventes de biens et services – ont prouvé que 40 % du différentiel de dynamisme économique entre deux villes étaient attribuables à la gouvernance entre les acteurs du territoire. En d'autres termes, la capacité de collaboration efficace entre les entreprises, les services de la ville, la chambre de commerce et d'industrie, Pôle Emploi, les centres de formation, etc., explique pour beaucoup le développement économique probant que l'on peut constater sur un territoire. À l'inverse, si chaque acteur agit dans son seul intérêt et de façon isolée, sans mobiliser les compétences et les leviers d'action propres à chacun, alors on observe une véritable perte de création économique. La non-coopération a donc un coût.

Deux villes moyennes situées à quelques kilomètres l'une de l'autre, sur un territoire à l'histoire économique commune, bénéficiant *a priori* des mêmes ressources humaines, d'un même réseau de communication, peuvent ainsi connaître des destins très contrastés : pour l'une, un développement économique lié à la création et à l'essor de nombreuses entreprises ; pour l'autre, une dépression économique, avec à la clé fermeture d'entreprises et chômage. La coopération intelligente entre les acteurs joue un rôle décisif dans la réussite économique territoriale. Selon Éloi Laurent[1], c'est même ce principe de coopération qui devrait permettre de sortir de « l'impasse collaborative » dans laquelle nous plongent les GAFA (comme Amazon ou Uber) lorsqu'ils ont des comportements de « passagers clandestins » à l'égard des États (non-paiement d'impôts, non-respect des règles de droit du travail...).

1. É. Laurent, *L'Impasse collaborative, pour une véritable économie de la coopération*, Les liens qui libèrent, 2018.

C'est autour de la coopération, valeur naturelle de l'ESS, que de nouvelles pratiques de développement s'inventent. Ainsi, elles peuvent partager des locaux pour incuber une activité ou tout simplement pour s'agrandir en diminuant les coûts de leur hébergement. Les élus ayant bien compris les gains générés par les « alliances[1] » en matière de performance, les collectivités locales proposent de nombreuses solutions facilitant ce cadre mutualisé (il existe par exemple des espaces de travail partagés dans toutes les grandes et moyennes agglomérations françaises : la Ruche à Paris, Bordeaux et Marseille ; La Boussol' à Brest...). Des formes plus abouties se mettent en place sous l'impulsion des entrepreneurs eux-mêmes. Par exemple, la SCIC MakeIci (Montreuil, Marseille, Aix-en-Provence et bientôt Bordeaux, Nantes, Lille-Roubaix) est plus qu'un lieu mutualisé : c'est un espace de création pour les artistes, les artisans, les entrepreneurs et les start-up, avec des ateliers collectifs de travail, des machines pour prototyper et construire, etc. Les ressources humaines peuvent également être partagées dans la durée. Les entreprises de l'ESS utilisent les possibilités offertes par le droit du travail (groupements d'employeurs) ou par le droit de la commande publique, grâce au groupement momentané d'entreprises solidaires (GMES). Le groupement d'employeurs (GEANS) d'Île-de-France propose de mettre des salariés à la disposition d'associations désireuses de développer leurs projets. Le principe de la mutualisation et de la responsabilité collective solidaire permet ainsi de pérenniser au mieux les emplois.

---

1. Voir les travaux du laboratoire de recherche Le Rameau (www.lerameau.fr), notamment la note prospective « Les impacts des alliances sur la performance des organisations », janvier 2018.

2. **Vers des coopérations intégrées entre acteurs de territoire.** – Pariant sur la coconstruction du bien commun entre acteurs divers, un certain nombre d'initiatives portées par l'ESS proposent ainsi depuis quelques années de nouvelles manières de grandir aux entreprises classiques et aux collectivités. C'est le cas des pôles territoriaux de coopération économique (PTCE). À la différence des « pôles de compétitivité » (comme celui de Sophia Antipolis, l'un des plus connus de France, celui de Villeneuve-d'Ascq près de Lille, ou encore celui du plateau de Saclay au sud de Paris), l'excellence se situe non pas dans un secteur d'activité spécifique, l'innovation technologique ou l'implantation de filières industrielles à « haut potentiel de croissance », mais plutôt dans la manière d'entreprendre ensemble. Un PTCE est donc avant tout un ensemble de pratiques quotidiennes de coopération et de mutualisation concrètes. Autour des entreprises de l'ESS, les PTCE regroupent sur un même espace des PME, des collectivités locales, des centres de recherche et des organismes de formation.

**Territoires zéro chômeur**

Assurer un emploi payé au moins au SMIC à tous les chômeurs de longue durée, tel est l'objectif de l'initiative « Territoires zéro chômeur de longue durée » imaginée par l'association ATD Quart Monde. L'idée consiste à créer des emplois en CDI au sein d'entreprises à but d'emploi (EBE), sur des activités utiles à la société, mais insuffisamment rentables selon les critères économiques. Ces activités sont identifiées par des comités de pilotage au plus près du terrain.
Inscrite dans une loi du 29 février 2016, cette expérimentation est prévue pour cinq ans dans 10 territoires (Ille-et-Vilaine, Deux-Sèvres, Nièvre, Meurthe-et-Moselle, Calvados,

Bouches-du-Rhône, Lille, Paris, Puy-de-Dôme, Villeurbanne). L'État contribue à hauteur de 53 % minimum du montant brut horaire du SMIC, et la Caisse des dépôts et consignations participe à cette expérimentation en investissant dans les entreprises à but d'emploi créées dans le cadre de cette expérimentation à hauteur de 1 million d'euros.
Une évaluation de l'expérimentation est prévue, réalisée par un comité scientifique composé de personnalités reconnues pour leurs compétences académiques et de représentants des services des études et des statistiques. Elle permettra notamment de comparer l'évolution dans les territoires habilités sur les dimensions d'emploi, de qualité de vie, d'inégalités et de développement durable par rapport à une situation où l'expérimentation n'aurait pas été mise en place.
Après 18 mois d'expérimentation, en juin 2018, 600 salariés ont été embauchés par les entreprises à but d'emploi (EBE). Ils sont en grande majorité peu qualifiés et ont été privés d'emploi depuis plus de quatre ans en moyenne. L'extension à 50 nouveaux territoires a été annoncée en septembre 2018, dans le cadre de la stratégie gouvernementale de prévention et de lutte contre la pauvreté.

Ces pôles ont été imaginés dans un premier temps par des acteurs de l'ESS eux-mêmes (en particulier le groupe Archer, qui a créé le premier PTCE « Pôle Sud »). Ils s'appuient sur l'expérience concrète de collaborations actives et en ont élaboré progressivement une centaine depuis 2009. Le *think tank* le Labo de l'ESS s'est très vite intéressé à ce sujet et en a fait l'un des axes principaux de ses recherches.

Par la suite, le législateur a encouragé ces pôles dans le cadre de la loi Hamon. Aujourd'hui, le PTCE est défini comme un « regroupement sur un même territoire d'entreprises de l'économie sociale et solidaire

[…] qui s'associent à des entreprises, en lien avec des collectivités territoriales et leurs groupements, des centres de recherche, des établissements d'enseignement supérieur, des organismes de formation […] pour mettre en œuvre une stratégie commune et continue de mutualisation, de coopération ou de partenariat au service de projets économiques et sociaux innovants, socialement ou technologiquement, et porteurs d'un développement local durable ».

Au-delà de cette reconnaissance officielle, l'État a lancé des appels à projets pour soutenir de telles dynamiques. Lors du premier appel à projets en 2013, vingt-trois lauréats ont bénéficié de subventions publiques sur trois ans. En 2013 et en 2015, deux appels à projets financés par l'État et la CDC pour un montant total de près de 6 millions d'euros ont permis de soutenir plus de trente-sept PTCE dans différents secteurs d'activité divers (agriculture, culture, alimentation, habitat, construction durable, recyclage, tourisme, filière biologique…). Les types de coopération sont divers (partage de locaux, construction d'une filière…), ainsi que les territoires d'intervention (ruraux, urbains et ultramarins) ou encore les objectifs recherchés (lutte contre le chômage, insertion, redynamisation d'un territoire, renforcement de la compétitivité, préservation d'un patrimoine, de l'environnement…).

Notons enfin qu'une autre dynamique intégrée de coopération territoriale émerge : Start-up de territoire. Il s'agit d'une expérimentation lancée par six catalyseurs de territoire (Pôle Sud dans la communauté d'agglomération de Romans-Valence, Fermes de Figeac, Clus'Ter Jura, Le Labo régional des partenariats d'Alsace, ATIS à Bordeaux Métropole et le Club E6 dans la métropole lilloise) qui cherchent à « réveiller » le potentiel économique inexploité des territoires.

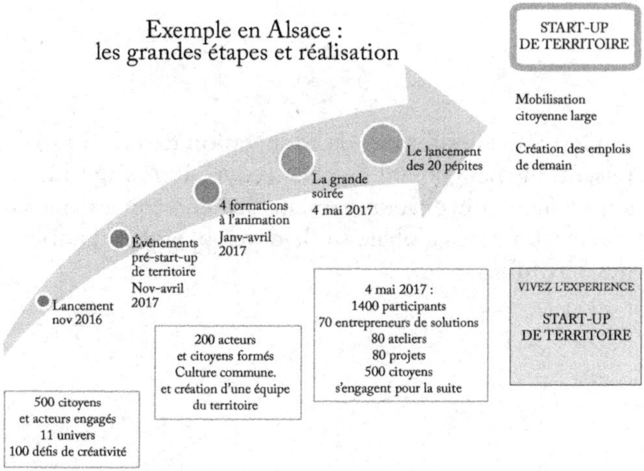


Source : Association Start-up de territoire (https://startupdeterritoire.fr)

La dynamique Start-up de territoire a vocation à mobiliser l'ensemble des acteurs (citoyens, entreprises de l'ESS, PME, collectivités locales...) pour faire émerger et accompagner la concrétisation d'entreprises de territoires. En mettant le potentiel du territoire au cœur de l'action, il est possible d'ouvrir de nouvelles perspectives collectives pour la création d'entreprises à forte utilité sociale pour les habitants. Depuis 2016, plusieurs centaines d'idées de création d'entreprise se sont fait jour autour de secteurs d'avenir comme l'agriculture de demain, la relocalisation d'activités artisanales ou industrielles, l'économie circulaire, le recyclage, ou encore les énergies vertes. Quatre-vingt projets sont concrètement lancés dans les six territoires et l'ambition de l'association nationale est d'essaimer la dynamique dans 100 territoires à l'horizon 2021, afin de créer plus de 1 000 projets porteurs de solutions et d'emplois de proximité.

*

* *

Ces nouvelles formes de coopération de l'ESS proposent un changement de perspective : il ne s'agit plus simplement du développement des entreprises mais d'une action plus globale sur le développement durable des territoires.

CHAPITRE VI

# Les grands défis

L'ESS doit relever deux défis qui, pour le secteur, apparaissent aujourd'hui à la fois comme des obstacles à franchir, mais aussi des occasions à ne pas manquer. D'une part, les entrepreneurs dans leur diversité doivent être pleinement associés aux dynamiques de développement économique local. D'autre part, ils doivent être habités en permanence par la nécessité de prouver leur particulière utilité (sociale). C'est en effet à travers une exemplarité mieux démontrée que le traitement différencié de l'ESS par la puissance publique se justifiera et, plus important encore, que l'adhésion du grand public en sera accrue.

## I. – Coconstruire le développement économique local

Organisme de réflexion, d'expertise et de concertation placé auprès du Premier ministre, France Stratégie a montré dans une étude consacrée aux dynamiques et inégalités territoriales[1] que, depuis dix ans, le développement du territoire est marqué par une concentration de l'activité et des populations qualifiées dans les métropoles, avec néanmoins en leur sein (selon le nombre d'habitants) une forte hétérogénéité. Les

1. France Stratégie, *Dynamiques et inégalités territoriales-Enjeux*, juillet 2016.

quinze aires urbaines de plus de 500 000 habitants rassemblent ainsi 40 % de la population, 55 % de la masse salariale et plus de 70 % des créations nettes d'emplois privés entre 2007 et 2014. Cette *métropolisation* s'accompagne d'évolutions défavorables pour les territoires ruraux désindustrialisés, notamment dans la moitié nord-est du pays. L'étude fait également le constat d'un relatif échec des politiques publiques qui, certes, ont eu le grand mérite d'amortir les effets de la crise économique, mais n'ont réussi à remettre en route ni la machine à créer des emplois, ni la machine à résorber les écarts d'accès aux services.

Face à ce constat, une autre voie est-elle possible ? Comme nous l'avons vu, l'ESS est ancrée dans les territoires, elle contribue jour après jour à leur essor et à leur cohésion en maintenant ou en créant des emplois non délocalisables. Toutefois, pour que l'ESS fasse système de manière à participer à un développement territorial durable, il faut qu'elle sorte de l'addition des bonnes pratiques pour intégrer pleinement les politiques publiques et, à l'inverse, que les pouvoirs publics s'appuient sur les « catalyseurs territoriaux » dont les entreprises de l'ESS sont bien souvent les moteurs.

1. **Depuis 2014, des politiques territoriales qui intègrent systématiquement l'ESS.** – Un certain nombre de réflexions qui renouvellent actuellement la géographie économique confirme la pertinence d'une telle économie ancrée territorialement et reposant sur la coopération entre acteurs privés et publics. Celle de Michael Porter et Mark Kramer[1] portant sur

1. M.E. Porter, M.R. Kramer, « Creating Shared Value », *Harvard Business Review*, vol. 89, n° 1-2 (janv.-févr. 2011).

la valeur liée confie aux clusters un rôle majeur dans le développement des territoires et celle de Laurent Davezie et Bernard Pecqueur portant sur l'économie de proximité montre sa puissance créatrice d'emplois locaux en réponse à des besoins à la même échelle. Inspiré par ces pratiques et idées, le législateur a créé de nouveaux cadres et des outils favorables à l'intégration de l'ESS dans les politiques de filières locales et d'innovation, transformant peu à peu le mode d'élaboration des politiques locales pour en faire un projet de territoire.

Ainsi, l'enjeu pour l'ESS est d'établir un partenariat plus étroit avec les pouvoirs publics, afin de coconstruire un développement durable des territoires. Constatant l'intervention de l'ESS dans les champs de compétences des conseils régionaux (développement économique, innovation), mais aussi des conseils départementaux (action sociale et médicosociale) et des communes (par exemple, dans le cadre du schéma d'achats responsables), le législateur a créé des « conférences territoriales » (art. 7 de la loi du 31 juillet 2014 et art. 2 de la loi NOTRe du 7 août 2015) sous la présidence de l'État (préfet) et de la collectivité régionale (président de conseil). Ces réunions, impliquant tous les acteurs concernés et qui doivent avoir lieu au moins tous les deux ans, offrent la possibilité de débattre des orientations, des moyens et des résultats des politiques locales de développement ainsi que de fixer des orientations pour l'avenir. Certaines régions (Pays de la Loire, Bourgogne-Franche-Comté) ont ouvert la réflexion au-delà des CRESS en mettant en place des démarches participatives pour recueillir des propositions. Cette planification contractuelle s'articule avec l'obligation qui est faite aux collectivités de se doter d'une stratégie de l'ESS dans le cadre des schémas régionaux de développement économique, d'innovation et d'internationalisation (SRDEII). Prenant en compte l'importance de l'intervention des entreprises de l'ESS dans les champs de compétences des conseils départementaux et des intercommunalités, le législateur a également prévu la possibilité pour le conseil régional de contractualiser sur ce sujet avec les autres collectivités. Le processus choisi pour mettre en œuvre la stratégie régionale et les actions territoriales estampillées « ESS » repose sur la concertation à travers l'organisation de débats et – plus novateur – sur la formulation de propositions dans une démarche explicite de coconstruction, allant jusqu'à impliquer les citoyens.

Les outils de planification entre l'État et les Régions sont également mobilisés : dans le cadre spécifique du Grand Paris, les contrats de développement territorial signés à partir du 1er août 2014 (date d'entrée en vigueur de la loi) doivent comprendre un volet relatif à l'ESS, dont tiennent désormais compte plusieurs contrats de développement : Plaine-Commune, Est Ensemble, Boucles Nord de la Seine. S'agissant plus généralement des contrats de plan entre l'État et les Régions (CPER), la circulaire du Premier ministre du 15 novembre 2013 a fait du développement de l'ESS un objectif transversal pouvant être repris dans les thématiques de la transition énergétique et écologique, des filières d'avenir ou de l'emploi.

Ces pratiques traduisent une évolution majeure de la relation entre les pouvoirs publics et les acteurs de l'ESS. Depuis la décentralisation, les partenariats et les relations contractuelles se sont certes multipliées. À présent, dans la charte d'engagements réciproques entre l'État, le mouvement associatif et les collectivités territoriales, signée le 14 février 2014, il s'agit de « concourir à la création de richesses sociales, culturelles et économiques inscrites dans la proximité des territoires, au développement d'une économie sociale et solidaire, à l'élaboration d'un modèle de développement durable et équitable ».

Tout repose désormais sur la mise en œuvre de ces dispositions, avec la mobilisation de moyens. Toutefois, l'équation est compliquée par la réduction des ressources publiques locales (notamment s'agissant de la représentation de l'État dans les territoires) et la reconfiguration des compétences. En pratique, les débuts sont encore balbutiants : les conférences territoriales ont commencé d'être organisées suivant un calendrier et avec une intensité de participation variables selon les régions[1]. En 2018, les régions Centre-Val de Loire et Occitanie ont rejoint les Pays de la Loire, l'Île-de-France et la Bretagne dans l'élaboration d'une stratégie régionale à l'ESS, en ajout au SRDEII. Et le degré d'ambition des propositions qui en résultent paraît corrélé à la maturité de l'écosystème ESS local et à la façon dont les exécutifs se le sont déjà approprié. Moins de la moitié des régions (Corse, Grand-Est, Normandie, Nouvelle-Aquitaine, Occitanie) en a fait un axe stratégique, et trois régions seulement ont fait le choix d'une politique concrète de développement : dans les Pays de la Loire, la stratégie régionale 2017-2021 est pensée comme un véritable outil de pilotage partagé région-État-CRESS, traduit en plusieurs plans d'actions. Similairement, en Bretagne, une nouvelle SRESS 2017-2020 fixe 3 priorités,

1. Un bilan d'étape réalisé par l'AVISE en témoigne : http://www.avise.org/actualites/point-detape-sur-les-conferences-de-less

9 défis et 27 objets de travail pour 2020. En Île-de-France, la stratégie ESS se met en place progressivement, avec comme effet la création d'un accélérateur régional pour accompagner le changement d'échelle. Les cadres stratégiques demeurent, en majorité, déclaratifs, quand ils n'ignorent pas tout bonnement le potentiel économique du secteur, hormis dans ce qui touche à l'économie circulaire ou à l'économie de proximité. Dans les mois qui viennent, les CRESS et le programme *French Impact* devraient jouer un rôle majeur pour enfin donner corps à l'intégration de la dynamique ESS dans les politiques publiques territoriales.

**La politique ESS ambitieuse de Rennes Métropole**

« La mécanique des possibles » est le nom de marque de la politique ESS. Elle valorise l'écosystème d'accompagnement et de financement des entreprises sociales et solidaires du territoire.

Après trois ans de mise en œuvre de son schéma métropolitain de développement de l'ESS, Rennes Métropole peut aujourd'hui mettre en lumière les résultats et les impacts de son action. Un appel à projets, l'Éco Motive, a permis de soutenir l'émergence et le développement de 25 entreprises ESS depuis 2015, avec un comité d'engagement élargi à des partenaires clés, comme France Active Bretagne et l'incubateur Tag35, et la recherche de nouveaux partenariats financiers en 2019 pour démultiplier son effet de levier. En outre, trois « ateliers des entreprises engagées », animés par le pôle de développement de l'ESS RÉSO solidaire entre novembre 2018 et mars 2019, viendront alimenter la réflexion sur l'évolution de la politique métropolitaine dans un esprit de coconstruction.

Le soutien de l'ESS par Rennes Métropole est à la mesure des 25 000 emplois (soit 14 % de l'emploi salarié privé) que ce mode d'entreprendre représente sur le territoire. En 2017, au titre de l'ensemble de ses politiques publiques, 9 millions de subventions ont été octroyées à l'ESS et plus de 6 millions d'achats publics ont conforté l'activité d'entreprises sociales et solidaires.

2. **Les leviers des pouvoirs publics pour développer l'ESS.** – Rappelons le rôle précurseur d'un nombre important de collectivités qui, anticipant sur la reconnaissance du législateur en 2014, ont fait de l'ESS un axe important de leurs politiques locales : communes ou intercommunalités participant à des sociétés coopératives d'intérêt collectif (SCIC) ; régions soutenant financièrement les pôles territoriaux de coopération économique ; conseils départementaux déléguant ou attribuant des services publics d'action sociale ou de sport à des associations. Le Réseau des collectivités territoriales pour une économie solidaire (RTES) réunit des collectivités locales qui s'engagent à respecter une charte pour le développement de l'ESS. En 2019, le réseau rassemble près de 130 collectivités, régions, départements, intercommunalités et communes, qui ont manifesté le besoin de partager un espace d'échanges et de se coordonner à l'échelle nationale. Dans le Pacte de croissance pour l'ESS, le gouvernement a également prévu de créer un réseau de référents de l'ESS au sein des services de l'État, s'appuyant sur le guichet France Expérimentation, dans les ministères et les préfectures, pour faciliter la levée des freins réglementaires pour les projets innovants.

Aujourd'hui, pour impulser un développement territorial durable en mettant au cœur l'ESS, l'ensemble des pouvoirs publics, et en particulier les collectivités locales, disposent d'un certain nombre de leviers d'action efficaces.

(A) *Renforcer la commande publique « éthique ».* – La loi Hamon engage les collectivités territoriales à s'appuyer sur le levier puissant et jusqu'ici sous-utilisé de la commande publique. En effet, les achats en biens et services effectués par l'État, les collectivités territoriales et leurs établissements représentent un volume de ressources de 90 milliards d'euros par an, et si l'on inclut les marchés passés en dessous du seuil de 90 000 €, ce poids pourrait s'élever jusqu'à 400 milliards d'euros selon un rapport sénatorial publié en 2015. Selon les chiffres de l'Observatoire économique de la commande publique de 2017, et malgré une augmentation de 50 % depuis 2014, seuls 9,4 % des marchés publics comportent une clause sociale, permettant à l'acheteur d'indiquer que la condition pour gagner un marché public est de proposer sa réalisation par des personnes rencontrant des difficultés d'insertion, et par conséquent employées directement ou indirectement par des entreprises de l'ESS (notamment des structures d'insertion par l'activité économique).

Désireux de favoriser le développement de l'ESS par cette voie prometteuse, le législateur a fixé une obligation nouvelle en matière d'achats socialement responsables (article 13 de la loi) : au-delà du seuil déterminé par décret du 31 janvier 2015 de 100 millions d'euros hors taxes, les acheteurs publics ont l'obligation d'adopter et de publier un schéma de promotion des achats publics socialement responsables. Ce montant permet de soumettre à cette nouvelle obligation la totalité des régions métropolitaines, une soixantaine de départements, près de 70 établissements publics de coopération intercommunale et une dizaine de communes (dont la population est supérieure à

250 000 habitants). Au total ce sont près de 160 collectivités publiques locales qui seraient concernées.

Les petits acheteurs publics sont quant à eux incités à mettre en place des achats responsables en les accompagnant et en proposant des outils appropriés (guides, documents techniques...). À titre d'exemples, on retiendra que le Conseil régional d'Île-de-France (montant de la commande publique : 380 millions d'euros, près de 100 000 heures d'insertion contractualisées dans 51 marchés régionaux) a adopté en juillet 2015 son schéma régional mais sans fixer d'ambition chiffrée. À l'inverse, la Ville de Paris (1,6 milliard d'euros d'achat public par an) a retenu dans son schéma l'objectif de doubler le nombre de marchés comprenant des clauses d'insertion, pour atteindre 20 % des marchés de la ville en 2020, soit 600 marchés correspondant à 1 million d'heures d'insertion par an. La Ville de Grenoble (80 millions d'euros annuels d'achats publics) a choisi en 2016 de se doter volontairement d'un schéma responsable, mêlant clauses sociales et environnementales, économie circulaire et accès facilité par l'allotissement.

De plus, ces dispositions qui commencent tout juste à être saisies par les collectivités ont été renforcées par une réforme du droit de la commande publique, en transposition de directives européennes. Ainsi, une ordonnance n° 2015-899 du 23 juillet 2015 relative aux marchés publics et un décret du 25 mars 2016 ont étendu le champ d'application des marchés dits réservés (c'est-à-dire que le marché ne peut être attribué qu'au type d'entreprises visé), qui était jusqu'ici ouvert uniquement aux entreprises qui emploient des travailleurs handicapés, à toutes les entreprises qui emploient au moins 50 % de travailleurs défavorisés ainsi qu'à toutes les entreprises de l'ESS.

Enfin, il est désormais possible de faire référence à un « label social » aussi bien dans les spécifications techniques, les critères d'attribution ou les conditions d'exécution du marché, en tant que moyen permettant de prouver que la prestation correspond aux caractéristiques requises : cette nouveauté ouvre le champ à l'utilisation de la certification Afnor, très répandue dans les entreprises d'insertion.

La dynamique est en cours et pourrait être accélérée par les mesures inscrites dans le Pacte de croissance pour l'ESS : le gouvernement prévoit, d'une part, la création d'un référencement sur une plate-forme unique et, d'autre part, l'établissement d'un classement annuel du volume et du montant des marchés de l'État orientés vers les entreprises de l'ESS, élargi dans un second temps aux collectivités territoriales volontaires après concertation avec les associations d'élus. La promotion de la commande publique responsable dans les grands chantiers et les projets nationaux et territoriaux, comme les Jeux olympiques et paralympiques 2024, est également un levier très puissant aujourd'hui à la main des pouvoirs publics.

(B) *Renforcer les coopérations entre acteurs.* – Les PTCE (voir chap. v) sont le second levier de transformation des politiques de développement territorial par l'ESS. On l'a vu : les dynamiques de mutualisation et de coopération sont utilisées de manière originale par les entreprises de l'ESS pour grandir en interaction avec le territoire où elles sont ancrées. Ces PTCE sont également des « écosystèmes locaux de croissance[1] », au sens où ils permettent à des territoires de mettre

1. D. Carré, N. Levratto, « Les entreprises du secteur compétitif dans les territoires. Les déterminants de la croissance », étude AdCF, Institut pour la recherche, Caisse des dépôts, juin 2013.

en réseau des compétences, des savoir-faire ainsi que des ressources, c'est-à-dire de déployer des stratégies économiques gagnantes (qu'il s'agisse de diversification, de spécialisation ou de spécification selon les contextes). Cette polarisation coopérative portée par les entreprises de l'ESS est désormais soutenue par tous les niveaux de collectivités. Les régions sont les premiers financeurs : elles ont soutenu à hauteur de plus de 1,2 million d'euros une trentaine de PTCE[1].

L'objectif est de faire franchir un saut quantitatif et qualitatif au développement économique territorial de l'ESS. Il s'agit de passer d'initiatives dispersées et de petite ampleur à un modèle économique générateur d'activités et d'emplois dans les territoires, quels que soient les secteurs et les filières concernées. Intégrer toutes les parties prenantes (entreprises de l'ESS, entreprises classiques, collectivités, organismes de formation et de recherche, etc.) doit permettre de produire ensemble un projet territorial créateur de développement endogène durable. Les PTCE permettent ainsi d'inventer de nouvelles solidarités sur les territoires qui passent par des réponses entrepreneuriales mais aussi citoyennes à des besoins sociaux grandissants. C'est ainsi que le groupe Archer travaille main dans la main avec les partenaires publics de l'emploi (Pôle Emploi et mission locale), présents dans les mêmes locaux, pour accueillir, orienter, former et insérer professionnellement au mieux les personnes qui, dans le groupe, sont à la recherche d'un emploi. Les pôles sont aussi un puissant catalyseur de la reconversion du tissu économique local, par la relocalisation des activités économiques ou l'émergence de nouveaux métiers et emplois socialement et écologiquement utiles.

1. Étude du RTES menée en mai 2016 sur 75 PTCE.

Ainsi, 250 emplois nouveaux ont d'ores et déjà été créés par les 37 PTCE soutenus par l'État et la CDC, 1 500 entreprises en sont membres, près de 50 % seraient en phase de consolidation et de développement. Force est de constater que le potentiel de développement porté par les PTCE n'a pas été pleinement saisi par les pouvoirs publics. L'appel aux territoires – *French Impact* lancé par le Haut-Commissaire en charge de l'ESS – et à l'innovation sociale sera peut-être l'occasion de remédier à cette situation. Les 20 premiers territoires ont été labellisés début 2019. Ils doivent bénéficier d'un accès aux outils de financement (fonds d'amorçage, fonds d'investissement) et aux dispositifs dédiés proposés par Bpifrance (FISO #2) ou par la Banque des territoires (Novess, HubESS...). Ils devraient également avoir accès au réseau des « *Hackers French Impact* » pour les aider à lever les freins réglementaires et mettre l'administration au service des innovateurs, grâce à un guichet unique.

## II. – Prouver l'utilité sociale et mesurer l'impact social

Autre grand défi, autre pari que doit tenir l'ESS : démontrer qu'elle est fidèle aux valeurs qui fondent sa différence avec le reste de l'économie et tout particulièrement qu'elle est fidèle à sa finalité sociale. Pour l'ESS, être reconnue comme une solution alternative crédible au capitalisme obéissant à une logique différente de partage du profit et dont la rentabilité financière est atténuée suppose de démontrer une plus-value sociale et sociétale tangible.

Cette éthique de la finalité s'appuie sur la capacité que doit avoir chaque entreprise se réclamant du secteur d'évaluer ses actions, son fonctionnement, d'en rendre compte de manière transparente et d'en tirer les conséquences pour améliorer ses actions et son fonctionnement dans un cercle vertueux permanent (*prove and improve*). Cette exigence s'impose d'autant plus que la valeur ajoutée des entreprises de l'ESS est interrogée par l'élargissement de la responsabilité sociale des entreprises de capitaux, voire de la raison d'être traduite dans leur objet social, notamment dans le cadre des travaux menés autour des « entreprises à mission » et du projet de loi PACTE. Si le cercle des entreprises qui contribuent au bien commun s'agrandit, avec des actions démontrées par exemple en matière de respect des objectifs de développement durable, le secteur de l'ESS devra encore davantage démontrer les bénéfices spécifiques des solutions qu'il apporte.

Dans sa nouvelle feuille de route adoptée en décembre 2018, ESS France semble avoir pris la mesure de l'enjeu en réaffirmant l'objectif « d'incarner une économie exemplaire, fondée sur des comportements éthiques, transparents, mais aussi plus juste et plus équitable », ainsi que la volonté de ses membres « de garantir une cohérence forte entre leurs discours et leurs pratiques, notamment en matière de gouvernance démocratique et participative, de politiques managériales et de rémunération, ainsi que de responsabilité sociale et environnementale ».

1. **Pourquoi évaluer l'impact social ?** – Plusieurs facteurs ont contribué à faire de l'évaluation une dimension désormais inévitable.

En premier lieu, la culture de l'évaluation, et plus globalement de la mesure, venue du monde anglo-saxon, gagne de plus en plus nos sociétés. L'exigence d'*accountability*, définie comme la capacité à rendre des comptes à des partenaires externes, est un facteur clé de la confiance. À l'échelle de l'ESS dans son ensemble, le statut ne faisant pas la vertu – tout comme la déclaration d'entreprise sociale ne suffisant pas à prouver son utilité sociale –, le défi de l'évaluation de l'impact doit donc être relevé si les entreprises du secteur veulent asseoir leur légitimité concurrentielle et témoigner de leur fiabilité. Il s'agit en particulier de donner à comprendre aux citoyens ce qui est fait de leurs impôts lorsqu'ils sont utilisés pour soutenir des structures de l'ESS par l'octroi de subventions ou l'attribution de marchés publics.

Du fait de l'importance historique et quantitative du mouvement associatif dans l'ESS, et donc du poids des financements publics, c'est d'abord à travers cette logique de la bonne utilisation des deniers publics que l'évaluation au regard d'attendus fixés au préalable est devenue un passage obligé. Cette logique se retrouve par exemple dans les conventions qui sont passées avec les associations, incluant un bilan destiné à évaluer si les objectifs contractualisés sont atteints. Elle se retrouve également dans la régulation du secteur de l'insertion par l'activité économique, où les financements sont indexés à des taux de retour à l'emploi. Il s'agit de répondre aux questions classiques de toute évaluation économique, quantitative (est-ce efficace ? est-ce efficient ?) et qualitative (est-ce pertinent ? est-ce cohérent ?).

En second lieu, l'évaluation des entreprises de l'ESS permet en « interne », au sein même des organisations, de mieux piloter la structure et de mobiliser leurs principales parties prenantes.

Il s'agit d'accompagner les pratiques pour les améliorer et en maximiser l'efficacité et les effets. C'est le souhait des entreprises sociales que d'évaluer différents aspects de l'organisation pour en faire un moment de réflexion collective sur le sens et les conséquences de leur action. Les questions mises en débat sont les suivantes : Qu'apportons-nous à la société, à notre territoire, à nos clients ou bénéficiaires ? Comment améliorer nos actions, mieux nous outiller, clarifier nos missions, mieux utiliser les ressources ? Cela se traduit de manière opérationnelle par un renforcement de la cohérence du projet et une amélioration des activités et des pratiques. En mettant en lumière les retombées concrètes de l'activité et l'efficacité des différentes actions, l'évaluation est donc d'abord une aide en interne, pour prendre des décisions mieux informées, se concentrer sur ce qui est le plus efficace, ce qui concourt le mieux à la mission que s'est donnée l'organisation, et investir utilement.

**Évaluation de l'impact social et responsabilité sociale des entreprises**

Il convient de souligner la dimension à la fois différente et complémentaire des actions menées dans le champ de la responsabilité sociale des entreprises (RSE). Les travaux du Conseil supérieur de l'économie sociale et solidaire (CSESS) engagent le secteur à être en la matière aux avant-postes. S'appuyant sur la mission confiée par le législateur, il a adopté en juin 2016 un *Guide des bonnes pratiques*[1]. C'est un choix ambitieux d'amélioration en continu qui est fait à travers neuf thèmes : la gouvernance démocratique, la concertation dans l'élaboration de la stratégie de l'entreprise, la territorialisation de l'activité économique et des emplois, la politique salariale et l'exemplarité sociale, le lien avec les usagers, les bénéficiaires ou les clients, la diversité au sein de l'entreprise, le développement

1. http://www.economie.gouv.fr/vous-orienter/entreprise/ess/bonnes-pratiques-less

durable, l'éthique et la déontologie. Expérimenté jusqu'en juin 2017 par une vingtaine de structures volontaires – têtes de réseau et entreprises de l'ESS –, ce guide s'applique désormais à toutes les entreprises du secteur. Enfin, la loi a prévu que le Conseil supérieur veille à l'application des recommandations de ce guide et publie tous les trois ans un rapport d'évaluation du dispositif.

2. **Utilité sociale, impact social : des approches plurielles et des pratiques hétérogènes.** – Le sujet de l'évaluation est complexe parce qu'il fait appel à plusieurs notions qui toutes ont en commun de mesurer les effets des actions conduites par des entreprises de l'ESS, mais qui ont des origines et des périmètres différents.

La notion d'utilité sociale, variante, en quelque sorte, de l'intérêt général, est la plus familière aux juristes et aux fiscalistes français : elle est apparue dès 1973 dans un arrêt du Conseil d'État comme critère devant caractériser l'activité des associations qui souhaitent bénéficier du régime d'exonération des impôts commerciaux accordé à une structure non lucrative. Elle a été ensuite précisée dans les instructions fiscales successives comme recouvrant des finalités spécifiques en termes de *produits* et de *publics* ainsi que des pratiques de *prix* et de *publicité* plus soucieuses de leur effet sur la société que de leur visée commerciale (on parle des « quatre *p* »). À la fin des années 1990, le concept a été repris dans plusieurs textes législatifs[1] afin de qualifier toute réponse à un besoin qui n'est pris en charge ni par l'État ni par le marché.

1. Loi du 16 octobre 1997 relative au développement d'activité pour l'emploi des jeunes, loi du 17 juillet 2001 portant diverses dispositions dont la création des SCIC, loi du 29 juillet 1998 relative à la lutte contre les exclusions, loi du 13 décembre 2000 relative à la solidarité et au renouvellement urbain, loi du 17 juillet 2001 portant diverses

**La définition de l'utilité sociale par la loi de 2014**

Tout en respectant la diversité et la complexité inhérentes au sujet de l'évaluation, le législateur a posé en 2014 une définition de l'utilité sociale. Ainsi, « sont considérées comme poursuivant une utilité sociale au sens de la présente loi les entreprises dont l'objet social satisfait à titre principal à l'une au moins des trois conditions suivantes :

1° Elles ont pour objectif d'apporter, à travers leur activité, un soutien à des personnes en situation de fragilité soit du fait de leur situation économique ou sociale, soit du fait de leur situation personnelle et particulièrement de leur état de santé ou de leurs besoins en matière d'accompagnement social ou médico-social. Ces personnes peuvent être des salariés, des usagers, des clients, des membres ou des bénéficiaires de cette entreprise ;

2° Elles ont pour objectif de contribuer à la lutte contre les exclusions et les inégalités sanitaires, sociales, économiques et culturelles, à l'éducation à la citoyenneté, notamment par l'éducation populaire, à la préservation et au développement du lien social ou au maintien et au renforcement de la cohésion territoriale ;

3° Elles concourent au développement durable dans ses dimensions économique, sociale, environnementale et participative, à la transition énergétique ou à la solidarité internationale, sous réserve que leur activité soit liée à l'un des objectifs mentionnés aux 1° et 2° ».

Cette définition, distincte de l'impact social et de sa mesure, devrait faciliter l'analyse des caractéristiques de l'utilité sociale par les autorités compétentes pour attribuer l'agrément « entreprises solidaires d'utilité sociale » (voir chap. I).

---

dispositions dont la création des SCIC, loi du 2 janvier 2002 rénovant l'action sociale et médico-sociale, loi du 18 janvier 2005 de programmation pour la cohésion sociale.

En parallèle de ce recours à l'utilité sociale dans les textes, plusieurs initiatives, émanant d'acteurs du secteur de l'ESS, ont mis en place des méthodologies pour identifier, qualifier et valoriser l'utilité sociale d'une structure et de son activité. Ces méthodologies se sont inspirées de travaux anglo-saxons (*social balanced scorecard*, indicateurs *d'impact reporting and investment standards* ou IRIS, etc.) et français (analyses et définitions de Jean Gadrey, critères d'Alexandre Parodi, guide d'autoévaluation de l'AVISE et bilan sociétal du Centre des jeunes dirigeants et acteurs de l'économie sociale en 2007, etc.).

Ces travaux ont eu pour effet de transformer la valorisation de l'utilité sociale en mesure de l'impact social : en 2011, le Conseil supérieur de l'ESS en a pour la première fois posé une définition selon laquelle « l'impact social consiste en l'ensemble des conséquences (évolutions, inflexions, changements, ruptures) des activités d'une organisation tant sur ses parties prenantes externes (bénéficiaires, usagers, clients) [...] et internes (salariés, bénévoles, volontaires), que sur la société en général. Dans le secteur de l'économie sociale et solidaire, il est issu de la capacité de l'organisation [...] à anticiper des besoins pas ou mal satisfaits et à y répondre, via ses missions de prévention, réparation ou compensation. Il se traduit en termes de bien-être individuel, de comportements, de capabilités, de pratiques sectorielles, d'innovations sociales ou de décisions publiques ».

En 2013, pour permettre à toutes les entreprises de l'ESS de généraliser en pratique la mesure de l'impact social et ainsi d'en faire la preuve auprès du plus grand nombre, l'AVISE, le Mouves et l'ESSEC ont publié un vade-mecum[1] qui précise qu'il n'existe ni référentiel partagé ni méthode faisant consensus. Rappelons d'ailleurs que ces méthodes sont un moyen, elles ne sont pas une fin en soi. Selon leurs objectifs et leurs contraintes, certaines seront plus adaptées que d'autres. Un article publié en 2014[2] a ainsi recensé quatre familles de méthodes, sous-tendues par des enjeux différents et avec des modalités de mise en œuvre diverses.

En pratique, les acteurs et les entreprises de l'ESS ont principalement utilisé la méthode qui estime monétairement la valeur économique créée par le projet social, soit le ratio *social return on investment* (SROI). En effet, elle présente l'avantage immédiat de montrer l'effet causé pour 1 euro d'argent public mobilisé : une étude a par exemple été réalisée en collaboration avec McKinsey sur dix *Fellows* d'Ashoka France pour calculer la différence entre l'argent investi par la société dans ces projets, et les économies réalisées en retour[3]. Les résultats montrent que ces entreprises sociales permettent aux pouvoirs publics d'économiser des dizaines de millions d'euros chaque année. L'étude conclut que si l'activité de ces entrepreneurs sociaux était développée à l'échelle nationale, ce sont des milliards d'euros qui pourraient être réalloués chaque année.

Le groupe associatif Siel Bleu (230 salariés) réalise ainsi une économie de 15 milliards d'euros en trois ans sur les chutes et le diabète de type II grâce à ses méthodes de prévention de la dépendance par une

1. *Petit Précis de l'évaluation de l'impact social* disponible en ligne : http://www.avise.org/ressources/petit-precis-de-levaluation-de-limpact-social
2. É. Stievenart, A.-C. Pache, « Évaluer l'impact social d'une entreprise sociale. Points de repère », *RECMA*, n° 331, janvier 2014.
3. McKinsey, « Étude d'impact de l'entrepreneuriat social », mars 2012.

activité physique adaptée. Mozaik RH, cabinet de recrutement et de conseils en ressources humaines à but non lucratif, qui agit pour favoriser l'insertion professionnelle des jeunes talents des quartiers populaires, a montré qu'en 2011 son activité a représenté une économie pour les collectivités de 400 000 euros et en moyenne une économie de 30 000 euros par candidat accompagné – soit un SROI de 62 %. L'ensemble de son activité représente une plus-value à l'échelle nationale de 2 millions d'euros.

Toutefois, cette monétarisation de l'impact social ne saurait résumer à elle seule la question de la valeur ajoutée des entreprises de l'ESS : tout n'est pas quantifiable, la fixation d'objectifs et d'indicateurs ne doit pas avoir pour conséquence de remettre en cause la finalité sociale du projet, les efforts déployés pour mesurer l'impact doivent être en adéquation avec l'envergure des actions réalisées (pas d'usine à gaz ou un coût de mesure trop élevé).

Le temps est-il venu de structurer et de normaliser l'évaluation de l'impact social ? À tout le moins, une étape importante sur ce chemin de la clarification a été franchie quand, en 2016, le Groupe CDC, en lien avec BNP Paribas, INCO et Mandarine Gestion, a créé un outil mesurant l'impact social : MESIS (mesure et suivi de l'impact social). Cet outil, désormais également adopté par la fondation La France s'engage et par les pionniers *French Impact*, doit permettre d'évaluer concrètement l'impact de chaque projet à la fois au regard d'indicateurs transversaux comme l'emploi, qui sera un indicateur suivi de près, et d'indicateurs sectoriels. Cet outil, prochainement mis en ligne pour une utilisation par le plus grand nombre, a vocation à devenir une norme de place, permettant à terme la consolidation des données et les comparaisons en matière d'investissement à impact. Le gouvernement a annoncé, dans le Pacte de croissance de l'ESS, la création en 2019 d'un fonds de promotion de l'évaluation de l'impact social et environnemental, doté par l'État d'un million d'euros et visant à développer les méthodes et les outils qui permettront aux entreprises de l'ESS de valoriser leur impact et leur utilité sociale.

L'OCDE travaille également au niveau international sur cet enjeu de la mesure de l'impact social des entreprises de l'ESS. À côté de l'accompagnement à l'évolution du cadre institutionnel et légal, il s'agit de l'un des principaux axes de travail pour ancrer l'innovation sociale dans les politiques publiques des différents pays membres de l'organisation.

3. **Les contrats à impact social (CIS) : nouveau mantra ou élargissement de la palette des possibles ?** Poussée à son terme, cette logique de l'impact social a conduit à la création d'un nouveau mécanisme de financement des projets conduits par des acteurs non lucratifs, reposant sur le paiement *in fine* et au résultat par la puissance publique des fonds engagés par des investisseurs privés et du risque qu'ils ont pris. Cette solution alternative à la philanthropie a été baptisée *social impact bond* (SIB) aux États-Unis et au Royaume-Uni, où elle a été inventée et expérimentée pour la première fois en 2010 (financement d'un programme d'accompagnement pour réduire la récidive des sortants de prison). À l'échelle mondiale, il existe aujourd'hui 50 SIB pour un volume de financement de 120 millions d'euros, concernant des problématiques diverses, tels que la santé, le vieillissement, l'insertion sociale et professionnelle ou la lutte contre le décrochage scolaire.

Concrètement, un SIB est un contrat entre trois grandes parties prenantes : des investisseurs qui financent le fonctionnement du programme, un porteur de projet qui reçoit les fonds et qui mène le programme d'actions et le secteur public dit « tiers payeur » qui rembourse les investisseurs en fonction des résultats sociaux atteints. Chaque partie prenante a la charge des missions suivantes :

- l'investisseur prend le risque et calcule en fonction le rendement attendu ;
- le porteur de projet accompagne une population défavorisée ;
- le tiers-payeur, l'État ou une collectivité territoriale, rembourse le financement d'une mission d'utilité publique lorsqu'elle fonctionne. Le paiement est plafonné et défini contractuellement.

Une structure facilitatrice est souvent chargée d'organiser les relations entre les parties prenantes. Elle peut même assurer le pilotage de l'ensemble contractuel et organisationnel (y compris recevoir des fonds et établir le *reporting* destiné aux investisseurs).

Dans cette démarche, l'évaluation du programme est bien entendu centrale : les SIB intègrent des indicateurs de résultat ou d'impact, déterminés conjointement à la signature du contrat, par l'ensemble des parties prenantes. Un évaluateur indépendant (choisi au préalable par l'ensemble des parties) détermine si les résultats atteints répondent à ceux escomptés.

Schématiquement, ces contrats sont structurés comme suit :

## Le contrat à impact social en bref

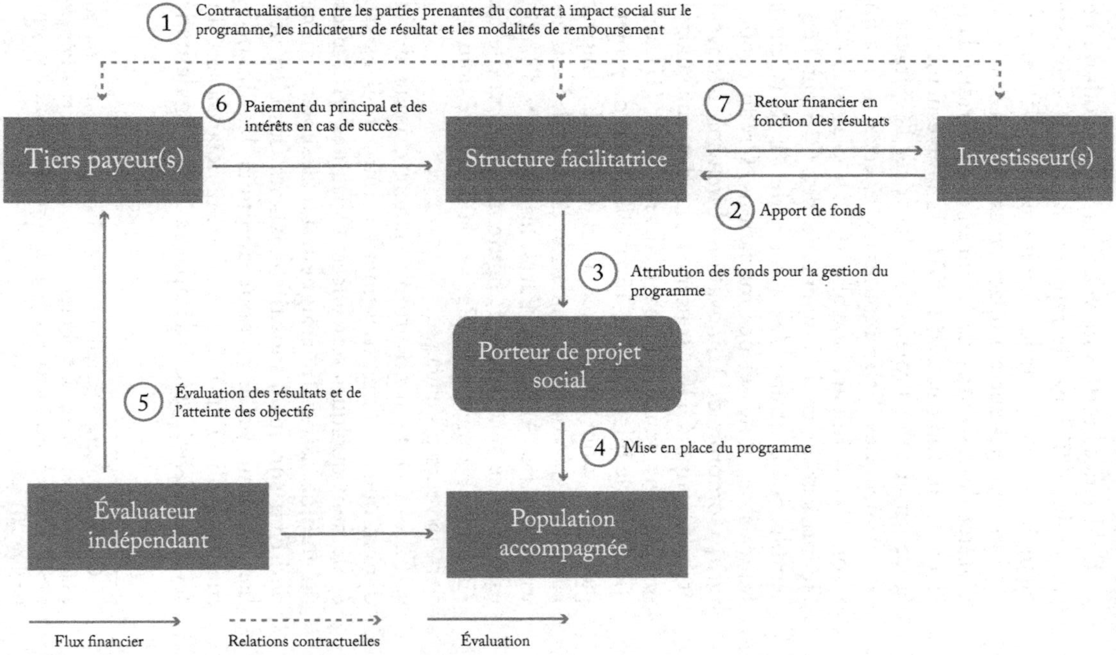


Source : Caisse des dépôts

En France, cette innovation a été introduite en septembre 2014 par le rapport remis à la ministre chargée de l'ESS par le Comité consultatif français de l'investissement à impact social, qui a souligné l'intérêt de ces outils de financement hybrides dans le contexte français[1]. En 2016, le gouvernement a lancé un appel à projets pour favoriser l'émergence en France des SIB, rebaptisés à cette occasion « contrats à impact social » (CIS). S'agissant de l'identification et de l'ingénierie des CIS sur l'ensemble du territoire, des acteurs de l'ESS (Centre français des fonds et des fondations, Crédit coopératif, Comptoir de l'innovation, Finansol, Mouves) et le Groupe CDC, soutenus par des partenaires privés, ont lancé l'Impact Invest Lab (IILab). Fin 2018, le bilan était de 13 labellisations de projets par l'État, dont 6 contrats conclus (ADIE, Impact partenaires, Wimoov, Fondation d'Auteuil, La Cravate solidaire, Article 1). Parmi les éléments d'explication de ce succès relatif, figurent la complexité de l'ingénierie à mettre en place et la difficulté pour les tiers-payeurs à s'engager.

Face à cette innovation financière issue de la dynamique de l'investissement à impact, il existe également quelques réticences. Certaines structures du monde associatif craignent un désengagement de l'État sur des dispositifs existants (les CIS utilisés comme prétexte pour diminuer les financements publics) et à terme, une financiarisation du secteur social. Des dérapages sont également

1. Comité consultatif français sur l'investissement à impact social, « Comment et pourquoi favoriser des investissements à impact social. Innover financièrement pour innover socialement », septembre 2014.

possibles : le mécanisme du paiement au résultat pourrait conduire les investisseurs au moment de la construction du contrat à préférer les projets les plus faciles, et donc à retenir ceux qui seraient plus sélectifs en termes de publics (les plus facilement réinsérables, les plus employables, etc.). La Charte éthique de l'IILab[1] vise à prévenir ces dérives : la suite nous dira si les principes qu'elle retient seront suffisants pour faire des CIS un vecteur de promotion du capital patient et de changement véritable. Plus généralement, l'origine anglo-saxonne des méthodes fait naître quelques craintes : le modèle français d'ESS ne succomberait-il pas à un effet de mode ? Voire pis : la monétarisation de l'impact, la mesure des coûts évités ne seraient-elles pas le cheval de Troie d'une logique purement financière ? L'annonce par le gouvernement de la relance, dès 2020, d'un programme ambitieux de contrats à impact social, en les simplifiant et en les adaptant aux collectivités territoriales, confère une actualité concrète à ces interrogations.

*

* *

L'évaluation est une démarche ambitieuse et singulièrement complexe qui implique de savoir mesurer son activité, voire ses résultats, en fonction des leviers à disposition, alors même que le projet des organisations de l'ESS est par essence fait de pâte humaine et interagit avec son environnement dans des écosystèmes de décisions complexes (public et privé). Les

1. http://www.centre-francais-fondations.org/copy_of_news/charte-ethique-iilab.pdf

entrepreneurs comme les financeurs sauront-ils éviter le danger de la quantification à outrance et porter, en revanche, la nécessité de nouveaux indicateurs de richesse ?

# Conclusion

Énergie verte, coopératives d'activités et d'emplois, monnaies complémentaires, habitat participatif, innovations dans la prise en charge de la petite enfance et du vieillissement, mobilité partagée, alimentation urbaine, agriculture raisonnée et circuits courts : c'est toute notre vie quotidienne qui peut être changée grâce au secteur de l'ESS. Si l'ESS n'apporte pas toutes les solutions (et c'est heureux, car il n'existe bien sûr aucune formule magique qui réglerait tous les problèmes), elle est néanmoins riche d'un grand nombre de pratiques qui ont le mérite de conjuguer sens, solidarité, efficacité et soutenabilité environnementale.

Pourtant, nous l'avons vu, l'ESS est restée pendant longtemps un « nain politique » en fort décalage avec sa réalité économique et sa présence dans la société. Mais les choses sont en train de changer et elle commence à sortir de l'ombre. D'abord, elle semble avoir dépassé ses débats internes – parfois utiles, mais souvent stériles – opposant partisans de l'économie sociale à ceux de l'économie solidaire ou de l'entrepreneuriat social.

Par ailleurs, rappelons que depuis quelques années, après la mobilisation de collectivités territoriales pionnières, le soutien de l'État s'est traduit en actes (en particulier avec une loi qui reconnaît, structure et développe le secteur et une administration qui s'organise). De leur côté, les entrepreneurs de l'ESS sont mieux représentés et mobilisés par les défis que représente le changement d'échelle.

Enfin, plus généralement, les Français sont eux-mêmes fortement demandeurs de plus d'ESS. En témoigne le fait que, selon un sondage Ipsos de janvier 2018, 50 % des élèves issus des grandes écoles aimeraient travailler dans l'ESS, ou encore que 82 % des personnes interrogées pensent que les collectivités devraient investir dans le développement de l'ESS pour répondre aux besoins sur un territoire[1]. Clairement, aujourd'hui, « l'alignement des planètes » semble plus favorable à l'ESS.

Comment poursuivre cette voie qui permet de proposer une solution alternative crédible au capitalisme non régulé, à la finance déconnectée de l'économie réelle, à l'individualisme oublieux du bien commun ? Telle est la question qui se pose à chacun d'entre nous. Cela suppose de sortir parfois de son confort et de ses habitudes pour innover et s'extraire des sentiers battus.

Tous les jours, en tant que consommateurs, entrepreneurs, enseignants, épargnants, élus, fonctionnaires, nous avons la possibilité de faire le choix de solutions durables et locales, solidaires, en circuits courts et porteuses d'impact social. Aussi avons-nous la possibilité de nous saisir de cet agir collectif qu'est l'ESS pour transformer notre monde. L'ESS est une vraie économie citoyenne. À charge pour nous de nous en emparer.

---

1. Sondage Ifop pour le compte du magazine *Acteurs publics* et le cabinet EY, mars 2015.

# REMERCIEMENTS

Les auteurs tiennent à remercier Jean-Louis Bancel (président du Crédit coopératif), Thibaut Guilly (président de l'association *French Impact* et directeur général d'ARES), Marie-Martine Lips (présidente du CNCRESS), Antonella Noya (chef d'unité ESS à l'OCDE) et Jérôme Saddier (président de l'AVISE et d'ESS France), pour les échanges fructueux qui ont permis d'enrichir la nouvelle édition de cet ouvrage.

# BIBLIOGRAPHIE


Barthélémy A., Keller S., Slitine R., *L'Économie qu'on aime ! Relocalisations, création d'emplois, croissance : de nouvelles solutions face à la crise*, Rue de l'Échiquier, 2014.

–, *Stratégie et financement des entreprises sociales et solidaires*, Rue de l'Échiquier, 2014.

Barthélémy A., Slitine R., *Entrepreneuriat social. Innover au service de l'intérêt général*, Vuibert, 2014.

CNCRES (Conseil national des chambres régionales de l'économie sociale), *L'Atlas commenté de l'économie sociale et solidaire*, hors-série Juris Associations, 4e édition, 2017.

Draperi J.-F., *L'Économie sociale et solidaire, une réponse à la crise ?*, Dunod, 2011.

–, *Histoires d'économie sociale et solidaire*, Les Petits Matins, 2017.

Duverger T., *L'Économie sociale et solidaire. Une histoire de la société civile en France et en Europe de 1968 à nos jours*, Lormont, Le Bord de l'Eau, 2016.

Frémeaux P., *La Nouvelle Alternative ? Enquête sur l'économie sociale et solidaire*, Alternatives économiques, 2013.

Laville J.-L., *L'Économie sociale et solidaire. Théories, pratiques, débats*, Points Économie, 2016.

–, *L'Économie solidaire. Une perspective internationale*, Fayard, « Pluriel », 2013.

Sibille H., *La Grande Promesse. Inventer les mondes de demain*, Rue de l'Échiquier, 2016.

# TABLE DES MATIÈRES

*Composition et mise en pages*
*Nord Compo à Villeneuve-d'Ascq*

Imprimé en France
par la Nouvelle Imprimerie Laballery
rue Louis Blériot 58500 Clamecy
avril 2019 - N° 904312

La Nouvelle Imprimerie Laballery est titulaire de la marque Imprim'Vert®

# MÉMOCHIMIE

## CHIMIE ET INGÉNIERIE CHIMIQUE

Erika Althaus, Manuel Jakubith

# MÉMOCHIMIE

## CHIMIE ET INGÉNIERIE CHIMIQUE

*Traduit de l'anglais par*
*Paul Depovere et Freddy Goossens*



De Boeck Université

Originally published in the English language by
VCH Verlagsgesellschaft mbH, Pappelallee 3, 69469 Weinheim,
Federal Republic of Germany, under the title :
Althaus, Jakubith, *Chemistry and Chemical Engineering. Memofix.*


*Ce livre a été conçu avec le plus grand soin. Néanmoins, les auteurs, les traducteurs et les éditeurs ne garantissent pas que les informations qu'il contient soient exemptes de toute erreur. Les lecteurs sont donc priés de garder à l'esprit le fait que les démonstrations, explications, illustrations et autres données puissent contenir l'une ou l'autre coquille.*



Dépôt légal :
Bibliothèque Royale Albert I$^{er}$, Bruxelles : 1997/0074/140
Bibliothèque Nationale, Paris : mai 1997



Imprimé en Belgique

ISBN 2-7445-0003-8

# Préface

La conception des tableaux qui suivent, le choix et l'étendue de ceux-ci, repose sur les considérations suivantes, compte tenu des innombrables informations figurant actuellement dans les banques de données : tout chimiste dans l'exercice de sa profession, qu'il travaille à sa paillasse ou qu'il discute avec des collègues, se trouve régulièrement confronté au problème de la recherche d'une donnée même sommaire, donnée qui lui est indispensable à l'instant même. En ce qui concerne les étudiants d'autre part, ils leur est pratiquement impossible, pour des raisons de coût, de faire appel à l'informatique en vue de rechercher les renseignements souhaités. Qui plus est, bon nombre de constantes physiques, d'incréments ou de bribes d'informations ponctuelles ne se retrouvent que dans des traités volumineux qu'il est malaisé de manipuler à tout bout de champ.

Cet état de fait nous a incités à concevoir un ensemble de tableaux dont le contenu puisse répondre à la demande tant des étudiants que des professionnels. Pour ce faire, nous avons minutieusement examiné le contenu de nombreux traités de chimie et d'ingénierie chimique modernes et nous avons repensé du tout au tout la présentation sous forme de tableaux des données jugées intéressantes.

La version originale de ce petit livre a été éditée en 1992 en allemand, avec le sous-titre *Mémofix*, grâce à l'aide et aux conseils enthousiastes du Dr. Hans F. Ebel, à l'époque éditeur en chef et responsable des acquisitions chez VCH Verlagsgesellschaft. Nous avons par la suite été sollicités par les Dr. Thomas Mager et Peter Gölitz de VCH en vue de préparer une traduction en langue anglaise, ce qui se réalisa, grâce à leur encouragements soutenus. Nous remercions chaleureusement les Dr. Mager et Gölitz pour leur collaboration qui fut des plus agréables. L'ouvrage anglais a été publié en 1993. Il contient deux nouveaux types d'informations dans le premier chapitre, lesquelles ont trait à la sécurité : une description des normes d'étiquetage des substances dangereuses aux États-Unis ainsi que dans les États membres des Communautés européennes et par ailleurs une importante liste des composés chimiques susceptibles d'exercer des effets cancérigènes, mutagènes ou tératogènes. Une telle information est d'un grand intérêt car bien souvent les autorités responsables ne font pas la distinction entre tératogènes et mutagènes et parce que les critères de classification d'une substance cancérigène diffèrent quelque peu entre les États-Unis et la Communauté européenne.

La traduction anglaise a été préparée avec l'aide du Dr. William E. Russey, du *Juniata College* à Huntingdon (Pennsylvanie). Nous tenons à exprimer ici nos remerciements sincères au Dr. Russey, de même que notre gratitude pour l'immense travail qu'il a accompli.

Wiesbaden et Münster,
le 14 septembre 1993

Dr. Erika Althaus
Dr. Manuel Jakubith

Et voici enfin la traduction française corrigée et améliorée.

Elle tient compte de modifications apportées tant par les auteurs que par les traducteurs.

Bruxelles,
le 24 avril 1997

Paul Depovere
Freddy Goossens

# Table des Matières

# Liste des tableaux

# 1 Sécurité

**Vous trouverez dans ce chapitre :**

- l'étiquetage des produits dangereux aux États-Unis (paragraphe 1.1),
- l'étiquetage des substances dangereuses dans les États membres des Communautés européennes (paragraphe 1.2) :
  - — les phrases R, indiquant la nature des risques particuliers (tableau 1.1),
  - — les phrases S, indiquant les conseils de prudence (tableau 1.2),
- les premiers soins (paragraphe 1.3),
- les composés chimiques susceptibles d'exercer des effets cancérigènes, mutagènes et/ou tératogènes (paragraphe 1.4),
- les points d'éclair, les limites d'explosibilité et les points d'ignition des
  - — composés inorganiques (tableau 1.4),
  - — composés organiques (tableau 1.5),
- les données physiques relatives à certains nuclides et le blindage vis-à-vis de la radioactivité (paragraphe 1.6).

## 1.1 Étiquetage des produits dangereux aux États-Unis

**Noms D.O.T. pour le transport :** Les règles et règlements relatifs au transport maritime ou autre des produits chimiques se retrouvent dans deux publications intitulées «Hazardous Materials Regulations of the Department of Transportation» publiées par le «Department of Transportation» (DOT) des États-Unis. Les noms adéquats relatifs au transport -tant aux États-Unis qu'au-delà des limites internationales- doivent être placés sur le côté extérieur des conteneurs et doivent figurer sur les documents officiels faisant l'inventaire de ceux-ci. Il y a plus de cent pages de tableaux où sont répertoriés les divers composés ou produits considérés par le D.O.T. comme étant à risques, pour lesquels est attribué un nom descriptif général qui a été approuvé. À titre d'exemples, on y trouve «Substance à risques, solide, N.O.S.«, «Liquide inflammable, N.O.S.», «Liquides toxiques, N.O.S.» etc., où le sigle N.O.S. signifie «Not Otherwise Specified», qui est un terme officiel du D.O.T. Parfois un nom particulier de ces produits transportés est suivi d'une série de lettres et de chiffres entre parenthèses. Ceux-ci servent à indiquer la quantité minimale dudit produit qui soit transportable, en excluant l'eau et autres agents de formulation. Ces unités sont exprimées à la fois en livres et en kilogrammes. Par exemple, (RQ-1000/454) signifie que la quantité transportable du produit chimique en question correspond à 1 000 livres ou 454 kilogrammes.

**Numéro d'identification D.O.T :** Il s'agit ici d'un numéro à quatre chiffres attribué par un comité d'experts des transports de matériaux dangereux relevant des Nations-Unies. Ce numéro permet d'identifier toute substance appartenant à un groupe donné. Si un numéro n'a pas encore été attribué à une substance par le comité des N.-U., ladite substance sera identifiée par le numéro d'identification D.O.T. précédé des lettres «NA». Les numéros des Nations-Unies sont toujours précédés de «UN» (United Nations). Les numéros précédés de «UN» sont toujours suivis de descriptions ad hoc en ce qui concerne le fret international et concernant les États-Unis. Aux numéros précédés de «NA» sont associées des descriptions qui ne sont pas reconnues pour les transports maritimes internationaux hormis entre les États-Unis et le Canada. Si un numéro d'identification se situe dans la série «NA9000», il s'agit d'une substance qui n'est pas bien caractérisée en ce qui concerne les informations relatives aux situations d'urgence.

**Classification des risques D.O.T :** Le transport maritime ou autre des produits chimiques et substances dangereuses exige également une information relative au risque lié à ces substances. En outre, si un produit est susceptible de présenter plus d'un risque, on mentionnera le risque le plus élevé dans l'échelle des priorités. Les priorités des risques D.O.T. décroissent selon la classification suivante :

1. Substance radioactive
2. Poison de type A
3. Gaz inflammable
4. Gaz ininflammable
5. Liquide inflammable
6. Oxydant
7. Solide inflammable
8. Matériau corrosif (liquide)
9. Poison de type B
10. Matériau corrosif (solide)
11. Matériau irritant
12. Liquide combustible (dans des conteneurs de plus de 420 $\ell$ )
13. Autre substance de type B (ORM-B)
14. Autre substance de type A (ORM-A)
15. Liquide combustible (dans des conteneurs de moins de 420 $\ell$ )
16. Autre substance de type E

La définition de ces rubriques se passe de tout commentaire, hormis celles intitulées «autre substance» (ORM est le sigle de Other Regulated Materials) et les types de poisons. Ces rubriques sont définies par le D.O.T. comme suit :

**ORM-A** regroupe les substances douées de propriétés anesthésiantes, irritantes, nocives, toxiques ou similaires et qui peuvent provoquer -en cas de fuite lors du transport- des ennuis ou des malaises graves aux passagers et à l'équipage.

**ORM-B** regroupe les substances (y compris des solides lorsqu'ils sont humidifiés par l'eau) qui sont susceptibles, en cas de fuite, d'occasionner des dégâts importants au véhicule qui les transporte.

**ORM-E** regroupe les substances qui ne sont reprises dans aucune autre classe de risques mais qui sont sujettes à des réglementations de transport élaborées par le D.O.T.

**Les poisons de type A** sont des substances gazeuses ou liquides qui présentent un danger vital lorsqu'une petite quantité dudit gaz, ou de vapeurs en provenance du liquide, se mélange à l'air; on les considère comme des poisons extrêmement dangereux.

**Les poisons de type B** sont des substances liquides ou solides (y compris les pâtes et les semi-solides), autres que celles reprises dans la classe A ou celles qui sont irritantes, qui s'avèrent si toxiques pour l'homme qu'elles constituent un risque sanitaire lors de leur transport; ou celles qui, en l'absence de données toxicologiques adéquates, sont suspectées d'être dangereuses pour l'homme parce qu'elles appartiennent à l'une ou l'autre des catégories suivantes :

Toxicité orale
Toxicité en cas d'inhalation
Toxicité en cas d'absorption cutanée

## 1.2 Étiquetage des produits dangereux - CEE

N

Dangereux pour l'environnement

E

Explosible

O

Comburant

Xn

Nocif

F+

Extrêmement inflammable

F

Facilement inflammable

Xi

Irritant

T+

Très toxique

T

Toxique

C

Corrosif

**Avis :** Au moins 45 jours avant qu'une nouvelle substance chimique n'apparaisse au sein de la Communauté économique européenne, le fabricant ou l'importateur est tenu de soumettre à l'autorité nationale compétente un dossier d'enregistrement qui doit contenir, entre autres, les informations et les résultats relatifs aux tests exigés par la directive 67/548/CEE (qui a subi 18 adaptations au cours de ces dernières années) ainsi qu'une proposition de classification et d'étiquetage de ladite substance. Les détails concernant les informations à donner et les tests à exécuter sont repris dans l'annexe VII de la directive susmentionnée; la méthodologie des tests est décrite dans l'annexe V.

Dès que l'autorité compétente a validé le dossier d'enregistrement, celui-ci (ou un résumé de celui-ci) est transmis à la Commission qui le contrôle et le renvoie aux Autorités compétentes des autres États membres. L'enregistrement d'une substance dans un État membre est de ce fait valable dans tous les autres États membres.

**Classification :** La directive énumère les catégories auxquelles les substances dangereuses peuvent appartenir. Le but de la classification est d'identifier toutes les propriétés physico-chimiques et toxicologiques d'une substance qui pourraient constituer un risque au cours des manipulations habituelles de celle-ci. Les propriétés physico-chimiques peuvent être telles qu'une substance sera qualifiée de :

explosible
comburante
extrêmement inflammable
facilement inflammable
inflammable

Quant aux propriétés toxicologiques d'une substance, celles-ci peuvent être classées comme suit :

très toxique
toxique
nocif
corrosif
irritant
danger de sensibilisation
cancérigène
tératogène
mutagène
dangereux pour l'environnement

Les définitions de ces catégories de même que les critères de classification sont donnés dans l'article 2(2) et dans l'annexe VI de ladite directive.

**Étiquetage :** Il existe des symboles correspondant à ces catégories (à l'exception de «inflammable» et «danger de sensibilisation» qui doivent apparaître sur l'étiquette. Ces symboles sont repris dans l'annexe II de la directive. Alors que cette classification -qui précise les risques les plus graves- est mise en exergue par les symboles ad hoc, les propriétés dangereuses d'une substance sont notifiées à l'aide de phrases standard de risques (phrases R) tandis que les précautions indispensables lors de sa manipulation sont indiquées sous forme de conseils standard de prudence (phrases S). Les phrases R et S se trouvent, respectivement, dans les annexes III et IV de la directive. L'étiquette qui identifie une substance doit clairement indiquer :

1. le nom de la substance : ce nom doit, soit être le terme tel qu'il est repris dans l'annexe I, soit, si la substance n'y est pas encore répertoriée, un nom donné en accord avec les recommandations internationales de nomenclature;
2. le symbole et l'indication du danger impliqué, là où il sied;
3. les phrases standard indiquant la nature des risques particuliers encourus (phrases R);
4. les phrases standard indiquant les conseils de prudence (phrases S);
5. le nom et l'adresse du fabricant, du distributeur ou de l'importateur.

**Emballage :** La directive contient également des exigences (article 15) concernant l'emballage des substances dangereuses. Ainsi, par exemple, les matériaux constituant l'emballage et sa fermeture ne peuvent être susceptibles d'être attaqués par le contenu ou de former des combinaisons dangereuses avec celui-ci. Se référer au texte de l'article 15 pour avoir la liste complète des exigences. En outre, les États membres peuvent également prescrire des exigences particulières telles que des systèmes de fermeture non déblocables par les enfants ou des signes de danger tactiles.

**Libre circulation au sein de la Communauté européenne :** Les États membres ne peuvent interdire, restreindre ou empêcher au sein du marché des substances qui satisfont aux exigences de la directive en ce qui concerne leur enregistrement, leur classification, leur emballage et leur étiquetage (article 22). Néanmoins, un État membre peut provisoirement interdire la vente d'une substance, ou soumettre celle-ci à des conditions particulières, s'il appert manifestement que ladite substance, quoique satisfaisant aux exigences de la directive, constitue un danger pour l'homme et/ou pour l'environnement (article 23). Dans un tel cas, il faut immédiatement en informer la Commission ainsi que les autres États membres; la Commission devra alors prendre des mesures adéquates endéans les 6 semaines.

**Tableau 1.1** PHRASES R indiquant la nature des risques particuliers

| *Phrase* R | *Signification* |
|---|---|
| R 1 | Explosible à l'état sec |
| R 2 | Risque d'explosion par le choc, la friction, le feu ou d'autres sources d'ignition |
| R 3 | Grand risque d'explosion par le choc, la friction, le feu ou d'autres sources d'ignition |
| R 4 | Forme des composés métalliques explosifs très sensibles |
| R 5 | Danger d'explosion sous l'action de la chaleur |
| R 6 | Danger d'explosion avec ou sans contact avec l'air |
| R 7 | Peut provoquer un incendie |
| R 8 | Favorise l'inflammation des matières combustibles |
| R 9 | Peut exploser en mélange avec des matières combustibles |
| R 10 | Inflammable |
| R 11 | Facilement inflammable |
| R 12 | Extrêmement inflammable |
| R 14 | Réagit violemment au contact de l'eau |
| R 15 | Au contact de l'eau, dégage des gaz extrêmement inflammables |
| R 16 | Peut exploser en mélange avec des substances comburantes |
| R 17 | Spontanément inflammable à l'air |
| R 18 | Lors de l'utilisation, formation possible de mélange vapeur-air inflammable/explosif |
| R 19 | Peut former des peroxydes explosifs |
| R 20 | Nocif par inhalation |
| R 21 | Nocif par contact avec la peau |
| R 22 | Nocif en cas d'ingestion |
| R 23 | Toxique par inhalation |
| R 24 | Toxique par contact avec la peau |
| R 25 | Toxique en cas d'ingestion |
| R 26 | Très toxique par inhalation |
| R 27 | Très toxique par contact avec la peau |
| R 28 | Très toxique en cas d'ingestion |
| R 29 | Au contact de l'eau, dégage des gaz toxiques |
| R 30 | Peut devenir facilement inflammable pendant l'utilisation |
| R 31 | Au contact d'un acide, dégage un gaz toxique |
| R 32 | Au contact d'un acide, dégage un gaz très toxique |
| R 33 | Danger d'effets cumulatifs |
| R 34 | Provoque des brûlures |

| *Phrase* R | *Signification* |
|---|---|
| R 35 | Provoque de graves brûlures |
| R 36 | Irritant pour les yeux |
| R 37 | Irritant pour les voies respiratoires |
| R 38 | Irritant pour la peau |
| R 39 | Danger d'effets irréversibles très graves |
| R 41 | Possibilités d'effets irréversibles |
| R 42 | Risque de lésions oculaires graves |
| R 42 | Peut entraîner une sensibilisation par inhalation |
| R 43 | Peut entraîner une sensibilisation par contact avec la peau |
| R 44 | Risque d'explosion si chauffé en ambiance confinée |
| R 45 | Peut provoquer le cancer |
| R 46 | Peut provoquer des altérations génétiques héréditaires |
| R 48 | Risque d'effets graves pour la santé en cas d'exposition prolongée |
| R 49 | Peut provoquer le cancer par inhalation |
| R 50 | Très toxique pour les organismes aquatiques |
| R 51 | Toxique pour les organismes aquatiques |
| R 52 | Nocif pour les organismes aquatiques |
| R 53 | Peut entraîner des effets néfastes à long terme pour l'environnement aquatique |
| R 54 | Toxique pour la flore |
| R 55 | Toxique pour la faune |
| R 56 | Toxique pour les organismes du sol |
| R 57 | Toxique pour les abeilles |
| R 58 | Peut entraîner des effets néfastes à long terme pour l'environnement |
| R 59 | Dangereux pour la couche d'ozone |
| R 60 | Peut altérer la fertilité |
| R 61 | Risque pendant la grossesse d'effets néfastes pour l'enfant |
| R 62 | Risque possible d'altération de la fertilité |
| R 63 | Risque possible pendant la grossesse d'effets néfastes pour l'enfant |
| R 64 | Risque possible pour les bébés nourris au lait maternel |

| *Phrase* R | *Signification* |
|---|---|
| | ***Combinaisons des phrases R*** |
| R 14/15 | Réagit violemment au contact de l'eau en dégageant des gaz extrêmement inflammables |
| R 15/29 | Au contact de l'eau, dégage des gaz toxiques et extrêmement inflammables |
| R 20/21 | Nocif par inhalation et par contact avec la peau |
| R20/22 | Nocif par inhalation et par ingestion |
| R 20/21/22 | Nocif par inhalation, par contact avec la peau et par ingestion |
| R 21/22 | Nocif par contact avec la peau et par ingestion |
| R 23/24 | Toxique par inhalation et par contact avec la peau |
| R 23/25 | Toxique par inhalation et par ingestion |
| R 23/24/25 | Toxique par inhalation, par contact avec la peau et par ingestion |
| R 24/25 | Toxique par contact avec la peau et par ingestion |
| R 26/27 | Très toxique par inhalation et par contact avec la peau |
| R 26/28 | Très toxique par inhalation et par ingestion |
| R 26/27/28 | Très toxique par inhalation, par contact avec la peau et par ingestion |
| R 27/28 | Très toxique par contact avec la peau et par ingestion |
| R 36/37 | Irritant pour les yeux et les voies respiratoires |
| R 36/38 | Irritant pour les yeux et la peau |
| R 36/37/38 | Irritant pour les yeux, les voies respiratoires et la peau |
| R 37/38 | Irritant pour les voies respiratoires et la peau |
| R 39/23 | Toxique : danger d'effets irréversibles très graves par inhalation |
| R 39/24 | Toxique : danger d'effets irréversibles très graves par contact avec la peau |
| R 39/25 | Toxique : danger d'effets irréversibles très graves par ingestion |
| R 39/23/24 | Toxique : danger d'effets irréversibles très graves par inhalation et par contact avec la peau |
| R 39/23/25 | Toxique : danger d'effets irréversibles très graves par inhalation et par ingestion |
| R 39/24/25 | Toxique : danger d'effets irréversibles très graves par contact avec la peau et par ingestion |
| R 39/23/24/25 | Toxique : danger d'effets irréversibles très graves par inhalation, par contact avec la peau et par ingestion |
| R 39/26 | Très toxique : danger d'effets irréversibles très graves par inhalation |

| *Phrase* R | *Signification* |
|---|---|
| R 39/27 | Très toxique : danger d'effets irréversibles très graves par contact avec la peau |
| R 39/28 | Très toxique : danger d'effets irréversibles très graves par ingestion |
| R 39/26/27 | Très toxique : danger d'effets irréversibles très graves par inhalation et par contact avec la peau |
| R 39/26/28 | Très toxique : danger d'effets irréversibles très graves par inhalation et par ingestion |
| R 39/27/28 | Très toxique : danger d'effets irréversibles très graves par contact avec la peau et par ingestion |
| R 39/26/27/28 | Très toxique : danger d'effets irréversibles très graves par inhalation, par contact avec la peau et par ingestion |
| R 40/20 | Nocif : possibilité d'effets irréversibles par inhalation |
| R 40/21 | Nocif : possibilité d'effets irréversibles par contact avec la peau |
| R 40/22 | Nocif : possibilité d'effets irréversibles par ingestion |
| R 40/20/21 | Nocif : possibilité d'effets irréversibles par inhalation et par contact avec la peau |
| R 40/20/22 | Nocif : possibilité d'effets irréversibles par inhalation et par ingestion |
| R 40/21/22 | Nocif : possibilité d'effets irréversibles par contact avec la peau et par ingestion |
| R 40/20/21/22 | Nocif : possibilité d'effets irréversibles par inhalation, par contact avec la peau et par ingestion |
| R 42/43 | Peut entraîner une sensibilisation par inhalation et par contact avec la peau |
| R 48/20 | Nocif : risque d'effets graves pour la santé en cas d'exposition prolongée par inhalation |
| R 48/21 | Nocif : risque d'effets graves pour la santé en cas d'exposition prolongée par contact avec la peau |
| R 48/22 | Nocif : risque d'effets graves pour la santé en cas d'exposition prolongée par ingestion |
| R 48/20/21 | Nocif : risque d'effets graves pour la santé en cas d'exposition prolongée par inhalation et par contact avec la peau |
| R 48/20/22 | Nocif : risque d'effets graves pour la santé en cas d'exposition prolongée par inhalation et par ingestion |
| R 48/21/22 | Nocif : risque d'effets graves pour la santé en cas d'exposition prolongée par contact avec la peau et par ingestion |
| R 48/20/21/22 | Nocif : risque d'effets graves pour la santé en cas d'exposition prolongée par inhalation, par contact avec la peau et par ingestion |
| R 48/23 | Toxique : risque d'effets graves pour la santé en cas d'exposition prolongée par inhalation |

| *Phrase* R | *Signification* |
|---|---|
| R 48/24 | Toxique : risque d'effets graves pour la santé en cas d'exposition prolongée par contact avec la peau |
| R 48/25 | Toxique : risque d'effets graves pour la santé en cas d'exposition prolongée par ingestion |
| R 48/23/24 | Toxique : risque d'effets graves pour la santé en cas d'exposition prolongée par inhalation et par contact avec la peau |
| R 48/23/25 | Toxique : risque d'effets graves pour la santé en cas d'exposition prolongée par inhalation et par ingestion |
| R 48/24/25 | Toxique : risque d'effets graves pour la santé en cas d'exposition prolongée par contact avec la peau et par ingestion |
| R 48/23/24/25 | Toxique : risque d'effets graves pour la santé en cas d'exposition prolongée par inhalation, par contact avec la peau et par ingestion |
| R 50/53 | Très toxique pour les organismes aquatiques, peut entraîner des effets néfastes à long terme pour l'environnement aquatique |
| R 51/53 | Toxique pour les organismes aquatiques, peut entraîner des effets néfastes à long terme pour l'environnement aquatique |
| R 52/53 | Nocif pour les organismes aquatiques, peut entraîner des effets néfastes à long terme pour l'environnement aquatique |

**Tableau 1.2 :** PHRASES S indiquant les conseils de prudence

| *Phrase* S | *Signification* |
|---|---|
| S 1 | Conserver sous clé |
| S 2 | Conserver hors de la portée des enfants |
| S 3 | Conserver dans un endroit frais |
| S 4 | Conserver à l'écart de tout local d'habitation |
| S 5 | Conserver sous ... (liquide approprié à spécifier par le fabricant) |
| S 6 | Conserver sous ... (gaz inerte à spécifier par le fabricant) |
| S 7 | Conserver le récipient bien fermé |
| S 8 | Conserver le récipient à l'abri de l'humidité |
| S 9 | Conserver le récipient dans un endroit bien ventilé |
| S 12 | Ne pas fermer hermétiquement le récipient |
| S 13 | Conserver à l'écart des aliments et boissons, y compris ceux pour animaux |
| S 14 | Conserver à l'écart des ... (matières incompatibles à indiquer par le fabricant) |
| S 15 | Conserver à l'écart de la chaleur |
| S 16 | Conserver à l'écart de toute flamme ou source d'étincelles - Ne pas fumer |
| S 17 | Tenir à l'écart des matières combustibles |
| S 18 | Manipuler et ouvrir le récipient avec prudence |
| S 20 | Ne pas manger et ne pas boire pendant l'utilisation |
| S 21 | Ne pas fumer pendant l'utilisation |
| S 22 | Ne pas respirer les poussières |
| S 23 | Ne pas respirer les gaz/vapeurs/fumées/aérosols [terme(s) approprié(s) à indiquer par le fabricant] |
| S 24 | Éviter le contact avec la peau |
| S 25 | Éviter le contact avec les yeux |
| S 26 | En cas de contact avec les yeux, laver immédiatement et abondamment avec de l'eau et consulter un spécialiste |
| S 27 | Enlever immédiatement tout vêtement souillé ou éclaboussé |
| S 28 | Après contact avec la peau, se laver immédiatement et abondamment avec ... (produits appropriés à indiquer par le fabricant) |
| S 29 | Ne pas jeter les résidus à l'égout |
| S 30 | Ne jamais verser d'eau dans ce produit |
| S 33 | Éviter l'accumulation de charges électrostatiques |
| S 35 | Ne se débarrasser de ce produit et de son récipient qu'en prenant toutes précautions d'usage |
| S 36 | Porter un vêtement de protection approprié |

| *Phrase* S | *Signification* |
|---|---|
| S 37 | Porter des gants appropriés |
| S 38 | En cas de ventilation insuffisante, porter un appareil respiratoire approprié |
| S 39 | Porter un appareil de protection des yeux/du visage |
| S 40 | Pour nettoyer le sol ou les objets souillés par ce produit, utiliser ... (à préciser par le fabricant) |
| S 41 | En cas d'incendie et/ou d'explosion, ne pas respirer les fumées |
| S 42 | Pendant les fumigations/pulvérisations, porter un appareil respiratoire approprié [terme(s) approprié(s) à indiquer par le fabricant] |
| S 43 | En cas d'incendie, utiliser ... (moyens d'extinction à préciser par le fabricant. Si l'eau augmente les risques, ajouter : «Ne jamais utiliser d'eau») |
| S 45 | En cas d'accident ou de malaise, consulter immédiatement un médecin (si possible lui montrer l'étiquette) |
| S 46 | En cas d'ingestion, consulter immédiatement un médecin et lui montrer l'emballage ou l'étiquette |
| S 47 | Conserver à une température ne dépassant pas ... °C (à préciser par le fabricant) |
| S 48 | Maintenir humide avec ... (moyen approprié à préciser par le fabricant) |
| S 49 | Conserver uniquement dans le récipient d'origine |
| S 50 | Ne pas mélanger avec ... (à spécifier par le fabricant) |
| S 51 | Utiliser seulement dans des zones bien ventilées |
| S 52 | Ne pas utiliser sur de grandes surfaces dans les locaux habités |
| S 53 | Éviter l'exposition - se procurer des instructions spéciales avant l'utilisation |
| S 56 | Éliminer ce produit et son récipient dans un centre de collecte des déchets dangereux ou spéciaux |
| S 57 | Utiliser un récipient approprié pour éviter toute contamination du milieu ambiant |
| S 59 | Consulter le fabricant/fournisseur pour des informations relatives à la récupération/au recyclage |
| S 60 | Éliminer le produit et son récipient comme un déchet dangereux |
| S 61 | Éviter le rejet dans l'environnement. Consulter les instructions spéciales/la fiche de données de sécurité |
| S 62 | En cas d'ingestion, ne pas faire vomir : consulter immédiatement un médecin et lui montrer l'emballage ou l'étiquette |

| *Phrase* S | *Signification* |
|---|---|
| | ***Combinaisons des phrases S*** |
| S 1/2 | Conserver sous clé et hors de portée des enfants |
| S 3/7 | Conserver le récipient bien fermé dans un endroit frais |
| S 3/9/14 | Conserver dans un endroit frais et bien ventilé à l'écart des ... (matières incompatibles à indiquer par le fabricant) |
| S 3/9/14/49 | Conserver uniquement dans le récipient d'origine dans un endroit frais et bien ventilé à l'écart de ... (matières incompatibles à indiquer par le fabricant) |
| S 3/9/49 | Conserver uniquement dans le récipient d'origine dans un endroit frais et bien ventilé |
| S 3/14 | Conserver dans un endroit frais à l'écart des ... (matières incompatibles à indiquer par le fabricant) |
| S 7/8 | Conserver le récipient bien fermé et à l'abri de l'humidité |
| S 7/9 | Conserver le récipient bien fermé et dans un endroit bien ventilé |
| S 7/47 | Conserver le récipient bien fermé et à une température ne dépassant pas ... °C (à préciser par le fabricant) |
| S 20/21 | Ne pas manger, ne pas boire et ne pas fumer pendant l'utilisation |
| S 24/25 | Éviter le contact avec la peau et les yeux |
| S 29/56 | Ne pas jeter le résidu à l'égout, éliminer ce produit et son récipient dans un centre de collecte des déchets dangereux ou spéciaux |
| S 36/37 | Porter un vêtement de protection et des gants appropriés |
| S 36/37/39 | Porter un vêtement de protection approprié, des gants et un appareil de protection des yeux/du visage |
| S 36/39 | Porter un vêtement de protection approprié et un appareil de protection des yeux/du visage |
| S 37/39 | Porter des gants appropriés et un appareil de protection des yeux/du visage |
| S 47/49 | Conserver uniquement dans le récipient d'origine à une température ne dépassant pas ... °C (à préciser par le fabricant) |

## 1.3 Premiers soins

1. Écarter immédiatement la victime de l'endroit contaminé; faites-lui respirer de **l'air frais**.
2. **Appeler immédiatement un médecin** et lui montrer l'étiquette de la substance dangereuse.
3. Si la victime est inconsciente ou manifeste des convulsions, **ne pas la faire vomir** et ne rien lui faire avaler.
4. S'assurer que la pièce est bien ventilée et pratiquer **immédiatement** la respiration artificielle : *15 insufflations par minute*.
5. En cas de défaillance cardiaque, aider la victime à respirer et entamer **immédiatement** un massage cardiaque : *80 compressions par minute*.
6. Lorsque la respiration reprend, administrer de **l'oxygène**.
7. Enlever les vêtements contaminés.
8. Laver abondamment à l'eau la surface cutanée (ou les yeux) qui a (ont) été en contact avec la substance.
9. Étendre la victime sur le côté avec la tête en contrebas et **rester auprès d'elle**.

## 1.4 Risques cancérigènes, mutagènes et tératogènes

Les effets potentiels CMT, c'est-à-dire cancérigènes/mutagènes/tératogènes d'un composé chimique sont indiqués dans ce tableau de la manière suivante :

**COLONNES 1 et 2 – Identité du composé :** les composés chimiques sont identifiés par leurs noms courants ou IUPAC. En cas de doute, se référer au matricule du «Chemical Abstracts Service» (CAS N°).

**COLONNES 3 à 6 – Composés susceptibles d'exercer des effets cancérigènes/mutagènes/tératogènes [CEE et République fédérale d'Allemagne (RFA)].**

- ***Composés potentiellement cancérigènes*** — (colonne 3, sous C)

  La commission de la CEE subdivise les composés susceptibles d'exercer des effets cancérigènes en trois classes 1, 2 et 3 (cf. les amendements 93/101/CEE, 94/69/CEE et 96/54/CEE des $20^{ème}$, $21^{ème}$ et $22^{ème}$, adaptations des améliorations techniques de la directive 67/548/CEE). Des classes quasi-identiques apparaissent dans le $32^{ème}$ rapport (1996) de la Commission allemande (DFG) de la recherche des risques pour la santé dûs à l'usage professionnel des composés chimiques; ces classes sont désignées par les sigles IIIA1, IIIA2 et IIIB :

  — *classe 1 ou IIIA1 :* une relation de cause à effet a été démontrée entre l'exposition et le développement d'un cancer chez l'homme.

  — *classe 2 ou IIIA2 :* une relation expérimentale de cause à effet a été démontrée entre l'exposition et le développement d'un cancer chez l'animal de laboratoire.

  — *classe 3 ou IIIB :* des cas ont été publiés au sujet du développement possible d'un cancer.

- ***Composés potentiellement mutagènes*** — (colonne 4, sous M)

  Ces composés ont été répartis de manière quasi-identique par la CEE et par la Commission allemande (DFG) entre les classes 1, 2 et 3 :

  — *classe 1 :* les effets mutagènes possibles du composé ont été démontrés sans équivoque.

  — *classe 2 :* la possibilité d'effets mutagènes est observée chez les mammifères.

  — *classe 3 :* des dommages génétiques ont été mis en évidence chez l'être humain et chez d'autres mammifères : ledit composé peut dès lors être mutagène.

- ***Composés potentiellement tératogènes*** — (colonnes 5 et 6, sous $R_F$, $R_E$)

  Dans son 31$^{ème}$ rapport, la commission allemande (DFG) a subdivisé les effets embryotoxiques et/ou fœtotoxiques susceptibles d'être exercés par des composés chimiques en quatre classes A, B, C et D (colonne 6).

  — *classe A :* le risque tératogène lié au composé a été démontré sans équivoque. Les femmes enceintes éviteront d'être exposées à ce composé même si son seuil limite est respecté.

  — *classe B :* en toute probabilité, le composé est potentiellement tératogène ; toute exposition, même au seuil limite, peut occasionner des dommages au fœtus.

  — *classe C :* aucun risque tératogène n'est à craindre pour autant que l'on respecte le seuil limite du composé.

  — *classe D :* l'insertion du composé dans l'une des classes précédentes n'est pas possible. Des caractéristiques tératogènes ont été observées, mais l'évaluation des données est incomplète.

  La Commission européenne fait la distinction entre *préjudiciable en ce qui concerne la reproduction* (sigle $R_F$, colonne 5) et *nuisible pour le fœtus* (sigle $R_E$, colonne 6) :

  — *classe 1 :* composés pour lesquels un lien a été nettement établi entre l'exposition et un préjudice relatif à la reproduction ou une nocivité vis-à-vis du fœtus.

  — *classe 2 :* en toute probabilité, le composé est préjudiciable en ce qui concerne la reproduction ou est nuisible au fœtus.

  — *classe 3 :* des cas ont été publiés au sujet d'un préjudice possible en ce qui concerne la reproduction ou une nocivité vis-à-vis du fœtus.

  — *classe Y :* aucun risque tératogène n'est à craindre pour le composé pour autant qu'on ne dépasse pas le seuil limite.

**COLONNE 7 – Composés potentiellement cancérigènes (USA) :** la liste des valeurs limites des seuils, telle qu'elle a été publiée par l'ACGIH en 1996 établit les distinctions suivantes en ce qui concerne les composés suspectés d'être cancérigènes :

— *classe □ :* le composé a été identifié par d'autres sources comme étant une substance cancérigène suspectée ou confirmée.

— *classe A1 : substance dont l'action cancérigène chez l'homme est confirmée* sur des bases statistiques relevant d'études épidémiologiques ou de faits cliniques convaincants relatifs à des êtres exposés.

— *classe A2 : substance dont l'action cancérigène chez l'homme est suspectée,* parce que les expériences indiquent qu'elle est cancérigène pour l'animal de laboratoire aux doses égales, selon les voies d'administration, au(x) endroit(s), de type(s) histologique(s) ou par des mécanismes qui sont considérés comme étant significatifs pour des travailleurs exposés.

— *classe A3 : substance cancérigène chez les animaux de laboratoire*, parce que les expériences indiquent qu'elle est cancérigène pour l'animal de laboratoire à des doses relativement élevées, selon les voies d'administration, au(x) endroit(s), de type(s) histologique(s) ou par des mécanismes qui ne sont pas considérés comme étant significatifs pour des travailleurs exposés.

— *classe A4 : substance non répertoriable comme cancérigène pour l'homme*, parce que les données sont inadéquates pour la classer comme agent cancérigène tant pour les êtres humains que pour les animaux.

— *classe A5 : substance non suspectée d'être cancérigène pour l'homme*, sur des bases statistiques relevant d'études épidémiologiques pertinentes.

**COLONNE 8 – Absorption cutanée et réactions allergiques :**

— *classe H :* le composé peut facilement pénétrer par voie épidermique ; son absorption cutanée peut, de fait, présenter un danger incomparablement plus grand que par inhalation en ce qui concerne les risques cancérigènes/mutagènes/tératogènes.

— *classe S : (sensibilisation)* le composé provoque un nombre plus élevé par rapport à la normale de sensibilisations (se manifestant par une hypersensibilité de nature allergique). $S^i$ signale un composé qui présente un danger de sensibilisation par inhalation.

**Aide-mémoire pour retrouver**

acétate d'éthylglycol, *voir à :* 2-éthoxyéthyle (acétate de –)

acétate de butylglycol, *voir à :* acétate de 2-butoxyéthyle

acétate de l'éther monobutylique de l'éthylèneglycol, *voir à :* 2-butoxyéthanol (acétate de –)

acétate de l'éther monoéthylique de l'éthylèneglycol, *voir à :* 2-éthoxyéthanol (acétate de –)

acétate de l'éther monométhylique de l'éthylèneglycol, *voir à :* 2-méthoxyéthanol (acétate de –)

acétate de méthylazoxyméthyle, *voir à :* (méthyl-*O,N,N*-azoxy)méthyle (acétate de–)

acétate de méthylglycol, *voir à :* 2-méthoxyéthanol (acétate de –)

acide acétique (ester vinylique de l'–), *voir à :* vinyle (acétate de –)

acide acrylique (ester éthylique de l'–), *voir à :* acrylate d'éthyle

acide acrylique (ester *n*-butylique de l'–), *voir à :* acrylate de *n*-butyle

acide carbamique (ester éthylique de l'–), *voir à :* carbamate d'éthyle

acide phosphorique (ester triméthylique de l'–), *voir à :* phosphate de triméthyle

acide propionique (ester *n*-butylique de l'–), *voir à :* acrylate de *n*-butyle

acide tétrachloroisophtalique (dinitrile de l'–), *voir à :* chlorthalonil

acroléine, *voir à :* prop-2-énal

actinolite, *voir à :* asbeste

alcool butylique, *voir à :* butanol

alcool éthylique, *voir à :* éthanol

alcool méthylique, *voir à :* méthanol

allylglycidyléther, *voir à :* 1-allyloxy-2,2-époxypropane

1-amino-2-méthoxy-5-méthylbenzène, *voir à :* *p*-crésidine

1-amino-3-chloro-6-méthylbenzène, *voir à :* 5-chloro-*o*-toluidine

1-amino-4-chlorobenzène, *voir à :* *p*-chloroaniline

1-amino-4-méthylbenzène, *voir à :* *p*-toluidine

2-amino-4-chlorotoluène, *voir à :* 5-chloro-*o*-toluidine

2-amino-5-chlorotoluène, *voir à :* 4-chloro-*o*-toluidine

3-amino-1,2,4-triazole, *voir à :* amitrole

3-amino-4-méthoxytoluène, *voir à :* *p*-crésidine

3-amino-9-éthyl-9*H*-carbazole, *voir à :* 3-amino-9-éthylcarbazole

3-amino-*p*-toluidine, *voir à :* toluène-2,4-diamine

4-amino-2,3-diméthylazobenzène, *voir à :* *o*-aminoazotoluène

4-amino-2-nitrophénol, *voir à :* 2-nitro-4-aminophénol

4-aminotoluène, *voir à :* *p*-toluidine

5-amino-*o*-toluidine, *voir à :* toluène-2,4-diamine

6-aminonaphtol (éther de –), *voir à :* 6-amino-2-éthoxynaphtalène

aminocyclohexane, *voir à :* cyclohexylamine

amosite, *voir à :* asbeste

*o*-anisidine, *voir à :* *o*-méthoxyaniline
*p*-anisidine, *voir à :* *p*-méthoxyaniline
anone, *voir à :* cyclohexanone
anthophylite, *voir à :* asbeste
arsenic, *voir à :* arsenic (trioxyde d'–)
aziridine, *voir à :* éthylènimine
benzotrichlorure, *voir à :* $\alpha,\alpha,\alpha$-trichlorotoluène
benzo[*d,e,f*]chrysène, *voir à :* benzo[*a*]pyrène
benzo[*e*]acéphénanthrylène, *voir à :* benzo[*b*]fluoranthène
biphényles polychlorés, *voir à :* biphényles chlorés
3,3′,4,4′-biphényltétramine, *voir à :* 3,3′-diaminobenzidine
bis(4-aminophényl)éther, *voir à :* 4,4′-oxydianiline
bis(*p*-aminophényl)éther, *voir à :* 4,4′-oxydianiline
bis(2-chloroéthyl)éther, *voir à :* oxyde de dichloroéthyle
bis(2-chloroéthyl)méthylamine, *voir à :* *N*-méthyl-bis(2-chloroéthyl) amine
4,4′-bis(diméthylamino)benzophénone, *voir à :* cétone de Michler
bis[4-(diméthylamino)-phényl]méthanone, *voir à :* cétone de Michler
1,3-bis(2,3-époxypropoxy)benzène, *voir à :* résorcinol (éther diglycidylique du –)
bromochlorotrifluoroéthane, *voir à :* 2-bromo-2-chloro-1,1,1-trifluoroéthane
bromure d'éthyle, *voir à :* bromoéthane
bromure de méthyle, *voir à :* bromométhane
butanesultone, *voir à :* butane-1,4-sultone
$\delta$-butanesultone, *voir à :* butane-1,4-sultone
butène-1,2-oxyde, *voir à :* 1,2-époxybutane
butoxydiéthylèneglycol, *voir à :* butyldiglycol
butylène-1,2-oxyde, *voir à :* 1,2-époxybutane
*n*-butylglycidyléther, *voir à :* 1-*n*-butoxy-2,3-époxypropane
*tert*-butylglycidyléther, *voir à :* 1-*tert*-butoxy-2,3-époxypropane
butylglycol, *voir à :* 2-butoxyéthanol
*N,N*-di-*n*-butylnitrosamine, *voir à :* *N*-nitroso-di-*n*-butylamine
CAM, *voir à :* *N*-méthylolchloroacétamide
chlorhydrate de 4,4′-diméthylaminobenzophénonimide, *voir à :* auramine
chlorhydrine de l'éthylène, *voir à :* 2-chloroéthanol
5-chloro-2-aminotoluène, *voir à :* 4-chloro-*o*-toluidine
4-chloro-2-aminotoluène, *voir à :* 5-chloro-*o*-toluidine
chloroacétamide-*N*-méthylol, *voir à :* *N*-méthylolchloroacétamide
chlorodiméthyléther, *voir à :* monochlorodiméthyléther
chloroforme, *voir à :* trichlorométhane
chlorométhyle, *voir à :* chlorométhane
chlorométhylméthyléther, *voir à :* monochlorodiméthyléther
chloroparaffines, *voir à :* paraffines chlorées
2-chloroprène, *voir à :* 2-chlorobuta-2,3-diène

2-chloro-*N*-hydroxyméthylacétamide, *voir à :* *N*-méthylolchloroacétamide
3-chloro-6-méthylaniline, *voir à :* 5-chloro-*o*-toluidine
chlorure d'allyle, *voir à :* 3-chloropropène
chlorure d'éthyle, *voir à :* chloroéthane
chlorure d'éthylidène, *voir à :* 1,1-dichloroéthane
chlorure de $\alpha$- et $\beta$-benzènehexyle, *voir à :* 1,2,3,4,5,6-hexachlorocyclohexane
chlorure de $\gamma$-chloroallyle, *voir à :* 1,3-dichloropropène
chlorure de 2,3-époxypropyltriméthyl-ammonium, *voir à :* glycidyltriméthylammonium (chlorure de –)
chlorure de 2-méthylallyle, *voir à :* 3-chloro-2-méthylpropène
chlorure de benzal, *voir à :* $\alpha,\alpha$-dichlorotoluène
chlorure de benzyle, *voir à :* $\alpha$-chlorotoluène
chlorure de benzylidène, *voir à :* $\alpha,\alpha$-dichlorotoluène
chlorure de méthyle, *voir à :* chlorométhane
chlorure de méthylène, *voir à :* dichlorométhane
chlorure de morpholinylcarbamoyle, *voir à :* *N*-chloroformylmorpholine
chlorure de morpholinylcarbonyle, *voir à :* *N*-chloroformylmorpholine
chlorure de vinylidène, *voir à :* 1,1-dichloréthène
chromates alcalins, *voir à :* chrome(VI) (composés du –)
chrysotile, *voir à :* asbeste
crocidolite, *voir à :* asbeste
crotonaldéhyde, *voir à :* but-2-énal
DDVP, *voir à :* dichlorvos
décachloropentacyclo [$5.2.1.0^{2,6}.0^{3,9}.0^{5,8}$]-décan-4-one, *voir à :* chlordécone
décachlorotétracyclodécanone, *voir à :* chlordécone
4,4′-diamino-3,3′-dichlorodi-phénylméthane, *voir à :* 4,4′-méthylène-bis(2-chloroaniline)
1,3-diamino-4-méthylbenzène, *voir à :* toluène-2,4-diamine
1,3-diaminobenzène, *voir à :* *m*-phénylènediamine
1,2-diaminobenzène, *voir à :* *o*-phénylènediamine
1,4-diaminobenzène, *voir à :* *p*-phénylènediamine
4,4′-diaminodiphényle, *voir à :* benzidine
4,4′-diaminodiphényléther, *voir à :* 4,4′-oxydianiline
2,4-diaminotoluène, *voir à :* toluène-2,4-diamine
*o*-dianisidine, *voir à :* 3,3′-diméthoxybenzidine
dibenz[*b*,*e*](1,4)-dioxine, *voir à :* 2,3,7,8-tétrachlorodibenzo-*p*-dioxine
dibromure d'éthylène, *voir à :* 12-dibromoéthane
$\alpha$-dichlorhydrine, *voir à :* 1,3-dichloropropan-2-ol
2,2′-dichloro-4,4′-méthylènedianiline, *voir à :* 4,4′-méthylène-bis(2-chloroaniline)
2,2′-dichloro-*N*-méthyldiéthylamine, *voir à :* *N*-méthyl-bis-(2-chloroéthyl)amine
*o*-dichlorobenzène, *voir à :* 1,2-dichlorobenzène
*p*-dichlorobenzène, *voir à :* 1,4-dichlorobenzène

dichlorodiméthyléther, *voir à :* bis(chlorométhyl)éther

$\alpha,\alpha$-dichlorodiméthyléther, *voir à :* bis(chlorométhyl)éther

1,2-dichloroéthylène, *voir à :* 1,2-dichloroéthène

$\alpha,\beta$-dichloroéthylméthyléther, *voir à :* 1,2-dichlorométhoxyéthane

1,2-dichloroéthylméthyléther, *voir à :* 1,2-dichlorométhoxyéthane

dichloroéthyne, *voir à :* dichloroacétylène

2,4-dichlorophényl-4-nitrophényléther, *voir à :* nitrofène

dichlorure d'éthylène, *voir à :* 1,2-dichloroéthane

1,3-di(2,3-époxypropoxy)benzène, *voir à :* diglycidylrésorcinoléther

*N,N*-diéthanolnitrosamine, *voir à :* *N*-nitrosodiéthanolamine

*O,O*-diéthyl-*O*-(4-nitrophényl)thiophosphate, *voir à :* parathion

diéthyldithiocarbamate de 2-chloroallyle, *voir à :* sulfallate

*N, N*-diéthylnitrosamine, *voir à :* *N*-nitrodiéthylamine

1,1-difluoroéthylène, *voir à :* 1,1-difluoroéthène

difluoromonochlorométhane, *voir à :* chlorodifluorométhane

1,3-diglycidyloxybenzène, *voir à :* diglycidylrésorcinoléther

1,2-dihydro-5-nitroacénaphtylène, *voir à :* 5-nitroacénaphtène

*N, N*-diisopropylnitrosamine, *voir à :* *N*-nitroso-diisopropylamine

diméthylaminosulfochlorure, *voir à :* diméthylsulfamoyle (chlorure de –)

2,4-diméthylaniline, *voir à :* 2,4-xylidine

*O,O*-diméthyldithiophosphate de *S*-[1,2-bis(éthoxycarbonyl)éthyle], *voir à :* malathion

*N,N*-diméthylnitrosamine, *voir à :* *N*-nitrosodiméthylamine

dioxane, *voir à :* 1,4-dioxane

dioxyde de diéthylène, *voir à :* 1,4-dioxane

1,4-dioxyde de méthyl-3-(quinoxaline-2 ylméthylène) carbazate, *voir à :* carbadox

1,4-dioxyde de 2-(méthoxycarbonylhydrazonométhyl) quinoxaline, *voir à :* carbadox

diphényle, *voir à :* biphényle

*N, N*-di-*n*-propylnitrosamine, *voir à :* *N*-nitroso-di-*n*-propylamine

disulfure de bis(diméthylthiocarbamoyle), *voir à :* thiram

disulfure de tétraméthylthiourrée, *voir à :* thiram

DMDT, *voir à :* Méthoxychlor

DNOC, *voir à :* 4,6-dinitro-*o*-crésol

DOP, *voir à :* phtalate de di(2-éthylhexyle)

épichlorhydrine, *voir à :* 1-chloro-2,3-époxypropane

1,2-époxy-3-allyloxypropane, *voir à :* 1-allyloxy-2,3-époxypropane

(époxyéthyl)benzène, *voir à :* oxyde de styrène

1-(époxyéthyl)-3,4-époxycyclohexane, *voir à :* 4-vinyl-1,2-cyclohexènediépoxyde

1,2-époxy-4-(époxyéthyl)cyclohexane, *voir à :* 4-vinyl-1,2-cyclohexènediépoxyde

1,2-époxy-3-isopropoxypropane, *voir à :* isopropylglycidyléther

1,2-époxy-3-phénoxypropane, *voir à :* phénylglycidyléther

ester éthylique de l'acide formique, *voir à :* formiate d'éthyle

ester méthylique de l'acide formique, *voir à :* formiate de méthyle
éthanal, *voir à :* acétaldéhyde
éther éthylique, *voir à :* éther diéthylique
éther méthylique, *voir à :* diméthyléther
éther monobutylique de l'éthylèneglycol, *voir à :* 2-butoxyéthanol
éther monobutylique du diéthylèneglycol, *voir à :* butyldiglycol
éther monoéthylique de l'éthylèneglycol, *voir à :* 2-éthoxyéthanol
éther monométhylique de l'éthylèneglycol, *voir à :* 2-méthoxyéthanol
2-éthoxy-6-aminonaphtalène, *voir à :* 6-amino-2-éthoxynaphtalène
éthylglycol, *voir à :* 2-éthoxyéthanol
éthylméthylcétone, *voir à :* butan-2-one
*N*-éthyl-*N*-nitrosoaniline, *voir à :* *N*-nitrosoéthylphénylamine
*N*-éthyl-*N*-nitrosamine, *voir à :* *N*-nitrosodiéthylamine
éthyluréthane, *voir à :* carbamate d'éthyle
fluorotrichlorométhane, *voir à :* trichlorofluorométhane
fluorure de vinylidène, *voir à :* 1,1-difluoroéthène
folpet, *voir à :* imide *N*-(trichlorométhylthio)phtalique
gaz moutarde, *voir à :* sulfure de dichlorodiéthyle
glycérol (dichlorhydrine-$\alpha,\gamma$ du –), *voir à :* 1,3-dichloropropan-2-ol
glycol, *voir à :* éthylèneglycol
halothane, *voir à :* 2-bromo-2-chloro-1,1,1-trifluoroéthane
HEOD, *voir à :* dieldrine
$\gamma$-1,2,3,4,5,6-hexachlorocyclohexane, *voir à :* lindane
HMPA, *voir à :* hexaméthylphosphorotriamide
hydrogénophosphonate de diméthyle, *voir à :* hydrogénophosphite de diméythyle
hydroquinone, *voir à :* 1,4-dihydroxybenzène
*N*-hydroxyméthylchloroacétamide, *voir à :* *N*-méthylolchloroacétamide
4-hydroxy-3-nitroaniline, *voir à :* 2-nitro-4-aminophénol
4-hydroxy-3-(3-oxo-1-phényl)butylcoumarine, *voir à :* warfarine
imidazolidine-2-thione, *voir à :* éthylènethiourée
iodure de méthyle, *voir à :* iodométhane
3-(4-isopropylphényl)-1,1-diméthylurée, *voir à :* isoproturone
jaune de chrome, *voir à :* chromate de plomb
kathone, *voir à :* 5-chloro-2-méthyl-2,3-dihydroisothiazole-3-one et 2-méthyl-2,3-dihydroisothiazole-3-one dans le rapport 3 : 1
képone, *voir à :* chlordécone
MDI, *voir à :* 4,4′-diisocyanate de diphénylméthane
2-méthoxy-5-méthylaniline, *voir à :* *p*-crésidine
1-méthyl-2-amino-4-nitrobenzène, *voir à :* 2-amino-4-nitrotoluène
1-méthyl-2-amino-5-chlorobenzène, *voir à :* 4-chloro-*o*-toluidine
2-méthyl-4-chloroaniline, *voir à :* 4-chloro-*o*-toluidine
4-méthylaniline, *voir à :* *p*-toluidine

phtalate de di-*sec*-octyle, *voir à :* phtalate de di(2-éthylhexyle)
phtalate de diisooctyle, *voir à :* phtalate de di(2-éthylhexyle)
3-propanolide, *voir à :* $\beta$-propiolactone
propylèneglycol(1-méthyléther du –), *voir à :* 1-méthoxypropan-2-ol
propylèneglycol(1-méthyléther-2-acétate du –), *voir à :* 1-méthoxyprop-2-yle (acétate de –)
propylèneglycol(2-méthyléther du –), *voir à :* 2-méthoxypropan-1-ol
propylèneglycol(2-méthyléther-1-acétate du –), *voir à :* 2-méthoxyprop-1-yle (acétate de –)
résorcinol[bis-2,3-époxypropyl)éther du –], *voir à :* résorcinol (éther diglycidylique du –)
sulfure de 4,4′-diaminodiphényle, *voir à :* 4,4′-thiodianiline
sulfure de bis (2-chloroéthyle), *voir à :* sulfure de 2,2′-dichlorodiéthyle
TCDD, *voir à :* 2,3,7,8-tétrachlorodibenzo-*p*-dioxine
3,3′,4,4′-tétraaminobiphényle, *voir à :* 3,3′-diaminobenzidine
2,4,5,6-tétrachlorobenzo-1,3-dinitrile, *voir à :* chlorthalonil
tétrachlorure d'acétylène, *voir à :* 1,1,2,2-tétrachloroéthane
*N*,*N*,*N*′,*N*′-tétraméthyl-4,4′-diaminodiphénylméthane, *voir à :* 4,4′-méthylène-bis(*N*,*N*-diméthylaniline)
tétraméthyldiaminobenzophénone, *voir à :* cétone de Michler
tétraméthyldiaminodiphénylacétimine(chlorhydrate de –), *voir à :* auramine
thiocarbamide, *voir à :* thiourée
*p*,*p*′-thiodianiline, *voir à :* 4,4′-thiodianiline
THU, *voir à :* thiourée
*o*-tolidine, *voir à :* 3,3′-diméthylbenzidine
4-*o*-tolylazo-*o*-toluidine, *voir à :* 2-aminoazotoluène
toxaphène, *voir à :* camphène chloré
1*H*-1,24-triazol-3-ylamine, *voir à :* amitrole
1,1,1-trichloro-2,2-bis(4-chloropphény) éthane, *voir à :* DDT
trichloroéthylène, *voir à :* trochloroéthène
1-trichlorométhylbenzène, *voir à :* $\alpha,\alpha,\alpha$-trichlorotoluène
trifluorobromométhane, *voir à :* bromotrifluorométhane
trioxyde de diantimoine, *voir à :* antimoine (trioxyde d'–)
uréthane, *voir à :* carbamate d'éthyle
vinylbutyrolactame, *voir à :* *N*-vinyl-2-pyrrolidone
ziram, *voir à :* bis(*N*,*N*-diméthyldithiocarbamate) de zinc

**Tableau 1.3 :** Composés susceptibles d'exercer des effets cancérigènes, mutagènes ou tératogènes (répertoriés en 1996)

| | | CEE / RFA | | | | USA | |
|---|---|---|---|---|---|---|---|
| **Composé** | **CAS N°** | C | M | $R_F$ | $R_E$ | C | ! |
| Acétaldéhyde | 75-07-0 | 3 | | | D | A3 | |
| Acétamide | 60-35-5 | 3 | | | | | |
| 2,4,5 T (ISO) (Acide trichlorophénoxyacétique) | 93-76-5 | | | | C | | |
| Acide bromhydrique | 10035-10-6 | | | | | A3 | |
| Acide chlorhydrique | 7647-01-0 | | | | C | | |
| Acide chloroacétique (ester méthylique de l'–) | 96-34-4 | | | | D | | |
| Acide 2-éthylhexanoïque | 149-57-5 | | | | 3 | | |
| Acide isocyanique, polyméthylène-polyphénylène (ester) | 9016-87-9 | IIIB | | | | | |
| Acide sulfurique, (vapeurs) | 7664-93-9 | | | | | A2 | |
| Acides siliciques | | | | | | | |
| amorphes | 7631-89-9 | | | | C | | |
| précipités (gels) | 112926-00-8 | | | | C | | |
| Acrylamide | 79-06-1 | 2 | 2 | | | A3 | H |
| Acrylate d'éthyle | 140-88-5 | | | | D | A2 | H,S |
| Acrylate de *n*-butyle | 141-32-2 | | | | D | | |
| Acrylonitrile | 107-13-1 | 2 | | | | A2 | H |
| Alachlor (ISO) | 15972-60-8 | 3 | | | | | |
| Aldrine (ISO) | 309-00-2 | 3 | | | | A3 | H |
| 5-Allyl-1,3-benzodioxole | 94-59-7 | 2 | 3 | | | □ | S |
| 1-Allyloxy-2,3-époxypropane | 106-92-3 | 2 | | | | | |
| Amidon | 9005-25-8 | | | | | | |
| 2-Aminoéthanol | 141-43-5 | | | | C | | |
| 6-Amino-2-éthoxynaphtalène | o. Ang. | 2 | | | | | |
| 3-Amino-9-éthylcarbazole | 132-32-1 | 3 | | | | | |
| 4-Amino-3-fluorophénol | 399-95-1 | 2 | | | | | |
| 2-Amino-4-nitrotoluène | 99-55-8 | 3 | | | | | |
| 4-Aminoazobenzène | 60-09-3 | 2 | | | | | H |
| 2-Aminoazotoluène | 97-56-3 | 2 | | | | | |
| 4-Aminodiphényle | 92-67-1 | 1 | | | | A1 | H |
| (sels de –) | | 1 | | | | | |
| 4-Aminophénol | 123-30-8 | 3 | | 3 | | | |

| Composé | CAS N° | CEE / RFA C | M | $R_F$ | $R_E$ | USA C | ! |
|---|---|---|---|---|---|---|---|
| Amitrole (ISO) | 61-82-5 | 3 | | | | A3 | |
| Ammoniac (gaz ou solution) | 7664-41-7 | | | | C | | |
| Ammonium (dichromate d'–) | 7789-09-5 | 2 | 2 | | | A1 | |
| Ammonium (perfluoro-octanoate d'–) | 3825-26-1 | | | | | A3 | H |
| Amosit | 12172-73-5 | 1 | | | | A1 | |
| Amylique (alcool iso –) | 123-51-3 | | | | C | | |
| Aniline (sels d'–) | 62-53-3 | 3 | | | D | A3 | H |
| homologues de l'– | | 3 | | | | A3 | H |
| Anisidine (et isomères) | 29191-52-7 | | | | | □ | |
| Antimoine (trioxyde d'–) | 1309-64-4 | 3 | | | | □ | |
| Antu (ISO) | 86-88-4 | 3 | | | | A4 | |
| *p*-Aramid | 26125-61-1 | IIIA2 | | | | | |
| Arsenic, élémentaire et composés inorganiques hormis l'arsine | | | | | | A1 | |
| Arsenic (pentoxyde d'–) | 1303-28-2 | 1 | | | | A1 | |
| Arsenic (trioxyde d'–) | 1327-53-3 | 1 | | | | A1 | |
| Arsénieux (acide –) | 36465-76-7 | 1 | | | | A1 | |
| sels de l'– (arsénites) | | IIIA1 | | | | A1 | |
| Arsénique (acide –) | 7778-39-4 | 1 | | | | A1 | |
| sels de l'– (arséniates) | | 1 | | | | A1 | |
| Arsine | 7784-42-1 | | | | | □ | |
| Asbeste (Chrysotil) | 1332-21-4 | 1 | | | | A1 | |
| Asphalte | 8052-42-4 | IIIB | | | | A4 | |
| Atrazine | 1912-24-9 | 3 | 3 | | | A4 | S |
| Attapulgite | 12174-11-7 | IIIA2 | | | | | |
| Auramine | | IIIA2 | | | | | |
| préparation de l'– | | 2 | | | | | |
| Auramine et ses sels | 492-80-8 | 3 | | | | | |
| Azoïques (colorants –) | | 1/2 | | | | | |
| Bénomyl (ISO) | 17804-32-2 | | 3 | | | A4 | |
| Benzène | 71-43-2 | 1 | 2 | | | A2 | H |
| Benzidine | 92-87-5 | 1 | | | | A1 | H |
| sels de – | 531-85-1 / 531-86-2 | 1 | | | | A1 | H |

| Composé | CAS N° | CEE / RFA C | M | $R_F$ | $R_E$ | USA C | ! |
|---|---|---|---|---|---|---|---|
| Benzo[*b*]fluoranthène | 205-99-2 | 2 | | | | A2 | |
| Benzo[*j*]fluoranthène | 205-82-3 | 2 | | | | | |
| Benzo[*k*]fluoranthène | 207-08-9 | 2 | | | | | |
| Benzo[*a*]pyrène | 50-32-8 | 2 | 2 | 2 | 2 | A2 | |
| Benzyle (acétate de –) | 140-11-4 | | | | | A3 | |
| Benz[*a*]anthracène | 56-55-3 | 2 | | | | A2 | |
| Benzyle (violet de –), 4B | 1694-09-3 | 3 | | | | | |
| Béryllium | 7440-41-7 | 2 | | | | A2 | |
| composés du – | | 2 | | | | A2 | |
| Binapacryl (ISO) | 485-31-4 | | | | 2 | | |
| Biphényle | 92-52-4 | | | | D | | |
| Biphényles chlorés (42% de chlore) | 53469-21-9 | 3 | | | B | □ | H |
| Biphényles chlorés (54% de chlore) | 11097-69-1 | 3 | | | B | A3 | H |
| Bis(chlorométhyle)(oxyde de –) | 542-88-1 | 1 | | | | A1 | |
| Bis(2-méthoxyéthyle) (phtalate de –) | 117-82-8 | | | 3 | 2 | | |
| Bis(orthophosphate) de triplomb | 7446-27-7 | | | 3 | 1 | | |
| Bis(tributylétain)(oxyde de –) | 56-35-9 | | | | C | | |
| Bois (poussière de –) | | 3 | | | | | S |
| de bois dur | | | | | | A1 | S |
| de bois tendre | | | | | | □ | S |
| Bromacil | 314-40-9 | 3 | | | | A3 | |
| 2-Bromo-2-chloro-1,1,1-trifluoroéthane | 151-67-7 | | | | 2 | A4 | |
| Bromoéthane | 74-96-4 | 2 | | | | A3 | H |
| Bromométhane | 74-83-9 | 3 | | | | □ | H |
| Bromotrifluorométhane | 75-63-8 | | | | C | | |
| Bromoxynil (ISO) | 1689-84-5 | | | | 3 | | |
| Brucite | 1317-43-7 | 3 | | | | | |
| But-2-énal | 123-73-9 / 4170-30-3 | IIIB | 3 | | | A3 | H |
| Buta-1,3-diène | 106-99-0 | 2 | | | | A2 | |

| Composé | CAS N° | CEE / RFA C | M | $R_F$ | $R_E$ | USA C | ! |
|---|---|---|---|---|---|---|---|
| Butan-1-ol | 71-36-3 | | | | D | | |
| Butane | 106-97-8 | 2 | | | | | |
| Butane-1,4-sultone | 1633-83-6 | 3 | | | | | |
| Butane-2,4-sultone | 1121-03-5 | 2 | | | | | |
| Butanethiol | 109-79-5 | | | | | □ | |
| Butanol (iso –) | 78-83-1 | | | | C | | |
| 1-*n*-Butoxy-2,3-époxypropane | 2426-08-6 | IIIB | 2 | | | | H,S |
| 1-*tert*-Butoxy-2,3-époxypropane | 7665-72-7 | IIIB | 3 | | | | H,S |
| 2-Butoxyéthanol | 111-76-2 | | | | C | | |
| 2-(2-Butoxyéthoxy)éthanol | 112-34-5 | | | | C | | |
| 2-Butoxyéthyle (acétate de –) | 112-07-2 | | | | C | | |
| *tert*-Butyle (chromate de –) | 1189-85-1 | | | | | □ | H |
| Cadmium (chlorure de –) | 10108-64-2 | 2 | | | | A2 | |
| Cadmium (composés du –) | | 2 | | | | A2 | |
| Cadmium (cyanure de –) | 542-83-6 | 2 | | | | | |
| Cadmium (fluorure de –) | 7790-79-6 | 2 | | | | | |
| Cadmium (formiate de –) | 4464-23-7 | 2 | | | | | |
| Cadmium (hexafluoro-silicate de –) | 17010-21-8 | 2 | | | | | |
| Cadmium (iodure de –) | 7790-80-9 | 2 | | | | | |
| Cadmium (oxyde de –) | 1306-19-0 | 2 | | | | A2 | |
| Cadmium (sulfate de –) | 10124-36-4 | 2 | | | | A2 | |
| Cadmium (sulfure de –) | 1306-23-6 | 2 | | | | A2 | |
| Cadmium | 7440-43-9 | 2 | | | | A2 | |
| Calcium (chromate de –) | 13765-19-0 | 2 | | | | A2 | |
| Calcium-sodium (métaphosphate de –) | 23209-59-8 | IIIB | | | | | |
| Camphéchlor | 8001-35-2 | 3 | | | | A3 | H |
| $\epsilon$-Caprolactame | 105-60-2 | | | | C | | |
| poussières de – | | | | | C | | |
| vapeurs de – | | | | | C | | |
| Captafol (ISO) | 2425-06-1 | 2 | | | | A4 | H |
| Captan (ISO) | 133-06-2 | 3 | | | | A3 | |
| Carbadox | 6804-07-5 | 2 | | | | | |
| Carbamate d'éthyle | 51-79-6 | 2 | | | | | |

| Composé | CAS N° | CEE / RFA C | M | $R_F$ | $R_E$ | USA C | ! |
|---|---|---|---|---|---|---|---|
| Carbaryl (ISO) | 63-25-2 | | | | | | |
| Carbendazim (ISO) | 10605-21-7 | | 3 | | | | |
| Carbone (disulfure de –) | 75-15-0 | | | 3 | 3 | | H |
| Carbone (monoxyde de –) | 630-08-0 | | | | 1 | | |
| Carbonyle (chlorure de –) | 75-44-5 | | | | C | | |
| Cétone de Michler | 90-94-8 | 3 | | | | | |
| Chlordane (ISO) | 57-74-9 | 3 | | | | A3 | H |
| Chlordécone (ISO) | 143-50-0 | 3 | | | | | |
| Chlordiméforme (ISO) | 6164-98-3 | 3 | | | | | |
| chlorhydrate de – | 19750-95-9 | 3 | | | | | |
| Chlore | 7782-50-5 | | | | C | | |
| 1-Chloro-2,3-époxypropane | 106-89-8 | 2 | | | | A2 | |
| 1-Chloro-2-nitrobenzène | 88-73-3 | 3 | | 3 | | | H |
| 1-Chloro-4-nitrobenzène | 100-00-5 | 3 | 3 | | | A3 | H |
| 2-Chloroacrylonitrile | 920-37-6 | IIIB | | | | | |
| 3-Chloro-2-méthylpropène | 563-47-3 | 3 | 3 | | | | |
| 4-Chloroaniline | 106-47-8 | 2 | | | | | H |
| 4-Chloro-*o*-toluidine | 95-69-2 | 1 | | | | | |
| 5-Chloro-*o*-toluidine | 95-79-4 | 3 | | | | | |
| Chlorobenzène | 108-90-7 | | | | C | | |
| 2-Chlorobuta-1,3-diène | 126-99-8 | | | | D | □ | |
| Chloroéthane | 75-00-3 | 3 | | | | A3 | |
| 2-Chloroéthanol | 107-07-3 | | | | C | | |
| Chlorofluorométhane | 593-70-4 | 2 | | | | | |
| *N*-Chloroformylmorpholine | 15159-40-7 | 2 | | | | | |
| Chlorométhane | 74-87-3 | 3 | | | B | A4 | H |
| Chloroparaffine | 63449-39-8 | IIIB | | | | | |
| 3-(4-Chlorophényl)-1,1-diméthyluronium (trichloroacétate de –) | 140-41-0 | 3 | | | | | |
| 3-Chloropropène | 107-05-1 | IIIB | | | | A3 | |
| Chlorothalonil (ISO) | 1897-45-6 | 3 | | | | | S |
| $\alpha$-Chlorotoluène | 100-44-7 | 2 | 3 | | 3 | A3 | |
| $\alpha$-Chlorotoluène | | IIIA1 | | | | □ | |
| Chromate de *tert*-butyle | 1189-85-1 | | | | | □ | |
| Chrome (VI) (carbonyl–) | 13007-92-6 | IIIB | | | | | |

| Composé | CAS N° | CEE / RFA C | M | $R_F$ | $R_E$ | USA C | ! |
|---|---|---|---|---|---|---|---|
| Chrome (III) (chromate de –) | 24613-89-6 | 2 | | | | | |
| Chrome (III) (composés du –) | | | | | | A4 | |
| Chrome (VI) (composé du –) | | 2 | | | | A1 | |
| Chrome (VI) (composés du –) | | | | | | | |
| hydrosolubles | | | | | | A1 | |
| non hydrosolubles | | | | | | A1 | |
| Chrome (oxychlorure de –) | 14977-61-8 | 2 | 2 | | | □ | |
| Chrome (traitement des minerais) | | | | | | A1 | |
| Chrome (trioxyde de –) | 1333-82-0 | 1 | | | | A1 | |
| Chrome et dérivés | 7440-47-3 | | | | | A4 | |
| Chrysène | 218-01-9 | IIIA2 | | | | A3 | |
| Chrysothyl | 12001-29-5 | | | | | A1 | |
| Cobalt (composés du –) | | 3 | | | | | |
| Cobalt | 7440-48-4 | 3 | | | | | |
| Cobalt, élémentaire et composés inorganiques | | | | | | A3 | |
| Cobalt (oxyde de –) | 1307-96-6 | 3 | | | | | |
| Cobalt (sulfure de –) | 1317-42-6 | 3 | | | | | |
| Coton (poussière de –) | | | | | C | | |
| Créosote | | 2 | | | | | |
| Cristobalit | 14464-46-1 | | | | | □ | |
| Crocidolit | 12001-28-4 | | | | | A1 | |
| 4-Cyano-2,6-diiodophényle (octanoate de –) | 3861-47-0 | | | | 3 | | |
| Cyclohexanone | 108-94-1 | | | | Y | A4 | H |
| *N*-Cyclohexyl-*N*-méthoxy 2,5-diméthyl-3-furamide | 60568-05-0 | 3 | | | | | |
| 2,4-D(ISO) Acide 2,4-dichloro-phénoxyacétique | 94-75-7 | | | | C | | |
| Sels de –, Esters de – | | | | | C | | |
| Daminozide | 1596-84-5 | 3 | | | | | |
| Dawsonite | 12011-76-6 | IIIA2 | | | | | |
| DDT | 50-29-3 | 3 | | | | A3 | H |
| Di(2-éthylhexyle) (phtalate de –) (DEHP) | 117-81-7 | | | | Y | A3 | |

| Composé | CAS N° | CEE / RFA C | CEE / RFA M | CEE / RFA $R_F$ | CEE / RFA $R_E$ | USA C | ! |
|---|---|---|---|---|---|---|---|
| Diallat (ISO) | 2303-16-4 | 3 | | | | | |
| 2,4-Diaminoanisole | 615-05-4 | 2 | | | | | |
| 3,3′-Diaminobenzidine | 91-95-2 | 3 | | | | | H |
| Sels de – | | 3 | | | | | H |
| 4,4′-Diaminodiphénylméthane | 101-77-9 | 2 | | | | A3 | H,S |
| 1,2-Diaminoéthane | 107-15-3 | | | | D | | |
| Diantimoine (trioxyde de –) | 1309-64-4 / 1327-33-9 | IIIA2 | | | | | |
| Diantimoine (trioxyde de –) | 1309-64-4 | 3 | | | | □ | |
| Diarsenic (pentoxyde de –) | 1303-28-2 | 1 | | | | A1 | |
| Diarsenic (trioxyde de –) | 1327-53-3 | 1 | | | | A1 | |
| Diazinon (ISO) | 333-41-5 | | | | C | | |
| Diazométhane | 334-88-3 | 2 | | | | A2 | |
| Diazote (monoxyde de –) | 10024-97-2 | | | | D | | |
| Dibenzodioxine et –furane, chlorés *voir à :* 2,3,7,8-Tétrachlorodibenzo-*p*-dioxine, TCDD | | | | | | | |
| Dibenzo[*a,h*]pyrène | 189-64-0 | IIIA2 | | | | | |
| Dibenzo[*a,i*]pyrène | 189-55-9 | IIIA2 | | | | | |
| Dibenzo[*a,l*]pyrène | 191-30-0 | IIIA2 | | | | | |
| Dibenz[*a,h*]anthracène | 53-70-3 | 2 | | | | | |
| 1,2-Dibromo-3-chloropropane | 96-12-8 | 2 | 2 | 1 | | | |
| 2,6-Dibromo-4-cyanophényle (octanoate de –) | 1689-99-2 | | | | 3 | | |
| 1,2-Dibromoéthane | 106-93-4 | 2 | | | | A3 | H |
| 2,2-Dichloro-1,1,1-trifluoroéthane | 306-83-2 | 3 | | | | | |
| 2,2-Dichloro-4,4′-méthylène-dianiline (MOCA) | 101-14-4 | 2 | | | | A2 | |
| Sels de – | | 2 | | | | | |
| Dichloroacétylène | 7572-29-4 | 2 | | | | | |
| 1,2-Dichlorobenzène | 95-50-1 | | | | C | | |
| 1,4-Dichlorobenzène | 106-46-7 | | | | Y | A3 | |
| 3,3′-Dichlorobenzidine | 91-94-1 | 2 | | | | A3 | H,S |
| Sels de – | 612-83-9 / 64969-34-2 / 74332-73-3 | 2 | | | | | H,S |

| Composé | CAS N° | CEE / RFA C | M | $R_F$ | $R_E$ | USA C | ! |
|---|---|---|---|---|---|---|---|
| 1,4-Dichlorobut-2-ène | 764-41-0 | 2 | | | | A2 | H |
| 2,2′-Dichlorodiéthyle (oxyde de –) | 111-44-4 | | | | | □ | |
| 2,2′-Dichlorodiéthyle (sulfure de –) | 505-60-2 | 1 | | | | | H |
| Dichlorodifluorométhane | 75-71-8 | | | | C | | |
| 1,1-Dichloroéthane | 75-34-3 | | | | D | | |
| 1,2-Dichloroéthane | 107-06-2 | 2 | | | | □ | |
| 1,1-Dichloroéthène | 75-35-4 | 3 | | | C | □ | |
| Dichlorométhane | 75-09-2 | 3 | | | D | A2 | |
| 1,2-Dichlorométhoxy-éthane | 41683-62-9 | IIIB | | | | | |
| 1,3-Dichloropropan-2-ol | 96-23-1 | 2 | | | | | |
| 1,2-Dichloropropane | 78-87-5 | 3 | | | | □ | |
| 1,3-Dichloropropène (*cis*- et *trans*-) | 542-75-6 | 2 | 3 | | | A4 | H |
| $\alpha$, $\alpha$-Dichlorotoluène | 98-87-3 | 3 | | | | | |
| Dichlorvos (ISO) | 62-73-7 | | | | C | | |
| Dieldrine (ISO) | 60-57-1 | 3 | | | | A4 | H |
| Diéthylamine | 109-89-7 | | | | | A4 | |
| Diéthylcarbamoyle (chlorure de –) | 88-10-8 | 3 | | | | | |
| Diéthyle (oxyde de –) | 60-29-7 | | | | D | | |
| Diéthyle (sulfate de –) | 64-67-5 | 2 | 2 | | | | H |
| Diéthylèneglycol | 111-46-6 | | | | C | | |
| Diéthylèneglycol (éther diméthylique du –) | 111-96-6 | | | | B | | |
| 1,1-Difluoroéthène | 75-38-7 | 3 | | | | | |
| Diglycidyléther | 2238-07-5 | 3 | | | | A4 | |
| 1,2-Dihydroxybenzène | 120-80-9 | | | | | A3 | H |
| 1,4-Dihydroxybenzène | 123-31-9 | 3 | 3 | | | A3 | |
| 2,4-Diisocyanatotoluène | 584-84-9 | | | | | □ | |
| 3,3′-Diméthoxybenzidine | 119-90-4 | 2 | | | | | H |
| Sels de – | | 2 | | | | | H |
| 3,3′-Diméthyl-4,4′-diamino- | | | | | | | H |
| diphénylméthane | 838-88-0 | 2 | | | | | H |
| *N*,*N*-Diméthylacétamide | 127-19-5 | | | | C | | |
| *N*,*N*-Diméthylaniline | 121-69-7 | 3 | | | | A4 | H |

| Composé | CAS N° | CEE / RFA C | M | $R_F$ | $R_E$ | USA C | ! |
|---|---|---|---|---|---|---|---|
| 3,3′-Diméthylbenzidine | 119-93-7 | 2 | | | | A3 | H |
| Sels de – | 612-82-8 | 2 | | | | | H |
| | 64969-36-4 | | | | | | |
| | 75753-18-7 | | | | | | |
| Diméthylcarbamoyle (chlorure de –) | 79-44-7 | 2 | | | | A2 | |
| Diméthyle (oxyde de –) | | | | | D | | |
| Diméthyle (sulfate de –) | 77-78-1 | 2 | | | | A3 | H |
| *N,N*-Diméthylformamide | 68-12-2 | | | | 2 | A4 | H |
| 1,1-Diméthylhydrazine | 57-14-7 | 2 | | | | A3 | H,S |
| 1,2-Diméthylhydrazine | 540-73-8 | 2 | | | | | H,S |
| Diméthylnitrosamine | 62-75-9 | 2 | | | | A3 | H |
| Diméthylsulfamoyle (chlorure de –) | 13360-57-1 | 2 | | | | | H |
| Dinickel (trioxyde de –) | 1314-06-3 | 1 | | | | A1 | |
| Dinitrobenzènes (tous isomères) | 25154-54-5 | IIIB | | | | | H |
| Dinitronaphtalènes (tous isomères) | 27478-34-8 | 3 | | | | | |
| 2,6-Dinitrotoluène | 606-20-2 | 2 | | | | | H |
| Dinitrotoluènes (tous isomères) | 25321-14-6 | 2 | | | | A2 | H |
| Dinoseb | 88-85-7 | | | 3 | 2 | | |
| Sels et esters de – | | | | 3 | 2 | | |
| Dinoterb | 1420-07-1 | | | | 2 | | |
| Sels et esters de – | | | | | 2 | | |
| 1,4-Dioxane | 123-91-1 | 3 | | | | □ | H |
| Diphénylméthane-4,4′-di-isocyanate (aérosol) | 101-68-8 | IIIB | | | | | $S^i$ |
| oligomère | 9016-87-9 | IIIB | | | | | |
| Direct Black (CI 38) | 1937-37-7 | 2 | | | 3 | | |
| Direct Blue (CI 6) | 2602-46-2 | 2 | | | 3 | | |
| Direct Blue (CI 218) | 73070-37-8 | 3 | | | | | |
| Direct Red (CI 28) | 573-58-0 | 2 | | | 3 | | |
| Disodium-{5-[(4′-((2,6-di-hydroxy-3-((2-hydroxy-5-sulfophényl)azo)-phényl)-azo)(1,1′-biphényl)-4-yl)-azo]-salicylato(4-)} cuprate (2-) | 16071-86-6 | 2 | | | | | |

| Composé | CAS N° | CEE / RFA C | M | $R_F$ | $R_E$ | USA C | ! |
|---|---|---|---|---|---|---|---|
| DNOC | 534-52-1 | | 3 | | | | H |
| Dodécachloropenta-cyclo $[5.2.1.0^{2,6}.0^{3,9}.0^{5,8}]$ décane | 2385-85-5 | 3 | | 3 | 3 | | |
| Eau oxygénée | 7722-84-1 | | | | | A3 | |
| 1,2-Époxy-3-phénoxypropane | 122-60-1 | 2 | | | | A3 | H,S |
| 1,2-Époxybutane | 106-88-7 | 2 | | | | | H |
| 1-Époxyéthyl-3,4-époxy-cyclohexane | 106-87-6 | 2 | | | | A2 | |
| 1,2-Époxypropane | 75-56-9 | 2 | | | | A3 | H |
| 2,3-Époxypropan-1-ol | 556-52-5 | | | | | A3 | H |
| Érionit | 12510-42-8 | 1 | | | | | |
| Essence | 8006-61-9 | | | | | □ | |
| Éthanediol | 107-21-1 | | | | C | | |
| Éthanol | 64-17-5 | | | | C | | |
| Éther de pétrole | 8032-32-4 | 2 | | | | A3 | |
| 2-Éthoxyéthanol | 110-80-5 | | | 2 | 2 | | H |
| 2-Éthoxyéthyle (acétate de –) | 111-15-9 | | | 2 | 2 | | H |
| Éthylbenzène | 100-41-4 | | | | D | | |
| Éthylène | 74-85-1 | IIIB | | | | A4 | |
| Éthylènethiourée | 96-45-7 | IIIB | | | 2 | | |
| Éthylénimine | 151-56-4 | 2 | 2 | | | A3 | H |
| 2-Éthylhexyl-3,5-bis-1,1-diméthyléthyl)-4-hydroxyméthyle (thioacétate de –) | 80387-97-9 | | | | 2 | | |
| Extrait de pétrole, essences de la fraction légère du distillat, solvant | 64742-03-6 | 2 | | | | | |
| Extrait de pétrole, essences de la fraction lourde du distillat, solvant | 64742-11-6 | 2 | | | | | |
| Extrait de pétrole, gazole, fraction légère sous vide, solvant | 91995-78-7 | 2 | | | | | |

| Composé | CAS N° | CEE / RFA C | M | $R_F$ | $R_E$ | USA C | ! |
|---|---|---|---|---|---|---|---|
| Extrait de pétrole, paraffines de la fraction légère du distillat, solvant | 64742-05-8 | 2 | | | | | |
| Extrait de pétrole, paraffines de la fraction lourde du distillat, solvant | 64742-04-7 | 2 | | | | | |
| Fibres de céramique | | IIIA2 | | | | | |
| Fibres de minéraux, naturelles et artificielles | | 2/3 | | | | | |
| Formaldéhyde | 50-00-0 | 3 | | | Y | A2 | H,S |
| Formiate d'éthyle | 109-94-4 | | | | D | | |
| Fumées passives sur les lieux de travail | | III | | | | | |
| 2-Furylméthanal | 98-01-1 | IIIB | | | | A3 | H |
| Gaz d'échappement des moteurs Diesel | | 2 | | | | | |
| Gaz de fours à coke | | IIIA1 | | | | | |
| Gaz naturel | | 2 | | | | | |
| Gel de silice, brûlé ou en fumée | 68855-54-9 | | | | C | | |
| Gel de silice, non brûlé | 61790-53-2 | | | | C | | |
| Glutaraldéhyde | 111-30-8 | | | | C | | |
| Glycidyltriméthylammonium (chlorure de –) | 3033-77-0 | 2 | | | | | H,S |
| Goudron de houille | | 1/2 | | | | | |
| Goudrons charbonneux | 65996-93-2 | IIIA1 | | | | A1 | |
| collants ou volatils | | IIIA1 | | | | A1 | |
| Graisse lubrifiante | 74869-21-9 | 2 | | | | | |
| Graphite | 7782-42-5 / 7440-44-0 | | | | C | | |
| Halloysite | 12298-43-0 | IIIB | | | | | |
| Heptachlor (ISO) | 76-44-8 | 3 | | | | A3 | H |
| Heptachlorépoxyde | 1024-57-3 | 3 | | | | A3 | H |
| 1,1,2,3,4,4-Hexachlorobuta-1,3-diène | 87-68-3 | 3 | | | | A3 | H |
| 1,2,3,4,5,6-Hexachlorocyclohexane (HCH) | 608-73-1 | 3 | | | | | H |

| Composé | CAS N° | CEE / RFA C | M | $R_F$ | $R_E$ | USA C | ! |
|---|---|---|---|---|---|---|---|
| Hexachlorobenzène | 118-74-1 | 2 | | | | A3 | H |
| Hexachloroéthane | 67-72-1 | | | | | A3 | H |
| Hexaméthylphosphorotriamide | 680-31-9 | 2 | 2 | | | A3 | H |
| *n*-Hexane | 110-54-3 | | | | C | | |
| Huiles de refroidissement avec nitrites | | IIIB | | | | | |
| Hydrazine | 302-01-2 | 2 | | | | A3 | H,S |
| Sels d'– | | 2 | | | | | |
| Hydrazine [bis(3-carboxy-4-hydroxybenzènesulfonate) d'–) | | 2 | | | | | |
| Hydrazobenzène | 122-66-7 | 2 | | | | | |
| *N*-(2-Hydroxyéthyl)-3-méthyl-2-quinoxalin-carboxamide-1,4-dioxyde | 23696-28-8 | IIIB | 3 | | | | H |
| Hydrocarbures, riches en aromatiques, $C_{26}-C_{55}$ | 97722-04-8 | 2 | | | | | |
| Hydrogénophosphite de diméthyle | 868-85-9 | 3 | | | | | |
| Indéno[1,2,3-*c*,*d*]pyrène | 193-39-5 | IIIA2 | | | | | |
| Ioxynil (ISO) | 1689-83-4 | | | | 3 | | |
| Isobutane | 75-28-5 | 2 | | | | | |
| 2-Isopropoxyéthanol | 109-59-1 | | | | C | | |
| Isopropyle (huile d'–), résultant de la préparation de l'alcool isopropylique | | IIIB | | | | | |
| Isopropylglycidyléther | 4016-14-2 | IIIB | 3 | | | | |
| Isoproturone | 34123-59-6 | 3 | | | | | |
| Laine de scorie | | IIIB | | | | | |
| Lindane | 58-89-9 | | | | | A3 | H |
| Linuron (ISO) | 330-55-2 | 3 | | | | | |
| Magnésium oxyde sulfate | 12286-12-3 | IIIB | | | | | |
| Malathion (ISO) | 121-75-5 | | | | D | | |
| Maléique (anhydride –) | 108-31-6 | | | | C | | |
| Manganèse | 7439-96-5 | | | | C | | |
| composés inorganiques | | | | | C | | |
| Mercure | 7439-97-6 | | | | | A4 | |

| Composé | CAS N° | CEE / RFA C | M | $R_F$ | $R_E$ | USA C | ! |
|---|---|---|---|---|---|---|---|
| Mercure (composés du –) | | | | | | | |
| inorganiques | | | | | | A4 | |
| Méthylmercure | 22967-92-6 | | | | A | | |
| Méthanol | 67-56-1 | | | | C | | |
| 2-Méthoxy-5-méthyl-aniline | 120-71-8 | 2 | | | | | H |
| 2-Méthoxyaniline | 90-04-0 | 2 | | | | A3 | H |
| 4-Méthoxyaniline | 104-94-9 | | | | | □ | |
| Méthoxychlor (DMDT) | 72-43-5 | | | | D | □ | |
| 2-Méthoxyéthanol | 109-86-4 | | | 2 | 2 | | H |
| 2-Méthoxyéthyle (acétate de –) | 110-49-6 | | | 2 | 2 | | H |
| 1-Méthoxypropan-2-ol | 107-98-2 | | | | C | | |
| 1-Méthoxypropan-2-yle (acétate de –) | 108-65-6 | | | | C | | |
| 2-Méthoxypropan-1-ol | 1589-47-5 | | | | 2 | | |
| 2-Méthoxypropyle (acétate-1 de –) | 70657-70-4 | | | | 2 | | |
| (Méthyl-*O*,*N*,*N*-azoxy)méthyle (acétate de –) | 592-62-1 | 2 | | | 2 | | |
| 1-Méthyl-3-nitro-1-nitrosoguanidine | 70-25-7 | 2 | | | | | |
| 2-Méthyl-*m*-phénylènediamine | 823-40-5 | | 3 | | | | |
| 4-Méthyl-*m*-phénylènediamine | 95-80-7 | 2 | | | | | H |
| *N*-Méthylaniline | 100-6108 | | | | | | H |
| *N*-Méthyl-2,4,6,*N*-tétranitroaniline | 479-45-8 | IIIB | | | | | H,S |
| *N*-Méthyl-2-pyrrolidone | 872-50-4 | | | | Y | | H |
| *N*-Méthyl-bis(2-chloro-éthyl)amine | 51-75-2 | 1 | 2 | | | | H,S |
| 2-Méthylaziridine | 75-55-8 | 2 | | | | A3 | H |
| Méthyle (acétate de –) | 79-20-9 | | | | D | | |
| Méthyle (acrylamidoglycolate de –) avec ⩾ 0,1 % d'acrylamide | 77402-05-2 | 2 | 2 | | | | |
| Méthyle (acrylamidométhoxyacétate de –) avec ⩾ 0,1 % d'acrylamide | 77402-03-0 | 2 | 2 | | | | |
| Méthyle (formiate de –) | 107-31-3 | | | | D | | |
| Méthyle (iodure de –) | 74-88-4 | 3 | | | | □ | H |

| Composé | CAS N° | CEE / RFA C | M | $R_F$ | $R_E$ | USA C | ! |
|---|---|---|---|---|---|---|---|
| Méthyle (isocyanate de –) | 624-83-9 | | | | D | | |
| Méthyle (méthacrylate de –) | 80-62-6 | | | | C | | |
| 4,4′-Méthylène-bis-(2-chloroaniline) | 101-14-4 | 2 | | | | A2 | H |
| 4,4′-Méthylène-bis(*N*,*N*-diméthylaniline) | 101-61-1 | 2 | | | | | |
| 4,4′-Méthylène-di(*o*-toluidine) | 838-88-0 | 2 | | | | | |
| Méthylhydrazine | 60-34-4 | | | | | A3 | H |
| Méthylmercure | 22967-92-6 | | | | A | | |
| *N*-Méthylolchloracétamide | 2832-19-1 | IIIB | 3 | | | | S |
| Monochlorodifluorométhane (R22) | 75-45-6 | | | | C | | |
| Monochlorodiméthyle (oxyde de –) | 107-30-2 | 1 | | | | A2 | |
| Monuron (ISO) | 150-68-5 | 3 | | | | | |
| Naphta | 8030-30-6 | 2 | | | | A3 | |
| Naphtalène | 91-20-3 | IIIB | | | | A4 | |
| 2-Naphtylamine | 91-59-8 | 1 | | | | A1 | H |
| Sels de – | | 1 | | | | | |
| 1,5-Naphtylènediamine | 2243-62-1 | 3 | | | | | |
| Nemalith | 1317-43-7 | IIIB | | | | | |
| Nickel | 7440-02-0 | 3 | | | | A1 | $S^i$ |
| minerais sulfurés | | | | | | A1 | $S^i$ |
| Nickel (carbonate de –) | 3333-67-3 | 3 | | | | A1 | $S^i$ |
| Nickel (composés du –) en gouttelettes respirables | | IIIA1 | | | | A1 | $S^i$ |
| Nickel (dihydroxyde de –) | 12054-48-7 | 3 | | | | | $S^i$ |
| Nickel (dioxyde de –) | 12035-36-8 | 1 | | | | A1 | $S^i$ |
| Nickel (disulfure de –) | 12035-72-2 | 1 | | | | A1 | |
| Nickel (matte de –) | | | | | | | |
| par grillage ou | | | | | | A1 | $S^i$ |
| par électrolyse | | | | | | A1 | $S^i$ |
| Raffinage | | 1 | | | | A1 | |
| Composés solubles/insolubles | | | | | | A1 | |
| Nickel (monoxyde de –) | 1313-99-1 | 1 | | | | A1 | $S^i$ |

| Composé | CAS N° | CEE / RFA | | | | USA | ! |
|---|---|---|---|---|---|---|---|
| | | C | M | $R_F$ | $R_E$ | C | |
| Nickel (sulfate de –) | 7786-81-4 | 3 | | | | A1 | $S^i$ |
| Nickel (sulfure de –) | 16812-54-7 | 1 | | | | A1 | |
| Nickel (tétracarbonyl–) | 13463-39-3 | 3 | | | 2 | □ | H |
| Nickel (trioxyde de –) | 1314-06-3 | 1 | | | | A1 | |
| 2-Nitro-4-aminophénol | 119-34-6 | 3 | | | | | H |
| 2-Nitro-*p*-phénylènediamine | 5307-14-2 | 3 | | | | | H,S |
| 5-Nitroacénaphtène | 602-87-9 | 2 | | | | | |
| 4-Nitroaniline | 100-01-6 | | | | C | | |
| 2-Nitroanisole | 91-23-6 | 2 | | | | | |
| Nitrobenzène | 98-95-3 | 3 | | 3 | D | A3 | H |
| 4-Nitrobiphényle | 92-93-3 | 2 | | | | A2 | H |
| Nitrofen (ISO) | 1836-75-5 | 2 | | | 2 | | |
| 1-Nitronaphtalène | 86-57-7 | IIIB | | | | | |
| 2-Nitronaphtalène | 581-89-5 | 2 | | | | | |
| 2-Nitropropane | 79-46-9 | 2 | | | | A3 | |
| Nitropyrène, isomères : | | | | | | | |
| Mono–, Di–, Tri–, Tétra– | 5522-43-0 | 3 | | | | | |
| Nitrosamine : | | | | | | | |
| Diméthylnitrosamine | 62-75-9 | 2 | | | | A2 | |
| *N*-Nitroso-diéthanolamine | 1116-54-7 | 2 | | | | | |
| *N*-Nitroso-diéthylamine | 55-18-5 | 2 | | | | | |
| *N*-Nitroso-diisopropylamine | 601-77-4 | 2 | | | | | |
| *N*-Nitroso-diméthylamine | 62-75-9 | 2 | | | | A3 | |
| *N*-Nitroso-di-*n*-butylamine | 924-16-3 | 2 | | | | | |
| *N*-Nitroso-di-*n*-propylamine | 621-64-7 | 2 | | | | | |
| *N*-Nitrosoéthylphényl-amine | 612-64-6 | 2 | | | | | |
| *N*-Nitrosométhyléthyl-amine | 10595-95-6 | 2 | | | | | |
| *N*-Nitrosométhylphényl-amine | 614-00-6 | 2 | | | | | |
| *N*-Nitrosomorpholine | 59-89-2 | 2 | | | | | |
| *N*-Nitrosopipéridine | 100-75-4 | 2 | | | | | |
| *N*-Nitrosopyrrolidine | 930-55-2 | 2 | | | | | |
| *p*-Nitrosophénol | 104-91-6 | | 3 | | | | |
| 2-Nitrotoluène | 88-72-2 | 2 | | | | | H |
| Noir de carbone | 1333-86-4 | | | | | □ | |

| | | CEE / RFA | | | | USA | |
|---|---|---|---|---|---|---|---|
| **Composé** | **CAS N°** | C | M | $R_F$ | $R_E$ | C | ! |
| Oxyde d'aluminium | 1344-28-1 / 1302-74-5 | | | | | | |
| poussière d'– | 1344-28-1 | 2 | | | | | |
| Oxyde d'éthylène | 75-21-8 | 2 | 2 | | | A2 | H |
| 4,4′-Oxydianiline | 101-80-4 | 2 | | | | | S |
| Ozone | 10028-15-6 | IIIB | | | | | |
| Palygorskite | 12174-11-7 | 2 | | | | | |
| Parathion (ISO) | 56-38-2 | | | | D | | |
| Particules huileuses en aérosol,fraction moyenne | | | | | | A1 | |
| Pentachloroéthane | 76-01-7 | 3 | | | | | |
| Pentachlorophénol | 87-86-5 | 2 | 3 | | | A3 | H |
| Sels de – | | 3 | | | | | |
| Peroxyacétique (acide –) | 79-21-0 | IIIB | | | | | |
| Pétrole | 8009-03-8 / 85029-74-9 | 2 | | | | | |
| Phénanthrène | 122070-78-4 | 2 | | | | | |
| *N*-Phényl-2-naphtylamine | 135-88-6 | 3 | | | | A4 | |
| *m*-Phénylènediamine | 108-45-2 | | | | | A4 | H |
| *o*-Phénylènediamine | 95-54-5 | 3 | 3 | | | A3 | |
| *p*-Phénylènediamine | 106-50-3 | IIIB | | | D | A4 | H,S |
| Phénylhydrazine | 100-63-0 | 3 | | | | A3 | H,S |
| Phosphamidon | 13171-21-6 | | 3 | | | | |
| Phosphore (pentoxyde de –) | 1314-56-3 | | | | C | | |
| Phtalique (anhydride –) | 85-44-9 | | | | D | | |
| Plomb | 7439-92-1 | | | | B | A3 | |
| composés du – | | | | | 1 | | |
| composés inorganiques du – | | | | | | A3 | |
| poussières/vapeurs de – | 7439-92-1 | | | | | □ | |
| Plomb (acétate basique de –) | 1335-32-6 | 3 | | 3 | 1 | A3 | |
| Plomb (alkyl –) | | | | 3 | 1 | | |
| Plomb (arséniate de –) | 7784-40-9 | | | | | □ | |
| Plomb (azoture de –) | 13424-46-9 | | | 3 | 1 | A3 | |
| Plomb (chromate de –) | 7758-97-6 | 3 | | | 1 | A2 | |
| Plomb (diacétate de –) | 301-04-2 | | | 3 | 1 | A3 | |

| Composé | CAS N° | CEE / RFA C | M | $R_F$ | $R_E$ | USA C | ! |
|---|---|---|---|---|---|---|---|
| Plomb (hexafluorosilicate de –) | 25808-74-6 | | | 3 | 1 | A3 | |
| Plomb (II) (méthane-sulfonate de –) | 17570-76-2 | | | 3 | 1 | | |
| Plomb (téraéthyl–) *voir à* Plomb (alkyl–) | | | | | | | |
| Plomb (téraméthyl–) *voir à* Plomb (alkyl–) | | | | | | | |
| Plomb (2.4.6-trinitro-résorcinate de –) | 15245-44-0 | | | 3 | 1 | | |
| Poix | 68187-57-5 / 65996-93-2 | 2 | | | | | |
| Polyéthylèneglycol $200 < Mr \leqslant 600$ | | | | | C | | |
| Potassium (bromate de –) | 7758-01-2 | 2 | | | | | |
| Potassium (chromate de –) | 7789-00-6 | 2 | 2 | | | A1 | |
| Potassium (dichromate de –) | 7778-50-9 | 2 | 2 | | | A1 | |
| Potassium (titanate de –) | | IIIA2 | | | | | |
| Poussière de bois de chêne | | 1 | | | | A1 | S |
| Poussière de bois de hêtre | | 1 | | | | A1 | S |
| Poussière de fibres synthétiques | | 2/3 | | | | | |
| Produits pharmaceutiques cancérigènes | | 1/2 | | | | | |
| Prop-2-énal | 107-02-8 | | | | D | | |
| Propan-2-ol | 67-63-0 | | | | D | | |
| Production du – | | 2 | | | | | |
| Propane-1,3-sultone | 1120-71-4 | 2 | | | | A3 | H |
| 3-Propanolide | 57-57-8 | 2 | | | | A3 | |
| Propazine | 139-40-2 | 3 | | | | | |
| Propylène thiourée | 2122-19-2 | 3 | | | | | |
| Proxopur (ISO) | 114-26-1 | | | | | A3 | |
| Pyridine (dérivés alkylés) | 68391-11-7 | 2 | | | | | |
| Pyrolyse (produits résultant de la – des matières organiques) | | 1/2 | | | | | |
| Quartz | 14808-60-7 | | C | | | | |
| Quartz en fine poussière | | | C | | | | |
| Résorcinol (éther diglycidylique du –) | 101-90-6 | 2 | | | | | S |
| Sepiolith | 18307-23-8 / 15501-74-3 | IIIB | | | | | |

| **Composé** | **CAS N°** | **CEE / RFA** C | M | $R_F$ | $R_E$ | **USA** C | ! |
|---|---|---|---|---|---|---|---|
| Silicium (dioxyde de –) | | | | | | | |
| trempage | 60676-86-0 | IIIA2 | | | | | |
| Cristobalite | 14464-46-1 | IIIA2 | | | | | |
| Simazin | 122-34-9 | 3 | | | | | |
| Sodium (dichromate de –) | 10588-01-9 / 7789-12-0 | 2 | 2 | | | A1 | |
| Sodiumpyrithion | 3811-73-2 / 15922-78-8 | | | | C | | |
| Strontium (chromate de –) | 7789-06-2 | 2 | | | | A2 | |
| Styrène | 100-42-5 | | | | Y | □ | H |
| Styrène (oxyde de –) | 96-09-3 | 2 | | | | | |
| Sulfallate (ISO) | 95-06-7 | 2 | | | | | |
| Sulfometuron méthylé | 74222-97-2 | | | | | A4 | |
| Talc, contenant de l'asbeste | | | | | | □ | |
| Talc, sans asbeste | 14807-96-6 | | | | C | | |
| 2,3,7,8-Tétrachlorodibenzo-*p*-dioxine | 1746-01-6 | 2 | | | | | |
| 1,1,2,2-Tétrachloroéthane | 79-34-5 | 3 | 3 | | | A4 | H |
| Tétrachloroéthylène | 127-18-4 | 3 | | | Y | A3 | |
| Tétrachlorométhane | 56-23-5 | 3 | | | | A2 | H |
| Tétrahydrofuranne | 109-99-9 | | | | C | | |
| Tétranitrométhane | 509-14-8 | 2 | | | | A3 | |
| Thioacétamide | 62-55-5 | 2 | | | | | |
| 4,4′-Thiodianiline | 139-65-1 | 2 | | | | | H |
| Thiophanate méthylé | 23564-05-8 | | 3 | | | | |
| Thiourée | 62-56-6 | 3 | | | | | |
| Thiram | 137-26-8 | | 3 | | D | A4 | S |
| Titane (dioxyde de –) | 13463-67-7 | | C | | | □ | |
| Toluène | 108-88-3 | | | | C | | |
| Toluène (2,4-diammoniumsulfate) | 65321-67-7 | 2 | | | | | |
| *o*-Toluidine | 95-53-4 | 2 | | | | A3 | H |
| *p*-Toluidine | 106-49-0 | 3 | | | | A3 | H |
| Tri-*n*-butylétain (composés du –) (TBTO) | | | | | C | | |
| benzoate de – | 4342-36-3 | | | | C | | |

| Composé | CAS N° | CEE / RFA C | M | $R_F$ | $R_E$ | USA C | ! |
|---|---|---|---|---|---|---|---|
| chlorure de – | 1461-22-9 | | | | C | | |
| fluorure de – | 1983-10-4 | | | | C | | |
| linoléate de – | 24124-25-2 | | | | C | | |
| méthacrylate de – | 2155-70-6 | | | | C | | |
| naphténate de – | 85409-17-2 | | | | C | | |
| Tribromométhane | 75-25-2 | 3 | | | | | H |
| 1,2,4-Trichlorobenzène | 120-82-1 | IIIB | | | | | H |
| 2,3,4-Trichlorobut-1-ène | 2431-50-7 | 2 | | | | | |
| 1,1,1-Trichloroéthane | 71-55-6 | | | | C | | |
| 1,1,2-Trichloroéthane | 79-00-5 | 3 | | | | A4 | H |
| Trichloroéthène | 79-01-6 | 3 | | | Y | A5 | |
| Trichlorofluorométhane | 75-69-4 | | | | C | | |
| Trichlorométhane | 67-66-3 | 3 | | | B | A3 | |
| 4-Trichlorométhylchlorobenzène | 5216-25-1 | IIIA2 | | | | | |
| *N*-(Trichlorométhylthio)-phtalimide | 133-07-3 | 3 | | | | | |
| 2,4,6-Trichlorophénol | 88-06-2 | 3 | | | | | |
| 1,2,3-Trichloropropane | 96-18-4 | 2 | | | | A3 | H |
| $\alpha,\alpha,\alpha$-Trichlorotoluène | 98-07-7 | 2 | | | | | |
| Tridymit | 15468-32-3 | | | | | □ | |
| Triglycidyl (isocyanure de –) | 2451-62-9 | | 2 | | | | |
| 2,4,5-Triméthylaniline | 137-17-7 | 2 | | | | | |
| 3,5,5-Triméthylcyclohex-2-én-1-one | 78-59-1 | 3 | | | | A3 | |
| Triméthyle (phosphate de –) | 512-56-1 | 3 | 2 | | | | H |
| Trinickel (disulfure de –) | 12035-72-2 | 1 | | | | A1 | |
| 2,4,7-Trinitrofluorénone | 129-79-3 | 3 | | | | | |
| 2,4,6-Trinitrotoluène (et isomères dans des mélanges techniques) | 118-96-7 | 3 | | | | □ | H |
| Trisodium bis(7-acétamido-2)-(4-nitro-2-ocidophénylazo)-(3-sulfonato-1-naphtolato)-chromate (1-) | | | 3 | | | | |
| Uranium (composés de l'–) | | | | | | | |

| Composé | CAS N° | CEE / RFA C | M | $R_F$ | $R_E$ | USA C | ! |
|---|---|---|---|---|---|---|---|
| Uranium, naturel et composés sol./insol. | | | | | | A1 | |
| Vapeurs de soudures | | | | | | □ | |
| Verre de silice | 60676-86-0 | | | | C | | |
| *N*-Vinyl-2-pyrrolidone | 88-12-0 | 3 | | | | | H |
| 9-Vinylcarbazole | 1484-13-5 | | | 3 | | | |
| 4-Vinylcylohexène | 100-40-3 | | | | | A3 | H |
| 4-Vinylcylohexène-1,2-diépoxyde | 106-87-6 | 2 | | | | A3 | H |
| Vinyle (acétate de –) | 108-05-4 | 3 | | | | A3 | |
| Vinyle (bromure de –) | 593-60-2 | 2 | | | | A2 | |
| Vinyle (chlorure de –) | 75-01-4 | 1 | | | | A1 | |
| Warfarine | 81-81-2 | | | | 1 | | |
| 2,4-Xylidine | 95-68-1 | 3 | | | | A3 | H |
| 2,6-Xylidine | 87-62-7 | 3 | | | | A3 | |
| Xylidine (tous les autres isomères) | 1300-73-8 | | | | | A3 | H |
| Zinc[bis(*N*,*N*-diméthyldithio-carbamate) de –] (Ziram) | 137-30-4 | | 3 | | | | |
| Zinc (chromate de –) | 13530-65-9 | 1 | | | | A1 | |
| Zinc-potassium (chromate de –) | 41189-36-0 | 1 | | | | A1 | |

# 1.5 Données relatives à la sécurité des composés chimiques

**REMARQUES PRÉALABLES**

Les composés chimiques sont répertoriés avec leurs dénominations préférées, lesquelles sont, en général, les noms IUPAC; les noms triviaux sont présentés dans le paragraphe 8.6.

**Point d'éclair :** le point d'éclair est défini comme étant la plus basse température à laquelle une substance volatile et combustible émet suffisamment de vapeur pour former avec l'air un mélange inflammable au contact d'une flamme.

**Point d'auto-ignition :** le point d'auto-ignition est défini comme étant la plus basse température à laquelle un mélange substance-air ne s'enflamme pas spontanément.

**Limites d'explosibilité :** les limites d'explosibilité inférieures (LEL) et supérieures (UEL) d'un mélange substance-air sont données en % en vol. et/ou en g de substance par m$^3$ d'air. Entre ces limites, la combustion de la substance envisagée aura lieu en l'absence de toute source extérieure d'air ou d'énergie. Les limites d'explosibilité se réfèrent à l'état initial du mélange substance-air à 101,325 kPa et à 20°C.

**Tableau 1.4** DONNÉES RELATIVES À LA SÉCURITÉ DES COMPOSÉS INORGANIQUES

| Composé | $\vartheta_{d'éclair}$/°C | Limites d'explosibilité en % en vol. | | en g m$^{-3}$ | | $\vartheta_{d'auto-ignition}$/°C |
|---|---|---|---|---|---|---|
| | | LEL | UEL | LEL | UEL | |
| aluminium | | | | 43 | | 773 |
| ammoniac | | 15,0 | 28,0 | 105 | 200 | 630 |
| carbone (disulfure de –) | $< -30$ | 1,0 | 60,0 | 30 | 1900 | 102 |
| carbone (monoxyde de –) | | 12,5 | 74,0 | 145 | 870 | 605 |
| carbone (oxysulfure de –) | | 11,4 | 29,0 | 300 | 740 | |
| chlore (dioxyde de –) | | | explosible | | | |
| cyanogène | | 6,0 | 43,0 | 130 | 930 | |
| hydrazine | $< -20$ | 1,0 | 9,7 | 28 | 275 | 220 |
| hydrogène | | 4,0 | 75,6 | 3,3 | 64 | 650 |
| hydrogène (sulfure d'–) | | 4,3 | 45,5 | 60 | 650 | 270 |
| soufre | | | | 23 | | 333 |

**Tableau 1.5** DONNÉES RELATIVES À LA SÉCURITÉ DES COMPOSÉS ORGANIQUES

| Composé | $\vartheta_{d'éclair}$/°C | Limites d'explosibilité en % en vol. LEL | UEL | en g m$^{-3}$ LEL | UEL | $\vartheta_{d'auto-ignition}$/°C |
|---|---|---|---|---|---|---|
| acide benzène-1,2-dicarboxylique | 152 | 1,7 | 10,5 | 100 | 650 | 580 |
| acide éthanoïque | 40 | 4,0 | 17,0 | 100 | 430 | 485 |
| aminobenzène | 76 | | | | | 530 |
| anhydride éthanoïque | 49 | 2,0 | 10,0 | 85 | 430 | 330 |
| anthracène | 121 | 0,6 | | 45 | | 540 |
| azine | 20 | 1,8 | 8,0 | 75 | 340 | 450 |
| benzène | −11 | 1,4 | 9,5 | 48 | 270 | 540 |
| bromoéthane | | 6,7 | 11,3 | 300 | 510 | 510 |
| bromométhane | < −30 | 13,5 | 14,5 | 530 | 580 | 540 |
| but-2-énal | 13 | 0,8 | 6,0 | 40 | 300 | 420 |
| but-2-ène | | ∼ 1,7 | ∼ 9,7 | | | |
| buta-1,3-diène | | 1,1 | 12,5 | 25 | 290 | 415 |
| butan-1-ol | 35 | 1,4 | 11,3 | 43 | 350 | 340 |
| butan-2-ol | 24 | | | | | 390 |
| butan-2-one | −1 | 1,8 | 11,5 | 50 | 350 | 505 |
| butanal | < −5 | 1,4 | 12,5 | 42 | 380 | 230 |
| butane | | 1,5 | 8,5 | 37 | 210 | 365 |
| chloroéthane | −50 | 3,6 | 14,8 | 95 | 400 | 510 |
| chloroéthène | −43 | 4,0 | 31,0 | 100 | 800 | 550 |
| chlorométhane | | 7,6 | 19,7 | 160 | 410 | 625 |
| cyclohexane | −18 | 1,3 | 8,3 | 45 | 290 | 270 |
| cyclohexanol | 68 | | | | | |
| cyclohexanone | 43 | 1,3 | 9,4 | 53 | 380 | 430 |
| 1,1-dichloroéthane | −10 | 5,6 | 16,0 | 225 | 660 | 175 |
| 1,2-dichloroéthane | 13 | 6,2 | 16,0 | 250 | 660 | 440 |
| 1,1-dichloroéthène | −10 | 6,5 | 16,0 | 220 | 650 | 440 |
| 1,2-dichloroéthène *(cis)* | 6 | 6,2 | 16,0 | 250 | 650 | 460 |
| 1,2-dichloroéthène *(trans)* | 6 | 9,7 | 12,8 | 390 | 520 | 460 |
| dichlorométhane | | 13,0 | 22,0 | 450 | 780 | 605 |
| diéthyléthanamine | < 0 | 1,2 | 8,0 | 50 | 340 | |

| Composé | $\vartheta_{d'éclair}$/°C | Limites d'explosibilité en % en vol. | | en g m$^{-3}$ | | $\vartheta_{d'auto-ignition}$/°C |
|---|---|---|---|---|---|---|
| | | LEL | UEL | LEL | UEL | |
| 1,3-diméthylbenzène | 25 | 1,1 | 7,0 | 48 | 310 | 525 |
| 1,4-diméthylbenzène | 25 | 1,1 | 7,0 | 48 | 310 | 525 |
| 1,2-diméthylbenzène | 30 | 1,0 | 7,6 | 44 | 335 | 465 |
| diméthylméthanamine | | 2,0 | 11,6 | 49 | 285 | 190 |
| 1,4-dioxane | 12 | 2,0 | 22,0 | 70 | 710 | 180 |
| diphényle | 113 | 0,7 | 4,3 | 45 | 220 | 570 |
| éthanal | −27 | 4,0 | 57,0 | 73 | 104 | 140 |
| éthanamine | | 3,5 | 14,0 | 65 | 260 | |
| éthane | | 3,0 | 15,5 | 37 | 195 | 515 |
| éthane-1,2-diol | 111 | 3,2 | | 80 | | 410 |
| éthanol | −11 | 3,1 | 20,0 | 60 | 370 | 425 |
| éthène | | 2,7 | 34,0 | 31 | 390 | 455 |
| éthoxyéthane | −30 | 1,6 | 48,0 | 50 | 1500 | 160 |
| éthylbenzène | 15 | 1,0 | | 44 | | 430 |
| éthyle (cyanure d'–) | 2 | 3,0 | | 50 | | |
| éthyléthanamine | 34 | | | | | 385 |
| éthyne | | 2,3 | 82,0 | 25 | 880 | 305 |
| heptane | −4 | 1,0 | 6,7 | 46 | 279 | 244 |
| hexan-2-one | | 1,2 | 8,0 | 50 | 330 | |
| hexane | −26 | 1,1 | 7,4 | 43 | 265 | 260 |
| hydroxybenzène | 79 | 1,3 | | | | 605 |
| isopropylbenzène | 31 | 0,8 | 6,0 | 40 | 300 | 420 |
| méthanamine | | 5,0 | 20,7 | 60 | 270 | 430 |
| méthane | | 5,0 | 15,0 | 33 | 100 | 595 |
| méthanol | 11 | 5,5 | 36,5 | 80 | 490 | 470 |
| méthoxyéthane | −37 | 2,0 | 10,1 | 50 | 250 | 190 |
| méthoxyméthane | −41 | 2,0 | 27,0 | 38 | 520 | 190 |
| 2-méthylbuta-1,3-diène | $< -20$ | 1,0 | 9,7 | 28 | 275 | 220 |
| 2-méthylhydroxybenzène | 81 | 1,3 | | 60 | | 600 |
| 4-méthylhydroxybenzène | 86 | 1,0 | | 45 | | 625 |
| méthylméthanamine | | 2,8 | 14,4 | 52 | 270 | 400 |
| 4-méthylpentan-2-one | 14 | 1,2 | 8,0 | 50 | 330 | 475 |
| 2-méthylpropan-1-ol | 28 | 1,7 | | 50 | | 430 |
| naphtalène | 80 | 0,9 | 5,9 | 45 | 320 | 540 |

| Composé | $\vartheta_{d'éclair}$/°C | Limites d'explosibilité en % en vol. LEL | UEL | en g m$^{-3}$ LEL | UEL | $\vartheta_{d'auto-ignition}$/°C |
|---|---|---|---|---|---|---|
| nitrobenzène | 88 | 1,8 | | 95 | | 480 |
| nitrométhane | 36 | 7,1 | 63,0 | 180 | 1600 | 415 |
| nonane | 31 | 0,7 | 5,6 | 30 | 300 | 255 |
| octane | 13 | 0,8 | 6,0 | 35 | 280 | 240 |
| oxirane | | 3,0 | 100,0 | 55 | 1820 | 440 |
| oxolane | −20 | 2,0 | 12,4 | 60 | 370 | 230 |
| pent-1-ène | | 1,2 | 7,6 | 44 | 280 | 330 |
| pentan-1-ol | 33 | 1,3 | 8,0 | 43 | 224 | 285 |
| pentan-2-one | ≈ 16 | 1,5 | 8,2 | 53 | 300 | 505 |
| pentane | < −40 | 1,4 | 7,8 | 41 | 240 | 285 |
| phénoxybenzène | 115 | 0,8 | | 55 | | 360 |
| phényléthanone | 105 | | | | | 535 |
| phényléthène | 32 | 1,1 | 8,0 | 45 | 350 | 490 |
| prop-2-én-1-ol | 21 | 2,5 | 18,0 | 60 | 490 | 375 |
| prop-2-énal | < −20 | 2,8 | 31,0 | 75 | 730 | 305 |
| propan-1-ol | 21 | 2,1 | 9,5 | 40 | 180 | 500 |
| propan-2-ol | 12 | 2,0 | 12,0 | 50 | 300 | 425 |
| propane | | 1,7 | 10,5 | 39 | 180 | 470 |
| propane-1,2,3-triol | 160 | 2,1 | 13,0 | 50 | 310 | 540 |
| propanone | −18 | 2,0 | 12,0 | 50 | 300 | 400 |
| propène | | | | | | 390 |
| propénoxyméthane | −3 | 2,4 | 31,0 | 84 | 410 | 415 |
| propyne | | 2,4 | 18,5 | | | |
| toluène | 4 | 1,2 | 7,0 | 49 | 270 | 570 |
| 1,2,3-trichloropropane | 74 | 3,2 | 12,6 | 190 | 770 | |
| **Autres :** | | | | | | |

# 1.6 Radioactivité

**REMARQUES**

$Z$ numéro atomique
$A$ nombre de masse
$t_{1/2}$ période en
a : années
j : jours
h : heures
min : minutes
s : secondes
$E$ énergie maximale de la source en MeV
$s$ portée de l'émetteur en m
$d_{1/2}$ épaisseur en m de la couche de demi-atténuation dans
dans le matériau de blindage

**PROPRIÉTÉS**

Les **rayons $\alpha$** sont des noyaux d'hélium;
leur portée $s$/m dans l'air à 15°C et 101.325 kPa se calcule par :

$$s = 0,00476 E_\alpha^{1.5} \quad , \text{m}$$

L'énergie initiale $E_\alpha$/MeV est répertoriée dans le tableau 1.6.

Les **rayons $\beta$** sont des électrons;
les émetteurs $\beta$ donnent lieu à un spectre continu d'énergies. C'est pourquoi, leur portée $s$/m dans un matériau de masse volumique $\varrho$/g cm$^{-3}$ est approximativement donnée par les formules :

$$E_\beta < 0,8 \text{ MeV :} \quad s_{max} = \frac{0,00407}{\varrho} \left(E_\beta\right)^{1.38} \quad , \text{m}$$

$$E_\beta < 0,8 \text{ MeV :} \quad s_{max} = \frac{0,01}{\varrho} \left(0,542\ E_\beta - 0,133\right) \quad , \text{m}$$

Les **rayons $\gamma$** sont des radiations électromagnétiques;
leurs longueurs d'ondes se situent dans la fourchette $10^{-13} - 10^{-15}$ m. L'énergie de l'émetteur se calcule d'après la formule :

$$E_\gamma = h\nu$$

**Tableau 1.6** NUCLIDES – Énergies de désintégration et périodes

| $Z$ | Él | $A$ | Désin-tégra-tion | $t_{1/2}$ | | $E_\alpha$/MeV | $E_\beta$/MeV | $E_\gamma$/MeV |
|---|---|---|---|---|---|---|---|---|
| 1 | T | 3 | $\beta^-$ | 12,3 | a | | 0,018 | |
| 6 | C | 11 | $\beta^+$ | 20,3 | min | | 0,96 | |
| | C | 14 | $\beta^-$ | 5570 | a | | 0,156 | |
| 11 | Na | 22 | $\beta^+$ | 2,6 | a | | 0,55 | 1,28 |
| | Na | 24 | $\beta^-$ | 15 | h | | 1,4 | 2,75 |
| 15 | P | 32 | $\beta^-$ | 15,5 | j | | 1,71 | |
| 16 | S | 35 | $\beta^-$ | 87,1 | j | | 0,168 | |
| 19 | K | 40 | $\beta^-$ | $1,35 \times 10^9$ | a | | 1,31 | 1,46 |
| 20 | Ca | 45 | $\beta^-$ | 163 | j | | 0,26 | |
| 26 | Fe | 59 | $\beta^-$ | 45,1 | j | | 0,47 | 1,3 |
| 27 | Co | 60 | $\beta^-$ | 5,26 | a | | 0,32 | 1,33 |
| 28 | Ni | 63 | $\beta^-$ | 92 | a | | 0,066 | |
| 30 | Zn | 65 | $\beta^+$ | 245 | j | | 0,33 | 1,12 |
| 35 | Br | 82 | $\beta^-$ | 35 | h | | 0,44 | 0,73 |
| 36 | Kr | 85 | $\beta^-$ | 10,7 | a | | 0,57 | 0,51 |
| 37 | Rb | 87 | $\beta^-$ | $4,7 \times 10^{10}$ | a | | 0,27 | |
| 38 | Sr | 90 | $\beta^-$ | 28 | a | | 0,55 | |
| 39 | Y | 90 | $\beta^-$ | 64,4 | h | | 2,27 | 1,8 |
| 43 | Tc | 99 | $\beta^-$ | $2,1 \times 10^5$ | a | | 0,29 | |
| 49 | In | 115 | $\beta^-$ | $6 \times 10^{14}$ | a | | 0,5 | |
| 53 | I | 131 | $\beta^-$ | 8,04 | j | | 0,61 | 0,7 |
| 55 | Cs | 134 | $\beta^-$ | 2,1 | a | | 1,5 | 0,8 |
| | Cs | 137 | $\beta^-$ | 30 | a | | 1,2 | |
| 57 | La | 140 | $\beta^-$ | 40,3 | h | | 2,2 | 2,9 |
| 58 | Ce | 142 | $\alpha$ | $5 \times 10^{15}$ | a | 1,5 | | |
| | Ce | 144 | $\beta^-$ | 284 | j | | 0,32 | 0,13 |
| 60 | Nd | 144 | $\alpha$ | $2,1 \times 10^{15}$ | a | 1,8 | | |
| 61 | Pm | 147 | $\beta^-$ | 2,62 | a | | 0,22 | 0,12 |
| 62 | Sm | 147 | $\alpha$ | $1,1 \times 10^{11}$ | a | 2,23 | | |
| 63 | Eu | 154 | $\beta^-$ | 8 | a | | 1,86 | 1,6 |
| 73 | Ta | 182 | $\beta^-$ | 115 | j | | 0,51 | 1,5 |
| 75 | Re | 187 | $\beta^-$ | $8 \times 10^{10}$ | a | | 0,003 | |
| 77 | Ir | 192 | $\beta^-$ | 74,3 | j | | 0,67 | 1,4 |
| 84 | Po | 209 | $\alpha$ | 102 | a | 4,88 | | |
| 85 | At | 210 | $\alpha$ | 8,3 | h | 5,63 | | 1,6 |

| $Z$ | Él | $A$ | Désin-tégra-tion | $t_{1/2}$ | | $E_\alpha$/MeV | $E_\beta$/MeV | $E_\gamma$/MeV |
|---|---|---|---|---|---|---|---|---|
| 86 | Rn | 222 | $\alpha$ | 3,825 | j | 5,48 | | 0,51 |
| 87 | Fr | 223 | $\alpha, \beta^-$ | 22 | min | 5,3 | 1,2 | 0,3 |
| 88 | Ra | 226 | $\alpha$ | 1620 | a | 4,78 | | 0,19 |
| 89 | Ac | 227 | $\alpha, \beta^-$ | 22 | a | 4,9 | 0,046 | |
| 90 | Th | 232 | $\alpha$ | $1,41 \times 10^{10}$ | a | 4,01 | | 0,06 |
| 91 | Pr | 231 | $\alpha$ | $3,4 \times 10^4$ | a | 5,05 | | 0,4 |
| | Pr | 233 | $\beta^-$ | 27,4 | j | | 0,57 | 0,42 |
| 92 | U | 234 | $\alpha$ | $2,5 \times 10^5$ | a | 4,77 | | 0,1 |
| | U | 235 | $\alpha$ | $7,1 \times 10^8$ | a | 4,56 | | 0,4 |
| | U | 238 | $\alpha$ | $4,5 \times 10^9$ | a | 4,19 | | 0,048 |
| 93 | Np | 239 | $\beta^-$ | 2,36 | j | | 0,72 | 0,3 |
| 94 | Pu | 239 | $\alpha$ | $2,4 \times 10^4$ | a | 5,15 | | 0,52 |
| 95 | Am | 243 | $\alpha$ | $7,4 \times 10^3$ | a | 5,27 | | 0,075 |

**Tableau 1.7** PORTÉE MAXIMALE et COUCHE DE DEMI-ATTÉNUATION (aluminium) dans le cas d'émission $\beta$

| Nuclide | $A$ | Al : $\frac{d_{1/2}}{10^{-3}\,\text{m}}$ | $\frac{s_{max}}{10^{-3}\,\text{m}}$ |
|---|---|---|---|
| Sr | 90 | 0,59 | 4,06 |
| Kr | 85 | 0,093 | 1,0 |
| S | 35 | 0,01 | 0,11 |
| C | 14 | 0,007 | 0,1 |

**Tableau 1.8** COUCHES DE DEMI-ATTÉNUATION de divers métaux dans le cas de rayonnements $\gamma$

| $E$/MeV | Al : $\frac{d_{1/2}}{10^{-3}\,\text{m}}$ | Cu : $\frac{d_{1/2}}{10^{-3}\,\text{m}}$ | Fe : $\frac{d_{1/2}}{10^{-3}\,\text{m}}$ | Pb : $\frac{d_{1/2}}{10^{-3}\,\text{m}}$ |
|---|---|---|---|---|
| 0,25 | 24,0 | 7,6 | | |
| 0,50 | 31,0 | 10,0 | 10,0 | 4,1 |
| 1,00 | 43,0 | 14,0 | 15,0 | 8,7 |
| 2,00 | 61,0 | 19,6 | 22,3 | 13,9 |
| 3,00 | 71,0 | 21,7 | 22,8 | 15,7 |
| 5,00 | 92,5 | 25,7 | 28,4 | 14,5 |
| 10,00 | 113,5 | 22,4 | 32,4 | 11,4 |

# 2 Constantes, unités et facteurs de conversion

**Vous trouverez dans ce chapitre :**

- les constantes physiques (tableau 2.1),
- les préfixes relatifs aux diverses puissances de 10 (tableau 2.2);
- les unités SI (tableaux 2.3 à 2.11);
- les facteurs de conversion relatifs aux unités non-SI (tableaux 2.12 à 2.16);
- les unités non-SI employées au Royaume-Uni et aux USA (tableaux 2.17 à 2.21).

**Vous trouverez au chapitre 6 :**

- les facteurs de conversion relatifs aux unités d'énergie employées en spectroscopie (tableau 6.3).

## 2.1 Constantes physiques

**Tableau 2.1** : CONSTANTES PHYSIQUES

| Constante | Symbole | Valeur numérique | Unité SI |
|---|---|---|---|
| *particule α* | | | |
| masse | $m_\alpha$ | $6,6442 \times 10^{-27}$ | kg |
| énergie | $m_\alpha c_0^2$ | $5,951\,50 \times 10^{-10}$ | J |
| charge spécifique | $2e/m_\alpha$ | $4,822\,82 \times 10^{7}$ | $\mathrm{C\,kg^{-1}}$ |
| | | | |
| accélération due à la gravité | $g$ | $9,806\,65$ | $\mathrm{m\,s^{-2}}$ |
| constante de masse atomique | $m_\mathrm{u}$ | $1,660\,540\,2 \times 10^{-27}$ | kg |
| constante d'Avogadro | $N_\mathrm{A}$ | $6,022\,136\,7 \times 10^{23}$ | $\mathrm{mol^{-1}}$ |
| magnéton de Bohr | $\mu_\mathrm{B}$ | $9,274\,015\,4 \times 10^{-24}$ | $\mathrm{J\,T^{-1}}$ |
| rayon de Bohr | $a_0$ | $5,291\,772\,49 \times 10^{-11}$ | m |
| constante de Boltzmann | $k_\mathrm{B}$ | $1,380\,658 \times 10^{-23}$ | $\mathrm{J\,K^{-1}}$ |
| constante de gravitation | $G$ | $6,672\,59 \times 10^{-11}$ | $\mathrm{N\,m^2\,kg^{-2}}$ |
| | | | |
| *électron* | | | |
| longueur d'onde de Compton | $\lambda_\mathrm{Ce}$ | $2,426\,308\,9 \times 10^{-12}$ | m |
| énergie | $m_\mathrm{e} c_0^2$ | $8,187\,24 \times 10^{-14}$ | J |
| facteur $g$ | $g$ | $2,002\,319\,304\,386$ | |
| moment magnétique | $\mu_\mathrm{e}$ | $9,284\,770\,1 \times 10^{-24}$ | $\mathrm{J\,T^{-1}}$ |
| masse | $m_\mathrm{e}$ | $9,109\,390 \times 10^{-31}$ | kg |
| rayon (classique) | $r_\mathrm{e}$ | $2,817\,941 \times 10^{-15}$ | m |
| charge spécifique | $e/m_\mathrm{e}$ | $1,758\,804\,7 \times 10^{11}$ | $\mathrm{C\,kg^{-1}}$ |
| coupe transversale de Thomson | $\sigma_\mathrm{e}$ | $0,665\,244\,8$ | |
| | | | |
| charge élémentaire | $e$ | $1,602\,177\,33 \times 10^{-19}$ | C |
| constante de Faraday | $F$ | $9,648\,530\,9 \times 10^{4}$ | $\mathrm{C\,mol^{-1}}$ |
| constante structurale fine | $\alpha$ | $7,297\,353 \times 10^{-3}$ | |
| constante des gaz | $R$ | $8,314\,510$ | $\mathrm{J\,mol^{-1}\,K^{-1}}$ |
| rapport de Josephson | $2e/h$ | $4,835\,939 \times 10^{14}$ | $\mathrm{Hz\,V^{-1}}$ |
| constante de Loschmidt | $N_\mathrm{L}$ | $2,686\,763 \times 10^{25}$ | $\mathrm{m^{-3}}$ |
| volume molaire d'un gaz parfait | | | |
| 298 K, 101,325 kPa | $V_\mathrm{m}$ | $2,445\,294 \times 10^{-2}$ | $\mathrm{m^3\,mol^{-1}}$ |

| Constante | Symbole | Valeur numérique | Unité SI |
|---|---|---|---|
| *neutron* | | | |
| longueur d'onde de Compton | $\lambda_{\mathrm{Cn}}$ | $1,319\,590\,9 \times 10^{-15}$ | m |
| masse | $m_{\mathrm{n}}$ | $1,674\,929 \times 10^{-27}$ | kg |
| énergie | $m_{\mathrm{n}}\, c_0^2$ | $1,505\,373 \times 10^{-10}$ | J |
| constante de Planck | $h$ | $6,626\,075\,5 \times 10^{-34}$ | J s |
| | $h/(2\,\pi)$ | $1,054\,588 \times 10^{-34}$ | J s |
| constante de 1ère radiation | $c_1$ | $3,741\,774\,9 \times 10^{-16}$ | $\mathrm{W\,m^2}$ |
| constante de 2ème radiation | $c_2$ | $1,438\,769 \times 10^{-2}$ | m K |
| *proton* | | | |
| longueur d'onde de Compton | $\lambda_{\mathrm{Cp}}$ | $1,321\,409\,9 \times 10^{-15}$ | m |
| énergie | $m_{\mathrm{p}}\, c_0^2$ | $1,503\,30 \times 10^{-10}$ | J |
| rapport gyromagnétique | $\gamma_{\mathrm{p}}$ | $2,675\,221\,28 \times 10^{8}$ | $\mathrm{s^{-1}\,T^{-1}}$ |
| moment magnétique | $\mu_{\mathrm{p}}$ | $1,410\,607\,61 \times 10^{-26}$ | $\mathrm{J\,T^{-1}}$ |
| masse | $m_{\mathrm{p}}$ | $1,672\,623 \times 10^{-27}$ | kg |
| charge spécifique | $e/m_{\mathrm{p}}$ | $9,578\,75 \times 10^{7}$ | $\mathrm{C\,kg^{-1}}$ |
| constante de Rydberg : | | | |
| relative à l'hydrogène | $R_{\mathrm{H}}$ | $1,096\,775\,854 \times 10^{7}$ | $\mathrm{m^{-1}}$ |
| relative à une masse nucl. $\infty$ | $R_{\infty}$ | $1,097\,373\,153\,4 \times 10^{7}$ | $\mathrm{m^{-1}}$ |
| vitesse de la lumière dans le vide | $c$ | $2,997\,924\,58 \times 10^{8}$ | $\mathrm{m\,s^{-1}}$ |
| constante de fine structure | $\alpha$ | $7,297\,353\,08 \times 10^{-3}$ | |
| constante de Stefan-Boltzmann | $\sigma$ | $5,670\,51 \times 10^{-8}$ | $\mathrm{W\,m^{-2}\,K^{-4}}$ |
| perméabilité dans le vide | $\mu_0$ | $12,566\,370\,614\,4 \times 10^{-7}$ | $\mathrm{H\,m^{-1}}$ |
| permittivité dans le vide | $\epsilon_0$ | $8,854\,187\,818 \times 10^{-12}$ | $\mathrm{F\,m^{-1}}$ |
| constante de von Klitzing | $R_{\mathrm{K}}$ | $25\,812,807$ | $\Omega$ |
| impédance d'une onde dans le vide | $\Gamma$ | $3,767\,301 \times 10^{2}$ | $\Omega$ |
| constante de Wien | $A$ | $2,897\,8 \times 10^{-3}$ | m K |
| constante de fragmentation Zeeman | $e/(4\,\pi\, m_{\mathrm{e}}\, c)$ | $46,686\,04$ | $\mathrm{m^{-1}\,T^{-1}}$ |

## 2.2 Unités SI

**Tableau 2.2** : PRÉFIXES relatifs aux diverses puissances de 10

| Puissance | Préfixe | Symbole | Puissance | Préfixe | Symbole |
|---|---|---|---|---|---|
| $10^{-1}$ | déci | d | $10^{1}$ | déca | da |
| $10^{-2}$ | centi | c | $10^{2}$ | hecto | h |
| $10^{-3}$ | milli | m | $10^{3}$ | kilo | k |
| $10^{-6}$ | micro | $\mu$ | $10^{6}$ | méga | M |
| $10^{-9}$ | nano | n | $10^{9}$ | giga | G |
| $10^{-12}$ | pico | p | $10^{12}$ | téra | T |
| $10^{-15}$ | femto | f | $10^{15}$ | péta | P |
| $10^{-18}$ | atto | a | $10^{18}$ | exa | E |

**Tableau 2.3** : UNITÉS SI de base

| Grandeur | Symbole | Unité | Symbole |
|---|---|---|---|
| longueur | $l$ | mètre | m |
| masse | $m$ | kilogramme<br>(*tonne* | kg<br>1t = 1000 kg) |
| temps | $t$ | seconde<br>(*minute*<br>(*heure*<br>(*jour* | s<br>1 min = 60 s)<br>1 h = 60 min)<br>1 j = 24 h) |
| courant élecrique | $I$ | ampère | A |
| température thermodynamique | $T$ | kelvin | K |
| quantité de matière | $n$ | mole | mol |
| intensité lumineuse | $I_v$ | candela | cd |

*unités* autorisées entre ( )

**Tableau 2.4** : UNITÉS SI DÉRIVÉES – Espace et temps

| Grandeur | Symbole | Unité | Symbole | Unités de base |
|---|---|---|---|---|
| angle plan | $\alpha, \beta, \ldots$ | radian[1] | rad | $\mathrm{m} \times \mathrm{m}^{-1}$ |
| | | (*gon* | 1 gon | $= \frac{\pi}{180}$ rad) |
| | | (*degré angulaire* | $1^\circ$ | $= \frac{\pi}{180}$ rad) |
| | | (*minute angulaire* | $1'$ | $= \frac{1^\circ}{60}$) |
| | | (*seconde angulaire* | $1''$ | $= \frac{1'}{60}$) |
| angle solide | $\Omega$ | stéradian[2] | sr | $\mathrm{m}^2 \times \mathrm{m}^{-2}$ |
| fréquence | $\nu$ | hertz | Hz | $\mathrm{s}^{-1}$ |
| fréquence angulaire | $\omega$ | .................. | ...... | $\mathrm{s}^{-1}$ |
| superficie | $A$ | .................. | ...... | $\mathrm{m}^2$ |
| volume | $V$ | .................. | ...... | $\mathrm{m}^3$ |
| | | (*litre* | 1 l | $= 10^{-3}\,\mathrm{m}^3$) |
| vitesse | $u$ | .................. | ...... | $\mathrm{m\,s}^{-1}$ |
| vitesse angulaire | $\omega$ | .................. | $\mathrm{rad\,s}^{-1}$ | $\mathrm{s}^{-1}$ |
| accélération | $a$ | .................. | ...... | $\mathrm{m\,s}^{-2}$ |
| accélération angulaire | $\alpha$ | .................. | $\mathrm{rad\,s}^{-2}$ | $\mathrm{s}^{-2}$ |
| nombre d'ondes | $\overline{\nu}$ | .................. | ...... | $\mathrm{m}^{-1}$ |
| constante de ralentissement | $\delta$ | .................. | ...... | $\mathrm{s}^{-1}$ |
| coefficient d'atténuation | $\alpha$ | .................. | ...... | $\mathrm{m}^{-1}$ |
| débit d'un fluide | $\dot{V}$ | .................. | ...... | $\mathrm{m}^3\,\mathrm{s}^{-1}$ |

*unités* autorisées entre ( )

(1) **1 radian** est *l'angle plan* qui, ayant son sommet au centre d'un cercle dont le rayon égale 1 m, intercepte sur la circonférence de ce cercle un arc d'une longueur égale à 1 m : 1 rad = 57, 2958°

(2) **1 stéradian** est *l'angle solide* qui, ayant son sommet au centre d'une sphère dont le rayon égale 1 m, découpe sur la surface de cette sphère une aire de 1 m² : $\Omega = \frac{A}{r^2}$.

**Tableau 2.5** : UNITÉS SI DÉRIVÉES – Mécanique classique

cf. aussi tableau 2.15

| Grandeur | Symbole | Unité | Symbole | Unités de base |
|---|---|---|---|---|
| densité* | $\varrho$ | .......... | ...... | $kg\,m^{-3}$ |
| volume : | | | | |
| – spécifique | $v$ | .......... | ...... | $m^3\,kg^{-1}$ |
| – molaire | $V_m$ | .......... | ...... | $m^3\,mol^{-1}$ |
| moment | $p$ | .......... | N s | $kg\,m\,s^{-1}$ |
| moment angulaire | $L$ | .......... | N s m | $kg\,m^2\,s^{-1}$ |
| moment d'inertie d'une masse | $J$ | .......... | ...... | $kg\,m^2$ |
| moment d'inertie d'une surface | $I$ | .......... | ...... | $m^2\,m^2$ |
| force | $F$ | newton | N | $kg\,m\,s^{-2}$ |
| moment de force | $M$ | .......... | N m | $kg\,m^2\,s^{-2}$ |
| pression | $p$ | pascal | Pa | $N\,m^{-2}$ |
| stress normal | $\sigma$ | pascal | Pa | $N\,m^{-2}$ |
| module d'élasticité | $E$ | pascal | Pa | $N\,m^{-2}$ |
| module de grosseur | $K$ | pascal | Pa | $N\,m^{-2}$ |
| module de cisaillement | $G$ | pascal | Pa | $N\,m^{-2}$ |
| tension superficielle | $\sigma$ | .......... | ...... | $N\,m^{-1}$ |
| travail | $W$ | joule | J | N m |
| énergie | $E$, $U$ | joule | J | N m (kWh, eV) |
| puissance | $P$ | watt | W | $J\,s^{-1}$ |
| débit massique | $\dot{m}$ | .......... | ...... | $kg\,s^{-1}$ |
| débit d'une quantité de substance | $\dot{n}$ | .......... | ...... | $mol\,s^{-1}$ |
| débit d'une quantité de substance par unité de surface | $\dot{n}/A$ | .......... | ...... | $mol\,m^{-2}\,s^{-1}$ |
| coefficient de diffusion | $D_i$ | .......... | ...... | $m^2\,s^{-1}$ |
| coefficient de viscosité : | | | | |
| – dynamique | $\eta$ | .......... | ...... | Pa s |
| – cinématique | $\nu$ | .......... | ...... | $m^2\,s^{-1}$ |
| coefficient de transfert de masse | $\beta$ | .......... | ...... | $m\,s^{-1}$ |

* N.d.tr. : plus exactement la *masse volumique*

**Tableau 2.6** : UNITÉS SI DÉRIVÉES – Thermodynamique

cf. aussi tableau 2.14

| Grandeur | Symbole | Unité | Symbole | Unités de base |
|---|---|---|---|---|
| chaleur | $Q$ | joule | J | $kg\,m^2\,s^{-2}$ |
| chaleur : | | | | |
| – spécifique | $q$ | .......... | ...... | $J\,kg^{-1}$ |
| – molaire | $Q_m$ | .......... | ...... | $J\,mol^{-1}$ |
| enthalpie | $H$ | joule | J | $N\,m$ |
| enthalpie de formation | $\Delta H_f$ | .......... | ...... | $J\,mol^{-1}$ |
| enthalpie standard d'une réaction | $\Delta H^\circ{}_r$ | .......... | ...... | $J\,mol^{-1}$ |
| enthalpie de transition | $\Delta H_t$ | .......... | ...... | $J\,mol^{-1}$ |
| capacité calorifique (à $p$ constante) | $C_p$ | .......... | ...... | $J\,K^{-1}$ |
| capacité calorifique (à $V$ constant) | $C_V$ | .......... | ...... | $J\,K^{-1}$ |
| capacité calorifique (à $p$ constante) | | | | |
| – spécifique | $c_p$ | .......... | ...... | $J\,kg^{-1}\,K^{-1}$ |
| – molaire | $C_{p,m}$ | .......... | ...... | $J\,mol^{-1}\,K^{-1}$ |
| capacité calorifique (à $V$ constant) : | | | | |
| – spécifique | $c_V$ | .......... | ...... | $J\,kg^{-1}\,K^{-1}$ |
| – molaire | $C_{V,m}$ | .......... | ...... | $J\,mol^{-1}\,K^{-1}$ |
| entropie | $S$ | .......... | ...... | $J\,K^{-1}$ |
| entropie de formation | $\Delta S_f$ | .......... | ...... | $J\,mol^{-1}\,K^{-1}$ |
| entropie standard d'une réaction | $\Delta S^\circ{}_r$ | .......... | ...... | $J\,mol^{-1}\,K^{-1}$ |
| entropie de transition | $\Delta S_t$ | .......... | ...... | $J\,mol^{-1}\,K^{-1}$ |
| énergie libre (de Gibbs) | $G$ | joule | J | $N\,m$ |
| énergie libre de formation | $\Delta G_f$ | .......... | ...... | $J\,mol^{-1}$ |
| énergie libre standard d'une réaction | $\Delta G^\circ{}_r$ | .......... | ...... | $J\,mol^{-1}$ |
| énergie libre de transition | $\Delta G_t$ | .......... | ...... | $J\,mol^{-1}$ |
| débit calorifique | $\dot{Q}$ | watt | W | $J\,s^{-1}$ |
| débit calorifique par unité de surface | $\dot{Q}/A$ | .......... | ...... | $W\,m^{-2}$ |
| conductivité thermique | $\lambda$ | .......... | ...... | $W\,m^{-1}\,K^{-1}$ |
| diffusivité thermique | $a, \mathcal{A}$ | .......... | ...... | $m^2\,s^{-1}$ |
| coefficient de transfert de chaleur | $\alpha$ | .......... | ...... | $W\,m^{-2}\,K^{-1}$ |

**Tableau 2.7** : UNITÉS SI DÉRIVÉES – Électricité

cf. aussi tableau 2.16

| Grandeur | Symbole | Unité | Symbole | Unités de base |
|---|---|---|---|---|
| densité de courant électrique | $J$ | .......... | ...... | $\mathrm{A\,m^{-2}}$ |
| charge électrique | $Q$ | coulomb | C | A s, (Ah) |
| densité de charge | $\varrho$ | .......... | ...... | $\mathrm{C\,m^{-3}}$ |
| densité de charge en surface | $\sigma$ | .......... | ...... | $\mathrm{C\,m^{-2}}$ |
| flux électrique | $\Psi$ | coulomb | C | A s |
| déplacement électrique | $D$ | .......... | ...... | $\mathrm{C\,m^{-2}}$ |
| polarisation diélectrique | $P$ | .......... | ...... | $\mathrm{C\,m^{-2}}$ |
| moment dipolaire électrique | $p$ | .......... | ...... | C m |
| puissance électrique | $P$ | watt | W | $\mathrm{J\,s^{-1}}$ |
| différence de potentiel électrique | $U$ | volt | V | $\mathrm{W\,A^{-1}}$ |
| | | | | $\mathrm{kg\,m^2\,s^{-3}\,A^{-1}}$ |
| force de champ électrique | $E$ | .......... | ...... | $\mathrm{V\,m^{-1}}$ |
| | | | ...... | $\mathrm{kg\,m\,s^{-3}\,A^{-1}}$ |
| résistance électrique | $R$ | ohm | $\Omega$ | $\mathrm{V\,A^{-1}}$ |
| | | | ...... | $\mathrm{kg\,m^2\,s^{-3}\,A^{-2}}$ |
| résistivité | $\varrho$ | .......... | ...... | $\Omega\,\mathrm{m}$ |
| | | | ...... | $\mathrm{kg\,m^3\,s^{-3}\,A^{-2}}$ |
| conductance | $G$ | siemens | S | $\Omega^{-1}$ |
| | | | ...... | $\mathrm{A^2\,s^3\,kg^{-1}\,m^{-2}}$ |
| conductivité | $\sigma$ | .......... | ...... | $\mathrm{S\,m^{-1}}$ |
| | | | ...... | $\mathrm{s^3\,A^2\,kg^{-1}\,m^{-3}}$ |
| capacitance | $C$ | farad | F | $\mathrm{A\,s\,V^{-1}}$ |
| | | | ...... | $\mathrm{A^2\,s^4\,kg^{-1}\,m^{-2}}$ |
| permittivité | $\epsilon$ | .......... | ...... | $\mathrm{F\,m^{-1}}$ |
| | | | ...... | $\mathrm{s^4\,A^2\,m^{-3}\,kg^{-1}}$ |

**Tableau 2.8** : UNITÉS SI DÉRIVÉES – Magnétisme

cf. aussi tableau 2.16

| Grandeur | Symbole | Unité | Symbole | Unités de base |
|---|---|---|---|---|
| flux magnétique | $\phi$ | weber | Wb | V s |
| | | | ...... | kg m$^2$ s$^{-2}$ A$^{-1}$ |
| moment dipolaire magnétique | $m$ | .......... | ...... | W m |
| | | | ...... | kg m$^3$ s$^{-2}$ A$^{-1}$ |
| densité de flux magnétique | $B$ | tesla | T | Wb m$^{-2}$ |
| | | | ...... | kg s$^{-2}$ A$^{-1}$ |
| polarisation magnétique | $J$ | tesla | T | Wb m$^{-2}$ |
| force de champ magnétique | $H$ | .......... | ...... | A m$^{-1}$ |
| magnétisation | $M$ | .......... | ...... | A m$^{-1}$ |
| self-inductance | $L$ | henry | H | Wb A$^{-1}$ |
| | | | ...... | kg m$^2$ s$^{-2}$ A$^{-2}$ |
| perméabilité | $\mu$ | .......... | ...... | H m$^{-1}$ |

**Tableau 2.9** : UNITÉS SI DÉRIVÉES – Rayonnement électromagnétique

| Grandeur | Symbole | Unité | Symbole | Unités de base |
|---|---|---|---|---|
| densité lumineuse | $L$ | .......... | ...... | cd m$^{-2}$ |
| flux lumineux | $\phi$ | lumen | lm | cd sr |
| éclairement lumineux | $E$ | lux | lx | lm m$^{-2}$ |
| quantité de lumière | $Q$ | .......... | ...... | lm s |
| illumination | $H$ | .......... | ...... | lx s |
| énergie radiante | $Q$ | joule | J | N m |
| flux radiant | $\phi$ | watt | W | J s$^{-1}$ |
| intensité radiante | $I$ | .......... | ...... | W sr$^{-1}$ |
| densité radiante | $L$ | .......... | ...... | W m$^{-2}$ sr$^{-1}$ |

**Tableau 2.10** : UNITÉS SI DÉRIVÉES – Acoustique

| Grandeur | Symbole | Unité | Symbole | Unités de base |
|---|---|---|---|---|
| vitesse du son | $c_s$ | .......... | ...... | $\mathrm{m\,s^{-1}}$ |
| débit du son | $q$ | .......... | ...... | $\mathrm{m^3\,s^{-1}}$ |
| pression du son | $p$ | pascal | Pa | $\mathrm{N\,m^{-2}}$ |
| densité énergétique du son | $E$ | .......... | ...... | $\mathrm{J\,m^{-3}}$ |
| flux énergétique du son | $P$ | watt | W | $\mathrm{J\,s^{-1}}$ |
| intensité du son | $J$ | .......... | ...... | $\mathrm{W\,m^{-2}}$ |
| impédance acoustique | $Z_a$ | .......... | ...... | $\mathrm{N\,s\,m^{-5}}$ |

**Tableau 2.11** : UNITÉS SI DÉRIVÉES – Rayonnements ionisants

| Grandeur | Symbole | Unité | Symbole | Unités de base |
|---|---|---|---|---|
| fluence des particules | $\phi$ | .......... | ...... | $\mathrm{m^{-2}}$ |
| vitesse de fluence des particules | $\dot{\phi}$ | .......... | ...... | $\mathrm{m^{-2}\,s^{-1}}$ |
| énergie de fluence | $F$ | .......... | ...... | $\mathrm{J\,m^{-2}}$ |
| puissance de fluence | $\dot{F}$ | .......... | ...... | $\mathrm{W\,m^{-2}}$ |
| dose d'ions (exposition) | $X$ | .......... | ...... | $\mathrm{C\,kg^{-1}}$ |
| vitesse de la dose d'ions (taux d'exposition) | $\dot{X}$ | .......... | ...... | $\mathrm{A\,kg^{-1}}$ |
| dose absorbée | $D$ | gray | Gy | $\mathrm{J\,kg^{-1}}$ |
| puissance de la dose absorbée | $\dot{D}$ | .......... | ...... | $\mathrm{W\,kg^{-1}}$ |
| équivalent de dose | $D,\ H$ | sievert | Sv | $\mathrm{J\,kg^{-1}}$ |
| activité d'un nuclide | $A$ | becquerel | Bq | $\mathrm{s^{-1}}$ |

Unités non permises :

$$1\ \text{rad} = 0{,}01\ \text{Gy}$$
$$10^2\ \text{rem} \approx 1\ \text{Sv}$$
$$1\ \text{Curie (Ci)} = 3{,}7 \times 10^{10}\ \text{Bq}$$
$$1\ \text{Röntgen (R)} = 2{,}58 \times 10^{-4}\ \mathrm{C\,kg^{-1}}$$

## 2.3 Unités CGS et MKS

Les unités non-SI suivantes sont souvent employées dans la littérature industrielle :

- les *unités CGS* (centimètre - gramme - seconde), la longueur s'y exprimant en cm, la masse en g et le temps en s.
- les *unités MKS* (mètre - kilogramme - force - seconde), la longueur s'y exprimant en m, la force en kp (=$kg_f$) et le temps en s.

**Tableau 2.12** : COMPARAISON DES UNITÉS SI, CGS et MKS

| Grandeur | Unité SI | Unité CGS | Unité MKS |
|---|---|---|---|
| longueur | 1 m | 1 cm | 1 m |
| masse | 1 kg | 1 g | $\frac{\text{kp}}{9,80665\ \text{m s}^{-2}}$ |
| temps | 1 s | 1 s | 1 s |
| vitesse | $\text{m s}^{-1}$ | $\text{cm s}^{-1}$ | $\text{m s}^{-1}$ |
| accélération | $\text{m s}^{-2}$ | $\text{cm s}^{-2}$ | $\text{m s}^{-2}$ |
| force | $1\ \text{N} = 1\ \text{kg m s}^{-2}$ | $1\ \text{dyne} = 1\ \text{g cm s}^{-2}$ | kp |
| travail | $1\ \text{J} = 1\ \text{N m}$ | $1\ \text{erg} = 1\ \text{dyne cm}$ | 1 mkp |
| puissance | $1\ \text{W} = 1\ \text{J s}^{-1}$ | $1\ \text{erg s}^{-1}$ | $1\ \text{mkp s}^{-1}$ |
| pression | $1\ \text{Pa} = 1\ \text{N m}^{-2}$ | $1\ \text{bar} = 1\ \text{dyne cm}^{-2}$ | $\text{kp m}^{-2}$ |

## 2.4 Facteurs de conversion

**Tableau 2.13** : FACTEURS DE CONVERSION relatifs aux unités de température

| Donnée en | Exprimée en °C | Exprimée en K | Exprimée en °F |
|---|---|---|---|
| °C | 1 | °C + 273,15 | 1,8°C + 32 |
| K | K − 273,15 | 1 | 1,8 K − 459,67 |
| °F | 0,556 °F − 17,8 | 0,556 °F + 255,3 | 1 |

**Tableau 2.19** : Unités non-SI au Royaume-Uni et aux USA – Capacité

| Unité (nom francisé) | Symbole | Liens de parenté | | Unité SI | |
|---|---|---|---|---|---|
| cubic yard | $yd^3$ | = 27 | $ft^3$ | $= 0,764\,555 \times 10^0$ | $m^3$ |
| cubic foot | $ft^3$ | = 1728 | $in^3$ | $= 2,831\,685 \times 10^{-2}$ | $m^3$ |
| hogshead | hhd | | | $= 2,384\,809 \times 10^{-1}$ | $m^3$ |
| cubic inch | $in^3$ | | | $= 1,638\,706 \times 10^{-5}$ | $m^3$ |
| chaldron(1) | | = 36 | bushels | $= 1,309\,273 \times 10^0$ | $m^3$ |
| quarter(1) | | = 8 | bushels | $= 2,909\,498 \times 10^{-1}$ | $m^3$ |
| bushel(1) (boisseau) | | = 8 | UKgal | $= 0,363\,687 \times 10^{-1}$ | $m^3$ |
| peck(1) | | = 2 | UKgal | $= 0,909\,218 \times 10^{-2}$ | $m^3$ |
| gallon britannique(1) | UKgal | = 4 | quart | $= 0,454\,609 \times 10^{-2}$ | $m^3$ |
| quart(1) | qt | = 2 | pt | $= 1,136\,523 \times 10^{-3}$ | $m^3$ |
| pint(1) (pinte) | pt | = 20 | fl oz | $= 0,568\,821 \times 10^{-3}$ | $m^3$ |
| gill(1) | | = 5 | fl oz | $= 1,420\,652 \times 10^{-4}$ | $m^3$ |
| fluid ounce(1) (once liquide) | fl oz | = 8 | fl drachm | $= 2,841\,304 \times 10^{-5}$ | $m^3$ |
| fluid drachm(1) | fl drachm | = 60 | min | $= 0,355\,163 \times 10^{-5}$ | $m^3$ |
| minim(1) | min | | | $= 0,591\,939 \times 10^{-7}$ | $m^3$ |
| gallon(2) | gal | = 4 | liq qt | $= 0,378\,541 \times 10^{-2}$ | $m^2$ |
| liquid quart(3) | liq qt | = 2 | liq pt | $= 0,946\,353 \times 10^{-3}$ | $m^3$ |
| liquid pint(3) | liq pt | = 16 | liq oz | $= 0,473\,176 \times 10^{-3}$ | $m^3$ |
| gill(3) | | = 4 | liq oz | $= 1,182\,941 \times 10^{-4}$ | $m^3$ |
| liquid ounce(3) | liq oz | = 480 | minim | $= 2,957\,353 \times 10^{-5}$ | $m^3$ |
| fluid dram(3) | fl dr | = 60 | minim | $= 0,369\,669 \times 10^{-5}$ | $m^3$ |
| minim(3) | minim | | | $= 0,616\,115 \times 10^{-7}$ | $m^3$ |
| barrel(3) (baril) | | = 42 | gal | $= 1,589\,873 \times 10^{-1}$ | $m^3$ |
| dry barrel(4) | bbl | = 7056 | $in^3$ | $= 1,156\,272 \times 10^{-1}$ | $m^3$ |
| bushel(4) | bu | = 32 | dry qt | $= 0,352\,391 \times 10^{-1}$ | $m^3$ |
| peck(4) | | = 8 | dry qt | $= 0,880\,977 \times 10^{-2}$ | $m^3$ |
| dry quart(4) | dry qt | = 2 | dry pt | $= 1,101\,221 \times 10^{-3}$ | $m^3$ |
| dry pint(4) | dry pt | | | $= 0,550\,610 \times 10^{-3}$ | $m^3$ |
| register ton | reg ton | = 100 | $ft^3$ | $= 2,831\,685 \times 10^0$ | $m^3$ |

(1) Royaume-Uni, (2) USA, (3) USA/liquides, (4) USA/substances sèches.

**Tableau 2.20** : UNITÉS NON-SI AU ROYAUME-UNI ET AUX USA – Masse

| Unité (nom francisé) | Symbole | Liens de parenté | | Unité SI | |
|---|---|---|---|---|---|
| | **système avoirdupois** | | | | |
| long ton | | = 2240 | lb | $= 1,016\,047 \times 10^{3}$ | kg |
| short ton | | = 2000 | lb | $= 0,907\,185 \times 10^{3}$ | kg |
| long hundred-weight | cwt | = 112 | lb | $= 0,508\,024 \times 10^{2}$ | kg |
| short hundred-weight | sh cwt | = 100 | lb | $= 0,453\,592 \times 10^{2}$ | kg |
| stone | | = 14 | lb | $= 0,635\,029 \times 10^{2}$ | kg |
| pound (livre) | lb | = 16 | oz | $= 0,453\,592 \times 10^{0}$ | kg |
| ounce (once) | oz | = 16 | dr | $= 2,834\,952 \times 10^{-2}$ | kg |
| dram | dr | | | $= 1,771\,845 \times 10^{-3}$ | kg |
| grain | gr | | | $= 0,647\,989 \times 10^{-4}$ | kg |
| | **système troy** (métaux nobles) | | | | |
| troy pound | lb tr | = 12 | oz tr | $= 0,373\,242 \times 10^{0}$ | kg |
| troy ounce | oz tr | = 20 | dwt | $= 3,110\,348 \times 10^{-2}$ | kg |
| pennyweight | dwt | | | $= 1,555\,175 \times 10^{-3}$ | kg |

**Tableau 2.21** : UNITÉS NON-SI AU ROYAUME-UNI ET AUX USA – Mécanique et chaleur

| Unité (nom francisé) | Symbole | Liens de parenté | | Unité SI | |
|---|---|---|---|---|---|
| pound force | $lb_f$ | = 32, 1740 | $ft\,s^{-2}$ | = 4, 448 205 | N |
| pounds per square inch | psi | | | $= 6,895 \times 10^{3}$ | Pa |
| British thermal unit | Btu | = 777, 94 | $ft\,lb_f$ | = 1054, 75 | J |

# 3 Formules mathématiques

**Vous trouverez dans ce chapitre :**

- les constantes mathématiques (tableau 3.1);
- les formules d'analyse combinatoire (tableau 3.2);
- les formules des séries infinies (tableau 3.3);
- approximation par moindres carrés (paragraphe 3.1);
- analyse :
  - calcul différentiel (tableau 3.4);
  - calcul intégral (tableaux 3.5 et 3.6);
- transformations de Laplace (tableau 3.7);
- analyse vectorielle (paragraphe 3.4).

**Vous trouverez aux chapitres 2 et 6 :**

- les constantes physiques (tableau 2.1);
- tables de représentation (tableau 6.2).

## 3.1 Algèbre

**Tableau 3.1** : CONSTANTES MATHÉMATIQUES

| | | | | | |
|---|---|---|---|---|---|
| $\pi$ | = | $3,1415926536$ | $\log x$ | = | $0,4342944819 \ln x$ |
| $\ln \pi$ | = | $1,1447298858$ | $\ln x$ | = | $2,3025850930 \log x$ |
| $\log \pi$ | = | $0,4971498727$ | $\ln 10$ | = | $2,3025850930$ |
| $\sqrt{\pi}$ | = | $1,7724538510$ | $\ln 2$ | = | $0,6931471806$ |
| $\sqrt{\pi/2}$ | = | $1,2533141371$ | $\sqrt{2}$ | = | $1,4142135624$ |
| $\sqrt{\pi/3}$ | = | $1,0233267079$ | $\sqrt{3}$ | = | $1,7320508076$ |
| $\sqrt{2\pi}$ | = | $2,5066282746$ | $1$ rad | = | $57,295779513°$ |
| $e$ | = | $2,7182818285$ | $1°$ | = | $0,0174532925$ rad |
| $\log e$ | = | $0,4342944819$ | $1'$ | = | $0,0002908882$ rad |
| $\sqrt{e}$ | = | $1,6487212707$ | $1''$ | = | $0,0000048481$ rad |

**Tableau 3.2** : LES FORMULES D'ANALYSE COMBINATOIRE

Coefficient binomial : $\binom{n}{k} = \frac{n(n-1)(n-2)\cdots(n-k+1)}{1\cdot 2\cdot 3\cdots k} = \frac{n!}{k!(n-k)!}$

- **Permutations**

  – Nombre de permutations de $n$ éléments distincts :

$$P = n! = 1\cdot 2\cdot \ldots \cdot n$$

  – Si $n$ éléments sont constitués par $k$ groupes comprenant respectivement $n_1, n_2, \ldots, n_k$ termes identiques, alors le nombre de permutations des $n$ éléments est :

$$P = \frac{n!}{n_1!n_2!\cdots n_k!}$$

Exemples : si $n$ = 3, il y a P = 3! = 6 permutations. Soit pour les éléments $a, b, c$ : $abc, acb, bac, bca, cab, cba$.

si $n$ = 3 et $k$ = 2, il y a P = $\frac{3!}{1!2!}$ = 3 permutations à répétition.

Soit pour les éléments $a, b, c$ : $aab, aba, baa$.

- **Arrangements**

  – Nombre d'arrangements $k$ éléments distincts choisis parmi $n$ éléments :

$$A_n^k = k!\binom{n}{k} = \frac{n!}{(n-k)!}$$

  – Nombre d'arrangements avec répétitions de $k$ éléments choisis parmi $n$ éléments :

$$A_n^k = n^k$$

Exemples : pour $n = 3$, le nombre d'arrangements de 2 éléments choisis parmi $a, b, c$ est $A_3^2 = \frac{3!}{(3-2)} = 6$.

Soitpour les éléments $a, b, c$ : $abc, acb, bac, bca, cab, cba$.

si $n = 3$ et $k = 2$, le nombre d'arrangements à répétition est $A_3^2 = 3^2 = 9$.

Soitpour les éléments $a, b, c$ : $aa, ba, ca, ab, bb, cb, ac, bc, cc$.

- **Combinaisons**

– Nombre de combinaisons sans répétitions de $k$ éléments choisis parmi $n$

$$C_n^k = \binom{n}{k}$$

– Nombre de combinaisons avec répétitions de $k$ éléments choisis parmi $n$

$$K_n^k = \binom{n+k-1}{k}$$

Exemples : pour $n = 3$ et $k = 2$, il y a $C_3^2 = 3$ combinaisons sans répétitions de 3 éléments 2 à 2.

Soit : $ab, ac, bc$.

pour $n = 3$ et $k = 2$, il y a $K_3^2 = \binom{3+2-1}{2} = \frac{4!}{2!2!} = 6$ combinaisons avec répétitions de 3 éléments 2 à 2. Soit : $aa, ab, ac, bb, bc, cc$.

**Tableau 3.3** : SÉRIES INFINIES et leurs approximations

•**Série de Taylor :** formulation de MacLaurin

$$f(x) = f(0) + \frac{f'(0)}{1!}\,x + \frac{f''(0)}{2!}\,x^2 + \cdots + \frac{f^{(n)}(0)}{n!}\,x^n + R_n(x)$$

$$R_n(x) = \frac{x^{n+1}}{(n+1)!}\,f^{(n+1)}(\delta x) \qquad 0 < \delta < 1$$

•**Série de Taylor :** formulation générale

$$f(x_0 + h) = f(x_0) + \frac{f'(x_0)}{1!}\,h + \frac{f''(x_0)}{2!}\,h^2 + \cdots + \frac{f^{(n)}(x_0)}{n!} + R_n(h)$$

$$R_n(h) = \frac{1}{n!}\int_{x_0}^{x_0+h} (x_0 + h - x)^n \cdot f^{(n+1)}(x)\mathrm{d}x$$

•**Formulations particulières**

$$\frac{1}{1+x} = 1 - x + x^2 - x^3 + - \cdots \qquad |x| < 1$$

$$(1+x)^m = 1 + \binom{m}{1}x + \binom{m}{2}x^2 + \binom{m}{3}x^3 + \cdots \qquad |x| < 1, \text{quel que soit } m$$

$$\exp[x] = 1 + \frac{x}{1!} + \frac{x^2}{2!} + \frac{x^3}{3!} + \cdots \qquad \text{quel que soit } x$$

$$\ln[1+x] = x - \frac{x^2}{2} + \frac{x^3}{3} - \frac{x^4}{4} + - \cdots \qquad -1 < x \leqslant +1$$

$$\sin[x] = \frac{x}{1!} - \frac{x^3}{3!} + \frac{x^5}{5!} - \frac{x^7}{7!} + - \cdots \qquad \text{quel que soit } x$$

$$\cos[x] = 1 - \frac{x^2}{2!} + \frac{x^4}{4!} - \frac{x^6}{6!} + - \cdots \qquad \text{quel que soit } x$$

**•Approximations**

| Approximation | $x$ à moins de $10^{-2}$ près |
|---|---|
| $\frac{1}{1+x} \approx /1 - x$ | $-0,10 < x < +0,10$ |
| $\sqrt{1+y} \approx 1 + \frac{x}{2}$ | $-0,24 < x < +0,32$ |
| $\frac{1}{\sqrt{1+x}} \approx 1 - \frac{x}{2}$ | $-0,15 < x < +0,17$ |
| $(1+x)^{1/3} \approx 1 + \frac{x}{3}$ | $-0,26 < x < +0,34$ |

### Approximation par moindres carrés

Cette méthode fait correspondre une fonction du type $y = ax + b$ à une série de $N$ couples $(x, y)$. L'ordonnée à l'origine $a$ et la pente $b$ sont données par :

$$b = \frac{\sum_N xy - \frac{\sum_N x \sum_N y}{N}}{\sum_N x^2 - \frac{(\sum_N x)^2}{N}} \quad \text{et} \quad a = \frac{\sum_N y}{N} - b\frac{\sum_N x}{N}$$

*Exemple :* Suite à $N$ = 10 expériences, on obtient 10 couples de variables $(x, y)$ :

(89, 16; 3, 98) (84, 16; 4, 94) (74, 79; 6, 47) (86, 47; 3, 75) (82, 87; 4, 99)
(57, 77; 7, 09) (79, 07; 4, 79) (46, 40; 10, 00) (59, 51; 6, 16) (23, 09; 9, 32)

Calcul de l'ordonnée à l'origine $a$ et de la pente $b$ :

$$\sum_N x = \sum(89,16 + 84,61 + \cdots + 23,09) = 683,74$$

$$\sum_N y = \sum(3,98 + 4,94 + \cdots + 9,32) = 61,49$$

$$\sum_N x^2 = \sum\left[(89,16)^2 + (84,62)^2 + \cdots + (23,09)^2\right] = 50863,3856$$

$$\sum_N xy = \sum [(89,16)(3,98) + (84,61)(4,94) + \cdots + (23,09)(9,32)] = 3828,6203$$

$$b = \frac{3828,6203 - \frac{(683,74)(61,49)}{10}}{50863,3856 - \frac{(683,74)^2}{10}} = -0,091336$$

$$a = \frac{61,49}{10} - (-0,091336)\frac{683,74}{10} = 12,380$$

La fonction linéaire obtenue par la méthode des moindres carrés est donc

$$y = a + bx = 12,380 - 0,091\,x$$

# 3.2 Analyse

**Tableau 3.4** : CALCUL DIFFÉRENTIEL

| | |
|---|---|
| $d(c+x) = dx$ | $d(\sin x) = \cos x\,dx$ |
| $d(cx) = c\,dx$ | $d(\cos x) = -\sin x\,dx$ |
| $d(xy) = x\,dy + y\,dx$ | $d(\tan x) = \dfrac{dx}{\cos^2 x}$ |
| $d(\frac{x}{y}) = \dfrac{y\,dx - x\,dy}{y^2}$ | $d(\cot x) = \dfrac{-\,dx}{\sin^2 x}$ |
| $d(x^n) = nx^{n-1}dx$ | $d(\sinh x) = \cosh x\,dx$ |
| $d(\sqrt{x}) = \dfrac{dx}{2\sqrt{x}}$ | $d(\cosh x) = \sinh x\,dx$ |
| $d(\ln x) = \dfrac{dx}{x}$ | $d(\tanh x) = \dfrac{dx}{\cosh^2 x}$ |
| $d(a^x) = a^x \ln a\,dx$ | $d(\coth x) = \dfrac{-\,dx}{\sinh^2 x}$ |
| $d(e^x) = e^x dx$ | $d(\arctan x) = \dfrac{dx}{1+x^2}$ |
| $d(\log x) = \log e \dfrac{dx}{x}$ | $d(\text{arccot} x) = \dfrac{-\,dx}{1+x^2}$ |

**Tableau 3.5** : Calcul intégral – formules fondamentales

- **Formules élémentaires**

$$\int a\mathrm{d}x = ax + C$$
$$\int a \cdot f(x)\mathrm{d}x = a\int f(x)\mathrm{d}x + C$$
$$\int (u+v)\mathrm{d}x = \int u\mathrm{d}x + \int v\mathrm{d}x + C$$
$$\int uv'\mathrm{d}x = uv - \int vu'\mathrm{d}x + C$$
$$\int x^n\mathrm{d}x = \frac{x^{n+1}}{n+1} + C$$
$$\int \sin x\mathrm{d}x = -\cos x + C$$
$$\int \cos x\mathrm{d}x = \sin x + C$$
$$\int \tan x\mathrm{d}x = -\ln\cos x + C$$
$$\int \cot x\mathrm{d}x = \ln\sin x + C$$

- **Formules exponentielles**

$$\int \exp[ax]\mathrm{d}x = \frac{\exp[ax]}{a}$$
$$\int x\exp[ax]\mathrm{d}x = \frac{(ax-1)\exp[ax]}{a^2}$$
$$\int x^m\exp[ax]\mathrm{d}x = \frac{x^m\exp[ax]}{a} - \frac{m}{a}\int x^{m-1}\exp[ax]\mathrm{d}x$$
$$\int \frac{\mathrm{d}x}{1+\exp[x]} = \ln\left[\frac{\exp[x]}{1+\exp[x]}\right]$$
$$\int \frac{\mathrm{d}x}{a+b\exp(px)} = \frac{x}{a} - \frac{\ln[a+b\exp(px)]}{ap}$$

- **Formules logarithmiques**

$$\int \frac{\mathrm{d}x}{x} = \ln x$$
$$\int \ln x\mathrm{d}x = x\ln x - x$$

$$\int x \ln x \mathrm{d}x = \frac{x^2}{2} \ln x - \frac{x^2}{4}$$

$$\int x^2 \ln x \mathrm{d}x = \frac{x^3}{3} \ln x - \frac{x^3}{9}$$

$$\int x^n \ln[ax] \mathrm{d}x = \frac{x^{n+1}}{n+1} \ln[ax] - \frac{x^{n+1}}{(n+1)^2}$$

$$\int (\ln x)^n \mathrm{d}x = x(\ln x)^n - n \int (\ln x)^{n-1} \mathrm{d}x \quad , (n \neq 1)$$

$$\int \frac{(\ln x)^n}{x} \mathrm{d}x = \frac{(\ln x)^{n-1}}{n+1}$$

$$\int \frac{\mathrm{d}x}{\ln x} = \ln(\ln x) + \ln x + \frac{(\ln x)^2}{2 \cdot 2!} + \frac{(\ln x)^3}{3 \cdot 3!} + \cdots$$

$$\int \frac{\mathrm{d}x}{x \ln x} = \ln[\ln x]$$

$$\int \frac{\mathrm{d}x}{x(\ln x)^n} = -\frac{1}{(n-1)(\ln x)^{n-1}}$$

$$\int x^n \ln x \mathrm{d}x = x^{n+1} \left\{ \frac{\ln x}{n+1} - \frac{1}{(n+1)^2} \right\}$$

$$\int x^m (\ln x)^n \mathrm{d}x = \frac{x^{m+1}(\ln x)^n}{m+1} - \frac{n}{m+1} \int x^m (\ln x)^{n-1} \mathrm{d}x \quad , (m, n \neq 1)$$

- **Formules contenant $(a + bx)$**

$$\int (a+bx)^n \mathrm{d}x = \frac{(a+bx)^{n+1}}{b(n+1)} \quad , (n \neq -1)$$

$$\int x(a+bx)^n \mathrm{d}x = \frac{(a+bx)^{n+2}}{b^2(n+2)} \quad , (n \neq -1, -2)$$

$$\int x^m (a+bx)^n \mathrm{d}x = \frac{x^{m+1}(a+bx)^n}{m+n+1} + \frac{an}{m+n+1} \int x^m (a+bx)^{n-1} \mathrm{d}x$$

$$\int x^m (a+bx)^n \mathrm{d}x = \frac{x^m (a+bx)^{n+1}}{b(m+n+1)} - \frac{am}{b(m+n+1)} \int x^{m-1} (a+bx)^n \mathrm{d}x$$

$$\int \frac{\mathrm{d}x}{a+bx} = \frac{\ln[a+bx]}{b}$$

$$\int \frac{\mathrm{d}x}{(a+bx)^2} = -\frac{1}{b(a+bx)}$$

$$\int \frac{\mathrm{d}x}{(a+bx)^3} = -\frac{1}{2b(a+bx)^2}$$

$$\int \frac{x\mathrm{d}x}{a+bx} = \frac{x}{b} - \frac{a \ln[a+bx]}{b^2}$$

$$\int \frac{x\mathrm{d}x}{(a+bx)^2} = \frac{1}{b^2}\left\{\ln[a+bx] + \frac{a}{a+bx}\right\}$$

$$\int \frac{x\mathrm{d}x}{(a+bx)^3} = \frac{1}{b^2}\left\{-\frac{1}{a+bx} + \frac{a}{2(a+bx)^2}\right\}$$

$$\int \frac{x^2\mathrm{d}x}{a+bx} = \frac{1}{b^3}\left\{\frac{b^2x^2}{2} - abx + a^2\ln[a+bx]\right\}$$

$$\int \frac{x^2\mathrm{d}x}{(a+bx)^2} = \frac{1}{b^3}\left\{a+bx - \frac{a^2}{a+bx} - 2a\ln[a+bx]\right\}$$

$$\int \frac{x^2\mathrm{d}x}{(a+bx)^3} = \frac{1}{b^3}\left\{\ln(a+bx) + \frac{2a}{a+bx} - \frac{a^2}{2(a+bx)^2}\right\}$$

$$\int \frac{\mathrm{d}x}{x(a+bx)} = \frac{1}{a}\ln\left[\frac{x}{a+bx}\right]$$

$$\int \frac{\mathrm{d}x}{x^2(a+bx)} = -\frac{1}{ax} + \frac{b}{a^2}\ln\left[\frac{a+bx}{x}\right]$$

$$\int \frac{\mathrm{d}x}{x^3(a+bx)} = \frac{2bx-a}{2a^2x^2} + \frac{b^2}{a^3}\ln\left[\frac{x}{a+bx}\right]$$

$$\int \frac{\mathrm{d}x}{x(a+bx)^2} = \frac{1}{a(a+bx)} - \frac{1}{a^2}\ln\left[\frac{a+bx}{x}\right]$$

$$\int \frac{\mathrm{d}x}{x^2(a+bx)^2} = -\frac{a+2bx}{a^2x(a+bx)} + \frac{2b}{a^3}\ln\left[\frac{a+bx}{x}\right]$$

- **Formules contenant $(a+bx)$ et $(c+dx)$**

$$\int \frac{\mathrm{d}x}{(a+bx)(c+dx)} = \frac{1}{ad-cb}\ln\left[\frac{c+dx}{a+bx}\right]$$

$$\int \frac{\mathrm{d}x}{(a+bx)^2(c+dx)} = \frac{1}{ad-cb}\ln\left[\frac{1}{a+bx} + \frac{d}{ad-cb}\ln\left(\frac{c+dx}{a+bx}\right)\right]$$

$$\int \frac{x\mathrm{d}x}{(a+bx)(c+dx)} = \frac{1}{ad-cb}\ln\left[\frac{a}{b}\ln[a+bx] - \frac{c}{d}\ln[c+dx]\right]$$

$$\int \frac{x\mathrm{d}x}{(a+bx)^2(c+dx)} = \frac{-a}{b(ad-cb)(a+bx)} - \frac{c}{(ad-cb)^2}\ln\left[\frac{c+dx}{a+bx}\right]$$

- **Formules contenant $(a+bx^n)$**

$$\int \frac{\mathrm{d}x}{a+bx^2} = \frac{1}{\sqrt{ab}}\tan^{-1}\left[\frac{x\sqrt{ab}}{a}\right]$$

$$\int \frac{\mathrm{d}x}{a+bx^2} = \frac{1}{2\sqrt{-ab}}\ln\left[\frac{a+x\sqrt{-ab}}{a-x\sqrt{-ab}}\right], \qquad (ab<0)$$

$$\int \frac{dx}{a^2+b^2x^2} = \frac{1}{ab}\tan^{-1}\left[\frac{bx}{a}\right]$$
$$\int \frac{x dx}{a+bx^2} = \frac{1}{2b}\ln\left[x^2+\frac{a}{b}\right]$$
$$\int \frac{x dx}{a^2+b^2x^2} = \frac{1}{2b^2}\ln[a^2+b^2x^2]$$
$$\int \frac{x^2 dx}{a+bx^2} = \frac{x}{b} - \frac{a}{b}\int \frac{dx}{a+bx^2}$$
$$\int \frac{dx}{(a+bx^2)^2} = \frac{x}{2a(a+bx^2)} + \frac{1}{2a}\int \frac{dx}{a+bx^2}$$
$$\int \frac{dx}{(a-bx^2)^2} = \frac{1}{2ab}\ln\left[\frac{a+bx}{a-bx}\right]$$
$$\int \frac{dx}{(x^2-a^2)^2} = -\frac{x}{2a^2(x^2-a^2)} + \frac{1}{4a^3}\ln\left[\frac{a+x}{a-x}\right]$$
$$\int \frac{dx}{x(a+bx^2)} = \frac{1}{2a}\ln\left[\frac{x^2}{a+bx^2}\right]$$
$$\int \frac{dx}{x^2(a+bx^2)} = -\frac{1}{ax} - \frac{b}{a}\int \frac{dx}{a+bx^2}$$
$$\int \frac{dx}{x(a-bx^n)} = \frac{1}{an}\ln\left[\frac{x^n}{a+bx^n}\right]$$
$$\int \frac{dx}{(a-bx^n)^{m+1}} = \frac{1}{a}\int \frac{dx}{(a+bx^n)^m} - \frac{b}{a}\int \frac{x^n dx}{(a+bx^n)^{m+1}}$$

**Tableau 3.6** : FORMULES D'INTÉGRALES DÉFINIES

$$\int_0^\infty \exp[-ax]dx = \frac{1}{a} \qquad ,(a>0)$$
$$\int_0^\infty \frac{\exp[-ax]-\exp[-bx]}{x}dx = \ln\left[\frac{b}{2}\right] \qquad ,(a,b>0)$$
$$\int_0^\infty \exp[-a^2x^2]dx = \frac{\sqrt{\pi}}{2a} = \frac{1}{2a}\Gamma\left(\frac{1}{2}\right) \qquad ,(a>0)$$
$$\int_0^\infty x\exp[-x^2]dx = \frac{1}{2}$$
$$\int_0^\infty x^2\exp[-x^2]dx = \frac{\sqrt{\pi}}{4}$$

$$\int_0^\infty \exp\left[-x^2 - \frac{a^2}{x^2}\right] \mathrm{d}x = \frac{\exp[-2a]\sqrt{\pi}}{2}$$

$$\int_0^\infty \exp[-nx]\sqrt{x}\mathrm{d}x = \frac{1}{2n}\sqrt{\frac{\pi}{n}}$$

$$\int_0^\infty \frac{\exp[-nx]}{\sqrt{x}}\mathrm{d}x = \sqrt{\frac{\pi}{n}}$$

$$\int_0^1 (\ln x)^n \mathrm{d}x = (-1)^n \cdot n!$$

$$\int_0^1 \left(\ln \frac{1}{x}\right)^{0,5} \mathrm{d}x = \frac{\sqrt{\pi}}{2}$$

$$\int_0^1 \left(\ln \frac{1}{x}\right)^{-0,5} \mathrm{d}x = \sqrt{\pi}$$

$$\int_0^1 \left(\ln \frac{1}{n}\right)^{n} \mathrm{d}x = n!$$

$$\int_0^1 x \ln[1-x]\mathrm{d}x = -\frac{3}{4}$$

$$\int_0^1 x \ln[1+x]\mathrm{d}x = \frac{1}{4}$$

$$\int_0^1 \frac{\ln x}{1+x}\mathrm{d}x = -\frac{\pi^2}{12}$$

$$\int_0^1 \frac{\ln x}{1-x}\mathrm{d}x = -\frac{\pi^2}{6}$$

$$\int_0^1 \frac{\ln x}{1-x^2}\mathrm{d}x = -\frac{\pi^2}{8}$$

## 3.3 Transformations de Laplace

**Tableau 3.7** : TRANSFORMATIONS DE LAPLACE

| $\tilde{F}(s)$ | $f(t)$ |
|---|---|
| $1$ | $\delta(t)$ |
| $\dfrac{\exp[-as]}{s}$ | $u(t-a)$ |
| $\exp[-as]$ | $\delta(t-a)$ |
| $\dfrac{1}{s}$ | $1$ |
| $\dfrac{1}{s^2}$ | $t$ |
| $\dfrac{1}{s-a}$ | $\exp[at]$ |
| $\dfrac{1}{(s-a)^2}$ | $t\ \exp[at]$ |
| $\dfrac{1}{(s-a)(s-b)}$ | $\dfrac{\exp[at]-\exp[bt]}{a-b}$ |
| $\dfrac{1}{s(s-a)}$ | $\dfrac{1}{a}\,(\exp[-at]-1)$ |
| $\dfrac{1}{1+as}$ | $\dfrac{1}{a}\ \exp[-t/a]$ |
| $\dfrac{1}{(1+as)^2}$ | $\dfrac{t}{a^2}\ \exp[-t/a]$ |
| $\dfrac{1}{(1+as)(1+bs)}$ | $\dfrac{\exp[-t/a]-\exp[-t/b]}{a-b}$ |
| $\dfrac{1}{s(1+as)}$ | $1-\exp[-t/a]$ |
| $\dfrac{a}{s^2+a^2}$ | $\sin[at]$ |
| $\dfrac{a}{s^2-a^2}$ | $\sinh[at]$ |
| $\dfrac{s}{s^2+a^2}$ | $\cos[at]$ |
| $\dfrac{s}{(s-a)^2}$ | $(1+at)\exp[at]$ |

| $\tilde{F}(s)$ | $f(t)$ |
|---|---|
| $\dfrac{s}{(s-a)(s-b)}$ | $\dfrac{a\ \exp[at]-b\ \exp[bt]}{a-b}$ |
| $\dfrac{1}{s^3}$ | $\dfrac{t^2}{2}$ |
| $\dfrac{1}{s^2(s-a)}$ | $\dfrac{\exp[at]-1-at}{a^2}$ |
| $\dfrac{1}{s^2(1+as)}$ | $a\ \exp[-t/a]+t-a$ |
| $\dfrac{1}{(s-a)^3}$ | $\dfrac{t^2\exp[at]}{2}$ |
| $\dfrac{1}{s(s^2+a^2)}$ | $\dfrac{1-\cos[at]}{a^2}$ |
| $\dfrac{1}{s(s^2-a^2)}$ | $\dfrac{\cosh[at]-1}{a^2}$ |
| $\dfrac{s}{(s-a)^3}$ | $\left(t+\dfrac{at^2}{2}\right)\exp[at]$ |
| $\dfrac{1}{\sqrt{s}}$ | $\dfrac{1}{\sqrt{\pi t}}$ |
| $\dfrac{1}{s\sqrt{s}}$ | $2\sqrt{t/\pi}$ |
| $\dfrac{s+a}{s\sqrt{s}}$ | $\dfrac{1+2at}{\sqrt{\pi t}}$ |
| $\dfrac{1}{\sqrt{s+a}}$ | $\dfrac{\exp[-at]}{\sqrt{\pi t}}$ |
| $\sqrt{s-a}\ -\ \sqrt{s-b}$ | $\dfrac{\exp[bt]-\exp[at]}{2t\sqrt{\pi t}}$ |
| $\dfrac{\ln s}{s}$ | $-\log t - C$ |
| $\ln\left[\dfrac{s-a}{s}\right]$ | $\dfrac{1-\exp[at]}{t}$ |
| $\ln\left[\dfrac{s-a}{s-b}\right]$ | $\dfrac{\exp[bt]-\exp[at]}{t}$ |

## 3.4 Analyse vectorielle

**L'opérateur Nabla** En coordonnées cartésiennes, l'opérateur Nabla $\nabla$ est défini comme suit

$$\nabla = \vec{e}_x \frac{\partial}{\partial x} + \vec{e}_y \frac{\partial}{\partial y} + \vec{e}_z \frac{\partial}{\partial z}$$

Cet opérateur est caractéristique d'un champ de vecteurs.

**Gradient :** Si la fonction scalaire $\phi(x, y, z)$ est définie et dérivable, son gradient est le produit de $\nabla$ par $\phi$ :

$$\begin{aligned} \operatorname{grad} \phi &= \nabla\ \phi \\ \operatorname{grad} \phi &= \left( \vec{e}_x \frac{\partial}{\partial x} + \vec{e}_y \frac{\partial}{\partial y} + \vec{e}_z \frac{\partial}{\partial y} \right) \phi \\ \operatorname{grad}\ \phi &= \vec{e}_x \frac{\partial \phi}{\partial x} + \vec{e}_y \frac{\partial \phi}{\partial y} + \vec{e}_z \frac{\partial \phi}{\partial z} \end{aligned}$$

$\nabla\phi$ est un champ vectoriel.

**Divergence :** Si un champ scalaire $E(x, y, z)$ est défini et dérivable, sa divergence est le produit scalaire de $\nabla$ par $E$:

$$\begin{aligned} \operatorname{div}\ E &= \nabla \cdot E \\ \operatorname{div}\ E &= \left( \vec{e}_x \frac{\partial}{\partial x} + \vec{e}_y \frac{\partial}{\partial y} + \vec{e}_z \frac{\partial}{\partial z} \right) \cdot \left( E_x \vec{e}_x + E_y \vec{e}_y + E_z \vec{e}_z \right) \\ \operatorname{div}\ E &= \frac{\partial E_x}{\partial x} + \frac{\partial E_y}{\partial y} + \frac{\partial E_z}{\partial z} \end{aligned}$$

Les relations suivantes sont utiles lors de la discussion de champs scalaires :

1. $\nabla \cdot E$ est un champ scalaire;
2. si $\operatorname{div} E = 0$, le champ scalaire est dit *sélénoïdal* ou *sans source*;
3. si $\operatorname{div} E < 0$, le champ scalaire est dit *dissipatif*;
4. théorème de Gauss : $\int_V \operatorname{div} E\ \mathrm{d}V = \int_A E \cdot \mathrm{d}A.$

**Rotationnel :** Si le champ vectoriel $E$ est dérivable, son rotationnel est le produit vectoriel de $\nabla$ par $E$:

$$\begin{aligned} \operatorname{rot} E &= \nabla \times E \quad (= \mathrm{curlE}) \\ \operatorname{rot} E &= \left( \vec{e}_x \frac{\partial}{\partial x} + \vec{e}_y \frac{\partial}{\partial y} + \vec{e}_z \frac{\partial}{\partial z} \right) \times \left( E_x \vec{e}_x + E_y \vec{e}_y + E_z \vec{e}_z \right) \\ \operatorname{rot} E &= \begin{vmatrix} \vec{e}_x & \vec{e}_y & \vec{e}_z \\ \dfrac{\partial}{\partial x} & \dfrac{\partial}{\partial y} & \dfrac{\partial}{\partial z} \\ E_x & E_y & E_z \end{vmatrix} \end{aligned}$$

Le déterminant peut se calculer par la règle de Sarrus :

$$\text{rot}\,E = \left(\frac{\partial E_z}{\partial y} - \frac{\partial Ey}{\partial z}\right)\vec{e}_x + \left(\frac{\partial E_x}{\partial z} - \frac{\partial E_z}{\partial x}\right)\vec{e}_y + \left(\frac{\partial E_y}{\partial x} - \frac{\partial E_x}{\partial y}\right)\vec{e}_z$$

1. $\nabla \times E$ est un champ vectoriel;
2. si rot $E = 0$, le champ vectoriel est dit *irrotationnel*;
3. les identités suivantes sont d'application :

$$\text{rot}\,[\text{grad}\,\phi] = 0$$
$$\text{div}\,[\text{rot}\,E] = 0$$

4. théorème de Stokes : $\int_A \text{rot}\,E\,\text{d}A = \oint_z E\,\text{d}z$.

**Tableau 3.8** : OPÉRATEURS grad, div, D/D$t$, $\nabla^2$

| Coordonnées | grad $f$ | div $\mathbf{f}$ |
|---|---|---|
| Rectangulaires | $\frac{\partial f}{\partial x} + \frac{\partial f}{\partial y} + \frac{\partial f}{\partial z}$ | $\frac{\partial f_x}{\partial x} + \frac{\partial f_y}{\partial y} + \frac{\partial f_z}{\partial z}$ |
| Cylindriques | $\frac{\partial f}{\partial z} + \frac{\partial f}{\partial r} + \frac{1}{r}\frac{\partial f}{\partial \theta}$ | $\frac{1}{r}\frac{\partial}{\partial r}[r\,f_r] + \frac{1}{r}\frac{\partial f_\theta}{\partial \theta} + \frac{\partial f_z}{\partial z}$ |
| Sphériques | $\frac{\partial f}{\partial r} + \frac{1}{r}\frac{\partial f}{\partial \theta} + \frac{1}{r\,\sin\theta}\frac{\partial f}{\partial \varphi}$ | $\frac{\partial}{r^2\partial r}\left[r^2 f_r\right] + \frac{1}{r\,\sin\theta}\frac{\partial}{\partial\theta}[f_\theta \sin\theta]$ $+\frac{1}{r\,\sin\theta}\frac{\partial f_\varphi}{\partial \varphi}$ |

| Coordonnées | $\frac{Df}{Dt}$ (dérivées de Stokes) | $\nabla^2 f$ |
|---|---|---|
| Rectangulaires | $\frac{\partial f}{\partial t} + u_x\frac{\partial f}{\partial x} + u_y\frac{\partial f}{\partial y} + u_z\frac{\partial f}{\partial z}$ | $\frac{\partial^2 f}{\partial x^2} + \frac{\partial^2 f}{\partial y^2} + \frac{\partial^2 f}{\partial z^2}$ |
| Cylindriques | $\frac{\partial f}{\partial t} + u_z\frac{\partial f}{\partial z} + u_r\frac{\partial f}{\partial r} + \frac{u_\theta}{r}\frac{\partial f}{\partial \theta}$ | $\frac{\partial}{r\,\partial r}\left[r\frac{\partial f}{\partial r}\right] + \frac{\partial^2 f}{r^2\partial\theta^2} + \frac{\partial^2 f}{\partial z^2}$ |
| Sphériques | $\frac{\partial f}{\partial t} + u_r\frac{\partial f}{\partial r} + \frac{u_\theta}{r}\frac{\partial f}{\partial \theta}$ $\frac{u_\varphi}{r\,\sin\theta}\frac{\partial f}{\partial \varphi}$ | $\frac{\partial}{r^2\partial r}\left[r^2\frac{\partial f}{\partial r}\right] + \frac{1}{r^2\,\sin^2\theta}\frac{\partial^2 f}{\partial\varphi^2}$ $+\frac{1}{r^2\,\sin\theta}\frac{\partial}{\partial\theta}\left[\sin\theta\frac{\partial f}{\partial\theta}\right]$ |

# 4 Éléments

**Vous trouverez dans ce chapitre :**

- le tableau périodique des éléments (tableau 4.1);
- les configurations électroniques des éléments (tableau 4.2);
- les masses atomiques relatives des éléments ainsi que leurs rayons lorsqu'ils sont impliqués dans des liaisons (tableau 4.3), que celles-ci soient métalliques, covalentes ou ioniques;
- les électronégativités des éléments (valeurs de Allred-Rochow) (tableau 4.7);
- les longueurs et les énergies des liaisons :
  - liaisons simples (tableaux 4.4 et 4.5);
  - liaisons multiples (tableau 4.6);
- les systèmes cristallins et les groupes ponctuels (tableau 4.8);
- les structures cristallines et les constantes réticulaires des éléments (tableau 4.9).

**Vous trouverez aux chapitres 6 et 8 :**

- les densités, les entropies standard ainsi que les capacités calorifiques molaires standard des éléments (tableau 8.6);
- les tables des caractères (tableau 6.2).

## 4.1 Le système périodique et les configurations électroniques des éléments

**Tableau 4.1** : TABLEAU PÉRIODIQUE des éléments

**ÉLÉMENTS DES GROUPES PRINCIPAUX**

| 1 | 2 | 3-12 | 13 | 14 | 15 | 16 | 17 | 18 |
|---|---|---|---|---|---|---|---|---|
| $_{1}$H | | | | | | | | $_{2}$He |
| $_{3}$Li | $_{4}$Be | | $_{5}$B | $_{6}$C | $_{7}$N | $_{8}$O | $_{9}$F | $_{10}$Ne |
| $_{11}$Na | $_{12}$Mg | | $_{13}$Al | $_{14}$Si | $_{15}$P | $_{16}$S | $_{17}$Cl | $_{18}$Ar |
| $_{19}$K | $_{20}$Ca | $_{21}$Sc–$_{30}$Zn | $_{31}$Ga | $_{32}$Ge | $_{33}$As | $_{34}$Se | $_{35}$Br | $_{36}$Kr |
| $_{37}$Rb | $_{38}$Sr | $_{39}$Y–$_{48}$Cd | $_{49}$In | $_{50}$Sn | $_{51}$Sb | $_{52}$Te | $_{53}$I | $_{54}$Xe |
| $_{55}$Cs | $_{56}$Ba | $_{57}$La–$_{80}$Hg | $_{81}$Tl | $_{82}$Pb | $_{83}$Bi | $_{84}$Po | $_{85}$As | $_{86}$Rn |
| $_{87}$Fr | $_{88}$Ra | $_{89}$Ac–$_{103}$Lr | | | | | | |

**Éléments transitionnels**

| 3 | | 4 | 5 | 6 | 7 | 8 | 9 | 10 | 11 | 12 |
|---|---|---|---|---|---|---|---|---|---|---|
| $_{21}$Sc | | $_{22}$Ti | $_{23}$V | $_{24}$Cr | $_{25}$Mn | $_{26}$Fe | $_{27}$Co | $_{28}$Ni | $_{29}$Cu | $_{30}$Zn |
| $_{39}$Y | | $_{40}$Zr | $_{41}$Nb | $_{42}$Mo | $_{43}$Tc | $_{44}$Ru | $_{45}$Rh | $_{46}$Pd | $_{47}$Ag | $_{48}$Cd |
| $_{57}$La | Lanth. | $_{72}$Hf | $_{73}$Ta | $_{74}$W | $_{75}$Re | $_{75}$Os | $_{77}$Ir | $_{78}$Pt | $_{79}$Au | $_{80}$Hg |
| $_{89}$Ac | Act. | | | | | | | | | |

**Lanthanides et actinides**

| | | | | | | |
|---|---|---|---|---|---|---|
| $_{58}$Ce | $_{59}$Pr | $_{60}$Nd | $_{61}$Pm | $_{62}$Sm | $_{63}$Eu | $_{64}$Gd |
| $_{90}$Th | $_{91}$Pa | $_{92}$U | $_{93}$Np | $_{94}$Pu | $_{95}$Am | $_{96}$Cm |

| | | | | | | |
|---|---|---|---|---|---|---|
| $_{65}$Tb | $_{66}$Dy | $_{67}$Ho | $_{68}$Er | $_{69}$Tm | $_{70}$Yb | $_{71}$Lu |
| $_{97}$Bk | $_{98}$Cf | $_{99}$Es | $_{100}$Fm | $_{101}$Md | $_{102}$No | $_{103}$Lr |

**CONFIGURATIONS ÉLECTRONIQUES DES ÉLÉMENTS**

**Tableau 4.2** : CONFIGURATIONS ÉLECTRONIQUES des éléments
Z = numéro atomique ; Él = élément ; les configurations anormales sont soulignées.

| | | K | L | | M | | | N | | | | O | | | | P | | | | Q |
|---|---|---|---|---|---|---|---|---|---|---|---|---|---|---|---|---|---|---|---|---|
| *Z* | Él. | *s* | *s* | *p* | *s* | *p* | *d* | *s* | *p* | *d* | *f* | *s* | *p* | *d* | *f* | *s* | *p* | *d* | *f* | *s* |
| 1 | H | 1 | | | | | | | | | | | | | | | | | | |
| 2 | He | 2 | | | | | | | | | | | | | | | | | | |
| 3 | Li | 2 | 1 | | | | | | | | | | | | | | | | | |
| 4 | Be | 2 | 2 | | | | | | | | | | | | | | | | | |
| 5 | B | 2 | 2 | 1 | | | | | | | | | | | | | | | | |
| 6 | C | 2 | 2 | 2 | | | | | | | | | | | | | | | | |
| 7 | N | 2 | 2 | 3 | | | | | | | | | | | | | | | | |
| 8 | O | 2 | 2 | 4 | | | | | | | | | | | | | | | | |
| 9 | F | 2 | 2 | 5 | | | | | | | | | | | | | | | | |
| 10 | Ne | 2 | 2 | 6 | | | | | | | | | | | | | | | | |
| 11 | Na | 2 | 2 | 6 | 1 | | | | | | | | | | | | | | | |
| 12 | Mg | 2 | 2 | 6 | 2 | | | | | | | | | | | | | | | |
| 13 | Al | 2 | 2 | 6 | 2 | 1 | | | | | | | | | | | | | | |
| 14 | Si | 2 | 2 | 6 | 2 | 2 | | | | | | | | | | | | | | |
| 15 | P | 2 | 2 | 6 | 2 | 3 | | | | | | | | | | | | | | |
| 16 | S | 2 | 2 | 6 | 2 | 4 | | | | | | | | | | | | | | |
| 17 | Cl | 2 | 2 | 6 | 2 | 5 | | | | | | | | | | | | | | |
| 18 | Ar | 2 | 2 | 6 | 2 | 6 | | | | | | | | | | | | | | |
| 19 | K | 2 | 2 | 6 | 2 | 6 | | 1 | | | | | | | | | | | | |
| 20 | Ca | 2 | 2 | 6 | 2 | 6 | | 2 | | | | | | | | | | | | |
| 21 | Sc | 2 | 2 | 6 | 2 | 6 | 1 | 2 | | | | | | | | | | | | |
| 22 | Ti | 2 | 2 | 6 | 2 | 6 | 2 | 2 | | | | | | | | | | | | |
| 23 | V | 2 | 2 | 6 | 2 | 6 | 3 | 2 | | | | | | | | | | | | |
| 24 | Cr | 2 | 2 | 6 | 2 | 6 | $\underline{5}$ | $\underline{1}$ | | | | | | | | | | | | |
| 25 | Mn | 2 | 2 | 6 | 2 | 6 | 5 | 2 | | | | | | | | | | | | |
| 26 | Fe | 2 | 2 | 6 | 2 | 6 | 6 | 2 | | | | | | | | | | | | |
| 27 | Co | 2 | 2 | 6 | 2 | 6 | 7 | 2 | | | | | | | | | | | | |
| 28 | Ni | 2 | 2 | 6 | 2 | 6 | 8 | 2 | | | | | | | | | | | | |
| 29 | Cu | 2 | 2 | 6 | 2 | 6 | $\underline{10}$ | $\underline{1}$ | | | | | | | | | | | | |

| | | K | L | | M | | | N | | | | O | | | | P | | | | Q |
|---|---|---|---|---|---|---|---|---|---|---|---|---|---|---|---|---|---|---|---|---|
| $Z$ | Él. | $s$ | $s$ | $p$ | $s$ | $p$ | $d$ | $s$ | $p$ | $d$ | $f$ | $s$ | $p$ | $d$ | $f$ | $s$ | $p$ | $d$ | $f$ | $s$ |
| 30 | Zn | 2 | 2 | 6 | 2 | 6 | 10 | 2 | | | | | | | | | | | | |
| 31 | Ga | 2 | 2 | 6 | 2 | 6 | 10 | 2 | 1 | | | | | | | | | | | |
| 32 | Ge | 2 | 2 | 6 | 2 | 6 | 10 | 2 | 2 | | | | | | | | | | | |
| 33 | As | 2 | 2 | 6 | 2 | 6 | 10 | 2 | 3 | | | | | | | | | | | |
| 34 | Se | 2 | 2 | 6 | 2 | 6 | 10 | 2 | 4 | | | | | | | | | | | |
| 35 | Br | 2 | 2 | 6 | 2 | 6 | 10 | 2 | 5 | | | | | | | | | | | |
| 36 | Kr | 2 | 2 | 6 | 2 | 6 | 10 | 2 | 6 | | | | | | | | | | | |
| 37 | Rb | 2 | 2 | 6 | 2 | 6 | 10 | 2 | 6 | | | 1 | | | | | | | | |
| 38 | Sr | 2 | 2 | 6 | 2 | 6 | 10 | 2 | 6 | | | 2 | | | | | | | | |
| 39 | Y | 2 | 2 | 6 | 2 | 6 | 10 | 2 | 6 | 1 | | 2 | | | | | | | | |
| 40 | Zr | 2 | 2 | 6 | 2 | 6 | 10 | 2 | 6 | 2 | | 2 | | | | | | | | |
| 41 | Nb | 2 | 2 | 6 | 2 | 6 | 10 | 2 | 6 | 4 | | 1 | | | | | | | | |
| 42 | Mo | 2 | 2 | 6 | 2 | 6 | 10 | 2 | 6 | 5 | | 1 | | | | | | | | |
| 43 | Tc | 2 | 2 | 6 | 2 | 6 | 10 | 2 | 6 | 6 | | 1 | | | | | | | | |
| 44 | Ru | 2 | 2 | 6 | 2 | 6 | 10 | 2 | 6 | 7 | | 1 | | | | | | | | |
| 45 | Rh | 2 | 2 | 6 | 2 | 6 | 10 | 2 | 6 | 8 | | 1 | | | | | | | | |
| 46 | Pd | 2 | 2 | 6 | 2 | 6 | 10 | 2 | 6 | 10 | | | | | | | | | | |
| 47 | Ag | 2 | 2 | 6 | 2 | 6 | 10 | 2 | 6 | 10 | | 1 | | | | | | | | |
| 48 | Cd | 2 | 2 | 6 | 2 | 6 | 10 | 2 | 6 | 10 | | 2 | | | | | | | | |
| 49 | In | 2 | 2 | 6 | 2 | 6 | 10 | 2 | 6 | 10 | | 2 | 1 | | | | | | | |
| 50 | Sn | 2 | 2 | 6 | 2 | 6 | 10 | 2 | 6 | 10 | | 2 | 2 | | | | | | | |
| 51 | Sb | 2 | 2 | 6 | 2 | 6 | 10 | 2 | 6 | 10 | | 2 | 3 | | | | | | | |
| 52 | Te | 2 | 2 | 6 | 2 | 6 | 10 | 2 | 6 | 10 | | 2 | 4 | | | | | | | |
| 53 | I | 2 | 2 | 6 | 2 | 6 | 10 | 2 | 6 | 10 | | 2 | 5 | | | | | | | |
| 54 | Xe | 2 | 2 | 6 | 2 | 6 | 10 | 2 | 6 | 10 | | 2 | 6 | | | | | | | |
| 55 | Cs | 2 | 2 | 6 | 2 | 6 | 10 | 2 | 6 | 10 | | 2 | 6 | | | 1 | | | | |
| 56 | Ba | 2 | 2 | 6 | 2 | 6 | 10 | 2 | 6 | 10 | | 2 | 6 | | | 2 | | | | |
| 57 | La | 2 | 2 | 6 | 2 | 6 | 10 | 2 | 6 | 10 | | 2 | 6 | 1 | | 2 | | | | |
| 58 | Ce | 2 | 2 | 6 | 2 | 6 | 10 | 2 | 6 | 10 | 1 | 2 | 6 | 1 | | 2 | | | | |
| 59 | Pr | 2 | 2 | 6 | 2 | 6 | 10 | 2 | 6 | 10 | 3 | 2 | 6 | | | 2 | | | | |
| 60 | Nd | 2 | 2 | 6 | 2 | 6 | 10 | 2 | 6 | 10 | 4 | 2 | 6 | | | 2 | | | | |
| 61 | Pm | 2 | 2 | 6 | 2 | 6 | 10 | 2 | 6 | 10 | 5 | 2 | 6 | | | 2 | | | | |
| 62 | Sm | 2 | 2 | 6 | 2 | 6 | 10 | 2 | 6 | 10 | 6 | 2 | 6 | | | 2 | | | | |

| | | K | L | | M | | | N | | | | O | | | | P | | | | Q |
|---|---|---|---|---|---|---|---|---|---|---|---|---|---|---|---|---|---|---|---|---|
| *Z* | Él. | *s* | *s* | *p* | *s* | *p* | *d* | *s* | *p* | *d* | *f* | *s* | *p* | *d* | *f* | *s* | *p* | *d* | *f* | *s* |
| 63 | Eu | 2 | 2 | 6 | 2 | 6 | 10 | 2 | 6 | 10 | 7 | 2 | 6 | | | 2 | | | | |
| 64 | Gd | 2 | 2 | 6 | 2 | 6 | 10 | 2 | 6 | 10 | 7 | 2 | 6 | 1 | | 2 | | | | |
| 65 | Tb | 2 | 2 | 6 | 2 | 6 | 10 | 2 | 6 | 10 | 9 | 2 | 6 | | | 2 | | | | |
| 66 | Dy | 2 | 2 | 6 | 2 | 6 | 10 | 2 | 6 | 10 | 10 | 2 | 6 | | | 2 | | | | |
| 67 | Ho | 2 | 2 | 6 | 2 | 6 | 10 | 2 | 6 | 10 | 11 | 2 | 6 | | | 2 | | | | |
| 68 | Er | 2 | 2 | 6 | 2 | 6 | 10 | 2 | 6 | 10 | 12 | 2 | 6 | | | 2 | | | | |
| 69 | Tm | 2 | 2 | 6 | 2 | 6 | 10 | 2 | 6 | 10 | 13 | 2 | 6 | | | 2 | | | | |
| 70 | Yb | 2 | 2 | 6 | 2 | 6 | 10 | 2 | 6 | 10 | 14 | 2 | 6 | | | 2 | | | | |
| 71 | Lu | 2 | 2 | 6 | 2 | 6 | 10 | 2 | 6 | 10 | 14 | 2 | 6 | 1 | | 2 | | | | |
| 72 | Hf | 2 | 2 | 6 | 2 | 6 | 10 | 2 | 6 | 10 | 14 | 2 | 6 | 2 | | 2 | | | | |
| 73 | Ta | 2 | 2 | 6 | 2 | 6 | 10 | 2 | 6 | 10 | 14 | 2 | 6 | 3 | | 2 | | | | |
| 74 | W | 2 | 2 | 6 | 2 | 6 | 10 | 2 | 6 | 10 | 14 | 2 | 6 | 4 | | 2 | | | | |
| 75 | Re | 2 | 2 | 6 | 2 | 6 | 10 | 2 | 6 | 10 | 14 | 2 | 6 | 5 | | 2 | | | | |
| 76 | Os | 2 | 2 | 6 | 2 | 6 | 10 | 2 | 6 | 10 | 14 | 2 | 6 | 6 | | 2 | | | | |
| 77 | Ir | 2 | 2 | 6 | 2 | 6 | 10 | 2 | 6 | 10 | 14 | 2 | 6 | 7 | | 2 | | | | |
| 78 | Pt | 2 | 2 | 6 | 2 | 6 | 10 | 2 | 6 | 10 | 14 | 2 | 6 | 9 | | 1 | | | | |
| 79 | Au | 2 | 2 | 6 | 2 | 6 | 10 | 2 | 6 | 10 | 14 | 2 | 6 | 10 | | 1 | | | | |
| 80 | Hg | 2 | 2 | 6 | 2 | 6 | 10 | 2 | 6 | 10 | 14 | 2 | 6 | 10 | | 2 | | | | |
| 81 | Tl | 2 | 2 | 6 | 2 | 6 | 10 | 2 | 6 | 10 | 14 | 2 | 6 | 10 | | 2 | 1 | | | |
| 82 | Pb | 2 | 2 | 6 | 2 | 6 | 10 | 2 | 6 | 10 | 14 | 2 | 6 | 10 | | 2 | 2 | | | |
| 83 | Bi | 2 | 2 | 6 | 2 | 6 | 10 | 2 | 6 | 10 | 14 | 2 | 6 | 10 | | 2 | 3 | | | |
| 84 | Po | 2 | 2 | 6 | 2 | 6 | 10 | 2 | 6 | 10 | 14 | 2 | 6 | 10 | | 2 | 4 | | | |
| 85 | At | 2 | 2 | 6 | 2 | 6 | 10 | 2 | 6 | 10 | 14 | 2 | 6 | 10 | | 2 | 5 | | | |
| 86 | Rn | 2 | 2 | 6 | 2 | 6 | 10 | 2 | 6 | 10 | 14 | 2 | 6 | 10 | | 2 | 6 | | | |
| 87 | Fr | 2 | 2 | 6 | 2 | 6 | 10 | 2 | 6 | 10 | 14 | 2 | 6 | 10 | | 2 | 6 | | | 1 |
| 88 | Ra | 2 | 2 | 6 | 2 | 6 | 10 | 2 | 6 | 10 | 14 | 2 | 6 | 10 | | 2 | 6 | | | 2 |
| 89 | Ac | 2 | 2 | 6 | 2 | 6 | 10 | 2 | 6 | 10 | 14 | 2 | 6 | 10 | | 2 | 6 | 1 | | 2 |
| 90 | Th | 2 | 2 | 6 | 2 | 6 | 10 | 2 | 6 | 10 | 14 | 2 | 6 | 10 | | 2 | 6 | 2 | | 2 |
| 91 | Pa | 2 | 2 | 6 | 2 | 6 | 10 | 2 | 6 | 10 | 14 | 2 | 6 | 10 | 2 | 2 | 6 | 1 | | 2 |
| 92 | U | 2 | 2 | 6 | 2 | 6 | 10 | 2 | 6 | 10 | 14 | 2 | 6 | 10 | 3 | 2 | 6 | 1 | | 2 |
| 93 | Np | 2 | 2 | 6 | 2 | 6 | 10 | 2 | 6 | 10 | 14 | 2 | 6 | 10 | 4 | 2 | 6 | 1 | | 2 |
| 94 | Pu | 2 | 2 | 6 | 2 | 6 | 10 | 2 | 6 | 10 | 14 | 2 | 6 | 10 | 6 | 2 | 6 | | | 2 |
| 95 | Am | 2 | 2 | 6 | 2 | 6 | 10 | 2 | 6 | 10 | 14 | 2 | 6 | 10 | 7 | 2 | 6 | | | 2 |

| | | K | L | | M | | | N | | | | O | | | | P | | | | Q |
|---|---|---|---|---|---|---|---|---|---|---|---|---|---|---|---|---|---|---|---|---|
| $Z$ | Él. | $s$ | $s$ | $p$ | $s$ | $p$ | $d$ | $s$ | $p$ | $d$ | $f$ | $s$ | $p$ | $d$ | $f$ | $s$ | $p$ | $d$ | $f$ | $s$ |
| 96 | Cm | 2 | 2 | 6 | 2 | 6 | 10 | 2 | 6 | 10 | 14 | 2 | 6 | 10 | 7 | 2 | 6 | $\underline{1}$ | | 2 |
| 97 | Bk | 2 | 2 | 6 | 2 | 6 | 10 | 2 | 6 | 10 | 14 | 2 | 6 | 10 | 8 | 2 | 6 | $\underline{1}$ | | 2 |
| 98 | Cf | 2 | 2 | 6 | 2 | 6 | 10 | 2 | 6 | 10 | 14 | 2 | 6 | 10 | 10 | 2 | 6 | | | 2 |
| 99 | Es | 2 | 2 | 6 | 2 | 6 | 10 | 2 | 6 | 10 | 14 | 2 | 6 | 10 | 11 | 2 | 6 | | | 2 |
| 100 | Fm | 2 | 2 | 6 | 2 | 6 | 10 | 2 | 6 | 10 | 14 | 2 | 6 | 10 | 12 | 2 | 6 | | | 2 |
| 101 | Md | 2 | 2 | 6 | 2 | 6 | 10 | 2 | 6 | 10 | 14 | 2 | 6 | 10 | 13 | 2 | 6 | | | 2 |
| 102 | No | 2 | 2 | 6 | 2 | 6 | 10 | 2 | 6 | 10 | 14 | 2 | 6 | 10 | 14 | 2 | 6 | | | 2 |
| 103 | Lr | 2 | 2 | 6 | 2 | 6 | 10 | 2 | 6 | 10 | 14 | 2 | 6 | 10 | | 2 | 6 | 1 | | 2 |

## 4.2 Rayons des éléments impliqués dans des liaisons et électronégativités

**REMARQUES**

$_1$H — numéro atomique

$A_r$ — masse atomique relative basée sur $^{12}$C = 12,00000

$\frac{r_{at}}{pm}$ — rayon atomique ou rayon de l'élément à l'état métallique, correspondant à la moitié de la distance la plus courte entre deux atomes voisins dans le réseau cristallin du métal, exprimée en pm (= $10^{-12}$ m)

$\frac{r_{cov}}{pm}$ — rayon de l'élément impliqué dans une liaison covalente, correspondant à la moitié de la longueur de la liaison concernant l'élément diatomique dont les deux atomes sont unis par covalence, exprimée en pm (= $10^{-12}$ m)

$\frac{r_{ion}}{pm}$ — rayon ionique moyen relatif aux composés halogénés et aux oxydes de l'élément considéré, compte tenu du nombre de coordination indiqué en indice. Celui-ci correspond à la moitié de la distance de la liaison du-dit composé ionique, exprimée en pm (= $10^{-12}$ m). L'étage d'oxydation auquel se réfère le rayon ionique est indiqué en exposant.

**MASSES ATOMIQUES RELATIVES ET RAYONS DE LIAISONS**

**Tableau 4.3** : MASSES ATOMIQUES RELATIVES et RAYONS DE LIAISONS des éléments

| | Élément | $A_r$ | $\frac{r_{at}}{pm}$ | $\frac{r_{cov}}{pm}$ | $\frac{r_{ion}}{pm}$ |
|---|---|---|---|---|---|
| $_1H$ | Hydrogène | 1,00794 | 37,3 | 30 | $21_1^{1-}$ |
| $_2He$ | Hélium | 4,002602 | | 99 | |
| $_3Li$ | Lithium | 6,941 | 152,0 | 123 | $76_6^{1+}, 68_6^{2+}$ |
| $_4Be$ | Béryllium | 9,012182 | 111,3 | 89 | $27_4^{2+}, 45_{2+}$ |
| $_5B$ | Bore | 10,811 | 79,5 | 81 | $1_3^{3+}, 11_4^{3+}, 23_6^{3+}$ |
| $_6C$ | Carbone | 12,011 | 77,3 | 77 | $15_4^{4+}$ |
| $_7N$ | Azote | 14,00674 | 54,9 | 70 | $146_4^{3-}, 16_6^{3+}, 13_6^{5+}, 171_6^{3-}$ |
| $_8O$ | Oxygène | 15,9994 | 60,4 | 66 | $138_4^{2-}, 140_6^{2-}$ |
| $_9F$ | Fluor | 18,998403 | 70,9 | 64 | $133_6^{1-}$ |
| $_{10}Ne$ | Néon | 20,1797 | | (1)160 | |
| $_{11}Na$ | Sodium | 22,989768 | 185,8 | 157 | $97_4^{1+}, 102_6^{2+}$ |
| $_{12}Mg$ | Magnésium | 24,3050 | 160,0 | 157 | $57_5^{2+}, 72_6^{2+}$ |
| $_{13}Al$ | Aluminium | 26,981539 | 143,2 | 125 | $39_4^{3+}, 54_6^{3+}$ |
| $_{14}Si$ | Silicium | 28,0855 | 117,6 | 117 | $26_4^{4+}, 40_6^{4+}$ |
| $_{15}P$ | Phosphore, bl. | 30,973762 | 110,5 | 110 | $17_4^{5+}, 44_6^{3+}, 35_6^{5+}$ |
| $_{16}S$ | Soufre | 32,066 | 103,5 | 102 | $184_6^{2-}$ |
| $_{17}Cl$ | Chlore | 35,4527 | 99,4 | 99 | $181_6^{1-}$ |
| $_{18}Ar$ | Argon | 39,948 | | (1)192 | |
| $_{19}K$ | Potassium | 39,0983 | 227,2 | 203 | $138_6^{1+}, 151_8^{2+}$ |
| $_{20}Ca$ | Calcium | 40,078 | 197,4 | 174 | $100_6^{2+}, 112_8^{2+}$ |
| $_{21}Sc$ | Scandium | 44,95591 | 160,6 | 144 | $75_6^{3+}, 87_8^{3+}$ |
| $_{22}Ti$ | Titane | 47,88 | 144,8 | 132 | $42_4^{4+}, 62_6^{4+}, 94_6^{2+}, 87_6^{3+}$ |
| $_{23}V$ | Vanadium | 50,9415 | 131,1 | 122 | $54_5^{5+}, 79_6^{2+}, 74_6^{3+}$ |
| $_{24}Cr$ | Chrome | 51,9961 | 125,0 | 118 | $26_4^{6+}, 61_6^{3+}, 52_6^{6+}$ |

(1) rayon de van der Waals

| | Élément | $A_r$ | $\frac{r_{at}}{pm}$ | $\frac{r_{cov}}{pm}$ | $\frac{r_{ion}}{pm}$ |
|---|---|---|---|---|---|
| $_{25}$Mn | Manganèse | 54,93805 | 136,7 | 118 | $25_4^{7+}, 83_6^{2+}, 80_6^{3+}$ $66_6^{4+}, 46_6^{7+}$ |
| $_{26}$Fe | Fer | 55,847 | 124,1 | 116 | $78_6^{2+}, 65_6^{3+}$ |
| $_{27}$Co | Cobalt | 58,93320 | 125,3 | 116 | $75_6^{2+}, 61_6^{3+}$ |
| $_{28}$Ni | Nickel | 58,69 | 124,6 | 115 | $55_4^{2+}, 69_6^{2+}, 62_6^{3+}$ |
| $_{29}$Cu | Cuivre | 63,546 | 127,8 | 117 | $46_2^{+}, 57_4^{2+}, 96_6^{1+}, 72_6^{2+}$ |
| $_{30}$Zn | Zinc | 65,39 | 133,5 | 125 | $60_4^{2+}, 73_6^{2+}$ |
| $_{31}$Ga | Gallium | 69,723 | 122,1 | 125 | $47_4^{3+}, 62_6^{3+}$ |
| $_{32}$Ge | Germanium | 72,61 | 122,5 | 122 | $39_4^{4+}, 73_6^{2+}, 53_6^{4+}$ |
| $_{33}$As | Arsenic | 74,92159 | 124,5 | 121 | $34_4^{5+}, 58_6^{3+}, 46_6^{5+}$ |
| $_{34}$Se | Sélénium | 78,96 | 116,0 | 117 | $198_6^{2-}, 50_6^{4+}, 46_6^{6+}$ |
| $_{35}$Br | Brome | 79,904 | 114,5 | 114 | $196_6^{1-}$ |
| $_{36}$Kr | Krypton | 83,80 | 197,0 | 110 | |
| $_{37}$Rb | Rubidium | 85,4678 | 247,5 | 216 | $152_6^{+}, 161_8^{+}$ |
| $_{38}$Sr | Strontium | 87,62 | 215,1 | 191 | $118_6^{2+}, 126_8^{2+}$ |
| $_{39}$Y | Yttrium | 88,90585 | 177,6 | 162 | $90_6^{3+}$ |
| $_{40}$Zr | Zirconium | 91,224 | 159,0 | 145 | $59_4^{4+}, 72_6^{4+}$ |
| $_{41}$Nb | Niobium | 92,90638 | 142,9 | 134 | $64_6^{5+}, 72_6^{3+}$ |
| $_{42}$Mo | Molybdène | 95,94 | 136,3 | 130 | $72_6^{3+}, 70_6^{4+}, 61_6^{5+}, 62_6^{6+}$ |
| $_{43}$Tc | Technétium | 98,9063 | 135,2 | 127 | $56_6^{7+}$ |
| $_{44}$Ru | Ruthénium | 101,07 | 132,5 | 125 | $62_6^{4+}, 68_6^{3+}$ |
| $_{45}$Rh | Rhodium | 102,90550 | 134,5 | 125 | $86_6^{2+}, 67_6^{3+}, 55_6^{5+}$ |
| $_{46}$Pd | Palladium | 106,42 | 137,6 | 128 | $64_4^{2+}, 86_6^{2+}, 65_6^{4+}$ |
| $_{47}$Ag | Argent | 107,8682 | 144,5 | 134 | $79_4^{2+}, 67_2^{+}, 126_6^{+}, 89_6^{2+}$ |
| $_{48}$Cd | Cadmium | 112,411 | 148,9 | 141 | $78_4^{2+}, 95_6^{2+}$ |
| $_{49}$In | Indium | 114,82 | 162,6 | 150 | $62_4^{3+}, 80_6^{3+}$ |
| $_{50}$Sn | Étain | 118,710 | 140,5 | 140 | $55_4^{4+}, 93_6^{2+}, 69_6^{4+}$ |
| $_{51}$Sb | Antimoine | 121,75 | 145,0 | 141 | $76_6^{3+}, 60_6^{5+}$ |

| | Élément | $A_r$ | $\frac{r_{at}}{pm}$ | $\frac{r_{cov}}{pm}$ | $\frac{r_{ion}}{pm}$ |
|---|---|---|---|---|---|
| $_{52}$Te | Tellure | 127,60 | 143,2 | 137 | $97_6^{4+}, 221_6^{2-}, 56_6^{6+}$ |
| $_{53}$I | Iode | 126,90447 | 133,1 | 133 | $220_6^{-}$ |
| $_{54}$Xe | Xénon | 131,29 | | (1)217 | |
| $_{55}$Cs | Césium | 132,90543 | 265,5 | 253 | $167_6^{+}, 174_8^{+}$ |
| $_{56}$Ba | Baryum | 137,327 | 217,4 | 198 | $134_6^{2+}, 142_8^{2+}$ |
| $_{57}$La | Lanthane | 138,9055 | 187,0 | 169 | $103_6^{3+}, 116_8^{3+}$ |
| $_{58}$Ce | Cérium | 140,115 | 182,5 | 165 | $101_6^{3+}, 87_6^{4+}$ |
| $_{59}$Pr | Praséodyme | 140,90765 | 182,0 | 165 | $99_6^{3+}, 85_6^{4+}$ |
| $_{60}$Nd | Néodyme | 144,24 | 181,4 | 164 | $98_6^{3+}, 116_9^{3+}$ |
| $_{61}$Pm | Prométhium | 146,9151 | | 163 | $97_6^{3+}, 114_9^{3+}$ |
| $_{62}$Sm | Samarium | 150,36 | 179,0 | 162 | $96_6^{3+}, 113_9^{3+}, 132_9^{2+}$ |
| $_{63}$Eu | Europium | 151,965 | 199,5 | 185 | $117_6^{2+}, 95_6^{3+}$ |
| $_{64}$Gd | Gadolinium | 157,25 | 178,5 | 161 | $94_6^{3+}, 111_9^{3+}$ |
| $_{65}$Tb | Terbium | 158,92534 | 176,3 | 159 | $92_6^{3+}, 110_9^{3+}$ |
| $_{66}$Dy | Dysprosium | 162,50 | 175,2 | 159 | $91_6^{3+}, 108_9^{3+}$ |
| $_{67}$Ho | Holmium | 164,93032 | 174,3 | 158 | $90_6^{3+}, 107_9^{3+}$ |
| $_{68}$Er | Erbium | 167,26 | 173,0 | | $89_6^{3+}$ |
| $_{69}$Tm | Thulium | 168,93421 | 172,4 | 156 | $88_6^{3+}, 105_9^{3+}$ |
| $_{70}$Yb | Ytterbium | 173,04 | 194,0 | 174 | $87_6^{3+}, 104_9^{3+}$ |
| $_{71}$Lu | Lutétium | 174,967 | 171,8 | 156 | $86_6^{3+}, 103_9^{3+}$ |
| $_{72}$Hf | Hafnium | 178,49 | 156,4 | 144 | $71_4^{4+}, 76_6^{4+}$ |
| $_{73}$Ta | Tantale | 180,9479 | 143,0 | 134 | $64_6^{5+}, 74_8^{5+}$ |
| $_{74}$W | Tungstène | 183,85 | 137,0 | 130 | $66_6^{4+}, 60_6^{6+}$ |
| $_{75}$Re | Rhénium | 186,207 | 137,1 | 128 | $63_6^{4+}, 53_6^{7+}$ |
| $_{76}$Os | Osmium | 190,2 | 133,8 | 126 | $39_4^{8+}, 63_6^{4+}$ |
| $_{77}$Ir | Iridium | 192,22 | 135,7 | 127 | $63_6^{4+}, 68_6^{3+}$ |
| $_{78}$Pt | Platine | 195,08 | 137,3 | 130 | $60_4^{2+}, 80_6^{2+}, 63_6^{4+}$ |

(1) rayon de van der Waals

| | Élément | $A_r$ | $\frac{r_{at}}{pm}$ | $\frac{r_{cov}}{pm}$ | $\frac{r_{ion}}{pm}$ |
|---|---|---|---|---|---|
| $_{79}$Au | Or | 196,96654 | 144,2 | 134 | $68_4^{3+}, 137_6^{+}, 85_6^{3+}$ |
| $_{80}$Hg | Mercure | 200,59 | 150,3 | 144 | $96_4^{2+}, 110_6^{2+}, 119_4^{+}$ |
| $_{81}$Tl | Thallium | 204,3833 | 170,0 | 155 | $150_6^{+}, 89_6^{3+}$ |
| $_{82}$Pb | Plomb | 207,2 | 175,0 | 154 | $119_6^{2+}, 78_6^{4+}$ |
| $_{83}$Bi | Bismuth | 208,98037 | 154,5 | 146 | $96_6^{2+}, 78_6^{4+}, 76_6^{5+}$ |
| $_{84}$Po | Polonium | 208,9824 | 167,3 | 146 | $108_6^{3+}, 94_6^{4+}, 67_6^{6+}$ |
| $_{85}$At | Astate | 209,9871 | | 145 | $62_6^{7+}$ |
| $_{86}$Rn | Radon | 222,0176 | | | |
| $_{87}$Fr | Francium | 223,079 | | | $180_8^{+}$ |
| $_{88}$Ra | Radium | 226,0254 | | | $146_6^{2+}, 148_8^{2+}, 170_{12}^{2+}$ |
| $_{89}$Ac | Actinium | 227,0278 | 187,8 | | $112_6^{3+}$ |
| $_{90}$Th | Thorium | 232,0381 | 179,8 | 165 | $94_6^{4+}, 105_8^{4+}$ |
| $_{91}$Pa | Proactinium | 231,0359 | 156,1 | | $78_6^{3+}, 98_6^{4+}$ |
| $_{92}$U | Uranium | 238,0289 | 138,5 | 142 | $89_6^{4+}, 73_6^{6+}$ |

**Tableau 4.4** : Longueurs des liaisons simples (en pm)

| | Br | C | Cl | F | H | I | N | O | P | S | Si |
|---|---|---|---|---|---|---|---|---|---|---|---|
| Br | 228 | 194 | 214 | 176 | 141 | | 214 | | 220 | 227 | 216 |
| C | | 154 | 177 | 138 | 108 | 214 | 147 | 143 | 184 | 182 | 185 |
| Cl | | | 199 | 163 | 128 | 232 | 197 | 170 | 203 | 199 | 202 |
| F | | | | 142 | 92 | 257 | 136 | 142 | 154 | 158 | 156 |
| H | | | | | 74 | 160 | 101 | 97 | 142 | 134 | 148 |
| I | | | | | | 267 | | | 247 | | 243 |
| N | | | | | | | 146 | 136 | | | 174 |
| O | | | | | | | | 148 | 154 | 145 | 163 |
| P | | | | | | | | | 221 | | |
| S | | | | | | | | | | 205 | 215 |
| Si | | | | | | | | | | | 232 |

**Tableau 4.5** : ÉNERGIES DES LIAISONS SIMPLES (en kJ $mol^{-1}$)

| | Br | C | Cl | F | H | I | N | O | P | S | Si |
|---|---|---|---|---|---|---|---|---|---|---|---|
| Br | 193 | 272 | 219 | 249 | 365 | 178 | | 234 | 264 | 239 | 329 |
| C | | 346 | 327 | 489 | 416 | 214 | 305 | 358 | 269 | 269 | 285 |
| Cl | | | 244 | 253 | 431 | 211 | 192 | 208 | 322 | 272 | 398 |
| F | | | | 158 | 567 | 280 | 278 | 193 | 503 | 368 | 234 |
| H | | | | | 436 | 297 | 389 | 464 | 327 | 361 | 323 |
| I | | | | | | 151 | | 234 | 184 | | 234 |
| N | | | | | | | 159 | 181 | | | |
| O | | | | | | | | 144 | 335 | 285 | 444 |
| P | | | | | | | | | | | |
| S | | | | | | | | | | 268 | 226 |
| Si | | | | | | | | | | | |

**Tableau 4.6** : LONGUEURS ET ÉNERGIES des liaisons multiples

Longueurs des liaisons (en pm)

| | | | | | |
|---|---|---|---|---|---|
| C=C | 134 | C≡N | 116 | N≡N | 110 |
| C≡C | 120 | C=O | 122 | O=O | 121 |
| C=N | 130 | N=N | 125 | =S | 189 |

Énergies des liaisons (en kJ $mol^{-1}$)

| | | | | | |
|---|---|---|---|---|---|
| C=C | 611 | C≡N | 892 | N≡N | 945 |
| C≡C | 835 | C=O | 736 | O=O | 498 |
| C=N | 616 | N=N | 466 | S=S | |

**Tableau 4.7** : ÉLECTRONÉGATIVITÉS (valeurs de Allred-Rochow)

| | | | | | | | | | |
|---|---|---|---|---|---|---|---|---|---|
| H<br>2,2 | Li<br>1,0 | Be<br>1,5 | B<br>2,0 | C<br>2,5 | N<br>3,1 | O<br>3,5 | F<br>4,1 | | |
| | Na<br>1,0 | Mg<br>1,2 | Al<br>1,5 | Si<br>1,7 | P<br>2,1 | S<br>2,4 | Cl<br>2,8 | | |
| | K<br>0,9 | Ca<br>1,0 | Ga<br>1,8 | Ge<br>2,0 | As<br>2,2 | Se<br>2,5 | Br<br>2,7 | | |
| | Rb<br>0,9 | Sr<br>1,0 | In<br>1,5 | Sn<br>1,7 | Sb<br>1,8 | Te<br>2,0 | I<br>2,2 | | |
| | Cs<br>0,9 | Ba<br>1,0 | Tl<br>1,4 | Pb<br>1,6 | Bi<br>1,7 | Po<br>1,8 | At<br>2,0 | | |
| Sc<br>1,2 | Ti<br>1,3 | V<br>1,5 | Cr<br>1,6 | Mn<br>1,6 | Fe<br>1,6 | Co<br>1,7 | Ni<br>1,8 | Cu<br>1,8 | Zn<br>1,7 |
| Y<br>1,1 | Zr<br>1,2 | Nb<br>1,2 | Mo<br>1,3 | Tc<br>1,4 | Ru<br>1,4 | Rh<br>1,5 | Pd<br>1,4 | Ag<br>1,4 | Cd<br>1,5 |
| Hf<br>1,2 | Ta<br>1,3 | W<br>1,4 | Re<br>1,5 | Os<br>1,5 | Ir<br>1,6 | Pt<br>1,4 | Au<br>1,4 | Hg<br>1,5 | |

## 4.3 Systèmes cristallins et groupes ponctuels

**Tableau 4.8** : SYSTÈMES CRISTALLINS et GROUPES PONCTUELS (cf. paragraphe 6.1)

| Système cristallin | N° | Groupe ponctuel de Schönflies | Groupe ponctuel de Hermann-Mauguin |
|---|---|---|---|
| Triclinique<br>$a \neq b \neq c$<br>$\alpha \neq \beta \neq \gamma \neq 90°$ | 1<br>2 | $C_1$<br>$C_i \equiv S_2$ | 1<br>$\bar{1}$ |
| Monoclinique<br>$a \neq b \neq c$<br>$\alpha = \gamma = 90°$<br>$\beta > 90°$ | 3<br>4<br>5 | $C_2$<br>$C_s \equiv C_{1v}$<br>$C_{2h}$ | 2<br>$\bar{2}$<br>2/m |

| Système cristallin | N° | Groupe ponctuel de Schönflies | Groupe ponctuel de Hermann-Mauguin |
|---|---|---|---|
| Orthorhombique | 6 | $D_2$ | 222 |
| $a \neq b \neq c$ | 7 | $C_{2v}$ | mm |
| $\alpha = \beta = \gamma = 90°$ | 8 | $D_{2h}$ | mmm |
| | 9 | $C_4$ | 4 |
| | 10 | $S_4$ | $\overline{4}$ |
| Quadratique | 11 | $C_{4h}$ | 4/m |
| $a = b \neq c$ | 12 | $D_4$ | 422 |
| $\alpha = \beta = \gamma = 90°$ | 13 | $C_{4v}$ | 4mm |
| | 14 | $D_{2d}$ | $\overline{4}$2m |
| | 15 | $D_{4h}$ | 4/mmm |
| | 16 | $C_3$ | 3 |
| Rhomboédrique | 17 | $C_{3i}$ | $\overline{3}$ |
| $a = b \neq c$ | 18 | $D_3$ | 32 |
| $\gamma = 120°$ | 19 | $C_{3v}$ | 3m |
| | 20 | $D_{3d}$ | $\overline{3}$m |
| | 21 | $C_6$ | 6 |
| | 22 | $C_{3h}$ | $\overline{6}$ |
| Hexagonal | 23 | $C_{6h}$ | 6/m |
| $a = b \neq c$ | 24 | $D_6$ | 622 |
| $\gamma = 120°$ | 25 | $C_{6v}$ | 6mm |
| | 26 | $D_{3h}$ | $\overline{6}$m2 |
| | 27 | $D_{6h}$ | 6/mmm |
| | 28 | T | 23 |
| Cubique | 29 | $T_h$ | m3 |
| $a = b = c$ | 30 | O | 432 |
| $\alpha = \beta = \gamma = 90°$ | 31 | $T_d$ | $\overline{4}$3m |
| | 32 | $O_h$ | m3m |

# 4.4 Structures cristallines et constantes réticulaires

**REMARQUES**

Les structures cristallines et les constantes réticulaires mentionnées ci-après concernent des éléments considérés à la température ordinaire sauf si une autre température apparaît entre parenthèses. Dans certains cas, les températures de mesure des phases sous basse ou haute pression ne sont pas décrites (n.a.). Les températures de transition de phases $\vartheta_t$ sont données en °C.

## Types de structures

| | | | |
|---|---|---|---|
| A1 | Type cuivre (à faces centrées) | A9 | Type graphite |
| A2 | Type tungstène (à corps centré) | A10 | Type mercure |
| A3 | Type magnésium (hex. dense) | A12 | Type manganèse-$\alpha$ |
| A4 | Type diamant | A13 | Type manganèse-$\beta$ |
| A5 | Type étain (blanc) | A14 | Type iode |
| A6 | Type indium | A16 | Type phosphore (noir) |
| A7 | Type arsenic | A17 | Type soufre-$\alpha$ |
| A8 | Type sélénium | A20 | Type uranium-$\alpha$ |

**Tableau 4.9** : STRUCTURES CRISTALLINES et CONSTANTES RÉTICULAIRES des éléments

| Él. | Phase | Structure | Constantes réticulaires | | | $\vartheta_t$/°C | $\vartheta$/°C |
|---|---|---|---|---|---|---|---|
| | | | $a$/pm | $b$/pm | $c$/pm | | |
| Ac | | A1 | 531,1 | | | | |
| Ag | | A1 | 408,6 | | | | |
| Al | | A1 | 404,9 | | | | |
| Am | | A1 | 489,4 | | | | |
| | | Hexagonal | 364,2 | | 1176 | | |
| Ar | | A1 | 525,5 | | | | − 268,95 |
| As | | A7 | 376,0 | | 1054,8 | | 26 |
| Au | | A1 | 407,8 | | | | |
| B | | Quadrat. | 873,0 | | 503,0 | | 25 |
| | | Hexagonal | 490,8 | | 1256,7 | | |
| Ba | | A2 | 502,5 | | | | |
| Be | $\alpha$ | A3 | 228,6 | | 358,4 | | |
| | $\beta$ | A2 | 254,9 | | | | 1250 |

| Él. | Phase | Structure | Constantes réticulaires $a$/pm | $b$/pm | $c$/pm | $\vartheta_t$/°C | $\vartheta$/°C |
|---|---|---|---|---|---|---|---|
| Bi | | A7 | 474,6 | | | | |
| Br | | Rhomboéd. | 667,0 | 872,0 | 448,0 | | − 150 |
| C | | A4 | 356,7 | | | | |
| | | A9 | 246,1 | | 670,8 | | 20 |
| | | Rhomboéd. | 364,3 | ($\alpha_{rh}$ = | 39°30′) | | 20 |
| | | Hexagonal | 894,8 | | 1408 | | |
| Ca | $\alpha$ | A1 | 558,2 | | | | |
| | $\gamma$ | A2 | 447,7 | | | $\alpha \overset{464}{\rightleftharpoons} \gamma$ | 500 |
| Cd | | A3 | 297,9 | | 561,7 | | |
| Ce | $\gamma$ | A1 | 516,1 | | | | |
| | $\alpha$ | A1 | 485,0 | | | $\alpha \overset{-150}{\rightleftharpoons} \beta$ | − 189 |
| | $\beta$ | Double A3 | 368,0 | | 1192,0 | $\beta \overset{-10}{\rightleftharpoons} \gamma$ | |
| | $\delta$ | A2 | 411,0 | | | $\gamma \overset{730}{\rightleftharpoons} \delta$ | |
| Cl | | Rhomboéd. | 624,0 | 826,0 | 448,0 | | − 160 |
| Co | $\alpha$ | A3 | 250,7 | | 406,9 | | |
| | $\beta$ | A1 | 354,4 | | | $\alpha \overset{450}{\rightleftharpoons} \beta$ | 18 |
| Cr | | A2 | 288,4 | | | | |
| Cs | | A2 | 614,0 | | | | − 10 |
| Cu | | A1 | 361,5 | | | | |
| Dy | | A3 | 359,0 | | 564,7 | | |
| Er | | A3 | 355,9 | | 558,7 | | |
| Eu | | A2 | 458,2 | | | | |
| Fe | $\alpha$ | A2 | 286,6 | | | | |
| | $\gamma$ | A1 | 364,7 | | | $\alpha \overset{909}{\rightleftharpoons} \gamma$ | 916 |
| | $\delta$ | A2 | 293,2 | | | $\gamma \overset{1388}{\rightleftharpoons} \delta$ | 1390 |
| Ga | | Rhomboéd. | 452,0 | 766,1 | 452,6 | | 20 |
| Gd | $\alpha$ | Hexagonal | 363,6 | | 578,2 | | |
| | $\beta$ | A2 | 406,0 | | | $\alpha \overset{1262}{\rightleftharpoons} \beta$ | n.a. |
| Ge | | A4 | 565,7 | | | | |
| H | | Quad. Simp. | 442,0 | | 375,0 | | n.a. |
| | | A3 | 375,0 | | 649,0 | | n.a. |
| He | | A3 | 357,0 | | 583,0 | | − 271 |
| Hf | $\alpha$ | A3 | 319,5 | | 505,8 | | |

| Él. | Phase | Structure | Constantes réticulaires $a$/pm | $b$/pm | $c$/pm | $\vartheta_t$/°C | $\vartheta$/°C |
|---|---|---|---|---|---|---|---|
| | $\beta$ | A2 | 352,0 | | | $\alpha \overset{1950}{\rightleftharpoons} \beta$ | 23 |
| Hg | | A10 | 300,5 | | | | − 46 |
| Ho | | A3 | 357,7 | | 561,6 | | |
| In | | A6 | 325,1 | | 494,7 | | 20 |
| Ir | | A1 | 383,9 | | | | |
| I | | Rhomboéd. | 727,0 | 979,3 | 479,0 | | 26 |
| K | | A2 | 532,0 | | | | |
| Kr | | A1 | 572,1 | | | | − 215,15 |
| La | $\alpha$ | Double A3 | 377,0 | | 1215,9 | | |
| | $\beta$ | A1 | 530,4 | | | $\alpha \overset{310}{\rightleftharpoons} \beta$ | n.a. |
| | $\gamma$ | A2 | 426,0 | | | $\beta \overset{868}{\rightleftharpoons} \gamma$ | n.a. |
| Li | $\alpha$ | A2 | 350,9 | | | | |
| | $\beta$ | A3 | 311,1 | | 509,3 | | < −195 |
| Lu | | A3 | 350,3 | | 555,1 | | |
| Mg | | A3 | 320,9 | | 521,0 | | |
| Mn | $\alpha$ | A12 | 891,4 | | | | 25 |
| | $\beta$ | A13 | 647,0 | | | $\alpha \overset{727}{\rightleftharpoons} \beta$ | 750 |
| | $\gamma$ | A1 | 386,2 | | | $\beta \overset{1095}{\rightleftharpoons} \gamma$ | 1095 |
| | $\delta$ | A2 | 308,1 | | | $\gamma \overset{1133}{\rightleftharpoons} \delta$ | 1134 |
| Mo | | A2 | 314,7 | | | | |
| N | $\beta$ | Hexagonal | 403,9 | | 667,0 | | − 238 |
| | $\alpha$ | Cubique | 564,4 | | | $\alpha \overset{-238,13}{\rightleftharpoons} \beta$ | − 268,95 |
| Na | | A2 | 429,1 | | | | |
| | | A3 | 376,7 | | 615,4 | | − 268,15 |
| Nb | | A2 | 330,1 | | | | |
| Nd | $\alpha$ | Double A3 | 365,8 | | 1179,9 | | |
| | $\beta$ | A2 | 413,0 | | | $\alpha \overset{868}{\rightleftharpoons} \beta$ | n.a. |
| Ne | | A1 | 442,9 | | | | − 268,95 |
| Ni | | A1 | 352,4 | | | | |
| Np | $\alpha$ | Rhomboéd. | 472,3 | 488,7 | 666,3 | | 20 |
| | $\beta$ | Quadrat. | 489,7 | | 338,8 | $\alpha \overset{278}{\rightleftharpoons} \beta$ | 313 |
| | $\gamma$ | A2 | 352,0 | | | $\beta \overset{540}{\rightleftharpoons} \gamma$ | 600 |

| Él. | Phase | Structure | Constantes réticulaires $a$/pm | $b$/pm | $c$/pm | $\vartheta_t$/°C | $\vartheta$/°C |
|---|---|---|---|---|---|---|---|
| O | $\alpha$ | Rhomboéd. | 550,0 | 382,0 | 344,0 | | n.a. |
| | $\beta$ | Rhomboéd. | 330,7 | | 1125,6 | $\alpha \overset{-249,6}{\rightleftharpoons} \beta$ | − 245 |
| | $\gamma$ | | 683,0 | | | $\beta \overset{-229,7}{\rightleftharpoons} \gamma$ | − 223,15 |
| Os | | A3 | 273,5 | | 431,9 | | |
| P | Blanc | Cubique | 1880,0 | | | | |
| | Rouge | Cubique | 1131,0 | | | | |
| | Noir | A16 | 332,0 | 439,0 | 1052,0 | | |
| Pb | | A1 | 495,0 | | | | |
| Pd | | A1 | 389,0 | | | | |
| Pm | | Double A3 | 365,0 | | 1165,0 | | |
| Po | $\alpha$ | Cub. simple | 335,2 | | | | 10 |
| | $\beta$ | Rhomboéd. | 336,0 | ($\alpha_{rh}$ = | 98°13′) | | 75 |
| Pr | $\alpha$ | Double A3 | 367,2 | | 1183,6 | | |
| | $\beta$ | A2 | 413,0 | | | $\alpha \overset{798}{\rightleftharpoons} \beta$ | n.a. |
| Pt | | A1 | 392,3 | | | | |
| Rb | | A2 | 570,0 | | | | |
| Re | | A3 | 276,0 | | 445,0 | | |
| Rh | | A1 | 380,4 | | | | |
| Ru | | A3 | 270,6 | | 428,2 | | |
| S | $\alpha$ | A17 | 1043,7 | 1284,5 | 2436,9 | | |
| | $\beta$ | Monoclin. | 1092,0 | 1098,0 | 1104,0 | | |
| | $\epsilon$ | Rhomboéd. | 646,0 | ($\alpha_{rh}$ = | 115°18′) | | |
| Sb | | A7 | 430,7 | | 1127,3 | | 26 |
| Sc | | A3 | 330,8 | | 526,5 | | |
| Se | | A8 | 436,4 | | 495,9 | | 20 |
| | $\beta$ | Monoclin. | 1285,0 | 807,0 | 931,0 | | |
| | $\alpha$ | Monoclin. | 905,0 | 907,0 | 1161,0 | | |
| Si | | A4 | 543,0 | | | | |
| Sm | $\alpha$ | Hexagonal | 362,1 | | 2625,0 | | |
| | $\beta$ | A2 | 407,0 | | | $\alpha \overset{917}{\rightleftharpoons} \beta$ | n.a. |
| Sn | $\alpha$ | A4 | 648,9 | | | | 20 |
| | $\beta$ | A5 | 583,1 | | 318,1 | $\alpha \overset{13,2}{\rightleftharpoons} \beta$ | 25 |

| Él. | Phase | Structure | Constantes réticulaires $a$/pm | $b$/pm | $c$/pm | $\vartheta_t$/°C | $\vartheta$/°C |
|---|---|---|---|---|---|---|---|
| Sr | $\alpha$ | A1 | 608,5 | | | | |
| | $\beta$ | A3 | 432,0 | | 706,0 | $\alpha \overset{225}{\rightleftharpoons} \beta$ | 248 |
| | $\gamma$ | A2 | 485,0 | | | $\beta \overset{570}{\rightleftharpoons} \gamma$ | 614 |
| Ta | | A2 | 330,3 | | | | |
| Tb | | A3 | 360,1 | | 569,3 | | |
| Tc | | A3 | 273,5 | | 438,8 | | |
| Te | | A8 | 445,7 | | 592,7 | | 25 |
| Th | $\alpha$ | A1 | 508,4 | | | | |
| | $\beta$ | A2 | 411,0 | | | $\alpha \overset{1400}{\rightleftharpoons} \beta$ | 1450 |
| Ti | $\alpha$ | A3 | 295,0 | | 467,9 | | |
| | $\beta$ | A2 | 330,7 | | | $\alpha \overset{882}{\rightleftharpoons} \beta$ | 900 |
| Tl | $\alpha$ | A3 | 345,6 | | 552,5 | | |
| | $\beta$ | A2 | 388,2 | | | $\alpha \overset{230}{\rightleftharpoons} \beta$ | 262 |
| Tm | | A3 | 353,7 | | 555,4 | | |
| U | $\alpha$ | A20 | 285,8 | 587,7 | 494,5 | | 25 |
| | $\beta$ | Quadrat. | 1075,9 | | 565,6 | $\alpha \overset{662}{\rightleftharpoons} \beta$ | 720 |
| | $\gamma$ | A2 | 353,4 | | | $\beta \overset{775}{\rightleftharpoons} \gamma$ | 800 |
| V | | A2 | 302,8 | | | | |
| W | | A2 | 316,5 | | | | |
| Xe | | A1 | 619,7 | | | | − 215,15 |
| Y | $\alpha$ | A3 | 364,5 | | 573,0 | | |
| | $\beta$ | A2 | 411,0 | | | $\alpha \overset{1460}{\rightleftharpoons} \beta$ | n.a. |
| Yb | $\alpha$ | A1 | 548,6 | | | | |
| | $\beta$ | A2 | 445,0 | | | $\alpha \overset{798}{\rightleftharpoons} \beta$ | n.a. |
| Zn | | A3 | 266,5 | | 494,7 | | |
| Zr | $\alpha$ | A3 | 323,1 | | 514,7 | | |
| | $\beta$ | A2 | 360,9 | | | $\alpha \overset{862}{\rightleftharpoons} \beta$ | 862 |

# 5 Chimie analytique

**Vous trouverez dans ce chapitre :**

- les facteurs gravimétriques (tableau 5.1);
- les facteurs volumétriques (tableaux 5.2 à 5.10);
- les couleurs de virage des divers indicateurs (tableau 5.11);
- les compositions de divers tampons (tableau 5.12).

**Vous trouverez aux chapitres 6 et 7 :**

- les produits de solubilité des composés inorganiques peu solubles (tableau 7.1);
- les solubilités des sels inorganiques (tableau 7.2);
- les solubilités des gaz inorganiques (tableau 7.3);
- les spectres IR (chapitre 6).

## 5.1 Facteurs gravimétriques

### Remarques

Les tableaux se présentent comme suit :

- colonne 1 : élément ou composé recherché;
- colonne 2 : forme sous laquelle le composé est pesé;
- colonne 3 : facteur se rapportant à l'élément ou au composé à doser; certains facteurs sont de nature *empirique*.

Les réactifs organiques sont représentés dans les tableaux par les abréviations suivantes :

| | | | |
|---|---|---|---|
| (anthr) | acide anthranilique | (nitro) | $\alpha$-nitro-$\beta$-naphtol |
| (quinald) | acide quinaldinique | (nitroso) | $\alpha$-nitroso-$\beta$-naphtol |
| (cup) | oxime de la benzoïne | (ox) | *o*-oxyquinoléine |
| (diméth) | diacétyldioxime | (az) | azine (pyridine) |
| (dinaph) | $\alpha$-dinaphtodiméthylamine | (benz) | benzène-1,2,3-triol |
| (merc) | mercaptobenzthiazole | (salic) | salicylaldoxime |
| (nitron) | nitron | (thion) | thionalide |

**Tableau 5.1** : FACTEURS GRAVIMÉTRIQUES

| Recherché | Composé pesé | Facteur | Recherché | Composé pesé | Facteur |
|---|---|---|---|---|---|
| Ag | AgCl | 0,7526 | Ba | $BaCO_3$ | 0,6959 |
| | AgBr | 0,5745 | | $BaC_2O_4$ | 0,6094 |
| | | | | $BaCrO_4$ | 0,5421 |
| Al | $Al_2O_3$ | 0,5293 | | $BaSO_4$ | 0,5884 |
| | $Al(ox)_3$ | 0,05872 | BaO | $BaCO_3$ | 0,7770 |
| $Al_2O_3$ | $Al(ox)_3$ | 0,1110 | | $BaC_2O_4$ | 0,6804 |
| | | | | $BaCrO_4$ | 0,6053 |
| As | $Ag_3AsO_4$ | 0,1620 | | $BaSO_4$ | 0,6570 |
| | $Ag_2TlAsO_4$ | 0,1340 | $Ba(OH)_2$ | $BaCO_3$ | 0,8683 |
| | $As_2S_3$ | 0,6090 | | $BaC_2O_4$ | 0,7604 |
| | $As_2S_5$ | 0,4831 | | $BaCrO_4$ | 0,6764 |
| | $Mg_2As_2O_7$ | 0,4827 | | $BaSO_4$ | 0,7392 |
| $As_2O_3$ | $Ag_3AsO_4$ | 0,2139 | | | |
| | $Ag_2TlAsO_4$ | 0,1770 | Be | BeO | 0,3603 |
| | $As_2S_3$ | 0,8041 | | $BeP_2O_7$ | 0,0939 |
| | $As_2S_5$ | 0,6379 | $BeO_2^{2\ominus}$ | BeO | 1,6395 |
| | $Mg_2As_2O_7$ | 0,6373 | | | |
| $AsO_3^{3\ominus}$ | $Ag_3AsO_4$ | 0,2658 | Bi | $Bi_2O_3$ | 0,8970 |
| | $Ag_2TlAsO_4$ | 0,2199 | | $Bi[Cr(SCN)_6]$ | 0,3429 |
| | $As_2S_3$ | 0,9993 | | BiOI | 0,5939 |
| | $As_2S_5$ | 0,7926 | | $Bi(ox)_3 \cdot H_2O$ | 0,3171 |
| | $Mg_2As_2O_7$ | 0,7918 | | $BiPO_4$ | 0,6875 |
| $AsO_4^{3\ominus}$ | $Ag_3AsO_4$ | 0,3004 | | $Bi_2S_3$ | 0,8130 |
| | $Ag_2TlAsO_4$ | 0,2485 | $Bi_2O_3$ | $Bi[Cr(SCN)_6]$ | 0,3823 |
| | $As_2S_3$ | 1,1290 | | $Bi[Cr(SCN)_6]$ | 0,3823 |
| | $As_2S_5$ | 0,8958 | | BiOI | 0,6621 |
| | $Mg_2As_2O_7$ | 0,8949 | | $Bi(ox)_3 \cdot H_2O$ | 0,3533 |
| | | | | $BiPO_4$ | 0,7665 |
| B | $B_2O_3$ | 0,3106 | | $Bi_2S_3$ | 0,9063 |
| $BO_2^{\ominus}$ | $B_2O_3$ | 1,2298 | | | |
| $HBO_2$ | $B_2O_3$ | 1,2587 | Br | AgBr | 0,4255 |
| $BO_3^{3\ominus}$ | $B_2O_3$ | 1,6893 | HBr | AgBr | 0,4309 |
| $H_3BO_3$ | $B_2O_3$ | 1,7760 | | | |

| Recherché | Composé pesé | Facteur |
|---|---|---|
| $CO_2$ | $CaCO_3$ | 0,4397 |
| | $CaO$ | 0,7848 |
| $CN^{\ominus}$ | $AgCN$ | 0,1943 |
| $HCN$ | $AgCN$ | 0,2018 |
| $SCN^{\ominus}$ | $AgSCN$ | 0,3500 |
| | $CuSCN$ | 0,4776 |
| $HSCN$ | $AgSCN$ | 0,3560 |
| | $CuSCN$ | 0,4857 |
| Ca | $CaCO_3$ | 0,4004 |
| | $CaC_2O_4 \cdot H_2O$ | 0,2745 |
| | $CaMoO_4$ | 0,2004 |
| | $CaO$ | 0,7147 |
| | $CaSO_4$ | 0,2944 |
| | $CaWO_4$ | 0,1392 |
| $CaO$ | $CaCO_3$ | 0,5603 |
| | $CaC_2O_4 \cdot H_2O$ | 0,3838 |
| | $CaMoO_4$ | 0,2804 |
| | $CaSO_4$ | 0,4119 |
| | $CaWO_4$ | 0,1948 |
| $CaCO_3$ | $CaC_2O_4 \cdot H_2O$ | 0,6850 |
| | $CaO$ | 0,7848 |
| | $CaSO_4$ | 0,7352 |
| | $CaMoO_4$ | 0,5004 |
| | $CaWO_4$ | 0,3476 |
| $CaSO_4$ | $CaCO_3$ | 1,3602 |
| | $CaC_2O_4 \cdot H_2O$ | 0,9317 |
| | $CaO$ | 2,4276 |
| | $CaMoO_4$ | 0,6806 |
| | $CaWO_4$ | 0,4728 |
| Cd | Cd(anthr)$_2$ | 0,2922 |
| | Cd(quinald)$_2$ | 0,2461 |
| | Cd(merc)$_2$ | 0,2527 |
| | $CdO$ | 0,8754 |
| | Cd(ox)$_2$ | 0,2629 |
| Cd | $Cd_2P_2O_7$ | 0,5638 |
| | Cd(az)$_4$(SCN)$_2$ | 0,2063 |
| | $CdS$ | 0,7781 |
| | $CdSO_4$ | 0,5392 |
| Ce | $CeO_2$ | 0,8141 |
| | Ce(ox)$_2$ | 0,2447 |
| $Cl^{\ominus}$ | $AgCl$ | 0,2474 |
| $HCl$ | $AgCl$ | 0,2550 |
| $ClO_3^{\ominus}$ | (nitron)$HClO_3$ | 0,2103 |
| | (dinaph)$HClO_3$ | 0,2186 |
| $HClO_3$ | (nitron)$HClO_3$ | 0,2128 |
| | (dinaph)$HClO_3$ | 0,2212 |
| $ClO_4^{\ominus}$ | (nitron)$HClO_4$ | 0,2409 |
| | (dinaph)$HClO_4$ | 0,2500 |
| | $KClO_4$ | 0,7180 |
| $HClO_4$ | (nitron)$HClO_4$ | 0,2433 |
| | (dinaph)$HClO_4$ | 0,2525 |
| | $KClO_4$ | 0,7255 |
| Co | $Co(NH_4)PO_4 \cdot H_2O$ | 0,3102 |
| | $Co_2P_2O_7$ | 0,4039 |
| | Co(nitroso)$_3 \cdot 3\,H_2O$ | 0,0964 |
| | Co(nitro)$_3$ | 0,0945 |
| | $Co_3O_4$ | 0,7342 |
| | Co(ox)$_2 \cdot 2\,H_2O$ | 0,1538 |
| | Co(az)$_4$(SCN)$_2$ | 0,1199 |
| Cr | $Ag_2CrO_4$ | 0,1567 |
| | $BaCrO_4$ | 0,2053 |
| | $Cr_2O_3$ | 0,6842 |
| | $PbCrO_4$ | 0,1609 |
| $Cr_2O_3$ | $Ag_2CrO_4$ | 0,2291 |
| | $BaCrO_4$ | 0,3000 |
| | $PbCrO_4$ | 0,2351 |

| Recherché | Composé pesé | Facteur | Recherché | Composé pesé | Facteur |
|---|---|---|---|---|---|
| $CrO_4^{2\ominus}$ | $Ag_2CrO_4$ | 0,3497 | HgO | $Hg_2Cl_2$ | 0,9176 |
| | $BaCrO_4$ | 0,4579 | | $Hg(az)_2Cr_2O_7$ | 0,3768 |
| | $Cr_2O_3$ | 1,5263 | | | |
| | $PbCrO_4$ | 0,3589 | In | $In_2O_3$ | 0,8271 |
| $Cr_2O_7^{2\ominus}$ | $Ag_2CrO_4$ | 0,3255 | | $In(ox)_3$ | 0,2098 |
| | $BaCrO_4$ | 0,4263 | $In_2O_3$ | $In(ox)_3$ | 0,2536 |
| | $Cr_2O_3$ | 1,4211 | | | |
| | $PbCrO_4$ | 0,3341 | $I^{\ominus}$ | AgI | 0,5405 |
| | | | | $PdI_2$ | 0,7046 |
| Cu | $Cu(quinald)_2 \cdot H_2O$ | 0,1492 | | TlI | 0,3831 |
| | Cu(cup) | 0,2200 | HI | AgI | 0,5448 |
| | CuO | 0,7989 | | $PdI_2$ | 0,7102 |
| | $Cu(ox)_2$ | 0,1806 | | TlI | 0,3861 |
| | $Cu(az)_2(SCN)_2$ | 0,1881 | $IO_3^{\ominus}$ | AgI | 0,7450 |
| | $Cu(salic)_2$ | 0,1892 | | $I^{\ominus}$ | 1,3782 |
| | CuSCN | 0,5225 | $HIO_3$ | AgI | 0,7493 |
| | $Cu(thion)_2$ | 0,1236 | | $I^{\ominus}$ | 1,3862 |
| | | | $IO_4^{\ominus}$ | AgI | 0,8131 |
| $F^{\ominus}$ | $CaF_2$ | 0,4867 | | $I^{\ominus}$ | 1,5043 |
| | $LaF_3$ | 0,2909 | $HIO_4$ | AgI | 0,8174 |
| | PbClF | 0,0726 | | $I^{\ominus}$ | 1,3862 |
| Fe | $Fe_2O_3$ | 0,6994 | K | $KClO_4$ | 0,2822 |
| | $Fe(ox)_3$ | 0,1144 | | KCl | 0,5244 |
| FeO | $Fe_2O_3$ | 0,8998 | | $K_2SO_4$ | 0,4488 |
| | $Fe(ox)_3$ | 0,1471 | $K_2SO_4$ | KCl | 1,1687 |
| $Fe_2O_3$ | $Fe(ox)_3$ | 0,1635 | | $KClO_4$ | 0,6285 |
| Ga | $Ga_2O_3$ | 0,7439 | La | $La_2O_3$ | 0,8527 |
| | $Ga(ox)_3$ | 0,1389 | | | |
| $Ga_2O_3$ | $Ga(ox)_3$ | 0,1866 | Li | $2\,Li_2O \cdot 5\,Al_2O_3$ | 0,0488 |
| | | | | $Li_3PO_4$ | 0,1798 |
| Ge | $GeO_2$ | 0,6941 | | $Li_2SO_4$ | 0,1263 |
| GeO | $GeO_2$ | 0,8470 | | | |
| | | | Mg | $MgNH_4PO_4 \cdot 6\,H_2O$ | 0,0990 |
| Hg | $Hg(az)_2Cr_2O_7$ | 0,3490 | | MgO | 0,6030 |
| | $Hg_2Cl_2$ | 0,8498 | | $Mg(ox)_2 \cdot 2\,H_2O$ | 0,06975 |

| Recherché | Composé pesé | Facteur |
|---|---|---|
| Mg | $\mathrm{Mg_2P_2O_7}$ | 0,2184 |
| | $\mathrm{MgSO_4}$ | 0,2019 |
| MgO | $\mathrm{MgNH_4PO_4 \cdot 6\,H_2O}$ | 0,1642 |
| | $\mathrm{Mg(ox)_2 \cdot 2\,H_2O}$ | 0,1156 |
| | $\mathrm{Mg_2P_2O_7}$ | 0,3622 |
| Mn | $\mathrm{MnNH_4PO_4 \cdot H_2O}$ | 0,2954 |
| | $\mathrm{Mn_3O_4}$ | 0,7203 |
| | $\mathrm{Mn_2P_2O_7}$ | 0,3871 |
| | $\mathrm{Mn(az)_4(SCN)_2}$ | 0,1127 |
| | $\mathrm{MnSO_4}$ | 0,3638 |
| $\mathrm{MnO_2}$ | $\mathrm{MnNH_4PO_4 \cdot H_2O}$ | 0,4675 |
| | $\mathrm{Mn_3O_4}$ | 1,1398 |
| | $\mathrm{Mn_2P_2O_7}$ | 0,6126 |
| | $\mathrm{Mn(az)_4(SCN)_2}$ | 0,4675 |
| $\mathrm{MnO_4^{\ominus}}$ | $\mathrm{MnNH_4PO_4 \cdot H_2O}$ | 0,6396 |
| | $\mathrm{Mn_3O_4}$ | 1,5594 |
| | $\mathrm{Mn_2P_2O_7}$ | 0,8381 |
| | $\mathrm{Mn(az)_4(SCN)_2}$ | 0,2440 |
| Mo | $\mathrm{MoO_3}$ | 0,6665 |
| | $\mathrm{MoO_2(ox)_2}$ | 0,2305 |
| | $\mathrm{PbMoO_4}$ | 0,2613 |
| $\mathrm{MoO_3}$ | $\mathrm{MoO_2(ox)_2}$ | 0,3458 |
| | $\mathrm{PbMoO_4}$ | 0,3921 |
| $\mathrm{MoO_4^{2\ominus}}$ | $\mathrm{MoO_3}$ | 1,1112 |
| | $\mathrm{PbMoO_4}$ | 0,4356 |
| $\mathrm{NO_3^{\ominus}}$ | $\mathrm{(nitron)HNO_3}$ | 0,1652 |
| | $\mathrm{(dinaph)HNO_3}$ | 0,3441 |
| $\mathrm{HNO_3}$ | $\mathrm{(nitron)HNO_3}$ | 0,1679 |
| | $\mathrm{(dinaph)HNO_3}$ | 0,3479 |
| Na | $\mathrm{NaClO_4}$ | 0,1878 |
| | $\mathrm{NaMg(UO_2)_3 \cdot (CH_3COO)_9 \cdot 6\,H_2O}$ | 0,0154 |
| Na | $\mathrm{NaZn(UO_2)_3 \cdot (CH_3COO)_9 \cdot 6\,H_2O}$ | 0,0149 |
| $\mathrm{Na_2O}$ | $\mathrm{NaMg(UO_2)_3 \cdot (CH_3COO)_9 \cdot 6\,H_2O}$ | 0,0207 |
| | $\mathrm{NaZn(UO_2)_3 \cdot (CH_3COO)_9 \cdot 6\,H_2O}$ | 0,0201 |
| $\mathrm{Na_2CO_3}$ | $\mathrm{NaMg(UO_2)_3 \cdot (CH_3COO)_9 \cdot 6\,H_2O}$ | 0,0354 |
| | $\mathrm{NaZn(UO_2)_3 \cdot (CH_3COO)_9 \cdot 6\,H_2O}$ | 0,0345 |
| Nb | $\mathrm{Nb_2O_5}$ | 0,6991 |
| Ni | Ni(diméth)$_2$ | 0,2032 |
| | $\mathrm{Ni(az)_4(SCN)_2}$ | 0,1195 |
| | $\mathrm{Ni(ox)_2 \cdot 2\,H_2O}$ | 0,1533 |
| NiO | Ni(diméth)$_2$ | 0,2585 |
| | $\mathrm{Ni(az)_4(SCN)_2}$ | 0,1521 |
| P | $\mathrm{MgP_2O_7}$ | 0,2783 |
| | $\mathrm{Zn_2P_2O_7}$ | 0,2033 |
| | $\mathrm{Ag_2TlPO_4}$ | 0,0601 |
| | $\mathrm{P_2O_5 \cdot 24\,MoO_3}$ | 0,0172 |
| $\mathrm{P_2O_5}$ | $\mathrm{MgP_2O_7}$ | 0,6378 |
| | $\mathrm{Zn_2P_2O_7}$ | 0,4658 |
| | $\mathrm{Ag_2TlPO_4}$ | 0,1378 |
| | $\mathrm{P_2O_5 \cdot 24\,MoO_3}$ | 0,0395 |
| $\mathrm{PO_4^{3\ominus}}$ | $\mathrm{MgP_2O_7}$ | 0,8535 |
| | $\mathrm{Zn_2P_2O_7}$ | 0,6234 |
| | $\mathrm{Ag_2TlPO_4}$ | 0,1844 |
| | $\mathrm{P_2O_5 \cdot 24\,MoO_3}$ | 0,0528 |
| Pb | $\mathrm{PbSO_4}$ | 0,6832 |
| | $\mathrm{PbCrO_4}$ | 0,6411 |
| | $\mathrm{PbCl_2}$ | 0,7450 |
| | $\mathrm{Pb(OH)SCN}$ | 0,7340 |

| Recherché | Composé pesé | Facteur | Recherché | Composé pesé | Facteur |
|---|---|---|---|---|---|
| Pb | $PbO_2$ | 0,8662 | Th | $ThO_2$ | 0,8788 |
| | $Pb(salic)_2$ | 0,4322 | | Th | 1,1379 |
| PbO | $PbSO_4$ | 0,7360 | | | |
| | $PbCrO_4$ | 0,6906 | Ti | $TiO_2$ | 0,5995 |
| | $PbCl_2$ | 0,8026 | | $TiO(ox)_2$ | 0,1361 |
| | Pb(OH)SCN | 0,7907 | | | |
| | $PbO_2$ | 1,0003 | Tl | TlI | 0,6169 |
| | $Pb(salic)_2$ | 0,4655 | | $Co(NH_3)_6 \cdot TlCl_6$ | 0,3535 |
| | | | | Tl(merc) | 0,5514 |
| Pd | $Pd(nitroso)_2$ | 0,2361 | | | |
| | $Pd(diméth)_2$ | 0,3161 | U | $UO_2$ | 0,8815 |
| | | | | $U_3O_8$ | 0,8480 |
| S | $BaSO_4$ | 0,1374 | | $(UO_2)_2P_2O_7$ | 0,6667 |
| $SO_2$ | $BaSO_4$ | 0,2745 | $UO_2$ | $U_3O_8$ | 0,9620 |
| $SO_3$ | $BaSO_4$ | 0,3530 | | $(UO_2)_2P_2O_7$ | 0,8518 |
| $H_2S$ | $BaSO_4$ | 0,1660 | | | |
| | | | V | $V_2O_5$ | 0,5602 |
| Sb | $Sb_2S_3$ | 0,7169 | | $Pb_2V_2O_7$ | 0,1622 |
| | Sb(OH)(benz) | 0,4632 | | $AgVO_3$ | 0,2463 |
| $Sb_2O_3$ | $Sb_2S_3$ | 0,8582 | | $Ag_3VO_4$ | 0,1162 |
| | Sb(OH)(benz) | 0,5545 | | | |
| | | | W | $WO_3$ | 0,7930 |
| Si | $SiO_2$ | 0,4674 | | $WO_2(ox)_2$ | 0,4599 |
| $SiO_3^{2\ominus}$ | $SiO_2$ | 1,2663 | | | |
| | | | Zn | ZnO | 0,8034 |
| Sn | $SnO_2$ | 0,7877 | | $Zn_2P_2O_7$ | 0,4291 |
| | $SnO_3^{2\ominus}$ | 1,1062 | | $Zn(NH_4)PO_4$ | 0,3665 |
| | | | | $Zn(anthr)_2$ | 0,1936 |
| Sr | $SrCO_3$ | 0,5935 | | $Zn(quinald)_2 \cdot H_2O$ | 0,1529 |
| | $SrC_2O_4 \cdot H_2O$ | 0,4525 | ZnO | $Zn_2P_2O_7$ | 0,5342 |
| | $SrSO_4$ | 0,4770 | | $Zn(NH_4)PO_4$ | 0,4562 |
| SrO | $SrCO_3$ | 0,7019 | | $Zn(anthr)_2$ | 0,2410 |
| | $SrC_2O_4 \cdot H_2O$ | 0,5351 | | $Zn(quinald)_2 \cdot H_2O$ | 0,1903 |
| | $SrSO_4$ | 0,5642 | | | |
| | | | Zr | $ZrO_2$ | 0,7403 |
| Ta | $Ta_2O_5$ | 0,8191 | | $Zr(ox)_4$ | 0,1845 |
| $Ta_2O_3$ | $Ta_2O_5$ | 0,9276 | | $ZrP_2O_7$ | 0,4647 |

## 5.2 Facteurs volumétriques

**Tableau 5.2** : FACTEURS VOLUMÉTRIQUES relatifs à l'hydroxyde de sodium

| 1 ml de solution standard 0,1 N correspond à : | | | |
|---|---|---|---|
| Recherché | Masse/mg | Recherché | Masse/mg |
| Al | 0,8994 | $HNO_3$ | 6,3013 |
| $Al_2O_3$ | 1,6994 | $NH_2OH \cdot HCl$ | 6,9492 |
| B | 1,0810 | $H_3PO_4$ : 1re équivalence | 9,7995 |
| $B_2O_3$ | 3,4809 | $PO_4^{3\ominus}$ : 1re équivalence | 9,4971 |
| $H_3BO_3$ | 6,1832 | $P_2O_5$ : 1re équivalence | 7,0972 |
| HBr | 8,0912 | $H_3PO_4$ : 2me équivalence | 4,8998 |
| HCl | 3,6461 | $PO_4^{3\ominus}$ : 2me équivalence | 4,7496 |
| HCOOH | 4,6026 | $P_2O_5$ : 2me équivalence | 3,5486 |
| $H_3CCOOH$ | 6,0052 | $H_2SO_4$ | 4,9037 |
| $H_2C_2O_4$ | 4,5018 | $SO_4^{2\ominus}$ | 4,8029 |
| $H_2C_2O_4 \cdot 2\,H_2O$ | 6,3033 | $H_2SO_3$ | 4,1038 |
| HI | 12,7912 | $SO_3^{2\ominus}$ | 4,0029 |

**Tableau 5.3** : FACTEURS VOLUMÉTRIQUES relatifs à l'acide chlorhydrique

| 1 ml de solution standard 0,1 N correspond à : | | | |
|---|---|---|---|
| Recherché | Masse/mg | Recherché | Masse/mg |
| $CO_2$ | 2,2005 | $Na_4B_4O_7$ | 19,0706 |
| $Ba(OH)_2$ | 8,5672 | $NaHCO_3$ | 8,4007 |
| $BaCO_3$ | 9,8681 | $Na_2CO_3$ | 5,2996 |
| CaO | 2,8040 | $Na_2CO_3 \cdot 2\,H_2O$ | 7,1010 |
| $Ca(OH)_2$ | 3,7047 | $Na_2CO_3 \cdot 10\,H_2O$ | 14,3070 |
| $CaCO_3$ | 5,0045 | $Na_2O$ | 3,0990 |
| KOH | 5,6106 | N | 1,4007 |
| $KHCO_3$ | 10,0115 | $NH_3$ | 1,7030 |
| $K_2CO_3$ | 6,9103 | $NH_4OH$ | 3,5046 |
| $Li_2CO_3$ | 3,6946 | $NH_4^{\oplus}$ | 1,8038 |
| MgO | 2,0152 | $NH_4Cl$ | 5,3491 |
| NaOH | 3,9997 | $(NH_4)_2SO_4$ | 6,6067 |

**Tableau 5.4** : FACTEURS VOLUMÉTRIQUES relatifs au permanganate de potassium

| | 1 ml de solution standard 0,1 N correspond à : | | |
|---|---|---|---|
| Recherché | Masse/mg | Recherché | Masse/mg |
| Ca | 2,0040 | $H_2SO_3$ | 4,1037 |
| CaO | 2,8040 | $NaNO_2$ | 3,4498 |
| $Ca(OH)_2$ | 3,7047 | $NaNO_3$ | 2,8332 |
| $CaCO_3$ | 5,0045 | $N_2O_4$ | 4,6006 |
| Cr | 1,7332 | Mn | 1,6481 |
| $Cr_2O_3$ | 2,5332 | MnO | 2,1281 |
| $CrO_4^{2\ominus}$ | 3,8665 | $MnO_2$ | 2,6081 |
| Cu | 2,3546 | O | 0,7999 |
| Fe | 5,5847 | $PbO_2$ | 11,9599 |
| FeO | 7,1846 | Sb | 6,0875 |
| $Fe_2O_3$ | 7,9846 | $Sb_2O_3$ | 7,2875 |
| $H_2O_2$ | 1,7007 | $SO_2$ | 3,2029 |
| HCOOH | 2,3013 | $SO_3$ | 4,0029 |
| $H_2C_2O_2$ | 4,5018 | $S_2O_3^{2\ominus}$ | 5,6059 |
| $H_2C_2O_2 \cdot 2\,H_2O$ | 6,3033 | U | 11,9015 |
| $HNO_2$ | 2,3507 | $U_2O_8$ | 14,0347 |
| HSCN | 5,9086 | V | 5,0941 |

**Tableau 5.5** : FACTEURS VOLUMÉTRIQUES relatifs au bromate de potassium

| | 1 ml de solution standard 0,1 N correspond à : | | |
|---|---|---|---|
| Recherché | Masse/mg | Recherché | Masse/mg |
| As | 3,7461 | Sb | 6,0875 |
| $As_2O_3$ | 4,9460 | $Sb_2O_3$ | 7,2875 |
| $As_2O_3^{2\ominus}$ | 6,1460 | Sn | 5,9345 |
| Bi | 6,9660 | S | 0,4008 |
| $Bi_2O_3$ | 7,7660 | Tl | 10,2185 |

**Tableau 5.6** : FACTEURS VOLUMÉTRIQUES relatifs au thiosulfate de sodium

| 1 ml de solution standard 0,1 N correspond à : | | | |
|---|---|---|---|
| Recherché | Masse/mg | Recherché | Masse/mg |
| As | 3,7461 | $HClO_3$ | 1,4077 |
| $Br^{\ominus}$ | 7,9904 | HCN | 1,3513 |
| $BrO_3$ | 2,1317 | HI | 12,7912 |
| $C_6H_5OH$ | 1,5687 | $HIO_3$ | 2,9318 |
| $Ca(OH)_2$ | 14,819 | $HIO_4$ | 2,3989 |
| $Cl^{\ominus}$ | 3,5453 | $H_2O_2$ | 1,7007 |
| $CN^{\ominus}$ | 1,3009 | HSCN | 2,9543 |
| CO | 7,0026 | $I^{\ominus}$ | 12,6905 |
| Cr | 1,7332 | $IO_3^{\ominus}$ | 2,9150 |
| $Cr_2O_3$ | 2,5332 | $IO_4^{\ominus}$ | 2,3863 |
| Cu | 6,3546 | $KBrO_3$ | 2,7833 |
| $CuSO_4$ | 15,9604 | $KClO_3$ | 2,0425 |
| $CuSO_4 \cdot 5\,H_2O$ | 24,9680 | $K_2CrO_4$ | 6,4730 |
| Fe | 5,5847 | $K_2Cr_2O_7$ | 4,9031 |
| $FeCl_3$ | 16,2206 | $MnO_2$ | 4,3468 |
| $[Fe(CN)_6]^{4\ominus}$ | 21,1953 | Na | 1,1495 |
| $Fe_2O_3$ | 7,9846 | NaClO | 3,7221 |
| $FeSO_4$ | 15,1905 | $NaClO_3$ | 1,7740 |
| $FeSO_4 \cdot 7\,H_2O$ | 27,8011 | $Na_2Cr_2O_7$ | 4,3661 |
| HClO | 2,6230 | $SCN^{\ominus}$ | 2,9039 |

**Tableau 5.7** : FACTEURS VOLUMÉTRIQUES relatifs au thiocyanate d'ammonium

| 1 ml de solution standard 0,1 N correspond à : | | | |
|---|---|---|---|
| Recherché | Masse/mg | Recherché | Masse/mg |
| Ag | 10,7868 | $AsO_4^{3\ominus}$ | 4,6306 |
| $AgNO_3$ | 16,9873 | Cu | 6,3546 |
| As | 2,4974 | Hg | 10,0295 |
| $As_3^{3\ominus}$ | 4,0973 | HgO | 10,8295 |

**Tableau 5.8** : FACTEURS VOLUMÉTRIQUES relatifs au nitrate d'argent

| 1 ml de solution standard 0,1 N correspond à : | | | |
|---|---|---|---|
| Recherché | Masse/mg | Recherché | Masse/mg |
| $Br^{\ominus}$ | 7,9904 | KSCN | 9,7176 |
| $BaCl_2$ | 10,4118 | KI | 16,6003 |
| $CaCl_2$ | 5,5493 | $MgCl_2$ | 4,7606 |
| $Cl^{\ominus}$ | 3,5453 | NaBr | 10,2894 |
| $CN^{\ominus}$ | 2,6018 | NaCl | 5,8443 |
| HBr | 8,0912 | NaCN | 4,9007 |
| HCl | 3,6461 | NaSCN | 8,1067 |
| HCN | 2,7026 | NaI | 14,9894 |
| HI | 12,7912 | $NH_4Br$ | 9,7942 |
| $I^{\ominus}$ | 12,6905 | $NH_4Cl$ | 5,3491 |
| KBr | 11,9002 | $NH_4I$ | 14,4943 |
| KCl | 7,4551 | $NH_4SCN$ | 7,6116 |
| KCN | 6,5116 | $SCN^{\ominus}$ | 5,8078 |

**Tableau 5.9** : FACTEURS VOLUMÉTRIQUES relatifs au sulfate de césium (IV)

| 1 ml de solution standard 0,1 N correspond à : | | | |
|---|---|---|---|
| Recherché | Masse/mg | Recherché | Masse/mg |
| As | 3,7461 | $Na_2C_2O_4$ | 4,5018 |
| $As_2O_3$ | 4,9460 | $NO_2^{\ominus}$ | 4,6006 |
| $As_2O_3^{3\ominus}$ | 6,1460 | $S_2O_3^{2\ominus}$ | 11,2118 |
| Fe | 5,5847 | Sb | 6,0875 |
| $[Fe(CN)_6]^{4\ominus}$ | 21,1953 | $Sb_2O_3$ | 7,2875 |
| $H_2C_2O_4$ | 4,5018 | Sn | 5,9345 |
| $HNO_2$ | 4,7013 | Sr | 4,3810 |
| Hg | 20,0590 | Tl | 10,2185 |
| HgO | 21,6589 | V | 5,0941 |

**Tableau 5.10** : FACTEURS VOLUMÉTRIQUES relatifs à l'éthylènediaminetétraacétate de sodium

ECB T = Noir d'ériochrome T; PAN = $\alpha$-pyridyl-$\beta$-azonaphtol.

| Recherché | Indicateur | Virage | mg / ml d'EDTA 0,1 N |
|---|---|---|---|
| Ag | Murexide | jaune → pourpre | 21,5736 |
| Al | Chromazurol S | violet → orange | 2,6982 |
| Ba | Pourpre de phtaléine | rouge violacé → violet pâle | 13,7330 |
| $Br^{\ominus}$ | Murexide | jaune → violet | 15,9800 |
| Ca | ECB T | rouge → bleu | 4,0080 |
| Cd | ECB T | rouge → bleu | 11,2410 |
| Ce | PAN | jaune → rouge | 14,012 |
| $Cl^{\ominus}$ | Murexide | jaune → violet | 7,0906 |
| $CN^{\ominus}$ | Murexide | jaune → violet | 10,4071 |
| Co | Murexide | jaune → pourpre | 5,8933 |
| Cr | ECB T | bleu → rouge | 5,1996 |
| $Cu^{2\oplus}$ | Chromazurol S | bleu → vert | 6,3546 |
| $F^{\ominus}$ | ECB T | rouge → vert | 3,7997 |
| $Fe^{3\oplus}$ | Acide sulfosalicylique | rouge → jaune | 5,5847 |
| Ga | Gallocyanine | bleu → rouge | 6,9720 |
| $Hg^{2\oplus}$ | ECB T | bleu → rouge | 20,0590 |
| In | ECB T | rouge → bleu | 11,4820 |
| $I^{\ominus}$ | Murexide | jaune → violet | 25,3804 |
| K | ECB T | vert → rouge | 7,8197 |
| La | Orange de xylène | rouge violacé → jaune | 13,8906 |
| Mg | ECB T | rouge → bleu | 2,4305 |
| Mn | ECB T | rouge → bleu | 5,4938 |
| Na | ECB T | rouge → vert | 2,2990 |
| Ni | Murexide | jaune → bleu violacé | 5,8700 |
| $P_2O_5$ | ECB T | rouge → vert | 7,0972 |
| $PO_4^{3\ominus}$ | ECB T | rouge → vert | 9,4971 |
| Pb | ECB T | rouge → bleu | 20,7200 |
| $SO_4^{2\ominus}$ | Pourpre de phtaléine | rouge violacé → violet pâle | 9,6058 |
| Sc | ECB T | rouge → bleu | 4,4956 |
| Sn | Orange de xylène | jaune → rouge | 11,8690 |
| Sr | Pourpre de phtaléine | rouge violacé → violet pâle | 8,7620 |
| Ti | ECB T | bleu → violet | 4,7900 |
| $Tl^{3\oplus}$ | PAN | rouge → jaune | 20,4370 |
| Zn | ECB T | incolore → orange | 6,5380 |
| Zr | Acide sulfosalicylique | incolore → orange | 9,1220 |

**Tableau 5.11** : COULEURS DE VIRAGE de divers indicateurs

Les concentrations se réfèrent à des % massiques dans l'eau (w) ou dans l'éthanol (e).

| Indicateur | Fourchette de pH | Virage | Solution |
|---|---|---|---|
| Violet de méthyle | 0,1 à 1,5 | jaune → bleu | 0,05% dans w |
| Pourpre de *m*-crésol | 1,2 à 2,8 | rouge → jaune | 0,04% dans 90% e |
| Bleu de thymol | 1,2 à 2,8 | rouge → jaune | 0,1% dans 20% e |
| Bleu de *p*-xylénol | 1,2 à 2,8 | pourpre → jaune | 0,04% dans 90% e |
| Benzopurpurine | 1,2 à 4,0 | violet → orange | 0,5% dans 90% e |
| Violet de méthyle | 1,5 à 3,2 | bleu → violet | 0,01% dans w |
| Orange de benzyle | 1,9 à 3,3 | rouge → jaune | 0,04% dans w |
| Dinitrophénol | 2,4 à 4,0 | incolore → jaune | 0,1% dans 60% e |
| Jaune de diméthyle | 2,9 à 4,0 | rouge → jaune | 0,1% dans 90% e |
| Bleu de bromochlorophénol | 3,0 à 4,6 | jaune → pourpre | 0,04% dans 90 % e |
| Bleu de bromophénol | 3,0 à 4,6 | jaune → bleu | 0,1% dans 20% e |
| Rouge Congo | 3,0 à 5,2 | bleu → rouge | 1% dans w |
| Méthylorange | 3,1 à 4,4 | rouge → jaune | 0,1% dans w |
| Alizarine S | 3,7 à 5,2 | jaune → violet | 0,1% dans w |
| Vert de bromocrésol | 3,8 à 5,4 | jaune → bleu | 0,04% dans 90% e |
| Bleu de bromocrésol | 4,0 à 5,6 | jaune → bleu | 0,1% dans 20% e |
| Rouge de méthyle | 4,2 à 6,3 | rouge → jaune | 0,2% dans 90% e |
| Tournesol S | 4,4 à 6,6 | rouge → bleu | 0,2% dans 90% e |
| Rouge de chlorophénol | 4,8 à 6,6 | jaune → rouge | 0,1% dans 20% e |
| *p*-Nitrophénol | 5,0 à 7,7 | incolore → jaune | 0,1% dans w |
| Tournesol | 5,0 à 8,0 | rouge → bleu | 1% dans w |
| Rouge de bromophénol | 5,2 à 6,8 | jaune → rouge | 0,1% dans 20% e |
| Bleu de bromothymol | 6,0 à 7,6 | jaune → bleu | 0,1% dans 20% e |
| Rouge neutre | 6,8 à 8,8 | rouge → jaune | 0,1% dans 70% e |
| Rouge de phénol | 6,8 à 8,4 | jaune → rouge | 0,1% dans 20% e |
| Rouge d'*o*-crésol | 7,2 à 8,8 | jaune → pourpre | 0,1% dans 20% e |
| Jaune brillant | 7,5 à 8,5 | jaune → rouge | 0,1% dans w |
| Bleu de thymol | 8,0 à 9,6 | jaune → bleu | 0,1% dans 20% e |
| Phénolphtaléine | 8,2 à 10,0 | incolore → rouge | 0,1% dans 70% e |
| Thymolphtaléine | 9,3 à 10,5 | incolore → bleu | 0,1% dans 90% e |
| Bleu d'alcali 6B | 9,4 à 14,0 | bleu → orange | 0,1% dans w |
| Jaune d'alizarine RS | 10,0 à 12,0 | jaune → rouge | 0,1% dans 50% e |
| Violet de $\beta$-naphtol | 10,0 à 12,0 | orange → violet | 0,04% dans w |
| Jaune salicylique | 10,1 à 12,1 | jaune → orange | 0,1% dans 50% e |
| Jaune de résorcine | 11,0 à 13,0 | jaune → rouge | 0,1% dans w |

**Tableau 5.12** : Tampons

Solutions prêtes à l'emploi : contenu par litre.

| | |
|---|---|
| pH 1 | 3,73 g de chlorure de potassium<br>134 ml d'acide chlorhydrique 1 N |
| pH 2 | 6,43 g d'acide citrique monohydraté<br>3,58 g de chlorure de sodium<br>8,2 ml d'acide chlorhydrique 1 N |
| pH 3 | 8,47 g d'acide citrique monohydraté<br>3,49 g de chlorure de sodium<br>20,6 ml de solution d'hydroxyde de sodium 1 N |
| pH 4 | 11,76 g d'acide citrique monohydraté<br>2,57 g de chlorure de sodium<br>68,0 ml de solution d'hydroxyde de sodium 1 N |
| pH 5 | 20,26 g d'acide citrique monohydraté<br>194,0 ml de solution d'hydroxyde de sodium 1 N |
| pH 6 | 12,53 g d'acide citrique monohydraté<br>159,6 ml de solution d'hydroxyde de sodium 1 N |
| pH 7 | 3,52 g de dihydrogénophosphate de potassium<br>7,26 g de monohydrogénophosphate de sodium ($Na_2HPO_4 \cdot 2\,H_2O$) |
| pH 8 | 4,77 g de tétraborate de sodium($Na_2B_4O_7 \cdot 10\,H_2O$)<br>20,5 ml d'acide chlorhydrique 1 N |
| pH 9 | 4,77 g de tétraborate de sodium ($Na_2B_4O_7 \cdot 10\,H_2O$)<br>4,6 ml d'acide chlorhydrique 1 N |
| pH 10 | 4,77 g de tétraborate de sodium ($Na_2B_4O_7 \cdot 10\,H_2O$)<br>18,3 ml d'acide chlorhydrique 1 N |
| pH 11 | 3,84 g d'acide aminoéthanoïque (glycine)<br>2,99 g de chlorure de sodium<br>48,9 ml de solution d'hydroxyde de sodium 1 N |
| pH 12 | 3,42 g d'acide aminoéthanoïque (glycine)<br>2,67 g de chlorure de sodium<br>54,5 ml de solution d'hydroxyde de sodium 1 N |
| pH 13 | 0,375 g d'acide aminoéthanoïque (glycine)<br>0,222 g de chlorure de sodium<br>95 ml de solution d'hydroxyde de sodium 1 N |

# 6 Spectroscopie infrarouge

**Vous trouverez dans ce chapitre :**

- les éléments de symétrie, la symétrie moléculaire et une sélection de groupes ponctuels (paragraphe 6.1);
- les tables des caractères relatifs aux groupes ponctuels (tableau 6.2);
- l'origine des fréquences infrarouges (paragraphe 6.2);
- les facteurs de conversion relatifs aux unités d'énergie en spectroscopie (tableau 6.3);
- les fréquences infrarouges des groupes fonctionnels importants (tableaux 6.4 à 6.18).

**Vous trouverez au chapitre 2 :**

- les unités SI.

## 6.1 Symétrie moléculaire et groupes ponctuels

#### ÉLÉMENTS DE SYMÉTRIE

**Identité E** : Toutes les molécules possèdent l'élément d'identité E. Cette opération de symétrie correspond à un axe de rotation $C_1$ et laisse la molécule inchangée. Aucune modification n'est apportée quant aux positions des atomes après une rotation de $2\pi$.

**Axe de rotation $C_n$** : Une molécule possède un axe de rotation dont la symétrie est $C_n$ (où $n$ est un nombre entier) si une rotation de celle-ci d'un angle $2\pi/n$ fournit une configuration moléculaire indiscernable de l'original.

**Plan de symétrie $\sigma$** : Une molécule possède un plan de symétrie $\sigma$ si par réflexion sur ce plan ladite molécule se retransforme en elle-même. Si l'axe de rotation $C_n$ avec l'ordre le plus élevé de $n$ est pris pour axe vertical, il s'ensuit alors que les plans de symétrie $\sigma_v$ seront également verticaux. À la perpendiculaire de $\sigma_v$, il y a le plan de symétrie horizontal, $\sigma_h$. Les plans de symétrie qui bissectent un axe de rotation $C_2$ sont appelés des plans de symétrie diagonaux, $\sigma_d$.

**Centre de symétrie $i$** : Une molécule possède un centre de symétrie $i$ si par réflexion via ce centre ladite molécule se retransforme en elle-même.

**Axe de rotation-réflexion dont la symétrie est $S_n$** : Une molécule possède un axe de rotation-réflexion d'ordre $n$ (symétrie $S_n$) si une rotation de celle-ci d'un angle $2\pi/n$ autour dudit axe suivie d'une réflexion sur un plan perpendiculaire à celui-ci fait réapparaître la molécule en question dans sa configuration d'origine.

#### GROUPES PONCTUELS

Certains éléments de symétrie affublés de puissances de $n$ sont introduits pour des raisons mathématiques mais ne correspondent pas à des opérations de symétrie visualisables.

### Groupes ponctuels $C_n$

Ces groupes ponctuels contiennent l'élément de symétrie $C_n$ de même que tous les éléments $C_n$ affublés d'exposants $C_n^2$, $C_n^3$ , ..., $C_n^{n-1}$.

- **$C_1$ = E** : constitue la plus faible symétrie qu'une molécule puisse posséder ; c'est le cas par exemple d'un atome de carbone portant quatre substituants différents.
- **$C_2$** *Exemple :* les énantiomères de l'acide 2,3-dihydroxybutanedioïque.
- **$C_3$** *Exemple :* $CH_3CCl_3$.

### Groupes ponctuels $S_n$

Ces groupes ponctuels contiennent l'élément de symétrie $S_n$ de même que tous les éléments affublés d'exposants $S_n^2$, $S_n^3$, ..., $S_n^{n-1}$. Pour confirmer l'absence d'un plan de symétrie, $n$ doit être un nombre entier.

- **$S_2 \equiv C_i$ :** dans ce cas-ci, l'axe de rotation-réflexion équivaut à un centre de symétrie. *Exemple :* dans l'acide *méso*tartrique.
- **$S_4$ :** contient les éléments $S_4$, $S_4^2 (= C_2)$ et $S_4^3$. *Exemple :* $C(SCH_3)_4$.

### Groupes ponctuels $C_{nv}$

Ces groupes ponctuels contiennent l'axe de rotation $C_n$ ainsi que $n$ plans de symétrie $\sigma$ situés dans l'axe de rotation. Pour des raisons mathématiques, les puissances suivantes sont également des éléments de ce groupe : $C_n^2$, $C_n^3$, ..., $C_n^{n-1}$.

- **$C_{1v} \equiv C_s$ ;** ce groupe ne contient qu'un seul plan de symétrie. Les molécules planes ne possédant aucun autre élément de symétrie retombent toutes dans cette catégorie.

  *Exemples :* NOCl, hydroxybenzène, $SOCl_2$, HOCN.
- **$C_{2v}$ :** l'axe de rotation $C_2$ est inclus dans deux plans de symétrie $\sigma_v$.
  *Exemples :* $H_2O$, *cis*-1,2-dichloroéthène, $CH_2F_2$.
- **$C_{3v}$ :** l'axe de rotation $C_3$ est inclus dans trois plans de symétrie $\sigma_v$. Toutes les molécules dont la configuration correspond à une pyramide à base triangulaire appartiennent à ce groupe. *Exemples :* $NH_3$, $PH_3$, $NF_3$.
- **$C_{4v}$ :** l'axe de rotation $C_4$ est associé à deux plans de symétrie $\sigma_v$ et deux plans de symétrie $\sigma_d$. *Exemple :* la molécule $IF_5$, en forme de pyramide à base carrée.
- **$C_{\infty v}$ :** l'axe de rotation $C_\infty$ est inclus dans un nombre infini de plans de symétrie $\sigma_v$. Toutes les molécules linéaires dissymétriques appartiennent à ce groupe.

### Groupes ponctuels $D_n$

Les molécules appartenant à ces groupes ponctuels possèdent un axe $C_n$ d'ordre $n$ et à la perpendiculaire de celui-ci $n$ axes d'ordre deux à angles égaux l'un de l'autre.

S'y ajoutent des éléments correspondant aux puissances $C_n$, $C_n^2$, ..., $C_n^{n-1}$.

- **$D_1 \equiv C_2$ :** ce groupe présente un axe $C_1$ et un axe $C_2$ et est donc identique à $C_2$.
- **$D_2$ :** contient trois axes $C_2$ perpendiculaires entre eux.
- **$D_3$ :** contient un axe $C_3$, à la perpendiculaire duquel se trouvent trois axes $C_2$ à 120° l'un de l'autre. *Exemple :* la configuration éclipsée de $C_2H_6$.

### Groupes ponctuels $C_{nh}$

Les molécules appartenant à ces groupes ponctuels possèdent un axe de rotation d'ordre $n$ ainsi qu'un plan de symétrie $\sigma_h$ perpendiculaire à cet axe. Dans le cas où $n$ est pair, la molécule contient en outre un centre de symétrie $i$.

- $\mathbf{C_{1h} = C_{1v} = C_s}$ *Exemple :* NOCl
- $\mathbf{C_{2h}}$ : contient un axe $C_2$, un plan de symétrie $\sigma_h$ et un centre de symétrie $i$.

  *Exemple : trans*-1,2-dichloroéthène.
- $\mathbf{C_{3h}}$ : contient un axe $C_3$ et un plan de symétrie $\sigma_h$, de même que les éléments $C_3^2$, $S_3$ et $S_3^2$.

  *Exemple :* $B(OH)_3$.

### Groupes ponctuels $D_{nd}$

Les molécules appartenant à ces groupes ponctuels possèdent un axe $C_n$ d'ordre $n$ et à la perpendiculaire de celui-ci $n$ axes d'ordre deux $C_2$. Il y a aussi $n$ plans de symétrie $\sigma_d$ incluant l'axe d'ordre $n$ et bissectant les angles entre les axes $C_2$. Dans les cas où $n$ est impair, la molécule contient en outre un centre de symétrie $i$.

Pour des raisons mathématiques, ces groupes contiennent également les éléments $C_n^2$, $C_n^3$, ..., $C_n^{n-1}$ et $S_{2n}^3$, $S_{2n}^5$, ..., $S_{2n}^{2n-1}$.

- $\mathbf{D_{2d}}$ : possède trois axes $C_2$ perpendiculaires entre eux, un axe $S_4$ (avec l'élément $S_4^2$ formellement inclus) coïncidant avec un des axes $C_2$ et deux plans de symétrie $\sigma_d$ passant via l'axe $S_4$.

  *Exemples :* $C_3H_4$ et $S_4N_4$.
- $\mathbf{D_{3d}}$ : possède un axe $C_3$, un axe $S_6$, trois axes $C_2$ à 120° l'un de l'autre ainsi que trois plans de symétrie $\sigma_d$ bissectant ces angles. Les éléments $C_3^2$, $S_6^3$ et $S_6^5$ sont aussi formellement inclus.

  *Exemples :* la conformation chaise de $C_6H_{12}$, $Si_2H_6$.
- $\boldsymbol{D_{4d}}$ : possède un axe $C_4$, un axe $S_8$, quatre axes $C_2$ à 90° l'un de l'autre ainsi que quatre plans de symétrie $\sigma_d$ bissectant ces angles. Les éléments $C_4^2$, $C_4^3$, $S_8^5$ et $S_8^7$ sont aussi formellement inclus.

  *Exemple :* la variété stable du soufre $S_8$.
- $\boldsymbol{D_{5d}}$ : possède un axe $C_5$, un axe $S_{10}$, cinq axes $C_2$ à 72° l'un de l'autre ainsi que cinq plans de symétrie $\sigma_d$ bissectant ces angles. Les éléments $C_5^2$, $C_5^3$, $C_5^4$, $S_{10}^3$, $S_{10}^7$ et $S_{10}^9$ sont aussi formellement inclus.

  *Exemple :* le ferrocène.

### Groupes ponctuels $D_{nh}$

Les molécules appartenant à ces groupes ponctuels possèdent un axe $C_n$ d'ordre $n$ et à la perpendiculaire de celui-ci $n$ axes $C_2$ à des angles égaux entre eux. Il y a aussi un plan de symétrie $\sigma_h$ et $n$ plans de symétrie $\sigma$.

•$\mathbf{D_{2h}}$ : possède trois axes équivalents $C_2$ perpendiculaires entre eux, trois plans de symétrie $\sigma$ ainsi qu'un centre de symétrie $i$.

*Exemple :* l'éthène, le naphtalène.

•$\mathbf{D_{3h}}$ : ce groupe contient un axe $C_3$, trois axes $C_2$ perpendiculaires à l'axe $C_3$, trois plans de symétrie verticaux $\sigma_v$ ainsi qu'un plan de symétrie horizontal $\sigma_h$. Les éléments $C_3^2$, $S_3$ et $S_3^2$ sont aussi formellement inclus.

*Exemples :* $BF_3$, $PF_5$, $NO_3^{\ominus}$ et $CO_3^{2\ominus}$.

•$\mathbf{D_{4h}}$ : possède un axe $C_4$, quatre axes $C_2$ perpendiculaires à l'axe $C_4$, deux plans de symétrie verticaux $\sigma_v$, deux plans de symétrie $\sigma_d$ qui les bissectent ainsi qu'un plan de symétrie horizontal $\sigma_h$. Les éléments de symétrie $C_4^2$, $C_4^3$, $S_4$, $S_4^2$, et $S_4^3$ sont aussi formellement inclus.

*Exemples :* $XeF_4$, $PtCl_4^{2\ominus}$.

•$\mathbf{D_{5h}}$ : possède un axe $C_5$, cinq axes $C_2$ perpendiculaires à l'axe $C_5$, cinq plans de symétrie verticaux $\sigma_v$ ainsi qu'un plan de symétrie horizontal $\sigma_h$. Les éléments de symétrie verticaux $\sigma_v$ ainsi que trois plans de symétrie $\sigma_d$. Les éléments de symétrie $C_5^2$, $C_5^3$, $C_5^4$, $S_5$, $S_5^2$, $S_5^3$ et $S_5^4$ sont aussi formellement inclus.

*Exemple :* $IF_7$.

•$\mathbf{D_{6h}}$ : ce groupe ponctuel possède un axe $C_6$, six axes $C_2$ perpendiculaires à l'axe $C_6$, trois plans de symétrie verticaux $\sigma_v$ ainsi que trois plans de symétrie $\sigma_d$. Les éléments de symétrie $C_6^2$, $C_6^3$, $C_6^4$, $C_6^5$, $S_6$, $S_6^2$, $S_6^3$, $S_6^4$ et $S_6^5$ sont aussi formellement inclus.

*Exemple :* $C_6H_6$.

•$\mathbf{D_{\infty h}}$ : possède un axe $C_\infty$, un nombre infini d'axes $C_2$ perpendiculaires à l'axe principal, un nombre infini de plans de symétrie verticaux $\sigma_v$ ainsi qu'un plan de symétrie horizontal $\sigma_h$. Les éléments de symétrie $C_\infty^2$, $C_\infty^3$, $S_\infty$ $S_\infty^2$, $S_\infty^3$, ..., sont aussi formellement inclus. Tous les éléments gazeux diatomiques de même que chaque molécule linéaire présentant un centre de symétrie appartiennent à ce groupe.

*Exemples :* $C_2H_2$, $(CN)_2$.

### Groupe ponctuel $T_d$

Les molécules appartenant à ce groupe possèdent quatre axes $C_3$, trois axes $C_2$ ainsi que six plans de symétrie $\sigma_d$, de même que les éléments formels $C_3^2$, $S_4$ et $S_4^3$.

*Exemples :* toutes les molécules présentant une symétrie tétraédrique, tel $CCl_4$.

### Groupe ponctuel $O_h$

Ce groupe ponctuel contient trois axes $C_4$, quatre axes $C_3$, six axes $C_2$ ainsi que trois plans de symétrie horizontaux $\sigma_h$, trois plans de symétrie $\sigma_d$ et un centre de symétrie $i$. Pour des raisons mathématiques, ces groupes contiennent également les éléments $C_4^2$, $C_4^3$, $S_4^3$, $S_6$ et $S_6^5$.

*Exemple :* $SF_6$.

### Groupe ponctuel $K_h$

Les molécules appartenant à ce groupe possèdent un nombre infini d'axes de rotation $C_\infty$ ainsi qu'un centre de symétrie $i$.

#### SÉLECTION DES GROUPES PONCTUELS

1) Les molécules linéaires appartiennent à l'un des groupes $C_{\infty v}$ ou $D_{\infty h}$. Les molécules qui contiennent un plan de symétrie $\sigma$ perpendiculaire à l'axe de rotation sont dans le groupe ponctuel $D_{\infty h}$.

2) Les molécules dont la symétrie est très élevée peuvent être des membres des groupes $T_d$ ou $O_h$.

3) Après avoir éliminé 1) et 2), l'axe de rotation $C_n$ (avec l'ordre le plus élevé de $n$) doit être trouvé. Les molécules dépourvues d'axe de rotation appartiennent à l'un des groupes dont la symétrie est plus basse : $C_s$ (incluant un plan de symétrie), $C_i$ (avec un centre de symétrie) ou $C_1$.

4) Les molécules dotées d'un axe $S_{2n}$, avec ou sans centre de symétrie, sont dans le groupe ponctuel $S_n$ (rare).

5) Après avoir éliminé 4), la molécule doit être examinée en ce qui concerne les $n$ axes $C_2$ perpendiculaires à l'axe principal d'ordre $n$. Si ce cas est exclu, le groupe ponctuel sera $C_{nh}$ (avec $\sigma_h$), $C_{nv}$ (avec $\sigma_v$) ou $C_n$.

6) Les molécules possédant $n$ axes $C_2$ ainsi qu'un plan de symétrie horizontal $\sigma_h$ appartiennent au groupe ponctuel $D_{nh}$. Si $n$ plans de symétrie $\sigma_d$ sont présents, le groupe ponctuel est $D_{nd}$. Les molécules dépourvues de plan de symétrie appartiennent au groupe ponctuel $D_n$ (rare).

**Tableau 6.1** : CORRÉLATION entre les symboles de Schönflies et de Hermann–Mauguin

| Schönflies | Hermann-Mauguin | Schönflies | Hermann-Mauguin |
|---|---|---|---|
| $C_1$ | 1 | $C_{1h} = C_s$ | m |
| $C_i$ | $\bar{1}$ | $C_{2h}$ | 2/m |
| $C_2$ | 2 | $C_{3h}$ | $\bar{6}$ |
| $C_3$ | 3 | $C_{4h}$ | 4/m |
| $C_4$ | 4 | $C_{6h}$ | 6/m |
| $C_6$ | 6 | | |
| | | $D_{2d}$ | $\bar{4}$2m |
| $S_2 = C_i$ | $\bar{1}$ | $D_{3d}$ | $\bar{3}$m |
| $S_4$ | $\bar{4}$ | | |
| $S_6$ | $\bar{3}$ | $D_{2h}$ | mmm |
| | | $D_{3h}$ | $\bar{6}$m2 |
| $C_{1v} = C_s$ | $\bar{2}$ ou m | $D_{4h}$ | 4/mmm |
| $C_{2v}$ | mm | $D_{6h}$ | 6/mmm |
| $C_{3v}$ | 3m | | |
| $C_{4v}$ | 4mm | T | 23 |
| $C_{6v}$ | 6mm | $T_h$ | m3 |
| | | $T_d$ | $\bar{4}$3m |
| $D_2$ | 222 | | |
| $D_3$ | 32 | O | 432 |
| $D_4$ | 422 | $O_h$ | m3m |
| $D_6$ | 622 | | |

## 6.2 Tables des caractères

#### NOTE RELATIVE AUX TABLES DES CARACTÈRES

L'ensemble de toutes les positions qu'un vecteur d'une molécule peut occuper au cours d'une opération de symétrie est donné par une matrice. Le groupe ponctuel $C_{3v}$ autorise les opérations E, $C_3^1$, $C_3^2$, $\sigma_1$, $\sigma_2$ et $\sigma_3$, ce qui aboutit à une matrice $6 \times 6$. Cette matrice contient 3 tenseurs non équivalents, irréductibles, que l'on peut exprimer sous forme de la somme des nombres entiers $1^2 + 1^2 + 2^2 = 6$. Ceci correspond à deux matrices à une dimension et à une matrice à deux dimensions. Les symboles relatifs aux dimensions et à leurs indices ont été introduits par Mulliken. Ils se présentent comme suit :

| | |
|---|---|
| Dimension 1 | A : symétrique par rapport à l'opération de l'axe principal $C_n$ |
| | B : antisymétrique par rapport à l'opération de l'axe principal $C_n$ |
| Dimension 2 | E |
| Dimension 3 | T (ou F) |
| Dimension 4 | G |
| Dimension 5 | H |

| | |
|---|---|
| Indice 1 | symétrique vis-à-vis de $\sigma_v$ ou $C_2$ dans le plan $x,y$ |
| Indice 2 | antisymétrique vis-à-vis de $\sigma_v$ ou $C_2$ dans le plan $x,y$ |
| Indice g | symétrique vis-à-vis de $i$ |
| Indice u | antisymétrique vis-à-vis de $i$ |
| Indice ′ | symétrique vis-à-vis de $\sigma_h$ |
| Indice ″ | antisymétrique vis-à-vis de $\sigma_h$ |

Les tables de caractères relatives aux tenseurs irréductibles contiennent dans le coin supérieur gauche le symbole de Schönflies concerné par le groupe ponctuel suivi –sur la même ligne– des opérations de symétrie correspondantes. La colonne correspondante donne les dimensions selon le système de Mulliken. La première des deux colonnes de droite fournit les indications concernant les rotations (R) autour des axes cartésiens $x$, $y$ et $z$ ainsi que les translations (T) selon les directions de ces mêmes axes. L'ordre le plus élevé de $n$ est toujours attribué à l'axe $z$. La dernière colonne de droite met en exergue les composantes du tenseur de polarisabilité vis-à-vis des diverses opérations de symétrie.

**Tableau 6.2** : CARACTÈRES DES TENSEURS IRRÉDUCTIBLES

| $\mathbf{C_1}$ | E | Trans. Rot. Dipol. |
|---|---|---|
| A | 1 | toutes R, T, $\alpha$ |

| $\mathbf{C_s}$ | E | $\sigma$ | Trans. Rot. | Dipol. |
|---|---|---|---|---|
| A$'$ | 1 | 1 | $T_x, T_y, R_z$ | $\alpha_{x^2}, \alpha_{y^2}, \alpha_{z^2}, \alpha_{xy}$ |
| A$''$ | 1 | –1 | $T_z, R_x, R_y$ | $\alpha_{yz}, \alpha_{xz}$ |

| $\mathbf{C_i}$ | E | $i$ | Trans. Rot. | Dipol. |
|---|---|---|---|---|
| $A_g$ | 1 | 1 | $R_x$, $R_y$, $R_z$ | $\alpha_{x^2}, \alpha_{y^2}, \alpha_{z^2}, \alpha_{xy}, \alpha_{xz}, \alpha_{yz}$ |
| $A_u$ | 1 | –1 | $T_x$, $T_y$, $T_z$ | |

| $\mathbf{C_2}$ | E | $C_2$ | Trans. Rot. | Dipol. |
|---|---|---|---|---|
| A | 1 | 1 | $T_z$, $R_z$ | $\alpha_{x^2}, \alpha_{y^2}, \alpha_{z^2}, \alpha_{xy}$ |
| B | 1 | –1 | $T_x, T_y, R_x, R_y$ | $\alpha_{yz}, \alpha_{xz}$ |

| $\mathbf{C_3}$ | E | $C_3$ | $C_3^2$ | Trans. Rot. | Dipol. |
|---|---|---|---|---|---|
| A | 1 | 1 | 1 | $T_z, R_z$ | $\alpha_{x^2+y^2}, \alpha_{z^2}$ |
| E | 1 | $\epsilon$ | $\epsilon^*$ | $(T_x, T_y), (R_x, R_y)$ | $(\alpha_{x^2-y^2}, \alpha_{xy}), (\alpha_{yz}, \alpha_{xz})$ |
| | 1 | $\epsilon^*$ | $\epsilon$ | | |

$\epsilon = \exp[2\pi i/3]$, $\epsilon^* = \exp[-2\pi i/3]$

| $\mathbf{C_4}$ | E | $C_4$ | $C_2$ | $C_4^3$ | Trans. Rot. | Dipol. |
|---|---|---|---|---|---|---|
| A | 1 | 1 | 1 | 1 | $T_z, R_z$ | $\alpha_{x^2+y^2}, \alpha_{z^2}$ |
| B | 1 | –1 | 1 | –1 | | $\alpha_{x^2-y^2}, \alpha_{xy}$ |
| E | 1 | $i$ | –1 | $-i$ | $(T_x, T_y), (R_x, R_y)$ | $(\alpha_{yz}, \alpha_{xz})$ |
| | 1 | $-i$ | –1 | $i$ | | |

| $\mathbf{C_5}$ | E | $C_5$ | $C_5^2$ | $C_5^3$ | $C_5^4$ | Trans. Rot. | Dipol. |
|---|---|---|---|---|---|---|---|
| A | 1 | 1 | 1 | 1 | 1 | $T_z, R_z$ | $\alpha_{x^2+y^2}, \alpha_{z^2}$ |
| $E_1$ | 1 | $\epsilon$ | $\epsilon^2$ | $\epsilon^{2*}$ | $\epsilon^*$ | $(T_x, T_y), (R_x, R_y)$ | $(\alpha_{yz}, \alpha_{xz})$ |
| | 1 | $\epsilon^*$ | $\epsilon^{2*}$ | $\epsilon^2$ | $\epsilon$ | | |
| $E_2$ | 1 | $\epsilon^2$ | $\epsilon^*$ | $\epsilon$ | $\epsilon^{2*}$ | | $(\alpha_{x^2-y^2}, \alpha_{xy})$ |
| | 1 | $\epsilon^{2*}$ | $\epsilon$ | $\epsilon^*$ | $\epsilon^2$ | | |

$\epsilon = \exp[2\pi i/5]$, $\epsilon^* = \exp[-2\pi i/5]$

| $\mathbf{C_6}$ | E | $C_6$ | $C_3$ | $C_2$ | $C_3^2$ | $C_6^5$ | Trans. Rot. | Dipol. |
|---|---|---|---|---|---|---|---|---|
| A | 1 | 1 | 1 | 1 | 1 | 1 | $T_z, R_z$ | $\alpha_{x^2+y^2}, \alpha_{z^2}$ |
| B | 1 | $-1$ | 1 | $-1$ | 1 | $-1$ | | |
| $E_1$ | 1 | $\epsilon$ | $-\epsilon^*$ | $-1$ | $-\epsilon$ | $\epsilon^*$ | $(T_x, T_y), (R_x, R_y)$ | $(\alpha_{xz}, \alpha_{yz})$ |
| | 1 | $\epsilon^*$ | $-\epsilon$ | $-1$ | $-\epsilon^*$ | $\epsilon$ | | |
| $E_2$ | 1 | $-\epsilon^*$ | $-\epsilon$ | 1 | $-\epsilon^*$ | $-\epsilon$ | | $\alpha_{x^2-y^2}, \alpha_{xy}$ |
| | 1 | $-\epsilon$ | $-\epsilon^*$ | 1 | $-\epsilon$ | $-\epsilon^*$ | | |

$\epsilon = \exp[2\pi i/6]$, $\epsilon^* = \exp[-2\pi i/6]$

| $\mathbf{C_7}$ | E | $C_7$ | $C_7^2$ | $C_7^3$ | $C_7^4$ | $C_7^5$ | $C_7^6$ | Rot. Trans. | Dipol. |
|---|---|---|---|---|---|---|---|---|---|
| A | 1 | 1 | 1 | 1 | 1 | 1 | 1 | $T_z, R_z$ | $\alpha_{x^2+y^2}, \alpha_{z^2}$ |
| $E_1$ | 1 | $\epsilon$ | $\epsilon^2$ | $\epsilon^3$ | $\epsilon^{3*}$ | $\epsilon^{2*}$ | $\epsilon^*$ | $(T_x, T_y), (R_x, R_y)$ | $(\alpha_{xz}, \alpha_{yz})$ |
| | 1 | $\epsilon^*$ | $\epsilon^{2*}$ | $\epsilon^{3*}$ | $\epsilon^3$ | $\epsilon^2$ | $\epsilon$ | | |
| $E_2$ | 1 | $\epsilon^2$ | $\epsilon^{3*}$ | $\epsilon^*$ | $\epsilon$ | $\epsilon^3$ | $\epsilon^{2*}$ | | $(\alpha_{x^2-y^2}, \alpha_{xy})$ |
| | 1 | $\epsilon^{2*}$ | $\epsilon^3$ | $\epsilon$ | $\epsilon^*$ | $\epsilon^{3*}$ | $\epsilon^2$ | | |
| $E_3$ | 1 | $\epsilon^3$ | $\epsilon^*$ | $\epsilon^2$ | $\epsilon^{2*}$ | $\epsilon$ | $\epsilon^{3*}$ | | |
| | 1 | $\epsilon^{3*}$ | $\epsilon$ | $\epsilon^{2*}$ | $\epsilon^2$ | $\epsilon^*$ | $\epsilon^3$ | | |

$\epsilon = \exp[2\pi i/7]$, $\epsilon^* = \exp[-2\pi i/7]$

| $\mathbf{C_8}$ | E | $C_8$ | $C_4$ | $C_8^3$ | $C_2$ | $C_8^5$ | $C_4^3$ | $C_8^7$ | Rot. Trans. | Dipol. |
|---|---|---|---|---|---|---|---|---|---|---|
| A | 1 | 1 | 1 | 1 | 1 | 1 | 1 | 1 | $T_z, R_z$ | $\alpha_{x^2+y^2}, \alpha_{z^2}$ |
| B | 1 | $-1$ | 1 | $-1$ | 1 | $-1$ | 1 | $-1$ | | |
| $E_1$ | 1 | $\epsilon$ | $i$ | $-\epsilon^*$ | $-1$ | $-\epsilon$ | $-i$ | $\epsilon^*$ | $(T_x, T_y), \ldots$ | $(\alpha_{xz}, \alpha_{yz})$ |
| | 1 | $\epsilon^*$ | $-i$ | $-\epsilon$ | $-1$ | $-\epsilon^*$ | $i$ | $\epsilon$ | $\ldots, (R_x, R_y)$ | |
| $E_2$ | 1 | $i$ | $-1$ | $-i$ | 1 | $i$ | $-1$ | $-i$ | | $(\alpha_{x^2-y^2}, \alpha_{xy})$ |
| | 1 | $-i$ | $-1$ | $i$ | 1 | $-i$ | $-1$ | $i$ | | |
| $E_3$ | 1 | $-\epsilon^*$ | $-i$ | $\epsilon$ | $-1$ | $\epsilon^*$ | $i$ | $-\epsilon$ | | |
| | 1 | $-\epsilon$ | $i$ | $\epsilon^*$ | $-1$ | $\epsilon$ | $-i$ | $-\epsilon^*$ | | |

$\epsilon = \exp[2\pi\, i/8]$, $\epsilon^* = \exp[-2\pi\, i/8]$

| $\mathbf{C_{2v}}$ | E | $C_2$ | $\sigma_v(xz)$ | $\sigma_v'(yz)$ | Trans. Rot. | Dipol. |
|---|---|---|---|---|---|---|
| $A_1$ | 1 | 1 | 1 | 1 | $T_z$ | $\alpha_{x^2}, \alpha_{y^2}, \alpha_{z^2}$ |
| $A_2$ | 1 | 1 | $-1$ | $-1$ | $R_z$ | $\alpha_{xy}$ |
| $B_1$ | 1 | $-1$ | 1 | $-1$ | $T_x, R_y$ | $\alpha_{xz}$ |
| $B_2$ | 1 | $-1$ | $-1$ | 1 | $T_y, R_x$ | $\alpha_{yz}$ |

| $\mathbf{C_{3v}}$ | E | $2C_3$ | $3\sigma_v$ | Trans. Rot. | Dipol. |
|---|---|---|---|---|---|
| $A_1$ | 1 | 1 | 1 | $T_z$ | $\alpha_{x^2+y^2}, \alpha_{z^2}$ |
| $A_2$ | 1 | 1 | $-1$ | $R_z$ | |
| E | 2 | $-1$ | 0 | $(T_x, T_y), (R_x, R_y)$ | $(\alpha_{x^2-y^2}, \alpha_{xy}), (\alpha_{xz}, \alpha_{yz})$ |

| $\mathbf{C_{4v}}$ | E | $2C_4$ | $C_2$ | $2\sigma_v$ | $2\sigma_d$ | Trans. Rot. | Dipol. |
|---|---|---|---|---|---|---|---|
| $A_1$ | 1 | 1 | 1 | 1 | 1 | $T_z$ | $\alpha_{x^2+y^2}, \alpha_{z^2}$ |
| $A_2$ | 1 | 1 | 1 | $-1$ | $-1$ | $R_z$ | |
| $B_1$ | 1 | $-1$ | 1 | 1 | $-1$ | | $\alpha_{x^2-y^2}$ |
| $B_2$ | 1 | $-1$ | 1 | $-1$ | 1 | | $\alpha_{xy}$ |
| E | 2 | 0 | $-2$ | 0 | 0 | $(T_x, T_y), (R_x, R_y)$ | $(\alpha_{xz}, \alpha_{yz})$ |

| $\mathbf{C_{5v}}$ | E | $2C_5$ | $2C_5^2$ | $5\sigma_v$ | Trans. Rot. | Dipol. |
|---|---|---|---|---|---|---|
| $A_1$ | 1 | 1 | 1 | 1 | $T_z$ | $\alpha_{x^2+y^2}, \alpha_{z^2}$ |
| $A_2$ | 1 | 1 | 1 | −1 | $R_z$ | |
| $E_1$ | 2 | 2 cos 72° | 2 cos 144° | 0 | $(T_x, T_y), (R_x, R_y)$ | $(\alpha_{xz}, \alpha_{yz})$ |
| $E_2$ | 2 | 2 cos 144° | 2 cos 72° | 0 | | $(\alpha_{x^2-y^2}, \alpha_{xy})$ |

| $\mathbf{C_{6v}}$ | E | $2C_6$ | $2C_3$ | $C_2$ | $3\sigma_v$ | $3\sigma_d$ | Trans. Rot. | Dipol. |
|---|---|---|---|---|---|---|---|---|
| $A_1$ | 1 | 1 | 1 | 1 | 1 | 1 | $T_z$ | $\alpha_{x^2+y^2}, \alpha_{z^2}$ |
| $A_2$ | 1 | 1 | 1 | 1 | −1 | −1 | $R_z$ | |
| $B_1$ | 1 | −1 | 1 | −1 | 1 | −1 | | |
| $B_2$ | 1 | −1 | 1 | −1 | −1 | 1 | | |
| $E_1$ | 2 | 1 | −1 | −2 | 0 | 0 | $(T_x, T_y), (R_x, R_y)$ | $(\alpha_{xz}, \alpha_{yz})$ |
| $E_2$ | 2 | −1 | −1 | 2 | 0 | 0 | | $(\alpha_{x^2-y^2}, \alpha_{xy})$ |

| $\mathbf{C_{\infty v}}$ | E | $2C_\infty^\Phi$ | ··· | $\infty\sigma_v$ | Trans. Rot. | Dipol. |
|---|---|---|---|---|---|---|
| $A_1 \equiv \Sigma^+$ | 1 | 1 | ··· | 1 | $T_z$ | $\alpha_{x^2+y^2}, \alpha_{z^2}$ |
| $A_2 \equiv \Sigma^-$ | 1 | 1 | ··· | −1 | $R_z$ | |
| $E_1 \equiv \Pi$ | 2 | $2\cos\phi$ | ··· | 0 | $(T_x, T_y), (R_x, R_y)$ | $(\alpha_{xz}, \alpha_{yz})$ |
| $E_2 \equiv \Delta$ | 2 | $2\cos 2\phi$ | ··· | 0 | | $(\alpha_{x^2-y^2}, \alpha_{xy})$ |
| $E_3 \equiv \Phi$ | 2 | $2\cos 3\phi$ | ··· | 0 | | |
| ··· | . | . | ··· | . | | |
| ··· | . | . | ··· | . | | |
| ··· | . | . | ··· | . | | |

| $\mathbf{D_2}$ | E | $C_2(z)$ | $C_2(y)$ | $C_2(x)$ | Trans. Rot. | Dipol. |
|---|---|---|---|---|---|---|
| A | 1 | 1 | 1 | 1 | | $\alpha_{x^2}, \alpha_{y^2}, \alpha_{z^2}$ |
| $B_1$ | 1 | 1 | −1 | −1 | $T_z, R_z$ | $\alpha_{xy}$ |
| $B_2$ | 1 | −1 | 1 | −1 | $T_y, R_y$ | $\alpha_{xz}$ |
| $B_3$ | 1 | −1 | −1 | 1 | $T_x, R_x$ | $\alpha_{yz}$ |

| $\mathbf{D_3}$ | E | $2C_3$ | $3C_2$ | Trans. Rot. | Dipol. |
|---|---|---|---|---|---|
| $A_1$ | 1 | 1 | 1 | | $\alpha_{x^2+y^2}, \alpha_{z^2}$ |
| $A_2$ | 1 | 1 | −1 | $T_z, R_z$ | |
| E | 2 | −1 | 0 | $(T_x, T_y), (R_x, R_y)$ | $(\alpha_{x^2-y^2}, \alpha_{xy}), (\alpha_{xz}, \alpha_{yz})$ |

| $\mathbf{D_4}$ | E | $2C_4$ | $C_2$ | $2C_2'$ | $2C_2''$ | Trans. Rot. | Dipol. |
|---|---|---|---|---|---|---|---|
| $A_1$ | 1 | 1 | 1 | 1 | 1 | | $\alpha_{x^2+y^2}, \alpha_{z^2}$ |
| $A_2$ | 1 | 1 | 1 | −1 | −1 | $T_z, R_z$ | |
| $B_1$ | 1 | −1 | 1 | 1 | −1 | | $\alpha_{x^2-y^2}$ |
| $B_2$ | 1 | −1 | 1 | −1 | 1 | | $\alpha_{xy}$ |
| E | 2 | 0 | −2 | 0 | 0 | $(T_x, T_y), (R_x, R_y)$ | $(\alpha_{xz}, \alpha_{yz})$ |

| $\mathbf{D_5}$ | E | $2C_5$ | $2C_5^2$ | $5C_2$ | Trans. Rot | Dipol. |
|---|---|---|---|---|---|---|
| $A_1$ | 1 | 1 | 1 | 1 | | $\alpha_{x^2+y^2}, \alpha_{z^2}$ |
| $A_2$ | 1 | 1 | 1 | −1 | $T_z, R_z$ | |
| $E_1$ | 2 | 2 cos 72° | 2 cos 144° | 0 | $(T_x, T_y), (R_x, R_y)$ | $(\alpha_{xz}, \alpha_{yz})$ |
| $E_2$ | 2 | 2 cos 144° | 2 cos 72° | 0 | | $(\alpha_{x^2-y^2}, \alpha_{xy})$ |

| $\mathbf{D_6}$ | E | $2C_6$ | $2C_3$ | $C_2$ | $3C_2'$ | $3C_2''$ | Trans. Rot. | Dipol. |
|---|---|---|---|---|---|---|---|---|
| $A_1$ | 1 | 1 | 1 | 1 | 1 | 1 | | $\alpha_{x^2+y^2}, \alpha_{z^2}$ |
| $A_2$ | 1 | 1 | 1 | 1 | −1 | −1 | $T_z, R_z$ | |
| $B_1$ | 1 | −1 | 1 | −1 | 1 | −1 | | |
| $B_2$ | 1 | −1 | 1 | −1 | −1 | 1 | | |
| $E_1$ | 2 | 1 | −1 | −2 | 0 | 0 | $(T_x, T_y), (R_x, R_y)$ | $(\alpha_{xz}, \alpha_{yz})$ |
| $E_2$ | 2 | −1 | −1 | 2 | 0 | 0 | | $(\alpha_{x^2-y^2}, \alpha_{xy})$ |

| $\mathbf{C_{2h}}$ | E | $C_2$ | $i$ | $\sigma_h$ | Trans. Rot. | Dipol. |
|---|---|---|---|---|---|---|
| $A_g$ | 1 | 1 | 1 | 1 | $R_z$ | $\alpha_{x^2}, \alpha_{y^2}, \alpha_{z^2}, \alpha_{xy}$ |
| $B_g$ | 1 | −1 | 1 | −1 | $R_x, R_y$ | $\alpha_{xz}, \alpha_{yz}$ |
| $A_u$ | 1 | 1 | −1 | −1 | $T_z$ | |
| $B_u$ | 1 | −1 | −1 | 1 | $T_x, T_y$ | |

| $\mathbf{C_{3h}}$ | E | $C_3$ | $C_3^2$ | $\sigma_h$ | $S_3$ | $S_3^5$ | Trans. Rot. | Dipol. |
|---|---|---|---|---|---|---|---|---|
| $A'$ | 1 | 1 | 1 | 1 | 1 | 1 | $R_z$ | $\alpha_{x^2+y^2}, \alpha_{z^2}$ |
| $A''$ | 1 | 1 | 1 | $-1$ | $-1$ | $-1$ | $T_z$ | |
| $E'$ | 1 | $\epsilon$ | $\epsilon^*$ | 1 | $\epsilon$ | $\epsilon^*$ | $(T_x, T_y)$ | $(\alpha_{x^2-y^2}, \alpha_{xy})$ |
| | 1 | $\epsilon^*$ | $\epsilon$ | 1 | $\epsilon^*$ | $\epsilon$ | | |
| $E''$ | 1 | $\epsilon$ | $\epsilon^*$ | $-1$ | $-\epsilon$ | $-\epsilon^*$ | $(R_x, R_y)$ | $(\alpha_{xz}, \alpha_{yz})$ |
| | 1 | $\epsilon^*$ | $\epsilon$ | $-1$ | $-\epsilon^*$ | $-\epsilon$ | | |

$\epsilon = \exp[2\pi\, i/3]$, $\epsilon^* = \exp[-2\pi\, i/3]$

| $\mathbf{C_{4h}}$ | E | $C_4$ | $C_2$ | $C_4^3$ | $i$ | $S_4^3$ | $\sigma_h$ | $S_4$ | Trans. Rot. | Dipol. |
|---|---|---|---|---|---|---|---|---|---|---|
| $A_g$ | 1 | 1 | 1 | 1 | 1 | 1 | 1 | 1 | $R_z$ | $\alpha_{x^2+y^2}, \alpha_{z^2}$ |
| $B_g$ | 1 | $-1$ | 1 | $-1$ | 1 | $-1$ | 1 | $-1$ | | $\alpha_{x^2-y^2}, \alpha_{xy}$ |
| $E_g$ | 1 | $i$ | $-1$ | $-i$ | 1 | $i$ | $-1$ | $-i$ | $(R_z, R_y)$ | $(\alpha_{xz}, \alpha_{yz})$ |
| | 1 | $-i$ | $-1$ | $i$ | 1 | $-i$ | $-1$ | $i$ | | |
| $A_u$ | 1 | 1 | 1 | 1 | $-1$ | $-1$ | $-1$ | $-1$ | $T_z$ | |
| $B_u$ | 1 | $-1$ | 1 | $-1$ | $-1$ | 1 | $-1$ | 1 | | |
| $E_u$ | 1 | $i$ | $-1$ | $-i$ | $-1$ | $-i$ | 1 | $i$ | $(T_x, T_y)$ | |
| | 1 | $-i$ | $-1$ | $i$ | $-1$ | $i$ | 1 | $-i$ | | |

| $\mathbf{C_{5h}}$ | E | $C_5$ | $C_5^2$ | $C_5^3$ | $C_5^4$ | $\sigma_h$ | $S_5$ | $S_5^7$ | $S_5^3$ | $S_5^9$ | Tr. Rot. | Dipol. |
|---|---|---|---|---|---|---|---|---|---|---|---|---|
| $A'$ | 1 | 1 | 1 | 1 | 1 | 1 | 1 | 1 | 1 | 1 | $R_z$ | $\alpha_{x^2+y^2}, \alpha_{z^2}$ |
| $E_1'$ | 1 | $\epsilon$ | $\epsilon^2$ | $\epsilon^{2*}$ | $\epsilon^*$ | 1 | $\epsilon$ | $\epsilon^2$ | $\epsilon^{2*}$ | $\epsilon^*$ | $(T_x, T_y)$ | |
| | 1 | $\epsilon^*$ | $\epsilon^{2*}$ | $\epsilon^2$ | $\epsilon$ | 1 | $\epsilon^*$ | $\epsilon^{2*}$ | $\epsilon^2$ | $\epsilon$ | | |
| $E_2'$ | 1 | $\epsilon^2$ | $\epsilon^*$ | $\epsilon$ | $\epsilon^{2*}$ | 1 | $\epsilon^2$ | $\epsilon^*$ | $\epsilon$ | $\epsilon^{2*}$ | | $(\alpha_{x^2-y^2}, \alpha_{xy})$ |
| | 1 | $\epsilon^{2*}$ | $\epsilon$ | $\epsilon^*$ | $\epsilon^2$ | 1 | $\epsilon^{2*}$ | $\epsilon$ | $\epsilon^*$ | $\epsilon^2$ | | |
| $A''$ | 1 | 1 | 1 | 1 | 1 | $-1$ | $-1$ | $-1$ | $-1$ | $-1$ | $T_z$ | |
| $E_1''$ | 1 | $\epsilon$ | $\epsilon^2$ | $\epsilon^{2*}$ | $\epsilon^*$ | $-1$ | $-\epsilon$ | $-\epsilon^2$ | $-\epsilon^{2*}$ | $-\epsilon^*$ | $(R_x, R_y)$ | $(\alpha_{xz}, \alpha_{yz})$ |
| | 1 | $\epsilon^*$ | $\epsilon^{2*}$ | $\epsilon^2$ | $\epsilon$ | $-1$ | $-\epsilon^*$ | $-\epsilon^{2*}$ | $-\epsilon^2$ | $-\epsilon$ | | |
| $E_2''$ | 1 | $\epsilon^2$ | $\epsilon^*$ | $\epsilon$ | $\epsilon^{2*}$ | $-1$ | $-\epsilon^2$ | $-\epsilon^*$ | $-\epsilon$ | $-\epsilon^{2*}$ | | |
| | 1 | $\epsilon^{2*}$ | $\epsilon$ | $\epsilon^*$ | $\epsilon^2$ | $-1$ | $-\epsilon^{2*}$ | $-\epsilon$ | $-\epsilon^*$ | $-\epsilon^2$ | | |

$\epsilon = \exp[2\pi\, i/5]$, $\epsilon^* = \exp[-2\pi\, i/5]$

| $\mathbf{C_{6h}}$ | E | $C_6$ | $C_3$ | $C_2^3$ | $C_3^2$ | $C_6^5$ | $i$ | $S_3^5$ | $S_6^5$ | $\sigma_h$ | $S_6$ | $S_3$ | Tr. Rot. | Dipol. |
|---|---|---|---|---|---|---|---|---|---|---|---|---|---|---|
| $A_g$ | 1 | 1 | 1 | 1 | 1 | 1 | 1 | 1 | 1 | 1 | 1 | 1 | $R_z$ | $\alpha_{x^2+y^2}, \alpha_{z^2}$ |
| $B_g$ | 1 | −1 | 1 | −1 | 1 | −1 | 1 | −1 | 1 | −1 | 1 | −1 | | |
| $E_{1g}$ | 1 | $\epsilon$ | $-\epsilon^*$ | −1 | $-\epsilon$ | $\epsilon^*$ | 1 | $\epsilon$ | $-\epsilon^*$ | −1 | $-\epsilon$ | $\epsilon^*$ | $(R_x, R_y)$ | $(\alpha_{xy}, \alpha_{yz})$ |
| | 1 | $\epsilon^*$ | $-\epsilon$ | −1 | $-\epsilon^*$ | $\epsilon$ | 1 | $\epsilon^*$ | $-\epsilon$ | −1 | $-\epsilon^*$ | $\epsilon$ | | |
| $E_{2g}$ | 1 | $-\epsilon^*$ | $-\epsilon$ | 1 | $-\epsilon^*$ | $-\epsilon$ | 1 | $-\epsilon^*$ | $-\epsilon$ | 1 | $-\epsilon^*$ | $-\epsilon$ | | $(\alpha_{x^2-y^2}, \alpha_{yz})$ |
| | 1 | $-\epsilon$ | $-\epsilon^*$ | 1 | $-\epsilon$ | $-\epsilon^*$ | 1 | $-\epsilon$ | $-\epsilon^*$ | 1 | $-\epsilon$ | $-\epsilon^*$ | | |
| $A_u$ | 1 | 1 | 1 | 1 | 1 | 1 | −1 | −1 | −1 | −1 | −1 | −1 | $T_z$ | |
| $B_u$ | 1 | −1 | 1 | −1 | 1 | −1 | −1 | 1 | −1 | 1 | −1 | 1 | | |
| $E_{1u}$ | 1 | $\epsilon$ | $-\epsilon^*$ | −1 | $-\epsilon$ | $\epsilon^*$ | −1 | $-\epsilon$ | $\epsilon^*$ | 1 | $\epsilon$ | $-\epsilon^*$ | $(T_x, T_y)$ | |
| | 1 | $\epsilon^*$ | $-\epsilon$ | −1 | $-\epsilon^*$ | $\epsilon$ | −1 | $-\epsilon^*$ | $\epsilon$ | 1 | $\epsilon^*$ | $-\epsilon$ | | |
| $E_{2u}$ | 1 | $-\epsilon^*$ | $-\epsilon$ | 1 | $-\epsilon^*$ | $-\epsilon$ | −1 | $\epsilon^*$ | $\epsilon$ | −1 | $\epsilon^*$ | $\epsilon$ | | |
| | 1 | $-\epsilon$ | $-\epsilon^*$ | 1 | $-\epsilon$ | $-\epsilon^*$ | −1 | $\epsilon$ | $\epsilon^*$ | −1 | $\epsilon$ | $\epsilon^*$ | | |

$\epsilon = \exp[2\pi i/6]$, $\epsilon^* = \exp[-2\pi i/6]$

| $\mathbf{D_{2d}}$ | E | $2S_4$ | $C_2$ | $2C_2'$ | $2\sigma_d$ | Trans. Rot. | Dipol. |
|---|---|---|---|---|---|---|---|
| $A_1$ | 1 | 1 | 1 | 1 | 1 | | $\alpha_{x^2+y^2}, \alpha_{z^2}$ |
| $A_2$ | 1 | 1 | 1 | $-1$ | $-1$ | $R_z$ | |
| $B_1$ | 1 | $-1$ | 1 | 1 | $-1$ | | $\alpha_{x^2-y^2}$ |
| $B_2$ | 1 | $-1$ | 1 | $-1$ | 1 | $T_z$ | $\alpha_{xy}$ |
| E | 2 | 0 | $-2$ | 0 | 0 | $(T_x, T_y), (R_x, R_y)$ | $(\alpha_{xz}, \alpha_{yz})$ |

| $\mathbf{D_{3d}}$ | E | $2C_3$ | $3C_2$ | $i$ | $2S_6$ | $3\sigma_d$ | Tr. Rot. | Dipol. |
|---|---|---|---|---|---|---|---|---|
| $A_{1g}$ | 1 | 1 | 1 | 1 | 1 | 1 | | $\alpha_{x^2+y^2}, \alpha_{z^2}$ |
| $A_{2g}$ | 1 | 1 | $-1$ | 1 | 1 | $-1$ | $R_z$ | |
| $E_g$ | 2 | $-1$ | 0 | 2 | $-1$ | 0 | $(R_x, R_y)$ | $(\alpha_{x^2-y^2}, \alpha_{xy}), (\alpha_{xz}, \alpha_{yz})$ |
| $A_{1u}$ | 1 | 1 | 1 | $-1$ | $-1$ | $-1$ | | |
| $A_{2u}$ | 1 | 1 | $-1$ | $-1$ | $-1$ | 1 | $T_z$ | |
| $E_u$ | 2 | $-1$ | 0 | $-2$ | 1 | 0 | $(T_x, T_y)$ | |

| $\mathbf{D_{4d}}$ | E | $2S_8$ | $2C_4$ | $2S_8^3$ | $C_2$ | $4C_2'$ | $4\sigma_d$ | Tr. Rot. | Dipol. |
|---|---|---|---|---|---|---|---|---|---|
| $A_1$ | 1 | 1 | 1 | 1 | 1 | 1 | 1 | | $\alpha_{x^2+y^2}, \alpha_{z^2}$ |
| $A_2$ | 1 | 1 | 1 | 1 | 1 | $-1$ | $-1$ | $R_z$ | |
| $B_1$ | 1 | $-1$ | 1 | $-1$ | 1 | 1 | $-1$ | | |
| $B_2$ | 1 | $-1$ | 1 | $-1$ | 1 | $-1$ | 1 | $T_z$ | |
| $E_1$ | 2 | $\sqrt{2}$ | 0 | $-\sqrt{2}$ | $-2$ | 0 | 0 | $(T_x, T_y)$ | |
| $E_2$ | 2 | 0 | $-2$ | 0 | 2 | 0 | 0 | | $(\alpha_{x^2-y^2}, \alpha_{xy})$ |
| $E_3$ | 2 | $-\sqrt{2}$ | 0 | $\sqrt{2}$ | $-2$ | 0 | 0 | $(R_x, R_y)$ | $(\alpha_{xz}, \alpha_{yz})$ |

| $\mathbf{D_{5d}}$ | E | $2C_5$ | $2C_5^2$ | $5C_2$ | $i$ | $2S_{10}^3$ | $2S_{10}$ | $5\sigma_d$ | Tr. Rot. | Dipol. |
|---|---|---|---|---|---|---|---|---|---|---|
| $A_{1g}$ | 1 | 1 | 1 | 1 | 1 | 1 | 1 | 1 | | $\alpha_{x^2+y^2}, \alpha_{z^2}$ |
| $A_{2g}$ | 1 | 1 | 1 | −1 | 1 | 1 | 1 | −1 | $R_z$ | |
| $E_{1g}$ | 2 | $2\cos 72°$ | $2\cos 144°$ | 0 | 2 | $2\cos 72°$ | $2\cos 144°$ | 0 | $(R_x, R_y)$ | $(\alpha_{xz}, \alpha_{yz})$ |
| $E_{2g}$ | 2 | $2\cos 144°$ | $2\cos 72°$ | 0 | 2 | $2\cos 144°$ | $2\cos 72°$ | 0 | | $(\alpha_{x^2-y^2}, \alpha_{xy})$ |
| $A_{1u}$ | 1 | 1 | 1 | 1 | −1 | −1 | −1 | −1 | | |
| $A_{2u}$ | 1 | 1 | 1 | −1 | −1 | −1 | −1 | 1 | $T_z$ | |
| $E_{1u}$ | 2 | $2\cos 72°$ | $2\cos 144°$ | 0 | −2 | $-2\cos 72°$ | $-2\cos 144°$ | 0 | $(T_x, T_y)$ | |
| $E_{2u}$ | 2 | $2\cos 144°$ | $2\cos 72°$ | 0 | −2 | $-2\cos 144°$ | $-2\cos 72°$ | 0 | | |

| $\mathbf{D_{6d}}$ | E | $2S_{12}$ | $2C_6$ | $2S_4$ | $2C_3$ | $2S_{12}^5$ | $C_2$ | $6C_2'$ | $6\sigma_d$ | Tr. Rot. | Dipol. |
|---|---|---|---|---|---|---|---|---|---|---|---|
| $A_1$ | 1 | 1 | 1 | 1 | 1 | 1 | 1 | 1 | 1 | | $\alpha_{x^2+y^2}, \alpha_{z^2}$ |
| $A_2$ | 1 | 1 | 1 | 1 | 1 | 1 | 1 | −1 | −1 | $R_z$ | |
| $B_1$ | 1 | −1 | 1 | −1 | 1 | −1 | 1 | 1 | −1 | | |
| $B_2$ | 1 | −1 | 1 | −1 | 1 | −1 | 1 | −1 | 1 | $T_z$ | |
| $E_1$ | 2 | $\sqrt{3}$ | 1 | 0 | −1 | $-\sqrt{3}$ | −2 | 0 | −0 | | |
| $E_2$ | 2 | 1 | −1 | −2 | −1 | 1 | 2 | 0 | 0 | | $(\alpha_{x^2-y^2}, \alpha_{xy})$ |
| $E_3$ | 2 | 0 | −2 | 0 | 2 | 0 | −2 | 0 | 0 | | |
| $E_4$ | 2 | −1 | −1 | 2 | −1 | −1 | 2 | 0 | 0 | | |
| $E_5$ | 2 | $-\sqrt{3}$ | 1 | 0 | −1 | $\sqrt{3}$ | −2 | 0 | 0 | $(R_x, R_y)$ | $\alpha_{xz}, \alpha_{yz}$ |

| $\mathbf{D_{2h}}$ | E | $C_2(z)$ | $C_2(y)$ | $C_2(x)$ | $i$ | $\sigma(xy)$ | $\sigma(xz)$ | $\sigma(yz)$ | Tr. Rot. | Dipol. |
|---|---|---|---|---|---|---|---|---|---|---|
| $A_g$ | 1 | 1 | 1 | 1 | 1 | 1 | 1 | 1 | | $\alpha_{x^2}, \alpha_{y^2}, \alpha_{z^2}$ |
| $B_{1g}$ | 1 | 1 | −1 | −1 | 1 | 1 | −1 | −1 | $R_z$ | $\alpha_{xy}$ |
| $B_{2g}$ | 1 | −1 | 1 | −1 | 1 | −1 | 1 | −1 | $R_y$ | $\alpha_{xz}$ |
| $B_{3g}$ | 1 | −1 | −1 | 1 | 1 | −1 | −1 | 1 | $R_x$ | $\alpha_{yz}$ |
| $A_u$ | 1 | 1 | 1 | 1 | −1 | −1 | −1 | −1 | | |
| $B_{1u}$ | 1 | 1 | −1 | −1 | −1 | −1 | 1 | 1 | $T_z$ | |
| $B_{2u}$ | 1 | −1 | 1 | −1 | −1 | 1 | −1 | 1 | $T_y$ | |
| $B_{3u}$ | 1 | −1 | −1 | 1 | −1 | 1 | 1 | −1 | $T_x$ | |

| $\mathbf{D_{3h}}$ | E | $2C_3$ | $3C_2$ | $\sigma_h$ | $2S_3$ | $3\sigma_v$ | Trans. Rot. | Dipol. |
|---|---|---|---|---|---|---|---|---|
| $A_1'$ | 1 | 1 | 1 | 1 | 1 | 1 | | $\alpha_{x^2+y^2}, \alpha_{z^2}$ |
| $A_2'$ | 1 | 1 | −1 | 1 | 1 | −1 | $R_z$ | |
| $E'$ | 2 | −1 | 0 | 2 | −1 | 0 | $(T_x, T_y)$ | $(\alpha_{x^2-y^2}, \alpha_{xy})$ |
| $A_1''$ | 1 | 1 | 1 | −1 | −1 | −1 | | |
| $A_2''$ | 1 | 1 | −1 | −1 | −1 | 1 | $T_z$ | |
| $E''$ | 2 | −1 | 0 | −2 | 1 | 0 | $(R_x, R_y)$ | $(\alpha_{xz}, \alpha_{yz})$ |

| $\mathbf{D_{4h}}$ | E | $2C_4$ | $C_2$ | $2C_2'$ | $2C_2''$ | $i$ | $2S_4$ | $\sigma_h$ | $2\sigma_v$ | $2\sigma_d$ | Tr. Rot. | Dipol. |
|---|---|---|---|---|---|---|---|---|---|---|---|---|
| $A_{1g}$ | 1 | 1 | 1 | 1 | 1 | 1 | 1 | 1 | 1 | 1 | | $\alpha_{x^2+y^2}, \alpha_{z^2}$ |
| $A_{2g}$ | 1 | 1 | 1 | −1 | −1 | 1 | 1 | 1 | −1 | −1 | $R_z$ | |
| $B_{1g}$ | 1 | −1 | 1 | 1 | −1 | 1 | −1 | 1 | 1 | −1 | | $\alpha_{x^2-y^2}$ |
| $B_{2g}$ | 1 | −1 | 1 | −1 | 1 | 1 | −1 | 1 | −1 | 1 | | $\alpha_{xy}$ |
| $E_g$ | 2 | 0 | −2 | 0 | 0 | 2 | 0 | −2 | 0 | 0 | $(R_x, R_y)$ | $(\alpha_{xz}, \alpha_{yz})$ |
| $A_{1u}$ | 1 | 1 | 1 | 1 | 1 | −1 | −1 | −1 | −1 | −1 | | |
| $A_{2u}$ | 1 | 1 | 1 | −1 | −1 | −1 | −1 | −1 | 1 | 1 | $T_z$ | |
| $B_{1u}$ | 1 | −1 | 1 | 1 | −1 | −1 | 1 | −1 | −1 | 1 | | |
| $B_{2u}$ | 1 | −1 | 1 | −1 | 1 | −1 | 1 | −1 | 1 | −1 | | |
| $E_u$ | 2 | 0 | −2 | 0 | 0 | −2 | 0 | 2 | 0 | 0 | $(T_x, T_y)$ | |

| $\mathbf{D_{5h}}$ | E | $2C_5$ | $2C_5^2$ | $5C_2$ | $\sigma_h$ | $2S_5$ | $2S_5^3$ | $5\sigma_v$ | Tr. Rot. | Dipol. |
|---|---|---|---|---|---|---|---|---|---|---|
| $A_1'$ | 1 | 1 | 1 | 1 | 1 | 1 | 1 | 1 | $R_z$ | $\alpha_{x^2-y^2}, \alpha_{z^2}$ |
| $A_2'$ | 1 | 1 | 1 | −1 | 1 | 1 | 1 | −1 | $R_z$ | |
| $E_1'$ | 2 | 2 cos 72° | 2 cos 144° | 0 | 2 | 2 cos 72° | 2 cos 144° | 0 | $(T_x, T_y)$ | |
| $E_2'$ | 2 | 2 cos 144° | 2 cos 72° | 0 | 2 | 2 cos 144° | 2 cos 72° | 0 | | $(\alpha_{x^2-y^2}, \alpha_{xy})$ |
| $A_1''$ | 1 | 1 | 1 | 1 | −1 | −1 | −1 | −1 | | |
| $A_2''$ | 1 | 1 | 1 | −1 | −1 | −1 | −1 | 1 | $T_z$ | |
| $E_1''$ | 2 | 2 cos 72° | 2 cos 144° | 0 | −2 | −2 cos 72° | −2 cos 144° | 0 | $(R_x, R_y)$ | $(\alpha_{xz}, \alpha_{yz})$ |
| $E_2''$ | 2 | 2 cos 144° | 2 cos 72° | 0 | −2 | −2 cos 144° | −2 cos 72° | 0 | | |

| $\mathbf{D_{6h}}$ | E | $2C_6$ | $2C_3$ | $C_2$ | $3C_2'$ | $3C_2''$ | $i$ | $2S_3$ | $2S_6$ | $\sigma_h$ | $3\sigma_d$ | $3\sigma_v$ | Tr. Rot. | Dipol. |
|---|---|---|---|---|---|---|---|---|---|---|---|---|---|---|
| $A_{1g}$ | 1 | 1 | 1 | 1 | 1 | 1 | 1 | 1 | 1 | 1 | 1 | 1 | | $\alpha_{x^2+y^2}, \alpha_{z^2}$ |
| $A_{2g}$ | 1 | 1 | 1 | 1 | −1 | −1 | 1 | 1 | 1 | 1 | −1 | −1 | $R_z$ | |
| $B_{1g}$ | 1 | −1 | 1 | −1 | 1 | −1 | 1 | −1 | 1 | −1 | 1 | −1 | | |
| $B_{2g}$ | 1 | −1 | 1 | −1 | −1 | 1 | 1 | −1 | 1 | −1 | −1 | 1 | | |
| $E_{1g}$ | 2 | 1 | −1 | −2 | 0 | 0 | 2 | 1 | −1 | −2 | 0 | 0 | $(R_x, R_y)$ | $(\alpha_{xz}, \alpha_{yz})$ |
| $E_{2g}$ | 2 | −1 | −1 | 2 | 0 | 0 | 2 | −1 | −1 | 2 | 0 | 0 | | $(\alpha_{x^2-y^2}, \alpha_{xy})$ |
| $A_{1u}$ | 1 | 1 | 1 | 1 | 1 | 1 | −1 | −1 | −1 | −1 | −1 | −1 | | |
| $A_{2u}$ | 1 | 1 | 1 | 1 | −1 | −1 | −1 | −1 | −1 | −1 | 1 | 1 | $T_z$ | |
| $B_{1u}$ | 1 | −1 | 1 | −1 | 1 | −1 | −1 | 1 | −1 | 1 | −1 | 1 | | |
| $B_{2u}$ | 1 | −1 | 1 | −1 | −1 | 1 | −1 | 1 | −1 | 1 | 1 | −1 | | |
| $E_{1u}$ | 2 | 1 | −1 | −2 | 0 | 0 | −2 | −1 | 1 | 2 | 0 | 0 | $(T_x, T_y)$ | |
| $E_{2u}$ | 2 | −1 | −1 | 2 | 0 | 0 | −2 | 1 | 1 | −2 | 0 | 0 | | |

| $D_{\infty h}$ | E | $2C_\infty$ | ... | $\infty\sigma_v$ | $i$ | $2S_\infty^\Phi$ | ... | $\infty C_2$ | Tr. Rot. | Dipol. |
|---|---|---|---|---|---|---|---|---|---|---|
| $A_{1g} \equiv \Sigma_g^+$ | 1 | 1 | ... | 1 | 1 | 1 | ... | 1 | | $\alpha_{x^2+y^2}, \alpha_{z^2}$ |
| $A_{2g} \equiv \Sigma_g^-$ | 1 | 1 | ... | −1 | 1 | 1 | ... | −1 | $R_z$ | |
| $E_{1g} \equiv \Pi_g$ | 2 | $2\cos\phi$ | ... | 0 | 2 | $-2\cos\phi$ | ... | 0 | $(R_x, R_y)$ | $(\alpha_{xz}, \alpha_{yz})$ |
| $E_{2g} \equiv \Delta_g$ | 2 | $2\cos 2\phi$ | ... | 0 | 2 | $2\cos 2\phi$ | ... | 0 | | $(\alpha_{x^2-y^2}, \alpha_{xy})$ |
| $E_{3g} \equiv \Phi_g$ | 2 | $2\cos 3\phi$ | ... | 0 | 2 | $-2\cos 3\phi$ | ... | 0 | | |
| ⋮ | ⋮ | ⋮ | ⋮ | ⋮ | ⋮ | ⋮ | ⋮ | ⋮ | | |
| $A_{2u} \equiv \Sigma_u^+$ | 1 | 1 | ... | 1 | −1 | −1 | ... | −1 | $T_z$ | |
| $A_{1u} \equiv \Sigma_u^-$ | 1 | 1 | ... | −1 | −1 | −1 | ... | 1 | | |
| $E_{1u} \equiv \Pi_u$ | 2 | $2\cos\phi$ | ... | 0 | −2 | $2\cos\phi$ | ... | 0 | $(T_x, T_y)$ | |
| $E_{2u} \equiv \Delta_u$ | 2 | $2\cos 2\phi$ | ... | 0 | −2 | $-2\cos 2\phi$ | ... | 0 | | |
| $E_{3u} \equiv \Phi_u$ | 2 | $2\cos 3\phi$ | ... | 0 | −2 | $2\cos 3\phi$ | ... | 0 | | |
| ⋮ | ⋮ | ⋮ | ⋮ | ⋮ | ⋮ | ⋮ | ⋮ | ⋮ | | |

| **S₄** | E | $S_4$ | $C_2$ | $S_4^3$ | Trans. Rot. | Dipol. |
|---|---|---|---|---|---|---|
| A | 1 | 1 | 1 | 1 | $R_z$ | $\alpha_{x^2+y^2}, \alpha_{z^2}$ |
| B | 1 | −1 | 1 | −1 | $T_z$ | $\alpha_{x^2-y^2}, \alpha_{xy}$ |
| E | 1 | $i$ | −1 | $-i$ | $(T_x, T_y)(R_x, R_y)$ | $(\alpha_{xz}, \alpha_{yz})$ |
| | 1 | $-i$ | −1 | $i$ | | |

| **S₆** | E | $C_3$ | $C_3^2$ | i | $S_6^5$ | $S_6$ | Trans. Rot. | Dipol. |
|---|---|---|---|---|---|---|---|---|
| $A_g$ | 1 | 1 | 1 | 1 | 1 | 1 | $R_z$ | $\alpha_{x^2+y^2}, \alpha_{z^2}$ |
| $E_g$ | 1 | $\epsilon$ | $\epsilon^*$ | 1 | $\epsilon$ | $\epsilon^*$ | $(R_x, R_y)$ | $(\alpha_{x^2-y^2}, \alpha_{xy}), \ldots$ |
| | 1 | $\epsilon^*$ | $\epsilon$ | 1 | $\epsilon^*$ | $\epsilon$ | | $\ldots, (\alpha_{xz}, \alpha_{yz})$ |
| $A_u$ | 1 | 1 | 1 | −1 | −1 | −1 | $T_z$ | |
| $E_u$ | 1 | $\epsilon$ | $\epsilon^*$ | −1 | $-\epsilon$ | $-\epsilon^*$ | $(T_x, T_y)$ | |
| | 1 | $\epsilon^*$ | $\epsilon$ | −1 | $-\epsilon^*$ | $-\epsilon$ | | |

$\epsilon = \exp[2\pi/3], \epsilon^* = \exp[-2\pi/3]$

| **S₈** | E | $S_8$ | $C_4$ | $S_8^3$ | $C_2$ | $S_8^5$ | $C_4^3$ | $S_8^7$ | Tr. Rot. | Dipol. |
|---|---|---|---|---|---|---|---|---|---|---|
| A | 1 | 1 | 1 | 1 | 1 | 1 | 1 | 1 | $R_z$ | $\alpha_{x^2+y^2}, \alpha_{z^2}$ |
| B | 1 | −1 | 1 | −1 | 1 | −1 | 1 | −1 | $T_z$ | |
| $E_1$ | 1 | $\epsilon$ | $i$ | $-\epsilon^*$ | −1 | $-\epsilon$ | $-i$ | $\epsilon^*$ | $(T_x, T_y), \ldots$ | |
| | 1 | $\epsilon^*$ | $-i$ | $-\epsilon$ | −1 | $-\epsilon^*$ | $i$ | $\epsilon$ | $\ldots, (R_x, R_y)$ | |
| $E_2$ | 1 | $i$ | −1 | $-i$ | 1 | $i$ | −1 | $-i$ | | $(\alpha_{x^2-y^2}, \alpha_{xy})$ |
| | 1 | $-i$ | −1 | $i$ | 1 | $-i$ | −1 | $i$ | | |
| $E_3$ | 1 | $-\epsilon^*$ | $-i$ | $\epsilon$ | −1 | $\epsilon^*$ | $i$ | $-\epsilon$ | | $(\alpha_{xz}\alpha_{yz})$ |
| | 1 | $-\epsilon$ | $i$ | $\epsilon^*$ | −1 | $\epsilon$ | $-i$ | $-\epsilon^*$ | | |

$\epsilon = \exp[2\pi/8], \epsilon^* = \exp[-2\pi/8]$

| $\mathbf{T_d}$ | E | $8C_3$ | $3C_2$ | $6S_4$ | $6\sigma_d$ | Trans. Rot. | Dipol. |
|---|---|---|---|---|---|---|---|
| $A_1$ | 1 | 1 | 1 | 1 | 1 | | $\alpha_{x^2+y^2+z^2}$ |
| $A_2$ | 1 | 1 | 1 | $-1$ | $-1$ | | |
| E | 2 | $-1$ | 2 | 0 | 0 | | $(\alpha_{2z^2-x^2-y^2}, \alpha_{x^2-y^2})$ |
| $T_1 \equiv F_1$ | 3 | 0 | $-1$ | 1 | $-1$ | $(R_x, R_y, R_z)$ | |
| $T_2 \equiv F_2$ | 3 | 0 | $-1$ | $-1$ | 1 | $(T_x, T_y, T_z)$ | $(\alpha_{xy}, \alpha_{xz}, \alpha_{yz})$ |

| $\mathbf{T}$ | E | $4C_3$ | $4C_3^2$ | $3C_2$ | Trans. Rot | Dipol. |
|---|---|---|---|---|---|---|
| A | 1 | 1 | 1 | 1 | | $\alpha_{x^2+y^2+z^2}$ |
| E | 1 | $\epsilon$ | $\epsilon^*$ | 1 | | $(\alpha_{2z^2-x^2-y^2}, \dots$ |
| | 1 | $\epsilon^*$ | $\epsilon$ | 1 | | $\dots, \alpha_{x^2-y^2})$ |
| T≡F | 3 | 0 | 0 | $-1$ | $(T_x, T_y, T_z), \dots$ $\dots, (R_x, R_y, R_z)$ | $(\alpha_{xy}, \alpha_{xz}, \alpha_{yz})$ |

$\epsilon = \exp[2\pi/3]$, $\epsilon^* = \exp[-2\pi/3]$

| $O_h$ | $i$ | $8C_3$ | $6C_2$ | $6C_4$ | $3C_4^2$ | $i$ | $6S_4$ | $8S_6$ | $3\sigma_h$ | $6\sigma_d$ | Tr. Rot. | Dipol. |
|---|---|---|---|---|---|---|---|---|---|---|---|---|
| $A_{1g}$ | 1 | 1 | 1 | 1 | 1 | 1 | 1 | 1 | 1 | 1 | | $\alpha_{x^2+y^2+z^2}$ |
| $A_{2g}$ | 1 | 1 | −1 | −1 | 1 | 1 | −1 | 1 | 1 | −1 | | |
| $E_g$ | 2 | −1 | 0 | 0 | 2 | 2 | 0 | −1 | 2 | 0 | | $(\alpha_{2z^2-x^2-y^2}, \alpha_{x^2-y^2})$ |
| $T_{1g} \equiv F_{1g}$ | 3 | 0 | −1 | 1 | −1 | 3 | 1 | 0 | −1 | −1 | $(R_x, R_y, R_z)$ | |
| $T_{2g} \equiv F_{2g}$ | 3 | 0 | 1 | −1 | −1 | 3 | −1 | 0 | −1 | 1 | | $(\alpha_{xz}, \alpha_{yz}, \alpha_{xy})$ |
| $A_{1u}$ | 1 | 1 | 1 | 1 | 1 | −1 | −1 | −1 | −1 | −1 | | |
| $A_{2u}$ | 1 | 1 | −1 | −1 | 1 | −1 | 1 | −1 | −1 | 1 | | |
| $E_u$ | 2 | −1 | 0 | 0 | 2 | −2 | 0 | 1 | −2 | 0 | | |
| $T_{1u} \equiv F_{1u}$ | 3 | 0 | −1 | 1 | −1 | −3 | −1 | 0 | 1 | 1 | $(T_x, T_y, T_z)$ | |
| $T_{2u} \equiv F_{2u}$ | 3 | 0 | 1 | −1 | −1 | −3 | 1 | 0 | 1 | −1 | | |

| O | E | $8C_3$ | $6C_2$ | $6C_4$ | $3C_4^2$ | Tr. Rot. | Dipol. |
|---|---|---|---|---|---|---|---|
| $A_1$ | 1 | 1 | 1 | 1 | 1 | | $\alpha_{x^2+y^2+z^2}$ |
| $A_2$ | 1 | 1 | −1 | −1 | 1 | | |
| E | 2 | −1 | 0 | 0 | 2 | | $(\alpha_{2z^2-x^2-y^2}, \alpha_{x^2-y^2})$ |
| $T_1 \equiv F_1$ | 3 | 0 | −1 | 1 | −1 | $(T_x, T_y, T_z), (R_x, R_y, R_z)$ | |
| $T_2 \equiv F_2$ | 3 | 0 | 1 | −1 | −1 | | $(\alpha_{xy}, \alpha_{xz}, \alpha_{yz})$ |

| $\mathbf{K_h}$ | E | $\infty C_\infty$ | $\infty S_\infty$ | $i$ | Tr. Rot. | Dipol. |
|---|---|---|---|---|---|---|
| $S_g$ | 1 | 1 | 1 | 1 | | (1) |
| $S_u$ | 1 | 1 | $-1$ | $-1$ | | |
| $P_g$ | 3 | $1+2\cos\phi$ | $1-2\cos\phi$ | 1 | $(R_x, R_y, R_z)$ | |
| $P_u$ | 3 | $1+2\cos\phi$ | $-1+2\cos\phi$ | $-1$ | $(T_x, T_y, T_z)$ | |
| $D_g$ | 5 | $1+2\cos\phi+2\cos 2\phi$ | $1-2\cos\phi+2\cos 2\phi$ | 1 | | (2) |
| $D_u$ | 5 | $1+2\cos\phi+2\cos 2\phi$ | $-1+2\cos\phi-2\cos 2\phi$ | $-1$ | | |
| $F_g$ | 7 | $1+2\cos\phi+2\cos 2\phi+2\cos 3\phi$ | $1-2\cos\phi+2\cos 2\phi-2\cos 3\phi$ | 1 | | |
| $F_u$ | 7 | $1+2\cos\phi+2\cos 2\phi+2\cos 3\phi$ | $-1+2\cos\phi-2\cos 2\phi+2\cos 3\phi$ | $-1$ | | |
| . | . | . | . | . | | |
| . | . | . | . | . | | |
| . | . | . | . | . | | |
| . | . | . | . | . | | |
| . | . | . | . | . | | |

(1) : $\alpha_{x^2} + \alpha_{y^2} + \alpha_{z^2}$

(2) : $(\alpha_{2z^2-x^2-y^2}, \alpha_{x^2-y^2}, \alpha_{xy}, \alpha_{xz}, \alpha_{yz})$

## 6.3 Régions du spectre infrarouge

**3700 – 3100 $cm^{-1}$ : OH, NH, et ≡CH.** Dans cette région, on observe habituellement l'absorption due aux vibrations d'élongation de OH et NH. Le groupe $NH_2$ donne lieu à un doublet avec une séparation d'environ 70 $cm^{-1}$ (cf. tableau 6.15). Les groupes OH pontés de l'eau, des alcools ainsi que des phénols absorbent dans cette région, mais on ne peut pas y observer l'absorption des acides carboxyliques dimérisés (cf. tableau 6.12). En raison d'effets de corrélation, la bande OH est plus large que la bande NH, mais elle devient beaucoup plus étroite et moins intense lorsque les liaisons hydrogène sont rompues par dilution à l'aide d'un solvant non polaire. Le groupe –C≡C–H présente une vibration d'élongation C–H au voisinage de 3300 $cm^{-1}$, mais cette bande n'est pas aussi large que les bandes OH (cf. tableau 6.10). Des harmoniques de carbonyles sont présents, mais avec une faible intensité, dans la région 3500 – 3400 $cm^{-1}$.

**3100 – 3000 $cm^{-1}$ : CH aromatiques et alcéniques.** Ceci est la région dans laquelle on retrouve les vibrations d'élongation C–H des alcènes, des cycles aromatiques ainsi que des cycles à trois chaînons (cf. tableaux 6.9 et 6.5).

**3000 – 2700 $cm^{-1}$ : CH aliphatiques.** Les vibrations d'élongation des CH aliphatiques apparaissent en dessous de 3000 $cm^{-1}$. Les groupes aliphatiques $CH_2$ et $CH_3$ donnent lieu à un doublet avec une séparation d'environ 80 $cm^{-1}$; le groupe $CH_3$ s'observe vers 2960 $cm^{-1}$ et le groupe $CH_2$ vers 2930 $cm^{-1}$ (tableaux 6.4 et 6.5). Un groupe $CH_2$ ou $CH_3$ adjacent à l'azote d'un amine tertiaire absorbe dans la région des 2800 $cm^{-1}$, tandis que de nombreux aldéhydes donnent des bandes vers 2730 $cm^{-1}$ (tableau 6.11).

**3100 – 2400 $cm^{-1}$ : Acides carboxyliques et sels d'amines.** Bon nombre d'hydrogènes acides donnent lieu à de larges bandes dans cette région. Les acides carboxyliques dimérisés laissent entrevoir une large absorption proche de 3000 $cm^{-1}$ avec des bandes satellites à 2650 et 2550 $cm^{-1}$ (tableau 6.11). Les sels d'amines absorbent également largement dans cette région.

**2600 – 2100 $cm^{-1}$ : SH, BH, PH, et SiH.** Les vibrations d'élongation de SH des mercaptans et des thiophénols donnent lieu à une absorption dans la région de 2590 à 2540 $cm^{-1}$. Les molécules possédant un groupe BH donnent une absorption à 2630 – 2350 $cm^{-1}$, celles pourvues d'un groupe PH à 2440 – 2275 $cm^{-1}$, et celles pourvues d'un groupe SiH à 2250 – 2100 $cm^{-1}$.

**2300 – 1900 $cm^{-1}$ : Liaisons triples et liaisons doubles cumulées.** Les liaisons doubles cumulées présentent une plus forte intensité que les liaisons triples (cf. tableau 6.10). Les sels d'amines primaires absorbent également dans cette région, tout comme le font les complexes métalliques carbonylés.

**1900 – 1550 $cm^{-1}$ : C=O.** La forte absorption des composés carbonylés se situe dans cette région. De telles bandes peuvent être aisément distinguées des harmoniques plus faibles dus aux alcènes et aux cycles aromatiques. Un groupe électronégatif attenant à un carbonyle, comme dans un chlorure d'acide, aboutit à une absorption au-dessus de 1760 $cm^{-1}$. Les aldéhydes présentent des bandes dans la région des 1725 $cm^{-1}$, les cétones aux alentours de 1715 $cm^{-1}$, les acides carboxyliques dimérisés vers 1700 $cm^{-1}$ et les amides vers 1660 $cm^{-1}$ (cf. tableaux 6.11, 6.13 et 6.14).

**1700 – 1550 $cm^{-1}$ : C=C et C=N.** Les molécules contenant un groupe C=C absorbent dans la région 1680 à 1600 $cm^{-1}$, à l'exception des alcènes disubstitués symétriquement en *trans*. Les composés qui contiennent un groupe C=N donnent lieu à des bandes situées dans la fourchette des 1690 à 1630 $cm^{-1}$ (tableaux 6.9 et 6.16).

**1660 – 1450 $cm^{-1}$ : N=O.** Les nitrates organiques présentent une bande dans la zone 1660 - 1625 $cm^{-1}$, tandis que les nitrites organiques absorbent dans deux régions : 1681 à 1648 et 1625 à 1605 $cm^{-1}$. Dans la région 1590 - 1535 $cm^{-1}$, on rencontre les bandes dues à des composés nitroaliphatiques, tandis que les composés nitroaromatiques absorbent dans la fourchette 1530 - 1500 $cm^{-1}$ (tableau 6.16).

**1660 – 1500 $cm^{-1}$ : $NH_2$, $NH_3^{\oplus}$, et CNH.** La fréquence due à la déformation de cisaillement du groupe $NH_2$ se situe dans la zone 1660 à 1590 $cm^{-1}$ (tableau 6.15). Le groupe $NH_2^{\oplus}$ absorbe près de 1600 $cm^{-1}$ tandis que le groupe $NH_3^{\oplus}$ absorbe près de 1600 et 1520 $cm^{-1}$. Le groupe CNH donne lieu à une bande d'absorption intense à 1550 $cm^{-1}$, tandis que l'eau liquide donne lieu à une bande à 1640 $cm^{-1}$.

**1620 – 1410 $cm^{-1}$ : Cycles aromatiques et hétéroaromatiques.** Les cycles aromatiques se caractérisent par la présence de bandes étroites vers 1600, 1580, 1500 et 1460 $cm^{-1}$, lesquelles peuvent varier légèrement en intensité en fonction des substituants présents. Les pyridines donnent également des bandes dans ces régions (tableaux 6.17 et 6.18). Les composés hétérocycliques donnent lieu à deux bandes dans les régions 1600 – 1530 $cm^{-1}$ et 1500 – 1430 $cm^{-1}$.

**1500 – 1250 $cm^{-1}$ : $CH_2$ et $CH_3$.** Le groupe $CH_2$ présente sa déformation de cisaillement dans la région 1500 – 1400 $cm^{-1}$, mais on y retrouve également la déformation asymétrique du groupe $CH_3$ (tableaux 6.4 et 6.5). Les alcanes donnent généralement lieu à une absorption vers 1460 $cm^{-1}$, mais celle-ci shifte jusqu'à 1420 $cm^{-1}$ lorsqu'un soufre, un phosphore ou du silicium y est lié. La déformation symétrique, «en parapluie», du $CH_3$ voit son absorption varier en fonction de l'électronégavité du substituant : elle se situe pour $O - CH_3$ vers 1450 $cm^{-1}$, pour $C - CH_3$ vers 1375 $cm^{-1}$ et pour $Si - CH_3$ vers 1265 $cm^{-1}$.

**1470 – 1310 $cm^{-1}$ : B–O, B–N, $NO_3^{\ominus}$, $CO_3^{2\ominus}$, et $NH_4^{\oplus}$.** Les composés qui contiennent ces groupes présentent une absorption intense dans cette région ; les ions nitrate et carbonate donnent des bandes intenses et larges vers 1400 $cm^{-1}$ et il en va de même pour l'ion ammonium.

**1400 – 1000 $cm^{-1}$ : $SO_2$, $SO_3^{\ominus}$, SO, et $SO_4^{2\ominus}$.** Le groupe $SO_2$ donne lieu à deux bandes séparées de 180 $cm^{-1}$ dans les régions 1400 – 1300 et 1200 – 1100 $cm^{-1}$, dont les positions varient en fonction de l'électronégativité des substituants. Une bande large vers 1200 $cm^{-1}$ suggère la présence de sels d'acides sulfoniques, tandis que les dialkylsulfites et les sulfoxydes absorbent respectivement vers 1200 et 1050 $cm^{-1}$. Le groupe $SO_4^{2\ominus}$ présente une bande vers 1120 $cm^{-1}$.

**1350 – 1150 $cm^{-1}$ : $CH_2$, $CH_3$, et $CH_2X$.** Les vibrations de balancement des groupes $CH_2$ des chaînes hydrocarbonées produisent de faibles bandes dans cette région : les structures desdites bandes deviennent de plus en plus complexes lorsque la chaîne s'allonge. La présence d'halogènes ou de soufre se traduit par des bandes intenses : $CH_2S$ à 1250 $cm^{-1}$, $CH_2Cl$ à 1275 $cm^{-1}$, $CH_2Br$ à 1230 $cm^{-1}$, $CH_2I$ à 1170 $cm^{-1}$ (tableaux 6.4 et 6.5).

**1300 – 1000 $cm^{-1}$ : C–O.** L'élongation des liaisons C–O se traduit par une intense absorption dans cette région. La bande C–O des esters, des phénols, des éthers phényliques et des éthers vinyliques apparaît dans la fourchette des 1300 – 1150 $cm^{-1}$. Les éthers saturés absorbent à 1125 $cm^{-1}$ tandis que les alcools le font dans la zone 1200 – 1000 $cm^{-1}$. Les alcools primaires donnent des bandes dans la région 1075 – 1000 $cm^{-1}$ (tableaux 6.12, 6.13 et 6.14).

**1100 – 830 $cm^{-1}$ : Si–O et P–O.** Des bandes étroites dans la région 1100 – 1000 $cm^{-1}$ peuvent être dues à un groupe Si–O–alkyle, soit encore au groupe Si–O–Si. Le groupe Si–OH donne lieu à une absorption dans la fourchette des 910-830 $cm^{-1}$. Les composés correspondants contenant du phosphore donnent lieu aux absorptions suivantes : 1050 à 970 $cm^{-1}$ pour un groupe P–O–alkyle ou P–O–P et 1000 à 900 $cm^{-1}$ pour le groupe P–OH.

**1000 – 600 $cm^{-1}$ : CH des alcènes.** Le balancement de la liaison C–H des alcènes se traduit par une absorption dans la zone 1000-940 $cm^{-1}$. Celle-ci se situe à 910 $cm^{-1}$ pour les alcènes ramifiés (cf. tableaux 6.8 et 6.9).

**900 – 700 $cm^{-1}$ : CH aromatiques.** Les cinq hydrogènes adjacents des benzènes monosubstitués donnent lieu à des bandes vers 770-730 $cm^{-1}$. Les quatre hydrogènes adjacents des benzènes disubstitués en *ortho* absorbent à 750 $cm^{-1}$. Les trois hydrogènes adjacents des benzènes trisubstitués de manière vicinale absorbent à 780 $cm^{-1}$, ceux qui sont symétriquement disposés absorbent à 870 $cm^{-1}$ et 700 $cm^{-1}$, tandis que s'ils sont asymétriquement positionnés, ils le font à 820 $cm^{-1}$ (tableau 6.17).

**830 – 500 $cm^{-1}$ : CCl, CBr, et CI.** Un carbone halogéné laisse entrevoir des bandes dans la fourchette des 830 – 570 $cm^{-1}$ pour Cl, des 680 – 515 $cm^{-1}$ pour Br et des 610 – 485 $cm^{-1}$ pour I.

# 6.4 Bandes infrarouges

**REMARQUES**

Les positions de chacune des bandes sont données en nombres d'ondes

$$\tilde{\nu} = 1/\lambda = \nu/c.$$

- La bande caractéristique d'un groupe fonctionnel particulier est donnée dans la première colonne, suivie dans certains cas par une indication de son intensité et parfois des positions d'autres bandes significatives :

| | |
|---|---|
| ss | Absorption très intense |
| s | Absorption intense |
| s – m | Absorption intense à moyenne |
| m | Absorption moyenne |
| m – w | Absorption moyenne à faible |
| w | Absorption faible |
| var. | Intensité variable |

- Les entités attenantes aux groupes fonctionnels sont symbolisées comme suit :

  Ph = phényle; X = halogène; $R^i$ = groupe alkyle.

  La nature de la vibration correspondante est également indiquée dans certains tableaux.

**Tableau 6.3** : FACTEURS DE CONVERSION relatifs aux unités d'énergie employées en spectroscopie

| | J/molécule | eV | $cm^{-1}$ |
|---|---|---|---|
| J/molécule | 1 | $6,242 \times 10^{18}$ | $5,036 \times 10^{22}$ |
| eV | $1,602 \times 10^{-19}$ | 1 | $8,067 \times 10^{3}$ |
| $cm^{-1}$ | $1,986 \times 10^{-23}$ | $1,239 \times 10^{-4}$ | 1 |

Exemple : 1 eV = 8067 $cm^{-1}$

**Tableau 6.4** : BANDES INFRAROUGES du groupe $CH_3$

| Bande/$cm^{-1}$ | Intensité | Arrangement |
|---|---|---|
| 2972 – 2952 | s | $CH_3 - R$ (aliphatique) |
| 2882 – 2862 | s – m | |
| 1475 – 1450 | m | |
| 1383 – 1377 | m | |
| 2930 – 2920 | m | $CH_3 - R$ (aromatique) |
| 2870 – 2860 | m | |
| 1159 – 1151 | m | $R^1 - CH_2 - CH(CH_3) - CH_2 - R^2$ |
| 1389 – 1381 | m | $(CH_3)_2CH - R$, R : alcane |
| 1372 – 1368 | m | |
| 1171 – 1168 | m | |
| 1150 – 1130 | var. | |
| 1391 – 1381 | m | $(CH_3)_2CR^1R^2$ |
| 1368 – 1366 | s – m | |
| 1221 – 1206 | w | |
| 1191 – 1185 | m | |
| 1401 – 1393 | m | $(CH_3)_3C - R$ |
| 1374 – 1366 | s | |
| 1253 – 1235 | m | |
| 1208 – 1163 | m | |

**Tableau 6.4** : BANDES INFRAROUGES du groupe $CH_3$ *(suite)*

| Bande/$cm^{-1}$ | Intensité | Arrangement |
|---|---|---|
| 3000 – 2900 | m – w | $CH_3 - CO - R$ |
| 1440 – 1405 | m | |
| 1375 – 1350 | s – m | |
| 2805 – 2780 | s | $H_3C - NR^1R^2$ (aliphatique) |
| 2820 – 2810 | | $H_3C - NR^1R^2$ (aromatique) |
| 2825 – 2810 | | $(CH_3)_2N - R$ (aliphatique) |
| 2810 – 2790 | | $(CH_3)_2N - R$ (aromatique) |
| 2992 – 2955 | s | $H_3C - O - R$ |
| 2897 – 2867 | s | |
| 2832 – 2815 | var. | |
| 1470 – 1440 | m | |
| 2992 – 2955 | m | $H_3C - S - R$ et $H_3C - S - S - R$ |
| 2897 – 2867 | m | |
| 1440 – 1415 | m | |
| 1330 – 1290 | m – w | |
| 1440 – 1410 | w | $H_3C - Si$ |
| 1270 – 1255 | s | |
| 1330 – 1280 | w | $H_3C - P$ |

**Tableau 6.5** : BANDES INFRAROUGES du groupe $CH_2$ (Voir aussi Tableau 6.4)

| Bande/$cm^{-1}$ | Intensité | Arrangement |
|---|---|---|
| 2936 – 2916 | s | $R^1-CH_2-R^2$ (alcanes) |
| 2863 – 2843 | s – m | |
| 1475 – 1450 | m | |
| 724 – 722 | w | $H_3C-(CH_2)_6-R$ |
| 724 – 723 | w | $H_3C-(CH_2)_5-R$ |
| 726 – 724 | w | $H_3C-(CH_2)_4-R$ |
| 729 – 726 | w | $H_3C-(CH_2)_3-R$ |
| 743 – 734 | w | $H_3C-(CH_2)_2-CHR^1-R^2$ |
| 785 – 770 | w | $H_3C-CH_2-CHR^1-R^2$ |
| 2936 – 2916 | s | $CH_2=CH-CH_2-R$ et $CH\equiv C-CH_2-R$ |
| 2863 – 2843 | s – m | |
| 1455 – 1435 | m | |
| 3000 – 2900 | m | $-CH_2-R$, R : $-CN$, $-NO_2$ |
| 1445 – 1405 | s – m | |
| 2955 – 2922 | s | $-CH_2-R$, R : $-O-$, $-OH$, $-NH_2$ |
| 2878 – 2835 | s | |
| 1475 – 1445 | m | |
| 2960 – 2920 | s | $-CH_2-NHR$ et $-CH_2-NR^1R^2$ |
| 2820 – 2760 | s | |
| 1475 – 1445 | m | |
| 2948 – 2922 | s | $-CH_2-S-R$, R : $-H$, $-C$, $-S$ |
| 2878 – 2846 | s – m | |
| 1440 – 1415 | m | |
| 1270 – 1220 | s | |
| 3000 – 2950 | w | $R-CH_2-Cl$ |
| 1460 – 1430 | m | |
| 1300 – 1240 | s | |
| 1445 – 1405 | m | $R-CH_2-P$ |

**Tableau 6.5** : BANDES INFRAROUGES du groupe $CH_2$ *(suite)*

| Bande/$cm^{-1}$ | Arrangement |
|---|---|
| 3100 – 3072<br>3033 – 2995<br>1050 – 1000 | $-CH_2-$ dans le cyclopropane |
| 2999 – 2977<br>2924 – 2875 | $-CH_2-$ dans le cyclobutane |
| 2959 – 2952<br>2866 – 2853 | $-CH_2-$ dans le cyclopentane |
| approx. 2977<br>approx. 2854 | $-CH_2-$ dans le cyclohexane |
| 3058 – 3029<br>3004 – 2990 | groupe oxirane |

**Tableau 6.6** : BANDES INFRAROUGES des vibrations des $CH_2$ dans les alcènes

| Bande/$cm^{-1}$ | Intensité | Arrangement |
|---|---|---|
| 961 | s | $R-O-CO-CH=CH_2$ |
| 960 | s | $R^1-CH_2-CHR^2-C\equiv N$ |
| 910 | s | $R-CH=CH_2$ |
| 894 | s | $RClCH=CH_2$ |
| 870 | s | $R-CO-O-CH=CH_2$ |
| 840 | s | $R^1-CO-NR^2-CH=CH_2$ |
| 813 | s | $R-O-CH=CH_2$ |
| 985 | s | $(NC)_2C=CH_2$ |
| 939 | s | $R^1-O-CO-CR^2=CH_2$ |
| 916 | s | $(NC)(Cl)C=CH_2$ |
| 890 | s | $R^1R^2C=CH_2$ |
| 867 | s | $Cl_2C=CH_2$ |
| 795 | s | $R^1-O-CR^2=CH_2$ |
| 711 | s | $(R-O)_2C=CH_2$ |

**Tableau 6.7** : BANDES INFRAROUGES du groupe CH

| Bande/$cm^{-1}$ | Intensité | Arrangement |
|---|---|---|
| 1350 – 1315 | m | $R^1 - O - CHR^2R^3$ |
| 1350 – 1315 | m | $R^1 - N - CHR^2R^3$ |
| 1410 – 1350 | | $HO - CHR^1R^2$ (alcool sec.) |
| 1300 – 1200 | | |
| 2900 – 2800 | | $R - CHO$ |
| 2775 – 2695 | | |
| 1420 – 1370 | | |

**Tableau 6.8** : BANDES INFRAROUGES des vibrations des CH dans les alcènes

| Bande/$cm^{-1}$ | Intensité | Arrangement |
|---|---|---|
| 1009 | s | $(CH_3)_2Si - CH = CH_2$ |
| 990 | s | $R - CH = CH_2$ |
| 982 | s | $R - O - CO - CH = CH_2$ |
| 972 | s | $R - CO - NR - CH = CH_2$ |
| 960 | s | $R - O - CH = CH_2$ |
| 950 | s | $R - CO - O - CH = CH_2$ |
| 938 | s | $Cl - CH = CH_2$ |
| 976 | s | *trans* $R^1 - O - CO - CH = CH - CO - O - R^2$ |
| 968 | s | *trans* $H_3C - CH = CH - CO - O - R$ |
| 964 | s | *trans* $R^1 - CH = CH - R^2$ |
| 953 | s | *trans* $H_3C - CH = CH - CN$ |
| 926 | s | *trans* $H_3C - CH = CH - Cl$ |
| 920 | s | *trans* $Cl - CH = CH - CN$ |
| 892 | s | *trans* $Cl - CH = CH - Cl$ |

**Tableau 6.9** : BANDES INFRAROUGES des alcènes

| Bande/$cm^{-1}$ | Intensité | Alcène |
|---|---|---|
| 3092 – 3077 | m | $H_2C = CH - R$ |
| 3025 – 3012 | m | |
| 1840 – 1805 | m | |
| 1648 – 1638 | m | |
| 1420 – 1412 | m | |
| 995 – 985 | s | |
| 910 – 905 | s | |
| 3050 – 3000 | m | *trans* $R^1HC = CH - R^2$ |
| 1678 – 1668 | w | |
| 980 – 965 | s | |
| 3050 – 3000 | m | *cis* $R^1HC = CH - R^2$ |
| 1662 – 1631 | m | |
| 1429 – 1397 | m | |
| 730 – 650 | m | |
| 3100 – 3077 | m | $R^1R^2C = CH_2$ |
| 1792 – 1775 | m | |
| 1661 – 1639 | m | |
| 895 – 885 | m | |
| 3050 – 2990 | w | $R^1R^2C = CHR^3$ |
| 1692 – 1667 | w | |
| 840 – 790 | s – m | |
| 1680 – 1665 | w | $R^1R^2C = CR^3R^4$ |

**Tableau 6.11** : BANDES INFRAROUGES des cétones, des aldéhydes, des esters, des acides et des dérivés d'acides.

| Bande du C=O/$cm^{-1}$ | Autres bandes/$cm^{-1}$ | Composé |
|---|---|---|
| 1725 – 1705 | $\alpha-CH_3$ : 1370 – 1350 | Dialkylcétones |
| 1725 – 1705 | $\alpha-CH_2$ : 1440 – 1405 | |
| 1700 – 1670 | CH : 3010, 950 | Cétones conj. simples |
| 1680 – 1640 | CH : 3030, 1000 | Cétones doublement conj. |
| 1660 | Ph : 1600, 1300 – 1220 | Cétones aromatiques |
| 1745 | | α-Chlorocétones |
| 1717 | | Cyclohexanone |
| 1750 – 1740 | | Cyclopentanone |
| 1782 | | Cyclobutanone |
| 1670 – 1630 | | *o*-Hydrocétones aromatiques |
| 1640 – 1580 | OH : 3000 – 2700 | 1,3-Dicétones, forme énol |
| 1740 – 1720 | CH : 2820, 2710 | Aldéhydes aliphatiques |
| 1710 – 1685 | CH : 2850, 2740 | Aldéhydes aromatiques |
| 1710 – 1685 | Ph : 1185, 1285, 1390 | Aldéhydes aromatiques |
| 1725 – 1720 | CO : 1200, 1160 | Esters formiques |
| 1740 | $CH_2$ : 1370, CO : 1245 | Esters acétiques |
| 1750 – 1735 | C–C : 1200, $CH_2$ : 1040 | Autres esters sat. |
| 1735 – 1715 | 1300 – 1160 | Esters conj. aliphatiques |
| 1740 – 1722 | Ph : 1600, 1280, 1080 | Esters aromatiques |
| 1780 – 1740 | O–C–O : 1260 | Carbonates organ. non cycl. |
| 1850 – 1790 | Ph : 1220 | Carbonates organ. cycl. |
| 1720 – 1680 | OH : 3000, OH···O : 900 | Acides aliphatiques, dimères |
| 1800 – 1740 | 1180, 1330, 3540 | Acides aliphat., monomères |
| 1715 – 1680 | | Acides aromatiques |
| 1650 – 1550, 1440 – 1370 | $CO_2^-$ : 1600, 1400 | Sels d'acides organiques |
| 1695 – 1630 | NH : 3320, CNH : 1530 | Amides |
| 1605 – 1555 | $NH_2$ : 1635, 1510 | Aminoacides |
| 1605 – 1555 | $CO_2$ : 1405, CH : 1320 | Aminoacides |
| 1740 – 1683 | | Carbamates |
| 1825 – 1815, 1755 – 1745 | 1045 | Anhydr. aliphat. non conj. |
| 1780 – 1770, 1725 – 1715 | | Anhydr. aliphat. conj. |
| 1870 – 1845, 1800 – 1775 | 920, 1170, 1240 | Anhydr. aromat. non conj. |
| 1860 – 1850, 1780 – 1760 | | Anhydr. aromat. conj. |
| 1810 – 1795 | 940 | Chlorures d'acides aliphat. |
| 1785 – 1765, 1750 – 1735 | 1200, 870 | Chlorures d'acides aromat. |
| 1710 – 1680 | 1155, 980 | Esters de thiols non conj. |
| 1700 – 1640 | 1200, 900 | Esters de thiols conj. |

**Tableau 6.12** : BANDES INFRAROUGES des éthers, des alcools et des phénols

| Bande/$cm^{-1}$ | Vibration | Bande/$cm^{-1}$ | Vibration |
|---|---|---|---|
| **Éthers aliphatiques** | | **Alcools** | |
| 2992 – 2922 | $-O-CH_2/-CH_3$ | 3300 | $OH \cdots O$ |
| 2897 – 2835 | $-O-CH_2/-CH_3$ | 1075 – 1000 | C–O : alc. prim. |
| 1475 – 1440 | $-O-CH_2/-CH_3$ | 1420 – 1330 | $CH_2$ : alc. prim. |
| 1140 – 1185 | $-O-CH_2/-CH_3$ | 1125 – 1090 | C–O : alc. sec. aliph. |
| 1310 – 2110 | C – O – C | 1420 – 1330 | CH : alcools sec. |
| | | 1075 – 1000 | C–O : alc. sec. arom. |
| **Éthers aromatiques** | | 1065 – 970 | C–O : alc. sec. cycl. |
| | | 1210 – 1100 | C–O : alcools tert. |
| 1140 – 1185 | C – O – C | 1410 | OH alcools tert. |
| 1050 – 1010 | $O-CH_2$ | 650 | Vibration du C–OH |
| 938 – 919 | $O-CH_2-O$ | | |
| **Éthers vinyliques** | | **Phénols** | |
| 3125 – 3098 | C = CH | 1390 – 1330 | Vibration de OH |
| 3078 – 3060 | C = CH | 1260 – 1180 | Vibration de C–O |
| 3050 – 3000 | C = CH | 1320, 1250, 1165 | *o*-Alkylphénols |
| 1650, 1615 | C = C | 1270, 1185, 1655 | *m*-Alkylphénols |
| 1320 | = CH | 1250, 1170 | *p*-Alkylphénols |
| 1225 – 1200 | C – O – C | | |
| 970 – 965 | = CH | | |
| 820 – 810 | $= CH_2$ | | |
| **Oxiranes** | | | |
| 1280 – 1220 | Vibr. de «respiration» | | |
| 950 – 815 | C–O | | |
| 880 – 750 | C–O | | |
| 880 – 805 | Oxiranes monosubst. | | |
| 850 – 775 | Oxiranes disubst. | | |
| 770 – 750 | Oxiranes trisubst. | | |

**Tableau 6.13** : BANDES INFRAROUGES des *o*-alkylesters

| Bande/$cm^{-1}$ | Vibration | Bande/$cm^{-1}$ | Vibration |
|---|---|---|---|
| **Formiates** | | **Acrylates**[2] | |
| 1724 – 1722 | Vibr. de C=O | 1725 (1725) | Vibr. de C=O |
| 1214 – 1185 | Vibr. de C–O | 1640 (1640) | Vibr. de C=C |
| | | 1410 (1410) | Vibr. de $=CH_2$ |
| **Acétates** | | 1280 | Vibr. de =CH |
| | | 1200 | Vibr. de C–O |
| 1740 | Vibr. de C=O | 1065 | Vibr. de $=CH_2$ |
| 1370 | Vibr. de $CH_2$ | 985 | Vibr. de CH *trans* |
| 1245 | Vibr. de C–O | 965 (939) | Vibr. de $=CH_2$ |
| 1040 | Vibr. de $O-CH_2$ | 811 (815) | Vibr. de $=CH_2$ |
| 640 | | 657 (652) | Vibr. de C=O |
| **Propionates** | | **Crotonates** | |
| 1740 – 1735 | Vibr. de C=O | 1720 | Vibr. de C=O |
| 1275 | | 1660 | Vibr. de C=C |
| 1200 – 1190 | Vibr. de C–O | 1280 | |
| 1080 | Vibr. de $O-CH_2$ | 1190 | |
| 1020 | Vibr. de $O-CH_2$ | 975 | Vibr. de CH |
| 810 | | 838 | |
| 610 | | 685 | Vibr. de C=O |
| ***n*-Butyrates**[1] | | **Maléates** | |
| 1735 (1735) | Vibr. de C=O | 1725 | Vibr. de C=O |
| 1300 (1260) | | 1645 | Vibr. de C=C |
| 1255 (1200) | | 1410 | Vibr. de CH |
| 1190 (1160) | | 1290 | |
| 1100 (1080) | | 1250 | |
| 750 (755) | | 1220 s | |
| 590 | | 850 | Vibr. de CH |

[1] : Les valeurs relatives aux isobutyrates figurent entre parenthèses.

[2] : Les valeurs relatives aux méthacrylates figurent entre parenthèses ; autres bandes à 1325, 1300 et 1180 $cm^{-1}$.

**Tableau 6.14** : BANDES INFRAROUGES des esters et thioesters aromatiques

| Bande/$cm^{-1}$ | Vibration | Bande/$cm^{-1}$ | Vibration |
|---|---|---|---|
| **Benzoates** | | **Phtalates** | |
| 1725 | Vibr. de C=O | 1725 | Vibr. de C=O |
| 1605 | Cycle | 1605 | Cycle |
| 1585 | Cycle | 1585 | Cycle |
| 1280 s | Vibr. de C–O | 1280 s | Vibr. de C–O |
| 1110 | Vibr. de $O-CH_2$ | 1120 | Vibr. de $O-CH_2$ |
| 1070 | Cycle | 1080 | Cycle |
| 1030 | Cycle | 1040 | Cycle |
| 710 | Cycle | 745 | Cycle |
| **Téréphtalates** | | | |
| 1725 | Vibr. de C=O | | |
| 1280 s | Vibr. de C–O | | |
| 1110 | Vibr. de $O-CH_2$ | | |
| 730 | Cycle | | |

| Bande C=O $cm^{-1}$ | Bande C–C $cm^{-1}$ | Bande C–S $cm^{-1}$ | **Thioesters** |
|---|---|---|---|
| 1700 – 1680 | 1140 – 1070 | 1030 – 930 | R – CO – S – R |
| 1710 – 1690 | 1110 – 1060 | 1020 – 920 | R – CO – S – Ph |
| 1680 – 1640 | 1210 – 1190 | 940 – 905 | Ph – CO – S – R |
| 1700 – 1650 | 1205 – 1190 | 920 – 885 | Ph – CO – S – Ph |
| 1675 | | 755 | HCO – S – R |
| 1693 | | 730 | HCO – S – Ph |
| 1712 | 1122 | 988 | $CH_3$ – CO – SH |
| 1700 – 1690 | 1210 – 1205 | 950 – 945 | Ph–CO–SH |

**Tableau 6.15** : BANDES INFRAROUGES des amines

| Bande/$cm^{-1}$ | Vibration | Bande/$cm^{-1}$ | Vibration |
|---|---|---|---|
| **Amines prim. aliphatiques** | | **Amines prim. aromatiques** | |
| 3400 – 3330 | Élongat. asym. de $NH_2$ | 3520 – 3420 | Élongat. asym. de $NH_2$ |
| 3450 – 3250 | Élongat. sym. de $NH_2$ | 3420 – 3325 | Élongat. sym. de $NH_2$ |
| 1650 – 1590 | Déformat. de $NH_2$ | 1650 – 1590 | Déformat. de $NH_2$ |
| 1090 – 1068 | Vibr. de $CH_2NH_2$ | 850 – 750 | Vibr. de NH |
| **Amines sec. aliphatiques** | | **Amines sec. aromatiques** | |
| 2805 – 2780 | Vibr. de $H_3C-NH$ | 2820 – 2910 | Vibr. de $H_3C-NH$ |
| 1191 – 1171 | $CH-NH-C$ | 1342 – 1320 | |
| 1146 – 1132 | $CH_2-NH_2-CH_2$ | 1315 – 1250 | |
| 750 – 700 | Vibr. de NH | 1510 – 1500 | Vibr. de CNH |

**Tableau 6.16** : BANDES INFRAROUGES des composés contenant la fonction C=N ou N=O

| Bande/$cm^{-1}$ | Composé | Bande/$cm^{-1}$ | Composé |
|---|---|---|---|
| **Composés avec C=N** | | **Composés avec N=O** | |
| 1674 – 1665 | $R^1-CH=N-R^2$ | 1550, 1378 | $C-CH_2-NO_2$ |
| 1656 – 1629 | $Ph-CH=N-R$ | 1547, 1360 | $C-CH(CH_3)-NO_2$ |
| 1637 – 1626 | $Ph-CH=N-Ph$ | 1538, 1340 | $C(CH_3)_2-NO_2$ |
| 1662 – 1649 | $R^1R^2C=N-R^3$ | 1568, 1354 | $CHX-NO_2$ |
| 1650 – 1640 | $Ph(R^1)C=N-R^2$ | 1583, 1330 | $CX_2-NO_2$ |
| 1640 – 1630 | $Ph(CH_3)C=N-Ph$ | 1610, 1307 | $CCl_3-NO_2$ |
| 1646 – 1640 | $R^1R^2C=NH$ | 1580, 1333 | $C(NO_2)_2$ |
| 1633 – 1620 | $Ph(R)C=NH$ | 1640, 1277 | $O-NO_2$ |
| 1673 – 1652 | $R-CH=NOH$ | 1525, 1300 | Nitroalcènes |
| 1645 – 1614 | $Ph-CH=NOH$ | 1515, 1350 | Comp. arom. |
| 1684 – 1652 | $R^1R^2C=NOH$ | | |
| 1640 – 1620 | $Ph(R)C=NOH$ | | |

**Tableau 6.17** : BANDES INFRAROUGES des benzènes substitués

| Bande/cm$^{-1}$ | Vibration | Bande/cm$^{-1}$ | Vibration |
|---|---|---|---|
| **Benzènes monosubstitués** | | **Benzènes *m*-disubstitués** | |
| 1604 | Cycle | 1600 – 1620 | Cycle |
| 1585 | Cycle | 1586 | Cycle |
| 1510 – 1480 | Cycle | 1495 – 1470 | Cycle |
| 1452 | Cycle | 1465 – 1430 | Cycle |
| 1240 | Élong. des H dextrorse | 1278 | Élong. des H dextrorse |
| 1177 | Élong. des H 2,5/3,6 | 1157 | Élong. des H 2,5/4,6 |
| 1156 | Élong. des H 3,5/4 | 1096 | Élong. des H 4/6 |
| 1073 | Élong. des H 2,6/3,4,5 | 1076 | Élong. des H 2/5 |
| 1027 | Élong. des H 2,3/5,6 | 782 | Déform. des H |
| 770 – 730 | Déform. des H | 690 | Cycle |
| 697 | Cycle | | |
| **Benzènes *o*-disubstitués** | | **Benzènes *p*-disubstitués** | |
| 1607 | Cycle | 1606 | Cycle |
| 1577 | Cycle | 1579 | Cycle |
| 1510 – 1460 | Cycle | 1520 – 1480 | Cycle |
| 1447 | Cycle | 1409 | Cycle |
| 1269 | Élong. des H dextrorse | 1278 | Élong. des H dextrorse |
| 1160 | Élong. des H 3,5/4,6 | 1175 | Élong. des H 2,5/4,6 |
| 1125 | Élong. des H 3,6/4,5 | 1117 | Élong. des H 2,6/3,5 |
| 1033 | Élong. des H 3,4/5,6 | 1013 | Élong. des H 2,3/5,6 |
| 795 – 835 | Déform. des H | 817 | Déform. des H |
| 890 – 795 | Déform. des H | | |
| **Benzène** | | **Benzènes trisubstitués *asym.*** | |
| 1486 | Cycle | 1616 | Cycle |
| | | 1577 | Cycle |
| | | 1510 | Cycle |
| | | 1486 | Cycle |

**Tableau 6.18** : BANDES INFRAROUGES d'azines et de *N*-oxydes d'azines substituées

| Bande/cm$^{-1}$ | Vibration | Bande/cm$^{-1}$ | Vibration |
|---|---|---|---|
| **Azines substituées en 2** | | ***N*-Oxydes d'azines substituées en 3** | |
| | | 1320 – 1200 | Vibr. de NO |
| 1650 – 1585 | Cycle | 1605 | Cycle |
| 1572 | Cycle | 1563 | Cycle |
| 1471 | Cycle | 1480 | Cycle |
| 1433 | Cycle | 1432 | Cycle |
| 780 – 740 | Vibr. de CH | 820 – 760 | Vibr. de CH |
| | | 880 – 845 | Vibr. de NO |
| | | 680 – 660 | Cycle |
| ***N*-Oxydes d'azines substituées en 2** | | **Azines substituées en 4** | |
| 1320 – 1200 | Vibr. de NO | | |
| 1640 – 1600 | Cycle | 1320 – 1200 | Vibr. de NO |
| 1562 – 1572 | Cycle | 1603 | Cycle |
| 1540 – 1480 | Cycle | 1561 | Cycle |
| 1432 – 1442 | Cycle | 1520 – 1480 | Cycle |
| 790 – 750 | Vibr. de CH | 1415 | Cycle |
| 880 – 845 | Vibr. de NO | 850 – 790 | Vibr. de CH |
| **Azines substituées en 3** | | ***N*-Oxydes d'azines substituées en 4** | |
| 1590 – 1600 | Cycle | 1320 – 1200 | Vibr. de NO |
| 1572 – 1582 | Cycle | 1645 – 1610 | Cycle |
| 1485 – 1465 | Cycle | 1483 | Cycle |
| 1422 – 1426 | Cycle | 1443 | Cycle |
| 820 – 770 | Vibr. de CH | 855 – 820 | Vibr. de CH |
| 730 – 690 | Cycle | 880 – 845 | Vibr. de NO |
| | | **Azines polysubstituées** | |
| | | 1610 – 1597 | Cycle |
| | | 1588 – 1490 | Cycle |

# 7 Équilibres en solution et équilibres redox

**Vous trouverez dans ce chapitre :**

- les produits de solubilité relatifs aux composés inorganiques (tableau 7.1);
- les solubilités des composés inorganiques (tableau 7.2);
- les solubilités des gaz (tableaux 7.3 à 7.6);
- les potentiels standard de réduction :
  - — en solution acide (tableau 7.7);
  - — en solution alcaline (tableau 7.8).

**Vous trouverez au chapitre 8 :**

- les données thermodynamiques relatives aux composés inorganiques et organiques.

## 7.1 Solubilités des composés inorganiques

Le produit de solubilité est donné par :

$$A_mB_n \rightleftharpoons m\,A^{a\oplus} + n\,B^{b\ominus}$$
$$K_{ps} = c^m_{A^{a\oplus}} \times c^n_{B^{b\ominus}} \quad \text{en} \quad \left(\frac{mol}{l}\right)^{m+n}$$

**Tableau 7.1** : PRODUITS DE SOLUBILITÉ des sels inorganiques

| Composé | $\vartheta$/°C | $K_{ps}$ | Composé | $\vartheta$/°C | $K_{ps}$ |
|---|---|---|---|---|---|
| $AgBr$ | 25 | $6{,}3 \times 10^{-15}$ | $Fe(OH)_3$ | 18 | $3{,}8 \times 10^{-38}$ |
| $AgCN$ | 25 | $7 \times 10^{-15}$ | $FeS$ | 25 | $3{,}7 \times 10^{-19}$ |
| $AgSCN$ | 25 | $1{,}16 \times 10^{-12}$ | $Hg_2Cl_2$ | 25 | $1{,}1 \times 10^{-18}$ |
| $Ag_2CO_3$ | 25 | $6{,}15 \times 10^{-12}$ | $Hg_2I_2$ | 25 | $3{,}7 \times 10^{-29}$ |
| $AgCl$ | 25 | $1{,}56 \times 10^{-10}$ | $HgS$ | 18 | $4 \times 10^{-53}$ |
| $Ag_2CrO_4$ | 25 | $4 \times 10^{-12}$ | $Hg_2S$ | 18 | $1 \times 10^{-47}$ |
| $AgI$ | 25 | $1{,}5 \times 10^{-16}$ | $KClO_4$ | 25 | $1 \times 10^{-2}$ |
| $Ag_2S$ | 25 | $5{,}7 \times 10^{-51}$ | $MgNH_4PO_4$ | 25 | $2{,}5 \times 10^{-13}$ |
| $Al(OH)_3$ | 25 | $3{,}7 \times 10^{-15}$ | $Mg(OH)_2$ | 18 | $1{,}2 \times 10^{-11}$ |
| $As_2S_3$ | 18 | $4 \times 10^{-29}$ | $Mn(OH)_2$ | 18 | $4 \times 10^{-14}$ |
| $BaCO_3$ | 25 | $8 \times 10^{-9}$ | $MnS$ | 18 | $5{,}6 \times 10^{-16}$ |
| $BaCrO_4$ | 25 | $2{,}3 \times 10^{-10}$ | $Ni(OH)_2$ | 25 | $1{,}6 \times 10^{-14}$ |
| $BaSO_4$ | 25 | $1{,}08 \times 10^{-10}$ | $PbCO_3$ | 25 | $1{,}5 \times 10^{-13}$ |
| $Bi_2S_3$ | 18 | $1{,}6 \times 10^{-72}$ | $PbCl_2$ | 25 | $1{,}7 \times 10^{-5}$ |
| $CaC_2O_2 \cdot H_2O$ | 25 | $2{,}57 \times 10^{-9}$ | $PbCrO_4$ | 25 | $1{,}8 \times 10^{-14}$ |
| $CaHPO_4$ | 25 | $5 \times 10^{-6}$ | $PbS$ | 25 | $1{,}1 \times 10^{-29}$ |
| $Ca_3(PO_4)_2$ | 25 | $1 \times 10^{-25}$ | $PbSO_4$ | 25 | $1{,}8 \times 10^{-8}$ |
| $CaSO_4$ | 25 | $6{,}26 \times 10^{-5}$ | $Sn(OH)_2$ | 25 | $5 \times 10^{-26}$ |
| $CaSO_4 \cdot 2\,H_2O$ | 25 | $1{,}3 \times 10^{-4}$ | $Sn(OH)_4$ | 25 | $1 \times 10^{-56}$ |
| $Co(OH)_3$ | 25 | $2{,}5 \times 10^{-43}$ | $SnS$ | 25 | $1 \times 10^{-28}$ |
| $Cr(OH)_3$ | 25 | $6{,}7 \times 10^{-31}$ | $SrCO_3$ | 25 | $9{,}4 \times 10^{-10}$ |
| $CuCO_3$ | 25 | $2{,}36 \times 10^{-10}$ | $SrSO_4$ | 25 | $2{,}8 \times 10^{-7}$ |
| $Cu(OH)_2$ | 25 | $5{,}6 \times 10^{-20}$ | $Zn(OH)_2$ | 20 | $4 \times 10^{-16}$ |
| $CuS$ | 25 | $4 \times 10^{-38}$ | $ZnS$ | 25 | $7 \times 10^{-26}$ |
| $FeCO_3$ | 25 | $2{,}1 \times 10^{-11}$ | $ZnCO_3$ | 18 | $1{,}1 \times 10^{-10}$ |
| $FeC_2O_4$ | 25 | $2{,}1 \times 10^{-7}$ | $TlBr$ | 25 | $4 \times 10^{-6}$ |
| $Fe(OH)_2$ | 18 | $4{,}8 \times 10^{-16}$ | $TlCl$ | 25 | $2{,}7 \times 10^{-7}$ |

**Tableau 7.2** : VARIATION DE LA SOLUBILITÉ DANS L'EAU des composés inorganiques en fonction de la température

† : à 18°C; ‡ : à 25°C.

| Composé | Solubilité : $\frac{\text{g du composé}}{\text{100 g d'eau}}$ à : | | | | | |
|---|---|---|---|---|---|---|
| | 0°C | 20°C | 40°C | 60°C | 80°C | 100°C |
| **Aluminium** | | | | | | |
| $AlCl_3 \cdot 6\,H_2O$ | 44,9 | 45,6 | 46,3 | 47,0 | 47,7 | |
| $AlF_3$ | | ‡ 0,6 | | | | |
| $AlNO_3 \cdot 9\,H_2O$ | 61,0 | 75,4 | 89,0 | 108,0 | | |
| $AlNO_3 \cdot 8\,H_2O$ | | | | | | 166,0 |
| $Al_2(SO_4)_3 \cdot 18\,H_2O$ | 31,2 | 36,4 | 45,6 | 58,0 | 73,0 | 89,0 |
| **Ammonium** | | | | | | |
| $NH_4Al(SO_4)_2 \cdot$ $\cdot 12\,H_2O$ | 2,6 | 6,6 | 12,4 | 21,1 | 35,2 | 109,2 |
| $NH_4Br$ | 60,6 | 75,5 | 91,1 | 107,8 | 126,7 | 145,6 |
| $NH_4Cl$ | 29,7 | 37,6 | 46,0 | 55,3 | 65,6 | 77,3 |
| $(NH_4)_2Fe(SO_4)_2 \cdot$ $\cdot 6\,H_2O$ | 17,8 | 26,9 | 38,5 | 53,4 | 73,0 | |
| $NH_4I$ | 154,2 | 172,3 | 190,5 | 208,9 | 228,8 | 250,3 |
| $NH_4NO_3$ | 118,8 | 187,7 | 283,0 | 415,0 | 610,0 | 1000,0 |
| $NH_4HCO_3$ | 11,9 | 21,2 | 36,6 | 59,2 | 109,2 | 355,0 |
| $(NH_4)_2HPO_4$ | | ‡ 70,0 | | | | |
| $NH_4H_2PO_4$ | 22,7 | 36,8 | 56,7 | 82,9 | 120,7 | 174,0 |
| $(NH_4)_3PO_4 \cdot 3\,H_2O$ | 9,4 | 20,3 | | 37,7 | | |
| $NH_4MgPO_4$ | 0,023 | 0,052 | 0,036 | 0,04 | 0,019 | |
| $(NH_4)_2SO_4$ | 70,4 | 75,4 | 81,2 | 87,4 | 94,1 | 102,0 |
| $NH_4SCN$ | 115,0 | 163,0 | 235,0 | 347,0 | 525,0 | |
| **Antimoine** | | | | | | |
| $SbCl_3$ | 601,6 | 932,5 | 1368,0 | 4531,0 | | |
| **Argent** | | | | | | |
| $AgF \cdot 2\,H_2O$ | | ‡ 180,0 | | | | |
| $AgNO_3$ | 115,0 | 219,2 | 334,8 | 471,0 | 652,0 | 1024,0 |
| $AgNO_2$ | | ‡ 0,41 | | | | |

† : à 18°C ; ‡ : à 25°C.

| Composé | Solubilité : $\frac{\text{g du composé}}{\text{100 g d'eau}}$ à : | | | | | |
|---|---|---|---|---|---|---|
| | 0°C | 20°C | 40°C | 60°C | 80°C | 100°C |
| $Ag_2SO_4$ | 0,57 | 0,80 | 0,98 | 1,15 | 1,30 | 1,46 |
| **Arsenic** | | | | | | |
| $AsI_3$ | | ‡ 6,0 | | | | |
| $As_2O_3$ | | ‡ 2,0 | | | | |
| $As_2O_5$ | 59,5 | 65,8 | 71,2 | 73,0 | 75,1 | 76,7 |
| **Baryum** | | | | | | |
| $BaBr_2 \cdot 2\,H_2O$ | | ‡ 101,0 | | | | |
| $BaCl_2 \cdot 2\,H_2O$ | 30,7 | 35,7 | 40,8 | 46,4 | 52,5 | 58,7 |
| $Ba(ClO_3)_2$ | 16,9 | 25,3 | 33,2 | 40,1 | 45,9 | 51,2 |
| $BaF_2$ | | ‡ 0,2 | | | | |
| $Ba(OH)_2 \cdot 8\,H_2O$ | 1,5 | 3,5 | 8,2 | 21,0 | | |
| $Ba(OH)_2 \cdot 3\,H_2O$ | | | | | 90,8 | |
| $BaI_2 \cdot 2\,H_2O$ | | ‡ 220,0 | | | | |
| $Ba(NO_3)_2$ | 4,9 | 9,1 | 14,4 | 20,3 | 27,2 | 34,2 |
| $BaO$ | | ‡ 4,0 | | | | |
| $BaO_2 \cdot 8\,H_2O$ | | ‡ 0,2 | | | | |
| **Béryllium** | | | | | | |
| $BeCl_2 \cdot 4\,H_2O$ | | ‡ 72,0 | | | | |
| $BeF_2$ | | ‡ 550,0 | | | | |
| $BeSO_4 \cdot 4\,H_2O$ | | ‡ 41,0 | | | | |
| **Bore** | | | | | | |
| $BF_3$ | | ‡ 0,24 | | | | |
| $H_3BO_4$ | 2,7 | 5,0 | 8,7 | 14,8 | 23,6 | 39,7 |
| $B_2O_3$ | 1,1 | 2,2 | 4,0 | 6,2 | 9,5 | 15,7 |
| **Brome** | | | | | | |
| $Br_2$ | | ‡ 3,5 | | | | |
| **Cadmium** | | | | | | |
| $CdBr_2$ | | ‡ 123,0 | | | | |

†: à 18°C; ‡: à 25°C.

| Composé | Solubilité : $\frac{\text{g du composé}}{\text{100 g d'eau}}$ à : | | | | | |
|---|---|---|---|---|---|---|
| | 0°C | 20°C | 40°C | 60°C | 80°C | 100°C |
| $CdCl_2 \cdot 5/2\,H_2O$ | 90,1 | 11,4 | | | | |
| $CdCl_2 \cdot 1\,H_2O$ | | | 135,3 | 136,9 | 140,4 | 147,0 |
| $Cd(NO_3)_2$ | | | | 619,0 | 646,0 | 682,0 |
| $Cd(NO_3)_2 \cdot 4\,H_2O$ | | 153,0 | 199,0 | | | |
| $Cd(NO_3)_2 \cdot 9\,H_2O$ | 106,0 | | | | | |
| $CdSO_4 \cdot 8/3\,H_2O$ | 75,7 | 76,7 | 79,3 | 81,9 | 84,6 | |
| **Calcium** | | | | | | |
| $CaBr_2 \cdot 6\,H_2O$ | | ‡ 153,0 | | | | |
| $CaCl_2 \cdot 2\,H_2O$ | | | 128,1 | 136,8 | 147,0 | 159,0 |
| $CaCl_2 \cdot 6\,H_2O$ | 60,3 | 74,5 | | | | |
| $Ca(OH)_2$ | | ‡ 0,012 | | | | |
| $CaI_2$ | | ‡ 210,0 | | | | |
| $Ca(NO_3)_2 \cdot 4\,H_2O$ | 101,0 | 129,4 | 196,0 | | | |
| $CaO \cdot 1\,H_2O$ | 0,130 | 0,124 | 0,100 | 0,083 | 0,066 | 0,052 |
| $CaSO_4 \cdot 2\,H_2O$ | 0,176 | 0,204 | 0,212 | 0,205 | 0,197 | 0,162 |
| **Césium** | | | | | | |
| CsBr | | ‡ 123,0 | | | | |
| CsCl | | ‡ 190,0 | | | | |
| CsF | | ‡ 370,0 | | | | |
| CsI | | ‡ 87,0 | | | | |
| **Chrome** | | | | | | |
| $CrCl_2 \cdot 6\,H_2O$ | | ‡ 160,0 | | | | |
| $CrO_3$ | 163,0 | 166,7 | 171,0 | 176,0 | 189,0 | 199,0 |
| $Cr_2(SO_4)_3$ | | ‡ 64,0 | | | | |
| **Cobalt** | | | | | | |
| $CoCl_2 \cdot 6\,H_2O$ | 41,9 | 53,6 | 69,5 | | | |
| $CoCl_2 \cdot 2\,H_2O$ | | | | 90,5 | 100,0 | 107,5 |
| $Co(NO_3)_2 \cdot 6\,H_2O$ | 83,5 | 100,0 | 126,0 | 169,5 | | |
| $Co(NO_3)_2 \cdot 3\,H_2O$ | | | | 163,2 | 217,0 | |

† : à 18°C; ‡ : à 25°C.

| Composé | Solubilité : $\frac{\text{g du composé}}{\text{100 g d'eau}}$ à : | | | | | |
|---|---|---|---|---|---|---|
| | 0°C | 20°C | 40°C | 60°C | 80°C | 100°C |
| $CoSO_4 \cdot 1\,H_2O$ | | | | | 53,8 | 38,9 |
| $CoSO_4 \cdot 6\,H_2O$ | | | | 55,0 | | |
| $CoSO_4 \cdot 7\,H_2O$ | 25,5 | 36,3 | 49,9 | | | |
| **Cuivre** | | | | | | |
| $CuBr_2$ | | ‡ 126 | | | | |
| $CuCl$ | | ‡ 1,5 | | | | |
| $CuCl_2 \cdot 2\,H_2O$ | 70,6 | 77,0 | 83,8 | 91,2 | 99,2 | 107,9 |
| $CuF_2 \cdot 2\,H_2O$ | | ‡ 0,07 | | | | |
| $Cu(NO_3)_2 \cdot 3\,H_2O$ | | | 160,0 | 179,0 | 208,0 | 257,0 |
| $Cu(NO_3)_2 \cdot 6\,H_2O$ | 81,8 | 125,3 | | | | |
| $CuSO_4 \cdot 5\,H_2O$ | 14,8 | 20,8 | 29,0 | 39,1 | 53,6 | 73,6 |
| **Fer** | | | | | | |
| $FeCl_2 \cdot 2\,H_2O$ | | | | | 91,3 | 94,2 |
| $FeCl_2 \cdot 4\,H_2O$ | | 62,4 | 68,6 | 78,3 | | |
| $FeCl_2 \cdot 6\,H_2O$ | 49,9 | | | | | |
| $FeCl_3$ | | | | | 525,1 | 537,0 |
| $FeCl_3 \cdot 2\,H_2O$ | | | | 373,0 | | |
| $FeCl_3 \cdot 6\,H_2O$ | 74,5 | 91,9 | | | | |
| $FeSO_4 \cdot 7\,H_2O$ | 15,6 | 26,6 | 40,3 | 47,6 | | |
| **Lithium** | | | | | | |
| $LiBr \cdot 2\,H_2O$ | | ‡ 170,0 | | | | |
| $Li_2CO_3$ | | 1,3 | | | | |
| $LiHCO_3$ | | ‡ 5,5 | | | | |
| $LiCl$ | | | | | | 133,0 |
| $LiCl \cdot 1\,H_2O$ | | 82,8 | 90,4 | 100,0 | 113,0 | 127,5 |
| $LiCl \cdot 2\,H_2O$ | 69,2 | | | | | |
| $LiOH \cdot 1\,H_2O$ | 12,0 | 12,4 | | | | 17,9 |
| $LiI \cdot 3\,H_2O$ | | ‡ 162,0 | | | | |
| $Li_2SO_4 \cdot 1\,H_2O$ | 36,2 | 34,8 | 33,5 | 32,3 | 31,5 | 31,0 |

†: à 18°C; ‡: à 25°C.

| Composé | Solubilité : $\frac{\text{g du composé}}{\text{100 g d'eau}}$ à : | | | | | |
|---|---|---|---|---|---|---|
| | 0°C | 20°C | 40°C | 60°C | 80°C | 100°C |
| **Magnésium** | | | | | | |
| $MgBr_2 \cdot 6\,H_2O$ | | ‡ 101,0 | | | | |
| $MgCO_3$ | | ‡ 0,06 | | | | |
| $MgCl_2 \cdot 6\,H_2O$ | 52,8 | 54,6 | 57,5 | 60,7 | 65,9 | 72,7 |
| $MgF_2$ | | ‡ 0,013 | | | | |
| $Mg(NO_3)_2 \cdot 2\,H_2O$ | | | | 214,5 | 233,0 | 264,0 |
| $Mg(NO_3)_2 \cdot 6\,H_2O$ | 63,9 | 70,7 | 81,8 | 93,3 | | |
| $MgSO_4 \cdot 1\,H_2O$ | | | | | 52,0 | 48,0 |
| $MgSO_4 \cdot 6\,H_2O$ | | | | 54,4 | | |
| $MgSO_4 \cdot 7\,H_2O$ | | 35,6 | 45,4 | | | |
| $MgI_2 \cdot 8\,H_2O$ | | ‡ 150,0 | | | | |
| **Manganèse** | | | | | | |
| $MgI_2 \cdot 8\,H_2O$ | | ‡ 150,0 | | | | |
| $MnCl_2 \cdot 2\,H_2O$ | | | | | 110,5 | 115,0 |
| $MnCl_2 \cdot 4\,H_2O$ | 63,6 | 73,2 | 88,7 | | | |
| $MnF_2$ | | ‡ 1,05 | | | | |
| $MnSO_4 \cdot 1\,H_2O$ | | | 60,0 | 58,6 | 45,5 | 35,5 |
| $MnSO_4 \cdot 5\,H_2O$ | | 62,9 | | | | |
| $MnSO_4 \cdot 7\,H_2O$ | 52,9 | | | | | |
| **Mercure** | | | | | | |
| $HgBr_2$ | | ‡ 0,6 | 1,0 | 1,7 | 2,8 | 4,9 |
| $HgCl_2$ | 4,3 | 6,6 | 9,6 | 13,9 | 24,2 | 54,1 |
| $HgI_2$ | | ‡ 0,005 | | | | |
| $HgO$ | | ‡ 0,005 | | | | |
| $Hg_2SO_4$ | | ‡ 0,04 | | | | |
| **Molybdène** | | | | | | |
| $MoO_3$ | | ‡ 0,21 | | | | |
| **Nickel** | | | | | | |
| $Ni(C_2H_3O_2)_2$ | | † 18,0 | | | | |
| $NiCO_3$ | | ‡ 0,009 | | | | |

† : à 18°C; ‡ : à 25°C.

| Composé | Solubilité : $\frac{\text{g du composé}}{\text{100 g d'eau}}$ à : | | | | | |
|---|---|---|---|---|---|---|
| | 0°C | 20°C | 40°C | 60°C | 80°C | 100°C |
| $Ni(CO)_4$ | | ‡ 0,02 | | | | |
| $NiBr_2 \cdot 6\,H_2O$ | | ‡ 134,0 | | | | |
| $NiCl_2 \cdot 2\,H_2O$ | | | | | 86,9 | 88,0 |
| $NiCl_2 \cdot 4\,H_2O$ | | | 72,5 | 80,5 | | |
| $NiCl_2 \cdot 6\,H_2O$ | 51,7 | 55,3 | | | | |
| $NiNO_3 \cdot 2\,H_2O$ | | | | | | 218,5 |
| $NiNO_3 \cdot 6\,H_2O$ | 79,2 | 94,1 | 118,8 | | | |
| $NiF_2 \cdot 4\,H_2O$ | | ‡ 2,6 | | | | |
| $NiSO_4 \cdot 1\,H_2O$ | | | | | | 77,9 |
| $NiSO_4 \cdot 6\,H_2O$ | | | | 57,0 | | |
| $NiSO_4 \cdot 7\,H_2O$ | 27,9 | 37,8 | 50,4 | | | |
| **Plomb** | | | | | | |
| $Pb(C_2H_3O_2)_2 \cdot$ $\cdot 3\,H_2O$ | | ‡ 55,0 | | | | |
| $PbBr_2$ | 0,45 | 0,85 | 1,53 | 2,36 | 3,34 | 4,76 |
| $PbCl_2$ | 0,67 | 0,99 | 1,45 | 1,98 | 2,62 | 3,31 |
| $PbF_2$ | | ‡ 0,066 | | | | |
| $PbI_2$ | 0,04 | 0,07 | 0,12 | 0,20 | 0,30 | 0,44 |
| $Pb(OH)_2$ | | ‡ 0,016 | | | | |
| $Pb(NO_3)_2$ | 36,4 | 52,2 | 69,4 | 88,0 | 107,5 | 127,3 |
| **Potassium** | | | | | | |
| $KAl(SO_4)_2 \cdot 12\,H_2O$ | 3,0 | 6,0 | 13,6 | 33,3 | 72,0 | 109,0 |
| $KBrO_3$ | 3,1 | 6,8 | 13,1 | 22,0 | 33,9 | 49,7 |
| $KBr$ | 54,0 | 65,8 | 76,1 | 85,9 | 95,3 | 104,9 |
| $K_2CO_3 \cdot 3/2\,H_2O$ | 105,5 | 111,5 | 117,0 | 127,0 | 140,0 | 156,0 |
| $KClO_3$ | 3,3 | 7,3 | 14,5 | 25,9 | 39,7 | 56,2 |
| $KClO_4$ | 0,8 | 1,7 | 3,6 | 7,2 | 13,4 | 22,2 |
| $KCl$ | 28,1 | 34,2 | 40,3 | 45,6 | 51,0 | 56,2 |
| $K_2CrO_4$ | 59,0 | 63,7 | 67,0 | 70,9 | 75,1 | 79,2 |
| $K_2Cr_2O_7$ | 4,7 | 12,5 | 26,3 | 45,6 | 73,0 | 103,0 |
| $KCN$ | 63,0 | 71,6 | | 81,0 | 95,0 | 122,0 |
| $KH_2PO_4$ | 14,3 | 22,7 | 33,9 | 48,6 | 68,0 | |

† : à 18°C; ‡ : à 25°C.

| Composé | Solubilité : $\frac{\text{g du composé}}{\text{100 g d'eau}}$ à : | | | | | |
|---|---|---|---|---|---|---|
| | 0°C | 20°C | 40°C | 60°C | 80°C | 100°C |
| $KIO_3$ | 4,7 | 8,1 | 12,9 | 18,5 | 24,8 | 32,3 |
| KI | 127,8 | 144,5 | 161,0 | 176,2 | 191,5 | 208,0 |
| $KHCO_3$ | 22,6 | 33,3 | 45,3 | 60,0 | | |
| $KHSO_4$ | 36,3 | 51,4 | 76,3 | | | 121,6 |
| $K_2SO_4$ | 7,3 | 11,1 | 14,8 | 18,2 | 21,3 | 24,1 |
| $KBF_4$ | | ‡ 0,57 | | | | |
| $KOH \cdot 1\,H_2O$ | | | 136,4 | 147,0 | 160,0 | 178,0 |
| $KOH \cdot 2\,H_2O$ | 95,3 | 111,9 | | | | |
| $KNO_3$ | 13,3 | 31,7 | 63,9 | 109,9 | 169,0 | 245,2 |
| $KMnO_4$ | 2,8 | 6,4 | 12,6 | 22,4 | | |
| **Rubidium** | | | | | | |
| RbBr | | ‡ 116,0 | | | | |
| RbCl | | ‡ 94,0 | | | | |
| RbF | | 131,0 | | | | |
| RbOH | | ‡ 178,0 | | | | |
| RbI | | ‡ 163,0 | | | | |
| $RbNO_3$ | | ‡ 65,0 | | | | |
| $Rb_2SO_4$ | | ‡ 51,0 | | | | |
| **Silicium** | | | | | | |
| $SiO_2$ | | ‡ 0,012 | | | | |
| **Sodium** | | | | | | |
| $NaBO_2 \cdot 4\,H_2O$ | | ‡ 28,0 | | | | |
| $Na_2B_4O_7 \cdot 10\,H_2O$ | | ‡ 3,2 | | | | |
| NaBr | | | | 118,0 | 118,3 | 121,2 |
| $NaBr \cdot 2\,H_2O$ | 79,5 | 90,5 | 105,8 | | | |
| $NaBrO_3$ | 25,8 | 38,3 | 48,8 | 62,6 | 75,8 | 90,8 |
| $NaClO_3$ | 80,5 | 98,8 | 115,2 | 138,0 | 167,0 | 204,0 |
| $NaClO_4 \cdot 1\,H_2O$ | | ‡ 210,0 | | | | |
| NaCl | 35,6 | 35,8 | 36,4 | 37,1 | 38,1 | 39,2 |
| $Na_2CrO_4$ | | | | | 124,0 | 125,9 |
| $Na_2CrO_4 \cdot 4\,H_2O$ | | | 95,3 | 115,1 | | |

$^{\dagger}$ : à 18°C ; $^{\ddagger}$ : à 25°C.

| Composé | Solubilité : $\frac{\text{g du composé}}{\text{100 g d'eau}}$ à : | | | | | |
|---|---|---|---|---|---|---|
| | 0°C | 20°C | 40°C | 60°C | 80°C | 100°C |
| $Na_2CrO_4 \cdot 10\,H_2O$ | 31,7 | 88,7 | | | | |
| $Na_2Cr_2O_7$ | | | | | | 440,0 |
| $Na_2Cr_2O_7 \cdot 2\,H_2O$ | 163,2 | 180,2 | 220,5 | 283,0 | 385,0 | |
| $NaCN \cdot 2\,H_2O$ | | $^{\ddagger}$ 63,0 | | | | |
| $Na_2CO_3 \cdot 1\,H_2O$ | | | 48,9 | 46,2 | 44,4 | 44,5 |
| $Na_2CO_3 \cdot 10\,H_2O$ | 6,9 | 21,7 | | | | |
| $NaHCO_3$ | 6,9 | 9,6 | 12,7 | 16,0 | 19,7 | 23,6 |
| $NaH_2PO_4$ | | | | 179,3 | 207,3 | 248,4 |
| $NaH_2PO_4 \cdot 2\,H_2O$ | 57,7 | 85,2 | 138,2 | | | |
| $NaF$ | 3,6 | 4,1 | | | | |
| $NaOH$ | | | | | 313,7 | 341 |
| $NaOH \cdot 1\,H_2O$ | | 109,2 | 126,0 | 178,0 | | |
| $NaOH \cdot 4\,H_2O$ | 43,2 | | | | | |
| $NaIO_3$ | | | | | 27,0 | 32,8 |
| $NaIO_3 \cdot 1\,H_2O$ | | 9,1 | 13,3 | 20,0 | | |
| $NaIO_3 \cdot 5\,H_2O$ | 2,5 | | | | | |
| $NaI$ | | | | | 295,0 | 303,0 |
| $NaI \cdot 2\,H_2O$ | 159,1 | 179,4 | 204,9 | 257,1 | | |
| $NaNO_3$ | 70,7 | 88,3 | 104,9 | 124,7 | 148,0 | 176,0 |
| $NaNO_2$ | 73,0 | 84,5 | 95,7 | 112,3 | 135,5 | 163,0 |
| $Na_3PO_4 \cdot 12\,H_2O$ | 1,5 | 12,1 | 31,0 | 55,0 | 81,0 | 108,0 |
| $Na_2C_2O_4$ | | $^{\ddagger}$ 3,6 | | | | |
| $Na_2SO_4$ | | | 48,1 | 45,3 | 43,1 | 42,3 |
| $Na_2SO_4 \cdot 10\,H_2O$ | 4,6 | 19,2 | | | | |
| $Na_2S \cdot 6\,H_2O$ | | | | 39,1 | 49,2 | |
| $Na_2S \cdot 9\,H_2O$ | 12,4 | 18,8 | 29,0 | | | |
| $Na_2SO_3$ | | | 37,0 | 33,2 | 29,0 | 26,6 |
| $Na_2SO_3 \cdot 7\,H_2O$ | 14,2 | 26,9 | | | | |
| $Na_2S_2O_3$ | | | | | 245,0 | 266,0 |
| $Na_2S_2O_3 \cdot 2\,H_2O$ | | | | 206,6 | | |

† : à 18°C ; ‡ : à 25°C.

| Composé | Solubilité : $\frac{\text{g du composé}}{\text{100 g d'eau}}$ à : | | | | | |
|---|---|---|---|---|---|---|
| | 0°C | 20°C | 40°C | 60°C | 80°C | 100°C |
| **Soufre** | | | | | | |
| $SF_6$ | | ‡ 0,004 | | | | |
| **Strontium** | | | | | | |
| $SrBr_2 \cdot 6\,H_2O$ | 87,9 | 98,0 | 113,0 | 135,0 | 175,0 | 222,5 |
| $SrCO_3$ | | ‡ 0,001 | | | | |
| $SrCl_2 \cdot 2\,H_2O$ | | | | | 92,3 | 102,0 |
| $SrCl_2 \cdot 6\,H_2O$ | 44,1 | 53,8 | 66,6 | 85,2 | | |
| $Sr(OH)_2 \cdot 8\,H_2O$ | 0,4 | 0,7 | 1,5 | 3,1 | 7,0 | 24,2 |
| $SrNO_3$ | | | 91,2 | 94,2 | 97,2 | 101,2 |
| $SrNO_3 \cdot 4\,H_2O$ | 39,5 | 70,9 | | | | |
| $Sr_2SO_4$ | | ‡ 0,01 | | | | |
| **Thallium** | | | | | | |
| TlBr | | ‡ 0,057 | | | | |
| TlCl | 0,17 | 0,33 | 0,60 | 1,02 | 1,60 | 2,38 |
| $Tl_2CO_3$ | | 3,92 | | | | |
| TlF | | † 80,6 | | | | |
| TlOH | | ‡ 60,0 | | | | |
| TlI | | ‡ 0,008 | | | | |
| $TlNO_3$ | 3,8 | 9,5 | 20,9 | 46,2 | 111,0 | 413,0 |
| $Tl_2SO_4$ | 2,7 | 4,8 | 7,6 | 10,9 | 14,6 | 18,4 |
| $Tl_2S$ | | ‡ 0,02 | | | | |
| **Uranium** | | | | | | |
| $UO_2Cl_2$ | | † 320,0 | | | | |
| $UO_2(NO_3)_2 \cdot 6\,H_2O$ | 98,0 | 125,8 | 163,0 | | | |

†: à 18°C; ‡: à 25°C.

| Composé | Solubilité : $\frac{\text{g du composé}}{\text{100 g d'eau}}$ à : | | | | | |
|---|---|---|---|---|---|---|
| | 0°C | 20°C | 40°C | 60°C | 80°C | 100°C |
| **Zinc** | | | | | | |
| $ZnBr_2 \cdot 2\,H_2O$ | | ‡ 470,0 | | | | |
| $ZnCO_3$ | | ‡ 0,021 | | | | |
| $ZnCl_2$ | | | 453,0 | 488,0 | 541,0 | 614,0 |
| $ZnCl_2 \cdot 3/2\,H_2O$ | | 367,5 | | | | |
| $ZnCl_2 \cdot 3\,H_2O$ | 208,0 | | | | | |
| $ZnF_2 \cdot 4\,H_2O$ | | ‡ 1,5 | | | | |
| $ZnI_2$ | | ‡ 430,0 | | | | |
| $Zn(NO_3)_2 \cdot 6\,H_2O$ | 92,7 | 118,3 | | | | |
| $ZnSO_4 \cdot 6\,H_2O$ | | | 70,4 | | | |
| $ZnSO_4 \cdot 7\,H_2O$ | 41,6 | 53,8 | | | | |

## 7.2 Solubilité des gaz

**Tableau 7.3** : VARIATION, À PRESSION ATMOSPHÉRIQUE, DE LA SOLUBILITÉ DANS L'EAU des gaz inorganiques en fonction de la température

| $\frac{\vartheta}{°C}$ | $\frac{g\ CO}{l\ H_2O}$ | $\frac{g\ CO_2}{l\ H_2O}$ | $\frac{g\ Cl_2}{l\ H_2O}$ | $\frac{g\ HCl}{l\ H_2O}$ | $\frac{g\ SO_2}{l\ H_2O}$ | $\frac{g\ H_2S}{l\ H_2O}$ |
|---|---|---|---|---|---|---|
| 0 | 0,044 | 3,38 | 14,60 | 842 | | 7,188 |
| 10 | | 2,36 | 9,97 | | 153,9 | 5,232 |
| 20 | 0,029 | 1,73 | 7,28 | 720 | 106,6 | 3,974 |
| 30 | | 1,31 | 5,70 | 670 | | |
| 40 | 0,022 | 1,05 | | | 55,8 | 2,555 |
| 50 | 0,020 | 0,86 | 3,88 | 589 | 41,9 | 2,143 |
| 60 | 0,019 | 0,71 | | | | 1,832 |
| 70 | | | 2,73 | | 26,7 | |
| 80 | 0,018 | | | | | 1,411 |
| 90 | | | 1,23 | | 18,7 | |
| 100 | 0,017 | | 0,00 | | | 1,250 |

**Tableau 7.4** : VARIATION, À PRESSION ATMOSPHÉRIQUE, DE LA SOLUBILITÉ DANS L'EAU de l'oxygène, de l'azote et de gaz organiques en fonction de la température

| $\frac{\vartheta}{°C}$ | $\frac{g\ O_2}{l\ H_2O}$ | $\frac{g\ N_2}{l\ H_2O}$ | $\frac{g\ CH_4}{l\ H_2O}$ | $\frac{g\ C_2H_6}{l\ H_2O}$ | $\frac{g\ C_2H_4}{l\ H_2O}$ | $\frac{g\ C_2H_2}{l\ H_2O}$ |
|---|---|---|---|---|---|---|
| 0 | 0,06945 | 0,02942 | 0,040 | 0,11390 | 0,285 | 2,03 |
| 10 | 0,05368 | 0,02312 | | 0,08897 | 0,204 | 1,53 |
| 20 | 0,04340 | 0,01901 | 0,024 | 0,06406 | 0,154 | 1,21 |
| 30 | 0,03588 | 0,01624 | | 0,04914 | 0,113 | 0,98 |
| 40 | 0,03082 | 0,01391 | 0,017 | 0,03953 | | |
| 50 | 0,02657 | 0,01216 | 0,015 | 0,03334 | | |
| 60 | 0,02274 | 0,01052 | 0,014 | 0,02953 | | |
| 70 | 0,01856 | 0,00851 | | 0,02642 | | |
| 80 | 0,01381 | 0,00660 | 0,013 | 0,02476 | | |
| 90 | 0,00790 | 0,00380 | | 0,02387 | | |
| 100 | 0,00000 | 0,00000 | 0,012 | 0,02332 | | |

**Tableau 7.5** : VARIATION DE LA SOLUBILITÉ DANS L'EAU (en g $l^{-1}$) de l'ammoniac en fonction de la pression et de la température

| $\frac{\vartheta}{°C}$ | $p$/Pa $1 \times 10^5$ | $2 \times 10^5$ | $5 \times 10^5$ | $10 \times 10^5$ |
|---|---|---|---|---|
| 0 | 907,2 | 1303,7 | | |
| 10 | 764,7 | | 3762,6 | |
| 20 | 541,5 | 716,5 | 1593,1 | |
| 30 | 406,2 | | | 4661,3 |
| 40 | 335,3 | 454,1 | 821,7 | 1689,7 |
| 50 | 280,6 | | | |
| 60 | 234,0 | 285,4 | 529,5 | 882,4 |
| 70 | 189,7 | | | |
| 80 | 149,7 | 159,5 | 350,3 | 575,6 |
| 90 | 110,0 | | | |
| 100 | 70,9 | 68,8 | 219,0 | 391,5 |

**Tableau 7.6** : VARIATION DE LA SOLUBILITÉ DANS L'EAU (en g $l^{-1}$) du dioxyde de carbone et de l'hydrogène en fonction de la pression et de la température

| $\frac{p(CO_2)}{MPa}$ | 20°C | 60°C | 100°C |
|---|---|---|---|
| 0,100 | 1,73 | 0,71 | |
| 2,541 | 32,2 | | |
| 3,922 | 47,2 | 16,5 | |
| 4,902 | 50,7 | 19,8 | |
| 5,883 | | 23,5 | |
| 6,804 | | 27,6 | 12,3 |
| 7,844 | | 31,7 | 14,0 |
| 8,824 | | 36,5 | |
| 9,005 | | 41,6 | 18,4 |
| 10,785 | | 47,2 | 20,5 |
| 12,746 | | | 24,1 |
| 14,707 | | | 28,6 |

| $\frac{p(H_2)}{MPa}$ | 20°C | 60°C | 100°C |
|---|---|---|---|
| 0,10 | 0,0019 | 0,0014 | 0,0014 |
| 2,53 | 0,0482 | 0,0370 | 0,0437 |
| 5,06 | 0,0960 | 0,0736 | 0,0855 |
| 10,13 | 0,1915 | 0,1466 | 0,1693 |
| 30,39 | 0,5518 | 0,4271 | 0,4895 |
| 60,78 | 1,0450 | 0,8202 | 0,9372 |
| 101,31 | 1,6180 | 1,3102 | 1,4800 |

## 7.3 Potentiels standard de réduction

**Tableau 7.7** : POTENTIELS STANDARD DE RÉDUCTION en solution acide

| $n$e + Forme oxydée | ⇌ | Forme réduite | $E^0$/V |
|---|---|---|---|
| e + $Cs^{\oplus}$ | ⇌ | Cs | −3,02 |
| e + $Li^{\oplus}$ | ⇌ | Li | −3,02 |
| e + $Rb^{\oplus}$ | ⇌ | Rb | −2,93 |
| e + $K^{\oplus}$ | ⇌ | K | −2,92 |
| 2 e + $Ba^{2\oplus}$ | ⇌ | Ba | −2,90 |
| 2 e + $Sr^{2\oplus}$ | ⇌ | Sr | −2,89 |
| 2 e + $Ca^{2\oplus}$ | ⇌ | Ca | −2,87 |
| e + $Na^{\oplus}$ | ⇌ | Na | −2,712 |
| 2 e + $Mg^{2\oplus}$ | ⇌ | Mg | −2,34 |
| 3 e + $Y^{3\oplus}$ | ⇌ | Y | −2,1 |
| 3 e + $Sc^{3\oplus}$ | ⇌ | Sc | −2,00 |
| 4 e + $Th^{4\oplus}$ | ⇌ | Th | −1,90 |
| 2 e + $Ti^{2\oplus}$ | ⇌ | Ti | −1,75 |
| 2 e + $Be^{2\oplus}$ | ⇌ | Be | −1,70 |
| 2 e + $Ce^{2\oplus}$ | ⇌ | Ce | −1,68 |
| 3 e + $Al^{3\oplus}$ | ⇌ | Al | −1,67 |
| 2 e + $V^{2\oplus}$ | ⇌ | V | −1,52 |
| 2 e + $Mn^{2\oplus}$ | ⇌ | Mn | −1,05 |
| 4 e + $U^{4\oplus}$ | ⇌ | U | −1,4 |
| 2 e + $Zn^{2\oplus}$ | ⇌ | Zn | −0,762 |
| 2 e + Te + 2 $H^{\oplus}$ | ⇌ | $TeH_2$ | −0,7 |
| 2 e + $PHO_3H_2$ + 2 $H^{\oplus}$ | ⇌ | $PH_2O_2H + H_2O$ | −0,59 |
| 2 e + $Cr^{2\oplus}$ | ⇌ | Cr | −0,56 |
| 3 e + $Ga^{3\oplus}$ | ⇌ | Ga | −0,52 |
| 2 e + 2 $CO_2$ + $H_2$ | ⇌ | $(COOH)_2$ | −0,47 |
| 2 e + $Fe^{2\oplus}$ | ⇌ | Fe | −0,44 |
| e + $Cr^{3\oplus}$ | ⇌ | $Cr^{2\oplus}$ | −0,41 |
| 2 e + $Cd^{2\oplus}$ | ⇌ | Cd | −0,402 |
| e + $Ti^{3\oplus}$ | ⇌ | $Ti^{2\oplus}$ | −0,37 |
| 2 + Se + 2 $H^{\oplus}$ | ⇌ | $SeH_2$ | −0,36 |
| 3 e + $In^{3\oplus}$ | ⇌ | In | −0,34 |
| e + $Tl^{\oplus}$ | ⇌ | Tl | −0,34 |

| $ne +$ Forme oxydée | $\rightleftharpoons$ | Forme réduite | $E^0/\mathrm{V}$ |
|---|---|---|---|
| $2\,e + Co^{2\oplus}$ | $\rightleftharpoons$ | $Co$ | $-0,277$ |
| $2\,e + Ni^{2\oplus}$ | $\rightleftharpoons$ | $Ni$ | $-0,250$ |
| $4\,e + N_2 + 5\,H^{\oplus}$ | $\rightleftharpoons$ | $N_2H_5^{\oplus}$ | $-0,23$ |
| $3\,e + Mo^{3\oplus}$ | $\rightleftharpoons$ | $Mo$ | $-0,20$ |
| $2\,2 + CO_2 + 2\,H^{\oplus}$ | $\rightleftharpoons$ | $CHO_2H$ | $-0,20$ |
| $2\,e + PO_4H_3 + 2\,H^{\oplus}$ | $\rightleftharpoons$ | $PHO_3H_2$ | $-0,20$ |
| $e + V^{3\oplus}$ | $\rightleftharpoons$ | $V^{2\oplus}$ | $-0,20$ |
| $e + AgI$ | $\rightleftharpoons$ | $Ag + I^{\ominus}$ | $-0,174$ |
| $2\,e + Sn^{2\oplus}$ | $\rightleftharpoons$ | Sn (blanc) | $-0,136$ |
| $2\,e + Pb^{2\oplus}$ | $\rightleftharpoons$ | $Pb$ | $-0,126$ |
| $e + U^{4\oplus}$ | $\rightleftharpoons$ | $U^{3\oplus}$ | $-0,09$ |
| $4\,e + N_2O + 6\,H^{\oplus}$ | $\rightleftharpoons$ | $2\,NH_3OH^{\oplus}$ | $-0,05$ |
| $e + TiO^{2\oplus} + 2\,H^{\oplus}$ | $\rightleftharpoons$ | $Ti^{3\oplus} + H_2O$ | $\approx 0$ |
| $2\,e + HCOOH + 2\,H^{\oplus}$ | $\rightleftharpoons$ | $HCHO + H_2O$ | $\approx 0$ |
| $\mathbf{e + H^{\oplus}}$ | $\rightleftharpoons$ | $\mathbf{1/2\,H_2}$ | $\mathbf{0,00}$ |
| $e + AgBr$ | $\rightleftharpoons$ | $Ag + Br^{\ominus}$ | $0,073$ |
| $2\,e + SO_4H^{\ominus} + 3\,H^{\oplus}$ | $\rightleftharpoons$ | $SO_2 + 2\,H_2O$ | $0,12$ |
| $2\,e + S_{rhomb} + 2\,H^{\oplus}$ | $\rightleftharpoons$ | $H_2S$ | $0,141$ |
| $2\,e + Sn^{4\oplus}$ | $\rightleftharpoons$ | $Sn^{2\oplus}$ | $0,15$ |
| $e + Cu^{2\oplus}$ | $\rightleftharpoons$ | $Cu^{\oplus}$ | $0,167$ |
| $2\,e + S_4O_6^{2\ominus}$ | $\rightleftharpoons$ | $2\,S_2O_3^{2\ominus}$ | $0,17$ |
| $e + CuCl_2^{\ominus}$ | $\rightleftharpoons$ | $Cu + 2\,Cl^{\ominus}$ | $0,19$ |
| $3\,e + SbO^{\oplus} + 2\,H^{\oplus}$ | $\rightleftharpoons$ | $Sb + H_2O$ | $0,21$ |
| $e + AgCl$ | $\rightleftharpoons$ | $Ag + Cl^{\ominus}$ | $0,222$ |
| $3\,e + Bi^{3\oplus}$ | $\rightleftharpoons$ | $Bi$ | $0,23$ |
| $2\,e + Hg_2Cl_2$ | $\rightleftharpoons$ | $2\,Hg + 2\,Cl^{\ominus}$ | $0,268$ |
| $e + VO^{2\oplus} + 2\,H^{\oplus}$ | $\rightleftharpoons$ | $V^{3\oplus} + H_2O$ | $0,314$ |
| $3\,e + BiO^{\oplus} + 2\,H^{\oplus}$ | $\rightleftharpoons$ | $Bi + H_2O$ | $0,32$ |
| $e + 1/2\,C_2N_2 + H^{\oplus}$ | $\rightleftharpoons$ | $HCN$ | $0,33$ |
| $2\,e + UO_2^{2\oplus} + 4\,H^{\oplus}$ | $\rightleftharpoons$ | $U^{4\oplus} + 2\,H_2O$ | $0,33$ |
| $2\,e + Cu^{2\oplus}$ | $\rightleftharpoons$ | $Cu$ | $0,345$ |
| $e + [Fe(CN)_6]^{3\ominus}$ | $\rightleftharpoons$ | $[Fe(CN)_6]^{4\ominus}$ | $0,36$ |
| $4\,e + SO_2 + 4\,H^{\oplus}$ | $\rightleftharpoons$ | $S_{rhomb} + 2\,H_2O$ | $0,46$ |
| $e + Cu^{2\oplus} + 2\,Cl^{\ominus}$ | $\rightleftharpoons$ | $CuCl_2^{\ominus}$ | $0,5$ |

| $n$e + Forme oxydée | $\rightleftharpoons$ | Forme réduite | $E^0$/V |
|---|---|---|---|
| $e + 1/2\,I_2$ | $\rightleftharpoons$ | $I^{\ominus}$ | 0,535 |
| $2\,e + I_3^{\ominus}$ | $\rightleftharpoons$ | $3\,I^{\ominus}$ | 0,536 |
| $4\,e + TeCl_6^{2\ominus}$ | $\rightleftharpoons$ | $Te + 6\,Cl^{\ominus}$ | 0,55 |
| $4\,e + TeO_2 + 4\,H^{\oplus}$ | $\rightleftharpoons$ | $Te + 2\,H_2O$ | 0,55 |
| $2\,e + H_3AsO_4 + 2\,H^{\oplus}$ | $\rightleftharpoons$ | $H_3AsO_3 + H_2O$ | 0,56 |
| $2\,e + 2\,HgCl_2$ | $\rightleftharpoons$ | $Hg_2Cl_2 + 2\,Cl^{\ominus}$ | 0,63 |
| $2\,e + O_2 + 2\,H^{\oplus}$ | $\rightleftharpoons$ | $H_2O_2$ | 0,68 |
| $4\,e + PtCl_6^{2\ominus}$ | $\rightleftharpoons$ | $Pt + 6\,Cl^{\ominus}$ | 0,726 |
| $4\,e + H_2SeO_3 + 4\,H^{\oplus}$ | $\rightleftharpoons$ | $Se + 3\,H_2O$ | 0,75 |
| $e + Fe^{3\oplus}$ | $\rightleftharpoons$ | $Fe^{2\oplus}$ | 0,771 |
| $e + Ag^{\oplus}$ | $\rightleftharpoons$ | $Ag$ | 0,800 |
| $2\,e + Hg_2^{2\oplus}$ | $\rightleftharpoons$ | $2\,Hg$ | 0,800 |
| $2\,e + Hg^{2\oplus}$ | $\rightleftharpoons$ | $Hg$ | 0,854 |
| $2\,e + 2\,Hg^{2\oplus}$ | $\rightleftharpoons$ | $Hg_2^{2\oplus}$ | 0,910 |
| $3\,e + NO_3^{\ominus} + 4\,H^{\oplus}$ | $\rightleftharpoons$ | $NO + 2\,H_2O$ | 0,95 |
| $e + HNO_2 + H^{\oplus}$ | $\rightleftharpoons$ | $NO + H_2O$ | 0,97 |
| $2\,e + IOH + H^{\oplus}$ | $\rightleftharpoons$ | $I^{\ominus} + H_2O$ | 0,99 |
| $3\,e + AuCl_4^{\ominus}$ | $\rightleftharpoons$ | $Au + 4\,Cl^{\ominus}$ | 1,00 |
| $e + VO_2^{\oplus} + 2\,H^{\oplus}$ | $\rightleftharpoons$ | $VO^{2\oplus} + H_2O$ | 1,0 |
| $2\,e + H_6TeO_6 + 2\,H^{\oplus}$ | $\rightleftharpoons$ | $H_2TeO_3 + 3\,H_2O$ | 1,04 |
| $e + 1/2\,Br_2$ | $\rightleftharpoons$ | $Br^{\ominus}$ | 1,07 |
| $6\,e + IO_3^{\ominus} + 6\,H^{\oplus}$ | $\rightleftharpoons$ | $I^{\ominus} + 3\,H_2O$ | 1,085 |
| $2\,e + HSeO_4^{\ominus} + 3\,H^{\oplus}$ | $\rightleftharpoons$ | $H_2SeO_3 + H_2O$ | 1,09 |
| $5\,e + IO_3^{\ominus} + 6\,H^{\oplus}$ | $\rightleftharpoons$ | $1/2\,I_2 + 3\,H_2O$ | 1,195 |
| $4\,e + O_2 + 4\,H^{\oplus}$ | $\rightleftharpoons$ | $2\,H_2O$ | 1,23 |
| $8\,e + H_5IO_6 + 7\,H^{\oplus}$ | $\rightleftharpoons$ | $I^{\ominus} + 6\,H_2O$ | 1,24 |
| $2\,e + Tl^{3\oplus}$ | $\rightleftharpoons$ | $Tl^{\oplus}$ | 1,25 |
| $2\,e + MnO_2 + 4\,H^{\oplus}$ | $\rightleftharpoons$ | $Mn^{2\oplus} + 2\,H_2O$ | 1,28 |
| $2\,e + BrOH + H^{\oplus}$ | $\rightleftharpoons$ | $Br^{\ominus} + H_2O$ | 1,31 |
| $8\,e + ClO_4^{\ominus} + 8\,H^{\oplus}$ | $\rightleftharpoons$ | $Cl^{\ominus} + 4\,H_2O$ | 1,34 |
| $6\,e + Cr_2O_7^{2\ominus} + 14\,H_2O$ | $\rightleftharpoons$ | $2\,Cr^{3\oplus} + 7\,H_2O$ | 1,36 |
| $e + 1/2\,Cl_2$ | $\rightleftharpoons$ | $Cl^{\ominus}$ | 1,394 |
| $6\,e + BrO_3^{\ominus} + 6\,H^{\oplus}$ | $\rightleftharpoons$ | $Br^{\ominus} + 3\,H_2O$ | 1,44 |
| $e + IOH + H^{\oplus}$ | $\rightleftharpoons$ | $1/2\,I_2 + H_2O$ | 1,45 |

| $ne$ + Forme oxydée | ⇌ | Forme réduite | $E^0/V$ |
|---|---|---|---|
| $6\,e + ClO_3^{\ominus} + 6\,H^{\oplus}$ | ⇌ | $Cl^{\ominus} + 3\,H_2O$ | 1, 45 |
| $2\,e + PbO_2 + 4\,H^{\oplus}$ | ⇌ | $Pb^{2\oplus} + 2\,H_2O$ | 1, 46 |
| $5\,e + ClO_3^{\ominus} + 6\,H^{\oplus}$ | ⇌ | $1/2\,Cl_2 + 3\,H_2O$ | 1, 47 |
| $2\,e + ClOH + H^{\oplus}$ | ⇌ | $Cl^{\ominus} + H_2O$ | 1, 49 |
| $5\,e + BrO_3^{\ominus} + 6\,H^{\oplus}$ | ⇌ | $1/2\,Br_2 + 3\,H_2O$ | 1, 51 |
| $e + Mn^{3\oplus}$ | ⇌ | $Mn^{2\oplus}$ | 1, 51 |
| $5\,e + MnO_4^{\ominus} + 8\,H^{\oplus}$ | ⇌ | $Mn^{2\oplus} + 4\,H_2O$ | 1, 52 |
| $4\,e + HClO_2 + 4\,e$ | ⇌ | $Cl^{\ominus} + 2\,H_2O$ | 1, 56 |
| $e + BrOH + H^{\oplus}$ | ⇌ | $1/2\,Br_2 + H_2O$ | 1, 57 |
| $e + ClOH + H^{\oplus}$ | ⇌ | $1/2\,Cl_2 + H_2O$ | 1, 59 |
| $3\,e + MnO_4^{\ominus} + 4\,H^{\oplus}$ | ⇌ | $MnO_2 + 2\,H_2O$ | 1, 68 |
| $3\,e + FeO_4^{2\ominus}$ | ⇌ | $Fe^{3\oplus} + 4\,H_2O$ | 1, 7 |
| $4\,e + MnO_4^{2\ominus} + 8\,H^{\oplus}$ | ⇌ | $Mn^{2\oplus} + 4\,H_2O$ | 1, 76 |
| $2\,e + H_2O_2 + 2\,H^{\oplus}$ | ⇌ | $2\,H_2O$ | 1, 78 |
| $2\,e + NiO_2 + 4\,H^{\oplus}$ | ⇌ | $Ni^{2\oplus} + 2\,H_2$ | 1, 8 |
| $e + Co^{3\oplus}$ | ⇌ | $Co^{2\oplus}$ | 1, 84 |
| $e + Ag^{2\oplus}$ | ⇌ | $Ag^{\oplus}$ | 1, 98 |
| $2\,e + S_2O_8^{2\ominus}$ | ⇌ | $2\,SO_4^{2\ominus}$ | 2, 06 |
| $2\,e + O_3 + 2\,H^{\oplus}$ | ⇌ | $O_2 + H_2O$ | 2, 07 |
| $e + OH + H^{\oplus}$ | ⇌ | $H_2O$ | 2, 24 |
| $e + 1/2\,F_2$ | ⇌ | $F^{\ominus}$ | 2, 85 |

**Tableau 7.8** : POTENTIELS STANDARD DE RÉDUCTION en solution alcaline

| $ne$ + Forme oxydée | ⇌ | Forme réduite | $E^0/V$ |
|---|---|---|---|
| $3\,e + Al(OH)_4^{\ominus}$ | ⇌ | $Al + 4\,OH^{\ominus}$ | −2, 35 |
| $e + 1/2\,H_2$ | ⇌ | $H^{\ominus}$ | −2, 24 |
| $e + [Cr(CN)_6]^{3\ominus}$ | ⇌ | $[Cr(CN)_6]^{4\ominus}$ | −1, 28 |
| $2\,e + [Zn(OH)_4]^{2\ominus}$ | ⇌ | $Zn + 4\,OH^{\ominus}$ | −1, 22 |
| $3\,e + [Cr(OH)_4]^{\ominus}$ | ⇌ | $Cr + 4\,OH^{\ominus}$ | −1, 2 |
| $4\,e + N_2 + 4\,H_2O$ | ⇌ | $N_2H_4 + 4\,OH^{\ominus}$ | −1, 16 |
| $4\,e + N_2O + 5\,H_2O$ | ⇌ | $2\,NH_2OH + 4\,OH^{\ominus}$ | −1, 05 |
| $2\,e + PO_4^{3\ominus} + 2\,H_2O$ | ⇌ | $HPO_3^{2\ominus} + 3\,OH^{\ominus}$ | −1, 05 |
| $2\,e + [Sn(OH)_6^{2\ominus}]$ | ⇌ | $Sn(OH)_3^{\ominus} + 3\,OH^{\ominus}$ | −0, 96 |

| $ne$ + Forme oxydée | $\rightleftharpoons$ | Forme réduite | $E^0$/V |
|---|---|---|---|
| $2\,e + CNO^{\ominus} + H_2O$ | $\rightleftharpoons$ | $CN^{\ominus} + 2\,OH^{\ominus}$ | $-0,96$ |
| $2\,e + Te$ | $\rightleftharpoons$ | $Te^{2\ominus}$ | $-0,92$ |
| $2\,e + SO_4^{2\ominus} + H_2O$ | $\rightleftharpoons$ | $SO_3^{2\ominus} + 2\,OH^{\ominus}$ | $-0,90$ |
| $e + [Co(CN)_6]^{3\ominus}$ | $\rightleftharpoons$ | $[Co(CN)_6]^{4\ominus}$ | $-0,83$ |
| $e + H_2O$ | $\rightleftharpoons$ | $1/2\,H_2 + OH^{\ominus}$ | $-0,828$ |
| $2\,e + [Sn(OH)_3]^{\ominus}$ | $\rightleftharpoons$ | $Sn + 3\,OH^{\ominus}$ | $-0,79$ |
| $2\,e + Se$ | $\rightleftharpoons$ | $Se^{2\ominus}$ | $-0,76$ |
| $2\,e + [AsO_4]^{3\ominus}$ | $\rightleftharpoons$ | $AsO_2^{\ominus} + 4\,OH^{\ominus}$ | $-0,71$ |
| $e + Li^{\oplus}$ | $\rightleftharpoons$ | $Li$ | $-3,04$ |
| $2\,e + Ca(OH)_2$ | $\rightleftharpoons$ | $Ca + 2\,OH^{\ominus}$ | $-3,03$ |
| $e + Cs^{\oplus}$ | $\rightleftharpoons$ | $Cs$ | $-3,03$ |
| $2\,e + Sr(OH)_2$ | $\rightleftharpoons$ | $Sr + 2\,OH^{\ominus}$ | $-2,99$ |
| $2\,e + Ba(OH)_2$ | $\rightleftharpoons$ | $Ba + 2\,OH^{\ominus}$ | $-2,97$ |
| $e + Fe(OH)_3$ | $\rightleftharpoons$ | $Fe(OH)_2 + OH^{\ominus}$ | $-0,57$ |
| $2\,e + [Pb(OH)_3]^{\ominus}$ | $\rightleftharpoons$ | $Pb + 3\,OH^{\ominus}$ | $-0,54$ |
| $2\,e + S_2^{2\ominus}$ | $\rightleftharpoons$ | $2\,S^{2\ominus}$ | $-0,51$ |
| $2\,e + 2\,S_{rhomb}$ | $\rightleftharpoons$ | $S^{2\ominus}$ | $-0,50$ |
| $2\,e + S_{rhomb} + H_2O$ | $\rightleftharpoons$ | $SH^{\ominus} + OH^{\ominus}$ | $-0,48$ |
| $e + [Cu(CN)_2]^{\ominus}$ | $\rightleftharpoons$ | $Cu + 2\,CN^{\ominus}$ | $-0,42$ |
| $e + Cu_2O + H_2O$ | $\rightleftharpoons$ | $2\,Cu + 2\,OH^{\ominus}$ | $-0,36$ |
| $2\,e + Ag_2S$ | $\rightleftharpoons$ | $2\,Ag + S^{2\ominus}$ | $-0,30$ |
| $e + [Mn(CN)_6]^{3\ominus}$ | $\rightleftharpoons$ | $[Mn(CN)_6]^{4\ominus}$ | $-0,22$ |
| $2\,e + HPO_3^{2\ominus} + 2\,H_2O$ | $\rightleftharpoons$ | $H_2PO_2^{\ominus} + 3\,OH^{\ominus}$ | $-0,17$ |
| $3\,e + [CrO_4]^{2\ominus} + 4\,H_2O$ | $\rightleftharpoons$ | $Cr(OH)_3 + 5\,OH^{\ominus}$ | $-0,12$ |
| $e + [Cu(NH_3)_2]^{\oplus}$ | $\rightleftharpoons$ | $Cu + 2\,NH_3$ | $-0,11$ |
| $2\,e + 2\,Cu(OH)_2$ | $\rightleftharpoons$ | $Cu_2O + H_2O + 2\,OH^{\ominus}$ | $-0,1$ |
| $2\,e + [Cu(NH_3)_4]^{2\oplus}$ | $\rightleftharpoons$ | $Cu + 4\,NH_3$ | $-0,094$ |
| $2\,e + O_2 + H_2O$ | $\rightleftharpoons$ | $O_2H^{\ominus} + OH^{\ominus}$ | $-0,08$ |
| $2\,e + NO_3^{\ominus} + H_2O$ | $\rightleftharpoons$ | $NO_2^{\ominus} + 2\,OH^{\ominus}$ | $-0,015$ |
| $2\,e + HgO + H_2O$ | $\rightleftharpoons$ | $Hg + 2\,OH^{\ominus}$ | $0,098$ |
| $e + [Co(NH_3)_6]^{3\oplus}$ | $\rightleftharpoons$ | $[Co(NH_3)_6]^{2\oplus}$ | $0,1$ |
| $e + [Au(CN)_2]^{\ominus}$ | $\rightleftharpoons$ | $Au + 2\,CN^{\ominus}$ | $0,20$ |
| $2\,e + PbO_2 + H_2O$ | $\rightleftharpoons$ | $PbO + 2\,OH^{\ominus}$ | $0,25$ |
| $4\,e + O_2 + 2\,H_2O$ | $\rightleftharpoons$ | $2\,OH^{\ominus} + 2\,OH^{\ominus}$ | $0,40$ |
| $2\,e + NH_2OH + H_2O$ | $\rightleftharpoons$ | $NH_3 + 2\,OH^{\ominus}$ | $0,42$ |

| $n$e + Forme oxydée | $\rightleftharpoons$ | Forme réduite | $E^0$/V |
|---|---|---|---|
| $2\,e + IO^{\ominus} + H_2O$ | $\rightleftharpoons$ | $I^{\ominus} + 2\,OH^{\ominus}$ | 0,48 |
| $8\,e + ClO_4^{\ominus} + 4\,H_2O$ | $\rightleftharpoons$ | $Cl^{\ominus} + 8\,OH^{\ominus}$ | 0,51 |
| $e + [MnO_4]^{\ominus}$ | $\rightleftharpoons$ | $[MnO_4]^{2\ominus}$ | 0,54 |
| $6\,e + BrO_3^{\ominus} + 3\,H_2O$ | $\rightleftharpoons$ | $Br^{\ominus} + 6\,OH^{\ominus}$ | 0,54 |
| $2\,e + [MnO_4]^{2\ominus}$ | $\rightleftharpoons$ | $MnO_2 + 4\,OH^{\ominus}$ | 0,58 |
| $6\,e + ClO_3^{\ominus} + 3\,H_2O$ | $\rightleftharpoons$ | $Cl^{\ominus} + 6\,OH^{\ominus}$ | 0,62 |
| $2\,e + BrO^{\ominus} + H_2O$ | $\rightleftharpoons$ | $Br^{\ominus} + 2\,OH^{\ominus}$ | 0,76 |
| $4\,e + ClO_2^{\ominus}$ | $\rightleftharpoons$ | $Cl^{\ominus} + 4\,OH^{\ominus}$ | 0,76 |
| $2\,e + O_2H^{\ominus} + H_2O$ | $\rightleftharpoons$ | $2\,OH^{\ominus} + OH^{\ominus}$ | 0,88 |
| $2\,e + ClO^{\ominus} + H_2O$ | $\rightleftharpoons$ | $Cl^{\ominus} + 2\,OH^{\ominus}$ | 0,88 |
| $2\,e + NiO_2 + 2\,H_2O$ | $\rightleftharpoons$ | $Ni(OH)_2 + 2\,OH^{\ominus}$ | 0,98 |
| $e + OH$ | $\rightleftharpoons$ | $OH^{\ominus}$ | 1,41 |

# 8 Données thermodynamiques

**Vous trouverez dans ce chapitre diverses données relatives à des composés tant inorganiques qu'organiques :**

- les températures et les enthalpies des transitions de phases des divers éléments et de certains composés chimiques (tableaux 8.1 et 8.2);
- les calculs de $K_p$ d'après les approximations de ULICH (paragraphe 8.2);
- les calculs de $C_{p,\mathrm{m}}$ basés sur les coefficients paramétriques (paragraphe 8.3);
- les masses moléculaires relatives (tableaux 8.6 et 8.7);
- les points de fusion et d'ébullition des composés organiques (tableau 8.7);
- les moments dipolaires des composés organiques (tableau 8.7);
- les masses volumiques (tableaux 8.6 et 8.7);
- les enthalpies standard de formation, les entropies standard et les capacités calorifiques standard ($p$ = const), (tableaux 8.6 et 8.7);
- les enthalpies standard de vaporisation des composés organiques (tableau 8.7);
- les noms courants des composés organiques (paragraphe 8.6);
- les constantes d'Antoine relatives au calcul de la tension de vapeur (paragraphe 8.7);
- les données thermodynamiques relatives à l'air, à l'eau et à la vapeur d'eau (paragraphe 8.8);
- les données thermodynamiques relatives aux gaz et à divers matériaux industriels (paragraphe 8.9).

**Vous trouverez au chapitre 4 :**

- les énergies des liaisons simples et des liaisons multiples (tableaux 4.5 et 4.6).

## 8.1 Températures et enthalpies des transitions de phases

**Tableau 8.1** : TEMPÉRATURES et ENTHALPIES DES TRANSITIONS de phases des divers éléments

| Élément | Point de fusion $\frac{\vartheta_{\text{fus}}}{°\text{C}}$ | Point d'ébullition $\frac{\vartheta_{\text{vap}}}{°\text{C}}$ | Enthalpie de fusion à $\vartheta_{\text{fus}}$ $\frac{\Delta H_{\text{fus}}}{\text{kJ mol}^{-1}}$ | Enthalpie de vaporisation à $\vartheta_{\text{vap}}$ $\frac{\Delta H_{\text{vap}}}{\text{kJ mol}^{-1}}$ |
|---|---|---|---|---|
| Ac | 1050 | 3200 | 14,0 | 295 |
| Ag | 960 | 2210 | 11,3 | 258 |
| Al | 660 | 2450 | 10,3 | 291 |
| Am | 995 | 2460 | 10,0 | 239 |
| Ar | −189 | −186 | 1,2 | 6,5 |
| As | 814 | 616 | 27,8 | 148 |
| At | 302 | 335 | | 33 |
| Au | 1064 | 2970 | 12,8 | 344 |
| B | 2150 | 3900 | 22,2 | 510 |
| Ba | 714 | 1640 | 7,7 | 151 |
| Be | 1284 | 2480 | 11,7 | 309 |
| Bi | 271 | 1560 | 10,9 | 179 |
| Br | −7 | 58 | 5,3 | 15 |
| C (graph.) | 3730 | 4830 | 138,0 | 715 |
| Ca | 838 | 1482 | 8,7 | 152 |
| Cd | 321 | 765 | 6,4 | 100 |
| Ce | 797 | 3470 | 9,2 | 314 |
| Cl | −101 | −35 | 3,2 | 10,2 |
| Co | 1495 | 2900 | 15,5 | 381 |
| Cr | 1903 | 2642 | 15,0 | 347 |
| Cs | 28,65 | 685 | 2,1 | 66,5 |
| Cu | 1083 | 2600 | 13,0 | 307 |
| Dy | 1407 | 2600 | 16,0 | 251 |
| Er | 1497 | 2390 | 17,2 | 271 |
| Eu | 826 | 1430 | 10,5 | 175 |
| F | −220 | −188 | 0,25 | 3,3 |
| Fe | 1534 | 3000 | 14,4 | 351 |

| Élément | Point de fusion $\frac{\vartheta_{fus}}{°C}$ | Point d'ébullition $\frac{\vartheta_{vap}}{°C}$ | Enthalpie de fusion à $\vartheta_{fus}$ $\frac{\Delta H_{fus}}{kJ\,mol^{-1}}$ | Enthalpie de vaporisation à $\vartheta_{vap}$ $\frac{\Delta H_{vap}}{kJ\,mol^{-1}}$ |
|---|---|---|---|---|
| Fr | 27 | 680 | 2,0 | 64 |
| Ga | 29,8 | 2227 | 5,6 | 267 |
| Gd | 1312 | 2800 | 15,5 | 312 |
| Ge | 937 | 2830 | 32,0 | 328 |
| H | −259 | −253 | 0,06 | 0,45 |
| He | −270 | −269 | 0,02 | 0,08 |
| Hf | 2220 | 5400 | 21,8 | 571 |
| Hg | −38 | 357 | 2,3 | 59 |
| Ho | 1461 | 2490 | 17,2 | 251 |
| I | 114 | 183 | 7,9 | 21 |
| In | 156 | 2000 | 3,3 | 232 |
| Ir | 2450 | 4500 | 27,4 | 619 |
| K | 64 | 760 | 2,4 | 79 |
| Kr | −157 | −152 | 1,6 | 9 |
| La | 920 | 3470 | 7,7 | 402 |
| Li | 180 | 1330 | 2,9 | 149 |
| Lu | 1652 | 3330 | 18,8 | 247 |
| Mg | 649 | 1103 | 8,8 | 128 |
| Mn | 1243 | 2097 | 13,4 | 225 |
| Mo | 2620 | 5560 | 27,6 | 590 |
| N | −210 | −196 | 0,36 | 2,8 |
| Na | 98 | 892 | 2,6 | 99 |
| Nb | 2420 | 5127 | 26,8 | 696 |
| Nd | 1024 | 3030 | 11,0 | 284 |
| Ne | −249 | −246 | 0,33 | 1,8 |
| Ni | 1453 | 2730 | 17,9 | 374 |
| Np | 637 | 3902 | 9,6 | 395 |
| O | −219 | −183 | 0,22 | 3,4 |
| Os | 3027 | 5500 | 29,3 | 678 |
| P | 44 | 280 | 0,6 | 13 |
| Pa | 1575 | 4000 | 16,8 | 481 |
| Pb | 327 | 1740 | 4,8 | 178 |
| Pd | 1552 | 3125 | 17,8 | 377 |
| Pm | 1030 | 2730 | 13,0 | 293 |

| Élément | Point de fusion $\frac{\vartheta_{\text{fus}}}{°C}$ | Point d'ébullition $\frac{\vartheta_{\text{vap}}}{°C}$ | Enthalpie de fusion à $\vartheta_{\text{fus}}$ $\frac{\Delta H_{\text{fus}}}{\text{kJ mol}^{-1}}$ | Enthalpie de vaporisation à $\vartheta_{\text{vap}}$ $\frac{\Delta H_{\text{vap}}}{\text{kJ mol}^{-1}}$ |
|---|---|---|---|---|
| Po | 254 | 962 | 13,0 | 101 |
| Pr | 935 | 3130 | 6,9 | 333 |
| Pt | 1769 | 3825 | 20,0 | 510 |
| Pu | 640 | 3230 | 2,8 | 343 |
| Ra | 700 | 1530 | 9,6 | 117 |
| Rb | 39 | 688 | 2,2 | 76 |
| Re | 3160 | 5642 | 33,1 | 707 |
| Rh | 1966 | 7300 | 21,8 | 494 |
| Rn | −71 | −62 | 2,9 | 16 |
| Ru | 2280 | 4900 | 25,6 | 620 |
| S | 113 | 445 | 1,2 | 9,6 |
| Sb | 630 | 1380 | 19,8 | 83 |
| Sc | 1530 | 2730 | 16,6 | 305 |
| Se | 217 | 685 | 5,2 | 21 |
| Si | 1412 | 2680 | 46,0 | 383 |
| Sm | 1072 | 1900 | 8,9 | 165 |
| Sn | 232 | 2270 | 7,1 | 296 |
| Sr | 770 | 1360 | 8,8 | 141 |
| Ta | 3000 | 6030 | 24,7 | 754 |
| Tb | 1364 | 2800 | 16,0 | 290 |
| Tc | 2200 | 4900 | 20,3 | 577 |
| Te | 450 | 1390 | 18,0 | 52 |
| Th | 1700 | 4200 | 15,0 | 544 |
| Ti | 1668 | 3270 | 15,9 | 429 |
| Tl | 303 | 1460 | 4,3 | 166 |
| Tm | 1545 | 1720 | 18,0 | 213 |
| U | 1133 | 3818 | 12,6 | 417 |
| V | 1905 | 3450 | 17,6 | 459 |
| W | 3410 | 5930 | 35,2 | 824 |
| Xe | −112 | −108 | 2,3 | 12,6 |
| Y | 1502 | 2930 | 11,1 | 367 |
| Yb | 824 | 1430 | 8,5 | 156 |
| Zn | 419 | 907 | 7,3 | 115 |
| Zr | 1852 | 3600 | 17,3 | 582 |

**Tableau 8.2** : TEMPÉRATURES et ENTHALPIES DES TRANSITIONS de phases de certains composés chimiques

| Composé | Point de fusion $\frac{\vartheta_{fus}}{°C}$ | Point d'ébullition $\frac{\vartheta_{vap}}{°C}$ | Enthalpie de fusion à $\vartheta_{fus}$ $\frac{\Delta H_{fus}}{kJ\,mol^{-1}}$ | Enthalpie de vaporisation à $\vartheta_{vap}$ $\frac{\Delta H_{vap}}{kJ\,mol^{-1}}$ |
|---|---|---|---|---|
| AgCl | 455 | 1564 | 13 | 178 |
| $BaCl_2$ | 963 | 1560 | 17 | |
| $CCl_4$ | −23 | 77 | 3 | 30 |
| $CH_4$ | −182 | −161 | 1 | 8 |
| $CH_3OH$ | −98 | 64 | 3 | 35 |
| $CH_3CH_2OH$ | −114 | 78 | 5 | 38 |
| $C_6H_6$ | 6 | 80 | 10 | 31 |
| $CS_2$ | −111 | 46 | 4 | 27 |
| CsCl | 645 | 1300 | 21 | 160 |
| HBr | −87 | −67 | 2 | 18 |
| HCl | −114 | −85 | 2 | 16 |
| HF | −83 | 19 | 4 | 8 |
| HI | −51 | −35 | 3 | 20 |
| $H_2O$ | 0 | 100 | 6 | 41 |
| $H_2O_2$ | −2 | 158 | 12 | 43 |
| $H_2S$ | −83 | −62 | 2 | 19 |
| KBr | 734 | 1380 | 26 | 156 |
| KCl | 770 | 1407 | 27 | 163 |
| KF | 857 | 1500 | 28 | 187 |
| KI | 681 | 1324 | 24 | 145 |
| LiBr | 550 | 1265 | 18 | 148 |
| LiCl | 610 | 1350 | 20 | 151 |
| LiF | 870 | 1670 | 27 | 213 |
| LiI | 450 | 1171 | 15 | 136 |
| $NH_3$ | −78 | −33 | 6 | 23 |
| NaBr | 747 | 1390 | 26 | 159 |
| NaCl | 801 | 1465 | 28 | 170 |
| NaF | 992 | 1700 | 33 | 217 |
| NaI | 660 | 1300 | 24 | 159 |
| $PCl_3$ | −91 | 74 | 5 | 31 |
| $SO_2$ | −73 | −10 | 7 | 25 |

## 8.2 Approximations de Ulich

La constante d'équilibre relative à une réaction chimique, $K_p(T)$, peut être estimée à l'aide des approximations de Ulich. La définition de la constante d'équilibre d'une réaction chimique aboutit à la relation :

$$\ln K_p = \frac{-\Delta G_\mathrm{r}^\circ}{RT} = -\frac{\Delta H_\mathrm{r}^\circ}{RT} + \frac{\Delta S_\mathrm{r}^\circ}{R}$$

**1$^{re}$ approximation :** Une première approximation permettant de calculer la constante d'équilibre consite à introduire les données relatives à l'enthalpie standard de la réaction $\Delta H_\mathrm{r}^\circ = \sum_i \nu_i \Delta H_{\mathrm{f},i}^\circ$, ainsi qu'à l'entropie standard de la réaction $\Delta S_\mathrm{r}^\circ = \sum_i \nu_i S_i^\circ$, avec mention de la température uniquement dans le premier terme de l'équation ci-dessus :

$$\ln K_p = -\frac{\Delta H_\mathrm{r}^\circ}{RT} + \frac{\Delta S_\mathrm{r}^\circ}{R}$$

**2$^e$ approximation :** Une deuxième approximation permettant de calculer la constante d'équilibre prend en considération la dépendance vis-à-vis de la température de $\Delta H_\mathrm{r}(T)$ et de $\Delta S_\mathrm{r}(T)$ de la manière suivante :

$$\Delta H_\mathrm{r}(T) = \Delta H_\mathrm{r}^\circ + \int_{298}^{T} \Delta C_{p,\mathrm{m}} \mathrm{d}T$$

$$\Delta S_\mathrm{r}(T) = \Delta S_\mathrm{r}^\circ + \int_{298}^{T} \frac{\Delta C_{p,\mathrm{m}}}{T} \mathrm{d}T$$

Les données relatives aux capacités calorifiques $\Delta C_{p,\mathrm{m}} = \sum_i \nu_i C_{p,\mathrm{m},i}$ des partenaires réactionnels sont tout simplement les valeurs correspondant aux températures moyennes.

**3$^e$ approximation :** Dans une troisième approximation, la dépendance vis-à-vis de la température de la capacité calorifique $C_{p,\mathrm{m}}$ est évaluée selon une règle qui se base sur des températures moyennes. En décomposant l'équation de manière à isoler la partie qui varie en fonction de la température, on aboutit à l'expression suivante avec logarithme dans un système dont la base est 10 :

$$\log K_p = -\frac{\Delta H_\mathrm{r}^\circ}{2,3026\,RT} + \frac{\Delta S_\mathrm{r}^\circ}{2,3026\,R} + \frac{a_\mathrm{T}}{2,3026\,R} f\left(\frac{T}{298}\right)$$

Les valeurs de la fonction $f(T/298)$ et la règle permettant d'exprimer les capacités calorifiques dans diverses fourchettes de températures sont présentées dans les tableaux 8.3 et 8.4.

**Tableau 8.3** : APPROXIMATIONS DE ULICH : règles permettant d'exprimer les capacités calorifiques dans diverses fourchettes de températures

| | | | | |
|---|---|---|---|---|
| T= | 300 K | à | 450 K | $a_{300}$ |
| T= | 450 K | à | 550 K | $0,5(a_{300} + a_{300,600})$ |
| T= | 550 K | à | 1100 K | $a_{300,600}$ |
| T= | 1100 K | à | 1500 K | $0,5(a_{300,600} + a_{300,1200})$ |
| T= | 1500 K | à | 2600 K | $a_{300,1200}$ |
| T= | 2600 K | à | 3400 K | $0,5(a_{300,1200} + a_{300,2400})$ |
| T> | 3400 K | | | $a_{300,2400}$ |

$$a_{300} = \Delta C^{\circ}_{p,\mathrm{m}} \quad , a_{300,600} = \overline{\Delta C_{p,\mathrm{m}}^{300,600}}$$

$$a_{300,1200} = \frac{1}{2}\left(\overline{\Delta C_{p,\mathrm{m}}^{300,600}} + \overline{\Delta C_{p,\mathrm{m}}^{600,1200}}\right)$$

$$a_{300,2400} = \frac{1}{3}\left(\overline{\Delta C_{p,\mathrm{m}}^{300,600}} + \overline{\Delta C_{p,\mathrm{m}}^{600,1200}} + \overline{\Delta C_{p,\mathrm{m}}^{1200,2400}}\right)$$

**Tableau 8.4** : APPROXIMATIONS de ULICH : valeurs pour la fonction $f(T/298)$

| $\frac{T}{\mathrm{K}}$ | $f\left(\frac{T}{298}\right)$ | $\frac{T}{\mathrm{K}}$ | $f\left(\frac{T}{298}\right)$ |
|---|---|---|---|
| 300 | 0,00000 | 1800 | 0,05029 |
| 400 | 0,00203 | 1900 | 0,05268 |
| 500 | 0,00597 | 2000 | 0,05495 |
| 600 | 0,01027 | 2100 | 0,05710 |
| 700 | 0,01457 | 2200 | 0,05925 |
| 800 | 0,01876 | 2300 | 0,06128 |
| 900 | 0,02282 | 2400 | 0,06319 |
| 1000 | 0,02652 | 2500 | 0,06511 |
| 1100 | 0,03022 | 2600 | 0,06690 |
| 1200 | 0,03345 | 2700 | 0,06869 |
| 1300 | 0,03667 | 2800 | 0,07036 |
| 1400 | 0,03966 | 2900 | 0,07191 |
| 1500 | 0,04253 | 3000 | 0,07359 |
| 1600 | 0,04528 | 3100 | 0,07536 |
| 1700 | 0,04790 | 3200 | 0,07657 |

## 8.3 Capacités calorifiques molaires

Les capacités calorifiques molaires standard ($C^\circ_{p,\mathrm{m}}$ à 298 K et 101 325 Pa) relatives aux gaz tant inorganiques qu'organiques sont présentées dans les tableaux 8.6 et 8.7; leurs valeurs, selon les fourchettes de température, peuvent être calculées selon la méthode d'Ulich. La dépendance vis-à-vis de la température de la capacité calorifique molaire peut également être calculée approximativement grâce à une *équation paramétrique*, dans laquelle $T$ est exprimée en K :

$$C_{p,\mathrm{m}} = a + bT + cT^2 + dT^3 \cdots \qquad , \mathrm{J\,mol^{-1}\,K^{-1}}$$

**Tableau 8.5** : COEFFICIENTS PARAMÉTRIQUES permettant de calculer la dépendance vis-à-vis de la température de la capacité calorifique molaire de gaz purs

| Gaz | $a$ | $b \times 10^3$ | $c \times 10^6$ | $d \times 10^9$ |
|---|---|---|---|---|
| Acide éthanoïque | 4,837 | 254,680 | −175,180 | 49,454 |
| Ammoniac | 27,296 | 23,815 | 17,062 | −11,840 |
| Azote | 31,128 | −13,556 | 26,777 | −11,673 |
| Benzène | −33,890 | 474,040 | −301,490 | 71,250 |
| Butane | 9,481 | 331,100 | 110,750 | −2,820 |
| Dichlorodifluorométhane | 31,577 | 178,110 | −150,750 | 43,388 |
| Dioxyde d'azote | 24,216 | 48,324 | −20,794 | 0,293 |
| Dioxyde de carbone | 19,780 | 73,390 | −55,980 | 17,140 |
| Dioxyde de soufre | 23,836 | 66,940 | −49,580 | 13,270 |
| Éthane | 5,406 | 177,980 | −69,330 | −1,916 |
| Éthanoate d'éthyle | 7,230 | 406,900 | −209,030 | 28,526 |
| Éthanol | 9,008 | 213,900 | −83,846 | 1,372 |
| Éthène | 3,803 | 156,48 | −83,430 | 17,540 |
| Hexane | −4,41 | 581,570 | −311,660 | 64,890 |
| Hydrogène | 27,124 | 9,267 | −13,799 | 7,640 |
| Méthane | 19,238 | 52,090 | 11,966 | −11,309 |
| Méthanol | 21,127 | 70,880 | 25,820 | −28,500 |
| 2-Méthylpropane | −1,389 | 384,500 | −184,470 | 28,932 |
| Monoxyde de carbone | 30,848 | −12,840 | 27,870 | −12,710 |
| Oxirane (oxyde d'éthylène) | −7,524 | 222,100 | −125,560 | 25,900 |
| Oxygène | 28,087 | −0,004 | 17,447 | −10,644 |
| Propane | −4,222 | 306,050 | −158,530 | 32,120 |
| Propène | 3,707 | 234,380 | −115,940 | 22,030 |
| Vapeur d'eau | 32,220 | 1,923 | 10,548 | −3,594 |

# 8.4 Composés inorganiques

**REMARQUES**

| | |
|---|---|
| $M_r$ | *Masse moléculaire relative*, sans unité ; la masse moléculaire relative est définie comme étant un multiple de 0,012/12 kg de carbone. |
| $\varrho$ | *Masse volumique* à 298 K, unité : $g\,cm^{-3}$. La notation «/l» fait référence au cas d'un composé gazeux qui se trouve à *l'état liquide* à cette température. |
| Z | État de l'élément ou du composé auquel les données thermodynamiques se rapportent :<br>aq solution *aqueuse* ;<br>g état *gazeux* ;<br>l état *liquide* ;<br>s état *solide*. |
| $\Delta H_f^\circ$ | *Enthalpie standard de formation* (à 298 K et 101 325 Pa) d'une mole du composé synthétisé à partir des éléments requis dans leurs états standard ; unité : $kJ\,mol^{-1}$. Les $\Delta H_f^\circ$ s'appliquent à l'état précisé (aq, g, l, s). |
| $S^\circ$ | *Entropie standard* (à 298 K et 101 325 Pa) d'une mole du composé dans l'état précisé ; unité : $J\,mol^{-1}\,K^{-1}$. |
| $C_{p,m}^\circ$ | *Capacité calorifique molaire standard* (à 298 K et 101 325 Pa) du composé dans l'état précisé ; unité : $J\,mol^{-1}\,K^{-1}$. |

Ces données thermochimiques ont été choisies pour faciliter le calcul des constantes d'équilibre $K_p(T)$ des réactions à l'aide des *approximations de Ulich* qui ont été présentées dans le paragraphe 8.2.

**Tableau 8.6** : DONNÉES THERMODYNAMIQUES pour les éléments et les composés inorganiques

| Composé | Formule | $M_r$ | $\frac{\varrho}{g\,cm^{-3}}$ | Z | $\Delta H_f^\circ$ / kJ mol⁻¹ | $S^\circ$ | $C_{p,m}^\circ$ / J mol⁻¹ K⁻¹ |
|---|---|---|---|---|---|---|---|
| **Aluminum** | $Al$ | 27, 0 | 2,7 | s | 0 | 28 | 24 |
| | $Al$ | | | g | 326 | 164 | 21 |
| | $Al^{3+}$ | | | aq | −531 | −322 | |
| bromure | $AlBr_3$ | 266,7 | 2,6 | s | −516 | 163 | 102 |
| carbure | $Al_4C_3$ | 144,0 | 2,4 | s | −209 | 89 | 117 |
| chlorure | $AlCl_3$ | 133,3 | 2,4 | s | −704 | 111 | 92 |
| chlorure | $AlCl_3 \cdot 6\,H_2O$ | 242,4 | 2,4 | s | −2692 | 377 | |
| fluorure | $AlF_3$ | 84,0 | 2,9 | s | −1504 | 66 | 75 |
| hydroxyde | $Al(OH)_3$ | 78,0 | 2,4 | s | −1277 | | |
| iodure | $AlI_3$ | 407,7 | 4,0 | s | −315 | 159 | 99 |
| nitrure | $AlN$ | 41,0 | 3,1 | s | −318 | 20 | 30 |
| oxyde | $Al_2O_3$ | 102,0 | 4,0 | s | −1676 | 51 | 79 |
| phosphate | $AlPO_4$ | 122,0 | 2,6 | s | −1734 | 91 | 93 |
| sulfate | $Al_2(SO_4)_3$ | 342,1 | 2,7 | s | −3442 | 239 | 259 |
| sulfure | $Al_2S_3$ | 150,2 | 2,0 | s | −724 | | |
| **Ammoniac** | $NH_3$ | 17,0 | 0,8/1 | g | −46 | 192 | 35 |
| **Ammonium** | $NH_4^+$ | | | aq | −132 | 113 | 80 |
| acétate | $NH_4C_2H_3O_2$ | 77,1 | 1,2 | s | −616 | | |
| Al sulfate | $NH_4Al(SO_4)_2$ | 237,1 | | s | −2352 | 216 | 226 |
| bromure | $NH_4Br$ | 98,0 | 2,4 | s | −271 | 110 | 96 |
| carbonate | $(NH_4)_2CO_3$ | 96,1 | | aq | −942 | 170 | |
| H carbonate | $NH_4HCO_3$ | 79,1 | 1,6 | s | −849 | 121 | |
| chlorure | $NH_4Cl$ | 53,5 | 1,5 | s | −314 | 95 | 84 |
| fluorure | $NH_4F$ | 37,0 | 1,0 | s | −464 | 72 | 65 |
| hydroxyde | $NH_4OH$ | 35,1 | | l | −361 | 166 | 155 |
| | | | | aq | −366 | 181 | |
| iodure | $NH_4I$ | 144,9 | 2,5 | s | −201 | 117 | 82 |
| nitrate | $NH_4NO_3$ | 80,0 | 1,7 | s | −366 | 151 | 139 |
| H phosphate | $(NH_4)_2HPO_4$ | 132,2 | 1,6 | s | −1567 | | |
| di-H phosphate | $NH_4H_2PO_4$ | 115,0 | 1,8 | s | −1445 | 152 | 142 |
| sulfate | $(NH_4)_2SO_4$ | 132,1 | 1,8 | s | −1180 | 220 | 187 |
| sulfure | $(NH_4)_2S$ | 68,1 | | aq | −242 | 330 | |

| Composé | Formule | $M_r$ | $\frac{\varrho}{g\,cm^{-3}}$ | Z | $\frac{\Delta H_f^\circ}{kJ\,mol^{-1}}$ | $S^\circ$ | $C_{p,m}^\circ$ ($J\,mol^{-1}\,K^{-1}$) |
|---|---|---|---|---|---|---|---|
| **Antimoine** | Sb | 121,8 | 6,7 | s | 0 | 46 | 25 |
| | Sb | | | g | 262 | 180 | 21 |
| (III) bromure | $SbBr_3$ | 361,5 | 4,2 | s | −259 | 207 | 108 |
| (III) chlorure | $SbCl_3$ | 228,1 | 3,1 | s | −382 | 184 | 108 |
| (III) hydrure | $SbH_3$ | 124,8 | 2,3/l | g | 155 | 233 | 41 |
| (III) oxyde | $Sb_2O_3$ | 291,5 | 5,7 | s | −720 | 110 | 101 |
| (IV) oxyde | $Sb_2O_4$ | 307,5 | 5,8 | s | −908 | 127 | 115 |
| (V) oxyde | $Sb_2O_5$ | 323,5 | 3,8 | s | −972 | 125 | 118 |
| (III) sulfure | $Sb_2S_3$ (noir) | 339,7 | 4,6 | s | −175 | 182 | 120 |
| **Argent** | Ag | 107,9 | 10,5 | s | 0 | 43 | 25 |
| | Ag | | | g | 284 | 173 | 21 |
| | $Ag^+$ | | | aq | 106 | 73 | 22 |
| bromure | AgBr | 187,8 | 6,5 | s | −100 | 107 | 52 |
| carbonate | $Ag_2CO_3$ | 275,8 | 6,1 | s | −506 | 167 | 112 |
| chlorure | AgCl | 143,3 | 5,6 | s | −127 | 96 | 51 |
| chromate | $Ag_2CrO_4$ | 331,8 | 5,6 | s | −732 | 218 | 142 |
| cyanure | AgCN | 133,9 | 3,9 | s | 146 | 107 | 67 |
| fluorure | AgF | 126,9 | 5,9 | s | −205 | 84 | |
| iodure | AgI | 234,8 | 5,7 | s | −62 | 115 | 57 |
| nitrate | $AgNO_3$ | 169,9 | 4,4 | s | −124 | 141 | 93 |
| nitrite | $AgNO_2$ | 153,9 | 4,5 | s | −45 | 128 | 80 |
| oxyde | $Ag_2O$ | 231,7 | 7,1 | s | −31 | 121 | 66 |
| sulfate | $Ag_2SO_4$ | 311,8 | 5,5 | s | −716 | 200 | 131 |
| sulfure | $Ag_2S$ | 247,8 | 7,3 | s | −33 | 144 | 77 |
| thiocyanate | AgSCN | 166,0 | | s | 88 | 131 | 63 |
| **Arsenic** | As | 74,9 | 5,7 | s | 0 | 35 | 25 |
| | As | | | g | 302 | 174 | 21 |
| | $As_2$ | 148,8 | | g | 222 | 239 | 35 |
| | $As_4$ | 299,6 | | g | 144 | 314 | |
| (III) bromure | $AsBr_3$ | 314,7 | 3,5 | g | −130 | 364 | 79 |
| (III) chlorure | $AsCl_3$ | 181,3 | 2,2 | g | −262 | 327 | 76 |
| (III) fluorure | $AsF_3$ | 131,9 | 2,7 | g | −920 | 289 | 66 |
| (III) hydrure | $AsH_3$ | 78,0 | 2,7/l | g | 66 | 222 | 38 |
| (III) iodure | $AsI_3$ | 455,6 | 4,4 | s | −58 | 213 | 106 |

| Composé | Formule | $M_r$ | $\frac{\varrho}{g\,cm^{-3}}$ | Z | $\frac{\Delta H_f^\circ}{kJ\,mol^{-1}}$ | $S^\circ$ | $\frac{C_{p,m}^\circ}{J\,mol^{-1}\,K^{-1}}$ |
|---|---|---|---|---|---|---|---|
| **Arsenic** *(suite)* | | | | | | | |
| (III) oxyde | $As_2O_3$ | 197,8 | 3,7 | s | −657 | 107 | 96 |
| (V) oxyde | $As_2O_5$ | 229,8 | 4,3 | s | −925 | 105 | 116 |
| (III) sulfure | $As_2S_3$ | 246,0 | 3,4 | s | −169 | 164 | 116 |
| **Azote** | $N_2$ | 28,0 | 0,8/l | g | 0 | 192 | 29 |
| | N | | | g | 473 | 153 | 21 |
| | $N_3^-$ | | | aq | 275 | 108 | |
| | $N_3^-$ | | | g | 181 | | |
| | $NO_3^-$ | | | aq | −207 | 146 | −87 |
| acide nitrique | $HNO_3$ | 63,0 | 1,5/l | l | −174 | 156 | 110 |
| ammoniac | $NH_3$ | 17,0 | 0,8/l | g | −46 | 192 | 35 |
| chlorure de nitrosyle | NOCl | 65,5 | 1,4/l | g | 52 | 262 | 45 |
| fluorure | $NF_3$ | 71,0 | 1,5/l | g | −125 | 261 | 53 |
| hydrazine | $N_2H_4$ | 32,0 | 1,0/l | g | 95 | 238 | 50 |
| (I) oxyde | $N_2O$ | 44,0 | 1,2/l | g | 82 | 220 | 38 |
| (II) oxyde | NO | 30,0 | 1,3/l | g | 90 | 211 | 30 |
| (III) oxyde | $N_2O_3$ | 76,0 | 1,4/l | g | 84 | 312 | 66 |
| (IV) oxyde | $N_2O_4$ | 92,0 | 1,4/l | g | 9 | 304 | 77 |
| (V) oxyde | $N_2O_5$ | 108,0 | 1,6 | g | 11 | 356 | 84 |
| **Baryum** | Ba | 137,3 | 3,5 | s | 0 | 63 | 28 |
| | Ba | 137,3 | | g | 180 | 170 | 21 |
| | $Ba^{2+}$ | 137,3 | | aq | −538 | 10 | |
| bromure | $BaBr_2$ | 297,2 | 4,8 | s | −757 | 146 | 74 |
| carbonate | $BaCO_3$ | 197,4 | 4,4 | s | −1216 | 112 | 85 |
| chlorure | $BaCl_2$ | 208,2 | 3,9 | s | −859 | 124 | 75 |
| fluorure | $BaF_2$ | 175,3 | 4,9 | s | −1207 | 96 | 71 |
| iodure | $BaI_2$ | 391,2 | 5,1 | s | −602 | 167 | |
| nitrate | $Ba(NO_3)_2$ | 261,4 | 3,2 | s | −992 | 218 | 151 |
| nitrure | $Ba_3N_2$ | 440,0 | 4,8 | s | −363 | 152 | |
| oxyde | BaO | 153,3 | 5,7 | s | −554 | 70 | 48 |
| sulfate | $BaSO_4$ | 233,4 | 4,5 | s | −1473 | 132 | 102 |
| sulfure | BaS | 169,4 | 4,2 | s | −460 | 78 | 49 |

| Composé | Formule | $M_r$ | $\frac{\varrho}{\text{g cm}^{-3}}$ | Z | $\frac{\Delta H_f^\circ}{\text{kJ mol}^{-1}}$ | $\frac{S^\circ}{\text{J mol}^{-1}\text{ K}^{-1}}$ | $\frac{C_{p,m}^\circ}{\text{J mol}^{-1}\text{ K}^{-1}}$ |
|---|---|---|---|---|---|---|---|
| **Béryllium** | Be | 9,0 | 1,9 | s | 0 | 9 | 16 |
| | Be | | | g | 324 | 136 | 21 |
| | $Be^{2+}$ | | | aq | −383 | −130 | 69 |
| bromure | $BeBr_2$ | 168,8 | 3,5 | s | −370 | 106 | 69 |
| chlorure | $BeCl_2$ | 79,9 | 1,9 | s | −490 | 83 | 65 |
| fluorure | $BeF_2$ | 47,0 | 2,0 | s | −1027 | 53 | 52 |
| hydroxyde | $Be(OH)_2$ | 43,0 | | s | −903 | 52 | 65 |
| iodure | $BeI_2$ | 262,8 | 4,3 | s | −212 | 120 | 71 |
| nitrure | $Be_3N_2$ | 55,1 | | s | −589 | 34 | 64 |
| oxyde | $BeO$ | 25,0 | 3,0 | s | −610 | 14 | 26 |
| sulfate | $BeSO_4$ | 105,1 | 2,4 | s | −1205 | 78 | 86 |
| sulfate | $BeSO_4 \cdot 4\,H_2O$ | 177,1 | 1,7 | s | −2424 | 233 | 217 |
| **Bismuth** | Bi | 209,0 | 9,8 | s | 0 | 57 | 25 |
| | Bi | | | g | 207 | 187 | 21 |
| chlorure | $BiCl_3$ | 315,3 | 4,7 | s | −379 | 177 | 105 |
| oxyde | $Bi_2O_3$ | 466,0 | 8,9 | s | −574 | 151 | 113 |
| oxychlorure | $BiOCl$ | 260,4 | 7,7 | s | −367 | 120 | |
| sulfure | $Bi_2S_3$ | 514,2 | 7,4 | s | −143 | 200 | 122 |
| **Bore** | B | 10,8 | 2,3 | s | 0 | 6 | 11 |
| | B | | | g | 573 | 153 | 21 |
| acide borique | $H_3BO_3$ | 61,8 | 1,4 | s | −1094 | 89 | 81 |
| bromure | $BBr_3$ | 250,5 | 2,6 | s | −206 | 324 | 68 |
| carbure | $B_4C$ | 55,3 | 2,5 | s | −71 | 27 | 53 |
| chlorure | $BCl_3$ | 117,2 | 1,4/l | g | −404 | 290 | 63 |
| décaborane(14) | $B_{10}H_{14}$ | 122,2 | 0,9/l | g | 32 | 353 | 179 |
| diborane(6) | $B_2H_6$ | 27,7 | 0,4/l | g | 36 | 232 | 57 |
| fluorure | $BF_3$ | 67,8 | | g | −1137 | 254 | 50 |
| hexaborane(10) | $B_6H_{10}$ | 74,9 | 0,7/l | g | 95 | | |
| iodure | $BI_3$ | 391,5 | 3,3/l | g | 71 | 349 | 71 |
| nitrure | $BN$ | 24,8 | 2,2 | s | −254 | 15 | 20 |
| oxyde | $B_2O_3$ | 69,6 | 2,5 | s | −1273 | 54 | 63 |
| pentaborane(9) | $B_5H_9$ | 63,1 | 0,7/l | g | 73 | 276 | 97 |
| sulfure | $B_2S_3$ | 117,8 | 1,6 | s | −240 | | |
| tétraborane(10) | $B_4H_{10}$ | 53,5 | 0,6/l | g | 66 | | |

| Composé | Formule | $M_r$ | $\frac{\varrho}{\text{g cm}^{-3}}$ | Z | $\frac{\Delta H_f^\circ}{\text{kJ mol}^{-1}}$ | $S^\circ$ | $C_{p,m}^\circ$ ($\text{J mol}^{-1}\text{K}^{-1}$) |
|---|---|---|---|---|---|---|---|
| **Brome** | $Br_2$ | 159,8 | 3,1 | l | 0 | 152 | 76 |
| | $Br_2$ | | | g | 31 | 245 | 36 |
| | $Br_2$ | | | aq | −3 | 130 | |
| | $Br$ | | | g | 112 | 175 | 21 |
| | $Br^-$ | | | aq | −121 | 83 | −142 |
| | $BrO^-$ | | | aq | −94 | 42 | |
| | $BrO_3^-$ | | | aq | −84 | 163 | |
| chlorure | $BrCl$ | 115,4 | | g | 15 | 240 | 35 |
| (I) fluorure | $BrF$ | 98,9 | | g | −58 | 229 | 33 |
| (III) fluorure | $BrF_3$ | 136,9 | 2,5 | g | −256 | 292 | 67 |
| (V) fluorure | $BrF_5$ | 174,9 | 2,5 | g | −429 | 320 | 100 |
| **Cadmium** | $Cd$ | 112,4 | 8,7 | s | 0 | 52 | 26 |
| | $Cd^{2+}$ | | | aq | −76 | −73 | |
| bromure | $CdBr_2$ | 272,3 | 5,2 | s | −316 | 137 | 77 |
| chlorure | $CdCl_2$ | 183,3 | 4,0 | s | −391 | 115 | 75 |
| iodure | $CdI_2$ | 366,2 | 5,7 | s | −203 | 161 | 80 |
| oxyde | $CdO$ | 128,4 | 8,1 | s | −258 | 55 | 43 |
| sulfure | $CdS$ | 144,5 | 4,6 | s | −162 | 65 | 55 |
| sulfate | $CdSO_4$ | 208,5 | 1,9 | s | −935 | 123 | 100 |
| **Calcium** | $Ca$ | 40,1 | 1,6 | s | 0 | 41 | 25 |
| | $Ca$ | | | g | 178 | 155 | 21 |
| | $Ca^{2+}$ | | | aq | −542 | −53 | |
| bromure | $CaBr_2$ | 199,9 | 3,3 | s | −683 | 130 | |
| bromure | $CaBr_2\cdot$ $\cdot 6\,H_2O$ | 308,0 | | s | −2506 | 410 | |
| carbonate | $CaCO_3$ | 100,1 | 2,7 | s | −1207 | 93 | 82 |
| carbure | $CaC_2$ | 64,1 | 2,2 | s | −60 | 70 | 63 |
| chlorure | $CaCl_2$ | 111,0 | 2,1 | s | −796 | 105 | 73 |
| fluorure | $CaF_2$ | 78,1 | 3,2 | s | −1220 | 69 | 67 |
| hydroxyde | $Ca(OH)_2$ | 74,1 | 2,3 | s | −986 | 83 | 87 |
| hydrure | $CaH_2$ | 42,1 | 1,7 | s | −186 | 42 | |
| nitrate | $Ca(NO_3)_2$ | 164,1 | 2,5 | s | −938 | 193 | 149 |
| oxyde | $CaO$ | 56,1 | 3,3 | s | −635 | 49 | 43 |
| phosphate | $Ca_3(PO_4)_2$ | 310,2 | 3,1 | s | −4120 | 236 | 228 |
| sulfate | $CaSO_4$ | 136,1 | 3,0 | s | −1434 | 107 | 100 |

| Composé | Formule | $M_r$ | $\frac{\varrho}{\text{g cm}^{-3}}$ | Z | $\frac{\Delta H_f^{\circ}}{\text{kJ mol}^{-1}}$ | $S^{\circ}$ | $C_{p.m}^{\circ}$ |
|---|---|---|---|---|---|---|---|
| **Calcium** *(suite)* | | | | | | | |
| sulfate | $CaSO_4 \cdot \frac{1}{2} H_2O$ | 145,1 | | s | −1577 | 131 | 120 |
| sulfate | $CaSO_4 \cdot 2 H_2O$ | 172,2 | 2,3 | s | −2033 | 194 | 186 |
| sulfure | $CaS$ | 72,1 | 2,5 | s | −482 | 56 | 47 |
| **Carbone** | diamant | | 3,5 | s | 2 | 2 | 6 |
| | graphite | 12,0 | 2,3 | s | 0 | 6 | 9 |
| | $CO_3^{2-}$ | | | aq | −677 | −57 | |
| | $HCO_3^-$ | | | aq | −426 | 92 | −88 |
| | $SCN^-$ | | | aq | 76 | 144 | −40 |
| acide cyanhydrique | $HCN$ | 27,0 | 0,7 | l | 109 | 113 | 71 |
| | $CN^-$ | | | aq | 151 | 94 | |
| bromure | $CBr_4$ | 331,7 | 3,4 | s | 19 | 213 | 144 |
| chlorure | $CCl_4$ | 153,8 | 1,6 | l | −135 | 216 | 132 |
| fluorure | $CF_4$ | 88,0 | 2,0/l | g | −925 | 262 | 61 |
| iodure | $CI_4$ | 519,6 | 4,3 | g | | 392 | 96 |
| oxychlorure | $COCl_2$ | 98,9 | 1,4 | g | −219 | 283 | 58 |
| (II) oxyde | $CO$ | 28,0 | 0,8/l | g | −111 | 198 | 29 |
| (IV) oxyde | $CO_2$ | 44,0 | 1,1/l | g | −393 | 214 | 37 |
| sulfure | $CS_2$ | 76,1 | 1,3 | l | 90 | 151 | 76 |
| **Cérium** | $Ce$ | 140,1 | 6,8 | s | 0 | 58 | 26 |
| | $Ce^{3+}$ | | | aq | −727 | −184 | |
| (III) chlorure | $CsCl_3$ | 246,5 | 3,9 | s | −1058 | 150 | |
| (IV) oxyde | $CeO_2$ | 172,1 | 7,3 | s | −1089 | 62 | 63 |
| **Césium** | $Cs$ | 132,9 | 1,9 | s | 0 | 83 | 31 |
| | $Cs$ | | | g | 79 | 175 | 21 |
| | $Cs^+$ | | | g | 461 | 170 | 21 |
| | $Cs^+$ | | | aq | −248 | 133 | |
| bromure | $CsBr$ | 212,8 | 4,4 | s | −409 | 113 | 52 |
| chlorure | $CsCl$ | 168,4 | 4,0 | s | −447 | 100 | 53 |
| fluorure | $CsF$ | 151,9 | 3,6 | s | −515 | 83 | 51 |
| hydrure | $CsH$ | 133,9 | 3,4 | g | 121 | 214 | 30 |
| iodure | $CsI$ | 259,8 | 4,5 | s | −351 | 126 | 52 |

| Composé | Formule | $M_r$ | $\frac{\varrho}{g\,cm^{-3}}$ | Z | $\frac{\Delta H_f^\circ}{kJ\,mol^{-1}}$ | $S^\circ$ | $C_{p,m}^\circ$ ($J\,mol^{-1}\,K^{-1}$) |
|---|---|---|---|---|---|---|---|
| **Chlore** | $Cl_2$ | 70,9 | 1,6/l | g | 0 | 223 | 34 |
| | $Cl_2$ | | | aq | −23 | 121 | |
| | $Cl$ | | | g | 121 | 165 | 22 |
| | $Cl^-$ | | | g | −244 | 153 | 21 |
| | $Cl^-$ | | | aq | −167 | 57 | −136 |
| | $ClO^-$ | | | aq | −107 | 42 | |
| | $ClO_3^-$ | | | aq | −99 | 162 | |
| | $ClO_4^-$ | | | aq | −129 | 182 | |
| (I) fluorure | $ClF$ | 54,3 | 1,6/l | g | −54 | 218 | 32 |
| (III) fluorure | $ClF_3$ | 92,5 | 1,8/l | g | −163 | 281 | 64 |
| (I) oxyde | $Cl_2O$ | 86,9 | | g | 80 | 266 | 45 |
| (IV) oxyde | $ClO_2$ | 76,5 | | g | 102 | 257 | 42 |
| (VII) oxyde | $Cl_2O_7$ | 182,9 | | g | 272 | | |
| **Chrome** | $Cr$ | 52,0 | 7,2 | s | 0 | 24 | 23 |
| | $Cr$ | | | g | 397 | 173 | 21 |
| | $Cr^{2+}$ | | | g | 2653 | | |
| | $Cr^{2+}$ | | | aq | −144 | | |
| | $CrO_4^-$ | | | aq | −881 | 50 | |
| | $Cr_2O_7^-$ | | | aq | −1490 | 262 | |
| (II) chlorure | $CrCl_2$ | 122,9 | 2,9 | s | −385 | 115 | 71 |
| (III) chlorure | $CrCl_3$ | 158,4 | 2,8 | s | −556 | 123 | 92 |
| (III) oxyde | $Cr_2O_3$ | 152,0 | 5,2 | s | −1140 | 81 | 119 |
| (VI) oxyde | $CrO_3$ | 100,0 | 2,7 | s | −590 | 72 | |
| **Cobalt** | $Co$ | 58,9 | 8,9 | s | 0 | 30 | 25 |
| | $Co$ | | | g | 425 | 179 | 23 |
| | $Co^{2+}$ | | | aq | −58 | −113 | |
| | $Co^{3+}$ | | | aq | 92 | −305 | |
| chlorure | $CoCl_2$ | 129,8 | 3,4 | s | −313 | 109 | 78 |
| hydroxyde | $Co(OH)_2$ | 93,0 | 3,6 | s | −540 | 80 | |
| oxyde | $CoO$ | 74,9 | 5,7 | s | −238 | 53 | 55 |
| sulfate | $CoSO_4$ | 155,0 | 3,7 | s | −888 | 118 | |
| sulfate | $CoSO_4 \cdot 6\,H_2O$ | 263,1 | 2,0 | s | −2684 | 368 | 353 |

| Composé | Formule | $M_r$ | $\frac{\varrho}{g\,cm^{-3}}$ | Z | $\frac{\Delta H_f^\circ}{kJ\,mol^{-1}}$ | $S^\circ$ | $\frac{C_{p,m}^\circ}{J\,mol^{-1}\,K^{-1}}$ |
|---|---|---|---|---|---|---|---|
| **Cobalt** *(suite)* | | | | | | | |
| sulfate | $CoSO_4 \cdot 7\,H_2O$ | 281,1 | 1,9 | s | −2980 | 406 | 390 |
| **Cuivre** | Cu | 63,5 | 9,0 | s | 0 | 33 | 24 |
| | Cu | | | g | 338 | 166 | 21 |
| | $Cu^+$ | | | g | 1090 | 161 | 21 |
| | $Cu^+$ | | | aq | 72 | 41 | |
| | $Cu^{2+}$ | | | g | 3054 | | |
| | $Cu^{2+}$ | | | aq | 65 | −100 | |
| (I) bromure | CuBr | 143,5 | 5,0 | s | −105 | 96 | 55 |
| (I) chlorure | CuCl | 99,0 | 3,5 | s | −137 | 86 | 49 |
| (II) chlorure | $CuCl_2$ | 134,4 | 3,4 | s | −220 | 108 | 58 |
| (II) fluorure | $CuF_2$ | 101,5 | 4,2 | s | −543 | 69 | 70 |
| (II) hydroxyde | $Cu(OH)_2$ | 97,6 | 3,4 | s | −450 | 108 | 95 |
| (I) iodure | CuI | 190,4 | 5,6 | s | −68 | 97 | 54 |
| (I) oxyde | $Cu_2O$ | 143,1 | 6,0 | s | −169 | 93 | 64 |
| (II) oxyde | CuO | 79,5 | 6,4 | s | −157 | 43 | 42 |
| (II) sulfate | $CuSO_4$ | 159,6 | 3,6 | s | −771 | 109 | 100 |
| (II) sulfate | $CuSO_4 \cdot 5\,H_2O$ | 249,7 | 2,3 | s | −2280 | 300 | 280 |
| (I) sulfure | $Cu_2S$ | 159,1 | 5,8 | s | −80 | 121 | 76 |
| (II) sulfure | CuS | 95,6 | 4,6 | s | −53 | 67 | 48 |
| **Étain** | Sn (blanc) | 118,7 | 7,3 | s | 0 | 52 | 27 |
| | Sn (gris) | 118,7 | 5,8 | s | −2 | 44 | 26 |
| | Sn | | | g | 302 | 168 | 21 |
| (II) bromure | $SnBr_2$ | 278,5 | 5,1 | s | −243 | | |
| (IV) bromure | $SnBr_4$ | 438,4 | 3,3/l | s | −377 | 264 | |
| (IV) chlorure | $SnCl_4$ | 260,5 | 2,2/l | l | −511 | 259 | 165 |
| (II) hydroxyde | $Sn(OH)_2$ | 152,7 | | s | −561 | 155 | |
| (IV) hydrure | $SnH_4$ | 122,7 | | g | 163 | 228 | 49 |
| (II) oxyde | SnO | 134,7 | 6,9 | s | −285 | 56 | 44 |
| (IV) oxyde | $SnO_2$ | 150,7 | 7,0 | s | −581 | 52 | 53 |
| (II) sulfure | SnS | 150,8 | 5,1 | s | −100 | 77 | 49 |
| (IV) sulfure | $SnS_2$ | 182,8 | 4,5 | s | −167 | 87 | 70 |

| Composé | Formule | $M_r$ | $\frac{\varrho}{\text{g cm}^{-3}}$ | Z | $\frac{\Delta H_f^\circ}{\text{kJ mol}^{-1}}$ | $S^\circ$ | $C_{p,m}^\circ$ ($\text{J mol}^{-1}\,\text{K}^{-1}$) |
|---|---|---|---|---|---|---|---|
| **Fer** | Fe | 55,9 | 7,9 | s | 0 | 27 | 25 |
| | Fe | | | g | 418 | 180 | 26 |
| | $Fe^{2+}$ | | | aq | −89 | −138 | |
| | $Fe^{3+}$ | | | aq | −49 | −316 | |
| carbure | $Fe_3C$ | 179,6 | 7,7 | s | 25 | 105 | 106 |
| (II) carbonate | $FeCO_3$ | 115,9 | 3,8 | s | −741 | 93 | 82 |
| (II) chlorure | $FeCl_2$ | 126,8 | 3,2 | s | −342 | 118 | 77 |
| (III) chlorure | $FeCl_3$ | 162,2 | 2,8 | s | −399 | 142 | 97 |
| (II) hydroxyde | $Fe(OH)_2$ | 89,9 | 3,4 | s | −569 | 88 | 97 |
| (III) hydroxyde | $Fe(OH)_3$ | 106,9 | 3,9 | s | −823 | 107 | 102 |
| (II) oxyde | FeO | 71,8 | 5,7 | s | −272 | 61 | 50 |
| (II/III) oxyde | $Fe_3O_4$ | 231,5 | 5,2 | s | −1118 | 146 | 143 |
| (III) oxyde | $Fe_2O_3$ | 159,7 | 5,2 | s | −824 | 87 | 104 |
| (II) sulfate | $FeSO_4$ | 151,9 | | s | −928 | 108 | 101 |
| (II) sulfate | $FeSO_4 \cdot 7\,H_2O$ | 278,0 | 1,9 | s | −3015 | 409 | 394 |
| (II) sulfure | FeS | 87,9 | 4,8 | s | −100 | 60 | 51 |
| **Fluor** | $F_2$ | 38,0 | 1,5/l | g | 0 | 203 | 31 |
| | F | | | g | 79 | 159 | 23 |
| | $F^-$ | | | g | −261 | 146 | 21 |
| | $F^-$ | | | aq | −333 | −14 | −106 |
| | $HF_2^-$ | | | aq | −650 | 92 | |
| oxyde | $F_2O$ | 54,0 | 1,7/l | s | 22 | 247 | 43 |
| **Gallium** | Ga | 69,7 | 5,9 | s | 0 | 41 | 26 |
| | Ga | | | g | 286 | 169 | 25 |
| | Ga | | | l | 6 | | 28 |
| | $Ga^{3+}$ | | | aq | −212 | −331 | |
| (III) bromure | $GaBr_3$ | 309,4 | 3,7 | s | −387 | 180 | |
| (III) chlorure | $GaCl_3$ | 176,0 | 2,5 | s | −525 | 142 | |
| (III) fluorure | $GaF_3$ | 126,7 | 4,5 | s | −1160 | 84 | |
| hydroxyde | $Ga(OH)_3$ | 120,7 | | s | −964 | 100 | |
| hydrure | GaH | 70,7 | | g | 220 | 195 | 29 |
| (III) oxyde | $Ga_2O_3$ | 187,4 | 6,4 | s | −1089 | 84 | 92 |
| (III) sulfure | $Ga_2S_3$ | 235,6 | 3,6 | s | −572 | | |

| Composé | Formule | $M_r$ | $\frac{\varrho}{\text{g cm}^{-3}}$ | Z | $\Delta H_f^\circ$ / kJ mol$^{-1}$ | $S^\circ$ | $C_{p,m}^\circ$ / J mol$^{-1}$ K$^{-1}$ |
|---|---|---|---|---|---|---|---|
| **Germanium** | Ge | 72,6 | 5,3 | s | 0 | 31 | 23 |
| | Ge | | | g | 377 | 168 | 31 |
| (IV) chlorure | $GeCl_4$ | 214,4 | 1,9 | g | −496 | 348 | 96 |
| hydrure | $GeH_4$ | 76,6 | 1,5/l | g | 91 | 217 | 45 |
| (IV) oxyde | $GeO_2$ | 104,6 | 4,7 | s | −551 | 55 | 52 |
| (II) sulfure | GeS | 104,7 | 4,0 | s | −69 | 71 | |
| **Hydrogène** | $H_2$ | 2,0 | 0,1/l | g | 0 | 131 | 29 |
| | H | | | g | 218 | 115 | 21 |
| | $H^+$ | | | g | 1537 | 109 | 21 |
| | $H^+$ | | | aq | 0 | 0 | 0 |
| | $H^-$ | | | g | 140 | 109 | 21 |
| | $OH^-$ | | | aq | −230 | −11 | −149 |
| bromure | HBr | 80,9 | 2,8/l | g | −36 | 199 | 29 |
| chlorure | HCl | 36,5 | 1,2/l | g | −92 | 187 | 29 |
| | HCl | | | aq | −167 | 56 | −136 |
| fluorure | HF | 20,0 | 1,0/l | g | −271 | 174 | 29 |
| iodure | HI | 127,9 | 2,8/l | g | 26 | 206 | 29 |
| oxyde | $H_2O$ | 18,0 | 1,0 | l | −285 | 70 | 75 |
| peroxyde | $H_2O_2$ | 34,0 | 1,4 | l | −188 | 109 | 89 |
| séléniure | $H_2Se$ | 81,2 | 2,0/l | g | 30 | 219 | 35 |
| sulfure | $H_2S$ | 34,1 | | g | −21 | 206 | 34 |
| **Indium** | In | 114,8 | 7,3 | s | 0 | 58 | 27 |
| | In | | | g | 243 | 174 | 21 |
| | $In^{3+}$ | | | aq | −105 | 151 | |
| (I) chlorure | InCl | 150,3 | 4,2 | s | −201 | 96 | |
| (I) hydrure | InH | 115,8 | | g | 215 | 207 | 30 |
| (II) oxyde | $In_2O_3$ | 277,6 | 7,2 | s | −926 | 104 | 92 |
| (II) sulfure | $In_2S_3$ | 325,8 | 4,9 | s | −427 | 164 | 118 |
| **Iode** | $I_2$ | 253,8 | 4,9 | s | 0 | 116 | 55 |
| | $I_2$ | | | g | 62 | 261 | 37 |
| | $I_2$ | | | aq | 23 | 137 | |
| | I | | | g | 107 | 181 | 21 |
| | $I^-$ | | | aq | −57 | 107 | −142 |
| (I) bromure | IBr | 206,8 | 4,4 | g | 41 | 259 | 36 |

| Composé | Formule | $M_r$ | $\frac{\varrho}{\text{g cm}^{-3}}$ | Z | $\Delta H_f^\circ$ (kJ mol$^{-1}$) | $S^\circ$ (J mol$^{-1}$ K$^{-1}$) | $C_{p,m}^\circ$ (J mol$^{-1}$ K$^{-1}$) |
|---|---|---|---|---|---|---|---|
| **Iode** *(suite)* | | | | | | | |
| (I) chlorure | $ICl$ | 162,4 | 3,2 | g | 18 | 247 | 36 |
| (III) chlorure | $ICl_3$ | 233,2 | 3,2 | s | −89 | 167 | |
| (V) fluorure | $IF_5$ | 221,9 | 3,7 | g | −838 | 328 | 99 |
| (VII) fluorure | $IF_7$ | 259,9 | 2,8 | g | −954 | 346 | 136 |
| **Krypton** | $Kr$ | 83,8 | 2,2/l | g | 0 | 164 | 21 |
| fluorure | $KrF_2$ | 121,8 | | g | 60 | | |
| **Lithium** | $Li$ | 6,9 | 0,5 | s | 0 | 28 | 23 |
| | $Li$ | | | g | 161 | 138 | 21 |
| | $Li^+$ | | | aq | −278 | 14 | |
| Al hydrure | $LiAlH_4$ | 37,9 | 0,9 | s | −117 | 88 | 86 |
| bromure | $LiBr$ | 86,9 | 3,5 | s | −350 | 71 | 52 |
| carbonate | $Li_2CO_3$ | 73,9 | 2,1 | s | −1215 | 90 | 97 |
| chlorure | $LiCl$ | 42,4 | 2,1 | s | −402 | 59 | 50 |
| chlorure | $LiCl \cdot H_2O$ | 60,4 | 1,8 | s | −713 | 104 | 98 |
| fluorure | $LiF$ | 25,9 | 2,3 | s | −610 | 36 | 42 |
| hydroxyde | $LiOH$ | 24,0 | 2,5 | s | −487 | 43 | 50 |
| hydrure | $LiH$ | 8,0 | 0,8 | s | −90 | 25 | 35 |
| iodure | $LiI$ | 133,9 | 3,5 | s | −270 | 86 | 50 |
| nitrure | $Li_3N$ | 34,8 | | s | −197 | 38 | 77 |
| oxyde | $Li_2O$ | 29,9 | 2,0 | s | −596 | 38 | 54 |
| sulfate | $Li_2SO_4$ | 109,9 | 2,2 | s | −1434 | 121 | |
| **Magnésium** | $Mg$ | 24,3 | 1,7 | s | 0 | 33 | 25 |
| | $Mg$ | | | g | 148 | 149 | 21 |
| | $Mg^{2+}$ | | | aq | −467 | −138 | |
| bromure | $MgBr_2$ | 184,1 | 3,7 | s | −524 | 117 | 73 |
| carbonate | $MgCO_3$ | 84,3 | 3,1 | s | −1096 | 66 | 76 |
| chlorure | $MgCl_2$ | 95,2 | 2,3 | s | −642 | 90 | 71 |
| chlorure | $MgCl_2 \cdot 6\,H_2O$ | 203,3 | 1,6 | s | −2500 | 366 | 315 |
| fluorure | $MgF_2$ | 62,3 | 3,0 | s | −1123 | 57 | 62 |
| hydroxyde | $Mg(OH)_2$ | 58,3 | 2,4 | s | −924 | 63 | 77 |
| hydrure | $MgH_2$ | 26,3 | | s | −75 | 31 | 35 |
| iodure | $MgI_2$ | 278,2 | 4,2 | s | −364 | 130 | |

| Composé | Formule | $M_r$ | $\frac{\varrho}{g\,cm^{-3}}$ | Z | $\frac{\Delta H_f^\circ}{kJ\,mol^{-1}}$ | $S^\circ$ | $C_{p,m}^\circ$ ($J\,mol^{-1}\,K^{-1}$) |
|---|---|---|---|---|---|---|---|
| **Magnésium** *(suite)* | | | | | | | |
| nitrate | $Mg(NO_3)_2$ | 148,3 | | s | −791 | 164 | 142 |
| nitrate | $Mg(NO_3)_2 \cdot 6\,H_2O$ | 256,4 | 1,6 | s | −2613 | 442 | |
| oxyde | $MgO$ | 40,3 | 3,6 | s | −601 | 27 | 37 |
| sulfate | $MgSO_4$ | 120,4 | 2,7 | s | −1288 | 92 | 96 |
| sulfate | $MgSO_4 \cdot 7\,H_2O$ | 246,5 | 1,7 | s | −3388 | 372 | |
| sulfure | $MgS$ | 56,4 | 2,8 | s | −346 | 50 | 45 |
| **Manganèse** | $Mn$ | 54,9 | 7,4 | s | 0 | 32 | 26 |
| | $Mn$ | | | g | 281 | 174 | 21 |
| | $Mn^{2+}$ | | | aq | −221 | −74 | 50 |
| (II) carbonate | $MgCO_3$ | 114,9 | 3,1 | s | −894 | 86 | 82 |
| (II) chlorure | $MnCl_2$ | 125,9 | 3,0 | s | −481 | 118 | 73 |
| (II) fluorure | $MnF_2$ | 92,9 | 4,0 | s | −785 | 93 | 67 |
| (III) fluorure | $MnF_3$ | 111,9 | 3,5 | s | −996 | 117 | |
| (II) hydroxyde | $Mn(OH)_2$ | 89,0 | 3,3 | s | −695 | 99 | |
| (II) oxyde | $MnO$ | 70,9 | 5,2 | s | −385 | 60 | 45 |
| (II/III) oxyde | $Mn_3O_4$ | 228,8 | 4,7 | s | −1388 | 156 | 140 |
| (III) oxyde | $Mn_2O_3$ | 157,9 | 4,8 | s | −959 | 110 | 108 |
| (IV) oxyde | $MnO_2$ | 86,9 | 5,0 | s | −520 | 53 | 54 |
| (VII) oxyde | $MnO_4^-$ | | | aq | −541 | 191 | |
| (II) sulfate | $MnSO_4$ | 151,0 | 3,2 | s | −1065 | 112 | 101 |
| (II) sulfure | $MnS$ | 87,0 | 4,0 | s | −214 | 78 | 50 |
| **Mercure** | $Hg$ | 200,6 | 13,6 | l | 0 | 76 | 28 |
| | $Hg$ | | | g | 61 | 175 | 21 |
| | $Hg^+$ | | | g | 1075 | | |
| | $Hg_2^{2+}$ | | | aq | 172 | 85 | |
| | $Hg^{2+}$ | | | aq | 171 | −32 | |
| (I) bromure | $Hg_2Br_2$ | 561,0 | 7,3 | s | −207 | 218 | 105 |
| (II) bromure | $HgBr_2$ | 360,4 | 6,1 | s | −171 | 172 | 75 |
| (I) chlorure | $Hg_2Cl_2$ | 472,2 | 7,2 | s | −265 | 192 | 102 |
| (II) chlorure | $HgCl_2$ | 271,5 | 5,4 | s | −224 | 146 | 77 |
| (II) fluorure | $HgF_2$ | 238,6 | 9,0 | s | −397 | 117 | 75 |

| Composé | Formule | $M_r$ | $\frac{\varrho}{g\,cm^{-3}}$ | Z | $\Delta H_f^\circ$ / kJ mol⁻¹ | $S^\circ$ | $C_{p,m}^\circ$ / J mol⁻¹ K⁻¹ |
|---|---|---|---|---|---|---|---|
| **Mercure (suite)** | | | | | | | |
| (II) iodure | $HgI_2$ | 454,4 | 6,3 | s | −105 | 180 | 77 |
| (II) oxyde | $HgO$ | 216,6 | 11,1 | s | −91 | 70 | 44 |
| (I) sulfate | $Hg_2SO_4$ | 479,3 | 7,6 | s | −743 | 201 | 132 |
| (II) sulfure, $\alpha$ | $HgS$ | 232,7 | 8,1 | s | −58 | 82 | 48 |
| (II) sulfure, $\beta$ | $HgS$ | 232,7 | 7,7 | s | −54 | 88 | |
| **Molybdène** | $Mo$ | 95,9 | 10,2 | s | 0 | 29 | 24 |
| | $Mo$ | | | g | 658 | 182 | 21 |
| | $MoO_4^{2-}$ | | | aq | −998 | 27 | |
| (VI) fluorure | $MoF_6$ | 209,9 | 2,6 | l | −1586 | 260 | 170 |
| (IV) oxyde | $MoO_2$ | 127,9 | 6,4 | s | −589 | 46 | 56 |
| (VI) oxyde | $MoO_3$ | 144,0 | 4,5 | s | −668 | 78 | 75 |
| (III) sulfure | $Mo_2S_3$ | 288,1 | 5,9 | s | −364 | 119 | |
| (IV) sulfure | $MoS_2$ | 160,1 | 4,8 | s | −235 | 63 | 64 |
| **Nickel** | $Ni$ | 58,7 | 8,9 | s | 0 | 30 | 26 |
| | $Ni$ | | | g | 430 | 182 | 23 |
| | $Ni^{2+}$ | | | aq | −54 | −129 | |
| carbonate | $NiCO_3$ | 118,7 | | s | −681 | 118 | |
| carbonyl | $Ni(CO)_4$ | 170,7 | 1,3 | l | −633 | 313 | 205 |
| chlorure | $NiCl_2$ | 129,6 | 3,5 | s | −305 | 98 | 72 |
| fluorure | $NiF_2$ | 96,7 | 4,6 | s | −651 | 74 | 64 |
| oxyde | $NiO$ | 74,7 | 7,4 | s | −240 | 38 | 44 |
| sulfate | $NiSO_4$ | 154,8 | 3,7 | s | −873 | 92 | 138 |
| sulfate | $NiSO_4 \cdot 6\,H_2O$ | 262,9 | 2,1 | s | −2683 | 334 | 328 |
| sulfate | $NiSO_4 \cdot 7\,H_2O$ | 280,9 | 1,9 | s | −2976 | 379 | 365 |
| sulfure | $NiS$ | 90,8 | 4,6 | s | −82 | 53 | 47 |
| **Oxygène** | $O_2$ | 32,0 | 1,1/l | g | 0 | 205 | 29 |
| | $O$ | | | g | 249 | 161 | 22 |
| | $O^-$ | | | g | 100 | 158 | 21 |
| ozone | $O_3$ | 48,0 | 1,6/l | g | 143 | 239 | 39 |
| **Phosphore** | P (blanc) | 31,0 | 1,8 | s | 0 | 41 | 24 |
| | P (rouge) | | 2,3 | s | −18 | 23 | 21 |
| | P (noir) | | 2,7 | s | −39 | 23 | 22 |

| Composé | Formule | $M_r$ | $\frac{\varrho}{\text{g cm}^{-3}}$ | Z | $\frac{\Delta H_f^\circ}{\text{kJ mol}^{-1}}$ | $S^\circ$ | $\frac{C_{p,m}^\circ}{\text{J mol}^{-1}\text{K}^{-1}}$ |
|---|---|---|---|---|---|---|---|
| **Phosphore (suite)** | | | | | | | |
| | $P$ | | | g | 315 | 163 | 21 |
| | $P_4$ | | | g | 59 | 280 | 67 |
| | $PO_4^{3-}$ | | | aq | −1290 | −222 | |
| acide phosphorique | $H_3PO_4$ | 98,0 | 1,8 | s | −1286 | 110 | 106 |
| (III) bromure | $PBr_3$ | 270,7 | 1,8 | g | −139 | 348 | 76 |
| (III) chlorure | $PCl_3$ | 137,3 | 1,6 | g | −287 | 312 | 72 |
| (V) chlorure | $PCl_5$ | 208,3 | 1,6 | g | −375 | 364 | 113 |
| (III) fluorure | $PF_3$ | 88,0 | | g | −958 | 273 | 59 |
| (V) fluorure | $PF_5$ | 126,0 | | g | −1594 | 306 | 84 |
| hydrure | $PH_3$ | 34,0 | 0,7/l | g | 5 | 210 | 37 |
| nitrure | $PN$ | 45,0 | | g | 172 | 211 | 30 |
| oxychlorure | $POCl_3$ | 153,4 | 1,7 | l | −597 | 222 | 139 |
| (IV) oxyde | $PO_2$ | 63,0 | 2,5 | g | −297 | 254 | 41 |
| (V) oxyde | $P_2O_5$ | 142,0 | 2,4 | s | −3008 | 228 | 212 |
| **Plomb** | $Pb$ | 207,2 | 11,4 | s | 0 | 65 | 26 |
| | $Pb^{2+}$ | | | aq | −2 | 10 | |
| bromure | $PbBr_2$ | 367,0 | 6,7 | s | −297 | 161 | 60 |
| carbonate | $PbCO_3$ | 267,2 | 6,6 | s | −699 | 131 | 87 |
| (II) chlorure | $PbCl_2$ | 278,1 | 5,8 | s | −359 | 136 | 77 |
| (IV) chlorure | $PbCl_4$ | 349,0 | 3,2 | s | −314 | 385 | 101 |
| fluorure | $PbF_2$ | 245,2 | 8,2 | s | −664 | 110 | 74 |
| iodure | $PbI_2$ | 461,0 | 6,2 | s | −175 | 175 | 77 |
| (II) oxyde | $PbO$ | 223,2 | 9,5 | s | −217 | 69 | 46 |
| (II/IV) oxyde | $Pb_3O_4$ | 685,6 | 9,1 | s | −718 | 211 | 147 |
| (IV) oxyde | $PbO_2$ | 239,2 | 9,4 | s | −277 | 69 | 65 |
| sulfate | $PbSO_4$ | 303,3 | 6,2 | s | −920 | 149 | 103 |
| sulfure | $PbS$ | 239,3 | 7,5 | s | −100 | 91 | 49 |
| tétraéthyl | $Pb(C_2H_5)_4$ | 323,4 | 1,7 | l | 53 | | |
| tétraméthyl | $Pb(CH_3)_4$ | 267,3 | 2,0 | l | 98 | | |
| **Potassium** | $K$ | 39,1 | 0,9 | s | 0 | 64 | 29 |
| | $K$ | | | g | 90 | 160 | 21 |
| | $K^+$ | | | aq | −251 | 103 | 22 |
| Al sulfate | $KAl(SO_4)_2$ | 258,2 | | s | −2465 | 205 | 193 |

| Composé | Formule | $M_r$ | $\frac{\varrho}{g\,cm^{-3}}$ | Z | $\frac{\Delta H_f^\circ}{kJ\,mol^{-1}}$ | $S^\circ$ | $C_{p,m}^\circ$ ($J\,mol^{-1}\,K^{-1}$) |
|---|---|---|---|---|---|---|---|
| **Potassium** (suite) | | | | | | | |
| bromate | $KBrO_3$ | 167.0 | 3.3 | s | −332 | 149 | 105 |
| bromure | $KBr$ | 119.0 | 2.7 | s | −392 | 97 | 54 |
| carbonate | $K_2CO_3$ | 138.2 | 2.3 | s | −1146 | 156 | 116 |
| chlorate | $KClO_3$ | 122.6 | 2.3 | s | −391 | 143 | 100 |
| chlorure | $KCl$ | 74.6 | 2.0 | s | −436 | 83 | 51 |
| cyanure | $KCN$ | 65.1 | 1.5 | s | −113 | 128 | 67 |
| fluorure | $KF$ | 58.1 | 2.5 | s | −563 | 67 | 49 |
| hydroxyde | $KOH$ | 56.1 | 2.0 | s | −425 | 79 | 66 |
| hydrure | $KH$ | 40.1 | 0.8 | g | 123 | 198 | 31 |
| iodate | $KIO_3$ | 214.0 | 3.9 | s | −508 | 152 | 106 |
| iodure | $KI$ | 166.0 | 3.1 | s | −328 | 104 | 55 |
| nitrate | $KNO_3$ | 101.1 | 2.1 | s | −493 | 133 | 96 |
| oxyde | $K_2O$ | 94.2 | 2.3 | s | −361 | 98 | 84 |
| perchlorate | $KClO_4$ | 138.6 | 2.5 | s | −433 | 151 | 110 |
| permanganate | $KMnO_4$ | 158.0 | 2.7 | s | −813 | 172 | 119 |
| peroxyde | $K_2O_2$ | 110.2 | | s | −496 | 113 | 100 |
| sulfate | $K_2SO_4$ | 174.3 | 2.7 | s | −1434 | 176 | 130 |
| superoxyde | $KO_2$ | 71.1 | 2.1 | s | −283 | 117 | 77 |
| tétrafluoroborate | $KBF_4$ | 125.9 | 2.5 | s | −1887 | 134 | 115 |
| **Rubidium** | $Rb$ | 85.5 | 1.5 | s | 0 | 77 | 31 |
| | $Rb$ | | | g | 86 | 170 | 21 |
| | $Rb^+$ | | | aq | 246 | 124 | |
| bromure | $RbBr$ | 165.4 | 4.3 | s | −391 | 108 | 53 |
| chlorure | $RbCl$ | 120.9 | 2.8 | s | −433 | 92 | 51 |
| fluorure | $RbF$ | 104.5 | | s | −551 | 75 | 51 |
| iodure | $RbI$ | 212.4 | 3.6 | s | −330 | 118 | 52 |
| **Scandium** | $Sc$ | 45.0 | 3.0 | s | 0 | 35 | 26 |
| | $Sc$ | | | g | 378 | 175 | 22 |
| | $Sc^{3+}$ | | | aq | −614 | −255 | |
| oxyde | $Sc_2O_3$ | 137.9 | 3.9 | s | −1909 | 77 | 94 |
| **Sélénium** | $Se$ | 79.0 | 4.8 | s | 0 | 42 | 25 |
| | $Se$ | | | g | 227 | 177 | 21 |
| | $Se_2$ | | | g | 146 | 96 | 252 |
| acide sélénique | $H_2SeO_4$ | 145.0 | 3.0 | s | −530 | | |

| Composé | Formule | $M_r$ | $\frac{\varrho}{\text{g cm}^{-3}}$ | Z | $\frac{\Delta H_f^\circ}{\text{kJ mol}^{-1}}$ | $S^\circ$ | $C_{p,m}^\circ$ |
|---|---|---|---|---|---|---|---|
| | | | | | | $\text{J mol}^{-1}\text{ K}^{-1}$ | |
| **Sélénium** *(suite)* | | | | | | | |
| (VI) fluorure | $SeF_6$ | 193,0 | | g | −1117 | 314 | 110 |
| **Silicium** | Si | 28,1 | 2,3 | s | 0 | 19 | 20 |
| bromure | $SiBr_4$ | 347,7 | 2,8 | g | −399 | 378 | 97 |
| carbure | SiC | 40,1 | 3,2 | s | −65 | 17 | 27 |
| chlorure | $SiCl_4$ | 169,9 | 1,5/l | g | −617 | 331 | 90 |
| disilane | $Si_2H_6$ | 62,2 | 0,7/l | g | 80 | 273 | 81 |
| fluorure | $SiF_4$ | 104,1 | 1,7/l | g | −1615 | 282 | 74 |
| nitrure | $Si_3N_4$ | 140,3 | 3,4 | s | −743 | 101 | 100 |
| oxyde | $SiO_2$ | 60,1 | 2,6 | s | −911 | 42 | 44 |
| silane | $SiH_4$ | 32,1 | 0,7/l | g | 34 | 204 | 43 |
| sulfure | $SiS_2$ | 92,2 | 2,0 | s | −212 | 67 | 63 |
| trisilane | $Si_3H_8$ | 92,3 | 0,7/l | g | 121 | | |
| **Sodium** | Na | 23,0 | 1,0 | s | 0 | 51 | 28 |
| | Na | | | g | 109 | 154 | 21 |
| | $Na^+$ | | | aq | −240 | 59 | 46 |
| bromure | NaBr | 102,9 | 3,2 | s | −360 | 84 | 52 |
| carbonate | $Na_2CO_3$ | 106,0 | 2,5 | s | −1131 | 136 | 110 |
| H carbonate | $NaHCO_3$ | 84,0 | 2,2 | s | −948 | 102 | 87 |
| chlorure | NaCl | 58,5 | 2,2 | s | −411 | 72 | 50 |
| cyanure | NaCN | 49,0 | | s | −90 | 125 | 69 |
| fluorure | NaF | 42,0 | 2,8 | s | −574 | 51 | 47 |
| hydroxyde | NaOH | 40,0 | 2,1 | s | −427 | 64 | 60 |
| hydrure | NaH | 24,0 | 0,9 | s | −56 | 40 | 36 |
| iodure | NaI | 149,9 | 3,7 | s | −288 | 92 | 54 |
| métaborate | $NaBO_2$ | 65,8 | 2,5 | s | −979 | 24 | 66 |
| nitrate | $NaNO_3$ | 85,0 | 2,3 | s | −467 | 116 | 93 |
| oxalate | $Na_2C_2O_4$ | 134,0 | 2,3 | s | −1315 | | 142 |
| oxyde | $Na_2O$ | 62,0 | 2,3 | s | −416 | 73 | 68 |
| perchlorate | $NaClO_4$ | 122,4 | | s | −383 | 142 | 111 |
| peroxyde | $Na_2O_2$ | 78,0 | 2,8 | s | −515 | 95 | 90 |
| silicate | $Na_2SiO_3$ | 122,1 | | s | −1519 | 114 | 112 |
| sulfate | $Na_2SO_4$ | 142,0 | 2,7 | s | −1384 | 149 | 128 |
| sulfure | $Na_2S$ | 78,0 | 1,9 | s | −373 | 98 | 79 |
| sulfite | $Na_2SO_3$ | 126,0 | 2,6 | s | −1090 | 146 | 120 |

| Composé | Formule | $M_r$ | $\frac{\varrho}{\text{g cm}^{-3}}$ | Z | $\frac{\Delta H_f^\circ}{\text{kJ mol}^{-1}}$ | $S^\circ$ | $\frac{C_{p,m}^\circ}{\text{J mol}^{-1}\text{K}^{-1}}$ |
|---|---|---|---|---|---|---|---|
| **Sodium** *(suite)* | | | | | | | |
| tétraborate | $Na_2B_4O_7$ | 201.2 | 2.4 | s | −3277 | 190 | 187 |
| **Soufre** | S (rhombique) | 32.1 | 2.1 | s | 0 | 32 | 23 |
| | S (monoclin.) | 32.1 | 2.0 | s | 0.3 | 33 | 24 |
| | S | | | g | 279 | 168 | 24 |
| | $S_8$ | | | g | 102 | 431 | 156 |
| | $SO_4^{2-}$ | | | aq | −909 | 20 | −293 |
| monochlorure | $S_2Cl_2$ | 135.0 | 1.7 | g | −18 | 331 | 74 |
| acide sulfurique | $H_2SO_4$ | 98.1 | 1.8 | l | −814 | 157 | 139 |
| chlorure de sulfuryle | $SO_2Cl_2$ | 135.0 | 1.7 | g | −364 | 312 | 77 |
| chlorure de thionyle | $SOCl_2$ | 119.0 | 1.6 | g | −212 | 310 | 66 |
| dioxyde | $SO_2$ | 64.1 | 1.4/l | g | −297 | 248 | 40 |
| (VI) fluorure | $SF_6$ | 146.1 | 1.9/l | g | −1209 | 292 | 97 |
| fluorure de sulfuryle | $SO_2F_2$ | 102.1 | 1.7/l | g | −858 | 288 | 69 |
| fluorure de thionyle | $SOF_2$ | 86.1 | 2.9/l | g | | 279 | 57 |
| trioxyde | $SO_3$ | 80.1 | 1.9/l | g | −396 | 257 | 51 |
| **Strontium** | Sr | 87.6 | 2.6 | s | 0 | 52 | 26 |
| | Sr | | | g | 164 | 165 | 21 |
| | $Sr^{2+}$ | | | aq | −546 | −33 | |
| bromure | $SrBr_2$ | 247.4 | 4.2 | s | −717 | 135 | 75 |
| bromure | $SrBr_2 \cdot 6\,H_2O$ | 355.5 | 2.4 | s | −2531 | 406 | 344 |
| carbonate | $SrCO_3$ | 147.6 | 3.7 | s | −1220 | 97 | 81 |
| chlorure | $SrCl_2$ | 158.5 | 3.1 | s | −829 | 115 | 76 |
| fluorure | $SrF_2$ | 125.6 | 4.2 | s | −1216 | 82 | 70 |
| nitrate | $Sr(NO_3)_2$ | 211.6 | 3.0 | s | −978 | 195 | 150 |
| oxyde | SrO | 103.6 | 4.7 | s | −562 | 54 | 45 |
| sulfure | SrS | 119.7 | 3.7 | s | −453 | 68 | 49 |
| **Tellure** | Te | 127.6 | 6.2 | s | 0 | 50 | 26 |
| | Te | | | g | 197 | 183 | 21 |
| | $Te_2$ | | | g | 168 | 268 | 37 |
| (IV) chlorure | $TeCl_4$ | 269.4 | 3.3 | s | −326 | | 138 |
| (IV) oxyde | $TeO_2$ | 159.6 | 5.9 | s | −323 | 79 | 64 |

| Composé | Formule | $M_r$ | $\frac{\varrho}{\text{g cm}^{-3}}$ | Z | $\frac{\Delta H_f^\circ}{\text{kJ mol}^{-1}}$ | $\frac{S^\circ}{\text{J mol}^{-1}\text{ K}^{-1}}$ | $\frac{C_{p,m}^\circ}{\text{J mol}^{-1}\text{ K}^{-1}}$ |
|---|---|---|---|---|---|---|---|
| **Thallium** | Tl | 204,4 | 11,8 | s | 0 | 64 | 26 |
| | Tl | | | g | 182 | 181 | 21 |
| | $Tl^+$ | | | aq | 5 | 125 | |
| | $Tl^{3+}$ | | | aq | 197 | −192 | |
| (I) bromure | TlBr | 284,3 | 7,6 | s | −173 | 120 | 50 |
| (I) chlorure | TlCl | 239,8 | 7,0 | s | −204 | 111 | 51 |
| (I) fluorure | TlF | 223,4 | 8,2 | s | −325 | 83 | |
| (I) hydroxyde | TlOH | 221,4 | | s | −239 | 88 | |
| (I) iodure | TlI | 331,3 | 7,1 | s | −124 | 128 | 52 |
| (I) nitrate | $TlNO_3$ | 266,4 | 5,6 | s | −244 | 162 | 100 |
| (I) oxyde | $Tl_2O$ | 424,7 | | s | −179 | 125 | |
| (I) sulfate | $Tl_2SO_4$ | 504,8 | 6,8 | s | 932 | 230 | |
| (I) sulfure | $Tl_2S$ | 440,8 | 8,0 | s | −97 | 151 | |
| **Thorium** | Th | 232,0 | 11,7 | s | 0 | 54 | 32 |
| oxyde | $ThO_2$ | 264,0 | 10,0 | s | −1227 | 65 | 85 |
| sulfate | $Th(SO_4)_2$ | 424,2 | 4,2 | s | −2541 | 148 | 172 |
| **Titane** | Ti | 47,9 | 4,5 | s | 0 | 31 | 25 |
| | Ti | | | g | 470 | 180 | 24 |
| (IV) bromure | $TiBr_4$ | 367,6 | 2,6 | s | −617 | 244 | 131 |
| (IV) carbure | TiC | 59,9 | 4,9 | s | −185 | 24 | 33 |
| (II) chlorure | $TiCl_2$ | 118,8 | 3,1 | s | −514 | 87 | 70 |
| (III) chlorure | $TiCl_3$ | 154,3 | 2,6 | s | −721 | 140 | 97 |
| (IV) chlorure | $TiCl_4$ | 189,7 | 1,7/l | l | −804 | 252 | 145 |
| (III) nitrure | TiN | 61,9 | 5,2 | s | −338 | 30 | 37 |
| (IV) oxyde | $TiO_2$ | 79,9 | 4,3 | s | −945 | 50 | 55 |
| **Tungstène** | W | 183,8 | 19,3 | s | 0 | 33 | 24 |
| | W | | | g | 849 | 174 | 21 |
| carbure | WC | 195,9 | 15,7 | s | −41 | 42 | 36 |
| (IV) chlorure | $WCl_4$ | 325,7 | 4,6 | s | −443 | 198 | 130 |
| (VI) chlorure | $WCl_6$ | 396,6 | 3,5 | s | −594 | 238 | 175 |
| (IV) oxyde | $WO_2$ | 215,9 | 12,1 | s | −590 | 51 | 56 |
| (VI) oxyde | $WO_3$ | 231,9 | 7,2 | s | −843 | 76 | 74 |

| Composé | Formule | $M_r$ | $\frac{\varrho}{\text{g cm}^{-3}}$ | Z | $\Delta H_f^\circ$ (kJ mol$^{-1}$) | $S^\circ$ (J mol$^{-1}$ K$^{-1}$) | $C_{p,m}^\circ$ (J mol$^{-1}$ K$^{-1}$) |
|---|---|---|---|---|---|---|---|
| **Uranium** | U | 238,0 | 19,1 | s | 0 | 50 | 28 |
| chlorure d'uranyle | $UO_2Cl_2$ | 341,0 | | s | −1267 | 151 | |
| (VI) fluorure | $UF_6$ | 352,1 | 4,7 | s | −2137 | 228 | 167 |
| **Vanadium** | V | 50,9 | 6,1 | s | 0 | 29 | 25 |
| | V | | | g | 514 | 182 | 26 |
| (II) chlorure | $VCl_2$ | 121,9 | 3,2 | s | −452 | 97 | 72 |
| (III) chlorure | $VCl_3$ | 157,2 | 3,0 | s | −581 | 131 | 93 |
| (IV) chlorure | $VCl_4$ | 192,8 | 1,8 | l | −569 | 255 | |
| (II) oxyde | VO | 66,9 | 5,3 | s | −432 | 39 | 46 |
| (III) oxyde | $V_2O_3$ | 149,9 | 4,9 | s | −1228 | 98 | 103 |
| (IV) oxyde | $VO_2$ | 82,9 | 4,4 | s | −718 | 51 | 57 |
| (V) oxyde | $V_2O_5$ | 181,9 | 3,4 | s | −1551 | 131 | 128 |
| **Xénon** | Xe | 131,3 | 3,5/l | g | 0 | 170 | 21 |
| (II) fluorure | $XeF_2$ | 169,3 | 4,3 | g | −130 | 260 | |
| (IV) fluorure | $XeF_4$ | 207,3 | 4,1 | g | −215 | 316 | 90 |
| (VI) fluorure | $XeF_6$ | 245,3 | | g | −294 | | |
| (VI) oxyde | $XeO_3$ | 179,3 | 4,6 | g | 502 | 287 | 62 |
| **Zinc** | Zn | 65,4 | 7,1 | s | 0 | 42 | 25 |
| | Zn | | | g | 131 | 161 | 21 |
| | $Zn^{2+}$ | | | aq | −154 | −112 | 46 |
| bromure | $ZnBr_2$ | 225,2 | 4,2 | s | −329 | 138 | 66 |
| bromure | $ZnBr_2 \cdot 2\,H_2O$ | 261,2 | | s | −937 | 199 | |
| carbonate | $ZnCO_3$ | 125,4 | 4,4 | s | −813 | 82 | 80 |
| chlorure | $ZnCl_2$ | 136,3 | 2,9 | s | −415 | 111 | 71 |
| fluorure | $ZnF_2$ | 103,4 | 4,9 | s | −764 | 74 | 66 |
| iodure | $ZnI_2$ | 319,2 | 4,7 | s | −208 | 161 | |
| nitrate | $Zn(NO_3)_2 \cdot 6\,H_2O$ | 297,5 | 2,1 | s | −2307 | 437 | 223 |
| oxyde | ZnO | 81,4 | 5,5 | s | −348 | 44 | 40 |
| sulfate | $ZnSO_4$ | 161,4 | 3,7 | s | −983 | 120 | |
| sulfate | $ZnSO_4 \cdot 6\,H_2O$ | 269,5 | 2,1 | s | −2777 | 364 | 358 |
| sulfate | $ZnSO_4 \cdot 7\,H_2O$ | 287,6 | 2,0 | s | −3078 | 389 | 382 |
| sulfure | ZnS | 97,4 | 4,1 | s | −206 | 58 | 46 |

| Composé | Formule | $M_r$ | $\frac{\varrho}{\text{g cm}^{-3}}$ | Z | $\Delta H_f^\circ$ / kJ mol$^{-1}$ | $S^\circ$ | $C_{p,m}^\circ$ / J mol$^{-1}$ K$^{-1}$ |
|---|---|---|---|---|---|---|---|
| **Zirconium** | Zr | 91,2 | 6,5 | s | 0 | 39 | 26 |
| | Zr | | | g | 609 | 181 | 27 |
| chlorure | $ZrCl_4$ | 233,1 | 2,8 | s | −981 | 182 | 120 |
| oxyde | $ZrO_2$ | 123,2 | 5,7 | s | −1100 | 50 | 56 |

# 8.5 Composés organiques

**REMARQUES**

Composé — C'est la nomenclature IUPAC qui a été adoptée ici; les noms courants sont donnés dans le paragraphe 8.6.

Formule — Une ramification au sein d'un composé est signalée par des parenthèses (), tandis qu'une cyclisation d'atomes de C est désignée par un astérisque *.

$\vartheta_{\text{fus}}$ — *Point de fusion* du composé; unité : °C.

$\vartheta_{\text{vap}}$ — *Point d'ébullition* du composé; unité : °C.

$\mu$ — *Moment dipolaire électrique* du composé; unité : C m.

$M_r$ — *Masse moléculaire relative*, sans unité; la masse moléculaire relative est définie comme étant un multiple de 0,012/12 kg de carbone.

$\varrho$ — *Masse volumique* à 298 K; unité : g cm$^{-3}$. La notation «/l» fait référence au cas d'un composé gazeux qui se trouve à l'état liquide à cette température.

$\Delta H_f^\circ$ — *Enthalpie standard de formation* (à 298 K et 101 325 Pa) d'une mole du composé gazeux; unité : kJ mol$^{-1}$. Les notations «/l» ou «/s» font quelquefois référence à *l'état liquide* ou à *l'état solide*.

$S^\circ$ — *Entropie standard* d'une mole du composé gazeux (à 298 K et 101 325 Pa); unité : J mol$^{-1}$ K$^{-1}$. Les notations «/l» ou «/s» font quelquefois référence à *l'état liquide* ou à *l'état solide*.

$C_{p,\text{m}}^\circ$ — *Capacité calorifique molaire standard* du composé gazeux (à 298 K et 101 325 Pa); unité : J mol$^{-1}$ K$^{-1}$. Les notations «/l» ou «/s» font quelquefois référence à *l'état liquide* ou à *l'état solide*.

$\Delta H_{\text{vap}}^\circ$ — *Chaleur de vaporisation molaire standard* c'est-à-dire concernant le passage (transition) du composé de l'état liquide à l'état de vapeur (à 298 K et 101 325 Pa); unité : kJ mol$^{-1}$.

**Tableau 8.7** : DONNÉES THERMODYNAMIQUES pour les composés organiques

| Composé | Formule | $\frac{\vartheta_{fus}}{°C}$ | $\frac{\vartheta_{vap}}{°C}$ | $\frac{10^{30}\,\mu}{C\,m}$ |
|---|---|---|---|---|
| **Alcanes** | | | | |
| Méthane | $CH_4$ | −182, 5 | −161, 5 | 0, 0 |
| Éthane | $CH_3CH_3$ | −183, 5 | −88, 6 | 0, 0 |
| Propane | $CH_3CH_2CH_3$ | −187, 7 | −42, 1 | 0, 0 |
| Butane | $CH_3(CH_2)_2CH_3$ | −138, 4 | −0, 5 | 0, 0 |
| Pentane | $CH_3(CH_2)_3CH_3$ | −129, 7 | 36, 1 | 0, 0 |
| Hexane | $CH_3(CH_2)_4CH_3$ | −95, 3 | 68, 7 | 0, 0 |
| Heptane | $CH_3(CH_2)_5CH_3$ | −90, 6 | 98, 4 | 0, 0 |
| Octane | $CH_3(CH_2)_6CH_3$ | −56, 8 | 125, 7 | 0, 0 |
| Nonane | $CH_3(CH_2)_7CH_3$ | −53, 5 | 150, 8 | |
| Décane | $CH_3(CH_2)_8CH_3$ | −29, 7 | 174, 1 | |
| 2-Méthylpropane | $CH_3CH(CH_3)CH_3$ | −159, 6 | −11, 7 | 0, 4 |
| 2-Méthylbutane | $CH_3CH(CH_3)CH_2CH_3$ | −159, 9 | 27, 9 | 0, 4 |
| 2,2-Diméthylpropane | $CH_3C(CH_3)_2CH_3$ | −16, 6 | 9, 5 | 0, 0 |
| 2-Méthylpentane | $CH_3CH(CH_3)(CH_2)_2CH_3$ | −153, 7 | 60, 3 | |
| 3-Méthylpentane | $CH_3CH_2CH(CH_3)CH_2CH_3$ | | 63, 3 | |
| 2,2-Diméthylbutane | $CH_3C(CH_3)_2CH_2CH_3$ | −99, 9 | 49, 7 | 0, 0 |
| 2,3-Diméthylbutane | $CH_3CH(CH_3)CH(CH_3)CH_3$ | −128, 5 | 58, 0 | |
| Cyclobutane | $C^*H_2(CH_2)_2C^*H_2$ | −90, 7 | 12, 5 | |
| Cyclopentane | $C^*H_2(CH_2)_3C^*H_2$ | −93, 9 | 49, 3 | 0, 0 |
| Cyclohexane | $C^*H_2(CH_2)_4C^*H_2$ | 6, 6 | 80, 7 | |
| **Alcènes** | | | | |
| Éthène (éthylène) | $CH_2 = CH_2$ | −169, 2 | −103, 7 | 0, 0 |
| Propène | $CH_3CH = CH_2$ | −185, 3 | −47, 7 | 1, 2 |
| But-1-ène | $CH_3CH_2CH = CH_2$ | −185, 4 | −6, 3 | 1, 1 |
| *cis*-But-2-ène | $CH_3CH = CHCH_3$ | −138, 9 | 3, 7 | 1, 0 |
| *trans*-But-2-ène | $CH_3CH = CHCH_3$ | −105, 6 | 0, 9 | 0, 0 |
| Pent-1-ène | $CH_3(CH_2)_2CH = CH_2$ | −165, 2 | 30, 0 | 1, 7 |
| *cis*-Pent-2-ène | $CH_3CH_2CH = CHCH_3$ | −151, 4 | 36, 9 | |
| *trans*-Pent-2-ène | $CH_3CH_2CH = CHCH_3$ | −140, 2 | 36, 4 | |
| Hex-1-ène | $CH_3(CH_2)_3CH = CH_2$ | −139, 8 | 63, 5 | |
| *cis*-Hex-2-ène | $CH_3(CH_2)_2CH = CHCH_3$ | −141, 1 | 68, 9 | |
| *trans*-Hex-2-ène | $CH_3(CH_2)_2CH = CHCH_3$ | −133, 0 | 67, 9 | |
| Hept-1-ène | $CH_3(CH_2)_4CH = CH_2$ | −119, 0 | 93, 6 | |
| Oct-1-ène | $CH_3(CH_2)_5CH = CH_2$ | −101, 7 | 121, 3 | |

| Composé | $M_r$ | $\frac{\varrho}{\text{g cm}^{-3}}$ | $\frac{\Delta H_f^\circ}{\text{kJ mol}^{-1}}$ | $S^\circ$ $\frac{}{\text{J mol}^{-1}\text{ K}^{-1}}$ | $C_{p,m}^\circ$ | $\frac{\Delta H_{vap}^\circ}{\text{kJ mol}^{-1}}$ |
|---|---|---|---|---|---|---|
| **Alcanes** | | | | | | |
| Méthane | 16,0 | | −75 | 186 | 36 | |
| Éthane | 30,1 | | −85 | 230 | 53 | |
| Propane | 44,1 | 0,493/l | −104 | 270 | 74 | |
| Butane | 58,1 | 0,573/l | −126 | 310 | 97 | 22 |
| Pentane | 72,1 | 0,621 | −146 | 349 | 120 | 27 |
| Hexane | 86,2 | 0,655 | −167 | 388 | 143 | 32 |
| Heptane | 100,2 | 0,680 | −188 | 428 | 166 | 37 |
| Octane | 114,2 | 0,698 | −208 | 467 | 189 | 42 |
| Nonane | 128,3 | 0,714 | −229 | 506 | 212 | 46 |
| Décane | 142,3 | 0,726 | −250 | 545 | 235 | 51 |
| 2-Méthylpropane | 58,1 | 0,551/l | −135 | 295 | 97 | 24 |
| 2-Méthylbutane | 72,1 | 0,615 | −155 | 344 | 119 | 25 |
| 2,2-Diméthylpropane | 72,1 | 0,585/l | −166 | 306 | 122 | 22 |
| 2-Méthylpentane | 86,2 | 0,649 | −174 | 381 | 144 | 30 |
| 3-Méthylpentane | 86,2 | 0,660 | −172 | 380 | 143 | 30 |
| 2,2-Diméthylbutane | 86,2 | 0,644 | −186 | 358 | 142 | 28 |
| 2,3-Diméthylbutane | 86,2 | 0,657 | −178 | 366 | 141 | 29 |
| Cyclobutane | 56,1 | 0,689/l | 27 | 265 | | 24 |
| Cyclopentane | 70,1 | 0,740 | −77 | 293 | 83 | 29 |
| Cyclohexane | 84,2 | 0,774 | −123 | 298 | 106 | 33 |
| **Alcènes** | | | | | | |
| Éthène (éthylène) | 28,1 | | 52 | 220 | 44 | |
| Propène | 42,1 | 0,505/l | 20 | 267 | 64 | |
| But-1-ène | 56,1 | 0,589/l | −0, 1 | 306 | 86 | |
| *cis*-But-2-ène | 56,1 | 0,615/l | 7 | 301 | 79 | |
| *trans*-But-2-ène | 56,1 | 0,598/l | −11 | 297 | 88 | |
| Pent-1-ène | 70,1 | 0,635 | −21 | 346 | 110 | 26 |
| *cis*-Pent-2-ène | 70,1 | 0,650 | −28 | 346 | 102 | 27 |
| *trans*-Pent-2-ène | 70,1 | 0,643 | −32 | 340 | 108 | 27 |
| Hex-1-ène | 84,2 | 0,668 | −42 | 385 | 132 | 31 |
| *cis*-Hex-2-ène | 84,2 | 0,683 | −52 | 387 | 126 | 32 |
| *trans*-Hex-2-ène | 84,2 | 0,673 | −54 | 381 | 132 | 32 |
| Hept-1-ène | 98,2 | 0,693 | −62 | 424 | 155 | 36 |
| Oct-1-ène | 112,2 | 0,711 | −83 | 463 | 178 | 41 |

| Composé | Formule | $\frac{\vartheta_{fus}}{°C}$ | $\frac{\vartheta_{vap}}{°C}$ | $\frac{10^{30}\,\mu}{C\,m}$ |
|---|---|---|---|---|
| 2-Méthylpropène | $CH_3C(CH_3) = CH_2$ | −140, 4 | −6, 9 | 1, 7 |
| 2-Méthylbut-1-ène | $CH_3CH_2C(CH_3) = CH_2$ | −137, 6 | 31, 2 | |
| 3-Méthylbut-1-ène | $CH_3CH(CH_3)CH = CH_2$ | −168, 5 | 20, 1 | |
| 2-Méthylbut-2-ène | $CH_3CH = C(CH_3)CH_3$ | −133, 8 | 38, 6 | |
| 2,3-Diméthylbut-2-ène | $CH_3C(CH_3){=}C(CH_3)CH_3$ | −74, 3 | 73, 2 | |
| Cyclopropène | $C^*H_2CH = C^*H$ | | | 1, 5 |
| Cyclobutène | $C^*H_2CH_2CH = C^*H$ | | 2, 0 | 0, 4 |
| Cyclopentène | $C^*H_2(CH_2)_2CH = C^*H$ | −135, 1 | 44, 2 | 0, 7 |
| Cyclohexène | $C^*H_2(CH_2)_3CH = C^*H$ | −103, 5 | 83, 0 | 1, 8 |
| Propadiène | $CH_2 = C = CH_2$ | −136, 3 | −34, 5 | 0, 0 |
| Buta-1,2-diène | $CH_3CH = C = CH_2$ | −136, 2 | 10, 9 | 1, 3 |
| Buta-1,3-diène | $CH_2 = CHCH = CH_2$ | −108, 9 | −4, 4 | 0, 0 |
| 2-Méthylbuta-1,3-diène | $CH_2CHC(CH_3) = CH_2$ | −146, 0 | 34, 1 | 1, 3 |
| Cyclopentadiène | $C^*H_2CH = CHCH = C^*H$ | −97, 2 | 40, 8 | 1, 4 |
| Cyclohexa-1,3-diène | $C^*H_2CH_2CH{=}(CH)_2{=}C^*H$ | −98, 0 | 80, 5 | 1, 5 |
| **Alcynes** | | | | |
| Éthyne (acétylène) | $CH \equiv CH$ | −80, 8 | −84, 0 | 0, 0 |
| Propyne | $CH_3C \equiv CH$ | −102, 7 | −23, 2 | 2, 6 |
| But-1-yne | $CH_3CH_2C \equiv CH$ | −125, 7 | 8, 1 | 2, 7 |
| But-2-yne | $CH_3C \equiv CCH_3$ | −32, 3 | 27, 0 | |
| Pent-1-yne | $CH_3(CH_2)_2C \equiv CH$ | −105, 7 | 40, 2 | 2, 7 |
| Pent-2-yne | $CH_3CH_2C \equiv CCH_3$ | −109, 3 | 56, 1 | |
| Hex-1-yne | $CH_3(CH_2)_3C \equiv CH$ | −131, 9 | 71, 3 | 2, 8 |
| **Cycles aromatiques** | | | | |
| Benzène | $C_6H_6$ | 5, 5 | 80, 1 | 0, 0 |
| Méthylbenzène | $C_6H_5CH_3$ | −95, 0 | 110, 6 | 1, 2 |
| Éthylbenzène | $C_6H_5CH_2CH_3$ | −95, 0 | 136, 2 | 2, 0 |
| Propylbenzène | $C_6H_5(CH_2)_2CH_3$ | −99, 5 | 159, 2 | |
| Isopropylbenzène | $C_6H_5CH(CH_3)CH_3$ | −96, 0 | 152, 4 | 2, 6 |
| 1,2-Diméthylbenzène | $C_6H_4(CH_3)_2$ | −25, 2 | 144, 4 | 2, 1 |
| 1,3-Diméthylbenzène | $C_6H_4(CH_3)_2$ | −47, 9 | 139, 1 | |
| 1,4-Diméthylbenzène | $C_6H_4(CH_3)_2$ | 13, 3 | 138, 4 | 0, 0 |
| 1,3,5-Triméthylbenzène | $C_6H_3(CH_3)_3$ | −44, 7 | 164, 7 | |
| 1,2,3,4-Tétraméthyl-benzène | $C_6H_2(CH_3)_4$ | −6, 3 | 205, 0 | |

| Composé | $M_r$ | $\frac{\varrho}{\text{g cm}^{-3}}$ | $\frac{\Delta H_f^\circ}{\text{kJ mol}^{-1}}$ | $S^\circ$ | $C_{p.m}^\circ$ | $\frac{\Delta H_{vap}^\circ}{\text{kJ mol}^{-1}}$ |
|---|---|---|---|---|---|---|
| | | | | $\text{J mol}^{-1}\text{ K}^{-1}$ | | |
| 2-Méthylpropène | 56,1 | 0,588/l | −17 | 294 | 89 | |
| 2-Méthylbut-1-ène | 70,1 | 0,645 | −36 | 340 | 112 | 26 |
| 3-Méthylbut-1-ène | 70,1 | 0,622/l | −29 | 334 | 119 | 24 |
| 2-Méthylbut-2-ène | 70,1 | 0,657 | −43 | 339 | 105 | 27 |
| 2,3-Diméthylbut-2-ène | 84,2 | 0,703 | −59 | 365 | 128 | 43 |
| Cyclopropène | 40,1 | | 276 | 244 | | |
| Cyclobutène | 54,1 | | 130 | 264 | | |
| Cyclopentène | 68,1 | 0,767 | 33 | 290 | 75 | 29 |
| Cyclohexène | 82,1 | 0,806 | −5 | 311 | 105 | 34 |
| Propadiène | 40,1 | | | 192 | 244 | 59 |
| Buta-1,2-diène | 54,1 | 0,646/l | 162 | 293 | 80 | 23 |
| Buta-1,3-diène | 54,1 | 0,641/l | 110 | 279 | 80 | 25 |
| 2-Méthylbuta-1,3-diène | 68,1 | 0,676 | 76 | 316 | 105 | 26 |
| Cyclopentadiène | 66,1 | 0,802 | 134 | 268 | | 29 |
| Cyclohexa-1,3-diène | 80,1 | 0,841 | 108 | | | |
| **Alcynes** | | | | | | |
| Éthyne (acétylène) | 26,0 | | 227 | 201 | 44 | |
| Propyne | 40,1 | | 185 | 248 | 61 | |
| But-1-yne | 54,1 | 0,650/l | 165 | 291 | 81 | 24 |
| But-2-yne | 54,1 | 0,686 | 146 | 283 | 78 | 26 |
| Pent-1-yne | 68,1 | 0,689 | 144 | 330 | 105 | |
| Pent-2-yne | 68,1 | 0,706 | 129 | 332 | 99 | |
| Hex-1-yne | 82,1 | 0,710 | 124 | 369 | 128 | |
| **Cycles aromatiques** | | | | | | |
| Benzène | 78,1 | 0,874 | 83 | 269 | 82 | 34 |
| Méthylbenzène | 92,1 | 0,862 | 50 | 321 | 104 | 38 |
| Éthylbenzène | 106,2 | 0,863 | 30 | 361 | 128 | 42 |
| Propylbenzène | 120,2 | 0,858 | 8 | 401 | 154 | 46 |
| Isopropylbenzène | 120,2 | 0,858 | 4 | 389 | 152 | 45 |
| 1,2-Diméthylbenzène | 106,2 | 0,876 | 19 | 353 | 133 | 43 |
| 1,3-Diméthylbenzène | 106,2 | 0,860 | 17 | 358 | 128 | 43 |
| 1,4-Diméthylbenzène | 106,2 | 0,857 | 18 | 352 | 127 | 42 |
| 1,3,5-Triméthylbenzène | 120,2 | 0,861 | −16 | 385 | 150 | 47 |
| 1,2,3,4-Tétraméthylbenzène | 134,2 | 0,902 | −42 | 417 | | 54 |

| Composé | Formule | $\frac{\vartheta_{fus}}{°C}$ | $\frac{\vartheta_{vap}}{°C}$ | $\frac{10^{30}\,\mu}{C\,m}$ |
|---|---|---|---|---|
| Naphtalène | $C_{10}H_8$ | 80, 3 | 218, 0 | |
| Anthracène | $C_{14}H_{10}$ | 216, 0 | 340, 0 | |
| Phénanthrène | $C_{14}H_{10}$ | 101, 0 | 340, 0 | |
| **Composés halogénés** | | | | |
| Bromométhane | $CH_3Br$ | −93, 6 | 3, 6 | 6, 0 |
| Dibromométhane | $CH_2Br_2$ | −52, 6 | 97, 0 | 4, 8 |
| Tribromométhane | $CHBr_3$ | 8, 1 | 149, 6 | 3, 3 |
| Tétrabromométhane | $CBr_4$ | 91, 0 | 189, 5 | 0, 0 |
| Chlorométhane | $CH_3Cl$ | −97, 7 | −24, 2 | 6, 2 |
| Dichlorométhane | $CH_2Cl_2$ | −95, 1 | 39, 8 | 5, 3 |
| Trichlorométhane | $CHCl_3$ | −63, 5 | 61, 7 | 3, 4 |
| Tétrachlorométhane | $CCl_4$ | −23, 0 | 76, 5 | 0, 0 |
| Fluorométhane | $CH_3F$ | −141, 8 | −78, 4 | 6, 2 |
| Difluorométhane | $CH_2F_2$ | | −51, 6 | 6, 6 |
| Trifluorométhane | $CHF_3$ | −160, 0 | −84, 4 | 5, 5 |
| Tétrafluorométhane | $CF_4$ | −186, 8 | −128, 0 | 0, 0 |
| Iodométhane | $CH_3I$ | −66, 5 | 42, 4 | 5, 4 |
| Diiodométhane | $CH_2I_2$ | 6, 1 | 182, 0 | |
| Triiodométhane | $CHI_3$ | 119, 0 | | |
| Tétraiodométhane | $CI_4$ | | ∼ 135 | |
| Difluorobromométhane | $CHBrF_2$ | −14, 5 | | 5, 0 |
| Difluorodibromométhane | $CBr_2F_2$ | | 24, 5 | |
| Fluorochlorométhane | $CH_2ClF$ | | −9, 1 | 6, 1 |
| Difluorochlorométhane | $CHClF_2$ | −146, 0 | −40, 8 | 4, 7 |
| Trifluorochlorométhane | $CClF_3$ | −181, 0 | −81, 1 | 1, 7 |
| Fluorodichlorométhane | $CHCl_2F$ | −135, 0 | 9, 0 | 4, 3 |
| Difluorodichlorométhane | $CCl_2F_2$ | −158, 0 | −29, 8 | 1, 7 |
| Fluorotrichlorométhane | $CClF_3$ | | | 1, 5 |
| Bromoéthane | $CH_3CH_2Br$ | −118, 6 | 38, 4 | 6, 8 |
| 1,2-Dibromoéthane | $CH_2BrCH_2Br$ | 9, 8 | 131, 4 | |
| Chloroéthane | $CH_3CH_2Cl$ | −136, 4 | 12, 3 | 6, 8 |
| 1,1-Dichloroéthane | $CH_3CHCl_2$ | −97, 0 | 57, 3 | 6, 9 |
| 1,2-Dichloroéthane | $CH_2ClCH_2Cl$ | −35, 7 | 83, 5 | |
| 1,1,2-Trichloroéthane | $CH_2ClCHCl_2$ | −36, 6 | 113, 8 | |
| 1,1,2,2-Tétrachloroéthane | $CHCl_2CHCl_2$ | −43, 8 | 146, 2 | 4, 4 |

| Composé | $M_r$ | $\frac{\varrho}{\mathrm{g\,cm^{-3}}}$ | $\frac{\Delta H_f^\circ}{\mathrm{kJ\,mol^{-1}}}$ | $S^\circ$ | $C_{p,m}^\circ$ | $\frac{\Delta H_{vap}^\circ}{\mathrm{kJ\,mol^{-1}}}$ |
|---|---|---|---|---|---|---|
| | | | | $\mathrm{J\,mol^{-1}\,K^{-1}}$ | | |
| Naphtalène | 128,2 | 1,180 | 151 | 336 | | |
| Anthracène | 178,2 | 1,28 | 231 | | | |
| Phénanthrène | 178,2 | | 207 | | | |
| **Composés halogénés** | | | | | | |
| Bromométhane | 94,9 | 1,662/l | −38 | 246 | 42 | |
| Dibromométhane | 173,9 | 2,484 | −4 | 293 | 55 | |
| Tribromométhane | 252,8 | 2,876 | 25 | 331 | 71 | 45 |
| Tétrabromométhane | 331,7 | | 50 | 358 | 91 | 61 |
| Chlorométhane | 50,5 | 0,907/l | −86 | 235 | 41 | |
| Dichlorométhane | 84,9 | 1,316 | −95 | 270 | 51 | 29 |
| Trichlorométhane | 119,4 | 1,480 | −101 | 296 | 66 | 31 |
| Tétrachlorométhane | 153,8 | 1,534 | −100 | 310 | 83 | 32 |
| Fluorométhane | 34,0 | 0,557/l | −234 | 223 | 38 | |
| Difluorométhane | 53,0 | 0,800/l | −453 | 247 | 43 | |
| Trifluorométhane | 70,0 | 1,140/l | −698 | 260 | 51 | |
| Tétrafluorométhane | 88,0 | | −933 | 262 | 61 | |
| Iodométhane | 141,9 | 2,265 | 14 | 254 | 44 | 28 |
| Diiodométhane | 267,9 | 3,308 | 118 | 309 | 58 | 52 |
| Triiodométhane | 393,8 | 4,178 | 211 | 356 | 75 | |
| Tétraiodométhane | 519,6 | 4,230 | | 392 | 96 | |
| Difluorobromométhane | 130,9 | 1,550/l | −464 | 295 | 59 | |
| Difluorodibromométhane | 209,8 | | −430 | 325 | 77 | |
| Fluorochlorométhane | 68,5 | | −291 | 264 | 47 | |
| Difluorochlorométhane | 86,5 | 1,491/l | −502 | 281 | 56 | |
| Trifluorochlorométhane | 104,5 | | −695 | 286 | 67 | |
| Fluorodichlorométhane | 102,9 | 1,405/l | −299 | 293 | 61 | |
| Difluorodichlorométhane | 120,9 | 1,750/l | −481 | 301 | 72 | |
| Fluorotrichlorométhane | 137,4 | | −285 | 310 | 78 | |
| Bromoéthane | 109,0 | 1,451 | −64 | 288 | 65 | 28 |
| 1,2-Dibromoéthane | 187,9 | 2,169 | −39 | 330 | 87 | 42 |
| Chloroéthane | 64,5 | 0,891/l | −112 | 276 | 63 | 24 |
| 1,1-Dichloroéthane | 99,0 | 1,168 | −130 | 305 | 76 | 31 |
| 1,2-Dichloroéthane | 99,0 | 1,246 | −130 | 308 | 79 | 35 |
| 1,1,2-Trichloroéthane | 133,4 | 1,432 | −139 | 337 | 103 | 40 |
| 1,1,2,2-Tétrachloroéthane | 167,9 | 1,588 | −153 | 363 | 101 | 47 |

| Composé | Formule | $\frac{\vartheta_{fus}}{°C}$ | $\frac{\vartheta_{vap}}{°C}$ | $\frac{10^{30}\,\mu}{C\,m}$ |
|---|---|---|---|---|
| Pentachloroéthane | $CHCl_2CCl_3$ | −29, 0 | 162, 0 | 3, 1 |
| Hexachloroéthane | $CCl_3CCl_3$ | | ∼ 187 | |
| Iodoéthane | $CH_3CH_2I$ | −111, 1 | 72, 3 | 6, 4 |
| 1-Bromopropane | $CH_3CH_2CH_2Br$ | −110, 0 | 71, 0 | 7, 3 |
| 2-Bromopropane | $CH_3CHBrCH_3$ | −89, 0 | 59, 4 | 7, 4 |
| 1-Chloropropane | $CH_3CH_2CH_2Cl$ | −122, 8 | 46, 6 | 6, 8 |
| 2-Chloropropane | $CH_3CHClCH_3$ | −117, 2 | 35, 7 | 7, 2 |
| 1-Iodopropane | $CH_3CH_2CH_2I$ | −101, 3 | 102, 5 | 6, 8 |
| 1-Bromobutane | $CH_3(CH_2)_3Br$ | −112, 4 | 101, 6 | 6, 9 |
| 2-Bromobutane | $CH_3CH_2CHBrCH_3$ | −111, 9 | 91, 3 | 7, 4 |
| 1-Chlorobutane | $CH_3(CH_2)_3Cl$ | −123, 1 | 78, 4 | 6, 8 |
| 2-Chlorobutane | $CH_3CH_2CHClCH_3$ | −131, 3 | 68, 3 | 6, 8 |
| 1-Chloro-2-méthylpropane | $CH_3CH(CH_3)CH_2Cl$ | −130, 3 | 68, 9 | 6, 7 |
| 2-Chloro-2-méthylpropane | $CH_3CCl(CH_3)CH_3$ | −25, 4 | 50, 7 | 7, 1 |
| 1-Iodobutane | $CH_3(CH_2)_3I$ | −103, 0 | 130, 5 | 7, 1 |
| 1-Bromopentane | $CH_3(CH_2)_4Br$ | −87, 9 | 129, 6 | 7, 3 |
| 1-Chloropentane | $CH_3(CH_2)_4Cl$ | −99, 0 | 107, 8 | 7, 2 |
| 1-Bromohexane | $CH_3(CH_2)_5Br$ | −84, 7 | 153, 3 | |
| Bromoéthène | $CH_2 = CHBr$ | −137, 8 | 15, 6 | 4, 7 |
| Chloroéthène | $CH_2 = CHCl$ | −153, 8 | −13, 4 | 4, 8 |
| 1,1-Dichloroéthène | $CH_2 = CCl_2$ | | | |
| *cis*-1,2-Dichloroéthène | $CHCl = CHCl$ | −80, 5 | 60, 3 | 6, 3 |
| *trans*-1,2-Dichloroéthène | $CHCl = CHCl$ | −50, 0 | 47, 4 | |
| 1,1-Difluoroéthène | $CH_2 = CF_2$ | | | |
| Chlorobenzène | $C_6H_5Cl$ | −45, 0 | 132, 0 | 5, 6 |
| 1,2-Dichlorobenzène | $C_6H_4Cl_2$ | −17, 0 | 179, 0 | 8, 3 |
| 1,3-Dichlorobenzène | $C_6H_4Cl_2$ | −25, 0 | 172, 0 | 5, 7 |
| 1,4-Dichlorobenzène | $C_6H_4Cl_2$ | 53, 0 | 174, 0 | 0, 0 |
| Phénylchlorométhane | $C_6H_5CH_2Cl$ | −39, 0 | 179, 3 | |
| **Composés nitrés** | | | | |
| Nitrométhane | $CH_3NO_2$ | −28, 6 | 101, 2 | 11, 5 |
| Nitroéthane | $C_2H_5NO_2$ | −89, 5 | 114, 1 | 12, 2 |
| 1-Nitropropane | $C_3H_7NO_2$ | −104, 0 | 131, 2 | 12, 2 |
| 1-Nitrobutane | $C_4H_9NO_2$ | −81, 2 | 152, 8 | 12, 0 |
| Nitrobenzène | $C_6H_5NO_2$ | 5, 7 | 210, 8 | 14, 1 |
| 1,2-Dinitrobenzène | $NO_2C_6H_4NO_2$ | 118, 5 | 319, 0 | |

| Composé | $M_r$ | $\frac{\varrho}{\text{g cm}^{-3}}$ | $\frac{\Delta H_f^\circ}{\text{kJ mol}^{-1}}$ | $S^\circ$ | $C_{p,m}^\circ$ | $\frac{\Delta H_{vap}^\circ}{\text{kJ mol}^{-1}}$ |
|---|---|---|---|---|---|---|
| | | | | $\text{J mol}^{-1}\,\text{K}^{-1}$ | | |
| Pentachloroéthane | 202,3 | 1,680 | −142 | 381 | 118 | 47 |
| Hexachloroéthane | 236,8 | 2,091 | −141 | 397 | | |
| Iodoéthane | 156,0 | 1,924 | −8 | 296 | 67 | 32 |
| 1-Bromopropane | 123,0 | 1,345 | −88 | 331 | | 33 |
| 2-Bromopropane | 123,0 | 1,306 | −97 | 316 | | 31 |
| 1-Chloropropane | 78,5 | 0,885 | −130 | 319 | | 29 |
| 2-Chloropropane | 78,5 | 0,856 | −146 | 304 | | 27 |
| 1-Iodopropane | 180,0 | 1,739 | −31 | 336 | | 36 |
| 1-Bromobutane | 137,0 | 1,269 | −107 | 370 | | 37 |
| 2-Bromobutane | 137,0 | 1,251 | −120 | 370 | | 35 |
| 1-Chlorobutane | 92,6 | 0,881 | −147 | 358 | | 34 |
| 2-Chlorobutane | 92,6 | 0,868 | −162 | 360 | | 32 |
| 1-Chloro-2-méthylpropane | 92,6 | 0,872 | −159 | 354 | | 32 |
| 2-Chloro-2-méthylpropane | 92,6 | 0,836 | −183 | 322 | | 29 |
| 1-Iodobutane | 184,0 | 1,607 | | | | |
| 1-Bromopentane | 151,1 | 1,212 | −129 | 409 | | 41 |
| 1-Chloropentane | 106,6 | 0,877 | −175 | 397 | | 38 |
| 1-Bromohexane | 165,1 | 1,169 | −150 | | | |
| Bromoéthène | 107,0 | 1,474/l | 78 | 275 | | |
| Chloroéthène | 62,5 | 0,901/l | 35 | 264 | | |
| 1,1-Dichloroéthène | 96,9 | | 2 | 289 | 67 | 27 |
| *cis*-1,2-Dichloroéthène | 96,9 | 1,284 | 2 | 290 | 65 | 30 |
| *trans*-1,2-Dichloroéthène | 96,9 | 1,257 | 4 | 290 | 67 | 30 |
| 1,1-Difluoroéthène | 64,0 | | −345 | 265 | | |
| Chlorobenzène | 112,6 | 1,106 | 52 | 314 | | 41 |
| 1,2-Dichlorobenzène | 147,0 | 1,305 | 30 | 342 | | 48 |
| 1,3-Dichlorobenzène | 147,0 | 1,288 | 26 | 343 | | 48 |
| 1,4-Dichlorobenzène | 147,0 | 1,533 | 23 | 337 | | |
| Phénylchlorométhane | 126,6 | 1,100 | −70/l | | | |
| **Composés nitrés** | | | | | | |
| Nitrométhane | 61,0 | 1,131 | −75 | 275 | 57 | 38 |
| Nitroéthane | 75,1 | 1,045 | −101 | 315 | | 42 |
| 1-Nitropropane | 89,1 | 0,996 | −125 | 356 | | 43 |
| 1-Nitrobutane | 103,1 | 0,968 | −144 | 394 | | 49 |
| Nitrobenzène | 123,1 | 1,198 | 16/l | 224/l | | |
| 1,2-Dinitrobenzène | 168,1 | 1,565 | 11/s | | | |

| Composé | Formule | $\frac{\vartheta_{fus}}{°C}$ | $\frac{\vartheta_{vap}}{°C}$ | $\frac{10^{30}\,\mu}{C\,m}$ |
|---|---|---|---|---|
| 1,3-Dinitrobenzène | $NO_2C_6H_4NO_2$ | 118,5 | 319,0 | |
| 1,4-Dinitrobenzène | $NO_2C_6H_4NO_2$ | 90,0 | 291,0 | |
| **Alcools** | | | | |
| Méthanol | $CH_3OH$ | −97,7 | 64,5 | 5,7 |
| Éthanol | $CH_3CH_2OH$ | −114,1 | 78,3 | 5,6 |
| Propan-1-ol | $CH_3(CH_2)_2OH$ | −126,2 | 97,2 | 5,6 |
| Propan-2-ol | $CH_3CH(OH)CH_3$ | −88,5 | 82,3 | 5,5 |
| Butan-1-ol | $CH_3(CH_2)_3OH$ | −89,3 | 117,7 | 5,5 |
| Butan-2-ol | $CH_3CH_2CH(OH)CH_3$ | −114,7 | 99,5 | |
| 2-Méthylpropan-1-ol | $CH_3CH(CH_3)CH_2OH$ | | 107,9 | 5,5 |
| 2-Méthylpropan-2-ol | $CH_3C(CH_3)(OH)CH_3$ | 25,7 | 82,6 | |
| Pentan-1-ol | $CH_3(CH_2)_4OH$ | −78,2 | 138,0 | |
| Pentan-2-ol | $CH_3(CH_2)_2CH(OH)CH_3$ | | 119,5 | |
| Pentan-3-ol | $CH_3CH_2CH(OH)CH_2CH_3$ | | 115,5 | |
| 2-Méthylbutan-1-ol | $CH_3CH_3CH(CH_3)CH_2OH$ | | 128,9 | |
| 3-Méthylbutan-1-ol | $CH_3CH(CH_3)CH_2CH_2OH$ | | 130,8 | |
| 2-Méthylbutan-2-ol | $CH_3CH_2C(CH_3)(OH)CH_3$ | −8,4 | 102,2 | |
| 3-Méthylbutan-2-ol | $CH_3CH(CH_3)CH(OH)CH_3$ | | 111,8 | |
| 2,2 Diméthylpropan-1-ol | $CH_3C(CH_3)_2CH_2OH$ | 50,0 | 113,0 | |
| Hexan-1-ol | $CH_3(CH_2)_5OH$ | −44,6 | 157,1 | |
| Cyclohexanol | $C^*H_2(CH_2)_4C^*HOH$ | 25,2 | 161,0 | |
| Éthane-1,2-diol | $CH_2OHCH_2OH$ | −15,6 | 198,0 | 7,6 |
| **Phénols** | | | | |
| Hydroxybenzène | $C_6H_5OH$ | 40,9 | 181,8 | 4,8 |
| 1,3-Dihydroxybenzène | $OHC_6H_4OH$ | 109,8 | 276,5 | |
| 2-Méthylphenol | $CH_3C_6H_4OH$ | 30,9 | 191,0 | |
| 3-Méthylphenol | $CH_3C_6H_4OH$ | 12,2 | 202,2 | |
| 4-Méthylphenol | $CH_3C_6H_4OH$ | 34,7 | 201,9 | |
| **Amines** | | | | |
| Méthanamine | $CH_3NH_2$ | −93,5 | −6,3 | 4,4 |
| *N*-Méthylméthanamine | $(CH_3)_2NH$ | −92,2 | 6,9 | 3,4 |
| *N*, *N*-Diméthylméthanamine | $(CH_3)_3N$ | −117,3 | 6,9 | 2,0 |
| Éthanamine | $C_2H_5NH_2$ | −81,0 | 16,6 | 4,1 |
| *N*-Éthyléthanamine | $(C_2H_5)_2NH$ | −49,8 | 55,5 | 3,1 |

| Composé | $M_r$ | $\frac{\varrho}{\mathrm{g\,cm^{-3}}}$ | $\frac{\Delta H_f^\circ}{\mathrm{kJ\,mol^{-1}}}$ | $S^\circ$ ($\mathrm{J\,mol^{-1}\,K^{-1}}$) | $C_{p,m}^\circ$ ($\mathrm{J\,mol^{-1}\,K^{-1}}$) | $\frac{\Delta H_{vap}^\circ}{\mathrm{kJ\,mol^{-1}}}$ |
|---|---|---|---|---|---|---|
| 1,3-Dinitrobenzène | 168,1 | 1,575 | −26/s | | | |
| 1,4-Dinitrobenzène | 168,1 | 1,625 | −38/s | | | |
| **Alcools** | | | | | | |
| Méthanol | 32,0 | 0,787 | −201 | 240 | 44 | 38 |
| Éthanol | 46,1 | 0,785 | −235 | 283 | 65 | 43 |
| Propan-1-ol | 60,1 | 0,799 | −258 | 325 | 87 | 47 |
| Propan-2-ol | 60,1 | 0,781 | −272 | 310 | 90 | 46 |
| Butan-1-ol | 74,1 | 0,806 | −274 | 363 | 110 | 51 |
| Butan-2-ol | 74,1 | 0,802 | −292 | 359 | 113 | 50 |
| 2-Méthylpropan-1-ol | 74,1 | 0,798 | −283 | | 113 | 51 |
| 2-Méthylpropan-2-ol | 74,1 | 0,781 | −326 | 326 | 113 | 34 |
| Pentan-1-ol | 88,2 | 0,811 | −302 | 403 | 133 | 55 |
| Pentan-2-ol | 88,2 | 0,805 | −314 | | | 53 |
| Pentan-3-ol | 88,2 | 0,816 | −317 | | | 53 |
| 2-Méthylbutan-1-ol | 88,2 | 0,815 | −302 | | | 54 |
| 3-Méthylbutan-1-ol | 88,2 | 0,806 | −300 | | | 56 |
| 2-Méthylbutan-2-ol | 88,2 | 0,805 | −329 | | | 50 |
| 3-Méthylbutan-2-ol | 88,2 | 0,813 | −315 | | | 52 |
| 2,2 Diméthylpropan-1-ol | 88,2 | | −329 | 367 | | 51 |
| Hexan-1-ol | 102,2 | 0,816 | −320 | 442 | 156 | 60 |
| Cyclohexanol | 100,2 | 0,962 | −295 | 328 | | 54 |
| Éthane-1,2-diol | 62,1 | 1,109 | −389 | 324 | | 66 |
| **Phénols** | | | | | | |
| Hydroxybenzène | 94,1 | 1,132 | −96 | 316 | 104 | |
| 1,3-Dihydroxybenzène | 110,1 | | −266 | 318 | | |
| 2-Méthylphenol | 108,1 | 1,135 | −129 | 358 | 130 | |
| 3-Méthylphenol | 108,1 | 1,030 | −132 | 357 | 125 | |
| 4-Méthylphenol | 108,1 | 1,154 | −125 | 348 | 125 | |
| **Amines** | | | | | | |
| Méthanamine | 31,1 | 0,656/l | −23 | 243 | 53 | 24 |
| *N*-Méthylméthanamine | 45,1 | 0,650/l | −19 | 273 | 71 | 25 |
| *N*, *N*-Diméthylméthanamine | 59,1 | 0,627/l | −24 | 289 | | 22 |
| Éthanamine | 45,1 | 0,677/l | −46 | 285 | 70 | 32 |
| *N*-Éthyléthanamine | 73,1 | 0,702 | −72 | 352 | | 31 |

| Composé | Formule | $\frac{\vartheta_{fus}}{°C}$ | $\frac{\vartheta_{vap}}{°C}$ | $\frac{10^{30}\,\mu}{C\,m}$ |
|---|---|---|---|---|
| *N*, *N*-Diéthyléthanamine | $(C_2H_5)_3N$ | −114, 7 | 89, 5 | 2, 2 |
| Propan-1-amine | $CH_3(CH_2)_2NH_2$ | −83, 0 | 48, 4 | 3, 9 |
| Butan-1-amine | $CH_3(CH_2)_3NH_2$ | −49, 1 | 77, 4 | 3, 3 |
| Butan-2-amine | $CH_3CH_2CH(NH_2)CH_3$ | | 62, 5 | |
| 2-Méthylpropan-2-amine | $CH_3C(CH_3)_2NH_2$ | | 44, 4 | |
| Aminobenzène | $C_6H_5NH_2$ | −6, 3 | 184, 1 | 5, 1 |
| *N*-Phénylaminobenzène | $C_6H_5NHC_6H_5$ | 54, 5 | 302, 0 | |
| **Hétérocycles azotés** | | | | |
| Azine | $C_5H_5N$ | −42 | 115, 5 | 7, 3 |
| 2-Méthylazine | $CH_3C_5H_4N$ | −66, 8 | 128, 8 | |
| 3-Méthylazine | $CH_3C_5H_4N$ | −18, 3 | 144, 1 | |
| 4-Méthylazine | $CH_3C_5H_4N$ | 3, 6 | 144, 9 | |
| **Acides carboxyliques** | | | | |
| Acide méthanoïque | HCOOH | 8, 4 | 100, 6 | 4, 7 |
| Acide éthanoïque | $CH_3COOH$ | 16, 7 | 117, 9 | 5, 8 |
| Acide aminoéthanoïque | $NH_2CH_2COOH$ | | | |
| Acide butanoïque | $CH_3(CH_2)_2COOH$ | −5, 2 | 163, 3 | |
| Acide pentanoïque | $CH_3(CH_2)_3COOH$ | −34, 0 | 185, 5 | |
| Acide benzènecarboxylique | $C_6H_5COOH$ | 122, 4 | 249, 0 | |
| 2-hydroxy- | $OHC_6H_4COOH$ | 159, 0 | | |
| 3-hydroxy- | $OHC_6H_4COOH$ | 202, 5 | | |
| 4-hydroxy- | $OHC_6H_4COOH$ | 215, 0 | | |
| **Acides dicarboxyliques** | | | | |
| Acide éthanedioïque | HOOCCOOH | | 157, 0 | |
| Acide butanedioïque | $HOOC(CH_2)_2COOH$ | 188, 0 | 235, 0 | |
| Acide *cis*-butènedioïque | HOOCCH = CHCOOH | 139, 0 | | |
| Acide *trans*-butènedioïque | HOOCCH = CHCOOH | 300, 0 | | |
| Acide benzène-1,2-dicarboxylique | $HOOCC_6H_4COOH$ | 210, 0 | | |
| **Dérivés d'acides** | | | | |
| Méthanamide | $HCONH_2$ | 2, 5 | 10, 5 | 12, 4 |
| Urée | $NH_2CONH_2$ | 132, 7 | | |
| Anhydride éthanoïque | $(CH_3CO)_2O$ | −73, 1 | 136, 4 | 9, 3 |
| Chlorure d'éthanoyle | $CH_3COCl$ | −112, 0 | 51, 5 | 9, 1 |

| Composé | $M_r$ | $\frac{\varrho}{\text{g cm}^{-3}}$ | $\frac{\Delta H_f^\circ}{\text{kJ mol}^{-1}}$ | $S^\circ$ | $C_{p,m}^\circ$ ($\text{J mol}^{-1}\,\text{K}^{-1}$) | $\frac{\Delta H_{vap}^\circ}{\text{kJ mol}^{-1}}$ |
|---|---|---|---|---|---|---|
| *N*, *N*-Diéthyléthanamine | 101,2 | 0,723 | −100 | 405 | | 35 |
| Propan-1-amine | 59,1 | 0,712 | −72 | 324 | | 31 |
| Butan-1-amine | 73,1 | 0,735 | −92 | 363 | | 36 |
| Butan-2-amine | 73,1 | 0,720 | −104 | 351 | | 33 |
| 2-Méthylpropan-2-amine | 73,1 | 0,691 | −120 | 338 | | 31 |
| Aminobenzène | 93,1 | 1,022 | 87 | 319 | | 56 |
| *N*-Phénylaminobenzène | 169,2 | 1,160 | 202 | 408 | | 70 |
| **Hétérocycles azotés** | | | | | | |
| Azine | 79,1 | 0,978 | 140 | 283 | | 40 |
| 2-Méthylazine | 93,1 | 0,940 | 99 | 325 | | 42 |
| 3-Méthylazine | 93,1 | 0,957 | 106 | 325 | | 44 |
| 4-Méthylazine | 93,1 | 0,955 | 102 | | | 45 |
| **Acides carboxyliques** | | | | | | |
| Acide méthanoïque | 46,0 | 1,214 | −379 | 249 | | 46 |
| Acide éthanoïque | 60,1 | 1,044 | −435 | 283 | 67 | 49 |
| Acide aminoéthanoïque | 75,1 | 0,828 | −529/s | 104/s | | |
| Acide butanoïque | 88,1 | 0,952 | −534/l | 226/l | | |
| Acide pentanoïque | 102,1 | 0,935 | −490 | 440 | | 70 |
| Acide benzènecarboxylique | 122,1 | 1,266 | −290 | 369 | | 53 |
| 2-hydroxy- | 138,1 | 1,443 | −585/s | 178/s | | |
| 3-hydroxy- | 138,1 | | −585/s | 177/s | | |
| 4-hydroxy- | 138,1 | | −585/s | 176/s | | |
| **Acides dicarboxyliques** | | | | | | |
| Acide éthanedioïque | 90,0 | 1,900 | −830/s | 120/s | | |
| Acide butanedioïque | 118,1 | 1,572 | −941/s | 176/s | | |
| Acide *cis*-butènedioïque | 116,1 | 1,590 | −791/s | 159/s | | |
| Acide *trans*-butènedioïque | 116,1 | 1,635 | −811/s | 166/s | | |
| Acide benzène-1,2-dicarboxylique | 166,1 | 1,593 | −782/s | 208/s | | |
| **Dérivés d'acides** | | | | | | |
| Méthanamide | 45,0 | 1,134 | −186 | 248 | 46 | 72 |
| Urée | 60,1 | 1,320 | −246 | 249 | | 88 |
| Anhydride éthanoïque | 102,1 | 1,082 | −576 | 390 | | 48 |
| Chlorure d'éthanoyle | 78,5 | 1,104 | −244 | 295 | 68 | 30 |

| Composé | Formule | $\vartheta_{\text{fus}}$ / °C | $\vartheta_{\text{vap}}$ / °C | $10^{30}\,\mu$ / C m |
|---|---|---|---|---|
| Éthanenitrile | $CH_3CN$ | −45,7 | 81,6 | 13,1 |
| Isocyanure de méthyle | $CH_3NC$ | −45,0 | 59,0 | 12,8 |
| **Esters** | | | | |
| Méthanoate de méthyle | $HCOOCH_3$ | −99,0 | 31,5 | 5,9 |
| Méthanoate d'éthyle | $HCOOCH_2CH_3$ | −80,5 | 54,5 | 6,4 |
| Éthanoate de méthyle | $CH_3COOCH_3$ | −98,1 | 57,0 | 5,7 |
| Éthanoate d'éthyle | $CH_3COOC_2H_5$ | −83,6 | 77,1 | 5,9 |
| **Aldéhydes** | | | | |
| Méthanal | $HCHO$ | −117,0 | −19,2 | 7,8 |
| Éthanal | $CH_3CHO$ | −123,0 | 20,1 | 9,0 |
| Propanal | $CH_3CH_2CHO$ | −80,0 | 47,9 | 8,4 |
| Butanal | $CH_3(CH_2)_2CHO$ | −97,0 | 74,8 | 9,1 |
| Pentanal | $CH_3(CH_2)_3CHO$ | −91,0 | 102,5 | |
| Hexanal | $CH_3(CH_2)_4CHO$ | −56,0 | 128,7 | |
| **Cétones** | | | | |
| Propanone | $CH_3COCH_3$ | −94,7 | 56,1 | 9,6 |
| Butan-2-one | $CH_3CH_2COCH_3$ | −86,3 | 79,6 | |
| Pentan-2-one | $CH_3(CH_2)_2COCH_3$ | −77,5 | 102,3 | |
| Pentan-3-one | $CH_3CH_2COCH_2CH_3$ | −39,4 | 101,8 | |
| Cyclohexanone | $C^*H_2(CH_2)_4C^*O$ | −16,4 | 155,7 | |
| Phényléthanone | $C_6H_5COCH_3$ | 20,5 | 202,0 | 10,1 |
| Éthénone | $CH_2=CO$ | −151,0 | −56,0 | 4,7 |
| **Éthers** | | | | |
| Méthoxyméthane | $CH_3OCH_3$ | −138,5 | −23,0 | 4,3 |
| Méthoxyéthane | $CH_3OC_2H_5$ | | 10,8 | 4,1 |
| Éthoxyéthane | $C_2H_5OC_2H_5$ | −116,2 | 34,5 | 3,8 |
| 1-Méthoxypropane | $CH_3OC_3H_7$ | | 38,9 | |
| 2-Méthoxypropane | $CH_3CH(OCH_3)CH_3$ | | 32,5 | |
| Phénoxybenzène | $C_6H_5OC_6H_5$ | 26,8 | 257,8 | 4,3 |
| Oxirane | $C^*H_2OC^*H_2$ | −111,0 | 13,5 | 6,3 |
| Oxolane | $C^*H_2CH_2OCH_2C^*H_2$ | −65,0 | 67,0 | 5,4 |
| 1,4-Dioxane | $C^*H_2O(CH_2)_2OC^*H_2$ | 11,8 | 101,0 | |

| Composé | $M_r$ | $\frac{\varrho}{\text{g cm}^{-3}}$ | $\frac{\Delta H_f^\circ}{\text{kJ mol}^{-1}}$ | $S^\circ$ | $C_{p,m}^\circ$ | $\frac{\Delta H_{vap}^\circ}{\text{kJ mol}^{-1}}$ |
|---|---|---|---|---|---|---|
| | | | | $\text{J mol}^{-1}\,\text{K}^{-1}$ | | |
| Éthanenitrile | 41,1 | 0,777 | 88 | 243 | 52 | 35 |
| Isocyanure de méthyle | 41,1 | 0,742 | 150 | 247 | 53 | 33 |
| **Esters** | | | | | | |
| Méthanoate de méthyle | 60,1 | 0,974 | −350 | 301 | | 28 |
| Méthanoate d'éthyle | 74,1 | 0,917 | −371 | | | 28 |
| Éthanoate de méthyle | 74,1 | 0,933 | −410 | 301 | | 32 |
| Éthanoate d'éthyle | 88,1 | 0,900 | −443 | 363 | | 36 |
| **Aldéhydes** | | | | | | |
| Méthanal | 30,0 | | −116 | 219 | 35 | 23 |
| Éthanal | 44,1 | 0,771 | −166 | 264 | 57 | 26 |
| Propanal | 58,1 | 0,791 | −192 | 305 | | 29 |
| Butanal | 72,1 | 0,796 | −205 | 345 | | 34 |
| Pentanal | 86,1 | 0,805 | −228 | 383 | | 34 |
| Hexanal | 100,5 | 0,810 | −248 | 423 | | |
| **Cétones** | | | | | | |
| Propanone | 58,1 | 0,785 | −218 | 295 | 75 | 31 |
| Butan-2-one | 72,1 | 0,800 | −238 | 338 | | 35 |
| Pentan-2-one | 86,1 | 0,802 | −259 | 376 | | 41 |
| Pentan-3-one | 86,1 | 0,809 | −259 | 370 | | 41 |
| Cyclohexanone | 89,1 | 0,948 | −230 | 322 | | 42 |
| Phényléthanone | 120,1 | 1,028 | −87 | 373 | | 56 |
| Éthénone | 42,0 | | −61 | 242 | | |
| **Éthers** | | | | | | |
| Méthoxyméthane | 46,1 | | −184 | 267 | 64 | |
| Méthoxyéthane | 60,1 | 0,725 /l | −216 | 311 | | |
| Éthoxyéthane | 74,1 | 0,714 | −252 | 343 | | 27 |
| 1-Méthoxypropane | 74,1 | 0,738 | −238 | 349 | | |
| 2-Méthoxypropane | 74,1 | 0,724 | −252 | 338 | | |
| Phénoxybenzène | 170,2 | 1,075 | −15/l | 291/l | | |
| Oxirane | 44,1 | 0,882 | −53 | 242 | | 25 |
| Oxolane | 72,1 | 0,889 | −184 | | | 32 |
| 1,4-Dioxane | 88,1 | 1,034 | −315 | 300 | | 38 |

## 8.6 Noms courants des composés organiques

| Nom courant | Nom IUPAC |
|---|---|
| Acétaldéhyde | Éthanal |
| Acétamide | Éthanamide |
| Acétone | Propanone |
| Acétonitrile | Éthanenitrile |
| Acétophénone | Phényléthanone |
| Acétylacétone | Pentane-2,4-dione |
| Acétylène | Éthyne |
| Acide *n*-caproïque | Acide hexanoïque |
| Acide *n*-valérique | Acide pentanoïque |
| Acide *o*-phtalique | Acide benzène-1,2-dicarboxylique |
| Acide acétique | Acide éthanoïque |
| Acide aconitique | Acide prop-1-ène-1,2,3-tricarboxylique |
| Acide acrylique | Acide propénoïque |
| Acide adipique | Acide hexanedioïque |
| Acide anthranilique | Acide 2-aminobenzènecarboxylique |
| Acide benzoïque | Acide benzènecarboxylique |
| Acide butyrique | Acide butanoïque |
| Acide formique | Acide méthanoïque |
| Acide fumarique | Acide *trans* –butènedioïque |
| Acide glutarique | Acide pentanedioïque |
| Acide glycolique | Acide hydroxyéthanoïque |
| Acide isobutyrique | Acide 2-méthylpropanoïque |
| Acide maléique | Acide *cis*-butènedioïque |
| Acide malonique | Acide propanedioïque |
| Acide oxalique | Acide éthanedioïque |
| Acide picrique | 2,4,6-Trinitrohydroxybenzène |
| Acide pivalique | Acide 2,2-diméthylpropanoïque |
| Acide propionique | Acide propanoïque |
| Acide salicylique | Acide 2-hydroxybenzènecarboxylique |
| Acide succinique | Acide butanedioïque |
| Acide tartrique | Acide + (d)-2,3-dihydroxybutanedoïque |
| Acroléine | Prop-2-énal |
| Acrylamide | Propénamide |
| Alcool *n*-propylique | Propan-1-ol |
| Alcool *sec*-butylique | Butan-2-ol |

| Nom courant | Nom IUPAC |
|---|---|
| Alcool *tert*-butylique | 2-Méthylpropan-2-ol |
| Alcool éthylique | Éthanol |
| Alcool isopropylique | Propan-2-ol |
| Alcool méthylique | Méthanol |
| Alcool néopentylique | 2,2-Diméthylpropan-1-ol |
| Aldol | 3-Hydroxybutanal |
| Allène | Propadiène |
| Aminophénol | 2-Hydroyaminobenzène |
| /2- Anhydrique de l'acide acétique | Anhydride éthanoïque |
| Aniline | Aminobenzène |
| Anisole | Méthoxybenzène |
| Benzaldéhyde | Benzènecarbaldéhyde |
| Benzophénone | Diphénylméthanone |
| Bromoforme | Tribromométhane |
| Bromure d'éthyle | Bromoéthane |
| Bromure de méthyle | Bromométhane |
| Bromure de méthylène | Dibromométhane |
| Bromure de propyle | 1-Bromopropane |
| Bromure de vinyle | Bromoéthène |
| *tert*-Butylamine | 2-Méthylpropan-2-amine |
| *tert*-Butylbenzène | 2-Phényl-2-méthylpropane |
| Butyraldéhyde | Butanal |
| Caproaldéhyde | Hexanal |
| Catéchol | 1,2-Dihydroxybenzène |
| Cétène | Éthénone |
| Chloral | Trichloroéthanal |
| Chloroforme | Trichlorométhane |
| Chlorure d'acétyle | Chlorure d'éthanoyle |
| Chlorure de benzyle | Phénylchlorométhane |
| Chlorure de méthyle | Chlorométhane |
| Chlorure de méthylène | Dichlorométhane |
| Chlorure de vinyle | Chloroéthène |
| *m*-Crésol | 3-Méthylhydroxybenzène |
| *o*-Crésol | 2-Méthylhydroxybenzène |
| *p*-Crésol | 4-Méthylhydroxybenzène |
| Crotonaldéhyde | But-2-énal |
| Cumène | Isopropylbenzène |
| Cymol | 2-Phényl-2-méthylpropane |

| Nom courant | Nom IUPAC |
|---|---|
| Diéthylcétone | Pentan-3-one |
| Diéthyléther | Éthoxyéthane |
| Diméthylamine | *N*-Méthylméthanamine |
| Diméthyléther | Méthoxyméthane |
| Diphénylamine | *N*-Phénylaminobenzène |
| Diphényléther | Phénoxybenzène |
| Éthylène | Éthène |
| Éthylènegycol | Éthane-1,2-diol |
| Fluorure de méthyle | Fluorométhane |
| Formaldéhyde | Méthanal |
| Formamide | Méthanamide |
| Fréon 12 | Difluorodichlorométhane |
| Fréon 13 | Trifluorochlorométhane |
| Fréon 21 | Fluorodichlorométhane |
| Fréon 22 | Difluorochlorométhane |
| Glycine | Acide aminoéthanoïque |
| Glyoxal | Éthanedial |
| Hydroquinone | 1,4-Dihydroxybenzène |
| 2-Hydroxyaniline | 2-Aminohydroxybenzène |
| Iodoforme | Triiodométhane |
| Iodure de méthyle | Iodométhane |
| Iodure de méthylène | Diiodométhane |
| Isobutane | 2-méthylpropane |
| Isobutylamine | 2-Méthylpropan-1-amine |
| Isobutylène | 2-Méthylpropène |
| Isopentane | 2-Méthylbutane |
| Isoprène | 2-Méthylbuta-1,3-diène |
| Mésitylène | 1,3,5-Triméthylbenzène |
| Méthyléthylcétone | Butan-2-one |
| Méthyléthyléther | Méthoxyéthane |
| Méthylisobutylcétone | 4-Méthylpentan-2-one |
| Neopentane | 2,2-Diméthylpropane |
| Oxyde d'éthylène | Oxirane |
| Phénétole | Éthoxybenzène |
| Phénol | Hydroxybenzène |
| *m*-Phénylènediamine | 1-3-Diaminobenzène |
| *o*-Phénylènediamine | 1-2-Diaminobenzène |
| *p*-Phénylènediamine | 1-4-Diaminobenzène |

| Nom courant | Nom IUPAC |
|---|---|
| $\alpha$-Picoline | 2-Méthylazine |
| $\beta$-Picoline | 3-Méthylazine |
| $\gamma$-Picoline | 4-Méthylazine |
| Propionaldéhyde | Propanal |
| Propylène | Propène |
| Pyridine | Azine |
| Résorcinol | 1,3-Dihydroxybenzène |
| Styrène | Phényléthène |
| Tétrabromure de carbone | Tétrabromométhane |
| Tétrachlorure de carbone | Tétrachlorométhane |
| Tétrahydrofurane | Oxolane |
| Tétraiodure de carbone | Tétraiodométhane |
| Toluène | Méthylbenzène |
| *m*-Toluidine | 3-Méthylaminobenzène |
| *o*-Toluidine | 2-Méthylaminobenzène |
| *p*-Toluidine | 4-Méthylaminobenzène |
| Triméthylamine | *N*,*N*-Diméthylméthanamine |
| Valéraldéhyde | Pentanal |
| *m*-Xylène | 1,3-Diméthylbenzène |
| *o*-Xylène | 1,2-Diméthylbenzène |
| *p*-Xylène | 1,4-Diméthylbenzène |

**Suppléments :**

# 8.7 Constantes d'Antoine

Le potentiel chimique $\mu$ (énergie molaire de Gibbs) d'une vapeur est égal à celui du liquide correspondant :

$$\begin{aligned} \mu^{\mathrm{g}} &= \mu^{\mathrm{l}} \\ v^{\mathrm{g}}\,\mathrm{d}p - S_{\mathrm{m}}^{\mathrm{g}}\,\mathrm{d}T &= v^{\mathrm{l}}\,\mathrm{d}p - S_{\mathrm{m}}^{\mathrm{l}}\,\mathrm{d}T \\ \frac{\mathrm{d}p}{\mathrm{d}T} &= \frac{S_{\mathrm{m}}^{\mathrm{g}} - S_{\mathrm{m}}^{\mathrm{l}}}{v^{\mathrm{g}} - v^{\mathrm{l}}} \end{aligned}$$

En y substituant le volume molaire $v^{\mathrm{g}} = RT/p$,
sachant d'autre part que $v^{\mathrm{g}} \gg v^{\mathrm{l}}$, et enfin que l'entropie de vaporisation vaut, d'après la seconde loi $S_{\mathrm{m}}^{\mathrm{g}} - S_{\mathrm{m}}^{\mathrm{l}} = \Delta H_{\mathrm{vap}}/T$,
on obtient l'équation de Clausius-Clapeyron :

$$\frac{\mathrm{d}p}{p\,\mathrm{d}T} = \frac{\Delta H_{\mathrm{vap}}}{RT^2}$$

Par intégration, l'équation de Clausius-Clapeyron devient :

$$\begin{aligned} \int \frac{\mathrm{d}p}{p} &= \frac{\Delta H_{\mathrm{vap}}}{R} \int \frac{dT}{T^2} \\ \mapsto \quad \ln p &= -\frac{\Delta H_{\mathrm{vap}}}{RT} + C \end{aligned} \tag{8.1}$$

En supposant que l'enthalpie de vaporisation est indépendante de la température, on obtient l'équation d'August :

$$\ln p = -\frac{K}{T} + C$$

Une approximation de la véritable variation de l'enthalpie de vaporisation $\Delta H_{\mathrm{vap,m}}$ en fonction de la température est donnée par : $\Delta H_{\mathrm{vap}} = \Delta H_{\mathrm{vap}}^{\circ} - e\,T$. En introduisant cette dernière relation dans l'équation de Clausius-Clapeyron (éq. 8.1), on obtient, après intégration :

$$\ln p = -\frac{\Delta H_{\mathrm{vap}}^{\circ}}{RT} - e \ln T + C$$

Remaniée comme suit, cette expression devient l'équation d'Antoine :

$$\log p = A - \frac{B}{\vartheta + C} \tag{8.2}$$

Les valeurs des constantes $A$, $B$, et $C$ sont données dans le tableau 8.8. Celles-ci permettent de calculer la tension de vapeur $p(\vartheta)$ en torr (= 133,322 Pa) en fonction de $\vartheta$ exprimé en °C.

**REMARQUES**

1. Le fait d'introduire les constantes d'Antoine ($A$, $B$, et $C$) ainsi que la température $\vartheta$ (en °C) dans l'équation 8.2 aboutit à la tension de vapeur $p$ exprimée en torr (1 torr = 133,322 Pa).
2. La déviation standard (d.s.) de la tension de vapeur ainsi calculée est donnée par la formule :

$$\text{d.s.} = \sqrt{\frac{\text{déviation de la tension de vapeur}^2}{\text{nombre de mesures } - 3}}$$

3. Les points d'ébullition $\vartheta_{\text{vap}}$ sont donnés en °C pour les composés à la pression $p = 10^5$ Pa.

**Tableau 8.8** : CONSTANTES D'ANTOINE de quelques composés inorganiques

| Composé | $A$ | $B$ | $C$ | d.s. | $\frac{\vartheta_{\text{vap}}}{°\text{C}}$ |
|---|---|---|---|---|---|
| Argon | 8,62071 | 772,351 | 320,730 | 13,19 | −186,17 |
| Cyanure d'hydrogène | 7,52823 | 1329,490 | 260,418 | 0,75 | 25,65 |
| Cyanure de brome | 8,38753 | 1499,959 | 212,709 | 0,95 | 22,12 |
| Cyanure de fluor | 6,77991 | 697,613 | 224,954 | 1,91 | −45,99 |
| Dioxyde de carbone | 9,66983 | 1295,524 | 269,243 | 0,16 | −78,42 |
| Dioxyde de tricarbone | 7,19004 | 1101,326 | 249,182 | 0,05 | −36,98 |
| Disulfure de carbone | 6,94279 | 1169,110 | 241,593 | 0,11 | 46,23 |
| Fluorure de chlore (V) | 6,51806 | 748,974 | 219,819 | 7,05 | −13,90 |
| Fluorure de soufre (IV) | 6,11320 | 529,225 | 199,958 | 2,40 | −71,29 |
| Hydrazine | 7,81292 | 1684,041 | 228,005 | 0,03 | 61,70 |
| Hydrure de dibore | 6,36638 | 521,490 | 241,978 | 1,05 | −92,36 |
| Oxosulfure de carbone | 6,90723 | 804,480 | 250,000 | 0,05 | −50,20 |
| Oxygène | 6,68748 | 318,692 | 266,683 | 0,81 | −182,96 |
| Tétrachlorure de silicium | 6,85726 | 1138,922 | 228,877 | 0,28 | |
| Tétraméthylplomb | 6,93769 | 1335,345 | 219,088 | 0,03 | |
| Trichlorosilane | 6,77385 | 1009,048 | 227,248 | 1,51 | 31,94 |
| Xénon | 38,26364 | 54624,500 | 1651,838 | 14,09 | −108,02 |

**Tableau 8.9** : CONSTANTES D'ANTOINE des composés organiques

| Composé | $A$ | $B$ | $C$ | d.s. | $\frac{\vartheta_{vap}}{°C}$ |
|---|---|---|---|---|---|
| **Alcanes** | | | | | |
| Méthane | 6,34159 | 342,217 | 260,221 | 0,26 | |
| Éthane | 6,82477 | 663,484 | 256,893 | 1,48 | −88,66 |
| Propane | 6,84343 | 818,540 | 248,677 | 0,26 | −42,11 |
| Butane | 6,82485 | 943,453 | 239,711 | 0,08 | −0,50 |
| Pentane | 6,84471 | 1060,793 | 231,541 | 0,05 | 36,07 |
| Hexane | 6,88555 | 1175,817 | 224,867 | 0,06 | 68,67 |
| Heptane | 6,90253 | 1267,828 | 216,823 | 0,07 | 98,42 |
| Octane | 6,91874 | 1351,756 | 209,100 | 0,05 | 125,66 |
| Nonane | 6,93764 | 1430,459 | 201,808 | 0,02 | 150,80 |
| Décane | 6,95707 | 1503,568 | 194,738 | 0,03 | 174,12 |
| 2-Méthylpropane | 6,78866 | 899,617 | 241,942 | 0,20 | −11,73 |
| 2-Méthylbutane | 6,73457 | 992,019 | 229,564 | 0,04 | 27,85 |
| 2,2-Diméthylpropane | 7,26335 | 1276,110 | 281,629 | 3,08 | 9,55 |
| 2-Méthylpentane | 6,86839 | 1151,401 | 228,477 | 0,06 | 6,27 |
| 3-Méthylpentane | 6,86532 | 1161,429 | 228,205 | 0,04 | 63,28 |
| 2,2-Diméthylbutane | 6,76189 | 1084,935 | 229,804 | 0,06 | 49,74 |
| 2,3-Diméthylbutane | 6,81832 | 1131,833 | 229,462 | 0,03 | 57,99 |
| Cyclopropane | 6,88788 | 856,012 | 246,495 | 0,33 | −32,87 |
| Cyclobutane | 6,91631 | 1054,539 | 241,373 | 0,09 | 12,51 |
| Cyclopentane | 6,90325 | 1132,868 | 232,375 | 0,05 | 49,26 |
| Cyclohexane | 6,84941 | 1206,001 | 223,148 | 0,04 | 80,74 |
| **Alcènes** | | | | | |
| Éthène | 6,74819 | 584,291 | 254,862 | 0,28 | −103,78 |
| Propène | 6,82359 | 786,532 | 247,243 | 0,24 | −47,76 |
| But-1-ène | 6,53101 | 610,261 | 228,066 | 1,17 | −6,09 |
| *cis*-But-2-ène | 6,86102 | 956,398 | 236,572 | 0,11 | 3,72 |
| *trans*-But-2-ène | 6,87825 | 964,897 | 240,498 | 0,10 | 0,88 |
| Pent-1-ène | 6,84268 | 1043,206 | 233,344 | 0,09 | 29,97 |
| *cis*-Pent-2-ène | 6,87497 | 1069,243 | 230,759 | 0,01 | 36,94 |
| *trans*-Pent-2-ène | 6,90546 | 1083,828 | 232,945 | 0,02 | 36,35 |
| Hex-1-ène | 6,86880 | 1154,646 | 226,046 | 0,04 | 63,48 |
| Hept-1-ène | 6,91381 | 1265,120 | 220,051 | 0,09 | 93,64 |
| Oct-1-ène | 6,93637 | 1355,779 | 213,022 | 0,06 | 121,28 |

| Composé | $A$ | $B$ | $C$ | d.s. | $\frac{\vartheta_{vap}}{°C}$ |
|---|---|---|---|---|---|
| 2-Méthylpropène | 6,53103 | 802,620 | 226,979 | 1,65 | −7,10 |
| 2-Méthylbut-1-ène | 6,86364 | 1048,876 | 232,194 | 0,31 | 31,16 |
| 3-Méthylbut-1-ène | 6,82643 | 1013,605 | 236,833 | 0,02 | 20,06 |
| 2-Méthylbut-2-ène | 6,93402 | 1104,007 | 233,891 | 0,12 | 38,49 |
| 2,3-Diméthylbut-2-ène | 6,93690 | 1208,041 | 224,627 | 0,02 | 73,207 |
| Cyclobutène | 7,30570 | 1165,999 | 261,059 | 1,23 | 2,45 |
| Propadiène | 7,45500 | 1033,494 | 260,839 | 0,01 | −100,73 |
| Buta-1,3-diène | 6,85364 | 933,586 | 239,511 | 0,80 | −4,52 |
| 2-Méthylbuta-1,3-diène | 6,92587 | 1091,747 | 235,860 | 0,18 | 34,04 |
| **Alcynes** | | | | | |
| Éthyne | 6,57935 | 536,808 | 229,819 | 0,90 | −84,68 |
| Propyne | 7,87500 | 1247,062 | 273,069 | 0,03 | −23,37 |
| But-1-yne | 7,02038 | 1005,739 | 234,895 | 0,15 | 8,06 |
| **Cycles aromatiques** | | | | | |
| Benzène | 6,89272 | 1203,331 | 219,888 | 0,02 | 80,10 |
| Méthylbenzène | 6,95805 | 1346,773 | 219,693 | 0,04 | 110,62 |
| Éthylbenzène | 6,95650 | 1423,543 | 213,091 | 0,03 | 136,18 |
| 2-Phényl-2-méthylpropane | 6,92255 | 1505,987 | 203,490 | 0,05 | 169,12 |
| 1,2-Diméthylbenzène | 7,00154 | 1476,393 | 213,872 | 0,03 | 144,41 |
| 1,3-Diméthylbenzène | 7,00646 | 1469,183 | 214,827 | 0,03 | 139,10 |
| 1,4-Diméthylbenzène | 6,98820 | 1451,792 | 215,111 | 0,02 | 138,35 |
| Naphtalène | 6,81812 | 1585,857 | 184,819 | 0,41 | 217,96 |
| Anthracène | 7,37609 | 2518,815 | 218,509 | 0,85 | 341,81 |
| Phénanthrène | 7,47774 | 2581,568 | 223,199 | 2,09 | 338,39 |
| **Composés halogénés** | | | | | |
| Bromométhane | 7,09084 | 1046,066 | 244,914 | 0,22 | 3,56 |
| Tribromométhane | 6,82182 | 1376,748 | 200,966 | 0,36 | |
| Chlorométhane | 7,09349 | 948,582 | 249,336 | 2,22 | −24,16 |
| Dichlorométhane | 7,40916 | 1325,938 | 252,616 | 0,64 | 40,19 |
| Trichlorométhane | 6,95465 | 1170,966 | 226,232 | 0,10 | 61,20 |
| Tétrachlorométhane | 6,87926 | 1212,021 | 226,409 | 0,10 | 76,71 |
| Fluorométhane | 5,96591 | 403,689 | 209,836 | 31,18 | −78,98 |
| Difluorométhane | 7,13888 | 821,676 | 244,663 | 1,49 | −51,69 |
| Trifluorométhane | 7,08863 | 705,334 | 249,782 | 0,32 | −82,16 |

| Composé | $A$ | $B$ | $C$ | d.s. | $\frac{\vartheta_{vap}}{°C}$ |
|---|---|---|---|---|---|
| Tétrafluorométhane | 6,97231 | 540,502 | 260,095 | 0,21 | −127,99 |
| Iodométhane | 6,98803 | 1146,340 | 236,674 | 0,07 | 42,43 |
| Bromochlorodifluorométhane | 6,83998 | 935,632 | 240,330 | 0,22 | −4,01 |
| Difluorodibromométhane | 7,15222 | 1181,612 | 253,845 | 0,31 | 22,79 |
| Difluorochlorométhane | 6,75769 | 740,384 | 231,842 | 0,14 | −40,89 |
| Fluorotrichlorométhane | 6,89034 | 1030,700 | 236,596 | 0,08 | 23,71 |
| Bromoéthane | 6,98860 | 1121,941 | 234,739 | 0,19 | 38,39 |
| 1,2-Dibromoéthane | 6,72148 | 1280,620 | 201,751 | 6,19 | 131,74 |
| Chloroéthane | 6,98647 | 1030,007 | 238,612 | 0,18 | 12,26 |
| 1,1-Dichloroéthane | 6,97702 | 1174,022 | 229,060 | 0,08 | |
| 1,2-Dichloroéthane | 7,02530 | 1272,254 | 222,927 | 1,38 | 83,81 |
| 1,1,2-Trichloroéthane | 6,95185 | 1314,410 | 209,197 | 0,06 | 113,67 |
| 1,1,2,2-Tétrachloroéthane | 6,63168 | 1228,062 | 179,942 | 1,56 | 85,20 |
| Pentachloroéthane | 6,74011 | 1378,096 | 197,367 | 4,29 | 159,72 |
| Iodoéthane | 6,95939 | 1231,550 | 229,388 | 1,20 | |
| 2-Bromopropane | 6,92493 | 1176,460 | 231,274 | 0,72 | |
| 1-Chloropropane | 6,92648 | 1110,191 | 227,944 | 0,60 | 46,47 |
| 2-Chloropropane | 7,77125 | 1582,487 | 288,286 | 1,36 | |
| 1-Bromobutane | 6,64814 | 1070,971 | 206,251 | 1,43 | |
| 1-Chlorobutane | 6,83694 | 1173,790 | 218,126 | 0,36 | 78,58 |
| 2-Chlorobutane | 6,79923 | 1149,124 | 224,682 | 0,34 | |
| 2-Chloro-2-méthylpropane | 4,89600 | 334,986 | 114,047 | 6,07 | |
| Bromoéthène | 6,99738 | 1099,886 | 251,631 | 2,94 | 15,55 |
| Chloroéthène | 6,89117 | 905,008 | 239,475 | 0,42 | −13,81 |
| 1,1-Dichloroéthène | 6,97215 | 1099,446 | 237,164 | 0,33 | 31,56 |
| *cis*-1,2-Dichloroéthène | 7,02230 | 1205,436 | 230,620 | 0,07 | 60,44 |
| *trans*-1,2-Dichloroéthène | 6,96513 | 1141,984 | 231,930 | 1,50 | 47,67 |
| Chlorobenzène | 6,97808 | 1431,053 | 217,550 | 0,08 | 131,72 |
| 1,2-Dichlorobenzène | 7,14378 | 1704,488 | 219,416 | 0,18 | 180,42 |
| 1,3-Dichlorobenzène | 7,04012 | 1607,051 | 213,378 | 0,19 | 173,00 |
| 1,4-Dichlorobenzène | 7,02075 | 1590,883 | 210,226 | 0,25 | 174,05 |
| **Composés nitrés** | | | | | |
| Nitrométhane | 7,28166 | 1446,937 | 227,600 | 0,08 | 101,19 |
| 1-Nitropropane | 7,11462 | 1467,448 | 215,232 | 0,25 | 131,37 |
| Nitrobenzène | 7,11562 | 1746,586 | 201,783 | 0,29 | 210,65 |
| 1,3-Dinitrobenzène | 4,33737 | 229,248 | −137,030 | 3,96 | 294,42 |

| Composé | $A$ | $B$ | $C$ | d.s. | $\frac{\vartheta_{vap}}{°C}$ |
|---|---|---|---|---|---|
| **Alcools** | | | | | |
| Méthanol | 8,08097 | 1582,271 | 239,726 | 0,09 | 64,55 |
| Éthanol | 8,16556 | 1624,080 | 228,993 | 0,17 | 78,32 |
| Propan-1-ol | 7,74416 | 1437,686 | 198,463 | 0,11 | 97,15 |
| Propan-2-ol | 7,74021 | 1359,517 | 197,527 | 0,07 | 82,24 |
| Butan-1-ol | 7,36366 | 1305,198 | 173,427 | 0,08 | 117,73 |
| Butan-2-ol | 7,20131 | 1157,000 | 168,279 | 0,07 | 99,51 |
| 2-Méthylpropan-1-ol | 7,29491 | 1230,810 | 170,947 | 0,06 | 107,89 |
| 2-Méthylpropan-2-ol | 7,20340 | 1092,971 | 170,503 | 0,07 | 82,35 |
| Pentan-1-ol | 7,18246 | 1287,625 | 161,330 | 0,47 | 138,00 |
| Pentan-2-ol | 7,22556 | 1254,854 | 169,609 | | |
| 2-Méthylbutan-1-ol | 7,27396 | 1317,406 | 169,138 | 0,20 | |
| 2-Méthylbutan-2-ol | 7,32218 | 1252,216 | 180,301 | 0,09 | |
| Hexan-1-ol | 8,11170 | 1872,743 | 202,666 | 0,13 | |
| Cyclohexanol | 6,25530 | 912,866 | 109,126 | 1,85 | 161,39 |
| Éthane-1,2-diol | 8,09083 | 2088,936 | 203,454 | 1,67 | 197,49 |
| **Phénols** | | | | | |
| Hydroxybenzène | 7,13301 | 1516,790 | 174,954 | 0,10 | 181,75 |
| 1,3-Dihydroxybenzène | 7,88906 | 2231,138 | 169,288 | 3,68 | 276,21 |
| 2-Méthylphénol | 6,91172 | 1435,503 | 165,158 | 0,48 | 190,97 |
| 3-Méthylphénol | 7,50798 | 1856,356 | 199,065 | 1,17 | 202,12 |
| 4-Méthylphénol | 7,03508 | 1511,080 | 161,854 | 0,18 | 201,89 |
| **Amines** | | | | | |
| Méthanamine | 7,33690 | 1011,532 | 233,286 | 0,23 | −6,28 |
| *N*-Méthylméthanamine | 7,08212 | 960,242 | 221,667 | 0,17 | 6,89 |
| *N*, *N*-Diméthylméthanamine | 6,85755 | 955,944 | 237,515 | 0,09 | 2,87 |
| *N*-Éthyléthanamine | 5,80159 | 583,297 | 144,145 | 2,06 | 55,56 |
| *N*, *N*-Diéthyléthanamine | 5,85879 | 695,666 | 144,832 | 1,77 | 88,77 |
| Propan-1-amine | 6,92651 | 1044,051 | 210,836 | 0,03 | 47,23 |
| 2-Méthylpropan-2-amine | 6,78322 | 993,328 | 210,501 | 0,17 | 44,04 |
| Aminobenzène | 7,32010 | 1731,515 | 206,049 | 0,74 | 183,99 |
| **Hétérocycles azotés** | | | | | |
| Azine | 7,04115 | 1373,799 | 214,979 | 0,05 | 115,23 |
| 2-Méthylazine | 7,03237 | 1415,725 | 211,625 | 0,10 | 129,39 |

| Composé | $A$ | $B$ | $C$ | d.s. | $\frac{\vartheta_{vap}}{°C}$ |
|---|---|---|---|---|---|
| 3-Méthylazine | 7,05021 | 1481,775 | 211,253 | 0,06 | 144,14 |
| 4-Méthylazine | 7,04177 | 1480,684 | 210,495 | 0,08 | 145,36 |
| **Acides carboxyliques** | | | | | |
| Acide méthanoïque | 4,97536 | 541,738 | 137,051 | 0,46 | |
| Acide éthanoïque | 7,38732 | 1533,313 | 222,309 | 0,29 | 117,90 |
| Acide butanoïque | 7,73990 | 1764,680 | 199,892 | 0,69 | 163,28 |
| **Dérivés d'acides** | | | | | |
| Anhydride éthanoïque | 7,14948 | 1444,718 | 199,817 | 0,33 | 138,63 |
| Chlorure d'éthanoyle | 6,94887 | 1115,954 | 223,554 | 0,64 | 50,77 |
| **Esters** | | | | | |
| Méthanoate de méthyle | 3,02742 | 3,018 | −11,880 | 18,46 | 32,47 |
| Méthanoate d'éthyle | 7,00902 | 1123,943 | 218,247 | 0,26 | 54,01 |
| Éthanoate de méthyle | 7,06524 | 1157,630 | 219,726 | 0,17 | 56,93 |
| Éthanoate d'éthyle | 7,10179 | 1244,951 | 217,881 | 0,10 | 77,06 |
| **Aldéhydes** | | | | | |
| Méthanal | 7,19578 | 970,595 | 244,124 | 1,13 | |
| Éthanal | 8,00552 | 1600,017 | 291,809 | 5,88 | 20,41 |
| Butanal | 6,38544 | 1330,948 | 210,833 | 1,37 | 123,71 |
| **Cétones, éthers** | | | | | |
| Propanone | 7,11714 | 1210,595 | 229,664 | 0,17 | 56,10 |
| Butan-2-one | 7,06356 | 1261,339 | 221,969 | 0,05 | 79,59 |
| Pentan-2-one | 7,02193 | 1313,847 | 215,009 | 0,02 | 102,26 |
| Pentan-3-one | 7,02529 | 1310,281 | 214,192 | 0,01 | 101,96 |
| Éthénone | 7,61480 | 1036,407 | 268,744 | 4,34 | −49,81 |
| Méthoxyméthane | 6,97603 | 889,264 | 241,957 | 0,14 | −24,81 |
| Méthoxyéthane | 5,51755 | 434,530 | 158,029 | 3,03 | 6,77 |
| Éthoxyéthane | 6,92032 | 1064,066 | 228,799 | 0,07 | −12,54 |
| 1-Méthoxypropane | 6,11856 | 708,691 | 179,873 | 1,77 | 39,01 |
| Phénoxybenzène | 7,01104 | 1799,712 | 177,744 | 0,02 | 257,00 |
| Oxirane | 8,69016 | 2005,779 | 334,765 | 1,85 | 10,50 |
| Oxolane | 6,99515 | 1202,290 | 226,254 | 0,05 | 65,96 |
| 1,4-Dioxane | 7,43155 | 1554,679 | 240,337 | 0,10 | 101,29 |

# 8.8 Air, eau et vapeur d'eau

## AIR

**Tableau 8.10** : COMPOSITION de l'air sec

$T$ = 288 K, $p$ = 101 325 Pa.

| | | | | | | | |
|---|---|---|---|---|---|---|---|
| $N_2$ | = | 78,084 | $10\,l\,m^{-3}$ (%) | He | = | 5,24 | $ml\,m^{-3}$ (ppm) |
| $O_2$ | = | 20,946 | $10\,l\,m^{-3}$ (%) | Kr | = | 1,14 | $ml\,m^{-3}$ (ppm) |
| $CO_2$ | = | 0,033 | $10\,l\,m^{-3}$ (%) | Xe | = | 0,087 | $ml\,m^{-3}$ (ppm) |
| Ar | = | 0,934 | $10\,l\,m^{-3}$ (%) | $H_2$ | = | 0,5 | $ml\,m^{-3}$ (ppm) |
| Ne | = | 18,18 | $ml\,m^{-3}$ (ppm) | $CH_4$ | = | 2 | $ml\,m^{-3}$ (ppm) |

**Tableau 8.11** : CARACTÉRISTIQUES PARTICULIÈRES de l'air

| | | | | |
|---|---|---|---|---|
| Vitesse du son (101 325 Pa, 290 K) | $c_s$ | = | 341,9 | $m\,s^{-1}$ |
| Masse volumique à 20 °C | $\varrho$ | = | 1,205 | $kg\,m^{-3}$ |
| Constante diélectrique (101 325 Pa, 273 K) | $\epsilon_r$ | = | 1,000534 | — |
| Indice de réfraction à 518,5 nm (vert) (101 325 Pa, 288 K) | $n$ | = | 1,0002785 | — |

**Tableau 8.12** : DONNÉES CINÉTIQUES concernant l'air en tant que gaz

| | | | | |
|---|---|---|---|---|
| Masse «moléculaire» relative | $M_r$ | = | 28,966 | |
| Vitesse moyenne des particules | $\overline{w}$ | = | 458, 942 04 | $m\,s^{-1}$ |
| Libre parcours moyen | $\lambda$ | = | $6,631\,722 \cdot 10^{-8}$ | m |
| Nombre de collisions | $Z$ | = | $6,920\,405 \cdot 10^{9}$ | $s^{-1}$ |
| Densité en particules | $N/V$ | = | $2,547\,552 \cdot 10^{24}$ | $m^{-3}$ |
| Volume molaire | $V_m$ | = | $23,645\,444 \cdot 10^{-3}$ | $m^3\,mol^{-1}$ |

Le fait d'introduire dans la formule suivante $\vartheta$ en °C et $p$ en Pa aboutit à la masse volumique de l'air :

$$\varrho(\vartheta, p) = \frac{1,2930}{1 + 0,00367 \cdot \vartheta} \cdot \frac{10^{-5} \cdot p}{1,01325} \quad , \text{kg m}^{-3}$$

**Tableau 8.13** : MASSE VOLUMIQUE DE L'AIR SEC
en fonction de la température et de la pression

Unités : kg m$^{-3}$ ; $10^5$ Pa = 1 bar.

| Température | $p/10^5$ Pa | | | | | | |
|---|---|---|---|---|---|---|---|
| $\vartheta$/°C | 0,94 | 0,96 | 0,98 | 1,00 | 1,01325 | 1,02 | 1,04 |
| 0 | 1,200 | 1,225 | 1,251 | 1,276 | 1,293 | 1,302 | 1,327 |
| 1 | 1,195 | 1,220 | 1,246 | 1,271 | 1,288 | 1,297 | 1,322 |
| 2 | 1,191 | 1,216 | 1,241 | 1,267 | 1,283 | 1,292 | 1,317 |
| 3 | 1,186 | 1,212 | 1,237 | 1,262 | 1,279 | 1,287 | 1,313 |
| 4 | 1,182 | 1,207 | 1,232 | 1,257 | 1,274 | 1,283 | 1,308 |
| 5 | 1,178 | 1,203 | 1,228 | 1,253 | 1,270 | 1,278 | 1,303 |
| 6 | 1,174 | 1,199 | 1,224 | 1,248 | 1,265 | 1,273 | 1,298 |
| 7 | 1,169 | 1,194 | 1,219 | 1,244 | 1,260 | 1,269 | 1,294 |
| 8 | 1,165 | 1,190 | 1,215 | 1,240 | 1,256 | 1,264 | 1,289 |
| 9 | 1,161 | 1,186 | 1,210 | 1,235 | 1,252 | 1,260 | 1,285 |
| 10 | 1,157 | 1,182 | 1,206 | 1,231 | 1,247 | 1,255 | 1,280 |
| 11 | 1,153 | 1,177 | 1,202 | 1,227 | 1,243 | 1,251 | 1,276 |
| 12 | 1,149 | 1,173 | 1,198 | 1,222 | 1,238 | 1,247 | 1,271 |
| 13 | 1,145 | 1,169 | 1,194 | 1,218 | 1,234 | 1,242 | 1,267 |
| 14 | 1,141 | 1,165 | 1,189 | 1,214 | 1,230 | 2,238 | 1,262 |
| 15 | 1,137 | 1,161 | 1,185 | 1,209 | 1,226 | 1,234 | 1,258 |
| 16 | 1,133 | 1,157 | 1,181 | 1,205 | 1,221 | 1,229 | 1,254 |
| 17 | 1,129 | 1,153 | 1,177 | 1,201 | 1,217 | 1,225 | 1,249 |
| 18 | 1,125 | 1,149 | 1,173 | 1,197 | 1,213 | 1,221 | 1,245 |
| 19 | 1,121 | 1,145 | 1,169 | 1,193 | 1,209 | 1,217 | 1,241 |
| 20 | 1,118 | 1,141 | 1,165 | 1,189 | 1,205 | 1,213 | 1,237 |
| 21 | 1,114 | 1,137 | 1,161 | 1,185 | 1,201 | 1,208 | 1,232 |
| 22 | 1,110 | 1,134 | 1,157 | 1,181 | 1,196 | 1,204 | 1,228 |
| 23 | 1,106 | 1,130 | 1,153 | 1,177 | 1,192 | 1,200 | 1,224 |
| 24 | 1,102 | 1,126 | 1,149 | 1,173 | 1,188 | 1,196 | 1,220 |
| 25 | 1,099 | 1,122 | 1,146 | 1,169 | 1,184 | 1,192 | 1,216 |
| 26 | 1,095 | 1,118 | 1,142 | 1,165 | 1,180 | 1,188 | 1,212 |
| 27 | 1,091 | 1,115 | 1,138 | 1,161 | 1,177 | 1,184 | 1,208 |
| 28 | 1,088 | 1,111 | 1,134 | 1,157 | 1,173 | 1,180 | 1,204 |
| 29 | 1,084 | 1,107 | 1,130 | 1,153 | 1,169 | 1,176 | 1,200 |

**Tableau 8.14** : CAPACITÉ CALORIFIQUE SPÉCIFIQUE DE L'AIR
en fonction de la température et de la pression

Unités : $C_p$ : J kg$^{-1}$ K$^{-1}$ ; $10^5$ Pa = 1 bar.

| $T$/K | $p/10^5$ Pa 20,27 | 30,40 | 40,54 |
|---|---|---|---|
| 300 | 1006 | 1006 | 1006 |
| 400 | 1015 | 1015 | 1015 |
| 500 | 1031 | 1031 | 1031 |
| 600 | 1052 | 1052 | 1052 |
| 700 | 1076 | 1076 | 1076 |
| 800 | 1100 | 1100 | 1100 |
| 900 | 1123 | 1123 | 1123 |
| 1000 | 1444 | 1444 | 1444 |
| 1100 | 1162 | 1162 | 1162 |
| 1200 | 1179 | 1179 | 1179 |
| 1300 | 1196 | 1196 | 1196 |
| 1400 | 1214 | 1214 | 1214 |
| 1500 | 1231 | 1231 | 1231 |
| 1600 | 1249 | 1249 | 1249 |
| 1700 | 1267 | 1267 | 1267 |
| 1800 | 1286 | 1290 | 1290 |
| 1900 | 1305 | 1305 | 1305 |
| 2000 | 1325 | 1324 | 1324 |
| 2100 | 1347 | 1345 | 1344 |
| 2200 | 1370 | 1367 | 1366 |
| 2300 | 1396 | 1391 | 1389 |
| 2400 | 1426 | 1419 | 1414 |
| 2500 | 1461 | 1451 | 1444 |
| 2600 | 1503 | 1487 | 1477 |
| 2700 | 1553 | 1530 | 1516 |
| 2800 | 1613 | 1581 | 1562 |

**Tableau 8.15** : EXPOSANT ADIABATIQUE DE L'AIR
en fonction de la température et de la pression

| $T$/K | $p/10^5$ Pa 1,013 | 10,133 | 40,530 | 70,928 | 101,325 |
|---|---|---|---|---|---|
| 280 | 1,4024 | 1,421 | 1,487 | 1,551 | 1,609 |
| 300 | 1,4017 | 1,418 | 1,472 | 1,524 | 1,571 |
| 350 | 1,3993 | 1,410 | 1,447 | 1,480 | 1,511 |
| 400 | 1,3961 | 1,404 | 1,430 | 1,454 | 1,475 |
| 500 | 1,3871 | 1,392 | 1,407 | 1,420 | 1,432 |
| 600 | 1,3768 | 1,379 | 1,388 | 1,397 | 1,404 |
| 800 | 1,3540 | 1,355 | 1,359 | 1,363 | 1,367 |
| 1000 | 1,3360 | 1,336 | 1,339 | 1,341 | 1,342 |

## EAU ET VAPEUR D'EAU

**Tableau 8.16** : CARACTÉRISTIQUES PARTICULIÈRES de l'eau

| | | | | |
|---|---|---|---|---|
| Masse moléculaire relative | $M_r$ | = | 18,01534 | |
| Masse volumique à 25 °C | $\varrho$ | = | 997,05 | $kg\,m^{-3}$ |
| Capacité calorifique molaire à 25 °C | $C_{p,m}$ | = | 75,15 | $J\,mol^{-1}\,K^{-1}$ |
| Entropie molaire standard à 25 °C | $S^{\circ}_{m}$ | = | 66,36 | $J\,mol^{-1}\,K^{-1}$ |
| Enthalpie de formation molaire standard à 25 °C | $H^{\circ}_{m}$ | = | −285,9 | $kJ\,mol^{-1}$ |
| Énergie libre de Gibbs de formation molaire standard à 25 °C | $G^{\circ}_{m}$ | = | −792,2 | $kJ\,mol^{-1}$ |

**Tableau 8.17** : TENSION DE VAPEUR PARTIELLE DE L'EAU DANS L'AIR en fonction de la température et de la pression

$10^5$ Pa = 1 bar.

| $\frac{\vartheta}{°C}$ | $\frac{p}{10^5\ Pa}$ | $\frac{\vartheta}{°C}$ | $\frac{p}{10^5\ Pa}$ | $\frac{\vartheta}{°C}$ | $\frac{p}{10^5\ Pa}$ |
|---|---|---|---|---|---|
| 0 | 0,00611 | 100 | 1,01325 | 200 | 15,54404 |
| 5 | 0,00872 | 105 | 1,20577 | 210 | 19,06937 |
| 10 | 0,01228 | 110 | 1,42868 | 220 | 23,19329 |
| 15 | 0,01705 | 115 | 1,69213 | 230 | 27,96570 |
| 20 | 0,02338 | 120 | 1,98597 | 240 | 33,74123 |
| 25 | 0,03168 | 125 | 2,32034 | 250 | 39,74980 |
| 30 | 0,04242 | 130 | 2,70538 | 260 | 46,91348 |
| 35 | 0,05624 | 135 | 3,13094 | 270 | 55,00934 |
| 45 | 0,09583 | 145 | 4,15433 | 280 | 64,13873 |
| 50 | 0,12334 | 150 | 4,76228 | 290 | 74,39282 |
| 55 | 0,15737 | 155 | 5,43102 | 300 | 85,90334 |
| 60 | 0,19916 | 160 | 6,18083 | 310 | 98,69055 |
| 65 | 0,25003 | 165 | 7,10169 | 320 | 112,90644 |
| 70 | 0,31157 | 170 | 7,92362 | 330 | 131,71236 |
| 75 | 0,38543 | 175 | 8,92673 | 340 | 146,11065 |
| 80 | 0,47343 | 180 | 10,03118 | 350 | 165,32187 |
| 85 | 0,57809 | 185 | 11,22681 | 360 | 186,50892 |
| 95 | 0,84513 | 190 | 12,54404 | 370 | 210,23924 |

**Tableau 8.18** : PRODUIT IONIQUE DE L'EAU en fonction de la température

| $\vartheta/^\circ C$ | $K_W/mol^2\,l^{-2}$ | $\vartheta/^\circ C$ | $K_W/mol^2\,l^{-2}$ | $\vartheta/^\circ C$ | $K_W/mol^2\,l^{-2}$ |
|---|---|---|---|---|---|
| 10 | $0,292 \cdot 10^{-14}$ | 30 | $1,469 \cdot 10^{-14}$ | 50 | $5,474 \cdot 10^{-14}$ |
| 20 | $0,681 \cdot 10^{-14}$ | 40 | $2,919 \cdot 10^{-14}$ | 60 | $9,615 \cdot 10^{-14}$ |

**Tableau 8.19** : MASSE VOLUMIQUE ET TENSION SUPERFICIELLE DE L'EAU en fonction de la température

Masse volumique à 101,325 kPa;

la tension superficielle de l'eau se réfère à de l'air à la pression de 98,0655 kPa.

| $\frac{\vartheta}{^\circ C}$ | $\frac{\varrho}{g\,cm^{-3}}$ | $\frac{10^3 \cdot \sigma}{N\,m^{-1}}$ | $\frac{\vartheta}{^\circ C}$ | $\frac{\varrho}{g\,cm^{-3}}$ | $\frac{10^3 \cdot \sigma}{N\,m^{-1}}$ | $\frac{\vartheta}{^\circ C}$ | $\frac{\varrho}{g\,cm^{-3}}$ | $\frac{10^3 \cdot \sigma}{N\,m^{-1}}$ |
|---|---|---|---|---|---|---|---|---|
| 0 | 0,999 840 | 75,6 | 20 | 0,998 206 | 72,6 | 40 | 0,992 22 | 69,4 |
| 1 | 0,999 899 | | 21 | 0,997 994 | | 41 | 0,991 83 | |
| 2 | 0,999 940 | | 22 | 0,997 772 | | 42 | 0,991 44 | |
| 3 | 0,999 964 | | 23 | 0,997 540 | | 43 | 0,991 04 | |
| 4 | 0,999 972 | | 24 | 0,997 299 | | 44 | 0,990 63 | |
| 5 | 0,999 964 | 74,8 | 25 | 0,997 047 | 71,8 | 45 | 0,990 22 | 68,6 |
| 6 | 0,999 940 | | 26 | 0,996 786 | | 46 | 0,989 80 | |
| 7 | 0,999 902 | | 27 | 0,996 516 | | 47 | 0,989 37 | |
| 8 | 0,999 849 | | 28 | 0,996 236 | | 48 | 0,988 93 | |
| 9 | 0,999 781 | | 29 | 0,995 948 | | 49 | 0,988 49 | |
| 10 | 0,999 700 | 74,1 | 30 | 0,995 650 | 71,0 | 50 | 0,988 04 | 67,8 |
| 11 | 0,999 605 | | 31 | 0,995 344 | | 55 | 0,985 65 | 66,9 |
| 12 | 0,999 498 | | 32 | 0,995 344 | | 60 | 0,983 20 | 66,0 |
| 13 | 0,999 378 | | 33 | 0,994 705 | | 65 | 0,980 55 | 65,1 |
| 14 | 0,999 245 | | 34 | 0,994 373 | | 70 | 0,977 76 | 64,3 |
| 15 | 0,999 101 | 73,3 | 35 | 0,994 036 | 70,2 | 75 | 0,974 84 | 63,4 |
| 16 | 0,998 944 | | 36 | 0,993 686 | | 80 | 0,971 79 | 62,5 |
| 17 | 0,998 776 | | 37 | 0,993 331 | | 85 | 0,968 61 | 61,6 |
| 18 | 0,998 597 | | 38 | 0,992 968 | | 90 | 0,965 30 | 60,7 |
| 19 | 0,998 407 | | 39 | 0,992 598 | | 100 | 0,958 35 | 58,8 |

**Tableau 8.20** : CAPACITÉ CALORIFIQUE SPÉCIFIQUE DE L'EAU jusqu'à 100 °C

Unité : $C_p$ : J kg$^{-1}$ K$^{-1}$.

| $\vartheta/°C$ | 0 | 2 | 4 | 6 | 8 |
|---|---|---|---|---|---|
| 0 | 4217,4 | 4210,4 | 4204,5 | 4199,6 | 4195,4 |
| 10 | 4191,9 | 4189,0 | 4186,6 | 4185,6 | 4182,9 |
| 20 | 4181,6 | 4180,5 | 4179,7 | 4179,0 | 4178,5 |
| 30 | 4178,2 | 4178,0 | 4177,9 | 4178,0 | 4178,1 |
| 40 | 4178,3 | 4178,6 | 4178,9 | 4179,4 | 4179,9 |
| 50 | 4180,4 | 4181,1 | 4181,7 | 4182,5 | 4183,3 |
| 60 | 4184,1 | 4185,0 | 4186,0 | 4187,1 | 4188,2 |
| 70 | 4189,3 | 4190,5 | 4191,8 | 4193,2 | 4194,6 |
| 80 | 4196,1 | 4197,7 | 4199,4 | 4201,1 | 4202,9 |
| 90 | 4204,8 | 4206,8 | 4208,9 | 4211,1 | 4213,3 |
| 100 | 4215,6 | | | | |

**Tableau 8.21** : CAPACITÉ CALORIFIQUE SPÉCIFIQUE DE L'EAU en fonction de la température et de la pression

Unités : $C_p$ : J kg$^{-1}$ K$^{-1}$ ; $10^5$ Pa = 1 bar.

| $\vartheta/°C$ | $p/10^5$ Pa | | | | | | |
|---|---|---|---|---|---|---|---|
| | 1 | 5 | 10 | 50 | 100 | 150 | 200 |
| 0 | 4218 | 4215 | 4213 | 4192 | 4167 | 4143 | 4120 |
| 50 | 4178 | 4177 | 4176 | 4167 | 4156 | 4145 | 4135 |
| 100 | | 4215 | 4214 | 4205 | 4195 | 4184 | 4174 |
| 150 | | 4307 | 4305 | 4293 | 4278 | 4264 | 4250 |
| 200 | | | | 4473 | 4447 | 4422 | 4399 |
| 250 | | | | 4860 | 4798 | 4743 | 4693 |
| 300 | | | | | 5698 | 5489 | 5327 |
| 350 | | | | | | | 8147 |

**Tableau 8.22 :** Capacité calorifique spécifique de la vapeur d'eau surchauffée en fonction de la température et de la pression

Unités : $C_p$ : J kg$^{-1}$ K$^{-1}$ ; $10^5$ Pa = 1 bar.

| $\vartheta/^\circ$C | $p/10^5$ Pa | | | | | | |
|---|---|---|---|---|---|---|---|
| | 1,013 | 2,026 | 4,052 | 6,078 | 8,104 | 10,132 | 12,158 |
| 110 | 2015 | | | | | | |
| 120 | 1998 | 2086 | | | | | |
| 130 | 1990 | 2070 | | | | | |
| 140 | 1982 | 2050 | | | | | |
| 150 | 1978 | 2036 | 2175 | | | | |
| 160 | 1973 | 2024 | 2145 | 2300 | | | |
| 170 | 1969 | 2015 | 2124 | 2254 | | | |
| 180 | 1965 | 2007 | 2103 | 2212 | 2351 | 2522 | |
| 190 | 1965 | 2002 | 2086 | 2187 | 2300 | 2443 | 2619 |
| 200 | 1965 | 2003 | 2074 | 2158 | 2258 | 2376 | 2519 |
| 210 | 1969 | 1999 | 2066 | 2137 | 2225 | 2325 | 2447 |
| 220 | 1969 | 1999 | 2057 | 2120 | 2196 | 2283 | 2384 |
| 230 | 1973 | 1999 | 2049 | 2112 | 2175 | 2250 | 2334 |
| 240 | 1978 | 1999 | 2044 | 2099 | 2158 | 2220 | 2296 |
| 250 | 1982 | 1999 | 2044 | 2091 | 2145 | 2200 | 2263 |
| 260 | 1986 | 2003 | 2460 | 2087 | 2133 | 2183 | 2237 |
| 270 | 1986 | 2003 | 2041 | 2082 | 2124 | 2170 | 2216 |
| 280 | 1990 | 2007 | 2041 | 2078 | 2116 | 2158 | 2200 |
| 290 | 1994 | 2011 | 2041 | 2074 | 2112 | 2150 | 2191 |
| 300 | 1999 | 2015 | 2045 | 2074 | 2108 | 2141 | 2175 |
| 310 | 2003 | 2020 | 2044 | 2074 | 2103 | 2137 | 2170 |
| 320 | 2011 | 2024 | 2049 | 2078 | 2103 | 2133 | 2162 |
| 330 | 2020 | 2028 | 2053 | 2078 | 2103 | 2128 | 2158 |
| 340 | 2024 | 2032 | 2057 | 2078 | 2103 | 2124 | 2149 |
| 350 | 2028 | 2036 | 2061 | 2082 | 2103 | 2124 | 2145 |
| 360 | 2032 | 2040 | 2061 | 2082 | 2103 | 2124 | 2140 |
| 370 | 2036 | 2045 | 2066 | 2087 | 2108 | 2124 | 2140 |
| 380 | 2044 | 2053 | 2070 | 2087 | 2108 | 2124 | 2140 |
| 390 | 2049 | 2057 | 2074 | 2091 | 2108 | | |
| 400 | 2053 | 2061 | 2078 | 2095 | 2112 | | |

# 8.9 Gaz et matériaux industriels

**Équation de Van der Waals :** $$\left(p + \frac{a\,n^2}{V^2}\right)(V - n\,b) = n\,R\,T$$

**Tableau 8.23** : CONSTANTES de VAN DER WAALS et VALEURS CRITIQUES des gaz

| Composé | $\dfrac{a}{10^{-1}\,\frac{\mathrm{Pa\,m^6}}{\mathrm{mol^2}}}$ | $\dfrac{b}{10^{-5}\,\frac{\mathrm{m^3}}{\mathrm{mol}}}$ | $\dfrac{T_c}{\mathrm{K}}$ | $\dfrac{p_c}{10^5\,\mathrm{Pa}}$ | $\dfrac{v_c}{10^{-6}\,\frac{\mathrm{m^3}}{\mathrm{mol}}}$ |
|---|---|---|---|---|---|
| Acide éthanoïque | 17,59 | 10,68 | 594,4 | 57,9 | 171,0 |
| Ammoniac | 4,46 | 5,15 | 405,6 | 112,8 | 72,5 |
| Argon | 1,37 | 3,23 | 150,8 | 48,7 | 74,9 |
| Azote | 1,41 | 3,92 | 126,2 | 33,9 | 89,5 |
| Benzène | 18,24 | 11,50 | 562,1 | 48,9 | 259,0 |
| Butane | 14,69 | 12,30 | 425,2 | 38,0 | 255,0 |
| Chlore | 6,59 | 5,64 | 417,0 | 77,0 | 124,0 |
| Chlorométhane | 7,57 | 6,51 | 416,3 | 66,8 | 139,0 |
| Chlorure d'hydrog. | 3,73 | 4,09 | 324,6 | 83,0 | 81,0 |
| Cyanure d'hydrog. | 10,90 | 8,25 | 456,8 | 53,9 | 139,0 |
| Dioxyde de carb. | 3,65 | 4,28 | 304,2 | 73,8 | 94,0 |
| Dioxyde de soufre | 6,81 | 5,65 | 430,8 | 78,8 | 122,0 |
| Eau | 5,53 | 3,60 | 647,3 | 220,5 | 56,0 |
| Éthane | 5,53 | 6,47 | 305,4 | 48,8 | 148,0 |
| Éthène | 4,53 | 5,73 | 282,4 | 50,4 | 129,0 |
| Éthoxyéthane | 17,63 | 13,50 | 466,7 | 36,4 | 280,0 |
| Éthyne | 4,46 | 5,15 | 308,3 | 61,4 | 113,0 |
| Hélium | 0,03 | 2,38 | 5,2 | 2,27 | 57,3 |
| Hydrogène | 0,25 | 2,67 | 33,2 | 13,0 | 65,0 |
| Méthane | 2,29 | 4,30 | 190,9 | 46,0 | 99,0 |
| Méthanol | 9,67 | 6,71 | 512,6 | 81,0 | 118,0 |
| Monoxyde de carb. | 1,51 | 4,00 | 132,9 | 35,0 | 93,1 |
| Oxyde d'azote (I) | 3,84 | 4,43 | 309,6 | 72,4 | 97,4 |
| Oxyde d'azote (II) | 1,36 | 2,80 | 180,0 | 65,0 | 58,0 |
| Oxygène | 1,38 | 3,19 | 154,6 | 50,5 | 73,4 |
| Propane | 8,77 | 8,47 | 369,8 | 42,5 | 203,0 |
| Propène | 8,49 | 3,30 | 365,0 | 46,2 | 181,0 |
| Sulfure d'hydrog. | 4,49 | 4,30 | 373,2 | 89,4 | 139,0 |

**Tableau 8.24** : MASSES VOLUMIQUES CRITIQUES DES GAZ
à la température critique $T_c$ (cf. tableau 8.23)

| Composé | $\frac{\varrho_c}{\text{kg m}^{-3}}$ | Composé | $\frac{\varrho_c}{\text{kg m}^{-3}}$ |
|---|---|---|---|
| Air | 310 | Méthoxyméthane | 271 |
| Ammoniac | 235 | 2-Méthylbutane | 234 |
| Azote | 311 | 2-Méthylpropane | 221 |
| Buta-1,3-diène | 245 | Monochlorodifluorométhane | 552 |
| Butane | 225 | Monochloroéthane | 330 |
| Chlore | 573 | Monochlorométhane | 370 |
| Chlorure d'hydrogène | 610 | Monochlorotrifluorométhane | 581 |
| Dioxyde de carbone | 467 | Monofluorodichlorométhane | 522 |
| Dioxyde de soufre | 524 | Monofluorotrichlorométhane | 554 |
| Éthane | 203 | Monoxyde de carbone | 301 |
| Éthène | 227 | Oxygène | 430 |
| Éthyne | 232 | Pentane | 232 |
| Hexane | 234 | Propane | 220 |
| Hydrogène | 329 | Propène | 233 |
| Méthane | 162 | Sulfure d'hydrogène | 860 |

**Tableau 8.25** : MASSES VOLUMIQUES des gaz

$T$ = 273 K; $p$ = 101.325 kPa.

| Composé | $\frac{\varrho_c}{\text{kg m}^{-3}}$ | Composé | $\frac{\varrho_c}{\text{kg m}^{-3}}$ |
|---|---|---|---|
| Air | 1,2928 | Hélium | 0,17847 |
| Ammoniac | 0,7714 | Hydrogène | 0,08989 |
| Azote | 1,2505 | Méthane | 0,7168 |
| Chlore | 3,214 | Oxyde d'azote (II) | 1,340 |
| Chlorure d'hydrogène | 1,6392 | Oxygène | 1,42895 |
| Dioxyde de carbone | 1,2500 | Ozone | 2,22 |
| Dioxyde de soufre | 2,9263 | Propane | 2,0037 |
| Éthyne | 1,1709 | Propène | 1,914 |
| Fluor | 1,696 | Vapeur d'eau | 0,768 |

## MATÉRIAUX INDUSTRIELS

**Tableau 8.26** : MASSES VOLUMIQUES et CAPACITÉS CALORIFIQUES de quelques matériaux industriels importants

| Matériau | $\frac{\varrho}{\text{g cm}^{-3}}$ | | | $\frac{C_p}{\text{kJ kg}^{-1}\text{K}^{-1}}$ |
|---|---|---|---|---|
| Acier | 7,8 | | | 0,42 |
| Anthracite | 1,3 | à | 1,5 | 0,98 |
| Ardoise | 2,7 | à | 2,8 | 0,75 |
| Argile | 1,8 | à | 2,2 | 0,88 |
| Asbeste (en fibres) | 0,5 | à | 0,7 | 0,80 |
| Asbeste (en plaques) | 1,5 | à | 2,0 | 0,84 |
| Asphalte | 2,0 | | | 0,92 |
| Béton | 1,5 | à | 2,4 | 0,84 |
| Bois | 0,4 | à | 0,8 | 1,5 |
| Brique | 1,4 | à | 1,8 | 0,84 |
| Bronze | 8,7 | à | 8,8 | 0,38 |
| Caoutchouc | 0,92 | à | 0,96 | 2,0 |
| Caoutchouc durci | 1,1 | à | 1,2 | 1,5 |
| Chamotte | 1,7 | à | 2,2 | 0,84 |
| Chaux | 0,9 | à | 1,3 | 0,75 |
| Cire | 0,95 | à | 0,98 | 2,5 |
| Clinker | 3,7 | à | 4,0 | 0,75 |
| Coke | 0,9 | | | 0,79 |
| Coton | 0,1 | | | 1,3 |
| Cuir | 0,9 | à | 1,0 | 1,5 |
| Duralumin | 2,8 | | | 0,92 |
| Fonte grise | 7,2 | | | 0,54 |
| Glace | 0,917 | | | 2,1 |
| Graisse | 0,9 | à | 0,95 | 2,0 |
| Granit | 2,6 | à | 3,0 | 0,75 |

| Matériau | $\frac{\varrho}{\mathrm{g\,cm^{-3}}}$ | | | $\frac{C_p}{\mathrm{kJ\,kg^{-1}\,K^{-1}}}$ |
|---|---|---|---|---|
| Grès | 1.9 | à | 2.3 | 0.71 |
| Huile | 0.75 | à | 0.95 | 1.9 |
| Invar | 8.1 | | | 0.46 |
| Kaolin | 2.2 | à | 2.5 | 0.90 |
| Laine | 0.1 | à | 0.3 | 1.5 |
| Laine de verre | 0.1 | à | 0.3 | 0.80 |
| Liège | 0.2 | à | 0.35 | 1.9 |
| Lignite | 0.9 | à | 1.0 | 2.5 |
| Marbre | 2.5 | à | 2.8 | 0.8 |
| Mica | 2.6 | à | 3.2 | 0.88 |
| Mousses plastiques | 0.02 | à | 0.05 | 1.5 |
| Papier | 0.7 | à | 1.2 | 1.5 |
| Paraffine | 0.8 | à | 0.9 | 2.5 |
| Plâtre | 0.8 | à | 1.6 | 0.8 |
| Polyéthylène | 0.9 | à | 1.0 | 2.5 |
| Porcelaine | 2.3 | à | 2.5 | 0.84 |
| PTFE | 2.1 | à | 2.3 | 1.0 |
| PVC | 1.2 | à | 1.5 | 1.7 |
| Résines époxy | 1.1 | à | 1.3 | 1.25 |
| Résines phénoliques | 1.2 | à | 1.7 | 1.5 |
| Sable | 1.5 | à | 1.6 | 0.84 |

# 9 Coefficients de transport et activités

**Vous trouverez dans ce chapitre :**

- les coefficients de diffusion :
  - — approximations et calculs (paragraphes 9.1 et 9.2);
  - — valeurs numériques (tableaux 9.5 à 9.8);
- les coefficients de viscosité dynamique et cinématique :
  - — approximations et calculs (paragraphes 9.1 et 9.3);
  - — valeurs numériques (tableaux 9.10 à 9.14);
- les coefficients de conduction calorifique :
  - — approximations et calculs (paragraphes 9.1 et 9.4);
  - — valeurs numériques (tableaux 9.15 à 9.20);
- le calcul des coefficients d'activité des non-électrolytes selon la méthode UNIFAC (paragraphe 9.5).

**Vous trouverez aux chapitres 8 et 12 :**

- les données et les constantes thermodynamiques (chapitre 8);
- les coefficients d'atténuation des corps gris (paragraphe 12.5).

# 9.1 Approximations

$$D^{\text{gaz}} \approx \tfrac{2}{3}\,\overline{w}\,\Lambda \approx 3 \times 10^{-5} \quad , \text{m}^2\,\text{s}^{-1}$$
$$\eta^{\text{gaz}} \approx \tfrac{1}{2}\,\overline{w}\,\Lambda\,\varrho \approx 3 \times 10^{-5} \quad , \text{Pa s}$$
$$\lambda^{\text{gaz}} \approx \overline{w}\,\Lambda\,\varrho\,c_V \approx 10^{-2} \quad , \text{W m}^{-1}\,\text{K}^{-1} \quad \text{(gaz diatomiques)}$$

**Tableau 9.1 :** VITESSES MOYENNES, LIBRES PARCOURS MOYENS et NOMBRE DE COLLISIONS pour quelques gaz

$T$ = 273 K; $p$ = 101,325 kPa.

| Gaz | $\frac{\overline{w}}{\text{m s}^{-1}}$ | $\frac{\lambda}{\text{nm}}$ | $\frac{10^{-9} Z}{\text{s}^{-1}}$ |
|---|---|---|---|
| Ammoniac | 582 | 41,5 | 14,02 |
| Azote | 455 | 58,5 | 7,78 |
| Chlore | 286 | 26,8 | 10,69 |
| $CO_2$ | 362 | 38,6 | 9,37 |
| Hélium | 1201 | 173,9 | 6,91 |
| Hydrogène | 1694 | 110,6 | 15,32 |
| Méthane | 601 | 47,4 | 12,67 |
| Oxygène | 425 | 63,3 | 6,71 |

# 9.2 Coefficients de diffusion

## COEFFICIENTS DE DIFFUSION DANS LES GAZ

**Équation de Hirschfelder :** le coefficient de diffusion binaire $D_{\text{AB}}^{\text{gaz}}$ d'un mélange de deux gaz A et B se calcule selon l'équation de HIRSCHFELDER, CURTISS, et BIRD pour des pressions s'étalant jusque $2,5 \times 10^6$ Pa :

$$D_{\text{AB}}^{\text{gaz}} = 0,001834 \, \frac{\sqrt{T^3 \dfrac{M_{\text{r,A}} + M_{\text{r,B}}}{2\,M_{\text{r,A}} \cdot M_{\text{r,B}}}}}{p\,\sigma_{\text{AB}}^2\,\Omega_{\text{D}}} \quad , \text{m}^2\,\text{s}^{-1} \tag{9.1}$$

| | | | |
|---|---|---|---|
| $T$ | K | : | température |
| $p$ | bar | : | pression |
| $\sigma_{\text{AB}} = \frac{1}{2}(\sigma_{\text{A}} + \sigma_{\text{B}})$ | pm | : | valeur moyenne du diamètre des collisions |
| $\Omega_{\text{D}}(T^\star)$ | – | : | intégrale des collisions, calculée selon $\epsilon_{\text{AB}} = \sqrt{\epsilon_{\text{A}} \cdot \epsilon_{\text{B}}}$ |
| $T^\star = \epsilon_{\text{AB}}/(k_{\text{B}}\,T)$ | – | : | valeur moyenne de la constante des forces |
| $M_{\text{r,A}}$, $M_{\text{r,B}}$ | – | : | masses moléculaires relatives des molécules A et B |

**Coefficients de diffusion d'un gaz dans un mélange complexe :** Le coefficient de diffusion du gaz A dans un mélange de gaz A,B,C,... se calcule selon l'équation de FAIRBANKS–WILKE par :

$$D^{\text{gaz}}_{\text{A/B,C,...}} = \frac{1 - x_{\text{A}}}{\dfrac{x_{\text{B}}}{D^{\text{gaz}}_{\text{AB}}} + \dfrac{x_{\text{C}}}{D^{\text{gaz}}_{\text{AC}}} + \cdots} \tag{9.2}$$

**Évolution de la valeur du coefficient de diffusion en fonction de la pression :** Jusqu'à $2,5 \times 10^6$ Pa le produit de la pression totale $P$ et du coefficient de diffusion $D^{\text{gaz}}_{\text{AB}}$ est quasi constant : $P\,D^{\text{gaz}}_{\text{AB}} \approx$ const. La valeur de ce produit diminue aux pressions plus élevées d'un facteur que l'on peut estimer comme suit :

$$\frac{P\,D^{\text{gaz}}_{\text{AB}}[\text{à haute pression}]}{P\,D^{\text{gaz}}_{\text{AB}}[\text{à } 10^5 \text{ Pa}]} = \frac{Z}{F} \tag{9.3}$$

avec $$F = 1 + 1,31\,(N\sigma^3/V) + 1,26\,(N\sigma^3/V)^2 + 1,06\,(N\sigma^3/V)^3 + \cdots \tag{9.4}$$

et

| | | | |
|---|---|---|---|
| $N/V = p/(k_{\text{B}}\,T)$ | $\text{m}^{-3}$ | : | densité en particules à la pression considérée |
| $Z$ | – | : | facteur de compressibilité, $Z = pV_{\text{réel,m}}/(RT)$ |
| $\sigma$ | m | : | diamètre des collisions |

**Calcul des $D^{\text{gaz}}$ :** les valeurs numériques relatives à $\epsilon_{\text{A}}/k_{\text{B}}$ et $\sigma_{\text{A}}$ , de même qu'à $\epsilon_{\text{B}}/k_{\text{B}}$ et $\sigma_{\text{B}}$, pour les composés gazeux A et B, se retrouvent dans le tableau 9.2 (constante de Boltzmann : $k_{\text{B}}$). Les valeurs appariées correspondantes (AB) se calculent ensuite de la manière suivante :

$$\sigma_{\text{AB}} = \frac{1}{2}\,(\sigma_{\text{A}} + \sigma_{\text{B}}) \tag{9.5}$$

$$\frac{\epsilon_{\text{AB}}}{k_{\text{B}}} = \sqrt{\frac{\epsilon_{\text{A}} \cdot \epsilon_{\text{B}}}{k_{\text{B}}^2}} \tag{9.6}$$

L'étape suivante consiste à calculer le quotient $k_{\text{B}}T/\epsilon_{\text{AB}}$ à la température considérée et de déterminer l'intégrale des collision $\Omega_{\text{D}}$ l'aide du tableau 9.4. Le coefficient de diffusion $D^{\text{gaz}}_{\text{AB}}$ peut alors être obtenu à partir de l'équation 9.1. Si les valeurs voulues de $\epsilon/k_{\text{B}}$ et $\sigma$ ne sont pas répertoriées, on peut valablement faire appel aux approximations suivantes :

$$\begin{aligned} \frac{\epsilon}{k_{\text{B}}} &= 0,77\,T_{\text{c}} \quad \text{ou} \quad \frac{\epsilon}{k_{\text{B}}} = 1,21\,T_{\text{vap}} \quad ,\text{K} \\ \sigma &= 8330\,V_{\text{c,m}}^{1/3} \quad \text{ou} \quad \sigma = 1180\,V_{\text{vap,m}}^{1/3} \quad ,\text{pm} \end{aligned} \tag{9.7}$$

*Symboles :* $T_{\text{c}}, T_{\text{vap}}$, (exprimés en K) représentent respectivement la température critique ainsi que le point d'ébullition du composé considéré;

$V_{\text{c,m}}, V_{\text{vap,m}}$ (exprimés en $\text{m}^3\ \text{mol}^{-1}$) représentent le volume molaire du composé considéré, respectivement, à la température critique et au point d'ébullition. Le calcul de $V_{\text{c,m}}$ peut se faire grâce à la constante de Van der Waals $b : V_{\text{c,m}} = 3\,b$ (tableau 8.23).

**Tableau 9.2** : CONSTANTES DES FORCES et DIAMÈTRES DES COLLISIONS pour les composés inorganiques

| Composé | $\frac{\epsilon}{k_B}$/K | $\sigma$/pm | Composé | $\frac{\epsilon}{k_B}$/K | $\sigma$/pm |
|---|---|---|---|---|---|
| «Air» | 78.6 | 371.1 | Hélium | 10.2 | 255.1 |
| Ammoniac | 558.3 | 290.0 | Hydrogène | 59.7 | 282.7 |
| Argon | 93.3 | 354.2 | Iode | 474.2 | 516.0 |
| Azote | 71.4 | 379.8 | Iodure d'hydrogène | 288.7 | 421.1 |
| Brome | 507.9 | 429.6 | Iodure de mercure | 691.0 | 562.5 |
| Chlore | 315.9 | 421.7 | Krypton | 178.9 | 365.5 |
| Chlorure d'hydrogène | 344.7 | 333.9 | Mercure | 750.0 | 296.9 |
| Cyanogène | 348.6 | 436.1 | Monoxyde d'azote | 232.4 | 382.8 |
| Cyanure d'hydrogène | 569.1 | 363.0 | Monoxyde de carbone | 91.7 | 369.0 |
| Dioxyde de carbone | 195.3 | 394.1 | Monoxyde de soufre | 232.4 | 382.8 |
| Dioxyde de soufre | 116.7 | 349.2 | Néon | 32.8 | 282.0 |
| Disulfure de carbone | 467.0 | 448.3 | Oxygène | 106.7 | 346.7 |
| Eau | 59.7 | 282.7 | Oxysulfure de carbone | 336.0 | 413.0 |
| Fluor | 112.6 | 335.7 | Xénon | 229.0 | 405.5 |

**Tableau 9.3** : CONSTANTES DES FORCES et DIAMÈTRES DES COLLISIONS pour les composés organiques

| Composé | $\frac{\epsilon}{k_B}$/K | $\sigma$/pm | Composé | $\frac{\epsilon}{k_B}$/K | $\sigma$/pm |
|---|---|---|---|---|---|
| Benzène | 412.3 | 534.9 | Méthanol | 481.8 | 362.6 |
| Butane | 410 | 499.7 | 2-Méthylpropane | 330.1 | 527.8 |
| Cyclohexane | 297.1 | 618.2 | Monochlorométhane | 350 | 418.2 |
| Cyclopropane | 248.9 | 480.7 | Nonane | 240 | 844.8 |
| Dichlorométhane | 356.3 | 489.8 | Octane | 320 | 745.1 |
| Éthane | 215.7 | 444.3 | Pentane | 341.1 | 578.4 |
| Éthanol | 362.6 | 453.0 | Propane | 237.1 | 511.8 |
| Éthène | 224.7 | 416.3 | Propanol | 576.7 | 454.9 |
| Éthyne | 231.8 | 403.3 | Propanone | 560.2 | 460.0 |
| Heptane | 282 | 888 | Propène | 298.9 | 467.8 |
| Hexane | 339.3 | 594.9 | Tétrachlorométhane | 322.7 | 594.7 |
| Méthane | 148.6 | 375.8 | Trichlorométhane | 340.2 | 538.9 |

**Tableau 9.4** : INTÉGRALE DES COLLISIONS
en vue de calculer les coefficients de transport des gaz

| $\frac{k_B T}{\epsilon}$ | $\Omega_V$ | $\Omega_D$ | $\frac{k_B T}{\epsilon}$ | $\Omega_V$ | $\Omega_D$ | $\frac{k_B T}{\epsilon}$ | $\Omega_V$ | $\Omega_D$ |
|---|---|---|---|---|---|---|---|---|
| 0,30 | 2,785 | 2,662 | 1,65 | 1,264 | 1,153 | 4,0 | 0,9700 | 0,8836 |
| 0,35 | 2,628 | 2,476 | 1,70 | 1,248 | 1,140 | 4,1 | 0,9649 | 0,8788 |
| 0,40 | 2,492 | 2,318 | 1,75 | 1,234 | 1,128 | 4,2 | 0,9600 | 0,8740 |
| 0,45 | 2,368 | 2,184 | 1,80 | 1,221 | 1,116 | 4,3 | 0,9553 | 0,8694 |
| 0,50 | 2,257 | 2,066 | 1,85 | 1,209 | 1,105 | 4,4 | 0,9507 | 0,8652 |
| 0,55 | 2,156 | 1,966 | 1,90 | 1,197 | 1,094 | 4,5 | 0,9464 | 0,8610 |
| 0,60 | 2,065 | 1,877 | 1,95 | 1,186 | 1,084 | 4,6 | 0,9422 | 0,8568 |
| 0,65 | 1,982 | 1,798 | 2,00 | 1,175 | 1,075 | 4,7 | 0,9382 | 0,8530 |
| 0,70 | 1,908 | 1,729 | 2,10 | 1,156 | 1,057 | 4,8 | 0,9343 | 0,8492 |
| 0,75 | 1,841 | 1,667 | 2,20 | 1,138 | 1,041 | 4,9 | 0,9305 | 0,8456 |
| 0,80 | 1,780 | 1,612 | 2,30 | 1,122 | 1,026 | 5,0 | 0,9269 | 0,8422 |
| 0,85 | 1,725 | 1,562 | 2,40 | 1,107 | 1,012 | 6,0 | 0,8963 | 0,8124 |
| 0,90 | 1,675 | 1,517 | 2,50 | 1,093 | 0,9996 | 7,0 | 0,8727 | 0,7896 |
| 0,95 | 1,629 | 1,476 | 2,60 | 1,081 | 0,9878 | 8,0 | 0,8538 | 0,7712 |
| 1,00 | 1,587 | 1,439 | 2,70 | 1,069 | 0,9770 | 9,0 | 0,8379 | 0,7556 |
| 1,05 | 1,549 | 1,406 | 2,80 | 1,058 | 0,9972 | 10,0 | 0,8242 | 0,7424 |
| 1,10 | 1,514 | 1,375 | 2,90 | 1,048 | 0,9576 | 20,0 | 0,7432 | 0,6640 |
| 1,15 | 1,482 | 1,346 | 3,00 | 1,039 | 0,9490 | 30,0 | 0,7005 | 0,6232 |
| 1,20 | 1,452 | 1,320 | 3,10 | 1,030 | 0,9406 | 40,0 | 0,6718 | 0,5960 |
| 1,25 | 1,424 | 1,296 | 3,20 | 1,022 | 0,9328 | 50,0 | 0,6504 | 0,5756 |
| 1,30 | 1,399 | 1,273 | 3,30 | 1,014 | 0,9256 | 60,0 | 0,6335 | 0,5596 |
| 1,35 | 1,375 | 1,253 | 3,40 | 1,007 | 0,9186 | 70,0 | 0,6194 | 0,5464 |
| 1,40 | 1,353 | 1,233 | 3,50 | 0,9999 | 0,9120 | 80,0 | 0,6076 | 0,5352 |
| 1,45 | 1,333 | 1,215 | 3,60 | 0,9932 | 0,9058 | 90,0 | 0,5973 | 0,5256 |
| 1,50 | 1,314 | 1,198 | 3,70 | 0,9870 | 0,8998 | 100,0 | 0,5882 | 0,5130 |
| 1,55 | 1,296 | 1,182 | 3,80 | 0,9811 | 0,8942 | 200,0 | 0,5320 | 0,4644 |
| 1,60 | 1,279 | 1,167 | 3,90 | 0,9755 | 0,8888 | 400,0 | 0,4811 | 0,4170 |

**Tableau 9.5** : COEFFICIENTS DE DIFFUSION dans les mélanges gazeux

$T$ = 273 K, $p = 10^5$ Pa, unité : $10^{-4}$ m$^2$ s$^{-1}$.

| Gaz | dans l'air | dans $H_2$ | dans $CO_2$ |
|---|---|---|---|
| Acide éthanoïque | 0,1064 | 0,416 | 0,0716 |
| Acide méthanoïque | 0,131 | 0,510 | 0,0874 |
| Acide propanoïque | 0,0829 | 0,330 | 0,0588 |
| Aminobenzène | 0,061 | | |
| Benzène | 0,077 | 0,306 | 0,0528 |
| Butanoate de méthyle | 0,0633 | 0,242 | 0,0446 |
| Butanol | 0,0703 | 0,2716 | 0,0476 |
| Cyanure d'hydrogène | 0,173 | | |
| Cyclohexane | | 0,319 | 0,076 |
| Dioxyde d'azote | | 0,535 | 0,096 |
| Dioxyde de carbone | 0,138 | 0,550 | |
| Disulfure de carbone | 0,0892 | 0,369 | 0,063 |
| Éthane | | 0,459 | |
| Éthanoate d'éthyle | 0,0715 | 0,273 | 0,0487 |
| Éthanoate de méthyle | 0,084 | 0,333 | 0,0567 |
| Éthanoate de propyle | 0,067 | | |
| Éthanol | 0,102 | 0,375 | 0,0685 |
| Éthène | | 0,486 | |
| Éthoxyéthane | 0,0778 | 0,298 | 0,0487 |
| Éthylbenzène | 0,0658 | | |
| Éthyne | | 0,486 | |
| Hydrogène | 0,611 | 0,697 | 0,550 |
| Mercure | 0,112 | 0,53 | 0,13 |
| Méthanoate d'éthyle | 0,0840 | 0,337 | 0,0573 |
| Méthanoate de méthyle | 0,0872 | | |
| Méthanol | 0,132 | 0,506 | 0,0879 |
| Monoxyde de carbone | | 0,651 | 0,137 |
| Octane | 0,0505 | | |
| Oxygène | 0,178 | 0,697 | 0,139 |
| Pentan-1-ol | 0,0589 | 0,235 | 0,0422 |
| Propanoate d'éthyle | 0,068 | 0,236 | 0,0450 |
| Propanol | 0,085 | 0,315 | 0,0577 |
| Propanone | 0,109 | 0,361 | |
| Toluène | 0,076 | | |
| Vapeur d'eau | 0,220 | 0,75 | 0,138 |

## COEFFICIENTS DE DIFFUSION DANS LES LIQUIDES

### Symboles :

| | | |
|---|---|---|
| $D_{AB}^{fl}$ | $m^2\,s^{-1}$ | : coefficient de diffusion du composé A dissous dans B |
| $M_{r,A}$ | | : masse moléculaire relative du soluté A |
| $M_{r,B}$ | | : masse moléculaire relative du solvant B |
| $T$ | K | : température |
| $\eta_A^{fl}$ | $cP(=10^{-3}\,Pa\,s)$ | : coefficient de viscosité du soluté A |
| $\eta_B^{fl}$ | $cP(=10^{-3}\,Pa\,s)$ | : coefficient de viscosité du solvant B |
| $\eta_{AB}^{fl}$ | $cP(=10^{-3}\,Pa\,s)$ | : coefficient de viscosité de la solution AB |
| $V_{A,m}$ | $cm^3\,mol^{-1}$ | : volume molaire du soluté A |
| $V_{B,m}$ | $cm^3\,mol^{-1}$ | : volume molaire du solvant B |

**Équation de Wilke-Chang :** L'équation de WILKE–CHANG permettant de calculer le coefficient de diffusion d'un soluté A dans un solvant B s'exprime comme suit :

$$D_{AB}^{fl} = 7,4 \times 10^{-12} \frac{\sqrt{\chi\, M_{r,B}}}{\eta_{AB}^{fl}\,(V_{A,m})^{0,6}}\, T \quad , m^2\,s^{-1} \tag{9.1}$$

Constantes d'association : $\chi$ (eau) $= 2,6$ ; $\chi$ (méthanol) $= 1,9$ ; $\chi$ (éthanol) $= 1,5$ ; $\chi$ (benzène et autres solvants non polaires) $= 1$. L'erreur moyenne est de l'ordre de 10 %, mais, dans le cas où le soluté est de l'eau, l'erreur peut atteindre ±100 %.

**Équation de Reddy-Doraiswamy :**

$$D_{AB}^{fl} = C \frac{M_{r,A}^{0,5}}{\eta_B\, V_{A,m}^{0,33}\, V_{B,m}^{0,33}}\, T \quad , m^2\,s^{-1} \tag{9.2}$$

La constante C est donnée par l'expression :

a) $C = 10 \times 10^{-12}$ dans le cas où $V_{B,m} \leqslant 1,5\, V_{A,m}$
b) $C = 8,5 \times 10^{-12}$ dans le cas où $V_{B,m} > 1,5\, V_{A,m}$

L'erreur moyenne pour des systèmes tels que a) est 13 % ; pour des systèmes du type b), elle atteint 18 %. Dans le cas où le soluté est de l'eau, l'erreur moyenne se situe à 25 %.

**Équation de Lusis-Ratcliff :**

$$D_{AB}^{fl} = 8,52 \times 10^{-12} \frac{1,4\left(\dfrac{V_{B,m}}{V_{A,m}}\right)^{0,33} + \dfrac{V_{B,m}}{V_{A,m}}}{\eta_B\, V_{B,m}^{0,33}}\, T \quad , m^2\,s^{-1} \tag{9.3}$$

L'erreur moyenne se situe dans la fourchette des 15 à 20 %, et celle-ci augmente avec les solvants associés.

**Tableau 9.6** : COEFFICIENTS DE DIFFUSION dans l'eau
$T = 298$ K.

| Soluté | Solvant | $\frac{D(298)}{10^{-9}\ m^2\,s^{-1}}$ |
|---|---|---|
| Acide éthanoïque | Eau | 1,24 |
| Acide méthanoïque | Eau | 1,37 |
| Acide nitrique | Eau | 2,98 |
| Ammoniac | Eau | 2,00 |
| Azote | Eau | 2,02 |
| Butanol | Eau | 0,96 |
| Chlore | Eau | 1,44 |
| Chlorure d'hydrogène | Eau | 3,10 |
| Dioxyde d'azote | Eau | 1,54 |
| Dioxyde de carbone | Eau | 1,96 |
| Éthoxyéthane | Eau | 1,18 |
| Éthyne | Eau | 1,78/2,11 |
| Glucose | Eau | 0,69 |
| Hydrogène | Eau | 5,85 |
| Lactose | Eau | 0,49 |
| Maltose | Eau | 0,48 |
| Méthanol | Eau | 1,60 |
| Oxygène | Eau | 2,60 |

**Tableau 9.7** : COEFFICIENTS DE DIFFUSION dans les liquides organiques
$T = 298$ K; les valeurs relatives à $T = 288$ K sont signalées par un astérisque *.

| Soluté | Solvant | $\frac{D(298)}{10^{-9}\ m^2\,s^{-1}}$ |
|---|---|---|
| Acide benzène-1,2-dicarboxylique | Benzène | 1,37* |
| Acide benzène-1,2-dicarboxylique | Méthanol | 1,30* |
| Acide benzoïque | Benzène | 1,38 |
| Acide benzoïque | Propanone | 2,62 |
| Acide benzoïque | Tétrachlorométhane | 0,91 |
| Acide benzoïque | Toluène | 1,49 |

COEFFICIENTS DE DIFFUSION dans les liquides organiques

$T$ = 298 K; les valeurs relatives à $T$ = 288 K sont signalées par un astérisque *.

| Soluté | Solvant | $\frac{D(298)}{10^{-9}\ m^2\ s^{-1}}$ |
|---|---|---|
| Acide éthanoïque | Benzène | 2,11 |
| Acide éthanoïque | Propanone | 3,31 |
| Acide éthanoïque | Tétrachlorométhane | 1,49 |
| Acide éthanoïque | Toluène | 2,26 |
| Acide méthanoïque | Benzène | 2,28 |
| Acide méthanoïque | Propanone | 3,77 |
| Acide méthanoïque | Tétrachlorométhane | 1,89 |
| Acide méthanoïque | Toluène | 2,65 |
| Acide propanoïque | Méthanol | 1,62* |
| Benzène | Décane | 1,72 |
| Bromobenzène | Benzène | 1,86* |
| Bromobenzène | Méthanol | 1,75* |
| Bromoéthane | Méthanol | 2,40* |
| Bromoéthène | Benzène | 1,97* |
| Bromoéthène | Méthanol | 1,95* |
| Chlorobenzène | Benzène | 1,42* |
| Chlorure d'éthanoyle | Benzène | 1,48* |
| Chlorure d'éthanoyle | Méthanol | 1,52* |
| Éthoxyéthane | Benzène | 2,21* |
| Éthoxyéthane | Benzène | 2,73 |
| Hydroxybenzène | Benzène | 1,68 |
| Hydroxybenzène | Disulfure de carbone | 3,7 |
| Hydroxybenzène | Éthanol | 0,89 |
| Hydroxybenzène | Méthanol | 1,40* |
| Hydroxybenzène | Trichlorométhane | 2,0 |
| Iodoéthène | Benzène | 1,40* |
| Iodoéthène | Méthanol | 1,56* |
| Propanol | Benzène | 1,60* |
| Tétrachlorométhane | Benzène | 2,00 |
| Tétrachlorométhane | Cyclohexane | 1,49 |
| Tétrachlorométhane | Dioxane | 1,02 |
| Tétrachlorométhane | Éthanol | 1,50 |
| Tétrachlorométhane | Méthanol | 2,30 |
| Tétrachlorométhane | Tétrahydronaphtalène | 0,735 |

## COEFFICIENTS DE DIFFUSION DANS LES SOLIDES

La variation du coefficient de diffusion dans les solides en fonction de la température se calcule d'après l'équation d'Arrhenius :

$$D = D_0 \exp\left[\frac{E_A}{RT}\right]$$

Les valeurs de $D_0$ (en $m^2\,s^{-1}$) ainsi que de l'énergie d'activation $E_A$ (en $J\,M_i^{-1}$) sont répertoriées dans le tableau suivant ; la masse moléculaire $M_i$ du métal $i$ s'exprime en $kg\,mol^{-1}$.

**Tableau 9.8** : COEFFICIENTS DE DIFFUSION dans les solides

| Paire | | | Fourchette de $\vartheta$ / °C | | | $D_0$ / $10^{-4}\,m^2\,s^{-1}$ | $E_A$ / $J\,M_i^{-1}$ |
|---|---|---|---|---|---|---|---|
| Ag | – | Au | 650 | à | 960 | 0,32 | 192 |
| Ag | – | Cu | 750 | à | 850 | 0,66 | 188 |
| Al | – | Cu | 500 | à | 640 | 0,29 | 130 |
| Al | – | Si | 450 | à | 600 | 0,48 | 125 |
| Al | – | Zn | 360 | à | 530 | 0,10 | 105 |
| Cd | – | Au | 300 | à | 590 | 0,17 | 117 |
| Co | – | Fe | 1100 | à | 1400 | 0,21 | 262 |
| Co | – | Ni | 770 | à | 1050 | 0,17 | 260 |
| Cr | – | Fe | 950 | à | 1250 | 24,60 | 316 |
| Cu | – | Au | 750 | à | 1000 | 0,17 | 194 |
| Cu | – | Ni | 700 | à | 1080 | 3,00 | 237 |
| Cu | – | Sn | 700 | à | 800 | 0,59 | 182 |
| Cu | – | Zn | 600 | à | 1050 | 0,34 | 191 |

**Tableau 9.9** : COEFFICIENTS DE DIFFUSION de l'hydrogène dans certains métaux à 25°C

| Métal | $D/m^2\,s^{-1}$ | Métal | $D/m^2\,s^{-1}$ |
|---|---|---|---|
| Nb | $5,2 \times 10^{-10}$ | Ta | $1,5 \times 10^{-10}$ |
| Pd | $5,4 \times 10^{-11}$ | V | $4,4 \times 10^{-9}$ |

# 9.3 Coefficients de viscosité

Unités non-SI : 1 P(oise) = 0,1 Pa s; 1 St(okes) = $10^{-4}$ m$^2$ s$^{-1}$.

## COEFFICIENTS DE VISCOSITÉ DES GAZ

**Équation de Hirschfelder :** Sur base de l'intégrale des collisions, le coefficient de viscosité d'un gaz A se calcule d'après HIRSCHFELDER de la manière suivante :

$$\eta_{\mathrm{A}}^{\mathrm{gaz}} = 0,026693 \, \frac{\sqrt{M_{\mathrm{r,A}}\,T}}{\sigma_{\mathrm{AA}}^2\,\Omega_{\mathrm{V}}} \quad , \mathrm{Pa\ s} \tag{9.1}$$

| | | | |
|---|---|---|---|
| $\sigma_{\mathrm{AA}}$ | pm | : | diamètre des collisions, cf. tableau 9.2 |
| $\Omega_{\mathrm{V}}(T^\star)$ | – | : | intégrale des collisions, cf. tableau 9.4 |
| $M_{\mathrm{r,A}}$ | – | : | masse molaire relative de A |
| $T$ | K | : | température |

La manière de calculer $\eta_{\mathrm{A}}^{\mathrm{gaz}}$ est semblable à celle qui a été décrite dans le paragraphe 9.2 (coefficients de diffusion des gaz). Les valeurs de $\epsilon_i/k_{\mathrm{B}}$ et de $\sigma_i$ proviennent du tableau 9.2; on calcule ensuite $k_{\mathrm{B}}T/\epsilon_i$ et le tableau 9.4 permet ensuite d'obtenir l'intégrale des collisions $\Omega_{\mathrm{V}}$. Les valeurs marquantes de $\epsilon_i/k_{\mathrm{B}}$ et de $\sigma_i$ peuvent être calculées grâce à l'équation 9.7.

**Coefficient de viscosité d'un mélange gazeux :** En voici une approximation simple :

$$\frac{1}{\nu^{\mathrm{gaz}}} = \sum_i \frac{x_i}{\nu_i^{\mathrm{gaz}}} \quad , \frac{1}{\mathrm{m^2\,s^{-1}}} \tag{9.2}$$

**Variation en fonction de la pression :** D'après la théorie cinétique des gaz, $\eta^{\mathrm{gaz}}$ ne varie pas en fonction de la pression, bien que dans la réalité, les gaz voient leur viscosité évoluer selon une expression établie par Enskog :

$$\frac{\eta^{\mathrm{gaz}}\,[\text{à haute pression}]}{\eta^{\mathrm{gaz}}\,[10^5\ \mathrm{Pa}]} = \frac{3}{2}\pi\,\sigma^3 \left(\frac{N}{V}\right)\left(\frac{R\,T}{B\,p} + 0.80 + 0.761\,\frac{B\,p}{R\,T}\right) \tag{9.3}$$

| | | | |
|---|---|---|---|
| $B$ | m$^3$ mol$^{-1}$ | : | second coefficient paramétrique |
| $N/V$ | m$^{-3}$ | : | densité en particules |
| $\sigma$ | m | : | diamètre des collisions |
| $p$ | Pa | : | pression |
| $\eta^{\mathrm{gaz}}$ | Pa s | : | voir équation 9.11 |

## TABLEAUX

**Tableau 9.10** : COEFFICIENTS DE VISCOSITÉ cinématique et NOMBRES de PRANDTL pour l'air en fonction de la température

$p$ = 101 325 Pa.

| $\frac{\vartheta}{°C}$ | $\frac{10^6 \cdot \nu}{m^2\,s^{-1}}$ | $(Pr)$ | $\frac{\vartheta}{°C}$ | $\frac{10^6 \cdot \nu}{m^2\,s^{-1}}$ | $(Pr)$ | $\frac{\vartheta}{°C}$ | $\frac{10^6 \cdot \nu}{m^2\,s^{-1}}$ | $(Pr)$ |
|---|---|---|---|---|---|---|---|---|
| −150 | 3.11 | 0,740 | 100 | 23,06 | 0,704 | 350 | 55,05 | 0,680 |
| −100 | 5,96 | 0,720 | 120 | 25.23 | 0,700 | 400 | 62,63 | 0,680 |
| −50 | 9.55 | 0.715 | 140 | 27,55 | 0,694 | 450 | 70,54 | 0,685 |
| 0 | 13.30 | 0,711 | 160 | 29,85 | 0,693 | 500 | 78,48 | 0,690 |
| 20 | 15,11 | 0,713 | 180 | 32,29 | 0,690 | 600 | 95,57 | 0,690 |
| 40 | 16.97 | 0,711 | 200 | 34,63 | 0,685 | 700 | 113,70 | 0,700 |
| 60 | 18,90 | 0,709 | 250 | 41,17 | 0,680 | 800 | 132,80 | 0,715 |
| 80 | 20,94 | 0,708 | 300 | 47,85 | 0,680 | 900 | 152,50 | 0,725 |

**Tableau 9.11** : COEFFICIENTS DE VISCOSITÉ cinématique et NOMBRES de PRANDTL pour l'eau en fonction de la température

$p$ = 98,0655 kPa ou à saturation.

| $\frac{\vartheta}{°C}$ | $\frac{10^6 \cdot \nu}{m^2\,s^{-1}}$ | $(Pr)$ | $\frac{\vartheta}{°C}$ | $\frac{10^6 \cdot \nu}{m^2\,s^{-1}}$ | $(Pr)$ | $\frac{\vartheta}{°C}$ | $\frac{10^6 \cdot \nu}{m^2\,s^{-1}}$ | $(Pr)$ |
|---|---|---|---|---|---|---|---|---|
| 0 | 1,792 | 13,67 | 80 | 0,365 | 2,20 | 220 | 0,149 | 0,88 |
| 10 | 1,307 | 9,47 | 90 | 0,326 | 1,96 | 240 | 0,142 | 0,87 |
| 20 | 1,004 | 7,01 | 100 | 0,295 | 1,75 | 260 | 0,136 | 0,87 |
| 30 | 0,801 | 5,43 | 120 | 0,248 | 1,45 | 280 | 0,132 | 0,91 |
| 40 | 0,658 | 4,35 | 140 | 0,215 | 1,25 | 300 | 0,130 | 1,00 |
| 50 | 0,554 | 3,57 | 160 | 0,189 | 1,09 | 320 | 0,128 | 1,15 |
| 60 | 0,475 | 3,00 | 180 | 0,170 | 0,98 | 340 | 0,127 | 1,5 |
| 70 | 0,413 | 2,56 | 200 | 0,158 | 0,92 | 360 | 0,131 | 2,6 |

**Tableau 9.12** : COEFFICIENTS DE VISCOSITÉ DYNAMIQUE et CINÉMATIQUE de divers composés inorganiques

| Substance | $T/\mathrm{K}$ | $\frac{\eta}{\mathrm{mPa\,s}}$ | $\frac{10^6 \cdot \nu}{\mathrm{m^2\,s^{-1}}}$ |
|---|---|---|---|
| Acide chlorhydrique (à 20%) | 293 | 1,36 | 1,18 |
| Acide nitrique (conc.) | 293 | 0,89 | 0,59 |
| Acide sulfurique (conc.) | 293 | $2,9 \times 10^1$ | 16 |
| Ammoniac | 293 | 0,0102 | 13,2 |
| Argon | 293 | 0,0223 | 12,3 |
| Azote | 77 | 0,155 | 0,19 |
| | 293 | 0,0175 | 14 |
| Dioxyde de carbone | 293 | 0,0147 | 7,44 |
| Eau[(2)] | 273 | 1,792 | 1,794 |
| | 293 | 1,005 | 1,007 |
| | 323 | 0,549 | 0,556 |
| | 373 | 0,284 | 0,296 |
| Hélium | 293 | 0,0220 | 123,2 |
| Hydrogène | 273 | 0,0084 | 94 |
| | 373 | 0,0103 | 13 |
| Mercure | 253 | 1,85 | |
| | 273 | 1,685 | 0,1155 |
| | 323 | 1,407 | |
| | 373 | 1,24 | |
| | 473 | 1,01 | |
| | 573 | 0,92 | |
| Néon | 293 | 0,031 | 34,4 |
| Vapeur d'eau[(2)] | 373 | 0,0172 | 29 |
| | 523 | 0,0184 | 44 |
| Air[(1)] | 79 | 0,162 | 0,17 |
| | 273 | 0,0172 | 13 |
| | 293 | 0,0182 | 15 |
| | 373 | 0,0218 | 23 |
| Verre | 973 | $1,0 \times 10^8$ | $0,4 \times 10^8$ |
| | 1273 | $1,0 \times 10^4$ | $0,4 \times 10^4$ |

(1) cf. Tableau 9.10; (2) cf. Tableau 9.11.

**Tableau 9.13** : COEFFICIENTS DE VISCOSITÉ DYNAMIQUE de divers liquides organiques

Les composés sont répertoriés selon leurs noms systématiques (IUPAC) ; les noms triviaux ou courants sont présentés dans le paragraphe 8.6; $T$ = 273 K ou 293 K.

| Composé | $\frac{\eta(273\text{K})}{\text{mPa s}}$ | $\frac{\eta(293\text{K})}{\text{mPa s}}$ |
|---|---|---|
| Aminobenzène | 10, 2 | 4, 4 |
| Azine (pyridine) | 1, 33 | 0, 95 |
| Benzène | 0, 9055 | 0, 649 |
| Bromobenzène | 1, 52 | 1, 13 |
| Bromométhane | 0, 4776 | 0, 392 |
| 2-Bromométhylbenzène | 2, 21 | 1, 51 |
| 3-Bromométhylbenzène | 1, 73 | 1, 25 |
| 1-Bromopropane | 0, 6448 | 0, 517 |
| 2-Bromopropane | 0, 6044 | 0, 482 |
| 1-Bromoprop-2-ène | 0, 619 | 0, 4955 |
| Acide butanoïque | 2, 2747 | 1, 538 |
| Butanol | 5, 19 | 2, 947 |
| Butanone | 0, 5383 | 0, 423 |
| Chlorobenzène | 1, 06 | 0, 80 |
| Chloroéthane | 0, 320 | 0, 266 |
| 1-Chloropropane | 0, 4349 | 0, 352 |
| 2-Chloropropane | 0, 4012 | 0, 322 |
| Cyclohexane | | 0, 97 |
| Cyclohexanol | | 68, 00 |
| Dichlorométhane | 0, 5357 | 0, 4355 |
| Diéthylaminobenzène | | 0, 218 |
| 1,2-Diméthylbenzène | 1, 1029 | 0, 807 |
| 1,3-Diméthylbenzène | 0, 8019 | 0, 625 |
| 1,4-Diméthylbenzène | 0, 8457 | 0, 6435 |
| Dioxane | | 1, 26 |
| Éthanol | | 1, 16 |
| Éthoxyéthane | 0, 296 | 0, 243 |
| Méthanoate d'éthyle | | 0, 402 |

| Composé | $\frac{\eta(273K)}{mPa\ s}$ | $\frac{\eta(293K)}{mPa\ s}$ |
|---|---|---|
| Heptane | 0,518 | 0,4105 |
| Hexane | 0,3965 | 0,320 |
| Hydroxybenzène | | 11,6 |
| | | |
| Iodobenzène | | 1,49 |
| Iodoéthane | 0,719 | 0,583 |
| Iodométhane | 0,594 | 0,487 |
| 1-Iodopropane | 0,9373 | 0,737 |
| 2-Iodopropane | 0,8783 | 0,690 |
| | | |
| Acide méthanoïque | 2,928 | 1,782 |
| Méthanamide | 7,30 | 3,75 |
| Méthanol | 0,817 | 0,591 |
| Méthoxybenzène | 1,78 | 1,32 |
| Méthanoate de méthyle | 0,43 | 0,345 |
| Méthylbenzène | 0,7684 | 0,586 |
| Butanoate de méthyle | | 0,711 |
| 2-Méthylaminobenzène | 10,2 | 4,35 |
| 3-Méthylaminobenzène | 8,7 | 3,81 |
| 2-Méthylbuta-1,3-diène | 0,2600 | 0,2155 |
| 2-Méthylbutane | 0,2724 | 0,223 |
| 3-Méthylbutan-1-ol | | 4,341 |
| 2-Méthylbutan-2-ol | | 4,642 |
| 2-Méthylhexane | 0,4767 | 0,379 |
| 2-Méthylhydroxybenzène | | 9,8 |
| 3-Méthylhydroxybenzène | 95,0 | 21,0 |
| 2-MéthylPentane | 0,3713 | 0,300 |
| Acide 2-méthylpropanoïque | 1,887 | 1,315 |
| 2-Méthylpropanol | 8,3 | 3,906 |
| | | |
| Nitrobenzène | 3,09 | 2,01 |
| Nitroéthane | 0,844 | 0,657 |
| 2-Nitrométhylbenzène | 3,83 | 2,37 |
| 3-Nitrométhylbenzène | | 2,33 |
| Nonane | 0,97 | 0,71 |

| Composé | $\frac{\eta(273\text{K})}{\text{mPa s}}$ | $\frac{\eta(293\text{K})}{\text{mPa s}}$ |
|---|---|---|
| Pentane | 0.2827 | 0.232 |
| Pentane-2.4-dione | 1.09 | |
| Acide pentanoïque | | 2.236 |
| Pentan-1-ol | | 4.396 |
| Pentan-2-ol | | 5.091 |
| Pentan-2-one | 0.6464 | 0.501 |
| Pentan-3one | 0.5949 | 0.4655 |
| Acide propanoïque | 1.5199 | 1.099 |
| Anhydride propanoïque | 1.6071 | 1.116 |
| Propanone | 0.3949 | 0.3225 |
| Propan-1-ol | 3.85 | 2.20 |
| Propan-2-ol | 4.60 | 2.39 |
| Propane-1.2.3-triol | 12.100 | 14.99 |
| Tétrachloroéthane | 2.66 | 1.75 |
| Tétrachlorométhane | 1.3466 | 0.969 |
| Trichloroéthène | 0.71 | 0.58 |
| Trichlorométhane | 0.7006 | 0.564 |

**Tableau 9.14** : COEFFICIENTS DE VISCOSITÉ DYNAMIQUE de quelques carburants et huiles

| Matériau | $\nu/\text{mm}^2\,\text{s}^{-1}$ | $T/\text{K}$ |
|---|---|---|
| Fioul domestique (fraction moyenne) | 60 | 323 |
| Fioul domestique (fraction lourde) | 150 | 323 |
| Gazole (été) | 2.8 à 9.7 | 293 |
| Gazole (hiver) | 2.3 à 8.6 | 293 |
| Huile pour moteur (Otto) | 50 à 60 | 323 |
| Huile pour moteur (Diesel) | 20 à 27 | 323 |
| Huile pour transmission (SAE 60) | 53 à 68 | 323 |
| Huile pour transmission (SAE 125) | 110 à 130 | 323 |
| Huile pour transmission (SAE 240) | 0 à 250 | 323 |

# 9.4 Coefficients de conduction calorifique

### COEFFICIENTS DE CONDUCTION CALORIFIQUE DES GAZ

**Équation d'Eucken :** Pour n'importe quel gaz A :

$$\lambda_{\mathrm{A}}^{\mathrm{gaz}} = \eta_{\mathrm{A}}^{\mathrm{gaz}}\left(c_V + \frac{9\,R}{4\,M_{\mathrm{A}}}\right) \quad , \mathrm{W\,m^{-1}\,K^{-1}} \tag{9.1}$$

Toute constante ou autre valeur doit y être exprimée en unités SI : la masse moléculaire $M$ en $\mathrm{kg\,mol^{-1}}$ et $c_V$ en $\mathrm{J\,kg^{-1}\,K^{-1}}$.

**Équation de Hirschfelder :** Pour n'importe quel gaz A :

$$\lambda_{\mathrm{A}}^{\mathrm{gaz}} = 831.4 \times \frac{\sqrt{\dfrac{T}{M_{\mathrm{r,A}}}}}{\sigma_{\mathrm{AA}}^2\,\Omega_{\mathrm{V}}} \quad , \mathrm{W\,m^{-1}\,K^{-1}} \tag{9.2}$$

| | | | |
|---|---|---|---|
| $M_{\mathrm{r,A}}$ | – | : | masse moléculaire relative |
| $\eta_{\mathrm{A}}^{\mathrm{gaz}}$ | Pa s | : | coefficient de viscosité du gaz A |
| $\sigma_{\mathrm{AA}}$ | pm | : | diamètre des collisions, cf. tableau 9.2 |
| $\Omega_{\mathrm{V}}(T^\star)$ | | : | intégrale des collisions, cf. tableau 9.4 |

La procédure permettant de calculer $\lambda^{\mathrm{gaz}}$ est similaire à celle qui a été décrite dans le paragraphe 9.2 (coefficient de diffusion, $D^{\mathrm{gaz}}$ et coefficient de viscosité, $\eta^{\mathrm{gaz}}$). Les valeurs de $\sigma$ et $\epsilon/k_{\mathrm{B}}$ sont tout d'abord reprises du tableau 9.2, le quotien $k_{\mathrm{B}}T/\epsilon$ est ensuite calculé puis on consulte le tableau 9.4 quant à la valeur numérique de l'intégrale des collisions $\Omega_{\mathrm{V}}$. Grâce à l'équation 9.2, il est alors possible de calculer le coefficient de conduction calorifique $\lambda^{\mathrm{gaz}}$. Jusqu'à $10^6$ Pa, $\lambda^{\mathrm{gaz}}$ augmente d'environ 1% par $10^5$ Pa.

### COEFFICIENTS DE CONDUCTION CALORIFIQUE DES LIQUIDES

**Équation de Bridgman :** Pour n'importe quel liquide A :

$$\lambda_{\mathrm{A}}^{\mathrm{fl}} = 4.2 \times 10^2\ \frac{2\,R\,c_{\mathrm{s}}}{\left(\dfrac{M_{\mathrm{r,A}}}{\varrho_{\mathrm{A}}}\right)^{2/3}} \quad , \mathrm{W\,m^{-1}\,K^{-1}} \tag{9.3}$$

| | | | |
|---|---|---|---|
| $c_{\mathrm{s}}$ | $\mathrm{m\,s^{-1}}$ | : | vitesse du son dans le liquide |
| $M_{\mathrm{r,A}}$ | – | : | masse moléculaire relative |
| $\varrho_{\mathrm{A}}$ | $\mathrm{kg\,m^{-3}}$ | : | masse volumique du liquide |

**TABLEAUX**

**Tableau 9.15** : COEFFICIENT DE CONDUCTION CALORIFIQUE de l'air en fonction de la température et de la pression

Unités : W m$^{-1}$ K$^{-1}$ ; $10^5$ Pa = 1 bar.

| $\frac{p}{10^5 \text{ Pa}}$ | Température/°C | | | | | | |
|---|---|---|---|---|---|---|---|
| | 0 | 25 | 50 | 75 | 100 | 150 | 200 |
| 1 | 0,0242 | 0,0260 | 0,0276 | 0,0296 | 0,0314 | 0,0354 | 0,0385 |
| 100 | 0,0295 | 0,0299 | 0,0304 | 0,0311 | 0,0321 | 0,0360 | 0,0390 |
| 200 | 0,0388 | 0,0381 | 0,0378 | 0,0377 | 0,0378 | 0,0391 | 0,0418 |
| 300 | 0,0466 | 0,0454 | 0,0443 | 0,0436 | 0,0432 | 0,0432 | 0,0444 |
| 400 | 0,0522 | 0,0504 | 0,0490 | 0,0479 | 0,0472 | 0,0477 | 0,0496 |

**Tableau 9.16** : COEFFICIENT DE CONDUCTION CALORIFIQUE de l'eau et de la vapeur d'eau en fonction de la température et de la pression

Unités : W m$^{-1}$ K$^{-1}$ ; les valeurs relatives à de la vapeur d'eau sont soulignées.

| $\frac{p}{10^5 \text{ Pa}}$ | Température/°C | | | | | | | | |
|---|---|---|---|---|---|---|---|---|---|
| | 50 | 100 | 150 | 200 | 250 | 300 | 400 | 500 | 600 |
| 1 | 0,643 | 0,0248 | 0,0287 | 0,0332 | 0,0382 | 0,0434 | 0,0549 | 0,0674 | 0,0806 |
| 50 | 0,647 | 0,684 | 0,690 | 0,668 | 0,618 | 0,0525 | 0,0602 | 0,0720 | 0,0850 |
| 100 | 0,651 | 0,688 | 0,693 | 0,672 | 0,625 | 0,545 | 0,0686 | 0,0776 | 0,0898 |
| 150 | 0,655 | 0,691 | 0,696 | 0,676 | 0,633 | 0,559 | 0,0822 | 0,0843 | 0,0951 |
| 200 | 0,659 | 0,695 | 0,700 | 0,681 | 0,639 | 0,571 | 0,107 | 0,0926 | 0,101 |
| 250 | 0,662 | 0,698 | 0,703 | 0,685 | 0,646 | 0,582 | 0,157 | 0,103 | 0,107 |
| 300 | 0,666 | 0,701 | 0,706 | 0,689 | 0,652 | 0,592 | 0,264 | 0,116 | 0,114 |
| 350 | 0,669 | 0,704 | 0,710 | 0,693 | 0,657 | 0,601 | 0,351 | 0,132 | 0,122 |
| 400 | 0,672 | 0,707 | 0,713 | 0,697 | 0,662 | 0,609 | 0,390 | 0,153 | 0,130 |
| 450 | 0,678 | 0,713 | 0,720 | 0,704 | 0,671 | 0,622 | 0,436 | 0,206 | 0,149 |
| 500 | 0,678 | 0,713 | 0,720 | 0,704 | 0,671 | 0,622 | 0,436 | 0,206 | 0,149 |

**Tableau 9.17** : COEFFICIENTS DE CONDUCTION CALORIFIQUE des éléments solides

$T$ = 293 K.

| Élément | $\frac{\lambda}{\mathrm{W\,m^{-1}\,K^{-1}}}$ | Élément | $\frac{\lambda}{\mathrm{W\,m^{-1}\,K^{-1}}}$ |
|---|---|---|---|
| Ag | 422,0 | Na | 126,0 |
| Al | 226,0 | Nb | 46,1 |
| Au | 298,0 | Nd | 13,0 |
| Be | 184,0 | Ni | 58,6 |
| Bi | 8,0 | Pb | 34,8 |
| C (graphite) | 15,5 | Pd | 71,1 |
| Ca | 126,0 | Pr | 11,7 |
| Cd // c | 83,7 | Pt | 73,0 |
| Cd ⊥ c | 105,0 | Pu | 4,2 |
| Ce | 10,9 | Rb | 29,3 |
| Co | 142,0 | Re | 71,1 |
| Cr | 92,0 | Rh | 151,0 |
| Cs | 18,4 | Sb | 16,6 |
| Cu | 402,0 | Se ⊥ c | 2,5 |
| Dy | 10,1 | Si | 126,0 |
| Er | 9,6 | Sm | 10,1 |
| Fe | 73,3 | Sn | 64,9 |
| Ga | 29,0 à 38,0 | Ta | 62,8 |
| Gd | 8,8 | Tb | 14,0 |
| Ge | 58,6 | Tc | 50,2 |
| Hf | 22,6 | Te | 5,9 |
| Hg | 9,2 | Th | 29,3 |
| In | 71,0 | Ti | 21,0 |
| Ir | 147,0 | Tl | 39,4 |
| K | 92,0 | U | 25,2 |
| La | 13,8 | V | 33,5 |
| Li | 71,2 | W | 168,0 |
| Mg | 138,0 | Zn | 111,0 |
| Mo | 138,0 | Zr | 29,4 |

// c : parallèle à l'axe $c$

⊥ c : perpendiculaire à l'axe $c$

**Tableau 9.18** : COEFFICIENTS DE CONDUCTION CALORIFIQUE de divers solides

Unités : $\lambda/\mathrm{W\,m^{-1}\,K^{-1}}$, $T$ = 293 K et 573 K.

| Composé | λ(293) | λ(573) |
|---|---|---|
| Acier | 47 | 47 |
| Acier inoxydable | 15.1 | |
| Argent | 428 | 407 |
| Asbeste (en fibres) | 0.16 | |
| Asbeste (en plaques) | 0.7 | |
| Béton | 0.8 à 1.4 | |
| Béton armé | 1.5 | |
| Bois | 0.14 à 0.21 | |
| Brique | 0.35 à 0.6 | 0.58 |
| Bronze | 42 | |
| Calcite | 5 | |
| Caoutchouc | 0.15 | |
| Celluloïd | 0.17 à 0.29 | |
| Chamotte | | 0.59 |
| Charbon | 0.21 à 0.29 | |
| Chaux | 0.12 | |
| Cire | 0.1 | |
| Clinker | 0.75 | |
| Coke | 0.7 à 1.2 | |
| Coton | 0.04 à 0.08 | |
| Cuir | 0.15 | |
| Cuivre | 372 | 360 |
| Fer | 80 | 56 |
| Glace | 2.2 | |
| Granit | 2.9 | |
| Grès | 1.9 | |
| Huile de silicone | 0.12 à 0.16 | |
| Invar | 12 | |

| Composé | λ(293) | λ(573) |
|---|---|---|
| Laine | 0.04 | |
| Laine de verre | 0.042 | 0.097 |
| Laiton | 112 | 148 |
| Liège | 0.036 | |
| Lignite | 0.9 | |
| Magnésie | 0.041 | |
| Marbre | 0.21 à 0.41 | |
| Mélamine (résine) | 0.12 à 0.29 | |
| Mica | 0.5 | |
| Ouate | 0.035 | |
| Papier | 0.12 à 0.35 | |
| Paraffine | 0.26 | |
| Plâtre (panneaux) | 0.42 | |
| Polyamide | 0.34 | |
| Polystyrène | 0.15 à 0.16 | |
| Porcelaine | 1.4 | 1.6 |
| PVC | 0.16 | |
| Quartz | 13 | |
| Résines époxy | 0.17 à 0.26 | |
| Résines phénoliques | 0.16 | |
| Sable, mouillé | 1.13 | |
| Sable, sec | 0.33 | |
| Saccharose | 0.6 | |
| Sel | 3.5 à 7.0 | |
| Téflon | 0.16 à 0.23 | |
| Terre | 0.6 à 1.2 | |
| Tourbe (poussière) | 0.07 | |
| Verre | 1.0 à 1.2 | |

**Tableau 9.19** : COEFFICIENTS DE CONDUCTION CALORIFIQUE de divers liquides

Unités : $\lambda$/W m$^{-1}$ K$^{-1}$, $T$ = 323 K et 373 K.

| Composé | $\lambda(323)$ | $\lambda(373)$ |
|---|---|---|
| Ammoniac | 0,477 | 0,313 |
| Benzène | 0,153 | |
| Butanol | 0,149 | 0,138 |
| Difluorodichloro-méthane | 0,078 | 0,2 |
| Dioxyde de soufre | 0,177 | |
| Eau[(1)] | 0,611 | 0,681 |
| Éthane-1,2-diol | 0,262 | 0,269 |
| Éthanol | 0,159 | 0,147 |
| Hexane | 0,136 | 0,135 |
| Méthanol | 0,191 | 0,171 |
| Paraffine | 0,26 | |
| Pentane | 0,131 | 0,124 |
| Propane-1,2,3-triol | 0,287 | 0,291 |
| Propan-1-ol | 0,150 | 0,140 |
| Tétrachlorométhane | 0,106 | 0,105 |
| Trichlorométhane | 0,141 | |

(1) cf. tableau 9.16

**Tableau 9.20** : COEFFICIENTS DE CONDUCTION CALORIFIQUE de divers gaz

Unités : $\lambda$/W m$^{-1}$ K$^{-1}$, $T$ = 323 K et 373 K.

| Gaz | $\lambda(323)$ | $\lambda(373)$ |
|---|---|---|
| Air[(1)] | 0,024 | 0,031 |
| Ammoniac | 0,022 | 0,033 |
| Azote | 0,024 | 0,031 |
| Benzène | 0,009 | 0,018 |
| Butane | 0,014 | |
| Butanol | | 0,020 |
| Difluorodichloro-méthane | 0,009 | 0,014 |
| Dioxyde de carbone | 0,015 | 0,022 |
| Dioxyde de soufre | 0,008 | |
| Eau[(2)] | 0,016 | 0,026 |
| Éthane | 0,019 | 0,033 |
| Éthanol | 0,014 | 0,022 |
| Hélium | 0,143 | 0,170 |
| Hexane | 0,012 | |
| Hydrogène | 0,176 | 0,224 |
| Méthane | 0,031 | |
| Méthanol | 0,014 | 0,022 |
| Monochlorométhane | 0,009 | 0,016 |
| Oxygène | 0,024 | 0,033 |
| Propan-1-ol | | 0,021 |
| Propane | 0,015 | |
| Tétrachlorométhane | 0,006 | 0,009 |

(1) cf. tableau 9.15; (2) cf. tableau 9.16

## 9.5 Activité des non-électrolytes

La méthode UNIFAC permettant d'évaluer les coefficients d'activité se base sur le concept selon lequel un mélange liquide peut être considéré comme étant une solution d'entités structurales qu'on appelle des sous-groupes. L'excès d'énergie de Gibbs molaire d'un mélange de non-électrolytes $g^{\mathrm{E}}$ se compose de deux termes additifs, en l'occurrence un terme combinatoire (indice cb) et un terme résiduel (indice rs) :

$$g^{\mathrm{E}} = g^{\mathrm{E.rs}} + g^{\mathrm{E.cb}} \tag{9.17}$$

Chaque composant du mélange contribue à l'activité :

$$\frac{g^{\mathrm{E}}}{RT} = \sum_i x_i \ln \gamma_i = \sum_i x_i \ln \gamma_i^{\mathrm{rs}} + \sum_i x_i \ln \gamma_i^{\mathrm{cb}} \tag{9.18}$$

Les termes tant combinatoires que résiduels des coefficients d'activité des non-électrolytes se calculent d'après les équations de PRAUSNITZ et al. :

$$\ln \gamma_i^{\mathrm{cb}} = 1 - J_i + \ln J_i - 5\, q_i \big(1 - \frac{J_i}{L_i} + \ln \big[\frac{J_i}{L_i}\big]\big) \tag{9.19}$$

$$\ln \gamma_i^{\mathrm{rs}} = q_i\,(1 - \ln L_i) - \sum_k \big(\theta_k\, \frac{s_{ki}}{\eta_k} - G_{ki} \ln \big[\frac{s_{ki}}{\eta_k}\big]\big) \tag{9.20}$$

La signification des coefficients est :

$$\begin{aligned}
r_i &= \textstyle\sum_k \nu_k^{(i)} R_k &,\quad q_i &= \textstyle\sum_k \nu_k^{(i)} Q_k \\
J_i &= \frac{r_i}{\sum_j r_j x_j} &,\quad L_i &= \frac{q_i}{\sum_j q_j x_j} \\
G_{ki} &= \nu_k^{(i)} Q_k &,\quad \theta_k &= \textstyle\sum_i G_{ki} x_i \\
s_{ki} &= \textstyle\sum_m \tau_{mk} G_{mi} &,\quad \eta_k &= \textstyle\sum_i s_{ki} x_i \\
\tau_{mk} &= \exp\big[-\frac{a_{mk}}{T}\big]
\end{aligned} \tag{9.21}$$

L'indice $i$ a trait au composé tandis que l'indice $k$ se réfère aux sous-groupes de ce composé. Les indices $j$ et $m$ sont des indices de sommation relatifs, respectivement, à l'ensemble des composés ou à l'ensemble des sous-groupes (voir l'exemple présenté à la fin de ce paragraphe).

**Tableau 9.21** : PARAMÈTRES D'INTERACTION $a_{mk}/K$ relatifs aux groupes fonctionnels (A signifie lié à un aromatique)

| Groupe | 1 : $CH_2$ | 2 : C=C | 3 : ACH | 4 : $ACCH_2$ | 5 : OH | 6 : $CH_3OH$ |
|---|---|---|---|---|---|---|
| 1 : $CH_2$ | 0,00 | 86,02 | 61,13 | 76,50 | 986,50 | 697,20 |
| 2 : C=C | −35,36 | 0,00 | 38,81 | 74,15 | 524,10 | 787,60 |
| 3 : ACH | −11,12 | 3,45 | 0,00 | 167,00 | 636,10 | 637,35 |
| 4 : $ACCH_2$ | −69,70 | −113,60 | −146,80 | 0,00 | 803,20 | 603,25 |
| 5 : OH | 156,40 | 457,00 | 89,60 | 25,82 | 0,00 | −137,10 |
| 6 : $CH_3OH$ | 16,51 | −12,52 | −50,00 | −44,50 | 249,10 | 0,00 |
| 7 : $H_2O$ | 300,00 | 496,10 | 362,30 | 377,60 | −229,10 | 289,60 |
| 8 : ACOH | 275,80 | 217,50 | 25,34 | 244,20 | −451,60 | −265,20 |
| 9 : $CH_2CO$ | 26,76 | 42,92 | 140,10 | 365,80 | 164,50 | 108,65 |
| 10 : CHO | 505,70 | 56,30 | 23,29 | 106,00 | −404,80 | −340,18 |
| 11 : CCOO | 114,80 | 132,10 | 85,84 | −170,00 | 245,40 | 249,63 |
| 12 : $CH_2O$ | 83,36 | 26,51 | 52,13 | 65,69 | 237,70 | 238,40 |
| 13 : $CNH_2$ | −30,48 | 1,16 | −44,85 | – | −164,00 | −481,65 |
| 14 : $ACNH_2$ | 1139,00 | 2000,00 | 247,50 | 762,80 | −17,40 | −118,10 |
| 15 : CCN | 24,82 | −40,62 | −22,97 | −138,40 | 185,40 | 157,80 |
| 16 : COOH | 315,30 | 1264,00 | 62,32 | 268,20 | −151,00 | 1020,00 |
| 17 : CCl | 91,46 | 97,51 | 4,68 | 122,91 | 562,20 | 529,00 |
| 18 : $CCl_2$ | 34,01 | 18,25 | 121,30 | 140,78 | 747,70 | 669,90 |
| 19 : $CCl_3$ | 36,70 | 51,06 | 288,50 | 33,61 | 742,10 | 649,10 |
| 20 : $CCl_4$ | −78,45 | 160,90 | −4,70 | 134,70 | 856,30 | 860,10 |
| 21 : ACCl | −141,26 | −158,80 | −237,68 | 375,50 | 246,90 | 661,60 |

PARAMÈTRES D'INTERACTION $a_{mk}/K$
relatifs aux groupes fonctionnels (A signifie lié à un aromatique)

| Groupe | 7 : $H_2O$ | 8 : ACOH | 9 : $CH_2CO$ | 10 : CHO | 11 : CCOO |
|---|---|---|---|---|---|
| 1 : $CH_2$ | 1318.00 | 1333.00 | 476.40 | 677.00 | 232.10 |
| 2 : C=C | 270.60 | 526.10 | 182.60 | 448.75 | 37.85 |
| 3 : ACH | 903.80 | 1329.00 | 25.77 | 347.30 | 5.99 |
| 4 : $ACCH_2$ | 5695.00 | 884.90 | −52.10 | 586.80 | 5688.00 |
| 5 : OH | 353.50 | −259.70 | 84.00 | 441.80 | 101.10 |
| 6 : $CH_3OH$ | −180.95 | −101.70 | 23.39 | 306.42 | −10.72 |
| 7 : $H_2O$ | 0.00 | 324.50 | −195.40 | −257.30 | 72.87 |
| 8 : ACOH | −601.80 | 0.00 | −356.10 | – | −449.40 |
| 9 : $CH_2CO$ | 472.50 | −133.10 | 0.00 | −37.36 | −213.70 |
| 10 : CHO | 232.70 | – | 128.00 | 0.00 | −110.30 |
| 11 : CCOO | 200.80 | −36.72 | 372.20 | 185.10 | 0.00 |
| 12 : $CH_2O$ | −314.70 | – | 191.10 | −7.84 | 461.30 |
| 13 : $CNH_2$ | −330.40 | – | – | – | – |
| 14 : $ACNH_2$ | −367.80 | −253.10 | −450.30 | – | −294.80 |
| 15 : CCN | 242.80 | – | −287.50 | – | −266.60 |
| 16 : COOH | −66.17 | – | −297.80 | – | −256.30 |
| 17 : CCl | 698.24 | – | 286.28 | −47.51 | 35.38 |
| 18 : $CCl_2$ | 708.70 | – | 423.20 | – | −132.95 |
| 19 : $CCl_3$ | 826.76 | – | 552.10 | 242.80 | 176.45 |
| 20 : $CCl_4$ | 1201.00 | 10000.00 | 372.00 | – | 129.49 |
| 21 : ACCl | 920.40 | – | 128.10 | – | −246.30 |

Paramètres d'interaction $a_{mk}/K$
relatifs aux groupes fonctionnels (A signifie lié à un aromatique)

| Group | 12 : $CH_2O$ | 13 : $CNH_2$ | 14 : $ACNH_2$ | 15 : CCN | 16 : COOH |
|---|---|---|---|---|---|
| 1 : $CH_2$ | 251,50 | 391,50 | 920,70 | 597,00 | 663,50 |
| 2 : C=C | 214,50 | 240,90 | 749,30 | 336,90 | 318,90 |
| 3 : ACH | 32,14 | 161,70 | 648,20 | 212,50 | 537,40 |
| 4 : $ACCH_2$ | 213,10 | – | 664,20 | 6096,00 | 603,80 |
| 5 : OH | 28,06 | 83,02 | –52,39 | 6,71 | 199,00 |
| 6 : $CH_3OH$ | –128,60 | 359,30 | 489,70 | 36,23 | –289,50 |
| 7 : $H_2O$ | 540,50 | 48,89 | –52,29 | 112,60 | –14,09 |
| 8 : ACOH | – | – | 119,90 | – | – |
| 9 : $CH_2CO$ | –103,60 | – | 6201,00 | 481,70 | 669,40 |
| 10 : CHO | 304,10 | – | – | – | – |
| 11 : CCOO | –235,70 | – | 475,50 | 494,60 | 660,20 |
| 12 : $CH_2O$ | 0,00 | – | – | –18,51 | 664,60 |
| 13 : $CNH_2$ | – | 0,00 | –200,70 | – | – |
| 14 : $ACNH_2$ | – | –15,07 | 0,00 | –281,60 | – |
| 15 : CCN | 38,81 | – | 777,40 | 0,00 | – |
| 16 : COOH | –338,50 | – | – | – | 0,00 |
| 17 : CCl | 225,39 | – | 429,70 | –62,41 | 326,40 |
| 18 : $CCl_2$ | –197,71 | – | 140,80 | 258,60 | 339,60 |
| 19 : $CCl_3$ | –20,93 | – | – | 74,04 | 1346,00 |
| 20 : $CCl_4$ | 113,90 | 261,10 | 898,20 | 491,95 | 689,00 |
| 21 : ACCl | 95,50 | 203,50 | 530,50 | 356,90 | – |

PARAMÈTRES D'INTERACTION $a_{mk}$/K
relatifs aux groupes fonctionnels (A signifie lié à un aromatique)

| Groupe | 17 : CCl | 18 : $CCl_2$ | 19 : $CCl_3$ | 20 : $CCl_4$ | 21 : ACCl |
|---|---|---|---|---|---|
| 1 : $CH_2$ | 35,93 | 53,76 | 24,90 | 104,30 | 321,50 |
| 2 : C=C | 204,60 | 5,89 | −13,99 | −109,70 | 393,10 |
| 3 : ACH | −18,81 | −144,40 | −231,90 | 3,00 | 538,23 |
| 4 : $ACCH_2$ | −114,14 | −111,00 | −12,14 | −141,30 | −126,90 |
| 5 : OH | 75,62 | −112,10 | −98,12 | 143,10 | 287,80 |
| 6 : $CH_3OH$ | −38,32 | −102,54 | −139,35 | −67,80 | 17,12 |
| 7 : $H_2O$ | 325,44 | 370,40 | 353,68 | 497,54 | 678,20 |
| 8 : ACOH | – | – | – | 1827,00 | – |
| 9 : $CH_2CO$ | −191,69 | −284,00 | −354,55 | −39,20 | 174,50 |
| 10 : CHO | 751,90 | – | −483,70 | – | – |
| 11 : CCOO | −34,74 | 108,85 | −209,66 | 54,57 | 629,00 |
| 12 : $CH_2O$ | 301,14 | 137,77 | −154,30 | 47,67 | 66,15 |
| 13 : $CNH_2$ | – | – | – | −99,81 | 68,81 |
| 14 : $ACNH_2$ | 287,00 | −111,00 | – | 882,00 | 287,90 |
| 15 : CCN | 88,75 | −152,70 | −15,62 | −54,86 | 52,31 |
| 16 : COOH | 44,42 | 120,20 | 76,75 | 212,70 | – |
| 17 : CCl | 0,00 | 108,31 | 249,15 | 62,42 | 464,40 |
| 18 : $CCl_2$ | −84,53 | 0,00 | 0,00 | 56,33 | – |
| 19 : $CCl_3$ | −157,10 | 0,00 | 0,00 | −30,10 | – |
| 20 : $CCl_4$ | 11,80 | 17,97 | 51,90 | 0,00 | 475,83 |
| 21 : ACCl | −314,90 | – | – | −255,43 | 0,00 |

**Tableau 9.22** : PARAMÈTRES RELATIFS AU VOLUME et à la SUPERFICIE DES SOUS-GROUPES

$Q_k$ : superficie relative du sous-groupe; $R_k$ : volume du sous-groupe; A signifie lié à un aromatique

| Groupe principal | Sous-groupe | $k$ | $R_k$ | $Q_k$ | Exemples |
|---|---|---|---|---|---|
| 1 : $CH_2$ | $CH_3$ | 1 | 0,9011 | 0,848 | *n*-Butane : 2 $CH_3$ ; 2 $CH_2$ |
| | $CH_2$ | 2 | 0,6744 | 0,540 | *i*-Butane : 3 $CH_3$ ; 1 CH |
| | CH | 3 | 0,4469 | 0,228 | 2,2-Diméthylpropane : |
| | C | 4 | 0,2195 | 0,000 | 4 $CH_3$ ; 1 C |
| 2 : C=C | $CH_2$=CH | 5 | 1,3454 | 1,176 | Hex-1-ène : |
| | CH=CH | 6 | 1,1167 | 0,867 | 1 $CH_3$ ; 3 $CH_2$ ; 1 $CH_2$=CH |
| | $CH_2$=C | 7 | 1,1173 | 0,988 | Hex-2-ène : |
| | CH=C | 8 | 0,8886 | 0,676 | 2 $CH_3$ ; 2 $CH_2$ ; 1 CH=CH |
| | C=C | 9 | 0,6605 | 0,485 | |
| 3 : ACH | ACH | 10 | 0,5313 | 0,400 | Benzène : 6 ACH |
| | AC | 11 | 0,3652 | 0,120 | Naphtalène : 8 CH ; 2 AC |
| 4 : $ACCH_2$ | $ACCH_3$ | 12 | 1,2663 | 0,968 | Toluène : 5 ACH ; 1 $ACCH_3$ |
| | $ACCH_2$ | 13 | 1,0396 | 0,660 | Éthylbenzène : |
| | ACCH | 14 | 0,8121 | 0,348 | 1 $CH_3$ ; 5 ACH ; 1 $ACCH_2$ |
| 5 : OH | OH | 15 | 1,0000 | 1,200 | Éthanol : 1 $CH_3$ ; 1 $CH_2$ ; 1 OH |
| 6 : $CH_3OH$ | $CH_3OH$ | 16 | 1,4311 | 1,432 | Méthanol : 1 $CH_3OH$ |
| 7 : $H_2O$ | $H_2O$ | 17 | 0,9200 | 1,400 | Eau : 1 $H_2O$ |
| 8 : ACOH | ACOH | 18 | 0,8952 | 0,680 | Hydroxybenzène : 5 ACH ; 1 ACOH |

Superficie relative $Q_k$ et volume $R_k$ des sous-groupes; A signifie lié à un aromatique

| Groupe principal | Sous-groupe | $k$ | $R_k$ | $Q_k$ | Exemples |
|---|---|---|---|---|---|
| 9 : $CH_2CO$ | $CH_3CO$<br>$CH_2CO$ | 19<br>20 | 1,6724<br>1,4457 | 1,488<br>1,180 | Propanone : 1 $CH_3CO$ ; 1 $CH_3$<br>Pentan-3-one :<br>2 $CH_3$ ; 1 $CH_2CO$ ; $CH_2$ |
| 10 : CHO | CHO | 21 | 0,9980 | 0,948 | Propanol :<br>$1\,CH_3$ ; $1\,CH_2$ ; $1\,CHO$ |
| 11 : CCOO | $CH_3COO$<br>$CH_2COO$ | 22<br>23 | 1,9031<br>1,6764 | 1,728<br>1,420 | Éthanoate de méthyle :<br>2 $CH_3$ ; 1 $CH_2COO$ |
| 12 : $CH_2O$ | $CH_3O$<br>$CH_2O$<br>CHO | 24<br>25<br>26 | 1,1450<br>0,9183<br>0,6908 | 1,088<br>0,780<br>0,468 | Éthoxyéthane :<br>2 $CH_3$ ; 1 $CH_2$ ; 1 $CH_2O$ |
| 13 : $CNH_2$ | $CH_3NH_2$<br>$CH_2NH_2$<br>$CHNH_2$ | 27<br>28<br>29 | 1,5959<br>1,3692<br>1,1417 | 1,544<br>1,236<br>0,924 | Éthanamine :<br>1 $CH_3$ ; 1 $CH_2NH_2$ |
| 14 : $ACNH_2$ | $ACNH_2$ | 30 | 1,0600 | 0,816 | Aminobenzène :<br>5 ACH ; 1 $ACNH_2$ |
| 15 : CCN | $CH_3CN$<br>$CH_2CN$ | 31<br>32 | 1,8701<br>1,6434 | 1,724<br>1,416 | Propanenitrile :<br>1 $CH_3$ ; 1 $CH_2CN$ |
| 16 : COOH | COOH<br>HCOOH | 33<br>34 | 1,3013<br>1,5280 | 1,224<br>1,532 | Acide éthanoïque :<br>1 $CH_3$ ; 1 COOH |

Superficie relative $Q_k$ et volume $R_k$ des sous-groupes; A signifie lié à un aromatique

| Groupe principal | Sous-groupe | $k$ | $R_k$ | $Q_k$ | Exemples |
|---|---|---|---|---|---|
| 17 : CCl | $CH_2Cl$<br>CHCl<br>CCl | 35<br>36<br>37 | 1,4654<br>1,2380<br>1,0106 | 1,264<br>0,952<br>0,724 | 1-Chloropentane :<br>1 $CH_3$ ; 3 $CH_2$ ; 1 $CH_2Cl$ |
| 18 : $CCl_2$ | $CH_2Cl_2$<br>$CHCl_2$<br>$CCl_2$ | 38<br>39<br>40 | 2,2564<br>2,0606<br>1,8016 | 1,998<br>1,684<br>1,448 | 1,1-Dichloropropane :<br>1 $CH_3$ ; 1 $CH_2$ ; 1 $CHCl_2$ |
| 19 : $CCl_3$ | $CHCl_3$<br>$CCl_3$ | 41<br>42 | 2,8700<br>2,6401 | 2,410<br>2,184 | 1,1,1-Trichloropropane :<br>1 $CH_3$ ; 1 $CH_2$ ; 1 $CCl_3$ |
| 20 : $CCl_4$ | $CCl_4$ | 43 | 3,3900 | 2,910 | Tétrachlorométhane : 1 $CCl_4$ |
| 21 : ACCl | ACCl | 44 | 1,1562 | 0,844 | 1,2-Dichlorobenzène :<br>4 ACH ; 2 ACCl |

**Exemple.** Soit le mélange binaire :

(1) Méthanol : $CH_3 - OH$, $x_1 = 0,5$

(2) Propanone : $CH_3 - CO - CH_3$, $x_2 = 0,5$

Comment calculer les coefficients d'activité $\gamma_1$ et $\gamma_2$ à 300 K ?

On commence par établir la liste des paramètres relatifs aux sous-groupes à l'aide du tableau 9.22 :

| Groupe | $k$ | $R_k$ | $Q_k$ | $\nu_k^{(1)}$ | $\nu_k^{(2)}$ |
|---|---|---|---|---|---|
| $CH_3$ | 1 | 0,9011 | 0,848 | 0 | 1 |
| $CH_3CO$ | 19 | 1,6724 | 1,488 | 0 | 1 |
| $CH_3OH$ | 16 | 1,4311 | 1,432 | 1 | 0 |

Puis on calcule les divers coefficients présentés dans les équations 9.21 :

$$r_i = \sum_k \nu_k^{(i)} R_k \quad \mapsto \quad r_1 = 1,4311$$

$$\mapsto \quad r_2 = 0,9011 + 1,6724 = 2,5735$$

$$q_i = \sum_k \nu_k^{(i)} Q_k \quad \mapsto \quad q_1 = 1,432$$

$$\mapsto \quad q_2 = 0,848 + 1,488 = 2,336$$

$$J_i = \frac{r_i}{\sum_j r_j x_j} \quad \mapsto \quad J_1 = \frac{1,4311}{1,4311\,(0,5) + 2,5735\,(0,5)} = 0,7148$$

$$\mapsto \quad J_2 = \frac{2,5735}{1,4311\,(0,5) + 2,5735\,(0,5)} = 1,2850$$

$$L_i = \frac{q_i}{\sum_j q_j x_j} \quad \mapsto \quad L_1 = \frac{1,432}{1,432\,(0,5) + 2,336\,(0,5)} = 0,760$$

$$\mapsto \quad L_2 = \frac{2,336}{1,432\,(0,5) + 2,336\,(0,5)} = 1,240$$

$$G_{ki} = \nu_k^{(i)} Q_k \quad \mapsto \quad G_{1,1} = 1\,(0) \quad , G_{1,2} = 1\,(0,848)$$

$$G_{19,1} = 0 \quad , G_{19,2} = 1\,(1,488)$$

$$G_{16,1} = 1\,(1,432) \quad , G_{16,2} = 0$$

$$\theta_k = \sum_{ki} G_{ki} x_i \quad \mapsto \quad \theta_1 = 0\,(0,5) + 0,848\,(0,5) = 0,424$$

$$\mapsto \quad \theta_{19} = 0\,(0,5) + 1,488\,(0,5) = 0,744$$

$$\mapsto \quad \theta_{16} = 1,432\,(0,5) + 0\,(0,5) = 0,716$$

Les paramètres d'interaction sont repris du tableau 9.21 :

$$\begin{array}{lll} a_{1,1} = 0 & a_{1,19} = 476,40 & a_{1,16} = 697,20 \\ a_{19,1} = 26,76 & a_{19,19} = 0 & a_{19,16} = 108,65 \\ a_{16,1} = 16,51 & a_{16,19} = 23,39 & a_{16,16} = 0 \end{array}$$

$$\tau_{mk} = \exp\big[-\frac{a_{mk}}{T}\big]$$

$$\begin{array}{lll} \tau_{1,1} = 1 & \tau_{1,19} = \exp[-1,588] & \tau_{1,16} = \exp[-2,324] \\ \tau_{19,1} = \exp[-0,0892] & \tau_{19,19} = 1 & \tau_{19,16} = \exp[-0,362] \\ \tau_{16,1} = \exp[-0,055] & \tau_{16,19} = \exp[-0,078] & \tau_{16,16} = 1 \end{array}$$

$$\begin{aligned} s_{ki} &= \textstyle\sum_m \tau_{mk} G_{mi} \\ s_{1,1} &= \tau_{1,1}G_{1,1} + \tau_{19,1}G_{19,1} + \tau_{16,1}G_{16,1} \\ &= 0 + 0 + 0,9465\,(1,432) = 1,3554 \\ s_{19,1} &= \tau_{1,19}G_{1,1} + \tau_{19,19}G_{19,1} + \tau_{16,19}G_{16,1} \\ &= 0 + 0 + 0,925\,(1,432) = 1,3245 \\ s_{16,1} &= \tau_{1,16}G_{1,1} + \tau_{19,16}G_{19,1} + \tau_{16,16}G_{16,1} \\ &= 0 + 0 + 1\,(1,432) = 1,432 \\ s_{1,2} &= \tau_{1,1}G_{1,2} + \tau_{19,1}G_{19,2} + \tau_{16,1}G_{16,2} \\ &= 1\,(0,848) + 0,9147\,(1,488) + 0 = 2,2091 \\ s_{19,2} &= \tau_{1,19}G_{1,2} + \tau_{19,19}G_{19,2} + \tau_{16,19}G_{16,2} \\ &= 0,2043\,(0,848) + 1\,(1,488) + 0 = 1,6612 \\ s_{16,2} &= \tau_{1,16}G_{1,2} + \tau_{19,16}G_{19,2} + \tau_{16,16}G_{16,2} \\ &= 0,0979\,(0,848) + 0,6963\,(1,488) + 0 = 1,1191 \end{aligned}$$

$$\begin{aligned} \eta_k &= \textstyle\sum_i s_{ki} x_i \\ \eta_1 &= s_{1,1}x_1 + s_{1,2}x_2 = 1,7822 \\ \eta_{19} &= s_{19,1}x_1 + s_{19,2}x_2 = 1,4929 \\ \eta_{16} &= s_{16,1}x_1 + s_{16,2}x_2 = 1,2756 \end{aligned}$$

À présent, il est possible de calculer les coefficients d'activité; le terme combinatoire donne :

$$\begin{aligned} \ln \gamma_i^{\mathrm{cb}} &= 1 - J_i + \ln J_i - 5\,q_i\big(1 - \frac{J_i}{L_i} + \ln\big[\frac{J_i}{L_i}\big]\big) \\ \ln \gamma_1^{\mathrm{cb}} &= 1 - 0,7148 - 0,3358 - 5\,(1,432)\big(1 - 0,9405 - 0,0613\big) \\ \ln \gamma_1^{\mathrm{cb}} &= -0,0374 \\ \ln \gamma_2^{\mathrm{cb}} &= 1 - 1,2850 + 0,2508 - 5\,(2,336)\big(1 - 1,0363 + 0,0356\big) \\ \ln \gamma_2^{\mathrm{cb}} &= -0,0267 \end{aligned}$$

Le terme résiduel donne :

$$\begin{aligned}
\ln \gamma_i^{\text{rs}} &= q_i\,(1-\ln L_i) - \textstyle\sum_k \left(\theta_k \frac{s_{ki}}{\eta_k} - G_{ki} \ln\left[\frac{s_{ki}}{\eta_k}\right]\right) \\
\ln \gamma_1^{\text{rs}} &= 1,432\,(1+0,2744) - \Big(0,424\,\frac{1,3554}{1,7823} - 0 \\
&\quad +0,744\,\frac{1,3245}{1,4929} - 0 + 0,716\,\frac{1,432}{1,2756} - 1,432\,(0,1156)\Big) \\
\ln \gamma_1^{\text{rs}} &= 0,2043 \\
\ln \gamma_2^{\text{rs}} &= 2,336\,(1+0,2151) - \Big(0,424\,\frac{2,2091}{1,7823} - 0,848\,(0,2147) + \\
&\quad +0,744\,\frac{1,6612}{1,4929} - 1,488\,(0,6068) + 0,716\,\frac{1,1191}{1,2756} - 0\Big) \\
\ln \gamma_2^{\text{rs}} &= 0,1929
\end{aligned}$$

L'expression reliant les termes combinatoires et résiduels aboutit à :

$$\begin{aligned}
\ln \gamma_i &= \ln \gamma_i^{\text{rs}} + \ln \gamma_i^{\text{cb}} \\
\mapsto \quad \gamma_1 &= 1,18 \\
\mapsto \quad \gamma_2 &= 1,18
\end{aligned}$$

Ainsi, à 300 K, le mélange binaire méthanol ($x = 0,5$)/propanone ($x = 0,5$) est caractérisé par les coefficients d'activité :

$$\boxed{\gamma(\text{méthanol}) = 1,18 \quad \text{and} \quad \gamma(\text{propanone}) = 1,18}$$

# 10 Cinétique chimique

**Vous trouverez dans ce chapitre :**

- les équations de vitesse pour :
  - — des réactions irréversibles (tableau 10.2);
  - — des réactions réversibles (tableau 10.3);
- des données cinétiques pour :
  - — des réactions de réarrangement d'ordre 1 (tableau 10.4);
  - — des réactions de décomposition (tableaux 10.5 et 10.6);
  - — des réactions radicalaires (tableau 10.7);
  - — des réactions d'addition (tableau 10.8);
  - — des réactions de substitution (tableau 10.9).

**Vous trouverez au chapitre 8 :**

- les données thermodynamiques relatives aux éléments et composés chimiques.

## 10.1 Équations de vitesse

| | |
|---|---|
| Avancement molaire d'une réaction $\xi$ : | $\mathrm{d}\xi = \frac{1}{\nu_i}\,\mathrm{d}n_i \mapsto n_i = n_{i,0} + \nu_i \xi$ |
| Vitesse de conversion $\Re$ : | $\Re = \frac{\mathrm{d}\xi}{\mathrm{d}t}$ |
| Avancement intensif d'une réaction $x$ : | $\mathrm{d}x = \frac{1}{\nu_i}\,\mathrm{d}c_i \mapsto c_i = c_{i,0} + \nu_i x$ |
| Vitesse d'une réaction $r_\mathrm{V}$ : | $r_\mathrm{V} = \frac{\Re}{V} = \frac{1}{\nu_i}\frac{\mathrm{d}c_i}{\mathrm{d}t} + \frac{c_i}{\nu_i}\frac{\mathrm{d}V}{V\mathrm{d}t}$ |
| Équation empirique de la vitesse : | $r_\mathrm{V} = k(T) \cdot f(c)$ |
| Équation d'Arrhenius : | $k(T) = k_0 \exp\left[-\frac{E_\mathrm{A}}{RT}\right]$<br>$E_\mathrm{A}$ : énergie d'activation<br>$k_0$ : facteur de fréquence |
| Fonction des concentrations : | $f(c) = \prod_i c_i^{n(i)}$<br>$n(i)$ : ordre du composé $i$ |
| Demi-vie : | Définie comme étant le temps $t_{1/2}$ requis pour que la concentration initiale d'un réactif tombe à la moitié de sa valeur. |

L'**ordre** d'une réaction chimique est un exposant formel concernant l'expression des concentrations [f(c)]. Il n'a rien à voir avec la stœchiométrie de ladite réaction. Il existe deux méthodes expérimentales permettant de déterminer l'ordre d'une réaction : les méthodes *intégrales* et *différentielles* de LAIDLER (1987) et JAKUBITH (1991).

La **molécularité** d'une réaction chimique dépend du nombre de réactifs qui se combinent pour former l'état de transition. Ce n'est que dans le cas des **réactions élémentaires** que l'ordre est identique à la molécularité.

**Tableau 10.1** : EXPRESSIONS DE LA DEMI-VIE pour divers ordres de réactions

| | | |
|---|---|---|
| ordre 1 : | $r_\mathrm{V} = k\,c_\mathrm{A}$ | $t_{1/2} = \ln 2/k$ |
| ordre 2 : | $r_\mathrm{V} = k\,c_\mathrm{A}\,c_\mathrm{B}$ | $t_{1/2} = 1/(k\,c_{\mathrm{A},0})$ |
| ordre 3 : | $r_\mathrm{V} = k\,c_\mathrm{A}\,c_\mathrm{B}\,c_\mathrm{C}$ | $t_{1/2} = 3/(2\,k\,c_{\mathrm{B},0}\,c_{\mathrm{C},0})$ |

**Tableau 10.2** : ÉQUATIONS DE VITESSE pour des réactions irréversibles

| Stœchiométrie | Ordre | Équation de vitesse |
|---|---|---|
| $A \xrightarrow{k}$ Produits | $\frac{1}{2}$ | $\frac{dx}{dt} = k\,(c_{A,0} - x)^{1/2}$ <br> $\mapsto kt = 2\left[c_{A,0}^{1/2} - (c_{A,0} - x)^{1/2}\right]$ |
| $A \xrightarrow{k}$ Produits | 1 | $\frac{dx}{dt} = k\,(c_{A,0} - x)$ <br> $\mapsto kt = \ln\left[\frac{c_{A,0}}{c_{A,0} - x}\right]$ |
| $A \xrightarrow{k}$ Produits | $\frac{3}{2}$ | $\frac{dx}{dt} = k\,(c_{A,0} - x)^{3/2}$ <br> $\mapsto kt = 2\left[\frac{1}{(c_{A,0} - x)^{1/2}} - \frac{1}{c_{A,0}^{1/2}}\right]$ |
| $A \xrightarrow{k}$ Produits | 2 | $\frac{dx}{dt} = k\,(c_{A,0} - x)^2$ <br> $\mapsto kt = \frac{2}{c_{A,0}(c_{A,0} - x)}$ |
| $A + 2\,B \xrightarrow{k}$ Produits | 2 | $\frac{dx}{dt} = k\,(c_{A,0} - x)(c_{B,0} - 2x)$ <br> $\mapsto kt = \frac{1}{(2\,c_{A,0} - C_{B,0})}\ln\left[\frac{c_{B,0}(c_{A,0} - x)}{c_{A,0}(c_{B,0} - 2x)}\right]$ |
| $2\,A + B \xrightarrow{k}$ Produits | 2 | $\frac{dx}{dt} = k\;(c_{A,0} - 2x)(c_{B,0} - x)$ <br> $\mapsto kt = \frac{1}{(c_{A,0} - 2c_{B,0})}\ln\left[\frac{c_{B,0}(c_{A,0} - x)}{c_{A,0}(c_{B,0} - 2x)}\right]$ |
| $A \xrightarrow{k}$ Produits | n | $\frac{dx}{dt} = k\;(c_{A,0} - x)^n$ <br> $\mapsto kt = \frac{1}{(n-1)}\left[\frac{1}{(c_{A,0} - x)^{n-1}} - \frac{1}{c_{A,0}^{n-1}}\right]$ |

La mise en graphique du membre de droite de l'équation de vitesse en fonction du temps $t$ permet d'évaluer la constante de vitesse $k$ d'après la pente de la droite obtenue. L'avancement intensif de la réaction $x$ peut être éliminé de l'expression grâce à la relation $\nu_i\,x = c_i - c_{i,0}$.

**Tableau 10.3** : ÉQUATIONS DE VITESSE pour des réactions réversibles

| Stœchiométrie | Ordre sens aller ./. retour | Équation de vitesse |
|---|---|---|
| $A \overset{k_1, k_{-1}}{\rightleftharpoons} Z$ | 1./.1 | $\frac{dx}{dt} = k_1\,(c_{A,0} - x) - k_{-1}x$<br>$\mapsto k_1 t = \frac{x_{éq}}{c_{A,0}}\,\ln\left[\frac{x_{éq}}{x_{éq} - x}\right]$ |
| $2\,A \overset{k_1, k_{-1}}{\rightleftharpoons} Z$ | 1./.1 | $\frac{dx}{dt} = k_1\,(c_{A,0} - x) - k_{-1}\left(\frac{x}{2}\right)$<br>$\mapsto k_1 t = \frac{x_{éq}}{c_{A,0}}\,\ln\left[\frac{x_{éq}}{x_{éq} - x}\right]$ |
| $A \overset{k_1, k_{-1}}{\rightleftharpoons} 2\,Z$ | 1./.1 | $\frac{dx}{dt} = k_1\,\left(c_{A,0} - \frac{x}{2}\right) - k_{-1}x$<br>$\mapsto k_1 t = \frac{x_{éq}}{c_{A,0}}\,\ln\left[\frac{x_{éq}}{x_{éq} - x}\right]$ |
| $A \overset{k_1, k_{-1}}{\rightleftharpoons} Y + Z$ | 1./.2 | $\frac{dx}{dt} = k_1\,(c_{A,0} - x) - k_{-1}x^2$<br>$\mapsto k_1 t = \frac{x_{éq}}{2\,c_{a,0}/ - x_{éq}}\,\ln\left[\frac{c_{A,0}x_{éq} + x(c_{A,0} - x_{éq})}{c_{A,0}(x_{éq} - x)}\right]$ |
| $A + B \overset{k_1, k_{-1}}{\rightleftharpoons} Z$ | 2./.1 | $\frac{dx}{dt} = k_1\,(c_{A,0} - x)^2 - k_{-1}x$<br>$\mapsto k_1 t = \frac{x_{éq}}{c_{A,0}^2 - x_{éq}^2}\,\ln\left[\frac{x_{éq}(c_{A,0}^2 - x_{éq})}{c_{A,0}^2(x_{éq} - x)}\right]$ |
| $A + B \overset{k_1, k_{-1}}{\rightleftharpoons} Y + Z$ | 2./.2 | $\frac{dx}{dt} = k_1\,(c_{A,0} - x)^2 - k_{-1}x^2$<br>$\mapsto k_1 t = \frac{x_{éq}}{2\,c_{A,0}(c_{A,0} - x_{éq})}\,\ln\left[\frac{x(c_{A,0} - 2\,x_{éq}) + c_{A,0}x_{éq}}{c_{A,0}(x_{éq} - x)}\right]$ |
| $2\,A \overset{k_1, k_{-1}}{\rightleftharpoons} Y + Z$ | 2./.2 | $\frac{dx}{dt} = k_1\,(c_{A,0} - x)^2 - k_{-1}\left(\frac{x}{2}\right)^2$<br>$\mapsto k_1 t = \frac{x_{éq}}{2\,c_{A,0}(c_{A,0} - x_{éq})}\,\ln\left[\frac{x(c_{A,0} - 2\,x_{éq}) + c_{A,0}x_{éq}}{c_{A,0}(x_{éq} - x)}\right]$ |

On suppose que les concentrations des réactifs et des produits sont stœchiométriques. L'avancement de la réaction à l'équilibre $x_{éq}$ peut être éliminé dans le cas d'une réaction d'ordre 1, en faisant appel à la condition d'équilibre :

$$k_1(c_{A,0} - x_{éq}) - k_{-1}x_{éq} = 0 \mapsto x_{éq} = k_1 c_{A,0}/(k_1 + k_{-1}).$$

Les situations d'ordre supérieur peuvent être traitées d'une manière analogue.

## 10.2 Données cinétiques

**Tableau 10.4** : DONNÉES CINÉTIQUES
relatives à des réactions de réarrangement d'ordre 1

($E_A$ est l'énergie d'activation, exprimée en kJ mol$^{-1}$)

| Réaction | $E_A$ | log $k_0$ | $\vartheta$/°C |
|---|---|---|---|
| Cyclopropane → propène | 256 | 14,1 | 495±25 |
| *cis*-But-2-ène → *trans*-but-2-ène | 260 | 13,6 | 440±30 |
| Cyclobutène → buta-1,3-diène | 128 | 11,6 | 155±25 |
| *trans*-1,2-Diméthylcyclopropane → *cis*-pent-2-ène | 266 | 14,4 | 455±20 |
| *trans*-1,2-Diméthylcyclopropane → *trans*-pent-2-ène | 263 | 14,3 | 455±20 |
| *rac*-1,2-Diméthylcyclopropane → 2-méthylbut-1-ène | 259 | 13,9 | 455±20 |
| *rac*-1,2-Diméthylcyclopropane → 2-méthylbut-2-ène | 261 | 14,1 | 455±20 |
| *cis*-1,2-Diméthylcyclopropane → *trans*-1,2-diméthylcyclopropane | 249 | 15,2 | 415±35 |
| 1,1-Diméthylcyclopropane → 2-méthylbut-2-ène | 266 | 15,3 | 460±20 |
| 1-Méthylcyclobutène → 2-méthylbuta-1,3-diène | 147 | 13,8 | 175±25 |
| 3-Méthylcyclobutène → *trans*-penta-1,3-diène | 132 | 13,5 | 135±25 |
| *cis*-1,2-Diméthylcyclobutane → *trans*-1,2-diméthycyclobutane | 251 | 14,8 | 405±25 |
| *trans*-1,2-Diméthylcyclobutane → *cis*-1,2-diméthylcyclobutane | 256 | 14,6 | 415±25 |
| *cis*-1,2,3-Triméthylcyclopropane → *trans*-1,2,3-triméthylcyclopropane | 255 | 15,8 | 425±25 |
| 1-Éthylcyclobutène → 2-éthylbuta-1,3-diène | 146 | 13,8 | 170±20 |
| 1,3-Diméthylcyclobutène → *trans*-2-méthylpenta-1,3-diène | 138 | 13,6 | 150±25 |
| 1,4-Diméthylcyclobutène → *trans*-3-méthylpenta-1,3-diène | 140 | 13,5 | 160±20 |
| *cis*-Hexa-1,3,5-triène → cyclohexa-1,3-diène | 125 | 11,8 | 155±35 |
| Hepta-1,5-diène → 3-méthylhexa-1,5-diène | 137 | 9,1 | 215±35 |
| 3-Méthylhexa-1,5-diène → hepta-1,5-diène | 136 | 9,1 | 215±35 |
| *trans*-1,2-Dichloroéthène → *cis*-1,2-dichloroéthène | 175 | 12,7 | 315±25 |
| Hexafluorobuta-1,3-diène → hexafluorocyclobutène | 148 | 12,0 | 230±40 |
| Hexafluorocyclobutène → hexafluorobuta-1,3-diène | 197 | 14,1 | 230±40 |
| Isocyanure de méthyle → éthanenitrile | 155 | 13,4 | 230±30 |
| *cis*-But-2-ènenitrile → *trans*-but-2-ènenitrile | 217 | 11,0 | 430±130 |

**Tableau 10.5** : DONNÉES CINÉTIQUES
relatives à des réactions inorganiques de décomposition

| Réaction | Ordre | $\frac{E_A}{\text{kJ mol}^{-1}}$ | $\log k_0$ | $\vartheta/^\circ C$ |
|---|---|---|---|---|
| $H_2O_2 \rightarrow H_2O + 1/2\,O_2$ | 2 | 201 | 15,7 | 615±45 |
| $O_3 \rightarrow 3/2\,O_2$ | 2 | 102 | 13,2 | 120±10 |
| $HI \rightarrow 1/\,H_2 + 1/2\,I_2$ | 2 | 183 | 9,3 | 400±120 |
| $HClO_4 \rightarrow 1/2\,Cl_2 + 1/2\,H_2O + 7/2\,O_2$ | 1 | 189 | 13,8 | 345±45 |
| $F_2O \rightarrow F_2 + 1/2\,O_2$ | 2 | 164 | 14,7 | 260±10 |
| $Cl_2O_7 \rightarrow Cl_2 + 7/2\,O_2$ | 1 | 137 | 15,6 | 110±10 |
| $NO_2 \rightarrow NO + 1/2\,O_2$ | 2 | 113 | 9,9 | 560±200 |
| $NOCl \rightarrow NO + 1/2\,Cl_2$ | 2 | 99 | 10,0 | 300±100 |
| Décomposition de $N_2H_4$ | 1 | 210 | 12,5 | 1150±150 |
| $N_2O \rightarrow N_2 + 1/2\,O_2$ | 1 | 222 | 9,9 | 610±50 |
| Décomposition de $Ni(CO)_4$ | 1 | 80 | 13,6 | 60±20 |

**Tableau 10.6** : DONNÉES CINÉTIQUES
relatives à des réactions organiques de décomposition

| Réaction | Ordre | $\frac{E_A}{\text{kJ mol}^{-1}}$ | $\log k_0$ | $\vartheta/^\circ C$ |
|---|---|---|---|---|
| **Hydrocarbures** | | | | |
| $C_2H_6 \rightarrow C_2H_4 + H_2$ | 1 | 321 | 15,7 | 600±50 |
| $C_2H_4 \rightarrow C_2H_2 + H_2$ | 1 | 195 | 8,9 | 1300±250 |
| Pyrolyse de $CH_4$ | 1 | 335 | 12,2 | 920±180 |
| Pyrolyse de $C_2H_4$ | 2 | 172 | 9,3 | 550±40 |
| Pyrolyse de $C_2H_2$ | 2 | 210 | 13,5 | 410±60 |
| Pyrolyse de $C_3H_6$ | 1 | 302 | 13,0 | 780±100 |
| Pyrolyse du butane | 3/2 | 252 | 14,0 | 555±35 |
| Pyrolyse du méthylpropane | 1 | 266 | 14,0 | 555±35 |
| Décomposition du but-1-ène | 1 | 280 | 14,0 | 425±35 |
| Pyrolyse du méthylpropène | 1 | 281 | 12,7 | 730±90 |
| Pyrolyse du diéthyne | 2 | 170 | 13,1 | 825±125 |
| Décomposition du pentane | 1 | 264 | 14,2 | 545±25 |
| Décomposition du 2-méthylbutane | 1 | 294 | 15,6 | 545±25 |
| Décomposition de l'hexane | 1 | 226 | 12,2 | 545±25 |

($E_A$ est l'énergie d'activation, exprimée en kJ $mol^{-1}$).

| Réaction | Ordre | $E_A$ | log $k_0$ | $\vartheta/^\circ C$ |
|---|---|---|---|---|
| Décomposition du 2-méthylpentane | 1 | 200 | 10,2 | 545±25 |
| Décomposition du 3-méthylpentane | 1 | 231 | 12,2 | 545±25 |
| Décomposition du 2,2-diméthylbutane | 1 | 335 | 18,1 | 545±25 |
| Décomposition du 2,3-diméthylbutane | 1 | 231 | 12,0 | 545±25 |
| Décomposition du cyclohexane | 3/2 | 250 | 14,0 | 525±40 |
| Décomposition du méthylcyclopentane | 3/2 | 250 | 13,9 | 525±40 |
| Décomposition du cyclohexène | 1 | 241 | 13,0 | 525±40 |
| Cyclohexène → éthène + butadiène | 1 | 303 | 17,2 | 480±55 |
| Cyclohexène → cyclohexadiène + $H_2$ | 1 | 299 | 16,3 | 480±55 |
| Pyrolyse du benzène | 2 | 168 | 11,0 | 1075±175 |
| Décomposition de l'heptane | 1 | 251 | 13,8 | 545±25 |
| Décomposition du 1,2-diméthylbenzène | 1 | 313 | 13,7 | 785±55 |
| Décomposition du 1,4-diméthylbenzène | 1 | 284 | 12,6 | 1060±125 |
| **Composés halogénés** | | | | |
| Décomposition du monochlorométhane | 1 | 358 | 15,0 | 835±40 |
| Décomposition du monoiodométhane | 1 | 180 | 12,6 | 285±35 |
| Décomposition du tétrachlorométhane | 1 | 231 | 12,3 | 620±70 |
| Chloroéthane → $C_2H_4 + HCl$ | 1 | 250 | 14,2 | 445±45 |
| Bromoéthane → $C_2H_4 + HBr$ | 1 | 225 | 13,5 | 405±25 |
| $CHCl_2 - CH_3 \rightarrow CH_2 = CHCl + HCl$ | 1 | 208 | 12,1 | 405±45 |
| $CH_2Cl - CH_2Cl \rightarrow CH_2 = CHCl + HCl$ | 1 | 197 | 10,8 | 420±60 |
| $CHCl = CHCl \rightarrow CH \equiv Cl + HCl$ | 3/2 | 243 | 15,8 | 420±60 |
| $CCl_3 - CH_3 \rightarrow CCl_2 = CH_2 + HCl$ | 1 | 201 | 12,5 | 390±20 |
| $CH_2ClCH_2CH_3 \rightarrow CH_2 = CHCH_3 + HCl$ | 1 | 231 | 13,5 | 450±30 |
| $CH_3CHClCH_3 \rightarrow CH_2 = CHCH_3 + HCl$ | 1 | 212 | 13,4 | 390±20 |
| $CH_2BrCH_2CH_3 \rightarrow CH_2 = CHCH_3 + HBr$ | 3/2 | 170 | 9,4 | 340±40 |
| $CH_3CHBrCH_3 \rightarrow CH_2 = CHCH_3 + HBr$ | 1 | 200 | 12,4 | 425±75 |
| 1-Chlorobutane → but-1-ène + HCl | 1 | 240 | 14,2 | 450±20 |
| 2-Chlorobutane → but-2-ène + HCl | 1 | 210 | 13,8 | 355±35 |
| 1-Bromobutane → but-1-ène + HBr | 1 | 202 | 13,6 | 400±60 |
| 2-Bromobutane → but-2-ène + HBr | 1 | 185 | 13,0 | 325±25 |
| $BrCH_2CH(CH_3)CH_3 \rightarrow CH_2C(CH_3)CH_3 + HBr$ | 3/2 | 125 | 9,1 | 345±45 |
| $CH_3C(Br)(CH_3)CH_3 \rightarrow CH_2C(CH_3)CH_3 + HBr$ | 1 | 168 | 14,0 | 255±25 |
| Décomposition du chlorobenzène | 1 | 340 | 14,3 | 765±55 |
| Décomposition de l'*o*-dichlorobenzène | 1 | 327 | 14,4 | 735±35 |

($E_A$ est l'énergie d'activation, exprimée en kJ $mol^{-1}$).

| Réaction | Ordre | $E_A$ | $\log k_0$ | $\vartheta/^\circ C$ |
|---|---|---|---|---|
| **Composés oxygénés** | | | | |
| $HCOOH \rightarrow CO_2 + H_2$ | 1 | 127 | 4,8 | 485±45 |
| $HCOOH \rightarrow CO + H_2O$ | 2 | 119 | 7,5 | 485±45 |
| Décomposition de $C_2H_5OH$ | 1 | 194 | 10,0 | 600±20 |
| Décomposition de $CH_3 - O - CH_3$ | 3/2 | 230 | 13,0 | 525±25 |
| Décomposition de $CH_3 - CHO$ | 3/2 | 193 | 10,9 | 515±65 |
| Pyrolyse de l'oxirane (oxyde d'éthylène) | 1 | 230 | 13,2 | 550±40 |
| Pyrolyse de $CH_2 = CO$ | 2 | 150 | 10,0 | 550±40 |
| Décomposition de l'acide éthanoïque | 1 | 160 | 13,4 | 330±50 |
| Décomposition du méthanoate d'éthyle | 1 | 150 | 15,7 | 140±20 |
| $(COOH)_2 \rightarrow HCOOH + CO_2$ | 1 | 125 | 11,9 | 140±15 |
| $CH_3 - O - C_2H_5 \rightarrow 2\,CH_4 + CO$ | 1 | 228 | 12,5 | 510±50 |
| Décomposition de la propanone | 1 | 286 | 14,9 | 580±40 |
| $HCOOC_2H_5 \rightarrow HCOOH + C_2H_4$ | 1 | 185 | 11,3 | 600±50 |
| Décomposition du butanol | 1 | 238 | 12,2 | 600±30 |
| Pyrolyse de l'éthoxyéthane | 1 | 226 | 11,5 | 510±80 |
| Décomposition du méthoxypropane | 1 | 206 | 12,9 | 425±25 |
| Décomposition de la butan-2-one | 1 | 281 | 15,1 | 590±40 |
| Décomposition de l'oxolane (THF) | 3/2 | 222 | 12,1 | 550±20 |
| Cyclobutanone $\rightarrow C_2H_4 + CH_2 = O$ | 1 | 218 | 14,5 | 350±20 |
| $CH_3 - COO - CH_2CH_3 \rightarrow CH_3COOH + C_2H_4$ | 1 | 205 | 12,6 | 550±50 |
| Anhydride éthanoïque $\rightarrow CH_3COOH + CH_2 = O$ | 1 | 145 | 12,0 | 460±180 |
| **Composés azotés** | | | | |
| Décomposition de $CH_2 - N_2$ | 1 | 220 | 16,5 | 375±45 |
| Décomposition de $CH_3 - N_3$ | 1 | 182 | 15,5 | 220±20 |
| Décomposition de $C_2H_5 - N_3$ | 1 | 161 | 14,3 | 220±20 |
| Décomposition de $(CH_3)_2NH$ | 1 | 182 | 9,6 | 495±15 |
| Décomposition de $(CH_3)_2N - NH_2$ | 1 | 120 | 7,8 | 400±50 |
| Décomposition de $CH_3N = NCH_3$ | 1 | 220 | 16,5 | 305±25 |
| Décomposition de $CH_3 - NO_2$ | 1 | 225 | 14,6 | 405±25 |
| Décomposition de $CH_3 - ONO$ | 1 | 153 | 13,2 | 215±25 |
| Décomposition de $C_2H_5 - NO_2$ | 1 | 166 | 10,8 | 360±40 |
| Décomposition de $C_2H_5 - ONO$ | 1 | 158 | 14,0 | 200±40 |
| Décomposition de $C_2H_5 - ONO_2$ | 1 | 159 | 14,7 | 190±20 |

**Tableau 10.7** : DONNÉES CINÉTIQUES
relatives à des réactions radicalaires d'ordre 2

| Réaction | $\frac{E_A}{\text{kJ mol}^{-1}}$ | $\log k_0$ | $\vartheta/^\circ\text{C}$ |
|---|---|---|---|
| $H + H_2 \rightarrow H_2 + H$ | 31,8 | 10,6 | $> 10$ |
| $H + D_2 \rightarrow HD + H$ | 39,2 | 10,7 | 650±70 |
| $H + CH_4 \rightarrow H_2 + CH_3$ | 49,8 | 11,1 | 130±30 |
| $H + C_2H_6 \rightarrow H_2 + C_2H_5$ | 38,1 | 10,9 | $> 80$ |
| $H + O_2 \rightarrow HO + O$ | 70,3 | 10,4 | $> 250$ |
| $H + H_2O \rightarrow H_2 + H$ | 77,0 | 12,0 | $> 1000$ |
| $H + Br_2 \rightarrow HBr + Br$ | 15,5 | 12,0 | $> 170$ |
| $H + HF \rightarrow H_2 + F$ | 146,0 | | |
| $H + HCl \rightarrow H_2 + Cl$ | 15,0 | 10,7 | $> 20$ |
| $H + HBr \rightarrow H_2 + Br$ | 9,0 | 9,1 | $> 170$ |
| $H + HI \rightarrow H_2 + I$ | 3,0 | 9,0 | $> 400$ |
| $F + H_2 \rightarrow HF + H$ | 10,0 | | |
| $F + CH_4 \rightarrow HF + CH_3$ | 8,0 | | |
| $F + C_2H_6 \rightarrow HF + C_2H_5$ | 2,0 | | |
| $Cl + H_2 \rightarrow HCl + H$ | 23,0 | 10,9 | $> 20$ |
| $Cl + CH_4 \rightarrow HCl + CH_3$ | 16,0 | 10,4 | $> -80$ |
| $Cl + C_2H_6 \rightarrow HCl + C_2H_5$ | 4,0 | 10,9 | $> -80$ |
| $Br + H_2 \rightarrow HBr + H$ | 82,4 | 11,4 | 250±50 |
| $Br + CH_4 \rightarrow HBr + CH_3$ | 78,0 | 9,2 | 190±40 |
| $Br + C_2H_6 \rightarrow HBr + C_2H_5$ | 57,0 | 10,9 | $> 60$ |
| $CH_3 + CH_3 \rightarrow C_2H_6$ | 0,0 | 13,3 | 135 |
| $CH_3 + H_2 \rightarrow CH_4 + H$ | 51,0 | 9,5 | 210±80 |
| $CH_3 + D_2 \rightarrow CH_3D + D$ | 53,1 | 9,3 | 210±80 |
| $CH_3 + CH_4 \rightarrow CH_4 + CH_3$ | 62,0 | 8,8 | 275±75 |
| $CH_3 + C_2H_6 \rightarrow CH_4 + C_2H_5$ | 50,6 | 9,3 | 200±90 |
| $CH_3 + C^*H_2\,O\,C^*H_2 \rightarrow CH_4 + C^*H\,O\,C^*H_2$ | 37,8 | | |
| $CH_3 + C_2H_4 \rightarrow CH_2CH_2CH_3$ | 29.4 | | 210±70 |
| $CH_3 + C_4H_{10} \rightarrow CH_4 + C_4H_9$ | 34,8 | | 160±40 |
| $CH_3 + C_3H_8 \rightarrow CH_4 + C_3H_7$ | 34,0 | | |
| $CH_3 + C_3H_6 \rightarrow CH_2(CH_2)_2CH_3$ | 25,2 | | |
| $CH_3 + CH(CH_3)_3 \rightarrow CH_4 + C(CH_3)_3$ | 34,3 | 8,5 | |
| $CH_3 + CH_3\,CO\,CH_3 \rightarrow CH_4 + CH_2\,CO\,CH_3$ | 40,2 | 8,5 | |
| $CH_3 + NO \rightarrow CH_3NO$ | 0,0 | 11,3 | 200 |
| $CF_3 + CF_3 \rightarrow C_2F_6$ | 0,0 | 13,3 | 125 |
| $CF_3 + H_2 \rightarrow CF_3H + H$ | 36,9 | 11,8 | 120±60 |

**Tableau 10.8** : DONNÉES CINÉTIQUES relatives à des réactions d'addition

Lire comme suit : la formation de $COCl_2$ est d'ordre 3/2 par rapport à $Cl_2$ et d'ordre 1 par rapport à CO; l'énergie d'activation, $E_A$, est exprimée en $kJ\,mol^{-1}$.

| Réaction | Ordre | $E_A$ | $\log k_0$ | $\vartheta/^\circ C$ |
|---|---|---|---|---|
| $H_2 + C_2H_4 \rightarrow C_2H_6$ | 1./.1 | 180,8 | 9,8 | $510 \pm 40$ |
| $H_2 + C_2H_2 \rightarrow C_2H_4$ | 1./.1 | 176,0 | 11,4 | $520 \pm 20$ |
| $HCl + C_2H_4 \rightarrow C_2H_5Cl$ | 1./.1 | 176,0 | 9,0 | $445 \pm 45$ |
| $HCl + CH_2 = CHCH_3 \rightarrow CH_3CHClCH_3$ | 1./.1 | 138,3 | 7,6 | $390 \pm 20$ |
| $HCl + (CH_3)_2C = CH_2 \rightarrow (CH_3)_3CCl$ | 1./.1 | 120,5 | 8,0 | $170 \pm 80$ |
| $HBr + (CH_3)_2C = CH_2 \rightarrow (CH_3)_3CBr$ | 1./.1 | 94,0 | 7,2 | $170 \pm 80$ |
| $HI + CH_2 = CHCH_3 \rightarrow CH_3CHICH_3$ | 1./.1 | 98,0 | 7,9 | $230 \pm 20$ |
| $HI + (CH_3)_2C = CH_2 \rightarrow (CH_3)_3CI$ | 1./.1 | 75,5 | 6,5 | $220 \pm 20$ |
| $ClO_2 + 1/2\,F_2 \rightarrow FClO_2$ | 1./.1 | 35,6 | 7,6 | $-35 \pm 10$ |
| $1/2\,F_2 + NO_2 \rightarrow NO_2F$ | 1./.1 | 44,0 | 9,2 | $50 \pm 20$ |
| $Cl_2 + 2\,NO \rightarrow 2\,NOCl$ | 1./.2 | 18,9 | 4,4 | $120 \pm 90$ |
| $Cl_2 + CO \rightarrow COCl_2$ | 3/2./.1 | 110,0 | 8,0 | $400 \pm 50$ |
| $Br_2 + CO \rightarrow COBr_2$ | 1./.2 | 6,3 | 4,6 | $5 \pm 10$ |
| $C_2H_4 + CH_2 = CHCH = CH_2 \rightarrow$ cyclohexène | 1./.1 | 118,0 | 7,5 | $570 \pm 80$ |

**Tableau 10.9** : DONNÉES CINÉTIQUES relatives à des réactions de substitution

Se référer aux explications du tableau 10.8; l'énergie d'activation, $E_A$, est exprimée en $kJ\,mol^{-1}$.

| Réaction | Ordre | $E_A$ | $\log k_0$ | $\vartheta/^\circ C$ |
|---|---|---|---|---|
| $H_2 + I_2 \rightarrow 2\,HI$ | 1./.1 | 172,0 | 12,0 | $400 \pm 120$ |
| $H_2 + Ph - CH_3 \rightarrow C_6H_6 + CH_4$ | 1./.1/2 | 223,0 | 10,5 | $825 \pm 125$ |
| $O_2 + N_2 \rightarrow 2\,NO$ | 1./.1 | 540,0 | | $> 4000$ |
| $O_3 + NO \rightarrow NO_2 + O_2$ | 1./.1 | 10,5 | 8,9 | $-60 \pm 15$ |
| $2\,HCl + NO_2 \rightarrow NO + H_2O + Cl_2$ | 1./.1 | 98,0 | 8,6 | $260 \pm 160$ |
| $2\,HBr + NO_2 \rightarrow NO + H_2O + Br_2$ | 1./.1 | 54,5 | 8,0 | $260 \pm 160$ |
| $NO + NO_2Cl \rightarrow NOCl + NO_2$ | 1./.1 | 28,9 | 8,9 | $35 \pm 35$ |
| $NO + N_2O \rightarrow NO_2 + N_2$ | 1./.1 | 209,0 | 14,4 | $700 \pm 50$ |
| $NO_2 + NOCl \rightarrow NO + NO_2Cl$ | 1./.1 | 41,9 | 7,3 | $-5 \pm 15$ |
| $NO_2 + CO \rightarrow NO + CO_2$ | 1./.1 | 132,0 | 10,1 | $360 \pm 90$ |

# 11 Corrosion et résistance

**Vous trouverez dans ce chapitre :**

- l'action corrodante du sol et de l'air (paragraphe 11.1);
- l'action corrodante de divers composés inorganiques (paragraphe 11.2);
- l'action corrodante de divers composés organiques (paragraphe 11.3).

#### INSTRUCTIONS POUR L'UTILISATION DES TABLEAUX

Les données qui suivent s'appliquent à des températures comprises entre 213 et 333 K. Toute évaluation des vitesses de corrosion dépend de facteurs tels que la température, la pression, la vitesse du flux des milieux corrosifs de même que des variations de lumière et d'humidité.

C'est pour ces raisons que les tableaux ci-après ne doivent être considérés que comme des **profils types**. Quant aux nombres, ils ont la signification suivante :

**1 :** le matériau est en général résistant;

**2 :** le matériau résiste dans certaines conditions (température, concentration);

**3 :** le matériau ne résiste que dans une fourchette très limitée de conditions;

**4 :** quelles que soient les conditions, le matériau ne résiste pas.

*Les vitesses de corrosion* (en millimètres par année : $\mathrm{mm\,a^{-1}}$) peuvent se déduire des *vitesses de consommation du matériau* (en grammes par mètre carré et par jour : $\mathrm{g\,m^{-2}\,j^{-1}}$) comme suit :

$$\text{Vitesse de corrosion} = \frac{360 \times \text{vitesse de consommation du matériau}}{\varrho}$$

où $\varrho$ est la masse volumique exprimée en $\mathrm{kg\,m^{-3}}$.

Les nombres 1 à 4 servent à préciser les vitesses de corrosion ou de consommation des *métaux*. La résistance des *matériaux organiques* est indiquée par la *variation du poids* ou dans *une seule dimension*.

| Métaux | Vit. maxi de consom. du mat. $\mathrm{g\,m^{-2}\,j^{-1}}$ | Vit. maxi de corrosion $\mathrm{mm\,a^{-1}}$ |
|---|---|---|
| 1 | 2,4 | 0,1 |
| 2 | 24 | 1,0 |
| 3 | 72 | 2,5 à 3,0 |
| 4 | > 72 | > 3,0 |

| Matériaux organiques | Modif. d'une seule dimension $\mathrm{cm\,m^{-1}}$ (%) | Modif. du poids $\mathrm{10\,g\,kg^{-1}}$ (%) |
|---|---|---|
| 1 | < 1 | < 1,8 |
| 2,3 | 1 à 3 | 1,8 à 6 |
| 4 | > 3 | > 6 |

# 11.1 Action corrodante du sol et de l'air

**Tableau 11.1** : ACTION CORRODANTE de divers types de sols

| Sol | Description | Composition | Corrosivité |
|---|---|---|---|
| Ardoise | Roche | | Non corrosif |
| Argile | Roche érodée | Silicates d'Al | Très corrosif |
| Calcaire | Roches sédiment. | $CaCO_3$ | Non corrosif |
| Glaise | Argile + sable | $Al_2O_3$, $SiO_2$ | Peu corrosif |
| Humus | Sources organiques | Acides humiques | Corrosif |
| Lœss | Sédiment | $Al_2O_3$, $SiO_2$ | Peu corrosif |
| Marais | Vase, argile, tourbe | Sels + acides humiques | Très corrosif |
| Marne | Sédiment | $Al_2O_3$, $SiO_2$, $CaCO_3$ | Peu corrosif |
| Sable | Particules minér. | $SiO_2$ | Non corrosif |
| Tourbe | Sources organiques | Acides humiques | Très corrosif |
| Vase | Argile + humus | $Al_2O_3$ + acid. humiques | Très corrosif |

**Tableau 11.2** : VITESSES DE CONSOMMATION de quelques métaux dans divers sols

| Métal | Vit. cons. dans la glaise / $g\,m^{-2}\,j^{-1}$ | Vit. cons. dans l'argile / $g\,m^{-2}\,j^{-1}$ | Vit. cons. dans un sol marécageux / $g\,m^{-2}\,j^{-1}$ | Vit. cons. dans un sol alcalin / $g\,m^{-2}\,j^{-1}$ |
|---|---|---|---|---|
| Aluminum 99,25% | 0,008 | 0,029 | 0,013 | 0,039 |
| Duralumin (94,23% d'Al, 4,10% de Cu) | | 0,120 | 0,012 | Perforation |
| Alliage Al/Mn (97,75% d'Al, 1,12% de Mn) | 0,032 | 0,017 | 0,018 | 0,026 |
| Laiton | 0,065 | 0,043 | 0,008 | 0,008 |
| Bronze | 0,012 | 0,038 | 0,380 | 0,041 |
| Cuivre | 0,012 | 0,037 | | 0,012 |
| Plomb (à 99,99%) | 0,011 | 0,057 | 0,052 | 0,017 |
| Alliage Pb/Cu (99,93% de Pb, 0,057% de Cu) | 0,031 | 0,150 | 0,064 | 0,074 |
| Plaques de zinc | 0,159 | 0,092 | 0,375 | Perforation |
| Acier | 0,820 | 0,470 | Perforation | Perforation |

#### CORROSION DE L'ACIER DANS L'ATMOSPHÈRE

**Tableau 11.3** : VITESSES DE CORROSION dans l'air de l'acier non allié

| Type d'air | Remarques | Vitesse de corrosion/mm $a^{-1}$ |
|---|---|---|
| rural | champs ouverts | 0,012 à 0,031 |
| rural | forte humidité | 0,038 |
| rural | surfaces régulières | 0,01 à 0,05 |
| rural | fer pur | 0,019 à 0,031 |
| urbain | humidité normale | 0,042 |
| urbain | forte humidité | 1,2 |
| métropolitain | zone résidentielle | 0,05 à 0,10 |
| zone industrielle | acier ordinaire | 0,08 à 0,15 |
| zone industrielle | médiocre qualité | 0,38 |
| zone industrielle | fer pur | 0,075 à 0,078 |
| zone industrielle | acier non allié | 0,056 à 0,069 |
| semi-côtier | | 0,06 à 0,17 |
| côtier | acier ordinaire | 0,029 à 0,058 |
| côtier | condit. défavorables | 0,025 à 0,16 |
| côtier | acier extradoux | 0,11 |
| tropical | canal de Panama | 0,005 |

**Tableau 11.4** : VITESSES DE CONSOMMATION de l'acier dans l'air en fonction de l'humidité relative

| Humidité rel./% | Vitesse de consommation/g Fe $m^{-2}$ $j^{-1}$ |
|---|---|
| 75 | 0,21 |
| 85 | 0,43 |
| 90 | 1,57 |
| 95 | 3,42 |

### CORROSION DANS L'AIR DE L'ACIER RECOUVERT D'UNE COUCHE PROTECTRICE

**Tableau 11.5** : VITESSES DE CORROSION dans l'air de l'acier galvanisé

| Épaisseur de la couche de Zn/mm | Zone industrielle Vit. de cor./mm $a^{-1}$ | Région côtière Vit. de cor./mm $a^{-1}$ |
|---|---|---|
| 0,006 | 0,0131 | 0,0034 |
| 0,006, chromé | 0,0089 | 0,0027 |
| 0,012 | 0,0092 | 0,0023 |
| 0,012, chromé | 0,0081 | 0,0020 |

**Tableau 11.6** : VITESSES DE CORROSION dans l'air de l'acier recouvert d'une couche protectrice de Cd, Ni ou Sn

| Type d'air | Vitesse de corrosion/mm $a^{-1}$ avec couche de Cd | avec couche de Ni | avec couche de Sn |
|---|---|---|---|
| rural | 0,004 | 0,0001 | 0,005 |
| urbain | 0,007 | | |
| industrial | 0,012 | 0,0035 | 0,013 |
| côtier | 0,005 | 0,00013 | 0,019 |

**Tableau 11.7** : VITESSES DE CORROSION dans l'air de l'acier ayant subi divers traitements de surface

| Traitement | Vitesse de corrosion/mm $a^{-1}$ zone rurale | zone industrielle | région côtière |
|---|---|---|---|
| Aucun | 0,050 | 0,325 | 0,350 |
| Acier avec apprêt | 0,025 | 0,150 | 0,325 |
| Acier galvanisé avec apprêt | 0,010 | 0,023 | 0,075 |
| Acier galvanisé, avec apprêt et revêtement | 0,0025 | 0,010 | 0,025 |

**Tableau 11.8** : EFFETS PROTECTEURS de divers apprêts quant à la corrosion dans l'air de l'acier

| Matériau | Apprêt | Épais. couche / $10^{-6}$ m | Efficacité |
|---|---|---|---|
| Acier | chromate de Zn + apprêt | 18 | Bonne |
| Acier | chromate de Zn + apprêt | 85 | Bonne |
| Acier | oxyde de Fe + vernis nitré | 30 | Médiocre |
| Fonte polie | oxyde de Fe + vernis nitré | 86 | Bonne |
| Fonte non polie | chromate de Zn + apprêt | 26 | Médiocre |

#### CORROSION DANS L'AIR D'AUTRES MÉTAUX

**Tableau 11.9** : VITESSES DE CORROSION dans l'air du laiton et du plomb

| Type d'air | Vitesse de corrosion/mm $a^{-1}$ | |
|---|---|---|
| | Laiton | Plomb |
| rural | | 0,00025 à 0,00063 |
| urbain | 0,002 | 0,00054 |
| industriel | 0,003 à 0,008 | 0,00040 à 0,00065 |
| côtier | 0,001 à 0,002 | 0,00040 à 0,00055 |
| tropical | | 0,0013 à 0,0019 |

**Tableau 11.10** : VITESSES DE CORROSION dans l'air de l'aluminium et du duralumin

| Type d'air | Vitesse de corrosion/mm $a^{-1}$ | |
|---|---|---|
| | Aluminium | Duralumin |
| rural | 0,007 | 0,015 |
| urbain | 0,011 | 0,017 |
| industriel | 0,013 | |
| fortement industriel | 0,022 | |
| côtier | 0,009 | |

**ACTION CORRODANTE DU SOL ET DE L'AIR**

1 : résistant, 2 : assez résistant, 3 : résistance très limitée, 4 : non résistant.

**Tableau 11.11** : RÉSISTANCE vis-à-vis de la corrosion par le sol ou par l'air

| Matériau | Sol | Air | Matériau | Sol | Air |
|---|---|---|---|---|---|
| **Métaux :** | | | **Non Métaux :** | | |
| Acier chromé ferrit. aust. | 1 | 1 | Carbures | | 1 |
| Acier Cr/Ni austénit. | 1-2 | 1 | Céramiques | | 1 |
| Acier Cr/Ni/Mo austénit. | 1 | 1 | Émail | 1 | 1 |
| Acier ferrit. > 12% Cr | 1-4 | 1-2 | Grès cérame | 1-2 | 1 |
| Acier, non allié | 1-4 | 2-3 | Mortier | 2-4 | 1 |
| Alliages Cu/Al | | 1 | Nitrures | | 1 |
| Alliages Cu/Ni | 1-3 | 1 | Porcelaine | 1 | 1 |
| Alliages Cu/Sn | 1-3 | 1 | Verre | 1 | 1-2 |
| Alliages Cu/Zn | 1-3 | 1-2 | | | |
| Alliages d'Al | 1-4 | 1 | **Comp. organiques :** | | |
| Alliages de Ag | 1-4 | 1-2 | Bitume | 1-3 | 1 |
| Alliages de Au | 1 | 1 | Bois | 2-4 | 2-3 |
| Alliages de Cd | 2-4 | 1 | Cellulose, modif. | 1 | 1-2 |
| Alliages de Co | | 1 | Cires | 1-3 | 2 |
| Alliages de Cr | 1-3 | 1 | Coton | 2-4 | 1-2 |
| Alliages de Mg | 2-4 | 1-2 | Graisses | 1-3 | 2 |
| Alliages de Pb | 1-4 | 1 | Laine | 2-4 | 1-2 |
| Alliages de Pt | 1 | 1 | Polyacétals | 2 | 2-3 |
| Alliages de Sn | 2-4 | 1-3 | Polyamides | 2-3 | 1-2 |
| Alliages de Ti | 1 | 1 | Polycarbonates | | 1 |
| Alliages de Zn | 2-4 | 1 | Polyesters | 2 | 1-2 |
| Alliages Ni/Cu | 1-2 | 1 | Polyoléfines | 1-2 | 2-3 |
| Aluminum | 1-4 | 1-2 | Polyuréthanes | 1 | 1-3 |
| Bronze | 1-3 | 1 | PVC | 1-2 | 1-2 |
| Cuivre | 1-3 | 1 | Résines acryliques | | 1 |
| Fonte, alliée à Si | 1-4 | 1 | Résines aminées | | 1-3 |
| Fonte, non alliée | 1-4 | 2-3 | Résines époxy | 1-2 | 1 |
| Laiton | 1-3 | 1-2 | Résines phénoliques | 1-3 | 1-2 |
| Nickel | 1-2 | 1 | Silicones | 1 | 1 |

**CHLORURES ALCALINO-TERREUX ET HYDROXYDES ALCALINO-TERREUX**

1 : résistant, 2 : assez résistant, 3 : résistance très limitée, 4 : non résistant.

**Tableau 11.12** : RÉSISTANCE vis-à-vis des chlorures alcalino-terreux ($MCl_2$ : colonne **A**) et des hydroxydes alcalino-terreux[$M(OH)_2$ : colonne **B**]

| Matériau | A | B | Matériau | A | B |
|---|---|---|---|---|---|
| **Métaux :** | | | **Non Métaux :** | | |
| Acier Cr/Ni austénit. | 1-2 | 1 | Carbures | | |
| Acier Cr/Ni/Mo austénit. | 1-2 | 1 | Céramiques | 1 | |
| Acier ferrit. > 12% Cr | 1-2 | 1 | Émail | 1 | 2 |
| Acier, allié | 1-2 | 1 | Grès cérame | | 1 |
| Acier, non allié | 1-3 | 1 | Mortier | 3-4 | 1 |
| Alliages Cu/Al | 1-3 | 1 | Nitrures | | |
| Alliages Cu/Ni | 1-3 | 1 | Porcelaine | 1 | 1 |
| Alliages Cu/Sn | 1-3 | 1 | Verre | 1 | 1-3 |
| Alliages Cu/Zn | 2-4 | 1-3 | | | |
| Alliages d'Al | 1-3 | 1-4 | **Comp. organiques :** | | |
| Alliages de Ag | 1-2 | 1 | Bitume | | |
| Alliages de Au | | 1 | Bois | 1-2 | 1 |
| Alliages de Cd | 1-4 | 1-3 | Cellulose, modif. | 1 | 4 |
| Alliages de Co | | 1 | Cires | | |
| Alliages de Cr | | 1 | Coton | | 1 |
| Alliages de Mg | | 2-3 | Graisses | | |
| Alliages de Pb | 1-3 | 2-4 | Laine | | 1 |
| Alliages de Pt | 1 | 1 | Polyacétals | 1-2 | 1-3 |
| Alliages de Sn | 1-3 | 4 | Polyamides | 1-2 | 2-4 |
| Alliages de Ti | 1-3 | 1 | Polycarbonates | 1 | 4 |
| Alliages de Zn | 1-4 | 1-3 | Polyesters | 1 | 4 |
| Alliages Ni/Cu | 1 | 1 | Polyoléfines | 1 | 1 |
| Aluminum | 1-3 | 1-4 | Polyuréthanes | 1 | 1-3 |
| Bronze | 1-3 | 1 | PVC | 1 | 1 |
| Cuivre | 1-3 | 1 | Résines acryliques | 1 | 1-3 |
| Fonte, alliée à Si | 1 | 1-2 | Résines aminées | 1-3 | |
| Fonte, non alliée | 1-3 | 1 | Résines époxy | 1 | 1 |
| Laiton | 2-4 | 1-3 | Résines phénoliques | 1 | 1-4 |
| Nickel | 1 | 1 | Silicones | 1 | |

# 11.2 Action corrodante de divers composés inorganiques

**CHLORURE D'ALUMINIUM**

1 : résistant, 2 : assez résistant, 3 : résistance très limitée, 4 : non résistant.

**Tableau 11.13** : RÉSISTANCE vis-à-vis du chlorure d'aluminium

| Matériau | Comport. | Matériau | Comport. |
|---|---|---|---|
| **Métaux :** | | **Non Métaux :** | |
| Acier Cr/Ni austénit. | 2-3 | Carbures | 1 |
| Acier Cr/Ni/Mo austénit. | 2-3 | Céramiques | 1 |
| Acier ferrit. > 12% Cr | 3 | Émail | 1 |
| Acier, allié | 3 | Grès cérame | 1 |
| Acier, non allié | 2-3 | Mortier | 4 |
| Alliages Cu/Al | 2-4 | Nitrures | 1 |
| Alliages Cu/Ni | 2-4 | Porcelaine | 1 |
| Alliages Cu/Sn | 2-4 | Verre | 1 |
| Alliages Cu/Zn | 2-4 | | |
| Alliages d'Al | 3 | **Comp. organiques :** | |
| Alliages de Ag | 1 | Bitume | 1 |
| Alliages de Au | 1 | Bois | 1 |
| Alliages de Cd | 4 | Cellulose, modif. | 2-3 |
| Alliages de Co | 3-4 | Coton | 1 |
| Alliages de Cr | 1 | Graisses | |
| Alliages de Mg | 4 | Polyacétals | 1 |
| Alliages de Pb | 2 | Polyamides | 2-4 |
| Alliages de Pt | 1 | Polycarbonates | 1 |
| Alliages de Ti | 1-4 | Polyesters | 1 |
| Alliages Ni/Cu | 2-3 | Polyoléfines | 1 |
| Aluminum | 1-4 | Polyuréthanes | 1 |
| Bronze | 2-4 | PVC | 1 |
| Cuivre | 2-4 | Résines acryliques | 2-4 |
| Fonte, alliée à Si | 1 | Résines aminées | 3 |
| Fonte, non alliée | 2-3 | Résines époxy | 1 |
| Laiton | 2-4 | Résines phénoliques | 1 |
| Nickel | 1 | Silicones | 1 |

**AMMONIAC, HYDROXIDE D'AMMONIUM , ET SELS D'AMMONIUM**

1 : résistant, 2 : assez résistant, 3 : résistance très limitée, 4 : non résistant.

**Tableau 11.14** : RÉSISTANCE vis-à-vis de l'ammoniac, de l'hydroxyde d'ammonium et des sels d'ammonium

| Matériau | $\frac{NH_3}{NH_4OH}$ | $NH_4^{\oplus}$ | Matériau | $\frac{NH_3}{NH_4OH}$ | $NH_4^{\oplus}$ |
|---|---|---|---|---|---|
| **Métaux :** | | | **Non Métaux :** | | |
| Acier Cr/Ni austénit. | 1 | 1-4 | Carbures | 1 | 1-3 |
| Acier Cr/Ni/Mo austén. | 1 | 1-4 | Céramiques | 1 | 4 |
| Acier ferrit. > 12% Cr | 1 | 1-2 | Émail | 1-4 | 2 |
| Acier, allié | 1 | 2-4 | Grès cérame | 1-4 | |
| Acier, non allié | 1 | 1-3 | Mortier | 1 | 1-3 |
| Alliages Cu/Al | 1-4 | 2-4 | Nitrures | 1 | 1-3 |
| Alliages Cu/Ni | 1-4 | 1-3 | Porcelaine | 1-4 | 2 |
| Alliages Cu/Sn | 1-4 | 2-3 | Verre | 1 | 1-2 |
| Alliages Cu/Zn | 1-4 | 1-3 | | | |
| Alliages d'Al | 1-4 | 1-2 | **Comp. organiques :** | | |
| Alliages de Ag | 1-4 | 2-4 | Bitume | 2-4 | |
| Alliages de Au | 1 | 1 | Bois | 2-4 | 2 |
| Alliages de Cd | 2-4 | 1-4 | Cellulose, modif. | 4 | |
| Alliages de Co | 1 | 4 | Cires | 1-4 | 1-2 |
| Alliages de Cr | 1 | 1-2 | Coton | 2 | |
| Alliages de Mg | 1-4 | 4 | Graisses | 1-4 | 1-2 |
| Alliages de Pb | 1-4 | 1-4 | Polyacétals | | |
| Alliages de Pt | 1 | 1 | Polyamides | 1 | 1 |
| Alliages de Ti | 1-3 | 1 | Polycarbonates | | 1-2 |
| Alliages de Zn | 2-4 | 1-4 | Polyesters | 2-4 | 1 |
| Alliages Ni/Cr/Fe | 1 | 1-2 | Polyoléfines | 1-4 | 1 |
| Aluminum | 1-4 | 1-3 | Polyuréthanes | | 1-2 |
| Bronze | 1-4 | 2-3 | PVC | 1-4 | 1-2 |
| Cuivre | 1-4 | 2-4 | Résines acryliques | 2 | 1-4 |
| Fonte, alliée à Si | 1 | 1-2 | Résines aminées | | |
| Fonte, non alliée | 1 | 2-4 | Résines époxy | 1-4 | 1 |
| Laiton | 1-4 | 1-3 | Résines phénoliques | 1-4 | 1-2 |
| Nickel | 1-4 | 2-4 | Silicones | 2-3 | 1-2 |

#### BROME ET BROMURES

1 : résistant, 2 : assez résistant, 3 : résistance très limitée, 4 : non résistant.

**Tableau 11.15** : RÉSISTANCE vis-à-vis du brome et des bromures

| Matériau | $Br_2$ | $Br^{\ominus}$ | Matériau | $Br_2$ | $Br^{\ominus}$ |
|---|---|---|---|---|---|
| **Métaux :** | | | **Non Métaux :** | | |
| Acier Cr/Ni austénit. | 2-4 | 2-4 | Carbures | 1-4 | |
| Acier Cr/Ni/Mo austén. | 2-4 | 2-4 | Céramiques | | |
| Acier ferrit. > 12% Cr | 2-4 | 3 | Émail | 2 | 1 |
| Acier, allié | 2-4 | 3 | Grès cérame | 1 | |
| Acier, non allié | 2-4 | 3 | Mortier | | |
| Alliages Cu/Al | 2-4 | 2 | Nitrures | 1-4 | |
| Alliages Cu/Ni | 2-4 | 2 | Porcelaine | 1 | |
| Alliages Cu/Sn | 2-4 | 2 | Verre | 1 | 1 |
| Alliages Cu/Zn | 2-4 | 2 | | | |
| Alliages d'Al | 2-4 | 3 | **Comp. organiques :** | | |
| Alliages de Ag | 2 | 2 | Bitume | 4 | |
| Alliages de Au | 2-4 | | Bois | | 2 |
| Alliages de Cd | 4 | 3 | Cellulose, modif. | | |
| Alliages de Co | 2 | | Cires | | |
| Alliages de Cr | 2 | 3 | Coton | | 2 |
| Alliages de Mg | 2-4 | 3 | Graisses | | |
| Alliages de Pb | 1-4 | 2 | Laine | | 2 |
| Alliages de Pt | 1-3 | 1-2 | Polyacétals | 4 | 2 |
| Alliages de Sn | 4 | 2 | Polyamides | 4 | 2 |
| Alliages de Ti | 1-4 | 2-4 | Polycarbonates | 4 | 1 |
| Alliages de Zn | 4 | 3 | Polyesters | 2-4 | |
| Alliages Ni/Cu | 2-4 | 2 | Polyoléfines | 2-4 | 1 |
| Aluminum | 2-4 | 3 | Polyuréthanes | 2 | 1 |
| Bronze | 4 | 2 | PVC | 2-4 | 1 |
| Cuivre | 2-3 | 2 | Résines acryliques | 4 | 1-2 |
| Fonte, alliée à Si | 2-4 | | Résines aminées | | |
| Fonte, non alliée | 2-4 | 3 | Résines époxy | 4 | 1 |
| Laiton | 2-4 | 2 | Résines phénoliques | 3-4 | 1 |
| Nickel | 1-2 | 2 | Silicones | 4 | |

**CHLORE, EAU CHLORÉE ET CHLORURE D'HYDROGÈNE**

1 : résistant, 2 : assez résistant, 3 : résistance très limitée, 4 : non résistant.

**Tableau 11.16** : RÉSISTANCE vis-à-vis du chlore, de l'eau chlorée et du chlorure d'hydrogène

| Matériau | $Cl_2$ / $Cl_2 \cdot aq$ | HCl | Matériau | $Cl_2$ / $Cl_2 \cdot aq$ | HCl |
|---|---|---|---|---|---|
| **Métaux :** | | | **Non Métaux :** | | |
| Acier Cr/Ni austénit. | 2-3 | 2 | Carbures | 1-2 | 1 |
| Acier Cr/Ni/Mo austén. | 2-3 | 2 | Céramiques | 1 | |
| Acier ferrit. > 12% Cr | 2-3 | 2 | Émail | 1-2 | 1 |
| Acier, allié | 2-3 | 2 | Grès cérame | 2 | 3 |
| Acier, non allié | 2-3 | 1 | Mortier | 4 | 1-4 |
| Alliages Cu/Al | 2-4 | 1 | Nitrures | 1-2 | 1 |
| Alliages Cu/Ni | 1-3 | 1 | Porcelaine | 1 | 1 |
| Alliages Cu/Sn | 2-3 | 1 | Verre | 1-2 | 1 |
| Alliages Cu/Zn | 2-3 | 1 | | | |
| Alliages d'Al | 3-4 | 2 | **Comp. organiques :** | | |
| Alliages de Ag | 1-3 | 1 | Bitume | 2-4 | 2-3 |
| Alliages de Au | 1-3 | 1 | Bois | 4 | 2 |
| Alliages de Cd | 1-3 | 4 | Cellulose, modif. | 3 | |
| Alliages de Co | 1-2 | 4 | Cires | | 1 |
| Alliages de Cr | 2 | 1 | Coton | 4 | |
| Alliages de Mg | 1-3 | 1-2 | Graisses | | 1 |
| Alliages de Pb | 2-3 | 1-2 | Laine | 4 | |
| Alliages de Pt | 1-2 | 1 | Polyacétals | 4 | |
| Alliages de Sn | 4 | 2-3 | Polyamides | 4 | 4 |
| Alliages de Ti | 1-4 | 2-3 | Polycarbonates | 2-3 | |
| Alliages de Zn | 1-3 | 4 | Polyesters | 1-2 | 1 |
| Alliages Ni/Cu | 2-3 | 1 | Polyoléfines | 2-4 | 1 |
| Aluminum | 4 | 2 | Polyuréthanes | 2-3 | |
| Bronze | 2-3 | 1 | PVC | 1-2 | 1 |
| Cuivre | 2-4 | 1 | Résines acryliques | 2-4 | |
| Fonte, alliée à Si | 2 | 1 | Résines aminées | | |
| Fonte, non alliée | 2-3 | 2 | Résines époxy | 2-3 | 2 |
| Laiton | 2-3 | 1 | Résines phénoliques | 1-2 | 1 |
| Nickel | 1-3 | 1 | Silicones | 2-3 | 1 |

#### FLUOR, FLUORURE D'HYDROGÈNE, ACIDE FLUORHYDRIQUE ET FLUORURES

1 : résistant, 2 : assez résistant, 3 : résistance très limitée, 4 : non résistant.

**Tableau 11.17** : RÉSISTANCE vis-à-vis du fluor, du fluorure d'hydrogène, de l'acide fluorhydrique et des fluorures

| Matériau | $\frac{F_2, HF}{HF \cdot aq}$ | $F^{\ominus}$ | Matériau | $\frac{F_2, HF}{HF \cdot aq}$ | $F^{\ominus}$ |
|---|---|---|---|---|---|
| **Métaux :** | | | **Non Métaux :** | | |
| Acier Cr/Ni austénit. | 1-2 | 1-3 | Carbures | 1-3 | 1-3 |
| Acier Cr/Ni/Mo austén. | 1-2 | 1-3 | Céramiques | 1-4 | 2-4 |
| Acier ferrit. > 12% Cr | 1-2 | 2-3 | Émail | 2-4 | 1-2 |
| Acier, allié | 2 | 1-3 | Grès cérame | 4 | |
| Acier, non allié | 2-4 | 1-2 | Mortier | 4 | 1-3 |
| Alliages Cu/Al | 1-3 | | Nitrures | 1-3 | 1-3 |
| Alliages Cu/Ni | 1-3 | 1-2 | Porcelaine | 2-4 | 3-4 |
| Alliages Cu/Sn | 2-3 | | Verre | 4 | 1-2 |
| Alliages Cu/Zn | 2-3 | 1 | | | |
| Alliages d'Al | 1-4 | 1-2 | **Comp. organiques :** | | |
| Alliages de Ag | 1-3 | 1-3 | Bitume | 2-4 | 1-2 |
| Alliages de Au | 2-3 | 1 | Bois | 2-4 | 2 |
| Alliages de Cd | 2-4 | 2-4 | Cellulose, modif. | 4 | |
| Alliages de Co | 2-3 | 2-4 | Cires | 2-4 | 1-2 |
| Alliages de Cr | 2 | 2-3 | Coton | 4 | 2 |
| Alliages de Mg | 1-3 | 2-3 | Graisses | 2-4 | 1-2 |
| Alliages de Pb | 1-2 | 2 | Polyacétals | | |
| Alliages de Pt | 1 | 1 | Polyamides | 2-4 | 1 |
| Alliages de Ti | 2-4 | 1-3 | Polycarbonates | 1-4 | |
| Alliages de Zn | 2-4 | 2-4 | Polyesters | 1-3 | 1-2 |
| Alliages Ni/Cu | 1-2 | 1-2 | Polyoléfines | 1-4 | 1 |
| Aluminum | 1-4 | 1-3 | Polyuréthanes | 2-4 | 1-3 |
| Bronze | 2-3 | | PVC | 1-3 | 1-3 |
| Cuivre | 1-3 | 2-4 | Résines acryliques | 1-3 | 1 |
| Fonte, alliée à Si | 3 | 1-3 | Résines aminées | | |
| Fonte, non alliée | 4 | 1 | Résines époxy | 1-3 | 1 |
| Laiton | 2-3 | 1 | Résines phénoliques | 1-2 | 1 |
| Nickel | 1-2 | 1 | Silicones | | |

**ACIDE CHLORHYDRIQUE ET ACIDE CARBONIQUE**

1 : résistant, 2 : assez résistant, 3 : résistance très limitée, 4 : non résistant.

**Tableau 11.18** : RÉSISTANCE vis-à-vis de l'acide chlorhydrique et de l'acide carbonique

| Matériau | HCl | $H_2CO_3$ | Matériau | HCl | $H_2CO_3$ |
|---|---|---|---|---|---|
| **Métaux :** | | | **Non Métaux :** | | |
| Acier Cr/Ni austénit. | 4 | 1-2 | Carbures | 1-4 | 1 |
| Acier Cr/Ni/Mo austén. | 3-4 | 1 | Céramiques | 1 | 1 |
| Acier ferrit. > 12% Cr | 4 | 1-2 | Émail | 1 | 1 |
| Acier, allié | 4 | 1-4 | Grès cérame | 1-4 | 1-4 |
| Acier, non allié | 4 | 1-4 | Mortier | 4 | 1-4 |
| Alliages Cu/Al | 2-4 | 1-2 | Nitrures | 1-4 | 1 |
| Alliages Cu/Ni | 3-4 | 1-2 | Porcelaine | 1 | 1 |
| Alliages Cu/Sn | 3-4 | 1-2 | Verre | 1 | 1-4 |
| Alliages Cu/Zn | 4 | 1-4 | | | |
| Alliages d'Al | 4 | 1-2 | **Comp. organiques :** | | |
| Alliages de Ag | 2-4 | 1 | Bitume | 1-3 | 1-4 |
| Alliages de Au | 1 | 1 | Bois | 1-4 | 1 |
| Alliages de Cd | 4 | 1-4 | Cellulose, modif. | 2-4 | 1-2 |
| Alliages de Co | 1-3 | 1 | Cires | | 1 |
| Alliages de Cr | 4 | 1 | Coton | 1-4 | 1 |
| Alliages de Mg | 4 | 4 | Graisses | | 1 |
| Alliages de Pb | 3-4 | 1-4 | Laine | 1-4 | 1 |
| Alliages de Pt | 1 | 1 | Polyacétals | 4 | 1 |
| Alliages de Sn | 4 | 1 | Polyamides | 4 | 2 |
| Alliages de Ti | 1-3 | 1 | Polycarbonates | 3-4 | 1-2 |
| Alliages de Zn | 4 | 1-4 | Polyesters | 1-3 | 1 |
| Alliages Ni/Cr/Mo | 1-2 | 1 | Polyoléfines | 1-4 | 1 |
| Aluminum | 4 | 1-2 | Polyuréthanes | 2-4 | 1 |
| Bronze | 4 | 1-2 | PVC | 1-3 | 1-2 |
| Cuivre | 3-4 | 1-4 | Résines acryliques | 2-4 | 1-4 |
| Fonte, alliée à Si | 1-4 | 1 | Résines aminées | 4 | 1-2 |
| Fonte, non alliée | 4 | 1-4 | Résines époxy | 1-2 | 1 |
| Laiton | 4 | 1-4 | Résines phénoliques | 1-2 | 1 |
| Nickel | 3-4 | 1-3 | Silicones | 2-4 | 1 |

#### HYDROXYDE DE LITHIUM ET HYDROXYDE DE SODIUM

1 : résistant, 2 : assez résistant, 3 : résistance très limitée, 4 : non résistant.

**Tableau 11.19** : RÉSISTANCE vis-à-vis de l'hydroxyde de lithium et de l'hydroxyde de sodium

| Matériau | LiOH | NaOH | Matériau | LiOH | NaOH |
|---|---|---|---|---|---|
| **Métaux :** | | | **Non Métaux :** | | |
| Acier Cr/Ni austénit. | 1-3 | 1-2 | Carbures | 1-3 | 1-3 |
| Acier Cr/Ni/Mo austén. | 2-3 | 1 | Céramiques | 1-3 | 1-3 |
| Acier ferrit. > 12% Cr | 2-4 | 1-2 | Émail | 1-3 | 1-2 |
| Acier, allié | | 2-3 | Grès cérame | | 2-3 |
| Acier, non allié | 1-2 | 1-3 | Mortier | | 1-2 |
| Alliages Cu/Al | | 1-3 | Nitrures | 1-3 | 1-3 |
| Alliages Cu/Ni | 2 | 1 | Porcelaine | 1-2 | 1-2 |
| Alliages Cu/Sn | | 1-2 | Verre | 3-4 | 1-4 |
| Alliages Cu/Zn | | 1-2 | | | |
| Alliages d'Al | 3-4 | 2-4 | **Comp. organiques :** | | |
| Alliages de Ag | 1-2 | 1-2 | Bitume | 2-3 | 2-3 |
| Alliages de Au | 1-2 | 1-2 | Bois | 2-4 | 2 |
| Alliages de Cd | 2-3 | 1-3 | Cellulose, modif. | | 4 |
| Alliages de Co | 3 | 1-3 | Cires | | 1 |
| Alliages de Cr | 4 | 1-2 | Coton | | |
| Alliages de Mg | | 1-3 | Graisses | | 1 |
| Alliages de Pb | | 1-3 | Laine | | |
| Alliages de Pt | 1-2 | 1-2 | Polyacétals | 1 | 1-2 |
| Alliages de Sn | | 1-2 | Polyamides | 1-3 | 1-3 |
| Alliages de Ti | 2-3 | 1 | Polycarbonates | 2-3 | 2-3 |
| Alliages de Zn | 2-3 | 1-3 | Polyesters | 2-3 | 2-3 |
| Alliages Ni/Cu | 1-2 | 1 | Polyoléfines | 1-2 | 1 |
| Aluminum | 3-4 | 2-4 | Polyuréthanes | 2-3 | 1-2 |
| Bronze | | 1-2 | PVC | 1-2 | 1-2 |
| Cuivre | 2-4 | 3-4 | Résines acryliques | 2-3 | 2-3 |
| Fonte, alliée à Si | | 1 | Résines aminées | | 1-2 |
| Fonte, non alliée | | 1-2 | Résines époxy | 1-2 | 1-2 |
| Laiton | | 1-2 | Résines phénoliques | 3-4 | 1-2 |
| Nickel | 1-2 | 1 | Silicones | | 2-3 |

**CHLORURE DE POTASSIUM ET HYDROXYDE DE POTASSIUM**

1 : résistant, 2 : assez résistant, 3 : résistance très limitée, 4 : non résistant.

**Tableau 11.20** : RÉSISTANCE vis-à-vis du chlorure de potassium et de l'hydroxyde de potassium

| Matériau | KCl | KOH | Matériau | KCl | KOH |
|---|---|---|---|---|---|
| **Métaux :** | | | **Non Métaux :** | | |
| Acier Cr/Ni austénit. | 1-4 | 1-3 | Carbures | 1 | 1-3 |
| Acier Cr/Ni/Mo austén. | 1-3 | 2-3 | Céramiques | 1 | 1-2 |
| Acier ferrit. > 12% Cr | 1-4 | 2 | Émail | 1 | 1-3 |
| Acier, allié | 1-4 | 1-2 | Grès cérame | 1 | 4 |
| Acier, non allié | 1-4 | 1-2 | Mortier | 1-2 | 2-3 |
| Alliages Cu/Al | 1-2 | 3 | Nitrures | 1 | 1-3 |
| Alliages Cu/Ni | 1-4 | 1-2 | Porcelaine | 1 | 2-3 |
| Alliages Cu/Sn | 2-4 | 2 | Verre | 1 | 3-4 |
| Alliages Cu/Zn | 1-4 | 2-3 | | | |
| Alliages d'Al | 2-4 | 3 | **Comp. organiques :** | | |
| Alliages de Ag | 1-4 | 1 | Bitume | 1 | 1-2 |
| Alliages de Au | 1-3 | 1 | Bois | 1 | 2-4 |
| Alliages de Cd | 1-4 | 3-4 | Cellulose, modif. | 1 | 3 |
| Alliages de Co | 1-2 | 2-3 | Cires | 1 | |
| Alliages de Cr | 1-4 | 1 | Coton | 1 | 2-4 |
| Alliages de Mg | 4 | 1-2 | Graisses | 1 | |
| Alliages de Pb | 1-4 | 3-4 | Laine | 1 | 2-4 |
| Alliages de Pt | 1-4 | 1 | Polyacétals | 1 | |
| Alliages de Sn | 2 | 2-3 | Polyamides | 1-4 | 2-4 |
| Alliages de Ti | 1-4 | 1-2 | Polycarbonates | 1-2 | 1-3 |
| Alliages de Zn | 1-4 | 3-4 | Polyesters | 1 | 3-4 |
| Alliages Ni/Cr/Mo | 1-2 | 1 | Polyoléfines | 1 | 1 |
| Aluminum | 2-4 | 3-4 | Polyuréthanes | 1-4 | 2-3 |
| Bronze | 2-4 | 2 | PVC | 1 | 1 |
| Cuivre | 1-4 | 2-4 | Résines acryliques | 1 | 1-2 |
| Fonte, alliée à Si | 1 | 1-2 | Résines aminées | 1-4 | 2 |
| Fonte, non alliée | 1-4 | 1-2 | Résines époxy | 1 | 1-2 |
| Laiton | 1-4 | 2-3 | Résines phénoliques | 1-4 | |
| Nickel | 1-3 | 1 | Silicones | 1 | 3 |

**VAPEUR D'EAU ET GAZ OXYDANTS CHAUDS**

1 : résistant, 2 : assez résistant, 3 : résistance très limitée, 4 : non résistant.

**Tableau 11.21** : RÉSISTANCE vis-à-vis de la vapeur d'eau (colonne **A**) et des gaz oxydants chauds (colonne **B**)

| Matériau | A | B | Matériau | A | B |
|---|---|---|---|---|---|
| **Métaux :** | | | **Non Métaux :** | | |
| Acier Cr ferrit. aust. | 1 | 1-3 | Carbures | 1-4 | 1-3 |
| Acier Cr/Ni austénit. | 1 | 1-2 | Céramiques | 2-4 | 1 |
| Acier Cr/Ni/Mo austén. | 1 | 1-2 | Émail | 2-4 | 1 |
| Acier ferrit. > 12% CrCr | 1 | 1-2 | Grès cérame | | 1 |
| Acier, non allié | 1 | 2-4 | Mortier | 2 | 4 |
| Alliages Cu/Al | 1 | 1 | Nitrures | 1-4 | 1-3 |
| Alliages Cu/Ni | 1 | 2 | Porcelaine | 1-3 | 1 |
| Alliages Cu/Sn | 1 | 3 | Verre | 1-4 | 1 |
| Alliages Cu/Zn | 1-4 | 2 | | | |
| Alliages d'Al | 1-4 | 1-3 | **Comp. organiques :** | | |
| Alliages de Ag | 1 | 1-4 | Bitume | 2 | 4 |
| Alliages de Au | 1 | 1 | Bois | 4 | 4 |
| Alliages de Cd | 4 | 3 | Cellulose, modif. | | 4 |
| Alliages de Co | 1 | 1-2 | Cires | | 4 |
| Alliages de Cr | 1 | 2 | Coton | 2 | 4 |
| Alliages de Mg | 4 | 3 | Graisses | | 4 |
| Alliages de Nickel | 1 | 1-2 | Laine | 2 | 4 |
| Alliages de Pb | 2 | 3 | Polyacétals | | 4 |
| Alliages de Pt | 1 | 1-2 | Polyamides | 2-4 | 3 |
| Alliages de Sn | 1 | 3 | Polycarbonates | 2 | 4 |
| Alliages de Ti | 1 | 1-2 | Polyesters | 3 | 3 |
| Alliages de Zn | 4 | 3 | Polyoléfines | 2-3 | 4 |
| Alliages Ni/Cu | 1 | 2 | Polyuréthanes | 4 | 4 |
| Aluminum | 1-4 | 1 | PVC | 3 | 4 |
| Bronze | 1-4 | 3 | Résines acryliques | | 4 |
| Cuivre | 1 | 2 | Résines aminées | | 4 |
| Fonte, alliée à Si | 1-4 | 2-4 | Résines époxy | 4 | 3 |
| Fonte, non alliée | 1 | 2-4 | Résines phénoliques | 2 | 3 |
| Laiton | 1-4 | 2 | Silicones | 2-4 | 2 |

## 11.3 Action corrodante de divers composés organiques

### ALDÉHYDES ET CÉTONES ALIPHATIQUES

1 : résistant, 2 : assez résistant, 3 : résistance très limitée, 4 : non résistant.

**Tableau 11.22** : RÉSISTANCE vis-à-vis des aldéhydes et cétones aliphatiques

| Matériau | RCHO | RCOR | Matériau | RCHO | RCOR |
|---|---|---|---|---|---|
| **Métaux :** | | | **Non Métaux :** | | |
| Acier Cr/Ni austénit. | 1-4 | 1 | Carbures | | |
| Acier Cr/Ni/Mo austén. | 1-4 | 1 | Céramiques | | 1 |
| Acier ferrit. > 12% Cr | 1-4 | 1-3 | Émail | 1 | 1 |
| Acier, allié | 1-4 | 1-2 | Grès cérame | | |
| Acier, non allié | 1-4 | 1-2 | Mortier | 3-4 | 2-4 |
| Alliages Cu/Al | 1-4 | 1 | Nitrures | | |
| Alliages Cu/Ni | 1-4 | | Porcelaine | | 1 |
| Alliages Cu/Sn | 1-4 | 1 | Verre | 1 | 1 |
| Alliages Cu/Zn | 1-4 | 1-3 | | | |
| Alliages d'Al | 1-4 | 1-2 | **Comp. organiques :** | | |
| Alliages de Ag | 1 | 1 | Bitume | 1-4 | 3-4 |
| Alliages de Au | 1 | 1 | Bois | 1-3 | 1 |
| Alliages de Cd | 4 | 1-2 | Cellulose, modif. | 1-4 | 4 |
| Alliages de Co | 1 | | Coton | 1-4 | 1-4 |
| Alliages de Cr | | | Graisses | | |
| Alliages de Mg | 1-4 | 1-3 | Polyacétals | 1 | 2 |
| Alliages de Pb | 1-2 | 1 | Polyamides | 2-4 | 1-3 |
| Alliages de Pt | 1 | 1 | Polycarbonates | | 4 |
| Alliages de Ti | 1-2 | 1 | Polyesters | 1-2 | 1-3 |
| Alliages Ni/Cr/Mo | 1 | 1-2 | Polyoléfines | 1-4 | 1-4 |
| Aluminum | 1-4 | 1-2 | Polyuréthanes | 1-4 | 4 |
| Bronze | 1-4 | 1 | PVC | 1-4 | 4 |
| Cuivre | 1-4 | 1 | Résines acryliques | 1-4 | 4 |
| Fonte, alliée à Si | 1 | 1-2 | Résines aminées | | 2 |
| Fonte, non alliée | 1-4 | 1-2 | Résines époxy | 1-4 | 1-4 |
| Laiton | 1-4 | 1-3 | Résines phénoliques | 1-2 | 1-2 |
| Nickel | 2 | 1-2 | Silicones | 1 | 3-4 |

**AMINES ALIPHATIQUES ET LEURS SELS**

1 : résistant, 2 : assez résistant, 3 : résistance très limitée, 4 : non résistant.

**Tableau 11.23** : RÉSISTANCE vis-à-vis des amines aliphatiques et de leurs sels

| Matériau | $-NH_2$ | $-NH_3^{\oplus}$ | Matériau | $-NH_2$ | $-NH_3^{\oplus}$ |
|---|---|---|---|---|---|
| **Métaux :** | | | **Non Métaux :** | | |
| Acier Cr/Ni austénit. | 1 | 1-2 | Carbures | | 1-3 |
| Acier Cr/Ni/Mo austén. | 1 | 1 | Céramiques | 1 | |
| Acier ferrit. > 12% Cr | 1 | 1-2 | Émail | 1 | |
| Acier, allié | 1 | 1-3 | Grès cérame | 1 | |
| Acier, non allié | 1-2 | 1-4 | Mortier | 1-4 | |
| Alliages Cu/Al | 2-4 | | Nitrures | | 1-3 |
| Alliages Cu/Ni | 2-4 | | Porcelaine | 1 | |
| Alliages Cu/Sn | 2-4 | | Verre | 1 | |
| Alliages Cu/Zn | 2-4 | 1 | | | |
| Alliages d'Al | 1-4 | 1-3 | **Comp. organiques :** | | |
| Alliages de Ag | 1-4 | 1-2 | Bitume | 2 | |
| Alliages de Au | 1 | | Bois | 1-2 | |
| Alliages de Cd | 1-4 | 1-4 | Cellulose, modif. | 4 | |
| Alliages de Co | 1 | | Cires | 1-4 | |
| Alliages de Cr | 1 | 1 | Coton | 1-4 | |
| Alliages de Mg | 1-4 | 2 | Graisses | 1-4 | |
| Alliages de Pb | 1-4 | 2-4 | Laine | 1-4 | |
| Alliages de Pt | 1 | 1 | Polyacétals | 1-2 | |
| Alliages de Sn | 1-4 | 2-4 | Polyamides | 2-3 | |
| Alliages de Ti | 1 | 1-2 | Polycarbonates | 4 | |
| Alliages de Zn | 1-4 | 1-4 | Polyesters | 1-4 | |
| Alliages Ni/Cr | 1 | 1-2 | Polyoléfines | 1-2 | 1 |
| Aluminum | 1-4 | 1-2 | Polyuréthanes | 2-3 | |
| Bronze | 2-4 | | PVC | 1-4 | |
| Cuivre | 2-4 | 1-2 | Résines acryliques | 1-4 | |
| Fonte, alliée à Si | 1 | | Résines aminées | 4 | 3 |
| Fonte, non alliée | 1-4 | 1-2 | Résines époxy | 1-4 | 1-2 |
| Laiton | 2-4 | 1 | Résines phénoliques | 1-4 | |
| Nickel | 1-2 | 1-3 | Silicones | 2-3 | |

**ALCANOLS ET POLYOLS**

1 : résistant, 2 : assez résistant, 3 : résistance très limitée, 4 : non résistant.

**Tableau 11.24** : RÉSISTANCE vis-à-vis des alcanols et des polyols

| Matériau | –OH | –(OH)$_x$ | Matériau | –OH | –(OH)$_x$ |
|---|---|---|---|---|---|
| **Métaux :** | | | **Non Métaux :** | | |
| Acier Cr/Ni austénit. | 1-3 | 1-3 | Carbures | 1-2 | |
| Acier Cr/Ni/Mo austén. | 1 | 1-2 | Céramiques | 1 | |
| Acier ferrit. > 12% Cr | 1 | | Émail | 1 | 1 |
| Acier, allié | 1-3 | | Grès cérame | 1 | |
| Acier, non allié | 1-4 | 1-4 | Mortier | 2 | 1-4 |
| Alliages Cu/Al | | 1-4 | Nitrures | 1-2 | |
| Alliages Cu/Ni | | 1-4 | Porcelaine | | 1 |
| Alliages Cu/Sn | | 1-4 | Verre | 1 | 1 |
| Alliages Cu/Zn | 2-3 | 1-4 | | | |
| Alliages d'Al | 1-3 | 1-4 | **Comp. organiques :** | | |
| Alliages de Ag | 1 | 1 | Bitume | 2-3 | 1-4 |
| Alliages de Au | 1 | 1 | Bois | 1-2 | 1-4 |
| Alliages de Cd | 3-4 | 1-4 | Cellulose, modif. | 3-4 | 1-4 |
| Alliages de Co | | 1-4 | Cires | | 4 |
| Alliages de Cr | | | Coton | | 1 |
| Alliages de Mg | 3-4 | 4 | Graisses | | 4 |
| Alliages de Pb | 2 | 1-4 | Laine | | 1 |
| Alliages de Pt | | 1 | Polyacétals | 1 | 1-3 |
| Alliages de Sn | | 1-4 | Polyamides | 1-2 | 1-3 |
| Alliages de Ti | 1-2 | 1 | Polycarbonates | 1-2 | 1-4 |
| Alliages de Zn | 3-4 | 1-4 | Polyesters | 1-2 | 1-4 |
| Alliages Ni/Mo | 1 | 1 | Polyoléfines | 1-2 | 1-4 |
| Aluminum | 1-3 | 1-4 | Polyuréthanes | 1-3 | 1-2 |
| Bronze | | 1-4 | PVC | 1-3 | 1-4 |
| Cuivre | 1-3 | 1-4 | Résines acryliques | 1-3 | 1-3 |
| Fonte, alliée à Si | 2-4 | 1 | Résines aminées | | 1 |
| Fonte, non alliée | 2 | 1-4 | Résines époxy | 1-2 | 1 |
| Laiton | 2-3 | 1-4 | Résines phénoliques | 1 | 1 |
| Nickel | 1-2 | 1 | Silicones | 2-3 | 1 |

**ACIDES CARBOXYLIQUES À CHAÎNE ALKYLIQUE**

1 : résistant, 2 : assez résistant, 3 : résistance très limitée, 4 : non résistant.

**Tableau 11.25** : RÉSISTANCE vis-à-vis des acides carboxyliques à chaîne alkylique

| Matériau | Comport. | Matériau | Comport. |
|---|---|---|---|
| **Métaux :** | | **Non Métaux :** | |
| Acier Cr/Ni austénit. | 1-3 | Carbures | 1 |
| Acier Cr/Ni/Mo austénit. | 1-2 | Céramiques | 1 |
| Acier ferrit. > 12% Cr | 1-4 | Émail | 1 |
| Acier, allié | 1-4 | Grès cérame | 1 |
| Acier, non allié | 4 | Mortier | 4 |
| Alliages Cu/Al | 1-4 | Nitrures | 1 |
| Alliages Cu/Ni | 1-4 | Porcelaine | 1 |
| Alliages Cu/Sn | 1-4 | Verre | 1 |
| Alliages Cu/Zn | 1-4 | | |
| Alliages d'Al | 1-4 | **Comp. organiques :** | |
| Alliages de Ag | 1 | Bitume | 1-4 |
| Alliages de Au | 1 | Bois | 1-2 |
| Alliages de Cd | 4 | Cellulose, modif. | 2-4 |
| Alliages de Co | 1 | Cires | 2-4 |
| Alliages de Cr | 1 | Coton | 1-4 |
| Alliages de Mg | 4 | Graisses | 2-4 |
| Alliages de Pb | 4 | Laine | 1-4 |
| Alliages de Pt | 1 | Polyacétals | 2-4 |
| Alliages de Sn | 1-4 | Polyamides | 2-4 |
| Alliages de Ti | 1-3 | Polycarbonates | 2-4 |
| Alliages de Zn | 4 | Polyesters | 1-4 |
| Alliages Ni/Cr/Mo | 1 | Polyoléfines | 1-4 |
| Aluminum | 1-4 | Polyuréthanes | 1-4 |
| Bronze | 1-4 | PVC | 1-4 |
| Cuivre | 1-4 | Résines acryliques | 1-4 |
| Fonte, alliée à Si | 1 | Résines aminées | 1-4 |
| Fonte, non alliée | 4 | Résines époxy | 1-4 |
| Laiton | 1-4 | Résines phénoliques | 1 |
| Nickel | 1-3 | Silicones | 2-4 |

**ACIDE ACÉTIQUE ET ACÉTATES**

1 : résistant, 2 : assez résistant, 3 : résistance très limitée, 4 : non résistant.

**Tableau 11.26** : RÉSISTANCE vis-à-vis de l'acide acétique et des acétates

| Matériau | Acide | Acétate | Matériau | Acide | Acétate |
|---|---|---|---|---|---|
| **Métaux :** | | | **Non Métaux :** | | |
| Acier Cr/Ni austénit. | 1-4 | 1 | Carbures | | 1 |
| Acier Cr/Ni/Mo austén. | 1-4 | 1 | Céramiques | | 1 |
| Acier ferrit. > 12% Cr | 1-4 | 1-2 | Émail | 1-4 | 1 |
| Acier, allié | 1-4 | 1 | Grès cérame | 1 | 1 |
| Acier, non allié | 4 | 1-4 | Mortier | 1-4 | 1-4 |
| Alliages Cu/Al | 1-4 | 1 | Nitrures | | 1 |
| Alliages Cu/Ni | 4 | 1 | Porcelaine | 1 | 1 |
| Alliages Cu/Sn | 2-4 | 1 | Verre | 1-4 | 1 |
| Alliages Cu/Zn | 2-4 | 1-4 | | | |
| Alliages d'Al | 1-4 | 1-4 | **Comp. organiques :** | | |
| Alliages de Ag | 1 | 1-3 | Bitume | 1-4 | 1 |
| Alliages de Au | 1 | 1 | Bois | 1-4 | 1 |
| Alliages de Cd | 4 | 2-4 | Cellulose, modif. | 1-4 | 1-2 |
| Alliages de Co | 1 | 1 | Cires | 2-4 | 1 |
| Alliages de Cr | 1-4 | 1 | Coton | 1-4 | 1-4 |
| Alliages de Mg | 4 | 1-4 | Graisses | 2-4 | 1 |
| Alliages de Pb | 2-4 | 2-4 | Laine | 1-4 | |
| Alliages de Pt | 1 | 1 | Polyacétals | 1-4 | 1 |
| Alliages de Sn | 1-4 | | Polyamides | 1-4 | 2 |
| Alliages de Ti | 1-4 | 1 | Polycarbonates | 1-4 | 2-3 |
| Alliages de Zn | 4 | 2-4 | Polyesters | 1-4 | 1 |
| Alliages Ni/Cu | 1-4 | 1 | Polyoléfines | 1-4 | 1 |
| Aluminum | 1-4 | 1-4 | Polyuréthanes | 1-4 | 1-2 |
| Bronze | 2-4 | 1 | PVC | 1-4 | 1 |
| Cuivre | 2-4 | 1-2 | Résines acryliques | 1-4 | 1 |
| Fonte, alliée à Si | 1-3 | 1 | Résines aminées | 1-4 | 1 |
| Fonte, non alliée | 4 | 1-4 | Résines époxy | 1-4 | 1 |
| Laiton | 2-4 | 1-4 | Résines phénoliques | 1 | 1 |
| Nickel | 4 | 1 | Silicones | 1-3 | 1 |

#### HALOGÉNURES D'ACIDES ET ACIDES SULFONIQUES

1 : résistant, 2 : assez résistant, 3 : résistance très limitée, 4 : non résistant.

**Tableau 11.27** : RÉSISTANCE vis-à-vis des halogénures d'acides (−COX [X = halogène] : colonne **A**) et des acides sulfoniques ($-SO_3H$ : colonne **B**)

| Matériau | A | B | Matériau | A | B |
|---|---|---|---|---|---|
| **Métaux :** | | | **Non Métaux :** | | |
| Acier Cr/Ni austénit. | 1-4 | 1-3 | Carbures | | |
| Acier Cr/Ni/Mo austén. | 1-4 | 1 | Céramiques | 1 | |
| Acier ferrit. > 12% Cr | 1-4 | 2-3 | Émail | 1 | |
| Acier, allié | | | Grès cérame | | |
| Acier, non allié | 1-4 | 1-2 | Mortier | 3-4 | 1-2 |
| Alliages Cu/Al | 1-4 | | Nitrures | | |
| Alliages Cu/Ni | 1-4 | | Porcelaine | 1 | |
| Alliages Cu/Sn | 1-4 | | Verre | 1 | |
| Alliages Cu/Zn | 1-4 | 2 | | | |
| Alliages d'Al | 4 | 2-4 | **Comp. organiques :** | | |
| Alliages de Ag | 1-2 | | Bitume | 4 | |
| Alliages de Au | 1-4 | | Bois | 1-4 | |
| Alliages de Cd | 1-4 | | Cellulose, modif. | 4 | |
| Alliages de Co | | 3 | Cires | | |
| Alliages de Cr | 2 | | Coton | 4 | |
| Alliages de Mg | 1-4 | | Graisses | | |
| Alliages de Pb | 1-4 | 1-3 | Laine | 4 | |
| Alliages de Pt | 1-4 | 1 | Polyacétals | 4 | |
| Alliages de Sn | 1-4 | 2-4 | Polyamides | 1-4 | |
| Alliages de Ti | 1-4 | 1-4 | Polycarbonates | 1-4 | |
| Alliages de Zn | 1-4 | | Polyesters | 1-4 | |
| Alliages Ni/Cr | 1-2 | | Polyoléfines | 1-4 | |
| Aluminum | 1-4 | 2-4 | Polyuréthanes | 1-3 | 2 |
| Bronze | 1-4 | | PVC | 1-4 | |
| Cuivre | 1-4 | 2-3 | Résines acryliques | | |
| Fonte, alliée à Si | 1-2 | 1-2 | Résines aminées | | |
| Fonte, non alliée | 1-4 | | Résines époxy | 1-4 | |
| Laiton | 1-4 | 2 | Résines phénoliques | 1-4 | 1 |
| Nickel | 1-4 | | Silicones | 4 | |

**BENZÈNE, HOMOLOGUES DU BENZÈNE ET ACIDE FORMIQUE**

1 : résistant, 2 : assez résistant, 3 : résistance très limitée, 4 : non résistant.

**Tableau 11.28** : RÉSISTANCE vis-à-vis du benzène ou des homologues du benzène (colonne **A**) et de l'acide formique, HCOOH (colonne **B**)

| Matériau | A | B | Matériau | A | B |
|---|---|---|---|---|---|
| **Métaux :** | | | **Non Métaux :** | | |
| Acier Cr/Ni austénit. | 1-2 | 1 | Carbures | 1 | 1 |
| Acier Cr/Ni/Mo austén. | 1 | 1 | Céramiques | 1 | 1 |
| Acier ferrit. > 12% Cr | 1-2 | 4 | Émail | 1 | 1 |
| Acier, allié | 1-4 | 4 | Grès cérame | | 1 |
| Acier, non allié | 1-3 | 4 | Mortier | 3-4 | 4 |
| Alliages Cu/Al | 1 | 1-4 | Nitrures | 1 | 1 |
| Alliages Cu/Ni | 1 | 1-4 | Porcelaine | | 1 |
| Alliages Cu/Sn | 2 | 1-4 | Verre | 1 | 1 |
| Alliages Cu/Zn | 1-2 | 1-4 | | | |
| Alliages d'Al | 1-2 | 1-4 | **Comp. organiques :** | | |
| Alliages de Ag | 1 | 1 | Bitume | 2-4 | 4 |
| Alliages de Au | | 1 | Bois | 3 | 1 |
| Alliages de Cd | 1 | 4 | Cellulose, modif. | 1-4 | 4 |
| Alliages de Co | 1 | 1 | Cires | 1-4 | |
| Alliages de Cr | 1 | 3 | Coton | 1 | 1-4 |
| Alliages de Mg | | 4 | Graisses | 1-4 | |
| Alliages de Pb | 1 | 1-4 | Laine | 1 | 1-4 |
| Alliages de Pt | 1 | 1 | Polyacétals | 1-2 | 4 |
| Alliages de Sn | | 1-4 | Polyamides | 1 | 1-4 |
| Alliages de Ti | 1 | 1-4 | Polycarbonates | 4 | 1-4 |
| Alliages de Zn | 1 | 4 | Polyesters | 1-3 | 1-2 |
| Alliages Ni/Cu | 1 | 2 | Polyoléfines | 2-4 | 1 |
| Aluminum | 1 | 1-4 | Polyuréthanes | 1-4 | 4 |
| Bronze | 2 | 1-4 | PVC | 2-3 | 1-4 |
| Cuivre | 1-2 | 1-4 | Résines acryliques | 1-4 | 1-4 |
| Fonte, alliée à Si | 1-2 | 1 | Résines aminées | | 3-4 |
| Fonte, non alliée | 1-2 | 4 | Résines époxy | 1-2 | 1-4 |
| Laiton | 1-2 | 1-4 | Résines phénoliques | 1-2 | 1-4 |
| Nickel | 1 | 4 | Silicones | 4 | 4 |

# 12 Hydrodynamique et transferts de masse et de chaleur

**Vous trouverez dans ce chapitre :**

- les groupes adimensionnés en ingénierie chimique (paragraphe 12.1);
- les baisses de pression dans le cas des écoulements monophasiques ou pluriphasiques (paragraphe 12.2);
- les équations des groupes adimensionnés dans les cas de transferts de masse (paragraphe 12.3);
- les équations des groupes adimensionnés dans les cas de transferts de chaleur (paragraphe 12.4).

**Vous trouverez aux chapitres 8, 9 et 10 :**

- les données thermodynamiques relatives aux composés chimiques (chapitre 8);
- les coefficients de transport des gaz et des liquides (chapitre 9);
- les données cinétiques relatives aux réactions chimiques (chapitre 10).

## 12.1 Groupes adimensionnés

**NOTATION**

| Concept | Symbole | Unité SI | Groupe adimensionné/1 |
|---|---|---|---|
| Diffusivité thermique | $\mathcal{A}$ | $m^2\,s^{-1}$ | $(Pe1)$, $(Pr)$ |
| Accélération | $a$ | $m\,s^{-2}$ | $(Ar)$ |
| Concentration | $c_0, c_i$ | $mol\,l^{-1}$ | $(Da1)$, $(Da2)$ |
| Capacité calorifique spécifique $p = \text{const}$ | $c_p$ | $J\,kg^{-1}\,K^{-1}$ | $(Sf)$ |
| Coefficient de diffusion | $D_i$ | $m^2\,s^{-1}$ | $(Bi2)$, $(Sc)$, $(Sh)$ |
| Coefficient de dispersion | $\mathcal{D}_{ax}$ | $m^2\,s^{-1}$ | $(Bo)$ |
| Diamètre d'une particule | $d_p$ | m | $(Da2, 3, 4)$ |
| Force | $F$ | N | $(Ne)$ |
| Résistance à l'écoulement | $f$ | Pa | $(Bm)$ |
| Accélér. due à la gravité | $g$ | $m\,s^{-2}$ | $(Fr)$, $(Ga)$, $(Gr)$ |
| Enthalpie de réaction | $\Delta_R H$ | $J\,mol^{-1}$ | $(Da3)$, $(Da4)$ |
| Constante de vitesse | $k$ | $(m^3\,mol^{-1})^{n(i)-1}\,s^{-1}$ | $(Da1)$ |
| Dimension caractéristique | $L$ | m | plusieurs |
| Longueur | $l$ | m | $(\Gamma)$ |
| Masse | $m$ | kg | $(Ne)$ |
| Vitesse d'un mélangeur | $n$ | $s^{-1}$ | $(Bi)$ |
| Ordre d'une réaction | $n(i)$ | – | $(Da1)$ |
| Pression | $p$ | Pa | $(Eu)$ |
| Vitesse volumétrique d'une réaction | $r_v, r_{eff}$ | $mol\,m^{-3}\,s^{-1}$ | $(Da2, 3, 4)$ |
| Température d'un gaz | $T_g$ | K | $(Da3)$ |
| Température d'une couche fixe | $T^{FB}$ | K | $(Da4)$ |
| Temps | $t$ | s | $(Fo)$ |
| Vitesse | $u$ | $m\,s^{-1}$ | plusieurs |

| Concept | Symbole | Unité SI | Groupe adimensionné/1 |
|---|---|---|---|
| Coefficient de transfert de chaleur | $\alpha$ | $\mathrm{W\,m^{-2}\,K^{-1}}$ | $(Nu)$ |
| Coefficient de transfert de masse | $\beta_i$ | $\mathrm{m\,s^{-1}}$ | $(Sh)$, $(St)$ |
| Coefficient d'expansion | $\gamma$ | $\mathrm{K^{-1}}$ | $(Gr)$ |
| Viscosité dynamique | $\eta$ | Pa s | $(Re)$ |
| Nombre de glissement | $\eta'$ | Pa s | $(Bm)$ |
| Libre parcours moyen | $\Lambda$ | m | $(Kn)$ |
| Conductivité calorifique | $\lambda$ | $\mathrm{W\,m^{-1}\,K^{-1}}$ | $(Bi1)$, $(Da4)$, $(Nu)$ |
| Viscosité cinématique | $\nu$ | $\mathrm{m^2\,s^{-1}}$ | plusieurs |
| Masse volumique d'une particule | $\varrho_\mathrm{p}$ | $\mathrm{kg\,m^{-3}}$ | $(Ar)$, $(Be)$ |
| Masse volumique d'un fluide | $\varrho$, $\varrho_\mathrm{F}$ | $\mathrm{kg\,m^{-3}}$ | plusieurs |
| Tension superficielle | $\sigma$ | $\mathrm{N\,m^{-1}}$ | $(Bo)$, $(E\H{o})$ |
| Coefficient de radiation (noir) | $\sigma_\mathrm{s}$ | $\mathrm{W\,m^{-2}\,(100\,K)^{-4}}$ | |
| Coefficient de radiation (gris) | $\sigma_\mathrm{g}$ | $\mathrm{W\,m^{-2}\,(100\,K)^{-4}}$ | $(Sf)$ |
| Persistance | $\tau$ | s | $(Da1)$ |

**GROUPES ADIMENSIONNÉS**

**Tableau 12.1** : GROUPES ADIMENSIONNÉS en ingénierie chimique

| Nom | Groupe adimensionné/1 | Application |
|---|---|---|
| Nombre d'Archimède : | $(Ar) = \frac{a\,L^3}{\nu^2}\,\frac{\varrho_\mathrm{P} - \varrho_\mathrm{F}}{\varrho_\mathrm{F}} = \frac{\text{force de soulèvement}(\varrho)}{\text{force de viscosité}}$ | Sédimentation |
| Nombre de Beranek : | $(Be) = \frac{u^3}{g\,\nu}\,\frac{\varrho_\mathrm{F}}{\varrho_\mathrm{P} - \varrho_\mathrm{F}} = \frac{\text{force d'inertie}}{\text{force de soulèvement}(\varrho)}$ | Sédimentation |
| Nombre de Bingham | $(Bm) = \frac{f}{\eta' n} = \frac{\text{contrainte de rendement}}{\text{contrainte de viscosité}}$ | Pétrissage |
| Nombre de Biot (1) : | $(Bi1), (Bi_\mathrm{h}) = \frac{\alpha\,L}{\lambda} = \frac{\text{transfert de chaleur}}{\text{conduction calorifique}}$ | Transfert de chaleur |
| Nombre de Biot (2) : | $(Bi2), (Bi_\mathrm{m}) = \frac{\beta_i\,L}{D_i} = \frac{\text{transfert de masse}}{\text{diffusion}}$ | Transfert de masse |
| Nombre de Bodenstein : | $(Bo) = \frac{u\,L}{\mathcal{D}_\mathrm{ax}} = \frac{\text{convection de masse}}{\text{dispersion de masse}}$ | Écoulement |
| Nombre de Bond : | $(Bo), (E\ddot{o}) = \frac{\varrho\,L^2 g}{\sigma} = \frac{\text{force du corps}}{\text{force de surface}}$ | Atomiseurs |
| Nombre de Damköhler (1) : | $(Da1) = k\,\tau\,c_0^{n(i)-1} = \frac{\text{moles en réaction}}{\text{moles en écoulement}}$ | Réacteurs |
| Nombre de Damköhler (2) : | $(Da2) = \frac{r_\mathrm{eff} d_\mathrm{p}}{c_i \beta_i} = \frac{\text{moles en réaction}}{\text{moles en diffusion}}$ | Catalyse |
| Nombre de Damköhler (3) : | $(Da3) = \frac{-(\Delta_\mathrm{R} H)\,r_\mathrm{eff} d_\mathrm{p}}{\alpha\,T_\mathrm{g}} = \frac{\text{chaleur de la réaction}}{\text{flux de chaleur}}$ | Catalyse |
| Nombre de Damköhler (4) : | $(Da4) = \frac{-(\Delta_\mathrm{R} H)\,r_\mathrm{eff} d_\mathrm{p}^2}{\lambda\,T^\mathrm{FB}} = \frac{\text{chaleur de la réaction}}{\text{conduction de chaleur}}$ | Catalyse |

| Nom | Groupe adimensionné/1 | Application |
|---|---|---|
| Nombre d'Euler : | $(Eu) = \dfrac{p}{\varrho\, u^2} = \dfrac{\text{force de la pression}}{\text{force d'inertie}}$ | Friction |
| Nombre d'Eötvös : | $(E\ddot{o}) = \dfrac{\varrho\, L^2 g}{\sigma} = \dfrac{\text{force de la pression}}{\text{force de surface}}$ | Atomiseurs |
| Nombre de Fanning : | $(Fa) = \dfrac{1}{(Fr)}$ | $\longrightarrow$ Nombre de Froude |
| Nombre de Fourier : | $(Fo) = \dfrac{\mathcal{A}\, t}{L^2} = \dfrac{\text{conduction de chaleur}}{\text{flux de chaleur}}$ | Refroidissement |
| Nombre de Froude : | $(Fr) = \dfrac{u^2}{g\, L} = \dfrac{\text{force d'inertie}}{\text{force de gravitation}}$ | Surfaces fluides |
| Nombre de Galilée : | $(Ga) = \dfrac{g\, L^3}{u^2} = \dfrac{\text{force de gravitation}}{\text{force de cisaillement}}$ | Films fluides |
| Nombre géométrique : | $(\Gamma) = \dfrac{l}{L} = \text{rapport de longueurs}$ | Géométrie d'appareillages |
| Nombre de Graetz : | $(Gz) = \dfrac{\pi}{4}\, \dfrac{u\, L\, d}{l\, \mathcal{A}} = \dfrac{\text{flux de chaleur}}{\text{conduction de chaleur}}$ | Fluides non-newtoniens |
| Nombre de Grashof | $(Gr) = \dfrac{g\, L^3 \gamma\, \Delta T}{\nu^2} = \dfrac{\text{force de soulèvement}(\mathrm{T})}{\text{force de cisaillement}}$ | Convection libre |
| Nombre de Grashof : | $(Gr) = \dfrac{g\, L^3 \gamma\, \Delta \varrho}{\nu^2\, \varrho} = \dfrac{\text{force de soulèvement}(\varrho)}{\text{force de cisaillement}}$ | Convection libre |
| Nombre de Knudsen : | $(Kn) = \dfrac{\Lambda}{L} = \dfrac{\text{libre parcours moyen}}{\text{longueur caractéristique}}$ | Flux d'un gaz |
| Nombre de Lewis : | $(Le) = \dfrac{\mathcal{A}}{D} = \dfrac{(Sc)}{(Pr)} = \dfrac{\text{conduction calorifique}}{\text{diffusion}}$ | Transfert de masse et de chaleur |
| Nombre de Newton : | $(Ne) = \dfrac{F\, L}{m\, u^2} = \dfrac{\text{force motrice}}{\text{force d'inertie}}$ | Résistance |

| Nom | Groupe adimensionné/1 | Application |
|---|---|---|
| Nombre de Nusselt (1) : | $(Nu) = \frac{\alpha L}{\lambda} = \frac{\text{transfert de chaleur}}{\text{conduction de chaleur}}$ | Transf. de chaleur |
| Nombre de Nusselt (2) : | $(Nu2) = (Sh) = \frac{\text{transfert de masse}}{\text{diffusion}}$ | Transf. de masse |
| Nombre de Peclet (1) : | $(Pe1) = \frac{u L}{\mathcal{A}} = \frac{\text{flux de chaleur}}{\text{dispersion de chaleur}}$ | Dispersion de chaleur |
| Nombre de Peclet (2) : | $(Pe2) = (Bo) = \frac{\text{écoulement de masse}}{\text{dispersion de masse}}$ | $\rightarrow (Bo)$ |
| Nombre de Prandtl | $(Pr) = \frac{\nu}{\mathcal{A}} = \frac{(Pe)}{(Re)} = \frac{\text{viscosité}}{\text{conduction de chaleur}}$ | Moment et transfert de chaleur |
| Nombre de Reynolds : | $(Re) = \frac{u L \varrho}{\eta} = \frac{\text{force d'inertie}}{\text{force de cisaillement}}$ | Caractéristique de l'écoulement |
| Nombre de Schmidt : | $(Sc) = \frac{\nu}{D_i} = \frac{(Bo)}{(Re)} = \frac{\text{viscosité}}{\text{diffusion}}$ | Moment et transfert de masse |
| Nombre de Sherwood : : | $(Sh) = \frac{\beta_i L}{D_i} = \frac{\text{transfert de masse}}{\text{diffusion}}$ | Transf. de masse |
| Nombre de Stanton : | $(St) = \frac{\beta_i}{u} = \frac{(Sh)}{(Bo)} = \frac{\text{transfert de masse}}{\text{écoulement de masse}}$ | Transf. de masse |
| Nombre de Stefan : | $(Sf) = \frac{\varrho c_p u}{\sigma_g T^3} = \frac{\text{flux de chaleur}}{\text{rayonnement}}$ | Rayonnement |
| Module de Thiele : | $\varphi = \frac{d_p}{2} \sqrt{\frac{k c_s^{n-1}}{D_{\text{eff}}}} = \frac{\text{moles en réaction}}{\text{moles en diffusion}}$ | Catalyse |
| Nombre de Weber : | $(We) = \frac{\varrho u^2 L}{\sigma} = \frac{\text{force d'inertie}}{\text{force de surface}}$ | Atomiseurs |
| Nombre de viscosité : | $(H) = \frac{\eta_1}{\eta_2} =$ rapport de viscosités | Conduction de chaleur |

## 12.2 Écoulements monophasiques et pluriphasiques

**Tableau 12.2 :** DIMENSIONS CARACTÉRISTIQUES ET NOMBRES CRITIQUES DE REYNOLDS dans le cas d'écoulements libres ou entravés

- **Écoulement tangentiel sur une plaque :**

  $L$ dimension caractéristique : épaisseur de la couche limite $\delta$

  $u$ vitesse d'écoulement sur la plaque hors de la couche limite

  $(Re)$ $(Re) = \dfrac{u\,\delta}{\nu}$; $(Re)_c = 2\,750$

- **Écoulement dans un tuyau :**

  $L$ dimension caractéristique : diamètre du tuyau $d$

  $u$ vitesse d'écoulement : flux moyen dans le tuyau $u$

  $(Re)$ $(Re) = \dfrac{u\,d}{\nu}$; $(Re)_c = 2\,300$

- **Écoulement vertical d'un film :**

  $L$ dimension caractéristique : $4\times$ l'épaisseur de la couche de film $s$

  $u$ vitesse d'écoulement : flux moyen du film $u$

  $(Re)$ $(Re) = \dfrac{u\,4\,s}{\nu}$; $(Re)_c = 1\,600$

- **Écoulement avec mélange :**

  $L$ dimension caractéristique : diamètre $d$ du cercle mélangeur

  $u$ vitesse d'écoulement : produit de la vitesse du mélangeur et du diamètre du cercle mélangeur : $n \times d$

  $(Re)$ $(Re) = \dfrac{n\,d^2}{\nu}$; $(Re)_c = 30$

- **Écoulement au travers d'un lit fixe (remplissage) :**

  $L$ dimension caractéristique : $L = \dfrac{4d_p}{6(1-\epsilon)}$

  $d_{\mathrm{p}}$ : diamètre des particules, $\epsilon$ : porosité du lit fixe (tableau 12.5)

  $u$ vitesse d'écoulement : vitesse dans un tuyau vide

  $(Re)$ $(Re) = \dfrac{u\,L}{\nu}$; $(Re)_c = 20$

- **Circulation autour de particules :**

  $L$ dimension caractéristique : diamètre des particules $d_{\mathrm{p}}$

  $u$ vitesse d'écoulement : vitesse relative des particules par rapport au fluide

  $(Re)$ $(Re) = \dfrac{u\,d_{\mathrm{p}}}{\nu}$; $(Re)_c = 0,5$ à $2$

**ÉCOULEMENT DANS DES TUYAUX**

**Tableau 12.3** : BAISSES DE PRESSION dans un tuyau rectiligne

| | |
|---|---|
| Équation fondamentale | $\Delta p_{\mathrm{W}}^{\mathrm{tuyau}} = \varphi_{\mathrm{W}}^{\mathrm{tuyau}} \dfrac{\varrho}{2} u^2 \dfrac{l}{d}$ |
| Écoulement laminaire | $\varphi_{\mathrm{W}}^{\mathrm{tuyau}} = \dfrac{64}{(Re)}$ |
| Écoulement turbulent | $\varphi_{\mathrm{W}}^{\mathrm{tuyau}} = \{100\,(Re)\}^{-1/4}$ pour $(Re)_{\mathrm{k}} < (Re) < 10^5$ |
| Fluides non-newtoniens | $\varphi_{\mathrm{W}}^{\mathrm{tuyau}} = \dfrac{64}{(Re)}$ avec $(Re) = 8\,\dfrac{u^{2-n}\,d^n\,\varrho}{B}\left(8\,\dfrac{1+3n}{4n}\right)^{-n}$ |
| Sections transversales différentes pour l'écoulement | $\varphi_{\mathrm{W}}^{\mathrm{tuyau}} = \dfrac{E}{(Re)}$ |

Pour calculer le nombre $(Re)$ relatif à diverses sections transversales de tuyaux d'écoulement, on introduit les dimensions caractéristiques $L$ et les facteurs $E$ suivants :

| Section transversale | $L$ | $E/1$ | Section transversale | $L$ | $E/1$ |
|---|---|---|---|---|---|
| Cercle | diamètre | 64 | Rectangle | côté le plus long | |
| | | | | $a/b = 0,1$ | 47 |
| Anneau | dif. des rayons | 48 | | $a/b = 0,25$ | 45.5 |
| | | | | $a/b = 0,5$ | 48 |
| Carré | long. de ses côtés | 57 | Ellipse | axe principal | |
| | | | | $a/b = 0,1$ | 50 |
| | | | | $a/b = 0,3$ | 52 |
| Triangle équilatéral | long. de ses côtés | 92 | | $a/b = 0,5$ | 52,5 |

**Tableau 12.4** : BAISSES DE PRESSION
dans un tuyau pourvu de garnitures internes

Pour calculer la chute de pression dans un tuyau pourvu de garnitures internes (par ex. des valves, des courbures, des bifurcations en T, des pièces faisant obstacle), on attribue à ladite garniture un coefficient adimensionné $k^{\text{garn.}}$ qui correspond à l'expression de la chute de pression dans un tuyau ouvert.

$$\Delta p_{\text{w}}^{\text{tuyau+garn.}} = \varphi_{\text{w}}^{\text{tuyau}} \frac{\varrho\, u^2}{2} \left(\frac{l}{d}\right) + \sum_{\text{garn.}} \varphi_{\text{w}}^{\text{tuyau}} \frac{\varrho\, u^2}{2}\, k^{\text{garn.}}$$

La chute de pression relative à un écoulement laminaire dans un tuyau (diamètre $d = 0{,}1$ m, longueur $l = 10$m) pourvu d'une courbure à 90° et d'une valve se calcule comme suit :

$$\Delta p_{\text{w}}^{\text{tuyau}} = \left(\frac{64}{(Re)}\right) \frac{\varrho\, u^2}{2} (100)$$

$$\Delta p_{\text{w}}^{\text{garn.}} = \left(\frac{64}{(Re)}\right) \frac{\varrho\, u^2}{2} (40 + 100)$$

Les garnitures internes provoquent une chute de pression comparable à celle qui se produirait dans un tuyau vide de 14 m de longueur. La chute de pression globale est comparable à celle d'un tuyau de 24 m.

| Garniture | $k^{\text{garn.}}/1$ | Garniture | $k^{\text{garn.}}/1$ |
|---|---|---|---|
| Courbure à 90° : | | Valve | 100 to 120 |
| $d = 0,01$ to $0,06$ m | 30 | Valve conique | 20 |
| $d = 0,07$ to $0,15$ m | 40 | Valve de sécurité | 70 to 80 |
| $d = 0,17$ to $0,25$ m | 50 | Valve coulissante | 10 |
| Bifurcation en T | | Valve à disque | 70 |
| $d = 0,025$ to $0,1$ m | 60 to 90 | Tube de Venturi | 12 |
| Pièce faisant obstacle | 50 | Débouché | 20 |

**ÉCOULEMENT AU TRAVERS D'UN LIT FIXE**

**Tableau 12.5** : POROSITÉ des lits fixes

| Lit fixe | Porosité $\epsilon/1$ | Lit fixe | Porosité $\epsilon/1$ |
|---|---|---|---|
| Sphères étroitement empilées | 0,26 | Pastilles de catalyseur | 0,25 à 0,40 |
| Sphères empilées | 0,33 à 0,48 | Grains | 0,31 à 0,46 |
| Matériaux de lit fixe | | Sable | 0,39 à 0,40 |
| Anneaux de RASCHIG | 0,52 à 0,80 | Poudre | 0,44 à 0,66 |
| Pièces de BERL | 0,55 à 0,75 | Granules | 0,50 à 0,60 |
| Pièces de INTALOX | 0,65 à 0,80 | Précipité sur un filtre | 0,50 à 0,90 |

**Tableau 12.6** : CARACTÉRISTIQUES UTILES des matériaux de lit fixe

| Matériau de lit fixe | Dimension / mm | Nombre d'unités / $10^3\ m^{-3}$ | Surface spécifique / $m^2\ m^{-3}$ | $\epsilon/1$ |
|---|---|---|---|---|
| Anneaux de RASCHIG | $15 \times 15 \times 2$ | 210 | 330 | 0,70 |
| (grès cérame) | $25 \times 25 \times 3$ | 46 | 195 | 0,73 |
| Anneaux de PALL | $15 \times 15 \times 1$ | 215 | 350 | 0,88 |
| (plastique) | $25 \times 25 \times 1,3$ | 52 | 220 | 0,90 |
| Pièces INTALOX | 15 | 400 | 450 | 0,71 |
| (grès cérame) | 25 | 85 | 255 | 0,74 |
| Pièces BERL | 15 | 280 | 430 | 0,67 |
| (grès cérame) | 25 | 75 | 260 | 0,69 |
| SUPER SADDLES | $25 \times 25$ | 90 | 258 | 0.95 |
| INTERPACK | $15 \times 15 \times 0,4$ | 520 | 360 | 0,93 |
| (métal) | $20 \times 20 \times 0,4$ | 211 | 260 | 0,95 |

**Tableau 12.7** : FACTEURS DE FORME relatifs à divers matériaux de lit fixe

| Matériau | Facteur de forme $f_w/1$ | Matériau | Facteur de forme $f_w/1$ |
|---|---|---|---|
| Sphères | 1,0 | Anneaux de RASCHIG | 2,4 |
| Poudre | 1,2 | Pièces de BERL | 3,2 |
| Sable | 1,4 | Pastilles de catalyseur | 3,5 |
| Ciment | 1,8 | Quartz | 1,8 to 4,0 |

**Tableau 12.8** : FACTEURS DE RÉSISTANCE relatifs à divers solides moulés

| Forme géométrique | $\frac{l}{d}/1$ | Validité $(Re)/1$ | $c_w/1$ |
|---|---|---|---|
| Sphère | | $> 1,5 \times 10^5$ | 0,47 |
| Hémisphère | convexe et fermé | $> 10^3$ | 0,40 |
| | convexe et ouvert | $> 10^3$ | 0,34 |
| | concave et fermé | $> 10^3$ | 1,17 |
| | concave et ouvert | $> 10^3$ | 1,33 |
| Cercle | | $> 10^3$ | 1,11 |
| Anneau | $d_1/d_2 = 2$ | | 1,22 |
| Cylindre ⊥ à l'écoulement | 1 | $\sim 10^5$ | 0,63 |
| | 2 | $\sim 10^5$ | 0,68 |
| | 5 | $\sim 10^5$ | 0,74 |
| | 40 | $\sim 10^5$ | 0,98 |
| | $\infty$ | $\sim 10^5$ | 1,20 |
| Cylindre // à l'écoulement | 1 | $\sim 10^5$ | 0,91 |
| | 2 | $\sim 10^5$ | 0,85 |
| | 4 | $\sim 10^5$ | 0,87 |
| | 7 | $\sim 10^5$ | 0,99 |

**Tableau 12.9** : BAISSES DE PRESSION dans un tuyau contenant un lit fixe ($u$ = vitesse dans le tuyau vide)

- **Lit fixe de matériaux moulés**, d'après BARTH :

$$\Delta p = 0,0533 \frac{c_\mathrm{W} f_\mathrm{W} h \varrho u^2}{d_\mathrm{p}} \left(\frac{1-\epsilon}{\epsilon^3}\right) \quad , (Re) = \frac{0,6\, d_\mathrm{p}\, u}{f_\mathrm{W}\, \nu\, (1-\epsilon)} \quad , c_\mathrm{W} = \frac{A}{(Re)^n}$$

| Lit fixe | $(Re)/1$ | $A/1$ | $n/1$ |
|---|---|---|---|
| Sphères | $> 20$ | 2000 | 1,00 |
| | 100 à $10^4$ | 94 | 0,16 |

| Lit fixe | $(Re)/1$ | $A/1$ | $n/1$ |
|---|---|---|---|
| RASCHIG | 100 à 3000 | 198 | 0,16 |
| BERL | 100 à 3000 | 101 | 0,16 |

- **Lit fixe de granules**, d'après ERGUN :

$$\Delta p = 150 \frac{h \varrho \nu u}{d_\mathrm{p}^2} \left(\frac{1-\epsilon^2}{\epsilon^3}\right) + 1,75 \frac{h \varrho u^2}{d_\mathrm{p}} \left(\frac{1-\epsilon}{\epsilon^3}\right)$$

$$(Re) = \frac{u\, d_\mathrm{p}}{(1-\epsilon)\,\nu}; \qquad 0,04 \leqslant (Re) \leqslant 30\,000$$

- **Lit fixe de sphères**, d'après BRAUER :

$$\Delta p = 160 \frac{h \varrho \nu u}{d_\mathrm{p}^2} \left(\frac{1-\epsilon^2}{\epsilon^3}\right) + 3,1 \frac{h \varrho \nu^{0,1} u^{1,9}}{d_\mathrm{p}^{1,1}} \left(\frac{(1-\epsilon)^{1,1}}{\epsilon^3}\right)$$

$$(Re) = \frac{u\, d_\mathrm{p}}{(1-\epsilon)\,\nu}; \qquad 0,04 \leqslant (Re) \leqslant 30\,000$$

- **Lit fixe d'anneaux de Raschig**, d'après FAN :

$$\Delta p = 131 \frac{h \varrho \nu u}{d_\mathrm{p}^2} \left(\frac{1-\epsilon^2}{\epsilon^3}\right) + 1,53 \frac{h \varrho u^2}{d_\mathrm{p}} \left(\frac{1-\epsilon}{\epsilon^3}\right)$$

$$(Re) = \frac{u\, d_\mathrm{p}}{(1-\epsilon)\,\nu}; \qquad 1 \leqslant (Re) \leqslant 3\,000$$

- **Lit fixe de pièces de Berl et Intalox**, d'après KAST :

$$\Delta p = 137 \frac{h \varrho \nu u}{d_\mathrm{p}^2} \left(\frac{1-\epsilon^2}{\epsilon^3}\right) + 3,85 \frac{h \varrho \nu^{0,1} u^{1,9}}{d_\mathrm{p}^{1,1}} \left(\frac{(1-\epsilon)^{1,1}}{\epsilon^3}\right)$$

$$(Re) = \frac{u\, d_\mathrm{p}}{(1-\epsilon)\,\nu}; \qquad 100 \leqslant (Re) \leqslant 10\,000$$

## 12.3 Équations des groupes adimensionnés : transferts de masse

**Tableau 12.10** : TRANSFERTS DE MASSE par convection forcée

---

- **Adsorption par des solides :**

$$\boxed{(Sh) = 1,6 \times (Re)^{0,54}}$$

*Dimensions caractéristiques* $L$ = diamètre des particules adsorbantes,
$u$ = vitesse dans le tuyau adsorbant vide.

---

- **Solubilisation et cristallisation dans un système à contre-courant :**

$$\boxed{(Sh) = 2,0 + 0,95 \times (Re)^{0,5} \times (Sc)^{0,33}}$$

*Dimensions caractéristiques* $L$ = diamètre des particules,
$u$ = vitesse relative des particules.

---

- **Solubilisation et cristallisation dans une enceinte avec agitateur :**

$$\boxed{(Sh) = 0,5 \times (Re)^{0,7} \times (Sc)^{0,33}}$$

*Dimensions caractéristiques* $L$ = diamètre du mélangeur,
$u$ = vitesse de rotation de l'agitateur.

---

- **Séchage/évaporation à partir d'une surface fluide à l'air libre :**

**1. Écoulement laminaire du gaz :**

$$0,86 \leqslant (Le) \leqslant 0,91 : \quad \boxed{(Sh) = 0,332 \times (Re)^{0,5} \times (Le)^{0,33}}$$

**2. Écoulement turbulent du gaz :**

$$(Le) > 0,91 : \quad \boxed{(Sh) = 0,023 \times (Re)^{0,8} \times (Sc)^{0,4}}$$

$(Sh)$, $(Re)$ et $(Sc)$ se réfèrent à la phase gazeuse.

---

- **Séchage d'un spray** :

$$0 \leqslant (Re) \leqslant 1\,000 : \quad \boxed{(Sh) = 2,0 + 0,6 \times (Re)^{0,5} \times (Sc)^{0,33}}$$

$(Sh)$, $(Re)$, et $(Sc)$ se réfèrent à la phase gazeuse.
*Dimensions caractéristiques* $L$ = diamètre des gouttelettes,
$u$ = vitesse des gouttelettes en chute libre.

- **Transfert de masse au travers d'une couche délimitée dans un lit fluidisé :**

$$0,1 \leqslant (Re) \leqslant 15 : \quad \boxed{(Sh) = 0,374 \times (Re)^{1,18}}$$

$$15 \leqslant (Re) \leqslant 1\,000 : \quad \boxed{(Sh) = 1,77 \times (Re)^{0,56} \times (1-\epsilon)(Sc)^{0,33}}$$

$(Sh)$, $(Re)$, et $(Sc)$ se réfèrent à la phase gazeuse.
*Dimensions caractéristiques* $L$ = diamètre des particules,
$\epsilon = 0,3$ à $0,7$ pour la fraction inoccupée du lit fluidisé.

- **Distillation/Absorption au sein d'un lit fixe :**

**1. Phase gazeuse :**

$$100 \leqslant (Re) \leqslant 10\,000 : \quad \boxed{(Sh) = G \times (Re)^{0,59} \times (Sc)^{0,33}}$$

$(Sh)$, $(Re)$, et $(Sc)$ se réfèrent à la phase gazeuse.
*Dimensions caractéristiques* $L$ = diamètre du matériau de remplissage,
$u$ = vitesse du gaz dans un tuyau vide,
$G = 0,69$ pour des anneaux de RASCHIG,
$G = 0,86$ pour des pièces de BERL.

**2. Phase liquide :**

$$3 \leqslant (Re) \leqslant 3\,000 : \quad \boxed{(Sh) = F \times (Re)^{0,59} \times (Sc)^{0,5} \times (Ga)^{0,17}}$$

$(Sh)$, $(Re)$, $(Sc)$ et $(Ga)$ se réfèrent à la phase liquide.
*Dimensions caractéristiques* $L$ = diamètre du matériau de remplissage,
$u$ = vitesse du liquide dans un tuyau vide,
$F = 0,32$ pour des anneaux de RASCHIG,
$F = 0,25$ pour des pièces de BERL.

- **Absorption dans des tours à spray :**

$$200 \leqslant (Re) \leqslant 2\,500 : \quad \boxed{(Sh) = 0,6 \times (Re)^{0,5} \times (Sc)^{0,33}}$$

$(Sh)$, $(Re)$ et $(Sc)$ se réfèrent à la phase gazeuse.
*Dimensions caractéristiques* $L$ = diamètre du matériau de remplissage,
$u$ = vitesse du gaz dans un tuyau vide.

- **Absorption dans un film chutant dans une colonne :**

**1. Phase gazeuse :**

$$100 \leqslant (Re) \leqslant 10\,000 : \quad \boxed{(Sh) = 0,027 \times (Re)^{0,8} \times (Sc)^{0,33}}$$

$$2\,000 \leqslant (Re) \leqslant 35\,000 : \quad \boxed{(Sh) = 0,023 \times (Re)^{0,83} \times (Sc)^{0,44}}$$

$(Sh)$, $(Re)$, et $(Sc)$ se réfèrent à la phase gazeuse.
*Dimensions caractéristiques* $L$ = diamètre du tuyau,
$u$ = vitesse du gaz dans un tuyau vide.

**2. Phase liquide :**

$$\boxed{(Sh) = 1,39 \times (Re)^{0,33} \times (Sc)^{0,5} \times (Ga)^{0,167} \times (\Gamma)^{-0,5}}$$

$(Sh)$, $(Re)$, $(Sc)$, et $(Ga)$ se réfèrent à la phase liquide.
*Dimensions caractéristiques* $L$ = diamètre du tuyau,
$(\Gamma)$ = longueur du tuyau divisée par son diamètre.

- **Absorption dans un lit fixe :**

**1. Phase gazeuse :**

$$\boxed{(Sh) = 0,066 \times (Re)^{0,8} \times (Sc)^{0,33}}$$

$(Sh)$, $(Re)$, et $(Sc)$ se réfèrent à la phase gazeuse.
*Dimensions caractéristiques* $L$ = diamètre du matériau de remplissage,
$u$ = vitesse du gaz dans un tuyau vide.

**2. Phase liquide :**

$$\boxed{(Sh) = 0,006 \times (Re)^{0,67} \times (Sc)^{0,33} \times (Ga)^{0,33}}$$

$(Sh)$, $(Re)$, $(Sc)$ et $(Ga)$ se réfèrent à la phase liquide.
*Dimensions caractéristiques* $L$ = diamètre du matériau de remplissage,
$u$ = vitesse du liquide dans un tuyau vide.

## 12.4 Équations des groupes adimensionnés : transferts de chaleur

**Tableau 12.11** : TRANSFERTS DE CHALEUR par convection forcée

- **Fluide dans un tuyau rectiligne :**

1. $(Re) > 10\,000$ ; $0,6 \leqslant (Pr) \leqslant 2\,500$ ; $(\Gamma) > 50$ :

$$\boxed{(Nu) = 0,023 \times (Re)^{0,8} \times (Pr)^{0,43}}$$

2. $10\,000 \leqslant (Re) \leqslant 500\,000$ ; $0,7 \leqslant (Pr) \leqslant 300$ ; $(\Gamma) > 50$ :

$$\boxed{(Nu) = 0,032 \times (Re)^{0,8} \times (Pr)^{n} \times (\Gamma)^{-0,054}}$$

3. $(Re) < 2\,500$ ; $(Re) \times (Pr) \times (\Gamma)^{-1} > 10$ ; $0,004 \leqslant (H) \leqslant 14$ ; $(\Gamma) > 50$ :

$$\boxed{(Nu) = 1,86 \times (Re)^{0,33} \times (Pr)^{0,33} \times (\Gamma)^{-0,33} \times (H)^{0,14}}$$

4. $2\,320 \leqslant (Re) \leqslant 10^6$ ; $0,6 \leqslant (Pr) \leqslant 500$ ; $(\Gamma) \geqslant 1$ :

$$\boxed{(Nu) = 0,116 \times \left[(Re)^{0,67} - 125\right] \times (Pr)^{0,33} \times \left[1 + (\Gamma)^{-0,66}\right] \times (H)^{0,14}}$$

Chauffage $n = 0,37$ ; refroidissement $n = 0,30$

*Dimensions caractéristiques* $L$ = diamètre du tuyau,
$(\Gamma)$ = longueur du tuyau divisé par son diamètre.

---

- **Liquide dans un tuyau rectiligne :**

$(Re) \leqslant 2\,300$ ; $2,5 \leqslant (Pr) \leqslant 4\,000$ ; $100 \leqslant (\Gamma) \leqslant 500$ :

$$\boxed{(Nu) = C \times (Re)^{0,23} \times (Pr)^{0,23} \times (\Gamma)^{-0,5}}$$

Chauffage $C = 15$ ; refroidissement $C = 11,5$

*Dimensions caractéristiques* $L$ = diamètre du tuyau,
$(\Gamma)$ = longueur du tuyau divisé par son diamètre.

---

- **Écoulement d'un gaz le long d'une paroi plane – Chauffage :**

$(Re) < 5 \times 10^5$ ; $0,6 \leqslant (Pr) \leqslant 500$ : $\boxed{(Nu) = 0,664 \times (Re)^{0,5} \times (Pr)^{0,33}}$

$(Re) > 2 \times 10^5$ : $\boxed{(Nu) = 0,037 \times (Re)^{0,8} \times (Pr)^{0,43}}$

*Dimensions caractéristiques* $L$ = longueur de la paroi dans la direction de l'écoulement,
$u$ = vitesse du gaz au niveau de la paroi.

- **Écoulement d'un fluide perpendiculaire à des tuyaux – Chauffage :**

1. $1 \leqslant (Re) \leqslant 4$ ; $0,5 \leqslant (Pr) \leqslant 10\,000$ ; $0,001 \leqslant L \leqslant 0,15\,\text{m}$ :

$$\boxed{(Nu) = 0,990 \times (Re)^{0,33} \times (Pr)^{0,31}}$$

2. $4 \leqslant (Re) \leqslant 40$ ; $0,5 \leqslant (Pr) \leqslant 10\,000$ ; $0,001 \leqslant L \leqslant 0,15\,\text{m}$ :

$$\boxed{(Nu) = 0,991 \times (Re)^{0,385} \times (Pr)^{0,31}}$$

3. $40 \leqslant (Re) \leqslant 4\,000$ ; $0,5 \leqslant (Pr) \leqslant 10\,000$ ; $0,001 \leqslant L \leqslant 0,15\,\text{m}$ :

$$\boxed{(Nu) = 0,682 \times (Re)^{0,466} \times (Pr)^{0,31}}$$

4. $4\,000 \leqslant (Re) \leqslant 4 \times 10^4$ ; $0,5 \leqslant (Pr) \leqslant 10\,000$ ; $0,001 \leqslant L \leqslant 0,15\,\text{m}$ :

$$\boxed{(Nu) = 0,193 \times (Re)^{0,618} \times (Pr)^{0,31}}$$

5. $4 \times 10^4 \leqslant (Re) \leqslant 4 \times 10^5$ ; $0,5 \leqslant (Pr) \leqslant 10\,000$ ; $0,001 \leqslant L \leqslant 0,15\,\text{m}$ :

$$\boxed{(Nu) = 0,027 \times (Re)^{0,805} \times (Pr)^{0,31}}$$

*Dimensions caractéristiques* $L$ = diamètre du tuyau.

---

- **Écoulement d'un fluide ⊥ batterie de tuyaux ⩾ 10 rangées de tuyaux – Chauffage/Refroidissement :**

$2\,300 \leqslant (Re) \leqslant 40\,000$ ; $0,5 \leqslant (Pr) \leqslant 500$ :

$$\boxed{(Nu) = 0,32 \times f \times (Re)^{0,61} \times (Pr)^{0,31}}$$

*Dimensions caractéristiques* $L$ = diamètre du tuyau,
facteur $f$ variant de 0,7 à 1,3 pour la géométrie de l'ensemble.

---

- **Écoulement d'un gaz ⊥ batterie comprenant 5 à 10 rangées de tuyaux – Chauffage :**

$2\,600 \leqslant (Re) \leqslant 70\,000$ ; $(Pr) \approx 1$ :

$$\boxed{(Nu) = 0,297 \times (Re)^{0,6}}$$

*Dimensions caractéristiques* $L$ = diamètre du tuyau,
$u$ est lié au diamètre intérieur le plus étroit.

- **Fluides dans le manchon d'un échangeur de chaleur à écoulements parallèles avec batterie de tuyaux :**

  $2\,300 \leqslant (Re) \leqslant 70\,000$ ; $0,5 \leqslant (Pr) \leqslant 10\,000$ :

$$\boxed{(Nu) = C \times (Re)^{0,6} \times (Pr)^{0,33} \times (H)^{0,14}}$$

Chauffage $C = 0,22$ ; refroidissement $C = 0,25$

*La dimension caractéristique* pour $N$ tuyaux de diamètre $d$ et pour un manchon de diamètre $D$ est donnée par : $L = (D^2 - N\,d^2)/(D + N\,d)$, $u =$ étant la vitesse du fluide dans le manchon libre.

- **Cuve de réaction munie d'un système d'agitation et d'un manchon – Chauffage/Refroidissement :**

  $300 \leqslant (Re) \leqslant 7,5 \times 10^5$ ; $2,2 \leqslant (Pr) \leqslant 2\,500$ :

$$\boxed{(Nu) = C \times (Re)^{0,67} \times (Pr)^{0,33} \times (H)^{0,14}}$$

*Dimensions caractéristiques* $L =$ diamètre du cercle de mélange,
$(Re) = n\,L^2/\nu$, $n/\mathrm{s}^{-1}$ (vitesse du mélangeur).

Mélangeur à lames sans/avec chicanes, $C = 0,38/0,78$
Mélangeur en forme d'ancre sans/avec chicanes, $C = 0,38/-$
Mélangeur à hélices sans/avec chicanes, $C = 0,52/0,54$
Mélangeur à turbine sans/avec chicanes, $C = 0,54/0,76$

- **Cuve de réaction munie d'un agitateur à propulsion et d'un manchon – Chauffage/Refroidissement :**

  $300 \leqslant (Re) \leqslant 7 \times 10^5$ ; $6 \leqslant (Pr) \leqslant 3 \times 10^4$ ; $0,07 \leqslant h \leqslant 20\,\mathrm{m}$ :

$$\boxed{(Nu) = 0,31 \times (Re)^{0,67} \times (Pr)^{0,33} \times (H)^{0,20} \times (\Gamma)^{0,22}}$$

*Dimensions caractéristiques* $L =$ diamètre du cercle de mélange,
$(Re) = n\,L^2/\nu$, $n/\mathrm{s}^{-1}$ (vitesse du mélangeur),
$(\Gamma) =$ diamètre de la cuve divisée par sa hauteur de remplissage $h$.

- **Cuve de réaction munie d'un agitateur et d'un serpentin de refroidissement – Chauffage/Refroidissement :**

$$\boxed{(Nu) = C \times (Re)0,62 \times (Pr)^{0,33} \times (H)^{0,14}}$$

*Dimensions caractéristiques* $L$ = diamètre du cercle de mélange,
$(Re) = n\,L^2/\nu$, $n/\mathrm{s}^{-1}$ (vitesse du mélangeur)

Mélangeur à lames, $C = 1,01$,
Mélangeur à hélices, $C = 0,60$,
Mélangeur à turbine, $C = 0,88$.

- **Chute d'un film sur une paroi verticale ou dans un tuyau vertical – Chauffage/Refroidissement :**

$$(Re) < 2\,000 : \boxed{(Nu) = 0,67 \times (Re)^{0,11} \times (Pr)^{0,33} \times (Ga)^{0,22}}$$

$$(Re) > 2\,000 : \boxed{(Nu) = 0,01 \times \left[(Re) \times (Pr) \times (Ga)\right]^{0,33}}$$

*Dimensions caractéristiques* $L$ = hauteur de la paroi ou du tuyau.
Eu égard à la variation des caractéristiques physiques en fonction de la température, prendre la valeur moyenne :

$$\overline{T} = \frac{(\text{temp. moyenne du liquide + temp. moyenne de la paroi})}{2}$$

- **Fluides dans un lit fixe – Chauffage/Refroidissement :**

$$(Re) < 5 \times 10^4 : \boxed{(Nu) = 0,80 \times (Re)^{0,7} \times (Pr)^{0,33}}$$

*Dimensions caractéristiques* $L$ = diamètre des particules,
$u$ = vitesse dans un tuyau vide.

- **Gaz dans un lit fixe – Chauffage/Refroidissement :**

$$20 \leqslant (Re) \leqslant 200 : \boxed{(Nu) = 0,106 \times (Re)}$$

$$(Re) > 200 : \boxed{(Nu) = 0,61 \times (Re)^{0,67}}$$

*Dimensions caractéristiques* $L$ = diamètre des particules,
$u$ = vitesse dans une tuyau vide.

- **Particules solides dans un flux de gaz – Chauffage/Refroidissement :**

$$150 \leqslant (Re) \leqslant 30\,000 : \boxed{(Nu) = 0,62 \times (Re)^{0.5}}$$

*Dimensions caractéristiques* $L$ = diamètre des particules,
$u$ = vitesse relative des particules.

Les caractéristiques physiques se réfèrent à la température des particules.

- **Transfert de chaleur dans un lit fluidisé – Chauffage/Refroidissement :**

$$\text{Gaz/Particules :} \quad (Re) < 100 : \boxed{(Nu) = 0,3 \times (Re)^{1.5}}$$

$$\text{Gaz/Paroi :} \quad (Re) < 100 : \boxed{(Nu) = 2}$$

*Dimensions caractéristiques* $L$ = diamètre des particules,
$u$ = vitesse relative des particules.

Les caractéristiques physiques se réfèrent au fluide.

- **Gouttes ou bulles dans un fluide – Chauffage/Refroidissement :**

$$10 \leqslant (Re) \leqslant 1\,000 : \boxed{(Nu) = 2,0 + 0,6 \times (Re)^{0.5} \times (Pr)^{0.33}}$$

$$10^3 \leqslant (Re) \leqslant 5 \times 10^4 : \boxed{(Nu) = 2,7 \times 10^{-4} \times (Re)^{1.47} \times (Pr)^{0.33}}$$

*Dimensions caractéristiques* $L$ = diamètre de la goutte ou de la bulle,
$u$ = vitesse relative des gouttes/bulles.

Les caractéristiques physiques se réfèrent au fluide : $(Nu) = k_W\, L/\lambda$.

**Tableau 12.12** : TRANSFERTS DE CHALEUR par convection libre

- **Tuyaux dans un fluide – Chauffage/Refroidissement :**

$$10^3 \leqslant (Gr) \times (Pr) \leqslant 3,5 \times 10^7 : \quad \boxed{(Nu) = 0,49 \times \left[(Gr) \times (Pr)\right]^{0,25}}$$

$$(Gr) \times (Pr) > 3,5 \times 10^7 : \quad \boxed{(Nu) = 0,13 \times \left[(Gr) \times (Pr)\right]^{0,33}}$$

- **Fluide sur une paroi verticale :**

$$(Gr) \times (Pr) < 10^{-3} : \quad \boxed{(Nu) = 0,5}$$

$$10^{-3} \leqslant (Gr) \times (Pr) \leqslant 10^3 : \quad \boxed{(Nu) = 1,18 \times \left[(Gr) \times (Pr)\right]^{0,125}}$$

$$10^3 \leqslant (Gr) \times (Pr) \leqslant 2 \times 10^7 : \quad \boxed{(Nu) = 0,54 \times \left[(Gr) \times (Pr)\right]^{0,25}}$$

$$(Gr) \times (Pr) > 2 \times 10^7 : \quad \boxed{(Nu) = 0,135 \times \left[(Gr) \times (Pr)\right]^{0,33}}$$

**Tableau 12.13** : COEFFICIENTS DE TRANSFERT DE CHALEUR relatifs aux échangeurs de chaleur

| Milieu | de | à | $\frac{\alpha}{\mathrm{W\,m^{-2}\,K^{-1}}}$ |
|---|---|---|---|
| Eau stagnante | tuyau | eau | 350 à 600 |
| Eau agitée | tuyau | eau | $600 + 2100\sqrt{u}$ , $u/\mathrm{m\,s^{-1}}$ |
| Eau se mélangeant | tuyau | eau | 2300 à 4700 |
| Eau en ébullition | eau | paroi | 3500 à 6000 |
| Eau en ébullition | eau | tuyau | 7000 à 14 000 |
| Vapeur d'eau se condensant | vapeur | tuyau | 12 000 |
| Air | air | paroi | $6 + 4\sqrt{u}$ , $u/\mathrm{m\,s^{-1}}$ |

**Tableau 12.14** : COEFFICIENTS GLOBAUX RELATIFS AU TRANSFERT DE CHALEUR dans les échangeurs de chaleur

| Échangeur de chaleur | de | à | $\frac{k_W}{W\,m^{-2}\,K^{-1}}$ |
|---|---|---|---|
| Manchon | vapeur d'eau saturée | liquide | 500 à 2300 |
| | eau de refroidissement | liquide | 180 à 400 |
| Serpentin | vapeur d'eau saturée | liquide | 500 à 4000 |
| | eau de refroidissement | liquide | 450 à 2000 |
| | eau de refroidissement | gaz sous faible pression | 25 à 60 |
| Double tuyau | gaz sous faible pression | gaz sous faible pression | 10 à 40 |
| | gaz sous forte pression | gaz sous faible pression | 25 à 60 |
| | gaz sous forte pression | gaz sous forte pression | 1809 à 400 |
| | gaz sous forte pression | liquide | 250 à 600 |
| | liquide | liquide | 400 à 2000 |
| Batterie de tuyaux | gaz sous faible pression | gaz sous faible pression | 6 à 40 |
| | gaz sous forte pression | gaz sous forte pression | 180 à 450 |
| | gaz sous forte pression | liquide | 250 à 700 |
| | vapeur d'eau saturée | liquide | 500 à 4000 |
| | liquide | liquide | 180 à 1500 |
| Surface étendue | vapeur d'eau saturée | gaz | 20 à 60 |
| | eau chaude | gaz | 8 à 40 |
| Spirale | vapeur d'eau saturée | liquide | 900 à 3500 |
| | liquide | liquide | 600 à 2800 |

| Échangeur de chaleur | de | à | $\frac{k_W}{\mathrm{W\,m^{-2}\,K^{-1}}}$ |
|---|---|---|---|
| Plateau | eau de refroidissement | gaz | 25 à 80 |
| | liquide | liquide | 500 à 4000 |
| Surface pour écoulement | eau de refroidissement | gaz | 25 à 60 |
| | eau de refroidissement | liquide | 300 à 1000 |
| | eau de refroidissement | vapeur d'eau saturée | 350 à 1200 |

## 12.5 Coefficients de rayonnement pour les corps gris

La quantité de chaleur rayonnée par un corps noir est donnée par :

$$\dot{Q} = \sigma_s A \left(\frac{T^4}{100}\right) \quad , \mathrm{W}$$

$$\text{avec} \quad \sigma_s = 5,67 \ \mathrm{W\,m^{-2}\,(100\,K)^{-4}}$$

Dans le cas de corps gris, le rayonnement est réduit selon le facteur $\epsilon$ :

$$\dot{Q} = \epsilon\, \sigma_s A \left(\frac{T^4}{100}\right) \quad , \mathrm{W}$$

**Tableau 12.15** : COEFFICIENTS D'ATTÉNUATION relatifs au rayonnement des corps gris

| Matériau | Surface | $\vartheta/^\circ\mathrm{C}$ | $\epsilon/1$ |
|---|---|---|---|
| **Métaux** | | | |
| Acier coulé | polie | 770 à 1040 | 0,52 à 0,56 |
| Aluminium | oxydée | 200 à 600 | 0,11 à 0,19 |
| | polie | 225 à 575 | 0,04 à 0,06 |
| | rugueuse | 25 | 0,055 |
| Argent | polie | 225 à 525 | 0,02 à 0,032 |
| Chrome | | 100 à 1000 | 0,08 à 0,26 |
| Cuivre | polie | 80 à 110 | 0,018 à 0,023 |
| | brillante | 20 | 0,072 |
| | oxydée | 200 à 600 | 0,57 à 0,87 |
| Fer | de fabrication récente | 20 | 0,24 |
| | oxydée/lisse | 125 à 525 | 0,78 à 0,82 |
| | oxydée/rugueuse | 100 | 0,74 |
| | en plaques, galvanisée | 30 | 0,29 |
| Fonte | brute | 925 à 1115 | 0,87 à 0,95 |
| | transformée | 830 à 900 | 0,65 |
| | oxydée | 200 à 600 | 0,64 à 0,78 |
| Laiton | oxydée | 200 à 600 | 0,60 |
| | laminée | 20 | 0,06 |
| | polie | 20 | 0,20 |
| | terne | 50 à 350 | 0,22 |

| Matériau | Surface | $\vartheta/^\circ$C | $\epsilon/1$ |
|---|---|---|---|
| **Métaux** | | | |
| Mercure | pure | 0 à 100 | 0,09 à 0,12 |
| Nickel | polie | 225 à 375 | 0,07 à 0,09 |
| | oxydée | 200 à 600 | 0,37 à 0,48 |
| Or | polie | 225 à 635 | 0,018 à 0,035 |
| Plaque d'acier | rodée | 950 à 1100 | 0,55 à 0,61 |
| | brillante | 25 | 0,82 |
| | oxydée | 200 à 600 | 0,80 |
| Platine | | 200 à 1100 | 0,07 à 0,18 |
| Plomb | grise | 25 | 0,28 |
| | oxydée | 200 | 0,63 |
| **Non-métaux** | | | |
| Asbeste | | 40 à 400 | 0,95 |
| Brique | rugueuse | 20 | 0,93 |
| Chamotte | vitrifiée | 1100 | 0,75 |
| Eau | | 0 à 100 | 0,95 |
| Émail | blanche | 20 | 0,90 |
| Feutrage d'asphalte | | 20 | 0,91 |
| Noir de carbone | | 100 à 300 | 0,95 |
| Peinture à l'aluminium | | 100 | 0,27 à 0,67 |
| Porcelaine | | 20 | 0,92 |
| Quartz | rugueuse | 20 | 0,93 |
| Vernis | fort brillante, noire | 25 | 0,88 |
| | satinée, noire | 40 à 100 | 0,97 |
| | blanche | 40 à 100 | 0,80 à 0,95 |
| Verre | | 20 | 0,94 |

# Bibliographie

AMERICA CONFERENCE OF GOVERNMENTAL INDUSTRIAL HYGIENISTS (ACGIH) :
*1993-1994 Threshold Limit Values for Chemical Substances and Physical Agents*, Cincinnati.

AYLWARD, G.H., FINDLAY, T.J.V. (1991) :
*Si Chemical Data*, John Wiley & Sons.

BAERNS, M., HOFMANN, H., RENKEN, A. (1987) :
*Chemische Reaktionstechnik*, Georg Thieme Verlag, Stuttgart.

BENDER, D., PIPPIG, E. (1973) :
*Einheiten - Maßsysteme - SI*, Friedr. Vieweg u. Sohn Verlagsgesellschaft, Braunschweig.

HAUPTVERBAND DER GEWERBLICHEN GERUFSGENOSSENSCHAFTEN (W. PFLAUMBAUM, H. BLOME, H. KLEINE, R. STAMM, 1993) :
*BIA-Report 1/93 Gefahrstoffliste*, Bonn.

BOUBLIK, T., FRIED, V., HALA, E. (1984) :
*The Vapor Pressures of Pure Substances*, Elsevier, Amsterdam.

BORCHARDT-OTT, W. (1976) :
*Kristallographie*, Springer-Verlag, Berlin.

CHEMIKER-KALENDER (1984) :
C. Synowietz, K. Schäfer (Hrsg.), Springer-Verlag, Berlin.

COLTHUP, N.B., DALY, L.H., WIBERLEY, S.E. (1964) :
*Introduction to Infrared and Raman Spectroscopy*, Academic Press, New York.

Commission of the European Communities (1987) :
*Legislation on Dangerous Substances, Classification and Labelling in the European Communities*, Graham & Trotman Ltd. London.

D'ANS, J., LAX, E. (1983) :
*Taschenbuch für Chemiker und Physiker*, Springer-Verlag, Heidelberg.

DECHEMA CORROSION HANDBOOK (1987 ff) :
D. Behrens (edt.), VCH Verlagsgesellschaft, Weinheim.

DEUTSCHE FORSCHUNGSGEMEINSCHAFT (DFG) (1995)
COMMISSION FOR THE INVESTIGATION OF HEALTH HAZARDS OF CHEMICAL COMPOUNDS IN THE WORK AREA, REPORT NO. 31 :
*MAK- and BAT-Values*, VCH Verlagsgesellschaft, Weinheim.

DOETSCH, G. (1985) :
*Anleitung zum praktischen Gebrauch der Laplace-Transformation und der Z-Transformation*, Verlag R. Oldenbourg, München.

GEFAHRSTOFFE (1995) :
*Neufassung der TRGS 900 und 905*, Bundesarbeitsblatt 4/1995 (Erweiterung : Bundesarbeitsblatt 7 - 8/1995).

GMEHLING, J., KOLBE, B. (1988) :
*Thermodynamik*, Georg Thieme Verlag, Stuttgart.

GRASSMANN, P. (1961) :
*Physikalische Grundlagen der Chemie-Ingenieur-Technik*, Verlag H.R. Sauerländer, Aarau.

GREGORIG, R. (1973) :
*Wärmeaustausch und Wärmeaustauscher*, Verlag H.R. Sauerländer, Aarau.

FROST, A.A., PEARSON; R.G. (1964) :
*Kinetik und Mechanismen homogener chemischer Reaktionen*, Verlag Chemie, Weinheim.

HIRSCHFELDER, J.O., CURTISS, C.F.,BIRD, R.B. (1954) :
*Molecular Theory of Gases and Liquids*, Wiley, New York.

INTERNATIONALE REGELN FÜR DIE CHEMISCHE NOMENKLATUR UND TERMINOLOGIE (1978 ff) :
Deutscher Zentralausschuß für Chemie (Hrsg.), VCH Verlagsgesellschaft, Weinheim.

JAKUBITH, M. (1991) :
*Chemische Verfahrenstechnik*, VCH Verlagsgesellschaft, Weinheim.

KALTOFEN, R. (1986) :
*Tabellenbuch Chemie*, Verlag Harri Deutsch, Thun.

KOHLRAUSCH, F. (1968) :
*Praktische Physik*, B.G. Teubner, Stuttgart.

KÜSTER, F.W., THIEL, A. (1982) :
*Rechentafeln für die chemische Analytik*, Walter de Gruyter, Berlin.

LAIDLER, K.J (1987) :
*Chemical Kinetics*, Harper + Row Publ., New York.

LANDOLT-BÖRNSTEIN II/5/b (1968) :
*Zahlenwerte und Funktionen aus Physik, Chemie, Astronomie, Geophysik und Technik*, Springer-Verlag, Berlin.

LATSCHA, H.P., SCHILLING, G., KLEIN, H.A. (1990) :
*Chemie - Datensammlung*, Springer-Verlag, Berlin.

MATHIAK, K., STINGL, P. (1969) :
*Gruppentheorie*, Friedr. Vieweg u. Sohn, Braunschweig.

MENDE, D., SIMON, G. (1988) :
*Physik - Gleichungen und Tabellen*, VEB Fachbuchverlag, Leipzig.

MICHEJEW, M.A. (1962) :
*Grundlagen der Wärmeübertragung*, VEB Verlag Technik, Berlin.

PAWLOW, K.F., ROMANKOW, P.G., NOSKOW, A.A. (1966) :
*Beispiele und übungsaufgaben zur chemischen Verfahrenstechnik*, VEB Deutscher Verlag für Grundstoffindustrie, Leipzig.

PERRY, R.H. (1973) :
*Chemical Engineers' Handbook*, McGraw-Hill Book Company, New York.

REID, R.C., SHERWOOD, T.K (1958) :
*The Properties of Gases and Liquids*, McGraw-Hill Book Company, New York.

SATTLER, K. (1988) :
*Thermische Trennverfahren*, VCH Verlagsgesellschaft, Weinheim.

SCHULZE, G.E.R. (1974) :
*Metallphysik*, Springer-Verlag, Berlin.

SEEL, F. (1963) :
*Grundlagen der analytischen Chemie*,Verlag Chemie, Weinheim.

VAUCK, W.R.A., MÜLLER, H.A. (1988) :
*Grundoperationen chemischer Verfahrenstechnik*, VCH Verlagsgesellschaft, Weinheim.

VOLK, W. (1958) :
*Applied Statistics for Engineers*, McGraw-Hill Book Company, New York.

WETZLER, H. (1985) :
*Kennzahlen der chemischen Verfahrenstechnik*, Dr. Alfred Hüthig Verlag, Heidelberg.

# Index

Imprimerie Duculot, B-6060 Gilly